Manon Tuckfeld
Orte des Politischen

Manon Tuckfeld

Orte des Politischen

Politik, Hegemonie und Ideologie im Marxismus

DUV Springer Fachmedien Wiesbaden GmbH

Die Deutsche Bibliothek – CIP-Einheitsaufnahme

Tuckfeld, Manon:
Orte des Politischen : Politik, Hegemonie und Ideologie im
Marxismus / Manon Tuckfeld. –
Wiesbaden : Dt. Univ.-Verl., 1997
  (DUV : Sozialwissenschaft)
  Zugl.: Frankfurt (Main), Univ., Diss., 1996

D 30

© Springer Fachmedien Wiesbaden 1997
Ursprünglich erschienen bei Deutscher Universitäts-Verlag GmbH, Wiesbaden 1997

Lektorat: Monika Mülhausen

Gedruckt auf chlorarm gebleichtem und säurefreiem Papier

ISBN 978-3-8244-4244-7   ISBN 978-3-663-08834-9 (eBook)
DOI 10.1007/978-3-663-08834-9

Den Frauen der Familie, insbesondere meiner Großmutter Karoline Tuckfeld, meiner Mutter Helga Tuckfeld und meiner Tante Heidemarie Werthschulte zugeeignet.

Inhaltsverzeichnis

Teil II
Die Verdrängung des Politischen in der II. Internationale

Teil III
Die Wiederkehr des Politischen

Teil IV
Marxismus ohne Gewähr

Einleitung: Madame Geschichte und die Kämpfe[1]

Marxistische Theoriebildung hat traditionell ein schwieriges Verhältnis zu Fragen der Kämpfe. Das hat seine Gründe in der Theorie. Diese geht davon aus, daß sich der Motor der gesellschaftlichen und damit geschichtlichen Bewegung in der ökonomischen Basis, das heißt in den Produktivkräften, den Produktionsverhältnissen und dem sie bewegenden Moment des antagonistischen Widerspruchs finden läßt. Will man dies auf einen Satz bringen, so kommt unweigerlich, scheinbar als die zentrale Kernthese des Marxismus, ein Satz aus dem Vorwort zur 'Kritik der politischen Ökonomie' zum Vorschein: "Es ist nicht das Bewußtsein der Menschen, das ihr Sein, sondern umgekehrt ihr gesellschaftliches Sein, das ihr Bewußtsein bestimmt"[2]. Nun ist klar, daß sich bereits in der Definition dessen, was genau die Basis und ihre jeweiligen Teile ausmacht, viele Variationen innerhalb des Marxismus eröffnen, die von großer theoretischer wie politischer Wichtigkeit sind. Marx schreibt von einem 'gesellschaftlichen Sein', nicht von der Ökonomie oder gar vom Stand der Produktivkräfte. Es gibt darüberhinaus die theoretische Möglichkeit, über Neudefinitionen, letztendlich die Verwerfung des gesamten Basis/Überbau-Schemas, den Marxismus sinnvoll zu rekonstruieren. Doch ist dieser Weg lang und noch lange nicht abgeschlossen. Er begann mit der Frage nach den ökonomisch nicht zu erklärenden Momenten kapitalistischer Krisen bzw. der ausbleibenden Krise und ist heute, wo sich die ökonomische Flexibilität und Anpassungsfähigkeit des Kapitalismus mehr als einmal unter Beweis gestellt hat, nicht abgeschlossen.

Es ist unmöglich, den ganzen Weg des Marxismus von seinen Anfängen bis heute nachzuzeichnen, zumindest wenn die Darstellung ein gewisses Maß an Genauigkeit nicht unterschreiten will. So beschränkt sich diese Arbeit auf die große erste Phase des Marxismus. Ihr Anfang datiert bei Marx[3] und Engels; und ihr Ende etwa in den dreißiger Jahren dieses Jahrhunderts. Auch wenn die Eingrenzung dieses Zeitraumes erst einmal willkürlich erscheint, ist sie doch vor dem Hintergrund der Fragestellung und der sie begleitenden Ausgangsthesen sinnvoll, und die Eingrenzung ist natürlich nicht nur eine zeitliche. Vielmehr geht auch die Auswahl der untersuchten TheoretikerInnen von einer Hypothese aus, die diese Auswahl erst sinnvoll macht. Die These lautet: Es gibt zwei Linien der Behandlung von Kämpfen im Marxismus. Einerseits den Ökonomismus und damit die Dethematisierung des Politischen in den theore-

---

1) Zu "Madame Geschichte" vgl. Luxemburg, LGW 2 : 117.
2) Marx MEW 13 : 9.
3) Trotz des von Engels kolportierten Marxschen Bonmots "Tout ce que je sais, c'est que je ne suis pas Marxiste", MEW 37 : 436.

1

tischen Schriften von Marx und, zugespitzt, bei den TheoretikerInnen der II. Internationale. Andererseits eine Entwicklung einer Theorie der Kämpfe, eine Gegenbewegung gegen den Ökonomismus, ausgehend von Lenin. Lukács und Gramsci werden dementsprechend in gewisser Weise als Vertreter dieser leninistischen Linie gelesen, die durch sie in durchaus unterschiedlicher Weise radikalisiert, modifiziert und fortgesetzt wird. Gramsci radikalisiert dabei die Leninsche Fragestellung so weit, daß er ihr gleichsam ein Stück weit den Boden unter den Füßen wegzieht und, wie dies Althusser einmal formuliert hat, an den Grenzen denkt[4], an den Grenzen des Marxismus.

Es geht also um die in der Theorie des Marxismus oft vorhandene Behauptung der historischen Unhintergehbarkeit des Sieges der Arbeiterklasse und um die damit einhergehende fehlende Bereitschaft, den (Klassen-)Kämpfen einen relevanten Status innerhalb der marxistischen Topik (Basis/Überbau) oder der marxistischen Theorie zu verleihen. Kämpfe werden, wenn sie überhaupt wahrgenommen werden, nur als Emanation der objektiven Momente wahrgenommen. So ist der Kampf im Ökonomismus keineswegs abwesend, die Rhetorik des Kampfes ist vielmehr omnipräsent. Aber die Kämpfe werden nicht wirklich gekämpft, sie sind letztlich nur die List der Vernunft, der Ausdruck der Geschichte und ihres ökonomischen Kerns selbst. Einzig der Reformismus und Revisionismus verabschieden diese Rhetorik, bei Ersterem aber natürlich um den Preis, sich gänzlich von Kämpfen zu befreien und die friedliche Evolution und das ethische Subjekt an ihre Stelle zu setzen. In gewisser Weise sind Lenin und Bernstein vergleichbar. Beide sind im Wortsinne Revisionisten, beide eröffnen das Feld der Politik, der Intervention[5], wenn auch Bernstein nicht nur die Revolution verabschiedet (politische Differenz), sondern das gerade gewonnene Feld der Politik mit einer evolutionistisch konzipierten Theorie der ethischen Subjektivität verschüttet (theoretische Differenz). Insoweit ist Lenin der radikalere Revisionist. Gramsci hat ausgehend von Lenin den Marxismus so weit revolutioniert, daß das historische Faustpfand 'Sieg' fast auf Null reduziert worden ist. Aus diesem Grund wird hier der Schnitt gesetzt. Das heißt nicht, daß hier angenommen wird, daß sich Gramsci mit seiner Theorie im nachgramscianischen Marxismus durchgesetzt habe - darum geht es hier nicht -: den Schnitt dort anzusetzen, heißt nur, daß mit und seit Gramsci die theoretische Möglichkeit bestanden hätte, einen 'Marxismus ohne Gewähr'[6] zu schaffen.

---

4) Althusser 1988 : 3 in einem Ausstellungskatalog zu Werken des Malers Wilfredo Lam: "Lam, so könnte ich sagen, malt an den Grenzen, so wie andere, wenige, an den Grenzen gedacht haben".
5) Vgl. Rosenberg 1988 : 265.
6) Hall 1984 : 97 ff..

Der Begriff der Kämpfe ist natürlich aus klassisch marxistischer Sicht schwammig. Dieser Begriff 'Kämpfe' ist hier bewußt so offengehalten. Es soll nicht nur geschaut werden, wo 'Klassen'kämpfe im Marxismus ihren Platz finden können, sondern auch, inwieweit es möglich ist, andere Kämpfe überhaupt zu thematisieren. Die von Balibar gestellte Frage also: kann der Marxismus die Entwicklung vom Klassenkampf zum Kampf ohne Klassen denken[7]? So bezieht sich der Begriff des Kampfes explizit nicht nur auf marxistische Bewegungen - genauer: die Arbeiterklasse - sondern denkt auch an die quer zu der traditionellen ArbeiterInnenbewegung stehenden Gruppen. Zum einen, weil zumindest historisch belegt ist, daß von der Fortschrittlichkeit der Arbeiter-Innenbewegung nicht per se ausgegangen werden kann (ArbeiterInnenbewegung und Faschismus; oder aber auch nur die forcierte Sozialpartnerschaft, die ebenso aktiv an der Unterdrückung politischer Streiks Anfang des Jahrhunderts, wie an der Verhinderung der Novemberrevolution beteiligt war), was theoretisch nicht nur die Verabschiedung der Annahme des historisch feststehenden revolutionären Subjekts zur Folge hat. Sondern eben überhaupt die These von der notwendigen Existenz eines a priori zu definierenden revolutionären Subjekts. Denn die falsche Logik wird keineswegs verlassen, wenn die Arbeiterklasse verabschiedet (und somit als a priori nicht-revolutionäres Subjekt gesetzt wird) und der nun frei gewordene Stuhl in der Geschichtsteleologie durch irgendeine neue Gruppe besetzt wird. Erst wenn diese Logik aber verlassen wird, rücken disparate gesellschaftliche AdressatInnen marxistischer Theorie und Praxis, die gegebenenfalls gegen ihre vermeintliche ökonomische Stellung politisch-ideologisch agieren, ins Blickfeld[8].

---

7) Balibar 1990a : 190 ff..

8) Und das, obwohl die neueste Geschichte gerade eine alte These der K-Gruppen zu bestätigen scheint, nämlich die, daß sich Kleinbürger oder Söhne und Töchter von Großbürgern, wie in den Grünen und Teilen der Frauenbewegung dominant, notwendig sich von systemkritischen zu systemstabilisierenden Exponenten entwickeln. Doch die Geschichte ist kein Gegenargument gegen die oben präferierte Sichtweise. Dauerhaft hat sich bislang ja noch keine fundamental-oppositionelle, antikapitalistische Bewegung ohne Einpassung halten können. Es kann also nicht nur an der "Klassenlage" der ProtagonistInnen der Bewegung liegen. Zumal, insoweit es sich dann auch beim Marxismus selbst um ein klein- oder großbürgerliches Phänomen handelt, verfolgt man etwa die Biographien der in dieser Arbeit behandelten TheoretikerInnen (Ausnahme insoweit wohl nur Gramsci). Aber auch die Kritiker der Grünen und der Frauenbewegung von links unterscheiden sich von den Kritisierten meist nicht in der "objektiven Klassenlage". Zum zweiten aber ist diese Sichtweise, die eine Bewegung von ihrem systemstabilisierenden Ende her begreift, unhistorisch. Bewegungen besetzen für eine Zeit bestimmte Diskurse mit systemkritischen Gedanken und geben so ein Beispiel für das Initiieren und Tragen emanzipatorischer Diskurse, die ihrer ökonomischen Stellung nur zum Teil entsprechen. Die Betrachtung "vom Ende her" verbleibt in jener Geschichtsphilosophie, deren Motto die einfache Umkehrung der Bernsteinschen Revisionismuslosung sein könnte: Das Endziel ist uns alles, die Bewegung nichts. Das alles kann und muß nicht in seiner ganzen Breite berücksichtigt werden, sondern findet insbesondere deswegen Erwähnung, weil mit den Begriffen "Kämpfe" und "Bewegung" keine traditionelle Einschränkung reproduziert werden soll.

Verdichten wir dies zu zwei Thesen:

1) Daß diejenige Theorie und diejenigen TheoretikerInnen, die den gesellschaftlichen Kämpfen in ihrer Theoretisierung nicht zur Wirkungsmächtigkeit verhelfen, sondern sie nur mit der Behauptung einbauen, daß nur mit und über die Kämpfe eine Situation des möglichen Sieges der Unterdrückten und Ausgebeuteten gegen die Unterdrücker und Ausbeuter hergestellt werden kann, eine andere theoretisch explizierte Möglichkeit des Sieges haben und diese notwendig a-gesellschaftlich ist.

2) Daraus folgt, daß diejenigen Theorien und diejenigen TheoretikerInnen, die eine a-gesellschaftliche Siegesgewißheit in ihre Theorie einbauen, keinen *theoretischen* Bezug zu den realen Kämpfen haben.

Schon eine oberflächliche Phänomenologie der Folgeschäden klassischer marxistischer Theorie zeigt dies:

- Auf Bündnisse und Kämpfe wurde verzichtet, beispielsweise weil die Klassenlage oder das Objekt des Kampfes nicht in das klassische marxistische Schema paßte. Oder:
- Kämpfe von Frauen, Schwulen, Schwarzen oder Befreiungsbewegungen, die nicht mit den kommunistischen Parteien "kooperierten" (was bedeutete, die Ziele ihres Kampfes als reine Ausdrucksform des Hauptwiderspruches zu definieren und sich den tagespolitischen und strategischen Politikvorgaben der ZKs unterzuordnen), wurden bestenfalls ignoriert, teilweise aber wurde mitgeholfen, diese niederzukämpfen[9]. Oder:
- Alle Bewegungen und Ideologien, die nicht direkt als Ausdruck des Widerspruchs von Kapital und Arbeit dingfest zu machen waren, wurden einer Reduktion der Eigenlogik dieser Konflikte unterworfen. Dies galt nicht nur für die Einordnung emanzipativer Bewegungen (indem z.B. die Frage der Unterdrückung von Frauen oder ethnisierten Minderheiten als Teil des Klassenkampfes definiert wurde: erinnert sei an die berühmte Rede von dem Hauptwiderspruch und den Nebenwidersprüchen, die aber noch nicht einmal als *Neben*widersprüche, sondern als Unterabteilungen und besondere Ausformungen des Hauptwiderspruchs gedacht wurden). Auch und gerade die Mächtigkeit antiemanzipativer Ideologien wurde so unterschätzt. Von der bebelschen Behauptung, der Antisemitismus sei der Sozialismus der dummen Kerls, über die Reduktion des Faschismus auf eine besondere Herrschaftsform im Monopolkapitalismus bis zu derzeit gängigen linken und sozialdemokratischen Rassismustheorien, die Rassismus nur als Effekt der ökonomischen

---

9) Beispielsweise: die kubanische Revolution (vgl. Mires 1984), die theoretische und praktische Intervention der KPs in die Befreiungskämpfe in den Staaten Lateinamerikas (vgl. Löwy 1988), zum Feminismus (vgl. Bebel 1979 : 5; Zetkin 1979 : 9 f.; oder Balibar, F./ N. Labica 1984).

Modernisierung und ihrer Opfer, der Plattenbauten und der fehlenden Lehrstellen und Jugendklubs zu analysieren in der Lage sind. Fast notwendiger Effekt der in der Linken verbreiteten These, daß der Rassismus in erster Linie eine, wenn auch falsche Antwort auf ökonomische Widersprüche sei, ist dann regelmäßig der Nationalismus von links, der die irgendwie doch berechtigten Ängste der Rassisten zu besetzen sucht. Indem nämlich der Hauptwiderspruch theoretisch notwendig alle Fragen überdeterminiert, wurde und wird beispielsweise die Eigenlogik nationalistischer, rassistischer oder antisemitischer Propaganda unterschätzt[10].

Doch die 'Krise des Marxismus' begann viel früher. Sie wurde erstmals 1898 vom Prager Professor Masaryk konstatiert. Es war die Zeit, als die Arbeitermassen nicht zunehmender Verelendung, sondern einer langen Phase der Prosperität ausgesetzt waren, mit der unerwarteten Möglichkeit, an dem bestehenden kapitalistischen System sowohl ökonomisch als auch politisch, nach Aufhebung der Sozialistengesetze, teilhaben zu können. In diese Zeit fällt der erste Revisionismusstreit und in seiner Folge die ersten zentralen Krisen: sozialchauvinistisches und opportunistisches Verhalten der 'Arbeiterführer', Spaltung der ArbeiterInnenbewegung und der sie vertretenden Parteien, Zerfall der II. Internationale, Zustimmung zu den Kriegskrediten u.v.m.. Das scheinbar harmonische Miteinander, das sich, beginnend mit dem Erfurter Programm der deutschen Sozialdemokratie, der Verschmelzung von Theorie und Praxis, von Marxismus und Arbeiterklasse abzuzeichnen schien, konnte beginnend mit der ersten Krise des Marxismus nicht mehr unterstellt werden[11].

Das durch die erste Krise des Marxismus Offensichtlich-Werden des fehlenden theoretischen Bezugs zu bestimmten Kämpfen war dem Marxismus anfänglich gar nicht so wichtig. Er analysierte das Wegbrechen eines Teils der ArbeiterInnenbewegung nicht als Verlust, sondern als vorübergehende Erscheinung, die nicht in der Lage war, am Wesen des geschichtlichen Prozesses etwas zu ändern. Der Marxismus konnte sich gar nichts anderes vorstellen, als daß die Geschichte, mit oder ohne den Massen im Gepäck, auf das Reich der Freiheit zusteuern würde.

Grund dafür war die These vom Selbstlauf der Entwicklung der Produktivkräfte, die in dieser Klarheit insbesondere von den MarxistInnen der II. Internationale vertreten

---

10) Vgl. exemplarisch den völkischen Nationalismus der KPD im 'Programm der KPD zur nationalen und sozialen Befreiung des deutschen Volkes' vom 24.8.1930, abgedruckt in: Klönne 1989 : 256 ff..

11) Daß diese Verschmelzung von marxistischer Theorie und proletarischer Klasse so nie stattgefunden hat; und daß die sozialdemokratische Partei nie eine revolutionär-marxistische Arbeiterpartei war, wird noch zu erörtern sein.

worden ist. Letzten Endes wurde die Ökonomie auf den Stand der technologischen Entwicklung zurückgeführt, so daß in seiner krudesten Form der Ökonomismus sich als ein Technizismus präsentierte. Dies gilt es hier festzuhalten und zu präzisieren. Von Ökonomismus soll hier insoweit gesprochen werden, wenn die gesellschaftliche Entwicklung als durch eine naturalistisch verkürzte, letztlich direkt um die Entwicklung der Produktivkräfte herum konzipierte Ökonomie determiniert verstanden wird[12]. Hinzu kommt, daß diesem Produktivkraftökonomismus nicht allein ein vulgärmaterialistisches und naturalistisches Verständnis der Ökonomie, sowie die Vorstellung eines im Kern einseitigen Determinationsverhältnisses zu eigen ist. Die Produktivkräfte beinhalten zudem den Motor gesellschaftlicher Entwicklung, sie treiben diese notwendig bis zu dem Punkt voran, an dem sie, ohne Wenn und Aber, die ihnen beigesellten Produktionsverhältnisse sprengen.

Doch der Ökonomismus steht, bezogen auf das Moment des A-Gesellschaftlichen, nicht allein. Historische Ereignisse von zentraler Bedeutung, wie die Oktoberrevolution, das Aufkommen des Faschismus, die gescheiterte deutsche Revolution, die allesamt anders verlaufen sind, als - auf Grundlage der ökonomistischen Orthodoxie - prognostiziert[13], führten zu innertheoretischen Verschiebungen. Kämpfe jenseits "objektiv" gegebener revolutionärer Situationen wie in Rußland produzierten neue Theoreme wie 'Hegemonie', 'schwächstes Glied in der imperialistischen Kette' etc., die anfingen, sich positiv auf Kämpfe und deren Wirkungsmächtigkeit zu beziehen - gleichzeitig entstanden aber *neue* Gewißheiten. Neu meint hier nicht eine Entwicklung ohne Geschichte, sondern eher, daß eine bereits im Marxismus bestehende Linie, die der Geschichtsteleologie, gestärkt wurde. Diese Linie ist zwar immer anwesend

---

12) Vgl. Balibar 1990 : 7: "In der Tradition der marxistischen Orthodoxie stellt sich der Ökonomismus als ein Determinismus der Entwicklung der Produktivkräfte dar" (ebd. : 7). Ökonomismus bedeutet also, zumindest insoweit man sich auf dem Feld des Marxismus bewegt, nicht, daß ökonomischen Verhältnissen ein besonderes Augenmerk gewidmet wird.

13) Sowohl die russische Revolution, als auch das Ausbleiben der deutsche Revolution waren auf der Basis klassischer marxistischer Grundannahmen über den Zusammenhang der Entwicklung der Produktivkräfte und deren Sprengung kapitalistischer Produktionsverhältnisse nicht zu erwarten. Weite Teile des Leninschen Werkes sind somit auch einer Kritik ökonomistischer Tendenzen im Marxismus gewidmet. Nicos Poulantzas hat in seiner Studie zur Analyse des Faschismus seitens der Kommunistischen Internationale gezeigt, wie ökonomistische Analysen eine adäquate Einschätzung der Stärke und Gefährlichkeit der europäischen faschistischen Massenbewegungen verhindert haben. Hatte die Komintern den italienischen Faschismus zuerst als Resultat verspäteter ökonomischer Entwicklung, als Überbleibsel feudaler Strukturen in einem bäuerlich strukturierten Land analysiert, so wurde nach der Machtergreifung der Nationalsozialisten in Deutschland diese Erklärung in ihr glattes Gegenteil verkehrt. Nun war der Faschismus die letzte Anstrengung der reaktionärsten Teile der Bourgeoisie im imperialistischen Hochkapitalismus, die letzte gewalttätige und brutale Stufe vor dem Sieg der Arbeiterbewegung. Vgl. Poulantzas 1973 : 36 ff..

gewesen, aber mit dem Moment des Ökonomischen so verschränkt, daß sie als eigenständige unsichtbar war. Ihre Eigenständigkeit, ihr Charakter als zentrales stabilisierendes Moment in der Theorie des Marxismus beginnt mit Engels. Hier wird die 'reine' Idee einer 'gerichteten Geschichte' erstmals ausformuliert. Die Dialektik als realgeschichtliches, naturgeschichtliches und denklogisches Gesetz der Entwicklung der Welt als auch des Denkens über diese wird hier zum Essential des Marxismus. Das hat große Vorteile gehabt: es ließ einen Freiraum für Politik und Kämpfe entstehen (die berühmte 'Determination in letzter Instanz'), da die 'reine' Geschichte dem Gedanken des direkten Reflexes auf ökonomische Prozesse, die dem Basis/Überbau-Schema so verbunden ist, ihre Bedeutung nahm. Damit aber ist die Theorie letztlich hermetischer als im Ökonomismus. Krisen ökonomischer Natur sind nicht mehr in der Lage, das 'neue' Gebäude der Gewißheiten zu erschüttern. Lehrt die neue Absicherung doch, daß auch dann, wenn alles sich 'falsch' entwickelt, dies nur als Moment der 'richtigen' Entwicklung gedeutet werden kann. So hat auch das Ausbleiben der Kämpfe in den entwickelten kapitalistischen Gesellschaften während eben solcher 'objektiv' revolutionären Situationen oder auch die Zustimmung und aktive Teilnahme von immer mehr ArbeiterInnen an der Ausformung des kapitalistischen Systems, die auf der Grundlage des Ökonomismus nicht hinreichend geklärt werden konnten[14], zumindest in der Zeit nach der Auflösung der II. Internationale nur noch bedingt zu Irritation geführt.

Zwei Momente prägten also die 'nachökonomistische' Zeit. Die Annahme, Geschichte sei gerichtet, und die immer zentraler werdende Thematisierung des Überbaus. Letztere drängte sich zuerst nicht begrifflich, sondern praktisch, in Form der Notwendigkeit der Konzeptionierung des politischen Kampfes, auf. Das theoretische Bedürfnis nach einer Theorie der Politik ist erst durch die Realisierung eines Theoriedefizits entstanden, welches zwar lange Zeit bestand, aber nicht zur Kenntnis genommen wurde, weil ökonomische Gründe gesucht und gefunden wurden, die das Scheitern bestimmter Bewegungen erklärten. Auch boten die ökonomischen und/oder politischen Entwicklungen selbst Anlaß dafür, daß der ökonomistische Denkrahmen lange Zeit für erklärungskräftig gehalten wurde; ja, er drängte sich geradezu auf[15]. Es wäre also theoretizistisch, die Infragestellung des klassischen Ökonomismus aus einem rein innertheoretischen Ungenügen, einer logischen Inkohärenz zu fassen. Erst als die

---

14) Physischer Zwang und Unterdrückung, korrupte Arbeiteraristokratie oder Verdummung waren alternativ oder kumulativ denn auch die einzigen Erklärungen, die für die aktive Einbindung des Proletariats in die fortgeschrittenen kapitalistischen Gesellschaften gefunden werden konnten. Vgl. Müller-Tuckfeld 1994.
15) Colletti 1971 : 19. Er beschreibt, welche Auswirkungen die große Depression auf die Bestätigung der marxschen Kategorien hatte.

Spannungen zwischen ökonomischen Erklärungen und der Wahrnehmung der politischen Verhältnisse so groß wurden, daß jede noch so kluge ökonomische Interpretation offensichtliche Mängel zeigte, schob sich die argumentative Lücke in den Vordergrund, die schließlich neue Fragen und neue Antworten produzierte.

Nun gibt es auf der Grundlage der oben dargelegten Thesen zwei methodische Herangehensweisen. Die eine führt uns zur Basis, die andere zum Überbau. Das letztere erschien uns aus zwei Gründen sinnvoll. Erstens: gerade weil der von der Basis abgeleitete Ort der Kämpfe innerhalb der Theorie des Marxismus nicht der hier interessierende ist, weil wir also gerade nicht nach den An-Bindungen fragen, sondern nach der Möglichkeit der (relativen?) Autonomie der Kämpfe im Marxismus suchen, ist es notwendig, den Blick auf den Überbau zu richten. Doch läßt sich dort der Ort der Kämpfe und der Politik finden? Gibt es im Marxismus überhaupt einen Ort der Kämpfe und der Politik?

Politik zu machen, hat der klassische Marxismus nur bedingt beansprucht. Für diesen war Politik und Kampf in letzter Konsequenz reflexiver Ausdruck ökonomischer Verhältnisse, hatte somit keine eigene Logik, keine eigenen Gesetze, keine eigene Geschichte. Ein zumindest ebenso schwieriges Verhältnis hat der Marxismus zu Fragen der Ideologie. Natürlich gibt es den Ideologiebegriff im Marxismus. Doch mit dem Marxschen Diktum, die Ideologien hätten keine eigene Geschichte - ein Diktum, das analog auch für die gesellschaftlichen (Klassen-) Kämpfe gilt -, ist die Theorie der Ideologie und der Kämpfe im klassischen Marxismus durch eine mehr oder weniger direkte Anbindung des Bewußtseins an die Veränderungen der Produktivkräfte bei gleichzeitiger Hypostasierung von Elementen der klassischen Bewußtseinsphilosophie gekennzeichnet. Gegen zahlreiche Lesarten, die diese Behauptung in Frage stellen, soll die Untersuchung mit der noch zu belegenden These begonnen werden, daß Marx *überhaupt keine originäre Ideologietheorie* entwickelt hat, sondern allenfalls Ideologiekritik betrieb. Ideologie ist im klassischen Marxismus das (notwendig) falsche Denken der Anderen: Everybody has got something to hide - except for me and my monkey (Lennon/McCartney) oder 'Ich sehe was, was Du nicht siehst'. Das richtige Bewußtsein ergebe sich notwendig aus der Klassenlage des Proletariats, aus der Polarisierung gesellschaftlicher Verhältnisse durch die Dynamik kapitalistischer Entwicklungsnotwendigkeiten.

Die erste und direkte Antwort, die der frühe Marxismus gibt, ist also ein Verweis auf die Entwicklungen in der ökonomischen Basis. Von dieser wird behauptet, daß sie alle

8

gesellschaftlichen Entwicklungsprozesse determiniert[16]. Der frühe Marxismus verzichtet aus diesem Grund auf eine Theorie der ideologischen Formen, die über die ableitungslogische Setzung hinausgeht. Die Eigenständigkeit des Ideologischen ist in der Konzeption des Marxismus sogar in hohem Maße dysfunktional.

Sind wir nun also einmal im Kreis gelaufen - und zwingt uns das theoretische Gerüst des Marxismus, eine Annäherung über die Basis zu suchen? Wir versuchen hier eine Verneinung, obwohl uns der Verweis bereits aus der Bahn geworfen hat, und versuchen den Ort des Politischen, den Ort der Kämpfe erst einmal mit einer Hilfskonstruktion einzukreisen: Da sich alles, was nicht Ökonomie ist, in der klassischen marxistischen Topologie der Gesellschaft im Überbau finden läßt, beginnt auch die Suche nach dem Ort des Politischen dort. Nun sind wir hier aber noch lange nicht bei der Politik und den Kämpfen angekommen, sondern befinden uns im Reich des Überbaus, welches das Reich der Ideologie ist. So jedenfalls ist es dem Text 'Die deutsche Ideologie' von Karl Marx und Friedrich Engels zu entnehmen.

Bedingt durch diese für den Marxismus von Marx und Engels notwendige Hilfskonstruktion nähern sich die Begriffe Kampf - immer verstanden als politischer oder ideologischer Kampf ohne ökonomische und/oder historische Determiniertheit -, Politik und Ideologie einander an. Mögliche Differenzierung der Begriffe gehen einher mit der Differenzierung des Basis/Überbau-Schemas im Marxismus selbst. So werden wir gezwungen sein, eine Weile lang diese Begriffe weithin synonym zu verwenden, denn sie bezeichnen immer Gleiches.

Diese Schwierigkeit muß erwähnt werden. Denn es geht in dieser Arbeit nicht um die Frage einer Ideologietheorie im eigentlichen Sinne, was die permanente Anwesenheit des Begriffs doch zumindest nahelegt. Es geht hier also auch nicht um eine Untersuchung aller möglichen Verwendungen des Ideologiebegriffs. Zum einen gibt es hierfür eine Reihe recht informativer Arbeiten, zum zweiten aber würde dies den Rahmen unseres Projektes sprengen. Eagleton beispielsweise unterscheidet allein zwischen sechszehn Bedeutungen des Begriffs der Ideologie: "a) prozeßhafte Produktion von Bedeutungen, Zeichen und Werten im gesellschaftlichen Leben; b) Korpus von Ideen, die für eine bestimmte soziale Gruppe oder Klasse charakteristisch sind; c) Vorstel-

---

16) Marx/Engels MEW 3 : 69: "In der Entwicklung der Produktivkräfte tritt eine Stufe ein, auf welcher Produktionskräfte und Verkehrsmittel hervorgerufen werden, welche unter den bestehenden Verhältnissen nur Unheil anrichten ... - und was damit zusammenhängt, daß eine Klasse hervorgerufen wird, ... die die Majorität aller Gesellschaftsmitglieder bildet und von der das Bewußtsein über die Notwendigkeit einer gründlichen Revolution, das kommunistische Bewußtsein, ausgeht."

lungen, die dazu beitragen, eine herrschende politische Macht zu legitimieren; d) falsche Vorstellungen, die dazu beitragen, eine herrschende politische Macht zu legitimieren; e) systematisch verzerrte Kommunikation; f) etwas, was dem Subjekt erlaubt, Stellung zu beziehen; g) gesellschaftlich motivierte Denkweisen; h) Identitätsdenken; i) sozial notwendige Illusion; j) Zusammentreffen von Macht und Diskurs; k) Medium, in dem gesellschaftlich handelnde Personen eine sinnvolle Welt gestalten; l) handlungsorientierter Komplex von Überzeugungen; m) Vermischung sprachlicher und phänomenaler Wirklichkeit; n) semiotische Schließung; o) Medium, innerhalb dessen Einzelne ihre Beziehungen als soziale Struktur erleben; p) Vorgang, durch den gesellschaftliches Leben in naturgegebene Wirklichkeit verwandelt wird"[17]. Diese Liste erhebt keinen Anspruch auf Vollständigkeit; zudem schließen sich nur einige, nicht aber alle Kombinationen aus, so daß an sich leicht noch verschiedene Mischformen des Begriffs denkbar sind. Auch findet sich der Begriff der Ideologie nicht nur in der marxistischen Tradition, sondern ebenso in der positivistischen (Theodor Geiger oder Ernst Topitsch etc.), der Kritischen Theorie oder der interpretativen Wissenssoziologie[18].

Die zweite Implikation ist etwas komplizierter. Da der Blick sich also auf das, was klassisch als 'Überbau' auf dem Feld des Marxismus verortet ist, und die wie auch immer geartete relative Autonomie ideologischer Prozesse, die Wirksamkeit und Bedeutung der ideologischen Formen auf das, was - um in der räumlichen Metapher zu bleiben - die Basis[19] im Marxismus ist, richtet, bedient er sich einer Vorgehensweise, die mit Fug und Recht im klassischen Marxismus und durch Marx selbst als eine idealistische bezeichnet werden würde. Der Vorwurf des Idealismus muß aber ebenso in Kauf genommen werden wie derjenige, diese Arbeit an der Rekonstruktion von Elementen einer Theorie der Kämpfe und des Politischen im Marxismus überschreite die theoretischen Begrenzungen des Marxismus. Denn gerade darum geht es hier: die Grenzen des Marxismus aufzuzeigen und sie, wo möglich, zu verschieben. Balibar hat diese Notwendigkeit treffend beschrieben, indem er betont, daß es notwendig ist, um der Krise des Marxismus ohne Zerstörung des Marxismus zu entkommen, "in einem gewissen Sinne die Grenzen des Marxismus selbst zu überschreiten. Es ist notwendig, sich nicht nur der marxistischen Orthodoxie zu entwinden, nicht nur der Konflikte zwischen rechten und linken Strömungen des Marxismus, sondern vor allem der Pro-

---

17) Eagleton 1993 : 7 f..
18) Vgl. auch Hauck 1992 : 28 - 74.
19) Es wird noch ein Stück weit in dieser Terminologie verblieben. Sie wird erst an anderer Stelle einer kritischen Würdigung unterzogen.

blematik von Marx, wie er sie selbst verstand: des philosophischen Selbstbewußtseins von Marx"[20].

Ziel dieser Untersuchung soll es also gerade sein, den inhaltlichen Konnex aufzulösen, nach dem die Beschäftigung mit dem Ökonomischen eine marxistische, der Blick auf politische und ideologische Prozesse eine idealistische Herangehensweise definiere. Dagegen wird die Grundannahme gestellt, daß es keinen Selbstlauf der Entwicklung der Produktivkräfte gibt, der notwendig zur Überwindung des Kapitalismus führt. Weiter, und damit im Zusammenhang, soll hier den Theoremen gefolgt werden, die den engen Begriff der Ökonomie als einer Sphäre, die unabhängig von Politik und Ideologie gefaßt werden kann, ablehnen. Auf den Idealismusverdacht bezogen heißt das, daß nur in der traditionellen Lesart der Blick vom 'Überbau' auf die 'Basis' so verstanden und gewertet werden kann. Denn umgekehrt heißt dies ja auch, daß jedenfalls eine ganz zentrale Bestimmung des klassischen Marxismus übernommen wird: Gegen alle subjektiven Idealismen wird nämlich behauptet, daß Ideologie und Politik nicht ihren Ursprung im Subjekt haben und nicht völlig losgelöst von den Bedingungen der Reproduktion der Produktionsverhältnisse gedacht werden können. Spätestens mit Hegel ist das Modell ursprünglicher, a priori oder transzendental zu denkender Subjektivität ad acta zu legen. Insoweit könnte also dem Diktum, daß das "gesellschaftliche Sein" das Bewußtsein bestimme, zugestimmt werden, wenn die Betonung mehr auf 'gesellschaftlich' und weniger auf 'Sein' gelegt wird, als dies im Marxismus bis zum Ende der II. Internationale der Fall war.

Bei Aufgabe der Trennung von Basis und Überbau gibt es also weder den reinen Geist, noch die reine Ökonomie. Eine Ausgangsthese lautet somit: die Überbetonung der Basis- wie der Überbauelemente hat die marxistische Theoriebildung in eine Sackgasse geführt. Bereits diese Trennung in Basis- und Überbauelemente birgt die Gefahr der Theoretisierung in Form einer Kombinatorik zweier starrer Strukturen[21]. Das Basis/Überbau-Modell taugt als räumliche Metapher nur dazu, darauf hinzuweisen, daß es ein *strukturiertes* soziales Ganzes gibt, welches sich aus ökonomischen, politischen und ideologischen Elementen zusammensetzt, die in einem unauflösbaren Wirkungszusammenhang stehen. Es geht hier also nicht darum, das Moment der Ideologie von dem der Ökonomie loszulösen. Derartige Tendenzen, wie sie sich z.B. beim späten Engels (Teil I, Kap. 2), ihm folgend Bernstein (Teil II, Kap. 2) und bei Lukács (Teil III, Kap. 2) finden lassen, sind die theoretisch falsche Antwort auf den Produktivkraftökonomismus. Es geht im Gegenteil darum, diese Trennung von Basis und

---

20) Balibar 1994a : 29.
21) Vgl. Poulantzas 1978 : 13 ff..

Überbau, von Ökonomie und Ideologie in Frage zu stellen, bei gleichzeitigem Verzicht auf das Einebnen der Unterschiede[22]. Denn die spezifischen und historisch variablen Verbindungen sind nur dann sinnvoll zu denken, wenn die jeweilige Eigenlogik gedacht werden kann, ohne sie sogleich bloß als Teil eines sozialen Ganzen zu setzen. Der Begriff der Totalität ist somit nur dann sinnvoll, wenn er, anders als bei Lukács, nicht als expressiv, sondern als strukturiert verstanden wird[23].

Die Momente des Überbaus so zentral zu setzen, ist, trotz des damit verbundenen und teils berechtigten Idealismusverdachts, im Feld des Marxismus kein so neues Projekt[24]. Seine Tradition im 'westlichen Marxismus'[25] beginnt mit der Kritik an der II. Internationale. Diese Herangehens- und Arbeitsweise wurde oft wegen der fehlenden Anbindung an die ökonomischen und sozialen Prozesse kritisiert. Diese Kritik ist zum Teil berechtigt[26], dennoch wollen wir zeigen, daß eine intensive Beschäftigung mit Ideologie, Philosophie und Politik, also mit den sogenannten Überbauphänomenen, den richtigen Ausgangspunkt für die Erfassung von Kämpfen bildet[27] und damit den richtigen Ausgangspunkt für die Frage nach gesellschaftsrelevanter Veränderung. Das heißt nicht, einer Theorie gänzlich die Aufgabe übertragen zu wollen, die Grundlage für die Veränderung von Gesellschaft liefern zu sollen. Derartige Machtphantasien wären nun wirklich idealistisch. Man muß hier vielmehr auf die Unterscheidungen Gramscis zurückgreifen. Nicht die individuelle Theoriebildung, das richtige Denken

---

22) Vgl. Althussers Begriff der Überdeterminierung im Schlußkapitel.

23) Vgl. dazu insbesondere die Kritik an Lukács, Teil III, Kap. 2.

24) Anderson 1978 : 86: "Das erstaunlichste Merkmal des westlichen Marxismus als umfassender Tradition ist daher vielleicht die andauernde Präsenz der verschiedenen Ausprägungen des europäischen Idealismus und deren Wirkung auf ihn. Stets war die Skala der Wechselbeziehungen zwischen Idealismus und Marxismus vielgestaltig und umfaßte gleichermaßen Assimilation und Zurückweisung, Anleihe und Kritik."

25) Perry Anderson faßt unter dem Stichwort 'westlicher Marxismus' folgende Theoretiker: Lukács, Korsch, Gramsci, Benjamin, Horkheimer, Della Volpe, Marcuse, Lefebvre, Adorno, Sartre, Goldmann, Althusser, Colletti (vgl. Anderson 1978 : 46). Ihnen ist nach seiner Auffassung gemein: Politischer/theoretischer Beginn um ca. 1920; Konzentration auf die Länder Deutschland, Frankreich, Italien; strukturelle Trennung von Theorie und Praxis; Verschiebung des inhaltlichen Schwerpunkts von den politisch-ökonomischen Strukturen hin zur Philosophie; Theorien entstehen alle in der Situation der Krise; Verlagerung ihres Aktionszentrums aus den Parteiversammlungen in die Hörsäle der Universitäten (vgl. ebd. : 44 - 111). Die einzige Ausnahme bildet Gramsci (besonderer Lebensweg).

26) Anderson 1978 : 81: "So legte der westliche Marxismus als ganzer paradoxerweise den Weg von Marx' eigener Entwicklung in umgekehrter Richtung zurück. Wo der Begründer des historischen Materialismus sich von der Philosophie immer weiter weg und auf Politik und Ökonomie als die zentralen Gebiete seines Denkens zubewegt hatte, kamen die Nachfolger der nach 1920 entstandenen Tradition von der Ökonomie und Politik immer stärker auf die Philosophie zurück und kehrten sich von den großen Fragen und Interessen des reifen Marx beinahe ebenso vollständig ab, wie dieser die Verfolgung der Fragestellung seiner Jugendzeit aufgegeben hatte."

27) Hall 1984 : 98 f..

am Schreibtisch verändert die Welt (insoweit gehen wir d'accord mit der 11. Feuerbachthese), sondern nur eine hegemoniale Theorie, die zur Waffe wird, wenn sie die Massen ergreift[28]. Denn über ihre Wirksamkeit und Unwirksamkeit entscheidet nicht die Theorie höchstselbst, vielmehr z.B. partielle Verankerung des Marxismus in gesellschaftskritischen Bewegungen, fehlende gesellschaftspolitische Akzeptanz, fehlende vitale Einbindung in den intellektuellen Diskurs, relativ stabiles gegnerisches gesellschaftlich-ideologisches Umfeld, disparate Adressaten anstatt, wie im Marxismus angenommen, einer revolutionären Klasse u.v.m..

Diese Arbeit will versuchen, auf dem Feld des klassischen Marxismus Elemente sichtbar zu machen, die helfen, den Raum bestimmbar werden zu lassen, in dem Politik und Kampf denkbar sind. Eine solche Politikstrategie des Marxismus steht, wie aufgezeigen werden, nicht bereit. Trotzdem ist sie in Rudimenten vorhanden. Sie konstituiert sich unterhalb der Hauptlinie des Marxismus in Abgrenzungen wie in Anleihen, aber und vor allen in Aussagen, die der Logik entweichen, zufälligen Worten, die unter einem anderen Blick eine theoretische Kraft entwickeln. Die Entwicklungen des Marxismus, man wird dies bei Lenin, Lukács, Gramsci und Althusser sehen, beruhen nicht zuletzt darauf, daß es diese vereinzelten Elemente im Marxismus selbst gibt, so daß sich die Häresie als Orthodoxie präsentieren kann.

Die Darstellung leitet das folgende Interesse: welche Rolle spielen Kämpfe im Marxismus und welche Rolle wird bei der Konstitution der Kämpfe dem Ideologischen beigemessen? Den Blick über die Fülle des zu bearbeitenden Materials werden folgende Fragestellungen leiten: Welche nichtökonomischen Faktoren werden von MarxistInnen für die revolutionäre Aktivität von Menschen angenommen? Welches ist das produktive Moment des Nichtökonomischen und ist dieses Moment negativ produktiv, indem es hilft, die Menschen zu 'verdummen', sie apathisch und/oder resigniert werden zu lassen[29], oder ist dieses Moment positiv produktiv, indem es Menschen zu aktiven Trägern des Systems macht oder kämpfen läßt?

---

28) "Die Waffe der Kritik kann allerdings die Kritik der Waffen nicht ersetzen, ..., allein auch die Theorie wird zur materiellen Gewalt, sobald sie die Massen ergreift" (MEW 1 : 385).

29) Negativ produktiv ist der Begriff von Ideologie auch dann, wenn davon ausgegangen wird, daß Menschen durch sie aktiv verdummt und am Kämpfen gehindert werden. Einen solchen Begriff von Ideologie zu entwickeln, ist nicht Ziel dieser Arbeit. Ein solcher Begriff ist dem Marxismus in Form der Priestertrugtheorien vorausgegangen und bereits durch ihn kritisiert worden. Obwohl Marx die verschiedenen Versionen der Priestertrugtheorien der Aufklärung einer Kritik unterzieht, ist gerade diese These, daß Ideologie instrumentelles Mittel der Herrschenden zur Unterdrückung der Beherrschten sei, im Marxismus immer virulent. Eingefangen wird dies aber nur, indem die Produktion des falschen Bewußtseins von den Priestern und Feudalherren weg in die Ökonomie verlegt wird, somit ökonomistisch als *notwendig* charakterisiert wird.

13

Diese Fragestellung nach der Funktion der Ideologie unterscheidet sich von der marxistischen Fragestellung deutlich. Hier dreht sich alles um die Wahr/Falsch-Achse. Ideologien sind falsches oder doch objektiv verstelltes Bewußtsein[30], das aber in gewisser Hinsicht wahr ist, weil es *notwendig* falsch ist. Diese Formulierung impliziert eine unklare oder doch zumindest ambivalente Haltung zur Frage der Ideologie[31]. Denn die konstatierte funktionale Notwendigkeit falschen Bewußtseins könnte ja für eine Bedeutungszuschreibung des Ideologischen stehen. Doch die Notwendigkeit wird anders konnotiert. Notwendig ist das falsche Bewußtsein weniger für die Reproduktion der Produktionsverhältnisse, denn in seiner direkten Beziehung zum Ökonomischen. Gerade gegen Priestertrugtheorien soll die Notwendigkeit im Sinne einer nicht von der Willkür der Herrschenden, sondern von den objektiven ökonomischen Verhältnissen abhängigen Gestalt der Verkennung der Wirklichkeit betont werden. Nur in ganz wenigen Passagen wie z.B. der berühmten Stelle im Vorwort zur 'Kritik der politischen Ökonomie' haben Ideologien zumindest den Anklang einer positiven oder produktiven Funktion. Sie bringen Menschen zum Kämpfen. Nicht umsonst wird Gramsci diese Passage immer wieder zitieren, wohl wissend, daß er sie gegen ihren Kontext liest. Die Frage nach der Funktion schließt also die Frage nach dem Wahr und Falsch als Beziehung zwischen Wissen und von diesem unabhängiger Welt aus, und damit auch und zu einem ganz erheblichen Teil die Frage nach der Entgegensetzung von Ideologie (Falsch) und Wissenschaft (Wahr). Sie verliert ihr Gewicht.

Der hier vorgestellte Blick verdankt einer bestimmten Tradition im Marxismus eine Menge. "Da es keine 'unschuldige' Lektüre gibt, wollen wir klären, welcher Lektüre wir uns zuvor 'schuldig' gemacht haben"[32]: Die Fragestellungen haben sich vorrangig auf der Grundlage der Arbeiten von Louis Althusser entwickelt, der in den 60iger und 70iger Jahren den Marxismus mahnte, 'nie den Klassenkampf zu vergessen'. Diese Mahnung wirft noch einmal alles auf. Der Marxismus verstand sich zu Recht als eine Theorie, die darauf abzielte, die Gedemütigten und Geknechteten aus ihrer Unterdrückung zu befreien. Er besaß also eine zutiefst kämpferische Orientierung, kein 'rein' wissenschaftliches Verhältnis zu seinem Gegenstand. Und doch ist durch Louis Althusser gezeigt worden, daß die Kämpfe des Marxismus den Status von reflexiven Anhängseln innerhalb einer Teleologie haben, welche ihren Motor schwerpunktmäßig mal in der Ökonomie, mal in der Geschichte zu sehen glaubt. Von der Kritik der rein kontemplativen Haltung der Philosophie in der 11. Feuerbachthese blieb nur die Kritik

---

30) Dieser Begriff ist zwar erst vom späten Engels geprägt worden, dennoch ist er in der 'Deutschen Ideologie' angelegt.
31) Insbesondere Lukács wird diese Ambivalenz theoretisch ausbauen. Vgl. unten, Teil III, Kap. 2.
32) Althusser/Balibar 1972 : 12.

der Philosophie, also der Normativität, übrig. Diese Normativität wurde schlicht durch Deskriptivität ersetzt, der Marxismus von der Philosophie zur Wissenschaft. Nur daß jetzt nicht die Welt verschieden interpretiert, sondern gleich einer Naturwissenschaft nur beschrieben wurde. Daß es darauf ankommt, sie zu verändern, wie es bei Marx hieß, blieb darüber dem Vergessen anheim gestellt, da ja dies die Welt schon von selbst besorgte. Gramsci hat, in theoretischer Nachfolge zu Lenin an diese Logik Hand angelegt[33]. Erst Althusser aber systematisiert den Blick für diese Tiefenstruktur. Er schärft aber auch gleichzeitig den Blick dafür, daß der Marxismus mehr zu bieten hat als die Ausbuchstabierung einer Teleologie. Nun wird diese Arbeit aber nicht der Frage nachgehen, ob das, was Althusser aus Marx, Lenin und anderen herausgelesen hat, richtig oder falsch ist. Denn obwohl hier eine genaue Lektüre versucht wird, um Widersprüche und Probleme nicht zuzukleistern, hat diese Arbeit kein philologisches Interesse. Es geht nicht darum, den wahren Marx oder den wahren Lenin zu rekonstruieren, sondern diese Arbeit wird versuchen, den inneren Dialog zu verfolgen, der, ausgehend von doch zuweilen recht unterschiedlichen Theorien der marxistischen TheoretikerInnen, sich um die oben skizzierte Frage entsponnen hat.

Wir denken dabei anderes sichtbar machen zu können, als der eingefahrene Kanon erzählt. Es werden die Bemühungen deutlich, die Engels, und alle, die ihm folgten, aufgewendet haben, um Politik machen zu können. Es werden die Verschiebungen deutlich, die jeweils vorgenommen wurden, um diese Politik theoretisch abzusichern; und es werden die Unterschiede der verschiedenen Bemühungen deutlich werden. Mal wird die Ökonomie, mal die Ideologie, mal das Bewußtsein, mal die Wissenschaft, die Natur, die Dialektik, das ethische Subjekt, das revolutionäre Subjekt und mal werden die Intellektuellen bemüht. Im Groben lassen sich die Bemühungen in drei Arten teilen, wovon die beiden Letztgenannten neben den negativen Aspekten (a-gesellschaftliche Kategorien) auch positive Effekte zeitigen. 1. Phase: Ausbuchstabierungen der ökonomietheoretischen Positionen von Marx, unter fast kompletter Ignorierung seiner politischen Schriften und der zumindest verbal antiökonomistischen Problematik des späten Engels (finden sich schwerpunktmäßig in der Zeit der II. Internationale/erste Generation der MarxistInnen). 2. Phase: Garantiefunktion des Sieges wird in der Geschichte (schwerpunktmäßig in der III. Internationale, aber auch schon bei Engels) und über die Stärkung des subjektiven Faktors gesucht. 3. Phase: Einerseits Stärkung des subjektiven Faktors unter starken Anleihen an Bewußtseinsphilosophie (humanistischer Marxismus, Eurokommunismus etc.) oder revisionistischer Psycho-

---

33) Vgl. auch Hall (Hall 1989 : 11 ff.), der richtigerweise darauf aufmerksam macht, daß trotz des starken Übergewichts der Teleologie auch schon bei Marx Elemente vorkommen, die diese Logik brechen: ganz zentral beispielsweise die Auseinandersetzung um den 1o. Stunden-Tag.

analyse (z.B. bei Marcuse). Andererseits von Gramsci ausgehend die Ausarbeitung einer marxistischen und postmarxistischen Diskurstheorie (Althusser, Pêcheux, Hindess/Hirst, Laclau/Mouffe). Diese letzte Phase werden wir nicht mehr darstellen. Ihr Beginn im Marxismus wird aber über die Zurückweisung jeder Form von Vergewisserung im A-Gesellschaftlichen zumindest angedeutet.

Aber wozu das alles noch?

Auf den ersten Blick ist es heutzutage keine große Kunst mehr, die Vorstellung eines Selbstlaufs der Produktivkräfte zu kritisieren, auch ist es vielleicht keine große Kunst, a-gesellschaftliche Garantiefunktionen zu kritisieren, weil kaum noch jemand an diese Selbstläufe in ihrer klassisch-marxistischen Form glaubt. Mehr noch: Was soll das Gerede um verschüttete Nebenlinien und Kämpfe, wo es doch heutzutage die Orthodoxie gar nicht mehr gibt, die mit ihren kanonisierten Zitatenschätzen und Weltweisheiten den kräftigen sozialen Bewegungen die Lust am eigenen Kampf austreibt[34]. Nicht nur der orthodoxe Marxismus ist mit dem Niedergang des RGW weithin verschwunden, es fehlt auch weitgehend an nicht-kommunistischen sozialen Bewegungen selbst, zumindest soweit sie eine grundsätzliche und emanzipatorische Veränderung dieser Gesellschaft im Auge haben.

Dies alles kann dazu verleiten, die blauen Bände einfach im Regal stehen zu lassen und sich sogleich den verschiedenen mit 'post' apostrophierten Theorien zuzuwenden. Doch irgendwie ist es mir nicht gelungen, mich auf eine angebliche Abgeschlossenheit der frühen marxistischen Debatte einzulassen, noch auf einen Theoretiker oder eine Theorie, die von sich behauptet, alles schon im Sack und nun einen neuen Nullpunkt gesetzt zu haben. Deswegen der Versuch einer systematischen Neuüberprüfung des historischen Materials.

Sie soll das sichtbar machen, was erhaltenswert ist. So z.B. die vielen relevanten Momente in der Theorie und Praxis Lenins, die diesen ganz und gar nicht als Vorreiter des 'Stalinismus' erscheinen lassen, sondern eher zum Vordenker einer neuen Theorie des Marxismus, einer Theorie ohne Garantie, aber einer Theorie des Kampfes und der Politik. Mich selbst hat dies ein Stück weit erstaunt. Denn der Antileninismus, der in

---

34) In Nicaragua, wo die Sandinisten von der örtlichen KP als linksradikale, voluntaristische Abenteurer bekämpft wurden, gab es von den Sandinisten eine schöne Gegenpolemik: 'Die Kommunisten warten darauf, daß es Winter wird und es bei uns endlich schneit, damit das Winterpalais gestürmt werden kann."

der undogmatischen Linken durchaus nicht grundlos verbreitet war (und soweit es sie noch gibt) auch ist, verstellt den Blick auf theoretische Innovationen. Gramsci und Lukács jedenfalls sind nur dann adäquat zu rezipieren, wenn man sie als (durchaus aufmüpfige) Schüler Lenins liest. Der westliche Marxismus hat Lenin mehr zu verdanken, als seine Großsiegelbewahrer gerne wahrhaben möchten.

Umgekehrt aber gilt es sich auch von einigen beliebten Referenzpunkten eines undogmatischen, antiökonomistischen, 'westlichen' Marxismus zu verabschieden. So z.B. von der berühmten Formel der 'letzten Instanz' von Engels, die alles andere als nichtökonomistisch orientiert war, oder die so oft zitierten wohlklingenden Sätze der Luxemburg von der Freiheit als Freiheit des Andersdenkenden. Nicht die Problematik, die damit ins Auge gefaßt worden ist, wird hier verworfen, wohl aber deren angebliche Lösung. Engels' 'Antiökonomismus' beruht nämlich, wie gezeigt werden wird, auf felsenfester Geschichtsphilosophie und Luxemburgs Demokratiekonzeption, ihr Humanismus und Spontaneismus auf krudestem Ökonomismus. Es sind also auch scheinbar selbstverständliche Wahrheiten der undogmatischen Linken zu beerdigen. Wie z.B. jene, daß Dogmatismus, Orthodoxie oder Ökonomismus in den Stalinismus führten. Gerade in der Kritik des Dogmatismus und des Ökonomismus muß man sich bewußt sein, daß man kaum nirgendwo heftigere Kritiken eines dogmatischen Marxismus als bei Stalin selbst finden wird. Hier siegt die Naturdialektik über den einfachen Ökonomismus, da mit ihr eine viel bessere Realpolitik zu verwirklichen war. Wenig kam dem Stalinismus deswegen unpassender als eine Orthodoxie, mit der "kein Staat zu machen war"[35].

Nicht die Ikonen sollen also abgestaubt und im neuen Glanze präsentiert werden, sondern die Widersprüche in ihrer Theorie selbst; Widersprüche, die mehr sind als ein aus dem Zusammenhang gerissener Satz. Der Marxismus ist keine geschlossene Formation, keine Abfolge kluger Köpfe, die eine allgemeine, verbindlich abgesicherte Formation des Denkens ausgearbeitet hätte. Aber er ist ein Ensemble von theoretischen Versuchen, die radikale Veränderung der Welt und die Hindernisse, die dabei auftreten, denken zu können. Es scheint somit sinnvoll, sich dieses Ensembles zu vergewissern und es in gewisser Weise als Geschichte seiner Überwindung zu lesen. Damit geht es also ganz klar nicht um die Frage der historischen Richtigkeit. Denn wie Gramsci betont, kann eine deterministische, ökonomistische und teleologische Theorie, indem sie zeitweilig Kraft und Mut gibt, paradoxerweise Kämpfe und politische Interventionen befördern. Hier aber geht es um die Frage, wo die Widersprüche in der

---

35) Vgl. dazu unten, Teil III, Kap. 1.6..

Theorie sind, die für eine Theorie der Politik und der Kämpfe produktiv genutzt werden können.

Die Reise durch die Zeit wird also angetreten, und diese will mehr aus den Texten holen als historisch interessante Portraits einer bestimmten Zeit. Sie will die sozialwissenschaftlichen, die politischen, die ideengeschichtlichen Inhalte herausholen und diese für aktuelle Fragestellungen als Steinbruch verfügbar machen. Die positive Ausbeute dieser Reise durch die Zeit mag klein sein; aber die erneute Sichtung des abgegriffenen Materials unter veränderter Fragestellung kann letztendlich ein Gewinn sein, wenn er die Vermeidung von Fehlern ermöglicht und den Marxismus wieder zur Debatte stellt.

Ein anderes kommt hinzu. Nun mag zwar die Verabschiedung des Marxismus schon wieder aus der Mode kommen, da es kaum noch Relevantes zu verabschieden gibt. Doch die zu schnelle und zu eindeutige Verabschiedung fördert eher, daß gerade die problematischsten Elemente des Marxismus in neuer Kostümierung ihr Unwesen treiben. Auch wenn das alles schon so lange her zu sein scheint, jagen die Mutanten des Marxismus durch die Jetztzeit. Der Verlust von Garantien und Gewißheiten, die der Marxismus den Kämpfen verlieh, fehlt der Linken (in einem weiten Sinne des Wortes) so sehr, daß TheoretikerInnen, die Paraphrasierungen der klassischen Zusammenbruchsthesen anbieten, ein relativer Erfolg sicher ist. Ob dies nun das Kurz'sche Gerede vom Kollaps der Modernisierung, die Rothsche These von der Wiederkehr der Proletarität oder die verschiedenen marxistisch-ökologistischen Varianten sind, die den sprengenden Widerspruch der Entwicklung der Produktivkräfte mit den Produktionsverhältnissen in den Widerspruch von kapitalistischer Entwicklung und natürlichen und sozialen Bedingungen der Reproduktion schlicht transformieren[36].

Zudem ist der Marxismus keine theoretische Insel. Ökonomismus und Determinismus sind alles andere als Ideen mit spezifisch marxistischem Copyright. Denn der Glaube, die Ökonomie könne tendenziell losgelöst von gesellschaftlichen Bedingungen naturalisiert gedacht werden, ist durchaus herrschend. Was ist das Gerede von Sachzwängen, der Industriegesellschaft etc. anderes als die Delegation von Politik an die Entwicklung der Produktivkräfte. Das Märchen von der sich selbst regulierenden Ökonomie, mit der die Trennung von Staat und Gesellschaft eingefordert wird, ist, wie Gramsci zu Recht betont, liberalen, nicht marxistischen Ursprungs. Und Foucaults Kritik der Repressionshypothese, wie auch des Glaubens, daß Macht und Wahrheit voneinander getrennt

---

36) Zur Renaissance der Krisentheorien vgl. die Beiträge - insb. von Kurz und Roth - in IG Rote Fabrik/Zürich (Hg.) 1995. Eine treffende Kritik findet sich bei Ebermann/Trampert 1995.

seien, zielt auf marxistische, wie liberale und anarchistische Autoren. Aber auch die schon oben genannten Varianten der Rassismustheorie, die Mord, Totschlag und Fremdenhaß auf Plattenbauten und Modernisierungsverlierer reduzieren, zeigen, daß die Reduktion des Politischen und Ideologischen keineswegs eine Spezialität orthodox-marxistischer Theorie ist.

Umgekehrt sind es, um beim letzten Beispiel zu bleiben, gerade marxistische Theorien, die in Nachfolge Gramscis und Althussers eine nichtreduktionistische Theorie des Rassismus erarbeitet haben[37]. Vorliegende Arbeit versteht sich also, um noch einmal zur Frage der 'schuldigen' Lektüre zu kommen, auch als Rekonstruktion der Vorgeschichte derartiger marxistischer Diskurstheorien.

Nun also zum Gang der Untersuchung. Wir beginnen mit der Analyse des Ideologiebegriffs bei Marx und Engels (Teil I, Kap. 1). Hier wird das Problem der Ideologie entwickelt werden. Wichtig ist, daß schon bei Marx, bzw. Marx/Engels, keine werkübergreifende Einheit der Theorie festgemacht werden kann. Erstaunlich ist, daß ein Konzept, das in der nachmarxschen Diskussion eine so bedeutende Rolle gespielt hat, explizit nur auf einem Werk aufbaut - der 'Deutschen Ideologie' -, das Marx und Engels für so unwichtig erachteten, daß sie es "der nagenden Kritik der Mäuse" überantworteten, so daß es erst 1932 zum ersten Male veröffentlicht wurde. Nach der 'Deutschen Ideologie' taucht der Begriff nur noch in Spuren auf; und wenn wir, wie es hier getan werden wird, den Begriff des Warenfetischismus im 'Kapital' als Äquivalenzbegriff zu dem der Ideologie lesen (Teil I, Kap. 1.3.), so verändert sich der Bedeutungsgehalt des Konzeptes beträchtlich. Dennoch, auch wenn der Begriff der Ideologie ausgedehnt (in Bezug auf das Spätwerk) und modifiziert wird, läßt die gemeinsame Phase von Marx und Engels keine Ideologietheorie erkennen (Teil I, Kap. 1.4.).

Engels erst wird (Teil I, Kap. 2) - nach dem Tode von Marx - auf Begriff und Konzept der Ideologie zurückkommen. Insbesondere wird er in seinen berühmten späten Briefen versuchen, den Ökonomismus zu kritisieren und dabei die relative Eigenständigkeit und Bedeutung des Nicht-Ökonomischen betonen. Daß er mit der 'letzten Instanz' keine antiökonomistische These, sondern eine ökonomistische kreiert (Teil I, Kap. 2.1.), steht auf einem anderen Blatt. Wie schon erwähnt, tritt bei Engels wieder Hegel in relativ reiner Gestalt auf die Bühne des Marxismus (Teil I, Kap. 2.1.3.) und wird von da aus das Folgende maßgeblich beeinflussen.

---

37) Vgl. exemplarisch die Beiträge in Balibar/Wallerstein 1990 und in Hall 1994.

Bei aller Kritik, die man an dieser Engelsschen Kritik des Ökonomismus haben kann, verwundert, daß die erste Generation von MarxistInnen nach Marx (wir behandeln exemplarisch Kautsky, Bernstein und Luxemburg (Teil II)) diese Problematik fast völlig verlassen. Die Ideologieproblematik wird entweder gänzlich dethematisiert oder wie bei Bernstein als Ethik gefaßt (Teil II, Kap. 1.2.). Interessant ist aber, daß nicht nur alle drei, politisch doch sehr divergierenden TheoretikerInnen das Ideologieproblem dethematisieren, interessant ist auch, daß dies im Zuge einer, sie im Grunde verbindenden - und damit Engels wiederaufnehmenden - Geschichtsteleologie geschieht. Diese beiden ersten Teile der Arbeit stehen somit für das Fruchtbar-Machen des Ideologiebegriffs, der Möglichkeit des ideologischen Kampfes und gleichzeitig für seine fast vollständige Eliminierung aus der Theorie (Teil II, Kap. 2).

Mit Lenin (Teil III, Kap. 1) beginnt, nicht nur ideologietheoretisch, eine neue Zeit. Bei Lenin dreht sich alles um Politik und Kampf; und um die Möglichkeit, in einem Land eine Revolution machen zu können, das nach der marxistischen Orthodoxie nun wahrlich nicht 'an der Reihe ist'. Er revolutioniert den Marxismus in vielerlei Hinsicht, bezogen auf die Frage des Klassenessentialismus mit der Theorie, daß das sozialistische Bewußtsein in die Klasse hineingetragen werden muß (diese Theorie kommt zwar von Kautsky, ist aber dort weithin im Sinne unserer Fragestellung belanglos (Teil II, Kap. 1.1.)) und mit der Erweiterung des klassischen Bezugspunkts des Marxismus. Das revolutionäre Subjekt ist bei Lenin nicht schon da, sondern es muß in gewisser Weise geschaffen werden. So bekommt der Begriff der Hegemonie seine moderne Bedeutung (Teil III, Kap. 1.1.). Das Instrument dieses Kampfes wird die positiv und als wirkungsmächtig gefaßte Ideologie (Teil III, Kap 1.2.). Das modifizierte Konzept des Kampfes wird, die Reihenfolge der in der Orthodoxie aufgestellten Produktionsformationen ignorierend, auf alle KämpferInnen und auf alle durch den Imperialismus unterdrückten Länder ausgedehnt (Teil III, Kap. 1.3.). Dabei bekommt auch der Staat eine neue Funktionsbestimmung. Doch sind im Werk von Lenin zwei Logiken präsent, die sich insbesondere in seinen theoretischen Texten 'Materialismus und Empiriokritizismus' und den 'Philosophischen Heften' finden lassen (Teil III, Kap 1.4.). Gramsci schrieb dazu sinngemäß: 'da schreibt ein Politiker über Philosophie und seine wahre Philosophie steckt in seiner Politik'[38]. Gerade um der zeitgemäßen Überformung Lenins durch den 'Stalinismus' entgehen zu können, schließt das Kapitel eine kurze Charakterisierung des 'Stalinismus' mit ein und versucht eine Reflektion über die leninschen Anteile daran (Teil III, Kap 1.6.).

---

38) Vgl. Gramsci Gh, Bd. 3 : 4/46.

20

Lukács und Gramsci, die sich beide von Lenin inspirieren haben lassen, nehmen auf ihre Art und Weise die Kritik am Ökonomismus und Quietismus der II. Internationale durch Lenin auf und entwickeln sie innerhalb zweier sich fast widersprechender Logiken weiter. Beide entwickeln dabei Momente einer produktiv positiven Ideologietheorie, einer Theorie also, in der das richtige oder falsche Bewußtsein der Individuen eine, wie auch immer zu bemessene, eigene Rolle spielt. Doch wenden sie sie anders. Während bei Lukács alles auf die Installierung zweier Selbstläufe, eines ökonomischen und eines bewußtseinsphilosophischen, hinausläuft (Teil III, Kap. 2), wobei der ökonomische die unbedingte Voraussetzung der bewußtseinsphilosophischen Linie ist, macht sich Gramsci daran (Teil III, Kap. 3), den entscheidenden Perspektivenwechsel, den entscheidenden Bruch herbeizuführen. Ihn interessiert, was dieses System, in dem er lebt, so stabil werden läßt. Ihn interessiert, wie Herrschaft jenseits der ökonomischen Faktoren funktioniert. Obwohl durch die Faschisten ins Gefängnis geworfen, analysiert er, daß selbst die faschistische Herrschaft nicht allein auf Repression reduziert werden kann. Der integrale Staat, so seine berühmte Gleichung, ist Hegemonie gepanzert mit Zwang. Dieser Begriff der Hegemonie sprengt Klassenessentialismus und Ökonomismus. Zusammen mit dem Begriff des historischen Blocks wird zudem das Basis/Überbau-Modell, insoweit es die Trennung der Sphären impliziert, ad acta gelegt (Teil III, Kap. 3).

Doch auch bei Gramsci bleibt ein Rest Rückversicherung. Er sucht sie in der Geschichte und siedelt sie im ethisch gefaßten Staat, der in seiner Entwicklung ein immer besserer, ethisch höherwertiger Staat ist, an (Teil III, Kap. 3.4.). Doch diese Ab- und Rückversicherung des Sieges im Staat dominiert und domestiziert nicht mehr die Theorie als Ganze. Dieser Teil ist abtrennbar, er ist nicht konstitutiv. Deswegen endet hier die Genealogie, ein neuer Anfang ist möglich.

Im Schlußwort (Teil IV) werden wir mit Althusser versuchen, den letzten Grundprinzipien des den Marxismus dominierenden Moments der historischen Garantien beizukommen; dabei wird über die Kritik am Ökonomismus, die sich in einer schönen Formulierung Althussers gegen Engels ("Die einsame Stunde der 'letzten Instanz' schlägt nie"[39]) finden läßt, hinausgegangen. Die althusserianischen Begriffe 'Überdeterminierung', 'Produktionsweisen', 'homogene Zeit', 'Real- und Erkenntnisobjekt' werden hier noch eingeführt werden, um mit diesen die theoretischen Probleme der erste großen Phase des Marxismus deutlicher machen zu können. Dabei

---

39) Althusser 1968 : 81.

wagen wir in der Form eines kurzen Ausblicks, Möglichkeiten und Risiken darzustellen, die sich an diesen Versuch der Re-Lektüre des Marxismus anschließen.

Abschließend möchte ich Jens Christian Müller, Kritiker meiner Texte und Mitdiskutant, für seine unterstützende Hilfe danken. Ohne ihn wären viele Ideen so nicht in diesem Text zur Sprache gekommen. Auch möchte ich mich bei Richard Schwarz für seine überaus gründliche und zuverlässige Hilfe, bezogen auf alle Fragen der Orthographie und des "Formalen", bedanken. Entschuldigen möchte ich mich bei meinem Sohn Tjark für die vielen Stunden, die ich nicht mit ihm verbringen konnte. Auch Klaus Kallenbach hat durch seine Hilfe bei der Bewältigung der alltäglichen Reproduktionsarbeit nicht wenig zum Gelingen dieser Dissertation beigetragen. Und schließlich möchte ich mich bei Prof. Dr. Joachim Hirsch für seine offene und unkomplizierte Begleitung meiner Arbeit, wie auch Prof. Dr. Heinz Steinert für sein "Einspringen" in letzter Sekunde recht herzlich danken.

Teil I
Das implizit Politische

1. Karl Marx, Friedrich Engels und die Theorie des Kampfes

1.1. Über die Abwesenheit des Ideologischen

1.1.1. Die Deutsche Ideologie

Relativ unumstritten wird in der marxistischen Debatte, wenn es um Fragen der Ideologie und ihrer Funktion geht, auf den Text 'Die Deutsche Ideologie' von Karl Marx und Friedrich Engels verwiesen.

Ein Dokument, das trotz unterschiedlichster Interpretation als die Grundlegung einer materialistischen Geschichtsauffassung begriffen wird. Zudem wird darin die Grundlegung einer marxistischen Ideologietheorie verortet[1]. Wann immer also in der Marx und Engels behandelnden Sekundärliteratur Ideologie der zu erklärende Begriff ist, verweist man in allererster Linie auf jenen Text, dessen Untertitel ("Kritik der neuesten deutschen Philosophie in ihren Repräsentanten Feuerbach, B. Bauer und Stirner und des deutschen Sozialismus in seinen verschiedenen Propheten") schon genau die Problematik dieser Vorgehensweise anzeigt. Daß nämlich das Ziel der Abhandlung die Kritik bestimmter linkshegelianischer Theorien, und nicht die Ausarbeitung einer allgemeinen Ideologietheorie ist[2]. Zur Verteidigung der These vom Fehlen einer eigenständigen Ideologietheorie bei Marx und Engels muß dementsprechend zentral an diesem frühen Text angesetzt werden. Nichtsdestotrotz finden sich in der Polemik gegen den Linkshegelianismus eine Reihe verallgemeinerter oder verallgemeinerungsfähiger Aussagen zum Verhältnis des (falschen) Bewußtseins jener Theoretiker zu den 'realen' Lebensbedingungen und zu den allgemeinen Bedingungen, unter denen jenes falsche Bewußtsein überhaupt entstehen kann.

Ausgangspunkt der 'Deutschen Ideologie' ist die Behauptung, Ideologie sei ein von den realen Lebensbedingungen abstrahiertes, losgelöstes gesellschaftliches Denken.

---

1) Vgl. exemplarisch: Schmidt 1980 : 361; Zima 1989 : 70; Lenk 1991 : 191; Herkommer 1985 : 11; Projekt Ideologie-Theorie 1986 : 7; Labica 1985 : 510.
2) Es gibt sogar die These, daß der Begriff 'Ideologie' im Titel nur gewählt worden ist, um dem Text 'Deutsche Ideologie' größere Aufmerksamkeit zukommen zu lassen, vgl. Haug 1993 : 247 (FN).

Dazu wird eine Entwicklungsgeschichte vorgestellt, in der es notwendig ein Drei-Phasen-Modell gibt. Die erste Phase scheint, historisch vor dem Auftauchen der Arbeitsteilung verortet, eine Zeit relativer Transparenz zwischen Wissen und Welt zu sein. Sie ist sozusagen "vorideologisch"[3]. "Die Produktion von Ideen, Vorstellungen, des Bewußtseins ist zunächst unmittelbar verflochten in die materielle Tätigkeit und den materiellen Verkehr der Menschen, Sprache des wirklichen Lebens. Das Vor-stellen, Denken, der geistige Verkehr der Menschen erscheinen hier noch als direkter Ausfluß ihres materiellen Verhaltens"[4]. Dies ändert sich. Die Teilung der Arbeit ist sozusagen der Sündenfall; hier hat die Genese des Ideologischen ihren Ausgangspunkt. Aus Ideen werden, nachdem sie sich aus ihrem ursprünglichen, materiellen Kontext aufgrund der Arbeitsteilung lösen mußten, ganze Ideensysteme, die mit Namen wie Politik, Gesetz, Moral, Religion etc., oder verallgemeinert als Ideologien bezeichnet werden können. Das Ideologische an diesen Ideensystemen ist jener "Schein der Selbstständigkeit"[5], den diese annehmen. Ideologisch sind sie, weil sie ihren Ursprung in den materiellen Lebensbedingungen verdrängen. Dieser Prozeß der Ideologie-bildung setzt mit der Trennung der geistigen von der materiellen Arbeit an, und ist umso weiter fortgeschritten, umso mehr die Entwicklung der Produktivkraft die Teilung der Arbeit vertieft. Doch auch Ideologien sind "Reflexe und Echos dieses Lebensprozesses"[6]. "Wenn in der ganzen Ideologie die Menschen und ihre Verhält-nisse wie in einer Camera obscura auf den Kopf gestellt erscheinen, so geht dies Phänomen ebensosehr aus ihrem historischen Lebensprozeß hervor, wie die Um-drehung der Gegenstände auf der Netzhaut aus ihrem unmittelbar physischen"[7]. Ideo-logie ist damit zwar eine exakte Spiegelung, ein exakter Reflex der Wirklichkeit, aber ein Reflex, der naturnotwendig (physisch) die wahren gesellschaftlichen Verhältnisse auf den Kopf stellt. Ideologie ist das Produkt der Trennung von materieller und geistiger Arbeit, welches diese Trennung gleichsam verhüllt, verkehrtherum darstellt, und damit ein falsches Bild von der Wirklichkeit produziert. Die Teilung der Arbeit ist die Grundlage gewesen, um fortan Philosophie, Politik, Gesetz, Moral und Religion als 'rein', völlig unabhängig von ihren materiellen Bedingungen zu denken. Alle bisherige

---

3) So auch Labica 1985 : 510. Die Verbindung von Arbeitsteilung und Ideologie findet sich an ver-schiedenen Stellen des Marxschen Werkes: vgl. das Kapitel "Arbeitsteilung und Ideologie" in Haug (Haug 1993 : 91 - 115). Jenseits einiger Schlußfolgerungen, die mir - was hier jedoch nur bedingt interessiert - zum großen Teil falsch erscheinen, zeichnet Barth (Barth 1974 : 134 ff.) völlig richtig den zentralen Stellenwert der Arbeitsteilung in Marx' Ideologietheorie und die notwendig damit verbundene Anthropologie nach.
4) Marx/Engels MEW 3 : 26.
5) Marx/Engels MEW 3 : 27.
6) Marx/Engels MEW 3 : 26.
7) Marx/Engels MEW 3 : 26.

Philosophie[8] ist damit ideologisch, weil sie dem ersten Effekt, den die Trennung der Arbeit erzeugt hat, nämlich das Vergessenmachen des materiellen Ursprungs, aufsaß[9].

Im Kommunismus, der die dritte Phase jenes Prozesses darstellt und nach bekanntem dialektischen Muster den Ausgangszustand in einer höheren Ebene 'aufhebt' (selbstverständlich im hegelschen Sinne des Begriffs), wird die Teilung der Arbeit wieder überwunden sein[10]. Mit der Teilung der Arbeit aber fallen alle Ausdrucks-formen dieser Teilung, also auch alle ideologischen Formen, gänzlich weg. Das Bewußtsein wird wieder das 'bewußte Sein'[11]. Die Ebenen Sein (Basis) und Bewußt-sein (Überbau) werden, so die These in der 'Deutschen Ideologie', nur vorübergehend durch die ideologischen Formationen zu zwei sich objektiv widersprechenden Instan-zen[12]. Die Situation der Arbeitsteilung und das damit einhergehende ideologische Denken, das Marx , "um den Philosophen verständlich zu bleiben"[13], wie er ironisch anmerkt, auch *Entfremdung* nennt, kann aber nur unter zwei praktischen Bedingungen aufgehoben werden. Erstens: Der subjektiven Unerträglichkeit der Situation, die erst zur Revolution führt. Diese subjektive Unerträglichkeit wird sogleich an den objek-tiven Stand der Entwicklung der Produktivkräfte angekoppelt. Dieser macht die Masse der Menschheit eigentumslos, während gleichzeitig Reichtum und Bildung allgemein verfügbar sind. Dieses "offen-sichtlich-werden" der Verselbstständigung des gesell-schaftlichen Reichtums scheint die Entfremdung zu einer 'unerträglichen' Macht, "d.h. eine Macht, gegen die man revolutioniert"[14] werden zu lassen. Aber nicht nur als

---

8) Marx/Engels MEW 3 : 39: "Die Hegelsche Geschichtsphilosophie ist die letzte, auf ihren "reinsten Ausdruck" gebrachte Konsequenz dieser gesamten Deutschen Geschichtsschreibung, in der es sich nicht um wirkliche, nicht einmal um politische Interessen, sondern um reine Gedanken handelt... ."
9) Vgl. Labica zit. nach: Herkommer 1985 : 139.
10) Marx/Engels MEW 3 : 33: "Sowie nämlich die Arbeit verteilt zu werden anfängt, hat Jeder einen bestimmten ausschließlichen Kreis der Tätigkeit, der ihm aufgedrängt wird, aus dem er nicht her-aus kann; ... - während in der kommunistischen Gesellschaft, wo Jeder nicht einen ausschließ-lichen Kreis der Tätigkeit hat, sondern sich in jedem beliebigen Zweige ausbilden kann, die Gesellschaft die allgemeine Produktion regelt und mir eben dadurch möglich macht, heute dies, morgen jenes zu tun, morgens zu jagen, nachmittags zu fischen, abends Viehzucht zu treiben, nach dem Essen zu kritisieren, wie ich gerade Lust habe, ohne je Jäger, Fischer, Hirt oder Kriti-ker zu werden."
11) Marx/Engels MEW 3 : 26.
12) In dieser Arbeit wird davon ausgegangen, daß sowohl in der 'Deutschen Ideologie' als auch in dem Vorwort zur 'Kritik der politischen Ökonomie' das Basis/Überbau-Modell von Marx und Engels als dreigeteiltes begriffen und beschrieben wird. Auf der Basis erheben sich ideologische Formen, welche Ausdruck einer in der Basis stattgefundenen Arbeitsteilung sind, darüber erhebt sich das durch den ideologischen Prozeß überlagerte Bewußtsein. Die Basis wird bestimmt als die Gesamtheit der Produktionsverhältnisse, ideologische Formen als juristisch/politisch.
13) Marx/Engels MEW 3 : 34.
14) Marx/Engels MEW 3 : 34.

objektive Bedingung der Möglichkeit subjektiver Unrechtsempfindungen bedarf es der Ausbildung der Produktivkräfte. Vielmehr würde ohne diesen Stand gesellschaftlichen Reichtums "nur der Mangel verallgemeinert", und damit "die ganze alte Scheiße" sich wieder herstellen[15].

Auch wenn Marx sich vom Begriff der Entfremdung ironisch distanziert[16], so verbleibt doch die Ideologiekonzeption weitgehend in dieser Problematik[17]. An verschiedenen Stellen in der 'Deutschen Ideologie' wird jene Distanzierung betont. Er schreibe von Entfremdung nur, "um den Philosophen verständlich zu bleiben"[18], er behalte den "philosophischen Ausdruck einstweilen noch"[19] bei, will aber diesen junghegelianischen Begriff tendenziell durch den der Ideologie ersetzen. Was macht aber nun den Unterschied zwischen jener von Marx kritisierten philosophischen Entfremdung und der Ideologie aus? Nicht das Konzept der Entfremdung selbst, sondern dessen Zurückführung auf bloße Gedanken wird kritisiert. In der Kritik an Stirner, die wohl einen Kern der 'Deutschen Ideologie' ausmacht, wird dies deutlich. Stirner habe, so Marx/Engels, "statt der Aufgabe also, die wirklichen Individuen in ihrer wirklichen Entfremdung und den empirischen Verhältnissen dieser Entfremdung darzustellen", diese wirkliche Entfremdung in die "ganz abstrakte Phrase der Entfremdung" verwandelt[20]. Natürlich wird der Begriff verschoben, er hat nicht mehr die gleiche Bedeutung wie bei den Junghegelianern oder dem Junghegelianer Marx[21]. Ist es beim Junghegelianer Marx die Entäußerung des Menschen durch abstrakte Arbeit, die den Kommunismus erforderlich macht, so wird dieses Konzept in der 'Deutschen Ideologie' entschieden materialistischer. In den Manuskripten von 1844 ist es das Produkt der Arbeit, welches dem Arbeiter als fremd gegenübertritt; die Produktion selbst, in der er "nicht zu Hause"[22] ist, und schließlich die Entfremdung von der Gattung Mensch.

---

15) Marx/Engels MEW 3 : 34 f.; vgl. dazu auch Bader u.a. 1987 : 55 ff..
16) Schließlich ist der Text ja als Abrechnung von Marx und Engels mit der eigenen junghegelianischen Vergangenheit geschrieben worden. Vgl. Marx MEW 13 : 10: "... in der Tat mit unserm ehemaligen philosophischen Gewissen abzurechnen."
17) So auch Eagleton 1991 : 70 und Lenk 1991 : 191, wenn auch die Konsequenzen, die aus dieser Bewertung gezogen werden, divergieren.
18) Marx/Engels MEW 3 : 34.
19) Marx/Engels MEW 3 : 262.
20) Marx/Engels MEW 3 : 262. Labica 1984 : 298 sieht den Bruch mit dem Konzept der Entfremdung als zu stark an, wenn er in der Weiterverwendung der Terminologie "nur ein Zurückbleiben der Sprache" sieht.
21) Vgl. hier insbesondere die 'Ökonomisch-philosophischen Manuskripte' von 1844, Marx MEW EB I : 465 ff.. Dort wird der Kommunismus "als positive Aufhebung des Privateigentums als menschlicher Selbstentfremdung und darum als wirkliche Aneignung des menschlichen Wesens durch und für den Menschen" (ebd. : 536) vorgestellt.
22) Marx MEW EB I : 514.

Der Mensch wird seines Wesens beraubt, er wird "zu einem ihm fremden Wesen, zum Mittel seiner individuellen Existenz"[23]. Nun aber ist es - in der 'Deutschen Ideologie' - die gesellschaftliche Teilung der Arbeit als strukturelles Moment, welches zur wirklichen Entfremdung führt. Es ist nicht Religion, nicht die Entwicklung des Begriffs, die den Lauf der Gesellschaft bestimmen: das kritisiert Marx am junghegelianischen Entfremdungsbegriff. Die wahre Entfremdung ist die Loslösung des Bewußtseins vom bewußten Sein. Diese ist aber notwendig mit gesellschaftlicher Arbeitsteilung verbunden. Ideologie ist somit das Synonym für die wahre, empirische Entfremdung der empirischen Individuen. Wir verbleiben also weiter in einem Denkmuster, in dem unter bestimmten gesellschaftlichen Bedingungen Produkte des Menschen sich von ihm abtrennen und ihm als äußerliche Macht gegenübertreten. Waren es in den Manuskripten von 1844 die Kräfte, Produkte und Verfahren, so ist es nun das Bewußtsein, das sich notwendig dem wahren Menschen entfremdet. Ausgangspunkt der Epistemologie, die Marx und Engels in der 'Deutschen Ideologie' vorlegen, ist also der wahre, der ganze, sich seiner selbst bewußte Mensch. Darauf hat insbesondere der bürgerliche Ideologietheoretiker Hans Barth, ein kritischer Anhänger des frühen (vormarxistischen) Marx hingewiesen. Die Idee der Entfremdung, ursprünglich eine juristische Kategorie[24], wird von Rousseau im 'Gesellschaftsvertrag' aufgegriffen[25] und kommt über Hegel (insbesondere in der 'Rechtsphilosophie'[26]) und die Junghegelianer zu Marx. In der 'Deutschen Ideologie' schließlich, so hatten wir gesagt, ist Arbeitsteilung die wahre, empirische Entfremdung des Menschen. Diese aufzuheben, bedeutet nicht weniger als die Wiederherstellung des wahren Menschen. Grundlage dieser Annahmen ist eine Anthropologie, nach der der Mensch ein mit Geist ausgestattetes, freies, bewußtes und soziales Naturwesen ist[27]. Diese Wesensschau des Menschen, die in der 'Deutschen Ideologie' noch einmal betrieben wird, steht gegen die - kurz vor der 'Deutschen Ideologie' entwickelte - Erkenntnis in der sechsten der Thesen über Feuerbach: "Aber das menschliche Wesen ist kein dem einzelnen Individuum innewohnendes Abstraktum. In seiner Wirklichkeit ist es das Ensemble der

---

23) Marx MEW EB I : 517.
24) Vgl. Labica 1984 : 295. Es bezeichnet ursprünglich die Entäußerung von Vermögen durch Schenkung oder Verkauf.
25) Dazu ausführlich Barth 1974 : 99 - 123.
26) Hegel 1986 : 156 (aus Paragraph 73): "Ich *kann* mich eines Eigentums nicht nur als einer äußerlichen Sache entäußern, sondern *muß* durch den Begriff mich desselben als Eigentums entäußern, damit mir mein Wille, als *daseiend*, gegenständlich sei. Aber nach diesem Momente ist mein Wille als entäußerter zugleich ein *anderer*."
27) Vgl. Barth 1974 : 141 ff..

gesellschaftlichen Verhältnisse"[28]. Sie ist mit der 'Deutschen Ideologie' auch keineswegs endgültig abgeschlossen. Im Warenfetischismus-Kapitel des 'Kapital', das noch zu behandeln sein wird, taucht jene Verbindung von marxscher Entfremdungstheorie und Ideologie erneut auf.

Doch bleiben wir vorerst bei der 'Deutschen Ideologie'. Haben wir uns bisher in erster Linie mit der marxschen Theorie der Geschichte der Ideologie (jenem Drei-Phasen-Modell) beschäftigt und die epistemologischen Schlußfolgerungen darin eingebettet behandelt, so soll nun die Erkenntnistheorie der 'Deutschen Ideologie' näher unter die Lupe genommen werden. Beginnen wir mit einer Gleichsetzung. Ideologie bei Marx ist, so hatten wir behauptet, die wahre Entfremdung empirischer Individuen. Damit geht eine zweite Ineinssetzung einher: Die Gleichsetzung von Ideologie und Idealismus[29]. Idealistische Philosophie wird als ideologische Formation charakterisiert; idealistische Philosophen sind für Marx der Inbegriff der Trennung von Hand- und Kopfarbeit des ideologischen, weil entfremdeten, Bewußtseins. Wie Balibar[30] gezeigt hat, ist dies auch der einzige Sinn, in dem der Begriff "Ideologie" weiterhin verwendet wird. Er verschwindet nach der 'Deutschen Ideologie' als *theoretischer* Begriff fast gänzlich, spielt - als Begriff[31] - auch im 'Kapital' keine Rolle. Allerdings wird er desöfteren gleichsam als Schimpfwort, als Polemik gegen die "Ideologen" der Bourgeoisie und des Kleinbürgertums verwendet[32]. Zudem findet er sich, in veränderter Gestalt, nämlich im Begriff der "ideologischen Formen" im Vorwort zur 'Kritik der politischen Ökonomie'.

In der begrifflichen Angleichung von Idealismus und Ideologie ist die Entgegensetzung von Ideologie, die als vorübergehende Erscheinung gilt, welche einen notwendig falschen Blick auf die Wirklichkeit eröffnet, und Wissenschaft bereits ent-

---

28) Marx MEW 3 : 6. Freilich geht er, insofern nicht konsequent, in derselben These davon aus, daß das Wesen als Gattung, d.h. "als innere, stumme, die vielen Individuen *natürlich* verbindende Allgemeinheit gefaßt werden kann" (ebd.).

29) Vgl. Marx/Engels MEW 3 : 36, dort wird von der 'idealistischen Superstruktur' gesprochen.

30) Balibar 1994 : 88 ff..

31) Die strukturellen, konzeptuellen Zusammenhänge des Warenfetischismus und der Ideologie sind noch zu diskutieren, aber bezeichnend ist trotzdem der Wechsel der Begriffswahl. Keine Ideologie der Ware, sondern der Fetischismus der Ware wird im ersten Band des 'Kapital' behandelt.

32) So wird zum Beispiel Engels viele Jahre später in seinem Vorwort zu 'Ludwig Feuerbach und der Ausgang der klassischen deutschen Philosophie' von 1859 das Wort 'ideologisch' nicht mehr in jenem umfassenden Sinn der allgemeinen, quasi epistemologischen Passagen der 'Deutschen Ideologie' verwenden, sondern schlicht als pejorativen Ausdruck. Ziel der 'Deutschen Ideologie' sei es nämlich gewesen, "den Gegensatz unserer Ansicht gegen die ideologische der deutschen Philosophie" (MEW 13 : 10) herauszuarbeiten.

halten. "Da, wo die Spekulation aufhört, beim wirklichen Leben, beginnt also die wirkliche, positive Wissenschaft, die Darstellung der praktischen Betätigung, des praktischen Entwicklungsprozesses der Menschen. Die Phrasen vom Bewußtsein hören auf, wirkliches Wissen muß an ihre Stelle treten"[33]. "Die ganze bisherige Geschichtsauffassung hat diese wirkliche Basis der Geschichte entweder ganz und gar unberücksichtigt gelassen oder sie nur als eine Nebensache betrachtet ... Sie hat daher in der Geschichte nur politische Haupt- und Staatsaktionen und religiöse und überhaupt theoretische Kämpfe sehen können und speziell bei jeder geschichtlichen Epoche die Illusion dieser Epoche teilen müssen"[34].

In dieser Kritik des junghegelianischen Idealismus liegt denn auch der eigentliche Wert der 'Deutschen Ideologie'. Sie hat, wie es in der Vorrede heißt, den Zweck, "diese Schafe, die sich für Wölfe halten und auch dafür gehalten werden, zu entlarven"[35]. Wo die philosophische Debatte scheinbar mit diametralem Gegensatz zwischen 'reaktionären' Althegelianern und 'revolutionären' Junghegelianern tobt, betont Marx die Gemeinsamkeiten der Kontrahenten, die beide eine Seite des Hegelschen Systems herausnähmen und diese Seite sowohl gegen das Hegelsche System als Ganzes, wie gegen den jeweiligen Kontrahenten stark machten. Das philosophische System selbst wird dadurch aber nicht verlassen, die Kontrahenten kämpfen auf ein und demselben theoretischen Terrain. "Die Junghegelianer stimmen mit den Althegelianern überein in dem Glauben an die Herrschaft der Religion, der Begriffe des Allgemeinen in der bestehenden Welt. Nur bekämpfen die Einen die Herrschaft als Usurpation, welche die Andern als legitim feiern"[36]. Die Junghegelianer glauben ebenso wie die Althegelianer, daß das, was die Welt im Innersten zusammenhält, die Begriffe sind. Und so bekämpfen sie Begriffe mit Begriffen oder, wie Marx sagt, Phrasen mit Phrasen. Der Begriff der Ideologie ist von Marx und Engels 'nur' entwickelt und eingeführt worden, um theoretisch aufzuzeigen, wo sich der - im Fortgang ihrer Argumentation als ideologisch gekennzeichnete - Ausgangspunkt der idealistischen Philosophie befindet[37], um diese als Illusion greifen und kritisierbar

---

33) Marx/Engels MEW 3 : 27.
34) Marx/Engels MEW 3 : 39.
35) Marx/Engels MEW 3 : 13.
36) Marx/Engels MEW 3 : 19.
37) Vgl. dazu die Darstellung von Engels (Engels MEW 21) in der Vorbemerkung zum 1886 geschrieben Text 'Ludwig Feuerbach und der Ausgang der klassischen deutschen Philosophie'. Die 'Deutsche Ideologie', so Engels mit Bezug auf das Vorwort zur Kritik der politischen Ökonomie, diente der "Kritik der nachhegelschen Philosophie". "Seitdem sind vierzig Jahre verflossen, und Marx ist gestorben, ohne daß sich einem von uns Gelegenheit geboten hätte, auf den Gegenstand zurückzukommen" (ebd. : 263).

machen zu können. Nicht die Ideen müssen streiten, sondern die Menschen; nicht in den Ideen finden Revolutionen statt, sondern im 'wirklichen Leben'. So und so ähnlich ist die zentrale, immer wieder vorgetragene Botschaft des Textes, gerichtet gegen die traditionelle Philosophie. So und nicht anders wollten Marx und Engels den Text lesen und verstanden wissen. Den Text, den sie in erster Linie zur Selbstverständigung geschrieben haben, um ihr gemeinsames Ziel, die Abrechnung mit ihrem ehemaligen philosophischen Gewissen, zu erreichen und theoretisch zu fundieren. Ihre sonstige Geringschätzung gegenüber dem Wert dieses Textes kann dem Vorwort 'Zur Kritik der politischen Ökonomie' entnommen werden: "Wir überließen das Manuskript der nagenden Kritik der Mäuse um so williger, als wir unsern Hauptzweck erreicht hatten - Selbstverständigung"[38]. Diese richtige Kritik am sich revolutionär gerierenden Idealismus, der Denken und Handeln, Begriffe und Praxis, Bewußtsein und Sein trennt, um dann dem Bewußtsein das Primat über die gesellschaftliche Entwicklung zu geben, wird jedoch bis zu einem Punkt zugespitzt, wo sie nur das seitenverkehrte Spiegelbild jenes Idealismus ist.

Dieser Vorwurf gegen die epistemologischen Implikationen des Ideologiebegriffs der 'Deutschen Ideologie' lassen sich am besten verdeutlichen, wenn man auf das Bild der Camera obscura zurückkommt. Gegen die Bewußtseinsphilosophie sagen Marx und Engels, daß Ideologien keine andere Geschichte haben als die Geschichte der Produktion selbst[39]. Ideologien sind folgerichtig ohne 'Wesen', wie Marx und Engels in Abgrenzung zur Auffassung von Bauer in Bezug auf die Religion[40] sagen. Genauer gesagt: das Wesen der Ideologie ist die gesellschaftliche Produktion selbst.

Ideologie wird als Camera obscura vorgestellt, letztere ist das Sinnbild für den ersteren Begriff. Camera obscura [lat.: 'dunkle Kammer'], so läßt sich im Brockhaus nachlesen[41], ist eine einfache Lochkamera. Ein lichtdichter Kasten mit einem winzigen Loch in einer Wand und einem lichtempfindlichen Material auf der gegenüberliegenden Wand. Dort entsteht ein scharfes, aber auf den Kopf gestelltes und seitenverkehrtes Bild.

---

38) Marx MEW 13 : 10. Der Anlaß dieser Äußerung war, daß das Manuskript nicht planmäßig gedruckt werden konnte. Engels wiederholt den Satz bestätigend 1888 in der Vorbemerkung zu 'Ludwig Feuerbach und der Ausgang der klassischen deutschen Philosophie' (vgl. Engels MEW 21 : 263).
39) In einer persönlichen Notiz hält Marx (Marx MEW 3 : 539) fest: "Es gibt keine Geschichte der Politik, des Rechts, der Wissenschaft etc., der Kunst, der Religion etc.".
40) Vgl. Marx/Engels MEW 3 : 86.
41) Vgl. Brockhaus 1986, Bd. 3 : 175.

Haug, der jenes Sinnbild ausführlich analysiert[42], hat recht, wenn er betont, daß diese Passage entgegen der oben dargestellten Grundintention der 'Deutschen Ideologie', nicht nur einen bestimmten Idealismus beschreibt, sondern 'die ganze Ideologie'. Gerade in diesen wenigen verallgemeinernden Passagen, aus denen die verschiedensten MarxistInnen eine marxistische Ideologietheorie herleiten wollten, liegt das Problem. Sie "riechen"[43], wie Eagelton schreibt, nach mechanischem Materialismus. Marx und Engels schreiben von "Reflexen" und "Echos" des wirklichen Lebensprozesses und von jener Camera obscura. In ihrer berechtigten Kritik stellen sie den Idealismus der Junghegelianer auf den Kopf. Waren bei diesen Ideen das Wesen des wirklichen Lebens, so wird durch Marx und Engels die Beziehung einfach umgedreht. Daß es keinen 'wirklichen Lebensprozeß' ohne Bewußtsein geben kann, verschwindet in dieser schlichten Umkehrung. Dieser Strang der 'Deutschen Ideologie' vermittelt also einen mechanistischen Ideologiebegriff, der empiristisch und rein negativ ist.

Empiristisch, weil er beständig auf Begriffen wie 'wirklich', 'sinnlich', 'tatsächlich' oder 'praktisch' insistiert und diese Sicht der der bloßen Ideen gegenüberstellt, so als ob die Analyse des 'wirklichen Lebens' von Ideen über eben dieses getrennt werden könnte. Diese 'objektivistische Phantasie' (R. Williams) glaubt, die Wirklichkeit könnte "unabhängig von Sprache und historischen Berichten gekannt werden"[44]. Es ist jene Haltung naiver Empiristen, man müsse nur die Tatsachen betrachten und analysieren, die Marx und Engels hier kolportieren, obwohl sie gerade diese Haltung an anderen Stellen ihres Werkes deutlich kritisieren. Dieser empiristische Bezug wird sogar in der Wahl des Sinnbildes, der Camera obscura, deutlich. John Locke, der Begründer der empirischen Philosophie, hatte nämlich genau jene Metapher als Prototyp exakter, wissenschaftlicher Reflexion genommen, das nun - paradoxerweise - bei Marx und Engels für die Verkehrung des Bewußtseins steht[45]. Jedenfalls impliziert das Bild eine unvermittelte Sinneswahrnehmung der Wirklichkeit durch den Menschen. Es wird zwar immer 'verkehrt', aber doch exakt und für alle immer gleich reflektiert. Weder ist von einem Photographen, noch von verschiedenen möglichen Bildern einer Realität die Rede. Es ist ein quasi naturwissenschaftliches, aus der Arbeitsteilung selbst folgendes Ereignis.

---

42) Haug 1984 : 22.
43) Eagelton 1991 : 73.
44) Williams 1977 : 60.
45) Vgl. Mitchell 1986 : 168 ff.; dazu auch Eagelton 1991 : 76.

Negativ ist dieser Ideologiebegriff, weil für ihn Ideologie nicht mehr als bloßer Schein ist. Sie ist in der Struktur der Arbeitsteilung angelegt, mit ihr untrennbar verbunden, hat aber keinerlei Bedeutung für die Reproduktion der Struktur. Sie ist ein Nebel, allerdings - und das macht den Unterschied zu den Priestertrugtheorien klassisch auf-klärerischer Provinienz[46] - sie ist notwendiger, von den Intentionen der Herrschenden unabhängiger in die gesellschaftlichen Strukturen eingeschriebener Schein. Notwendig allerdings nicht im Sinne funktionaler Notwendigkeit, sondern im Sinne notwendiger Zusammengehörigkeit von Arbeitsteilung und Ideologie. Nicht nur, daß die Ideen nicht autonom sind, behaupten hier Marx und Engels, sondern daß die Ideen überhaupt keine, auch nur relative Eigenständigkeit haben. Reflexe, Echos, Widerspiegelungen - mehr nicht.

1.1.2 Von Asymmetrien und Subjekten

1.1.2.1. Epistemologischer Ideologiebegriff

Daß der Text der 'Deutschen Ideologie' die Interpretationslust reizte und zum Anknüp-fungspunkt vieler ideologiekritischer und ideologietheoretischer Ansätze wurde, liegt auch im Text selbst. In der bisherigen Skizzierung ist der ideologische Prozeß ein in arbeitsteiligen Gesellschaften genereller. Er funktioniert für Alle in gleicher Weise. Jede/Jeder ist im Ideologischen befangen, das für alle bis zur revolutionären Aufhe-bung der Arbeitsteilung bestehen bleibt. Außer, und das ist die Ausnahme der Regel, er/sie ist in der Wissenschaft, das heißt, er/sie erkennt die wirklichen Bewegungs-gesetze der Basis. Da das Camera obscura- Modell eigentlich hermetisch den Zusam-menhang von Sein und Bewußtsein bestimmt, bleibt die Frage offen, wie es gelingen kann, diesem Zirkel aus Arbeitsteilung und falschem Schein zu entkommen. Zumin-dest Marx und Engels nehmen die Möglichkeit einer "wirkliche(n), positive(n) Wis-senschaft"[47] in Anspruch. Diese Möglichkeit wird wiederum an die Entwicklungs-gesetze zurückgekoppelt. Nur weil der Kommunismus kein Ideal ist, sondern "die wirkliche Bewegung, welche den jetzigen Zustand aufhebt", ist der Kommunismus als wirkliche soziale Bewegung (und damit auch die Theorie dieser Bewegung) möglich[48]. Die ökonomische Entwicklung selbst erlaubt ihre wissenschaftliche Beschreibung kurz vor ihrem notwendigen Niedergang. Marx und Engels sind also keine Agitatoren, keine Politiker. Sie sind wissenschaftlich-kritische Beobachter objektiv gesellschaft-

---

46) Vgl. dazu de Vries 1989 : 35 ff.; Lenk 1991 : 185 ff.; Barth 1974 : 13 - 60.
47) Marx/Engels MEW 3 : 27.
48) Marx/Engels MEW 3 : 35. So auch die Interpretation bei Bader u.a. 1987 : 60.

licher Entwicklung. Folgt man dieser von Bader u.a. vorgelegten Interpretation der 'Deutschen Ideologie', so ergeben sich natürlich trotzdem noch einige Fragen. Warum sind die Junghegelianer noch in der Ideologie befangen, warum die allermeisten anderen Menschen? Warum ergreift die objektive Erkenntnis zuerst die Herren aus Trier und Wuppertal? Man könnte hier time-lag-Hypothesen aufstellen, müßte aber, wenn man in dieser 'Lösung' des Erkenntnisproblemes bleiben will, erklären, wodurch diese 'ideologische Ungleichzeitigkeit' denn entstehen kann, wenn die Ideologie doch nur Echo oder Reflex der objektiven Lebensumstände ist[49]. Der positiven Wissenschaft, so scheint es, wird jedenfalls ein kaum begründeter Sonderstatus zugebilligt.

1.1.2.2. Politischer Ideologiebegriff

Neben dem epistemologischen Ideologiebegriff wird jedoch noch ein politisches Pendant eingeführt. Urplötzlich spielt das Moment der Herrschaft eine Rolle, die im Camera Obscura- Modell kaum begründet werden kann. Beginnen wir mit der Herleitung der herrschaftlichen Verhältnisse. Umstandslos wird die Teilung der Arbeit mit ihrer ungleichen Teilung in eins gesetzt. "Übrigens sind Teilung der Arbeit und Privateigentum identische Ausdrücke - in dem Einem wird in Beziehung auf die Tätigkeit dasselbe ausgesagt, was in dem Anderen in bezug auf das Produkt der Tätigkeit ausgesagt wird"[50]. Die Teilung der Arbeit impliziert für Marx und Engels nicht nur Privateigentum, sondern auch eine ungleiche Verteilung der Produkte der Arbeit. Wenn dieser Zusammenhang auch vielleicht historisch in vielen Gesellschaftsformationen nachgewiesen werden kann, so bauen Marx und Engels doch eher auf Evidenz, denn auf logische Ableitung der Argumentation. Logisch jedenfalls ist die Gleichsetzung einer horizontalen gesellschaftlichen Gliederung (Teilung der Arbeit) mit einer vertikalen Gliederung (ungleiches Eigentum, Herrschaft) nicht schlüssig[51]. Nun könnte man nach der bisherigen Darlegung vermuten, daß diese in der Teilung der Arbeit begründete Herrschaft zwar per Camera obscura notwendig falsch, nämlich auf dem Kopf und seitenverkehrt, reflektiert wird, diese Reflektion aber selbst bar jeden

---

49) Die Widersprüche dieser Vindizierung der Wahrheit lassen sich bei Lenk (Lenk 1986 : 162 ff.) gut verfolgen. Lenks affirmative Darstellung sieht aber diese Probleme leider nicht einmal. Wie die Analyse der gesellschaftlichen Totalität durch den ideologischen Schleier hindurch überhaupt möglich ist, bleibt Lenks Geheimnis.
50) Marx/Engels MEW 3 : 32.
51) So auch die Kritik von Bader u.a. 1987 : 49. Marx und Engels haben in späteren Arbeiten diesen Zusammenhang auch selbst zurückgenommen. Vgl. nur MEW 23 : 56: "In der altindischen Gemeinde ist die Arbeit gesellschaftlich geteilt, ohne daß die Produkte zu Waren werden."

Momentes von Herrschaft, einfach notwendige Funktion der gesellschaftlichen Struktur ist.

Doch dem ist nicht so. Vielmehr wird an einer berühmten Stelle der 'Deutschen Ideologie' plötzlich ein Zusammenhang zwischen ökonomischer und ideologischer Herrschaft eingeführt. "Die Klasse, die die Mittel zur materiellen Produktion zu ihrer Verfügung hat, disponiert damit zugleich über die Mittel zur geistigen Produktion, so daß ihr damit zugleich im Durchschnitt die Gedanken derer, denen die Mittel zur geistigen Produktion abgehen, unterworfen sind"[50]. Diese politische Bestimmung des Ideologieproblems läßt sich nun kaum in Übereinstimmung mit der epistemologischen Herleitung bringen. Wird hier von Mitteln zur geistigen Produktion, also über einen herrschaftlichen Ein-/Ausschluß gesprochen, also von Ideologie als einer Waffe der Herrschenden zur Aufrechterhaltung ihrer Herrschaft, so sind diese herrschenden Gedanken dann doch weiter "Nichts als der herrschende Ausdruck der materiellen Verhältnisse"[52]. Ist im ersten Zitat eine Variante der aktiven ideologischen Herrschaft angedeutet ("disponiert ... über die Mittel ..., so daß"); eine Kausalbeziehung zwischen der ökonomischen Disposition und ideologischer Herrschaft, so zeigt das zweite Zitat, daß diese Disposition eben doch keine ist, sondern nur der Vollzug der ohnehin herrschenden gesellschaftlichen Zustände. Letztlich steht zu vermuten, daß hier nur auf den ersten Blick ein politisches Moment im Ideologiebegriff aufscheint, daß aber letztendlich für Marx und Engels Kämpfe in der Ideologie "nichts als die illusorischen Formen sind, in denen die wirklichen Kämpfe der verschiednen Klassen untereinander geführt werden"[53].

Doch damit nicht genug. In weiteren Passagen werden Elemente eines politischen Ideologiebegriffs vorgestellt, die mit jenem epistemologischen Strang kaum in Einklang zu bringen sind. Das Ideologische wird gleichzeitig einerseits zum Herrschaftsinstrument erklärt, andererseits wird seine Bedeutungslosigkeit für die Aufrechterhaltung oder Veränderung gesellschaftlicher Verhältnisse - quasi im gleichen Atemzuge - betont.

In zwei aufeinanderfolgenden Sätzen der 'Deutschen Ideologie' heißt es einerseits: "Die wirkliche, praktische Auflösung dieser Phrasen, die Beseitigung dieser Vorstellungen aus dem Bewußtsein der Menschen wird, wie schon gesagt, durch veränderte Umstände, nicht durch theoretische Deduktion bewerkstelligt." ([54]). Nun ist die

---

52) Marx/Engels MEW 3 : 46.
53) Marx/Engels MEW 3 : 33.
54) Marx/Engels MEW 3 : 40.

34

Arbeitsteilung, wie wir gesehen haben - per Camera obscura-Modell - für die Phrasen in den Köpfen verantwortlich. Gerade das Proletariat aber dürfte erstens von der Teilung der Arbeit besonders betroffen sein, zweitens ist die Zeit, in der der Text geschrieben wird, eine Zeit der Verschärfung der gesellschaftlichen Arbeitsteilung. Aus dem Camera Obscura-Modell müßte also logischerweise folgen, daß die Ideologien gerade im Proletariat bunte Blüten treiben, daß es der Veränderung der Umstände - letztendlich der Aufhebung der Arbeitsteilung - bedarf, um diese Phrasen in das aufzulösen, was sie nach Marx und Engels ohnehin sind, heiße Luft. Doch ganz im Gegenteil. Obwohl Marx nirgends vernünftigerweise die Aufhebung der gesellschaftlichen Arbeitsteilung feststellen kann, habe sich im Proletariat die Ideologie schon in Teilbereichen aufgelöst, weil das Proletariat wohl jenseits - zumindest einiger - Ideologien steht: "Für die Masse der Menschen, d.h. das Proletariat, existieren die Vorstellungen nicht, brauchen also für sie auch nicht aufgelöst zu werden, und wenn diese Masse je eigene theoretische Vorstellungen, z.B. Religion hatte, so sind diese jetzt schon längst durch die Umstände aufgelöst"[55].

Diese Wendung des Ideologischen zum Herrschaftsinstrument bei gleichzeitiger Behauptung seiner Unwirksamkeit ist virtuos, aber kaum nachvollziehbar. Wenn einerseits die herrschenden Gedanken nur die Gedanken der herrschenden Verhältnisse sind, wenn zum zweiten diese Gedanken nur durch Beseitigung der Verhältnisse verändert werden können, und drittens - vergessen wir für einen Augenblick die innere Widersprüchlichkeit - das Proletariat sowieso schon jenseits der Ideologie steht, so fragt sich, wozu die herrschende Klasse überhaupt über geistige Mittel disponieren muß?

Doch damit nicht genug. Marx und Engels gehen zudem davon aus, daß es erstens Ideologen der herrschenden Klasse gibt, und zweitens, daß diese Ideologen konzeptionell tätig sind, daß sie "die Ausbildung der Illusion dieser Klasse über sich selbst zu ihrem Hauptnahrungszweige machen"[56]. Doch wozu? Nur damit sie als Ideologen bezahlt denken können, was ja durchaus ein nachvollziehbarer Grund wäre. Was diese "aktiven konzeptiven Ideologen" denken und schreiben, entspricht ja nach Marx und Engels nur den herrschenden Gedanken, die nichts anderes sind als "der ideelle Ausdruck der herrschenden materiellen Verhältnisse"[57]. Einen Adressaten haben die Ideologen jedenfalls im Normalfall nicht. Das Proletariat hat schon keine Illusionen mehr, und der nicht als Ideologen tätige Teil der herrschenden Klasse verhält sich zu diesen

---

55) Marx/Engels MEW 3 : 40.
56) Marx/Engels MEW 3 : 46.
57) Marx/Engels MEW 3 : 46.

Gedanken und Illusionen mehr passiv und rezeptiv[58], da er ja wirklich herrschen muß und für solche Kinkerlitzchen, wie die Ausarbeitung seiner Gedanken, keine Zeit hat. Dann gibt es - im gleichen Absatz der 'Deutschen Ideologie' - den Verweis darauf, daß der aktiv ideologische Teil mit dem wirklich herrschenden Teil der herrschenden Klasse sogar in Konflikt und Feindschaft geraten kann. Dies wird aber keinesfalls betont, um eine irgendwie geartete relative Autonomie der Ideologie von ihrem materiellen Ursprung zu behaupten. Ganz im Gegenteil, diese Feindschaft, diese Divergenzen sind bloße Illusion. Wenn's ernst wird, wenn die Interessen der herrschenden Klasse gefährdet sind, verschwindet dieser "Schein ..., als wenn die herrschenden Gedanken ... eine von der Macht dieser Klasse unterschiedene Macht hätten"[59].

Die Beispiele ließen sich an weiteren Textstellen der 'Deutschen Ideologie' fortsetzen, und wir werden im Zusammenhang mit der Verwendung des Begriffs der Allgemeinheit noch einmal darauf zurückkommen. Deutlich sollte jedenfalls geworden sein, daß in diesem frühen Werk zumindest zwei Ideologiebegriffsstränge nachzuzeichnen sind. Einerseits ein geschichtsphilosophisch inspirierter, eher epistemologischer Begriff (Stichwort: Camera obscura), andererseits ein eher politischer Begriff (Stichwort: aktive konzeptive Ideologen). Der Text schwankt zwischen diesen beiden Ideologiebegriffen[60], wobei der epistemologische Strang deutlich stärker als der politische ist, da letzterer kaum wirklich ausgearbeitet wird. Ideologische Herrschaft wird zwar behauptet, die Bedingungen ihrer Möglichkeit oder auch nur ihre Notwendigkeit jedoch überhaupt nicht ausgearbeitet.

1.2 Vorwort zur Kritik der politischen Ökonomie

1.2.1 Kämpfen Menschen *in* der Ideologie?

Wir hatten diesen Ideologiebegriff als 'negativ' bezeichnet: Ideologie ist das, was zur Verkennung gesellschaftlicher Verhältnisse führt (auch wenn diese Verkennung dann seltsamerweise gar keine Bedeutung für eben jene Verhältnisse hat). Jedenfalls gibt es keine 'positive' Bestimmung einer aktiven verändernden Rolle der Ideologie, erst recht nicht in Richtung eines gesellschaftlichen Fortschritts. Die Konzeption einer proleta-

---

58) Vgl. Marx/Engels MEW 3 : 46 f..
59) Marx/Engels MEW 3 : 47.
60) So auch Eagelton 1991 : 79. Anders: Haug 1984 : 22 ff., der aber die 'politischen' Stränge unangemessen überbetont und von ihrer direkten Rückbindung an die ökonomischen Verhältnisse löst.

rischen Klassenideologie ist diesem Text zutiefst fremd. Ideologie ist die falsche, mit dem falschen Sein verbundene Sicht der Verhältnisse, nicht Teil ihrer Überwindung.

Im Vorwort zur 'Kritik der politischen Ökonomie' von 1859 eröffnet Marx nochmals einen scheinbar völlig anderen Zugang zur Problematik der Ideologie, diesmal im Zusammenhang mit der Revolutionsproblematik: "In der Betrachtung solcher Umwälzungen muß man stets unterscheiden zwischen der materiellen, naturwissenschaftlich treu zu konstatierenden Umwälzung in den ökonomischen Produktionsbedingungen und den juristischen, politischen, religiösen, künstlerischen oder philosophischen, kurz, ideologischen Formen, worin sich die Menschen dieses Konfliktes bewußt werden und ihn ausfechten"[61]. Die Beschreibung dessen, was sich in der materiellen Basis abspielt, ist hier ein (natur-) wissenschaftlich zu fassender Vorgang, ein Prozeß also, der nach vorab erkennbaren Gesetzen verläuft, welche Naturgesetze sind, Gesetze also, die nicht geschaffen, sondern erkannt werden. In diese so strenge mechanische Beschreibung des Materiellen fügt sich eine interpretationswürdige Beschreibung des menschlichen Handelns ein, das durch die Ideologie beeinflußt wird.

Ideologien werden, obwohl sie falsch sind und verzerrt, zu notwendigen Voraussetzungen für das Kämpfen von Menschen, so scheint es. Heißt das, daß die (falschen?) ideologischen Formen - zeitverschoben - in einen Konflikt mit dem (revolutionären) Bewußtsein treten und damit einen ähnlichen Antagonismus wie der zwischen Produktivkraft und Produktionsverhältnis bilden? Wenn ja, müssen die Zustände in der Basis und in dem Bewußtsein synchron sein, um revolutionär zu wirken? Und was das Entscheidende an diesen ganzen Fragen ist, wirkt der Überbau verändernd auf die Basis? Hat er eine eigene Kraft? Oder ist dieses Zusammenspiel nichts weiter als eine Tautologie, die besagt, daß das 'Bewußtsein' das 'bewußte Sein' ist, und es nur insofern einen doppelten Prozeß gibt, als daß sich zu einem bestimmten Zeitpunkt die ökonomische Basis im Bewußtsein adäquat, also nicht verzerrt wie in den Ideologien, repräsentiert?

Und was soll da der Mensch? Ist sein revolutionäres Bewußtsein notwendig, um die Kämpfe auszufechten, oder ficht er ganz automatisch, wenn es die Zustände erfordern? Nimmt mensch den vorangestellten Satz als Interpretationshilfe: "Mit der Veränderung der ökonomischen Grundlage wälzt sich der ganze ungeheure Überbau langsamer oder rascher um"[62], könnte sich die Schlußfolgerung aufdrängen, daß es zumindest zur zeitlichen Beschleunigung der kompletten Umwälzung nötig ist, daß die Menschen

---

61) Marx MEW 13 : 9.
62) Marx MEW 13 : 9.

'fechten'. Bei Rosa Luxemburg wird uns diese Interpretation später noch begegnen. Für diese These spricht jedenfalls, daß ein Überbau, der *nur* Reflex ist, sich immer zeitgleich und nie zeitverschoben umwälzen würde. Nimmt mensch hingegen den im direkten Anschluß folgenden Satz "Sowenig man das, was ein Individuum ist, nach dem beurteilt, was es sich selbst dünkt, ebensowenig kann man eine solche Umwälzungsepoche aus ihrem Bewußtsein beurteilen, sondern muß vielmehr dies Bewußtsein aus den Widersprüchen des materiellen Lebens, aus dem vorhandenen Konflikt zwischen gesellschaftlichen Produktivkräften und Produktionsverhältnissen erklären"[63], so drängt sich die Tautologievariante auf[64].

Man mag sich fragen, warum auf die Interpretation dieses einen Satzes aus dem Vorwort von 1859 hier so viel Wert gelegt wird. Schließlich ist er weder systematisch ausgearbeitet, noch bietet er allzu viele Hinweise auf den Stellenwert ideologischer Kämpfe im Marxschen Denken. Zudem kommen die beiden vorgestellten Interpretationsvarianten letztendlich zu einer weitgehenden Irrelevanz des Ideologischen im Kampfe. Denn die Verbindung zwischen jener Passage, in der von einer langsameren oder schnelleren Umwälzung gesprochen wird, zu jenen ideologischen Formen, in denen sich die Menschen der Kämpfe bewußt werden, scheint eher konstruiert. Ein Zusammenhang zwischen den ideologischen Kämpfen und der Geschwindigkeit der Umwälzung besteht genau genommen nicht. Der Satz sagt einzig über die Notwendigkeit der Unterscheidung der Umwälzungen der ökonomischen Basis von den ideologischen Formen, in denen sich die Menschen eben dieser Umwälzungen bewußt werden, etwas aus. Selbst wenn man aber einen darüber hinausgehenden Zusammenhang annehmen wollte, so wäre die maximale Reichweite der Kämpfe auf die Beschleunigung oder Verlangsamung der Umwälzungsprozesse im Überbau reduziert. Diese sind aber als Reflex der ohnehin stattfindenden Umwälzungsprozesse der ökonomischen Basis in Richtung und Ziel sowieso bereits vorbestimmt. Die Kämpfe im Überbau sind, selbst bei freundlicher Interpretation dieser Passage, für die ökonomische Entwicklung ohne jeden Belang.

Damit kann auch der erste Grund benannt werden, warum wir diesen wenigen Sätzen zentrale Aufmerksamkeit schenken. Aus der Innensicht der Theorie stehen sie für eine Zusammenfassung der bisherigen Forschungsergebnisse von Marx. Sie zeigen die

---

63) Marx MEW 13 : 9.
64) Eine andere mögliche Lesart ist, daß es keinen direkten Sinnzusammenhang zwischen dem letztgenannten und dem Satz zuvor gibt. Daß Marx mit diesem Satz von der Beschreibung des kämpfenden Menschen zur analytischen Aussage über den Wert der Selbstbeschreibung des Menschen übergegangen ist, was wieder die erste Interpretation stärken würde.

Ergebnisse, in die Marx' politisch-ökonomische Untersuchungen nach seiner eigenen Beurteilung münden[65]. Hier liegt ihre interne Bedeutung ebenso, wie in der Tatsache, daß an dieser Stelle das Ideologiekonzept und jene berühmt-berüchtigten Passagen über das Basis/Überbau-Modell zusammentreten. Darauf werden wir gleich noch einmal zurückkommen.

Ein zweiter, für den Fortgang dieser Arbeit noch wichtigerer Grund, liegt in den theoretischen Effekten, die diese Passage in der Ideologietheorie ausgelöst hat. Wollte man den Kern des Marxismus, als Gegner oder Anhänger desselben, auf den Punkt bringen, so war es fast immer jenes Vorwort, das zu Rate gezogen wurde. Labica schreibt gar von einer "fast zwanghaften Aufmerksamkeit, die die gesamte marxistische Tradition diesem einen Text von 1859 entgegen bringt"[66]. Dieser theoretische Effekt zeigt sich bei Lenin oder Gramsci in der Bestimmung eines 'positiven' Moments der Ideologietheorie[67], d.h. einer, wie auch immer im Detail noch zu analysierenden, relativen Eigenständigkeit des ideologischen Kampfes[68]. Daß immer nur ein aus dem Zusammenhang gerissener Halbsatz von Marx für diese Interpretation herhalten muß, zeigt einerseits das Bedürfnis, Ideologie neu und anders, als Marx dies für gewöhnlich tat, zu interpretieren. Aus diesem Halbsatz werden dann, wie wir noch sehen werden, durchaus produktive Weiterentwicklungen geschlußfolgert. Doch dies

---

65) Vgl. Marx MEW 13 : 8: "Meine Untersuchung mündete in dem Ergebnis..., daß aber die Anatomie der bürgerlichen Gesellschaft in der politischen Ökonomie zu suchen sei."

66) Labica 1985 : 512.

67) Vgl. zu Lenin: Rauh 1970 : insb. 707; dazu auch Volker 1986 : 14; Haug/Elfferding 1986. Ausführlich dazu auch Lenin in Teil III, Kapitel 1.2. dieser Arbeit. Bei Gramsci wird der Satz geradezu zur Grundlage der Hegemonietheorie gemacht. Gramsci Bd.6 : 10/12: "Die im Vorwort von *Zur Kritik der politischen Ökonomie* enthaltene Aussage, daß die Menschen das Bewußtsein von den Strukturkonflikten auf dem Terrain der Ideologien erlangen, muß als eine Feststellung von erkenntnistheoretischem und nicht bloß psychologischem und moralischem Wert betrachtet werden." Ohne direkten Bezug, aber mit Hinweis auf die Möglichkeit von Beschleunigung und Verlangsamung der gesellschaftlichen Entwicklung siehe Luxemburg LWG, Bd. 4 : 61.

68) Gerade aber auch dogmatische Lektüren der marxistischen Ideologietheorieentwicklung (hier exemplarisch: Metscher/Steigerwald 1982) verweisen gerne auf diese Stelle, um eine imaginäre Linie der Theorieentwicklung von Marx/Engels über Luxemburg, Lenin und Gramsci festzumachen. Da gibt es keine Brüche. Weder zwischen dem jungen und dem reifen Marx, weder zwischen Marx und Engels, natürlich auch nicht zwischen Marx und Lenin oder Gramsci. Lenin knüpft an Marx/Engels an (ebd. : 196); Gramsci knüpft an Marx, Engels und Lenin an (ebd. : 205) und arbeitet dessen Erkenntnisse schärfer heraus usw.. Da es zur Herausarbeitung der aktiven führenden Rolle der Partei der Arbeiterklasse auch in ideologischen Fragen dieses positiven Ideologiebegriffs bedarf, wird jener kleine Satz von Marx aus dem Vorwort von 1859 aus seinem Zusammenhang gerissen, über die Leninsche Lektüre des Satzes reinterpretiert und geradezu zum Kern der Marxschen Ideologietheorie aufgeblasen. Da die dogmatische Lektüre Marx als heiligen Text betrachtet, muß - bei allen Verbiegungen und Verdrehungen durch Verkürzungen, die dazu nötig sind - der 'positive Ideologiebegriff auf Marx selbst zurückgeführt werden.

liegt nicht daran, daß Marx diese Weiterentwicklung wirklich schon vor-gedacht hätte, sondern daran, daß die marxistischen Ideologietheoretiker meinten, hier eine Belegstelle gefunden zu haben, um neue Theorien als genuin marxsche Theorien "absichern" zu können.

1.2.2 Der Ort der Ideologie im Basis/Überbau-Modell

Derselbe Text, der insbesondere bei Lenin und Gramsci für eine Weiterentwicklung der Ideologietheorie stehen wird, steht seltsamerweise auch für ihre Blockierung. Schematisch läßt sich das im 'Vorwort' gezeichnete Bild so darstellen[69]:

Der Motor des revolutionären Prozesses ist dabei der Widerspruch der Entwicklung der Produktivkräfte mit den traditionalen Produktionsverhältnissen. Welchen Stellenwert in diesem Schema des Vorworts die Ideologie hat, ist nicht eindeutig. Eine mögliche Lesart ist die klare Zweiteilung A auf der einen, B + C auf der anderen Seite, insoweit zum einen von den Produktionsverhältnissen als "ökonomische(r) Struktur der Gesellschaft", als "reale(r) Basis, worauf sich ein juristischer und politischer Überbau erhebt"[70] die Rede ist. Andererseits wird kurz danach von den Produktionsverhältnissen als Eigentumsverhältnissen (letztere seien "nur ein juristischer Ausdruck" für erstere) geschrieben. Dann wäre der juristisch-politische Überbau zumindest nicht klar von der Basis (A) zu trennen, wäre ins Verhältnis zu ihrer Reproduktion zu setzen. Auch hier bleibt das genaue Verhältnis unausgearbeitet. Ist Ideologie im Sinne der 'Deutschen Ideologie' B und C? Was bedeutet die Betonung der ideologischen Form? Ist sie mehr als Ideologie? Wird hier ein materiales Element im Ideologischen bestimmt? Von denjenigen, die eine 'positive', aktive Ideologietheorie erarbeiten wollten, wird dieser Aspekt betont. Form hört sich ja auch nach mehr an, als Echo oder

---

69) Nach Labica 1985 : 511.
70) Marx MEW 13 : 8.

40

Reflex[71]. Schon die Vagheit dieser Formulierung zeigt allerdings an, daß man in einer Marx-Exegese hier im Trüben fischt. Weder die ideologischen Formen, noch die Frage, wie die Menschen die Konflikte 'ausfechten', oder der genaue Status des juristischen und politischen Überbaus, sind die zentralen Probleme, die das Vorwort von 1859 motivieren. Es ist ganz klar die Betonung des völligen Primats der ökonomischen Entwicklung gegenüber den anderen Aspekten der Gesellschaft. Der Gegner ist der Idealismus. Das darf man nicht vergessen, wenn man sich mit diesen Schriften befaßt.

Der Begriff der Ideologie ist nur notwendig für das Begreifen des Teils der 'Vorgeschichte der menschlichen Gesellschaft', die auf Arbeitsteilung beruht. Ist die Teilung der Arbeit aufgehoben, fällt der ideologische Effekt dieser Teilung weg. Ideologie als Kategorie ist überhaupt nur wichtig, damit arbeitsteilige Gesellschaften analysiert und kritisiert werden können. Doch ist auch dieser Aspekt in gewisser Hinsicht marginal. Dem ideologischen Kampf fällt im frühen Marxismus keine zentrale Rolle zu. Das Basis/Überbau-Modell ist keineswegs dialektisch gemeint. Die Produktivkräfte entwickeln sich und sprengen die Produktionsverhältnisse, wenn die objektiven Bedingungen ebenso weit sind. Ideologie spielt in dieser Umwälzung nicht einmal eine tragende Nebenrolle.

Der Marxismus selbst ist nach Auffassung von Marx und Engels nicht Teil des ideologischen Überbaus, kein Mittel des ideologischen Kampfes. Er unterliegt nicht der Trennung von Geist und Materie, er denkt diesen Zusammenhang. Er ist damit Wissenschaft und Wahrheit in einem, und er ist der theoretische Ausdruck der 'wirklichen Bewegung'[72]. Ideologie ist ein Begriff der Kritik[73] an 'Anderen', der der Einschränkung unterliegt, daß es keine entwickelte Systematik einer Ideologiekritik im Werk von Marx und Engels gibt. Der Marxismus, wie er sich zu diesem Zeitpunkt verstand, benötigte keine Methode der Ideologiekritik, und erst recht keine Ideologie-

---

71) Vgl. zu dieser Debatte Volker 1986 : 14 ff., der schon, wie wir noch sehen werden, zu viel Honig aus jenem kleinen Wörtchen 'Form' saugt. Mit Recht kritisiert er aber Sandkühler 1973, der gar 'die materialistische Geschichtsauffassung' als Kampfform der Arbeiterklasse sehen und dies auf das Vorwort zurückführen will.

72) Marx/Engels MEW 3 : 35: "Der Kommunismus ist für uns nicht ein Zustand, der hergestellt werden soll, ein Ideal, wonach die Wirklichkeit sich zu richten haben (wird). Wir nennen Kommunismus die wirkliche Bewegung, welche den jetzigen Zustand aufhebt."

73) Damit stehen Marx und Engels in der Tradition der Aufklärung, welche Wissenschaft und Ideologie als Entgegengesetztes versteht und deswegen behauptet, daß sich die Vernunft dann durchsetzen werde, wenn alle ideologischen Reste durch die Wissenschaften aus dem Denken vertrieben werden können. In der Idolenlehre von Francis Bacon werden Idole als Täuschungen übersetzt.

theorie. Die Ideologie als etwas zur Herrschaftsstabilisierung Notwendiges, etwas Eigenständiges, das den Verlauf der Reproduktion der Produktionsverhältnisse beeinflußt, oder gar als etwas Positives, als notwendigem Bestandteil des Begreifens von Wirklichkeit, läßt sich mit Marx nicht begründen. Das Bestreben des Marxismus war, gegen jede bisherige Philosophie auf die materiellen Prozesse hinzuweisen, welche das 'wirkliche Leben' der Menschen bestimmten. Diese Entwicklungsgesetze zu erkennen und zu systematisieren, war der zentrale strategische Einsatz des frühen Marxismus. Auf dieser Grundlage erklärten sich die Politik, die Geschichte, die Philosophie, also alle Überbauten, von selbst.

Engels selbst hat auf dieses Manko hingewiesen, darauf werden wir noch zurückkommen. Der Ökonomismus der Zweiten Internationale ist im Kern, wenn auch nicht in allen Vulgarisierungen, im Marxschen Werk selbst begründet.

1.3 Warenfetischismus und Ideologie

Es ist desöfteren hervorgehoben worden, daß im 'Kapital' der Ideologie-Begriff keine Rolle spielt[74]. Er ist verschwunden. Im ersten Band sind wir aber mit einer Thematik konfrontiert, die von vielen als der zentrale Ort marxistischer Ideologietheorie im Kapital gelesen wird[75]: dem Warenfetischismus.

Die Problematik des Warenfetischismus läßt sich, der Übersichtlichkeit halber, in drei Themen gliedern. Erstens: Der Glaube, die Ware habe einen Wert an sich, ist eine Verkennung der gesellschaftlichen Bedingtheit des Tauschwerts. Die Äquivalenz, die in Wirklichkeit eine Äquivalenz der verausgabten menschlichen Arbeit ist, erscheint als Äquivalenz der Ware selbst. Gesellschaftliche Beziehungen werden als Beziehung von Dingen wahrgenommen, bestimmte gesellschaftliche Verhältnisse nehmen also die "phantasmagorische Form eines Verhältnisses von Dingen"[76] an. Wo die Menschen denken, sie tauschten Dinge, die nur die Form gleichartiger Arbeit seien, wird erst durch diesen Austausch als Wert verschiedene Arbeit gleichgesetzt. Zweitens zeigt sich diese Verkennung in der klassischen politischen Ökonomie. Diese analysiert die Wertform nicht als historisch spezifische, sondern als 'Naturgesetz' des zufälligen

---

74) z.B. Schmidt 1980 : 361 ff.; Balibar 1994 : 89 f..
75) vgl. Eagelton 1991 : 84; Lenk 1986 : 132; Bader u.a. 1987 : 145. Die Beurteilung geht dann natürlich weit auseinander. Während die einen (z.B. Lukács oder Backhaus 1969) im Warenfetischismus einen Kern marxistischer Theoriebildung sehen, ist die Kritik von Balibar 1977 oder Eagelton 1991 zumindest ebenso heftig, wie die Begeisterung ersterer Autoren.
76) Marx MEW 23 : 86.

Austauschs von Werten auf dem Markt. Drittens behandelt Marx das Thema der Entmystifizierung dieses Verhältnisses. Wenn wir uns in andere Produktionsformen als die Warenproduktion denken, löst sich dieser Fetischismus auf. "Aller Mystizismus der Warenwelt, all der Zauber und Spuk, welcher Arbeitsprodukte auf Grundlage der Warenproduktion umnebelt, verschwindet daher sofort, sobald wir zu anderen Produktionsformen flüchten"[77].

Die Analogie, die Marx wählt, ist die der Religion. Das gesellschaftliche Verhältnis ist nicht ein Ding, daß der Ware sichtbar anhaftet. Wie in der Religion die Gedanken scheinbar ein eigenes Leben führen und den Menschen illusorisch als äußere Macht gegenübertreten, so "in der Warenwelt die Produkte der menschlichen Hand"[78]. Auch sie treten scheinbar selbstständig ihren wahren Produzenten gegenüber. Der Fetischismus, so Balibar, erscheint als "moderne Religion des allgemeinen, abstrakten Menschen"[79].

Wir sehen also, daß hier das Thema der Entfremdung in veränderter Form wieder aufgegriffen wird. Auch hier findet eine Umkehrung der wahren Verhältnisse statt. Insofern wird der Ideologiebegriff der 'Deutschen Ideologie' fortgeführt. Andererseits haben wir es aber auch mit einer deutlichen Verschiebung zu tun. Die Entfremdung ist nicht nur, wie beim Camera obscura-Modell, eine Frage falscher, wenn auch notwendig falscher Wahrnehmung. Vielmehr ist diese Entfremdung gesellschaftliche Wirklichkeit, die sich in den Köpfen widerspiegelt. Die Ideologie ist in die gesellschaftliche Struktur selbst eingeschrieben und keine Sache des Bewußtseins mehr.

Diese Verschiebung zeigt sich deutlich darin, daß Wirklichkeit und Richtigkeit nicht mehr zusammenfallen. War in der 'Deutschen Ideologie' der einfache Bezug auf den wahren, wirklichen und praktisch tätigen Menschen zur richtigen Erkenntnis gesellschaftlicher Zusammenhänge ausreichend, so bedarf es nun einer eigenständigen wissenschaftlichen Analyse, die jenseits der oberflächlichen Phänomene das Wesen gesellschaftlicher Strukturen analysiert. Die hier dargestellten Gedankenformen sind objektiv, was Marx mit gesellschaftlicher Gültigkeit gleichsetzt[80]. Diese Objektivität aber verdankt sich einer Objektivität gesellschaftlicher Formen, die selbst Ausdruck der Verkehrung von Subjekt und Objekt sind. Hier liegt denn auch die produktivste These des Fetischkapitels. Die Erkenntnis der Falschheit einer Ideologie berührt deren

---

77) Marx MEW 23 : 90.
78) Marx MEW 23 : 86.
79) Balibar 1977 : 301.
80) vgl. Marx MEW 23 : 90.

Existenz nicht[81]. Die Konstatierung "gesellschaftlich gültige(r), also objektive(r) Gedankenformen"[82] hätte dazu führen können, die Gleichsetzung von Schein, Echo, Reflex, Nebel etc. und Ideologie endgültig dahingehend aufzubrechen, die gesellschaftliche Materialität ideologischer Verhältnisse als objektiv zu analysieren. Durchaus produktiv ist zudem, daß Marx, indem er die Konstitution sozialer Objektivität überdenkt, gleichzeitig den Begriff des Subjektes revolutioniert[83]. Indem sich die Dinge, 'so wie sie sind', in den gesellschaftlichen Formen der warentauschenden Gesellschaft, dem Subjekt präsentieren, bilden sie dessen soziale Welt. Sie konstituieren in gewisser Weise die 'Natur', die 'natürliche Ordnung', in der die Subjekte leben, denken und agieren. So sind dann die Kategorien der bürgerlichen Ökonomie, oder auch Freiheit und Gleichheit imaginäre (also organisierende) Formen, die mit der Vorstellung eines falschen Bewußtseins, eines Nebels oder Schleiers, der über den wahren Dingen liegt und diese verbirgt, bricht.

Doch dieser Bruch wird durch die unglückliche Verschiebung des Problems erreicht. Der tendenzielle Idealismus in der Ideologiekonzeption der 'Deutschen Ideologie' wird durch eine direkte Verlagerung in die ökonomische Struktur "gelöst". Was heißt das für den Bezug der Ideologie zu gesellschaftlichen Kämpfen? Wie Eagelton herausgearbeitet hat, teilt - bei aller Unterschiedlichkeit im Detail - das Fetischkapitel und der dort entwickelte Ideologiebegriff zwei zentrale Schwächen des Ideologiebegriffs der 'Deutschen Ideologie': den Empirizismus und den Negativismus[84].

Empirizismus, weil die falsche Wahrnehmung der Wirklichkeit selbst schon immanent ist. Die Überzeugung aber, das Wirkliche trage das Wissen bzw. Unwissen über sich in sich selbst, ist empirizistisch. Eagelton bringt einen treffenden Vergleich: "Von Ludwig Wittgenstein wird erzählt, daß er einmal einen Kollegen fragte, warum die Leute die Behauptung, die Sonne bewege sich um die Erde, natürlicher fänden als die umgekehrte Theorie. Auf die Antwort hin, daß es einfach diesen Eindruck machen würde, fragte er, welchen Eindruck es machen würde, wenn die Erde sich um die Sonne bewegen würde"[85]. Das Beispiel macht deutlich, daß die Natur der Erscheinung nicht schon ihre Interpretation in sich trägt, sondern, daß es spezifische gesellschaftliche und auch ideologische Verhältnisse sind, in denen diese Eindrücke geboren werden und hegemonial werden können. Wenn Marx schreibt, daß den Waren ihr Wert

---

81) Vgl. Schmidt 1980 : 369 f.. Diesen wichtigen Aspekt, den Althusser im Anschluß an Spinoza ausgearbeitet hat, finden wir jedoch im Fetischkapitel ohne tiefere Bedeutung.
82) Marx MEW 23 : 90.
83) Vgl. Balibar 1995 : 65.
84) Vgl. Eagelton 1991 : 88 f..
85) Eagelton 1991 : 88.

nicht auf die Stirn geschrieben sei, so ist dies zweifellos richtig. Ebenso wie der Warenproduktion nicht schon das Unwissen über sie eingeschrieben ist. Natürlich impliziert diese empirizistische Theorie wieder jenen schon oben angesprochenen Widerspruch. Wie ist es möglich, objektiv falsche Verhältnisse (nicht nur falsches Denken darüber) wahrzunehmen? Marx flüchtet sich - das ist das Verb, das er benutzt[86] - zu anderen Produktionsformen, um den Spuk des Warenverhältnisses zu vertreiben. Wie aber kann er das? Wohl einzig und allein durch ein kaum haltbares Vertrauen in die Kraft wissenschaftlicher Analyse. Wie heißt es doch so schön am Ende des Vorwortes von 1859: "Bei dem Eingang in die Wissenschaft aber, wie beim Eingang in die Hölle, muß die Forderung gestellt werden: Hier mußt du allen Zweifelmut ertöten. Hier ziemt sich keine Zagheit fürderhin"[87].

Negativismus auch hier, weil die Ideologie einmal mehr nichts anderes vermag, als die bestehenden Verhältnisse zu verbergen. Sie selbst produziert nichts. Kein Wissen, keine Kämpfe, keine Entwicklung. Der Fetischismus ist, wie die Ideologie in der 'Deutschen Ideologie', das, was die ursprüngliche Klarheit gesellschaftlicher Verhältnisse vernebelt. In einem Verein freier Menschen ist die Beziehung der Menschen zu ihren Arbeitsprodukten "durchsichtig einfach"[88]. Was in der 'Deutschen Ideologie' die Arbeitsteilung, ist hier die Warenproduktion: Teil der Vorgeschichte der Menschheit vor der Rückkehr zu durchsichtigen und einfachen gesellschaftlichen Verhältnissen. Gleichzeitig ist auch hier das Primat der Ökonomie eindeutig. Verschwindet die Warenproduktion, verschwindet der Warenfetischismus.

In einer harschen Kritik am Fetischkapitel hat denn auch Etienne Balibar es nicht nur als Überbleibsel bürgerlicher Ideologie im Marxismus bezeichnet, sondern betont, daß die Theorie des Fetischismus "ein Hindernis bildet (und historisch ein Hindernis war) für eine materialistische Theorie der Ideologie"[89]. Ideologische Effekte lassen sich nämlich nur durch eine positive Bestimmung ihrer Ursachen, durch Existenz und Funktionsweise konkreter ideologischer Verhältnisse, die sich in Kämpfen konstituieren, erklären. Diese Erkenntnis aber behindert die 'Deutsche Ideologie' genauso, wie das Fetischkapitel im 'Kapital'. Das Interessante an der Theorie des Warenfetischismus, nämlich die Existenz symbolischer und imaginärer Strukturen sowohl in der Konstitution des Subjekts als auch in der Reproduktion der Produktionsverhältnisse

---

86) Marx MEW 23 : 90.
87) Marx MEW 13 : 11. Ab "Hier..." handelt es sich um ein Zitat aus Dantes 'Göttliche(r) Komödie', das Marx im Original zitiert.
88) Marx MEW 23 : 93.
89) Balibar 1977 : 310.

aufgezeigt zu haben, wird erkauft mit der direkten Ableitung des Ideologischen aus der Ware. Die damit notwendig einhergehende These von der umfassenden Totalität des Verblendungszusammenhanges verdeckt jegliche Widersprüche und Kämpfe. Wo das Ideologische in der Struktur der Dinge selbst beheimatet ist, ist damit auch ideologische Herrschaft nicht mehr sinnvoll zu denken. Eine solche Bestimmung der Totalität läßt den Widerspruch, durch den sich das Ganze nicht nur reproduziert, sondern der es sprengen könnte, nur noch als 'von außen' kommend zu. Entweder über die Eigenlogik der Entfaltung der Produktivkräfte oder aber über die Eigenlogik eines sich entfaltenden Klassenbewußtseins. Dem Mystizismus kann, wie es Marx in dem oben angeführten Zitat treffend formuliert, allein durch eine 'Flucht in andere Produktionsformen' entkommen werden.

Die Theorie des Warenfetischismus verhindert also nicht nur eine Erklärung *besonderer* ideologischer Effekte in warentauschenden Gesellschaften und damit eines Kampfes verschiedener Ideologien. Sie erzählt zudem den Mythos einer Transparenz gesellschaftlicher Beziehungen vor und nach dem Sündenfall (und reproduziert insoweit das Schema der historischen Dreiteilung, das wir schon an der 'Deutschen Ideologie' kritisierten). Sie ist damit eine Theorie des Bruchs mit der Ideologie, nicht des Bruchs in der Ideologie oder, polemisch gesagt, eine Theorie des kommenden schönen Tages: "Ihr zufolge wird es einen schönen Tages nicht nur keine Klassenideologien mehr geben, da es keine Waren und also auch keinen Austausch mehr geben ... wird, sondern es wird überhaupt keine Ideologie mehr geben. Entfremdung und danach Aufhebung der Entfremdung"[90]. Damit aber wird eine Theorie der Ideologie unsinnig, denn es gibt nur ein vor und ein nach der Ideologie. Dazwischen ist nur Entfremdung.

1.4. Karl Marx, Friedrich Engels und der ideologische Kampf

1.4.1. Mosaiksteine einer Theorie des ideologischen Kampfes

Nichtsdestotrotz finden sich, verstreut über das Marxsche Werk, Mosaiksteine einer relativ eigenständigen Thematisierung des Ideologischen; einer Problematisierung der Notwendigkeit ideologischer Momente in den Kämpfen. Es ist desöfteren schon bemerkt worden, daß sich diese Beachtung ideologischer Kämpfe eher in den historisch-politisch-journalistischen Schriften, denn in den 'großen', systematischen

---

90) Balibar 1977 : 314.

Werken zu finden ist[91]. Aber auch in der 'Deutschen Ideologie' oder im 'Kapital' finden sich solche Elemente, aber auch dort am ehesten, wo konkrete politische oder historische Analyse durch die Allgemeinheit der Erörterung durchscheint.

So wird an einem Punkt in der 'Deutschen Ideologie' die hier als ökonomistisch gefaßte Begrenzung kategorial aufgelöst. In dem Begriff der "Allgemeinheit" liegt eine Substanz, die mehr ist, als ein Akt strukturell notwendiger, aber sinnloser Verkennung der Wirklichkeit. Doch zuerst kurz zum Begriff selbst. Allgemeinheit ist bei Hegel immer als Gegensatz zu Besonderheit zu sehen. Wo Besonderheit ein partikulares Interesse beschreibt, da beschreibt Allgemeinheit eine Aufhebung jener individuellen Interessen in einem Höheren, welches jene Interessen erst vernünftig vermittelt. So hat das Verbrechen z.B. in der Hegelschen Rechtsphilosophie eine positive Existenz nur als besonderer Wille des Verbrechers. Diese positive Existenz des besonderen Willens kann nur durch Vergeltung aufgehoben werden. Dabei wird der Verbrecher aber nicht nur gestraft, er wird zugleich als vernünftig geehrt, indem ihm unterstellt wird, daß er durch seine Handlung dieselbe als Allgemein aufstellen wollte. Ein Dieb muß also den Diebstahl an seinem Vermögen, ein Mörder die Todesstrafe akzeptieren, da er ja jene Handlung selbst als legitim ansah. Der Staat ist die Wirklichkeit der Allgemeinheit[92]. Auch die Junghegelianer übernahmen diese Begrifflichkeit, obwohl sie die darunter naheliegende affirmative Setzung der real existierenden Staaten durch Hegel, und stärker noch durch die Rechtshegelianer vorgenomen, verwarfen. Nun ist bei Hegel die dem Staat immanente Idee Ausdruck der Allgemeinheit. Sie ist allen empirisch vorfindbaren Staaten dem Wesen nach inhärent, jedoch erfüllen die Staaten als real vorfindliche nicht unbedingt jene Form der Allgemeinheit, die ihrer Idee entspricht, voll-

---

91) Klassisch ist diese Feststellung bei Gramsci. Vgl. z.B. Gramsci Gh, Bd. 4 : 878. Dort polemisiert Gramsci gegen den Ökonomismus. Dieser müsse "bekämpft werden mit dem authentischen Zeugnis von Marx als Verfasser konkreter politischer und historischer Werke. Unter diesem Gesichtspunkt sind vor allem wichtig der 18. Brumaire und die Schriften zur Orientalischen Frage (...)." In diesen Werken, so Gramsci weiter, fänden sich Vorbehalte gegen die In-eins-Setzung von Ökonomie und Ideologie. "Vorbehalte, die in den allgemeinen Werken keinen Platz finden konnten" (ebd.). Ähnlich aber auch Balibar 1977 : 310 oder Derrida 1995 : 175 ff., der sich gegen den Vorwurf wendet, die politischen Schriften seien weniger philosophisch als die "großen" Werke von Marx.

92) "Im Staate sind der Geist des Volkes, die Sitte, das Gesetz das Herrschende. Da wird der Mensch als *vernünftiges* Wesen, als *frei*, als Person, anerkannt und behandelt; und der Einzelne seinerseits macht sich dieser Anerkennung dadurch würdig, daß er, mit Überwindung der Natürlichkeit seines Selbstbewußtseins, einem *Allgemeinen* ... , dem *Gesetze* gehorcht, also gegen andere sich auf eine *allgemeingültige* Weise benimmt, sie als das anerkennt, wofür er selber gelten will, - als frei, als Person." (Hegel 1970a : 221f.); und: "[E]s ist das sittliche Ganze - *der Staat*, welcher die Wirklichkeit ist, worin das Individuum seine Freiheit hat und genießt, aber indem es das Wissen, Glauben und Wollen des Allgemeinen ist" (Hegel 1970b : 55).

kommen. "Was vernünftig ist, das ist wirklich; und was wirklich ist, das ist vernünftig" heißt es in der Vorrede zur 'Rechtsphilosophie'. Lasen die Junghegelianer daraus, daß die vorhandenen Staaten umzuwälzen seien, weil sie nicht der Idee der Allgemeinheit entsprächen, so sahen die Althegelianer im Staat das vernünftige Allgemeine als wirklich bereits verkörpert an. Allen gemein war, daß sie den Staat - erst einmal unabhängig von der späteren Füllung des Begriffs - als Resultat der Trennung von öffentlich und privat und von Allgemeinem und Besonderem[93] ansahen.

Marx behauptet in Abweichung zu allen hegelianischen Varianten, daß der Entstehungsgrund von Staaten zwar historisch richtig beschrieben war, daß sich dies aber fundamental mit der Entstehung von Klassen wandelt. War beim jungen Marx der Staat linkshegelianisch noch "die Verwirklichung der vernünftigen Freiheit"[94], der untergeht, wenn er "so sehr mit der Idee des Staates zerfallen ist, daß er nicht weiterzubestehen verdient"[95], also Inbegriff des Allgemeinen, so ändert sich dies radikal. Der Staat ist nicht mehr Ausdruck des Allgemeinen, sondern Herrschaftsinstrument[96]. So

---

93) vgl. Marx/Engels MEW 3 : 34.
94) Marx MEW 1 : 103.
95) Marx MEW 1 : 150. Eine kurze Rekonstruktion der Marxschen Staatstheorie unter besonderer Berücksichtigung dieses hier im Folgenden beschriebenen Wandels findet sich bei Müller u.a. 1994 : 23 ff..
96) Die Idee, den Staat unter dem Aspekt der Klassenherrschaft zu greifen, stammt übrigens von Engels (vgl. hierzu Stedman Jones 1988 : 257), wurde aber von Marx systematisiert. "Die Selbstständigkeit des Staates kommt heute nur noch in Ländern vor, wo die Stände sich nicht vollkommen zu Klassen entwickelt haben." (Marx/Engels MEW 3 : 62) In modernen Gesellschaften/Staaten, in denen es Klassen gibt, ist es historisch notwendig geworden, daß sich die herrschende Klasse als Staat organisiert. Weil "sie eine *Klasse*, nicht mehr ein *Stand* ist, (ist sie) dazu gezwungen, sich national, nicht mehr lokal zu organisieren und ihrem Durchschnittsinteresse eine allgemeine Form zu geben." (ebd. : 62) Staat und herrschende Klasse werden somit in eins gesetzt, der Staat verliert damit den Status von Allgemeinheit. Hingegen wird das Proletariat aufgrund seiner objektiven Stellung im sozialen Raum Träger der Allgemeinheit (vgl. Marx/Engels MEW 2 : 38). "Diese Subsumtion der Individuen unter bestimmte Klassen kann nicht eher aufgehoben werden, als bis sich eine Klasse gebildet hat, die gegen die herrschende Klasse kein besonderes Klasseninteresse mehr durchzusetzen hat." (Marx/Engels MEW 3 : 75) Das Herrschaftsinstrument Staat, so dachten Marx und Engels anfänglich, sei durch jede/n zu benutzen, wenn die Staatsmacht erobert ist. Doch führten die Erfahrungen mit der Pariser Kommune - "Namentlich hat die Kommune den Beweis geliefert, daß die 'Arbeiterklasse nicht die fertige Staatsmaschine einfach in Besitz nehmen und sie für ihre eignen Zwecke in Bewegung setzen kann" (Marx/Engels MEW 4 : 574) - zur Revidierung dieser Auffassung. "Das Proletariat ergreift die Staatsgewalt und verwandelt die Produktionsmittel zunächst in Staatseigentum" ... das ist "[d]er erste Akt, worin der Staat wirklich als Repräsentant der ganzen Gesellschaft auftritt - die Besitzergreifung der Produktionsmittel im Namen der Gesellschaft - ist zugleich sein letzter selbstständiger Akt als Staat. Das Eingreifen einer Staatsgewalt in gesellschaftliche Verhältnisse wird auf einem Gebiet nach dem andern überflüssig und schläft dann von selbst ein. ... Der Staat wird nicht 'abgeschafft', *er stirbt ab* " (Engels MEW 19 : 224).

spielt er eine der zentralen Rollen in der ursprünglichen Akkumulation: "Die Organisation des ausgebildeten kapitalistischen Produktionsprozesses bricht jeden Widerstand ... der stumme Zwang der ökonomischen Verhältnisse besiegelt die Herrschaft des Kapitalisten über den Arbeiter. Außerökonomische, unmittelbare Gewalt wird zwar immer noch angewandt, aber nur ausnahmsweise. ... Anders während der historischen Genesis der kapitalistischen Produktion. Die aufkommende Bourgeoisie braucht und verwendet die Staatsgewalt, um den Arbeitslohn zu 'regulieren', d.h. innerhalb der Plusmacherei zusagender Schranken zu zwängen, um den Arbeitstag zu verlängern, und den Arbeiter selbst in normalem Abhängigkeitsgrad zu erhalten. Es ist dies ein wesentliches Moment der ursprünglichen Akkumulation."[97]

Trotz dieser Charakterisierung des Staates geht Marx davon aus, daß es in bestimmten historischen Situationen notwendig ist, für die herrschende Klasse Allgemeinheit zu behaupten, "sich zuerst die politische Macht erobern muß, um ihr Interesse wieder als das Allgemeine, wozu sie im ersten Augenblick gezwungen ist, darzustellen."[98] Der Staat kann in der Klassengesellschaft nicht mehr das Allgemeine vertreten, er ist Ausdruck der partikularen Interessen der herrschenden Klasse. Allgemeinheit ist also jetzt für Marx eine Fassade, mit der partikulare Herrschaft verschleiert wird. Erstaunlich aber ist, daß diese Inanspruchnahme der Allgemeinheit zu Legitimationszwecken überhaupt erforderlich ist. Die einzige Erklärung und gleichzeitig der zeitliche Rahmen für diese Notwendigkeit ist folgender: die kämpfende Klasse, die an die Macht will, hat objektiv Bündnispartner, weil sie sich noch nicht als einheitliche Klasse konstituiert hat und somit auch Trägerin von Interessen ist, die anderen nützen, die über ihre eigenen hinausgehen[99]. "Jede neue Klasse nämlich, ...ist genötigt, ... ihr Interesse als das gemeinschaftliche Interesse aller Mitglieder der Gesellschaft darzustellen, d.h. ideell ausgedrückt: ihren Gedanken die Form der Allgemeinheit zu geben, sie als die einzig vernünftigen, allgemein gültigen darzustellen"[100].

Das heißt, in Bezug auf den Staat argumentiert Marx in zweierlei Hinsicht unter Zuhilfenahme politisch-ideologischer Momente. Erstens kann die Bourgeoisie zum Zeitpunkt ihrer Entstehung nicht ohne den Staat auskommen, eine Behauptung, die theoretisch nicht eingebunden ist, und zweitens muß der Herrschaftscharakter des Staates in der Zeit der Übernahme der politischen Macht durch die Bourgeoisie verschleiert werden. Es gibt also eine Übergangsphase im Machtwechsel (einen ersten

---

97) Marx MEW 23 : 765 f..
98) Marx/Engels MEW 3 : 34.
99) vgl. Marx/Engels MEW 3 : 48.
100) Marx/Engels MEW 3 : 47.

Augenblick!), in der nicht alle Vorgänge objektiviert werden können, besser nicht unmittelbarer Ausdruck der Basis sind. Gramsci folgend könnte diese Beschreibung so interpretiert werden: "Die Struktur und die Superstrukturen bilden einen 'geschichtlichen Block', d.h. das komplexe und nichtübereinstimmende Ensemble der Superstrukturen ist der Reflex des Ensembles der gesellschaftlichen Produktionsverhältnisse. Dem läßt sich entnehmen, daß nur ein Gesamtsystem von Ideologien rational den Widerspruch der Struktur widerspiegelt und die Existenz der objektiven Bedingungen für die Umwälzung der Praxis repräsentiert. Wenn sich eine aufgrund der Ideologie zu 100 % homogene soziale Gruppe bildet, so heißt dies, daß zu 100 % die Voraussetzungen dieser Umwälzung bestehen ... Der Gedankengang basiert auf der notwendigen Wechselwirkung zwischen Struktur und Superstrukturen"[101].

Diese Interpretation Gramscis hat zwei bemerkenswerte Aspekte. Zum einem revolutioniert sie das Basis/Überbau-Schema. Er differenziert den Überbau und bestimmt ihn - anders als Marx - auch als Ausdruck der unterdrückten und ausgebeuteten Klasse. Zweitens stellt er die Frage nach dem Ideologischen in den Mittelpunkt seiner Aussage. Nach Marx ist der Zustand der Allgemeinheit, der mit der Erringung ideologischer Herrschaft übersetzt werden könnte, ein kurzer Moment, nach Gramsci hingegen ist dieser Moment fast ewig. Nur die totale ideologische Herrschaft kann diesen 'Normalzustand' des fortwährenden Kampfes um ideologische Herrschaft beenden und den Überbau ändern. Dieser Zustand absoluter Herrschaft ist aber gleichzeitig der Zustand der Befreiung, der Revolution. Diese Zusammenfassung ist eine Interpretation, die weit über das von Marx gesteckte Ziel hinausgeht[102], aber dennoch bei ihm angelegt ist. Auch kommt der erste historische Beleg für die gramscianische Fassung des Basis/Überbau-Schemas und des ideologischen Kampfes von Marx selbst, was nur in gewisser Weise verwunderlich ist. Mit der These, die Behauptung von Allgemeinheit sei notwendiger Bestandteil der Herrschaft einer Klasse, hat Marx das Legitimations- und das Ideologieproblem, ja die Notwendigkeit der Hegemonie ins Spiel gebracht, ohne aber diese Problematik an irgendeiner Stelle zu systematisieren.

Marx liefert in seinen Analysen des Staatsstreiches in Frankreich um 1852 ein genaues Bild der historischen Ereignisse. Nun hat er sich für die Analyse gerade eine politische

---

101) Gramsci Bd. 5 : 8/182.
102) So reden Marx und Engels im 'Kommunistischen Manifest' davon, daß der Staat ein Ausschuß sei, der "die gemeinschaftlichen Geschäfte der Bourgeoisie regelt" (Marx/Engels MEW 4 : 464). Dieses setzt dem Staat sehr enge Grenzen in Bezug auf politisch/ideologische Handlungsfreiheit. Wichtiger aber hier ist seine Charakterisierung als Klassenstaat bzw. Staat einer Klasse. Staat ist somit der ideelle oder objektive Ausdruck der bourgeoisen Gesamtinteressen, er geht über bourgeoise Einzelinteressen hinaus.

Situation ausgesucht, die von einem orthodox-ökonomistischen Standpunkt aus kaum leicht zu handhaben war, was den Reiz der Analyse ausmacht. Wie Engels schreibt, soll der Text ein Beleg dafür sein, daß "alle geschichtlichen Kämpfe, ob sie auf politischem, religiösem, philosopischem oder sonst ideologischem Gebiet vor sich gehen ... Ausdruck von Kämpfen gesellschaftlicher Klassen sind, ... die ... wieder bedingt sind durch den Entwicklungsgrad ihrer ökonomischen Lage"[103]. Und auch Marx sieht in seinem Vorwort den zentralen Punkt der Analyse darin, gezeigt zu haben, "wie der Klassenkampf in Frankreich Umstände und Verhältnisse schuf, welche einer mittelmäßigen und grotesken Personage das Spiel der Heldenrolle ermöglichen"[104]. Gerade die besondere Situation, daß eben eine mittelmäßige und groteske Personage die Staatsmacht übernimmt, gilt es zu erklären. Auf den ersten Blick läßt sich dies kaum mit marxistischer Theorie vereinbaren, und es ist mit Sicherheit ein theoretischer Erfolg, ja ein interessantes Beispiel marxistischer Geschichtsanalyse, diesen Staatsstreich, wie es die klassische Geschichtsschreibung tat und tut, nicht auf das Wirken 'großer Männer', sondern auf spezifische Interessenkonstellationen zurückgeführt zu haben. Andererseits konnte diese Sondersituation nicht allein durch Subsumtion unter die Grundsätze des historischen Materialismus erklärt werden. Obwohl Marx also mit einen theoretischen Instrumentarium arbeitet, das diese 'Sondersituation' nicht völlig erklären kann, schneidet er die sperrigen Elemente seiner Analyse nicht aus dem Text heraus. So wird es möglich, diesen marxschen Text unterschiedlich zu lesen. Eben nicht nur, wie bei Engels, als weiterer Beweis für die Gültigkeit des Satzes, nach dem alle ideologischen Kämpfe schlicht als ideologische Repräsentationen des ökonomischen Klassenkampfes gelesen werden können, sondern im Gegenteil, und mit Gramsci als Beleg für die relative Autonomie des ideologischen Kampfes. Dabei müssen wir uns jedoch klar machen, daß Marx und Engels auch die politisch-historischen Texte, wie die Vor- und Nachworte zeigen, mit Sicherheit in ersterem Sinne verstanden wissen wollten. Eine produktive Lektüre ist mithin nur durch die Brüche dieser Texte möglich.

Marx muß sich also aufgrund der historischen Ereignisse mit dem Umstand auseinandersetzen, daß ein Unbekannter, einer der kein Bourgeois ist, eine 'groteske und mittelmäßige' (Marx) Gestalt, Louis Bonaparte, Herrscher über ein Land wird, in dem sich die Bourgeoisie bereits konsolidiert hat. Marx kommt zu der Einschätzung, daß sich Bonaparte anfänglich auf das Lumpenproletariat stützt, später auf das Militär; und erst nachdem er etabliert ist, also nachdem keine andere relevante Macht mehr im Land existiert, auf die Finanzaristokratie. Somit ist es ein Aufstieg, der sich gegen die

---

103) Engels MEW 8 : 562.
104) Marx MEW 8 : 560.

Repräsentanten der Bourgeoisie vollzieht, allerdings ermöglicht durch die Bourgeoisie selbst, die ihre originären Repräsentanten im Augenschein der Gefahr des Sozialismus in die Wüste schickt[105].

Das Grundmuster der Analyse geht dahin, daß die politische Macht des Bürgertums mit ihren Freiheitsrechten, Pressefreiheit und Parlamentarismus auch Möglichkeiten für eine sozialistische Revolution schafft[106]. Aus Angst vor dem 'roten Gespenst' hebt es seine eigene politische Freiheit auf, um die ökonomische Herrschaft zu sichern: "Indem also die Bourgeoisie, was sie früher als 'liberal' gefeiert, jetzt als 'sozialistisch' verketzert, gesteht sie ein, daß ihr eignes Interesse gebietet, sie der Gefahr des Selbstregierens zu überheben, daß, um die Ruhe im Lande herzustellen, vor allem ihr Bourgeoisparlament zur Ruhe gebracht, um ihre gesellschaftliche Macht unversehrt zu erhalten, ihre politische Macht gebrochen werden müsse"[107]. Hier sind zwei Lesarten möglich. Die erste, die wohl Marx zugeschrieben werden kann, ist die folgende: Da die Entwicklung einer Entzweiung der Ideologen der Bourgeoisie und der Bourgeoisie selbst auf der Grundlage des ökonomischen Determinismus nicht zu erklären ist; und auch nicht zu erklären ist, warum die ökonomische Macht nicht identisch mit der politischen sein kann, und die ökonomische trotz des gewollten Verlustes der politischen Macht nicht verloren wird, und die von Marx und Engels in der 'Deutschen Ideologie' gegebene Lösung für das Phänomen, daß jemand wie Bonaparte

---

105) Die Anerkennung der Ungewöhnlichkeit der Situation in Frankreich wurde von allen Marxisten insofern Rechnung getragen, als daß fortan gesellschaftliche Situationen, in denen 'groteske und mittelmäßige Personage' die Staatsgewalt an sich zog, als Bonapartismus gewertet wurden. Vgl. insbesondere zum italienischen Faschismus und zum Nationalsozialismus: Thalheimer 1974 (Original: 1930) : 14 ff.: "Der beste Ausgangspunkt für die Untersuchung des Faschismus scheint mir die Marxsche und Engelssche Analyse des Bonapartismus (Louis Bonaparte) zu sein." Thalheimer gehörte bis 1928 der KPD an und wurde dann wegen 'Rechtsabweichung' ausgeschlossen. Eine kritische Diskussion der Thalheimerschen Position findet sich bei Fritzsche 1977 : 494 ff.. Fritzsche wirft Thalheimer allerdings vor, das Kapital als rein passiven Unterstützer des Faschismus analysiert und damit das Engagement von Kapitalfraktionen für den Faschismus unterschätzt zu haben.

106) Diese These eines Widerspruchs zwischen ökonomischer und politischer Struktur der bürgerlichen Gesellschaft zieht sich durch zahlreiche politisch-historische Schriften von Marx. Vgl. z.B.: MEW 7 : 43; 6 : 200; 8 : 152 ff.; 17 : 340. Zum ganzen auch Bader u.a. 1987 : 379 ff..

107) Marx MEW 8 : 154. In dieser ganzen marxschen Interpretation steckt ein Problem: Werte können einen anderen inhaltlichen Charakter bekommen, wenn sich die gesellschaftlichen Träger dieser Werte ändern. Diese Feststellung zielt aber,anders als bei Marx, nicht auf die Unterstellung einer teleologischen Entwicklung. Daß Freiheit und Gleichheit zentrale Bezugsgrößen des ideologischen Klassenkampfes sind, ist also die eine Sache, daß sich diese Werte n o t w e n d i g im Laufe der Geschichte gegen die Bourgeoisie richten müssen, hat damit nichts zu tun. Trotz der teleologischen Implikationen bei Marx wird so etwas wie eine Eigendynamik des Politischen hier implizit eingeführt, so daß wir dieser Argumentation erst einmal folgen.

bourgeoise Interessen vertreten kann, faktisch selbst zum Bourgeois wird[108], nicht ausreicht, da sie nicht so weit gedehnt werden kann, daß sie auch auf das Napoleon stützende Lumpenproletariat übertragbar ist, muß eine andere Begründung her.

Gingen Marx und Engels in ihren Texten bislang davon aus, daß der Kapitalismus sich in der Form der Demokratie reproduziert, diagnostiziert Marx hier eine Sonderform. Zu einem bestimmten Zeitpunkt, so seine Aussage, greift die Bourgeoisie zur Absicherung ihrer Herrschaft auf das alte Modell von Säbel und Kutte zurück, um ihre ökonomische Herrschaft aufrechterhalten zu können. Die konkrete Form politischer und ideologischer Herrschaft ist also der ökonomischen Basis nicht mehr entsprechend, und gleichzeitig notwendig für die Möglichkeit der Reproduktion ökonomischer Herrschaft. Dies ist in der Tat eine praktische Schlußfolgerung aus den politischen Texten, die theoretisch nicht aufgefangen wird.

Problematisch bleibt nämlich, daß Marx davon ausgeht, daß es zu einem bestimmten Zeitpunkt notwendig einen Widerspruch zwischen demokratischer Herrschaftsform, als notwendiger, zumindest normaler politischer Form kapitalistischer Produktion und den Bedingungen kapitalistischer Produktion gibt. Dieser Zeitpunkt läßt sich nur implizit bestimmen. Da es nicht der Zeitpunkt der Erlangung der Macht ist, muß es der Zeitpunkt der befürchteten Niederschlagung der Macht sein - in der Zeit dazwischen gibt es ja Demokratie. Wie Bader u.a. richtig anmerken, ist die adäquate Form der ökonomischen Klassenherrschaft der Bourgeoisie die demokratische Form. Sie ist die historisch relevanteste politische Form dieser Herrschaft[109]. Wenn also der Zeitpunkt gekommen ist, wo der Kapitalismus die politische Form angenommen hat, die seine Überwindung bereits in sich trägt, muß er durch die Bourgeoisie abgeschafft werden. Marx unterstellt, indem er den konkreten Widerspruch im Bonapartismus verallgemeinert, somit zwei Voraussetzungen. Erstens: ein klassenbewußtes Proletariat, das zweitens die Mehrheit der Bevölkerung stellt. Wenn diese Bedingungen nicht gegeben sind, ist diese Verallgemeinerung nicht möglich. Marx vernachlässigt im Kern also auch im '18. Brumaire' die ideologischen Voraussetzungen des Klassenkampfes.

Die andere Lesart - durch die Brüche des Textes hindurch und mit der Unterstellung, daß es eigenständige ideologische Prozesse gibt - würde das obige Zitat (Werte erst als liberal gefeiert, dann als sozialistisch verketzert) anders als in einen teleologischen Rahmen eingelassen sehen. Gesellschaftliche (ökonomische) Macht und politische Macht wären dann nicht direkt und linear aufeinander bezogen, sondern ständen plötz-

---

108) Vgl. Marx/Engels MEW 3 : 48.
109) Bader u.a. 1977 : 381.

lich im Widerspruch zueinander. Die Inhalte des politischen Kampfes hätten eine eigene Qualität erhalten. Sie wären über die Bourgeoisie hinausgewachsen und ständen jetzt gegen sie. In gewisser Hinsicht wären sie sogar stärker als die Bourgeoisie selbst (es gäbe eine Eigendynamik politischer Diskurse!), die ihre eigene politische Macht hätte brechen müssen, damit dieser selbst initiierte Diskurs (Freiheit, Gleicheit etc.) nicht die eigene (ökonomische) Herrschaft untergräbt. Es könnte weiter so gelesen werden, daß der Verlauf der Entwicklung diesen Widerspruch (zwischen einstmals initiiertem Diskurs und dessen aktueller politischer Bedeutung) so radikal werden läßt, daß die Bourgeoisie gezwungen ist, die politischen und publizistischen Vertreter ihrer Herrschaft (die Ordnungspartei im Parlament, die Vertretung in der Presse) zu zerschlagen[110]. "Die Wortführer und Schriftgelehrten der Bourgeoisie, ihre Tribüne und ihre Presse, kurz die Ideologen der Bourgeoisie und die Bourgeoisie selbst, die Repräsentanten und die Repräsentierten, standen sich entfremdet gegenüber und verstanden sich nicht mehr"[111].

Diese Skizzierung der Klassen im Kampf[112] könnte also viel eher mit der These von der relativen Autonomie des Politischen und des Ideologischen gegriffen werden, als mit den Unterstellungen von Marx (hinsichtlich Stärke und Klassenbewußtsein des Proletariats), die von Marx nicht als empirische Bedingungen der Möglichkeit revolutionärer Auseinandersetzung untersucht, sondern schlicht vorausgesetzt werden. Für eine theoretisch fundierte Analyse des Klassenkampfes in Frankreich hätte der Überbau nicht als Reflex verstanden werden dürfen, sondern als zwar von den ökonomischen Entwicklungen abhängiger, aber eigenständiger Faktor im Revolutionsgeschehen. Theoretisch hätte herausgearbeitet werden können, daß politische und ideologische Herrschaft die Reproduktion der Produktionsverhältnisse zwar garantiert (und garantieren soll), daß dies aber nicht auf der Grundlage eines durch die Ökonomie begründeten Automatismus, sondern auf der Grundlage eines Kompromißgleichgewichts möglich ist. In diesem Fall bestand es darin, daß Bonaparte mit dem Lumpenproletariat, einem Teil der unterdrückten Klasse und einem Teil der herrschenden Klasse gegen andere Teile der herrschenden Klasse anging. "Ein Teil der Bourgeoisie wünschte ... (in der Hoffnung, daß Bonaparte nicht handeln würde) ... ein Straußenparlament, das seinen Kopf verstecke, um ungesehen zu bleiben. Ein andrer Teil der Bourgeoisie wünschte Bonaparte"[113]. Wir haben es also hier nicht mehr mit der herr-

---

110) Vgl. auch folgende zwei Analysen, die den sich entwickelnden Widerspruch demokratischer Freiheitsrechte und bürgerlicher Herrschaft nachzeichnen: Neumann 1967 : 31 ff.; Perels 1973.
111) Marx MEW 8 : 182.
112) vgl. Vorrede zur dritten Auflage von Friedrich Engels: MEW 8 : 562.
113) Marx MEW 8 : 184.

schenden Klasse, sondern mit Fraktionen der herrschenden Klasse zu tun, deren Interessen durchaus divergieren können. Hier können Bündnisse zustandekommen und konkrete Strategien umgesetzt werden, die die beherrschten Klassen miteinbeziehen. Gramsci und Poulantzas werden diese Aspekte später ausarbeiten. Bei Marx spielen sie theoretisch keine nennenswerte Rolle, sie werden nicht auf den Begriff gebracht, nur konstatiert.

Ein weiteres, wichtiges Beispiel sei noch kurz erwähnt. Das Kapitel über die sogenannte ursprüngliche Akkumulation findet sich zwar im ersten Band des 'Kapital', hat jedoch eher einen historisch-politischen Charakter und ist eine wahre Fundgrube für Elemente einer Theorie des Ideologisch-Politischen, die über die Marxsche Theorie hinausweist. Gerade deswegen, weil - wie oben bereits ausgeführt wurde - Marx in der Genese neuer Herrschaft die Politik stärker berücksichtigt. Das hatten wir in der 'Deutschen Ideologie' gesehen, wo jener erste Augenblick der Herrschaftsübernahme Grund für die Notwendigkeit der Behauptung von Allgemeinheit ist. Diese Entdeckung des Politischen in den Schwierigkeiten des Übergangs zeigt sich hier erneut. Im Normalfall kann der Arbeiter den - Marx setzt es selbst in Anführungsstriche - "Naturgesetzen der Produktion"[114] überlassen bleiben. "Anders während der historischen Genesis der kapitalistischen Produktion. Die aufkommende Bourgeoisie braucht und verwendet die Staatsgewalt, um ... zu 'regulieren'"[115]. Doch nicht nur der Staat, auch die Ideologie - wenn wir sie einmal unmarxsch als 'imaginäres Verhältnis der Individuen zu ihren realen Lebensbedingungen' (Althusser) fassen - dringt in den Kernbereich der Reproduktion ein. Für die Konstituierung kapitalistischer Arbeitsverhältnisse bedarf es nämlich nach Marx einer bestimmten Arbeits'moral'. Diese ergibt sich weder automatisch aus dem Kapitalverhältnis, noch kann sie allein durch Zwang erzeugt werden. Das Element des Ideologischen als materialer Kraft, als Bedingung der Möglichkeit der Reproduktion der Produktionsverhältnisse, tritt hier deutlich hervor: "Es ist nicht genug, daß die Arbeitsbedingungen auf den einen Pol als Kapital treten und auf den andren Pol Menschen, welche nichts zu verkaufen haben als ihre Arbeitskraft. Es genügt auch nicht, sie zu zwingen, sich freiwillig zu verkaufen. Im Fortgang der kapitalistischen Produktion entwickelt sich eine Arbeiterklasse, die aus Erziehung, Tradition, Gewohnheit die Anforderungen jener Produktionsweise als selbstverständliche Naturgesetze anerkennt"[116]. Jene Thematisierung der Anerkennung der Normalität als einer Voraussetzung der Produktionsweise selbst hätte den Kern der Überwindung der Trennung von Basis und Überbau abgeben können. Das läßt sich bei

---

114) Marx MEW 23 : 765.
115) Marx MEW 23 : 765.
116) Marx MEW 23 : 765.

Althusser, Poulantzas oder Lipietz[117] nachlesen. Bei Marx ist es allerdings Episode geblieben.

1.4.2. Mosaiksteine ohne Mosaik

Im traditionellen Marxismus bricht sich in den politisch- journalistischen Schriften etwas Bahn, daß in den theoretischen Konzepten nicht nur keinen Platz hat, sondern in hohem Maße dysfunktional wäre: die Annahme der relativen Eigenständigkeit der Überbauphänomene. Marx und Engels sahen aber dennoch - theoretisch stringent - keinen Handlungsbedarf. Für sie waren die gescheiterten Revolutionen nicht Anlaß zur Modifizierung ihrer Theorie, sondern der Beweis dafür, daß die ökonomische Entwicklung noch nicht abgeschlossen war[118].

Diese änderte sich bis zu dem Tode von Karl Marx nicht. Das in der 'Deutschen Ideologie' entwickelte Verständnis des Ideologiebegriffs wird im Vorwort des 'Kommunistischen Manifestes' von 1872, also 25 Jahre nach dem ersten Erscheinen des Manifestes selbst, insofern wiederholt, indem festgestellt wird, daß "die in diesem 'Manifest' entwickelten allgemeinen Grundsätze ... im großen und ganzen auch heute noch ihre volle Richtigkeit"[119] haben. Im Manifest heißt es in einer rhetorisch als Anklage formulierten Polemik: "Eure Ideen selbst sind Erzeugnisse der bürgerlichen Produktions- und Eigentumsverhältnisse, wie euer Recht nur der zum Gesetz erhobene Wille eurer Klasse ist, ein Wille, dessen Inhalt gegeben ist in den materiellen Lebensbedingungen eurer Klasse"[120]. Dieser Gedanke ist dem gleichen Verständnis entnommen, welches die Grundlage des Textes 'Die deutsche Ideologie' bildet. Insgesamt

---

117) Vgl. Lipietz 1985 : 109 - 114. "Denn die gesellschaftliche Anerkennung der Natur eines Verhältnisses ist ein Bestandteil des Verhältnisses selbst" (ebd. : 110). Zu Recht verweist Lipietz auf den 'strukturalen Marxismus' Althussers u.a. als theoretischem Hintergrund derartiger Annahmen (ebd. : 136).

118) Vgl. Stedman Jones 1988 : 268 ff.: "Diese Theorie ließ wenig Raum, um zwischen dem besonderen Charakter der kapitalistischen Krise der 40er Jahre und der endgültigen Krise des gesamten Kapitalismus zu unterscheiden. Die 1848er Revolution nahm nicht den vorhergesehenen Verlauf. In England siegten nicht Chartismus und 'proletarischer Sozialismus', Deutschland vollendete nicht seine bürgerliche Revolution, die Französische Revolution schlug fehl und brachte die 'Farce' des Zweiten Kaiserreichs hervor, und die 'geschichtslosen Völker' Osteuropas bewiesen in der Praxis die Existenz einer komplexen und ungleichmäßigeren historischen Logik, als dies in der ursprünglichen Theorie vorgesehen war" (ebd., S. 269).

119) Marx/Engels MEW 4 : 573. Kritisiert wird einzig, aber zu Recht, die Staatsauffassung des Manifestes von 1848.

120) Marx/Engels MEW 4 : 477. vgl. auch ebd. : 474.

aber verschwindet der Ideologiebegriff in den gemeinsamen Werken von Marx und Engels.

Das macht das oben Gesagte nicht falsch, sondern rückt es ins rechte Licht. Nur wenige Spuren weisen noch explizit oder sinngemäß auf den Ideologiebegriff[121]. Nach der 'Deutschen Ideologie' wird er im 'Kapital' zweimal nicht wörtlich, sondern sinngemäß in Bezug auf die 'verkehrten' Sichtweisen der Kapitaleigner hinsichtlich der Funktion des kapitalistischen Systems, und einmal in Bezug auf den Warenaustausch eingeführt, das korreliert mit der Fetischismusanalyse. Lediglich in den 'Grundrissen' kommt er wörtlich vor: dort werden die Philosophen als Träger von Ideologie kritisiert, womit das Wort als solches nochmals Verwendung findet. Diese mageren Belege zeigen erstens, daß sich der Ideologiebegriff bei Marx und Engels nicht geändert hat. Zweitens, daß es keine systematische Weiterentwicklung des Ideologiebegriffs der 'Deutschen Ideologie' gibt, und drittens, daß der Ideologiebegriff in ihrer Theorie keine wesentliche Rolle spielt. Die objektiven Erfahrungen des Scheiterns ihrer, rein auf den Produktionsprozeß bezogenen, Position haben Marx und Engels (zu Marx' Lebzeiten) nicht dazu veranlaßt, Ideologie und Politik theoretisch neu zu thematisieren.

Zusammenfassend läßt sich sagen:
- Marx und Engels haben keine Ideologietheorie entwickelt, noch haben sie eine systematische Ideologiekritik erarbeitet. Sie haben lediglich in ihrer theoretischen Beschreibung einen Mechanismus 'entdeckt', der es ihnen ermöglichte, alle Philosophie etc. als notwendig verzerrte Wahrnehmung der Wirklichkeit darzustellen und als falsch zu kritisieren.
- Die theoretischen Probleme, die bei dieser Setzung des Ideologischen entstehen, wurden von ihnen nur unzureichend behandelt. Weder ist klar, warum etwas, das notwendig wirkt, nicht auf alle und in gleicher Weise wirkt - ArbeiterInnenbewegung, kritische Intellektuelle etc.. Noch wozu Ideologien überhaupt notwendig sind (oder ob sie, man könnte es in Analogie zum Blinddarm formulieren, gar keinen Zweck erfüllen, sondern nur manchmal weh tun).
- Diese theoretisch problematische Setzung erfährt zwei aus der Grundlogik herausfallende Momente. Erstens das Verständnis der Legitimation durch die Behauptung von Allgemeinheit, und in Erweiterung dazu, das Verständnis des Staates. Zweitens der Umstand, daß sich immer wieder Teile von Klassen, einzelne Intellektuelle, oder Wissen und Wahrheit für kurze Argumentationsschritte aus der ökonomischen

---

121) Marx MEW 23 : 87 (Zum Verhältnis von Ideologie und Fetischismus, s.o.) und Marx MEW 25 : 324f..

Determination lösen. Diese Akte kommen aber nie in den Genuß einer theoretisch abgesicherten Reflexion.

- Auch ermöglichen insbesondere die politisch-journalistischen Texte eine neue Lesart des frühen Marxismus. In ihnen werden die historischen Abläufe nicht durchgängig auf die ökonomistische Theorie reduziert, sondern es wird ein vielschichtiges Bild gezeichnet, daß durchaus dazu ermutigt, mit dem theoretischen Verständnis des frühen Marxismus auf der Grundlage der Texte von Marx zu brechen. Nun heißt das aber nicht, daß eine materialistische Diskurs- oder Ideologietheorie bereits im frühen Marxismus angelegt ist, sondern daß, obwohl Material für eine andere Theoretisierung des Ideologischen hier zu finden ist, Marx und Engels dieses Material theoretisch nicht nutzen.

Unter einer anderen Theoretisierung - in einer grundsätzlich veränderten Fassung des Begriffs des Ideologischen - gewinnen diese Analysen aber neues Gewicht. Somit halten die politisch-journalistischen Texte Ansätze einer kritischen Reformulierung des Ideologisch-Politischen bereit, die in einer ganz spezifischen Weise durch einen bestimmten Strang des westlichen Marxismus genutzt wurden. Dies nachzuzeichnen ist eine Aufgabe der hier vorliegenden Arbeit.

1.4.3. Von Referenzen und unterschiedlichen politischen Strategien

Die These, nach der es dem Marxismus von Marx und Engels an einer Theorie des Ideologischen mangelt, wird natürlich von vielen MarxistInnen nicht geteilt. Nicht umsonst gibt es zahlreiche Abhandlungen zur Ideologietheorie, die eine ebensolche dann mit Verweis insbesondere auf die 'Deutsche Ideologie' bei Marx und Engels dingfest machen wollen. Unseres Erachtens geht dies nur mit einigen theoretischen Tricks. Das soll abschließend noch einmal kurz demonstriert werden: Exemplarisch sollen zwei entgegengesetzte Varianten vorgestellt werden, die das Feld der marxistischen Theoretisierung des Problems damit weitgehend abdecken. Daß es viele Graustufen zwischen den hier vorzustellenden Polen gibt, kann dabei nicht berücksichtigt werden. Diese beiden Varianten stehen aber nicht nur wegen ihrer Methoden, die Reinterpretation der heiligen Texte von Marx und Engels und die so geleistete 'Gewinnung' einer Ideologietheorie, sondern auch wegen ihner entgegengesetzten politisch-strategischen Orientierungen, die vergröbert als notwendig passive und als eine die die Möglichkeit des politischen Kampfes theoretisch zuläßt, zur Beschreibung.

Zwei Taktiken also. Die einen lösen die vorhandenen Bruchstücke der Ideologiekritik aus ihrem Kontext, bauen sie aus, verbinden sie mit interpretativem Geschick, so daß Marx und Engels für die von ihnen formulierten Grundlagen einer Ideologietheorie stehen. Die anderen lösen den Begriff Ideologie aus seinen spezifischen Zusammenhängen, um ihn nicht nur mit den Konzepten der Entfremdung und des Fetischismus ins Verhältnis zu setzen, sondern daraus eine umfassende Linie ohne Brüche zu rekonstruieren. Beiden ist gemein, daß sie verkürzen, Widersprüchlichkeiten und Unzulänglichkeiten von Marx und Engels wegbügeln, und dann behaupten die 'wahre' marxistische Theorie darzustellen. Das eine Beispiel wird dem Buch 'Theorien über Ideologien' des Projekts Ideologie-Theorie (PIT) entnommen und ist von Eckhard Volker, das andere ist eine Einführung in den Ideologiebegriff und die Ideologiekritik von Kurt Lenk[122].

1.4.3.1. Im Verblendungszusammenhang

Lenk geht in seinem Einführungstext davon aus, daß der Ideologiebegriff für zweierlei steht:
- aus dem Materiellen gelöste Gedanken - gilt nur für die Vorgeschichte der Menschheit - und
- als Ausdruck der Verselbstständigung der Warenwelt (dieser Umstand kann auch Versachlichung und Verdinglichung genannt werden)

Diese beiden Definitionen ordnet er im Fortgang seiner Argumentation einer neuen Logik unter. Der Begriff der Entfremdung wird zum zentralen Bezugspunkt, und so gibt es nun zwei Arten der Entfremdung: die eine ist ideologischer, die andere ökonomischer Natur.

Diese Hierarchisierung der Begriffe und die damit einhergehende Unterordnung des Begriffs der Ideologie unter den der Entfremdung rechtfertigt Lenk wie folgt: Für ihn werden mit dem nun als ideologisch gekennzeichneten Vorgang, und dem als ökonomisch gekennzeichneten Vorgang im Kern die gleichen Dinge ausgedrückt. Jedesmal findet ein Vergessenmachen gesellschaftlicher Zusammenhänge statt, und das entfremdet die Menschen von sich selbst. "Als Substrat der Ideologiebildung gilt in den ökonomischen Schriften die Fetischisierung der Warenwelt. Fetischisierung bedeutet die Verselbstständigung und Loslösung gesellschaftlicher Phänomene von den kon-

---

122) Lenk 1991 : insb. 191 - 197; ähnlich: Lenk 1986. Jenseits vieler notwendiger Differenzierungen finden sich analoge Überlegungen zur Unmöglichkeit des politischen Kampfes in warentauschenden Gesellschaften bei Adorno; Volker 1986.

kreten Bedingungen ihres Entstehens. Sie gewinnen damit den Schein der Naturwüchsigkeit und Allgemeingültigkeit. Diese Verselbstständigung einer dem Produzenten fremd gegenübertretenden Warenwelt findet ihre Entsprechung in der scheinbaren Herrschaft der Abstraktion des menschlichen Kopfes - Ergebnis gedanklicher Arbeit. Die gleichen Menschen, denen die von ihnen erzeugte Warenwelt in der Zirkulationsphäre als mit Eigenleben ausgestattete fremde Gewalt gegenübertritt (ökonomische Entfremdung), werden auch von der Abstraktion ihres Kopfes - in Gestalt scheinbar ewiger Ideen und Prinzipien - beherrscht. Das Gemeinsame an beiden Formen der Entfremdung, der ökonomischen wie der ideologischen, ist das Verschwinden des gesellschaftlichen Zusammenhangs"[123].

Lenk arbeitet bei der Skizzierung des marxschen Ideologiebegriffs mit drei bzw. vier weiteren Begriffen, die allesamt in der marxistischen Debatte von Bedeutung sind. Entfremdung ist ein Begriff, den Marx einer langen positivistischen Theorietradition entnimmt, und in der Diktion von Feuerbach benutzt. Somit versteht er darunter den 'Verlust seiner selbst in Anderen'[124]. Fetischcharakter der Ware ist ein Konzept, das die den Verhältnissen der Warenproduktion innewohnende Erscheinung einer scheinbaren Eigenständigkeit der Waren bezeichnen will. Verdinglichung oder Versachlichung sind Begiffe, die dafür stehen, daß an die Stelle der Verhältnisse zwischen Menschen die Verhältnisse zwischen Dingen treten. Ein Vorgang, der die Warenproduktion zur Voraussetzung hat[125].

Diese definitorischen Klärungen ermöglichen eine zentrale Schlußfolgerung. Um die beiden Begriffe Ideologie und Entfremdung so in eins setzen zu können, wie Lenk es tut, muß Entfremdung nicht im - so wie es Marx anfänglich selbst getan hat - traditionellen philosophischen Sinn verstanden werden, sondern bereits übersetzt als Fetischismus. Versteht man das 'Vergessenmachen' von materiellen Zusammenhängen und das Loslösen aus bestimmten Zusammenhängen als einen gleichen Vorgang, so ist die Übersetzung von dem einen Begriff (Ideologie) in den anderen (Entfremdung) möglich. Beiden ist zudem gemein, daß sie ewig sind, jedenfalls solange die Teilung der Arbeit besteht und Waren produziert werden. Beide Prozesse sind unaufhebbar und notwendiger Bestandteil dieser Gesellschaftsformation.

Die definitorische Zusammenziehung von Ideologie und Entfremdung - als Fetischismus verstanden - ist für eine bestimmte Lesart des Marxismus produktiv. Diese trans-

---

123) Lenk 1991 : 194f..
124) Labica 1984 : 296.
125) Vgl. Labica 1989 : 1366.

formiert den Begriff der Ideologie in die Spätwerke von Marx, womit eine Kontinuität hergestellt wird, die es erlaubt, den aus verschiedenen Begriffen neu zusammengeführten Begriff der Entfremdung zum zentralen Bezugspunkt einer Gesellschaftstheorie zu machen, und diese dann im Umkehrschluß überall bei Marx zu finden. Die Brüche und Verschiebungen der Problematik, die Abrechnungen und Selbstkritiken, die Probleme der Marxschen Theorie, werden unter einem einheitlichen Konzept zugekleistert. Doch wozu führt dies? Erstens: Die marxsche Kritik am Idealismus wird verwischt. Zweitens: Die marxschen Differenzierungen in den Begriffen werden aufgehoben (damit auch die theoretische Entwicklung). Drittens: Das marxsche Modell von gesellschaftlicher Veränderung, die Annahme des antagonistischen Widerspruchs zwischen Produktionsverhältnissen und Produktivkraft, wird ersetzt durch die Kategorie der Ware, die alle Geheimnisse kapitalistischer Produktion bergen soll und in deren Erkenntnis die Befreiung liegt. Gerade letzteres macht es unmöglich, gesellschaftliche Verhältnisse zu revolutionieren. Es wird ein theoretisch hermetisch geschlossener Zustand über die Begriffe des Fetischs und der Ideologie hergestellt. Diese Begriffe bezeichnen Zustände, die zumindest nach Marx in warenproduzierenden Gesellschaften nicht aufgehoben werden können. Damit ist die tendenzielle Offenheit des Begriffs des Ideologischen und die Möglichkeit, in den ideologischen Formationen Ansatzpunkte für politische Intervention zu finden, ausgelöscht. Der Ideologische Kampf ist - völlig folgerichtig - unsinnig, selbst Teil des objektiven Scheins: "Weil Ideologiebildung nach Marx ausschließlich objektiv gesellschaftliche Wurzeln hat, wäre gemäß seiner Konzeption eine agitatorische Bekämpfung bestimmter Ideologien zum Scheitern verurteilt. Denn ein solcher Kampf ... müßte selber dem Schein verfallen"[126]. Politik ist einzig die Einsicht in die geschichtliche Notwendigkeit, soweit dies die ökonomischen Verhältnisse erlauben zu befördern. Erkenntnis ist Erkenntnis der 'Naturgesetze der Produktion' oder Schein. Das Problem, das hier interessiert, interessiert Lenk nicht.

1.4.3.2. Die Produktivität des Ideologischen

Anders das Vorgehen von Eckhard Volker. Für ihn ist der Begriff der Ideologie ein theoretischer, weil er, obwohl selten benutzt, dem Sinn und der Bedeutung nach eine zentrale Rolle in vielen Texten von Marx spiele, die Volker als ideologietheoretische Texte wertet. Ideologie steht für "alle Theorien, die von der menschlichen Tätigkeit abstrahieren und damit eine verdrehte Auffassung (MEW 3, 18) der Menschheits-

---

126) Lenk 1986 : 166.

geschichte beinhalten"[127]. Dieser Definition folgt Volker dann nicht weiter, sondern schafft für den Begriff der Ideologie ein neues interpretatives Umfeld. Sein Bemühen zielt darauf, den Begriff der Ideologie dergestalt zu stärken, daß er ihm über die Produzenten von Ideologie, den Ideologen, eine eigene gestalterische Bedeutung im Rahmen des Staates zuspricht. Ideologen haben die Aufgabe, Herrschaft, die sich im Staat manifestiert, zu verschleiern[128]. Gleichzeitig wird der Staat als Entstehungsort von Ideologie[129] bestimmt, womit gleichzeitig die Hauptstoßrichtung des Textes angegeben wird.

Diese ideologietheoretische Bestimmug hat mit der gemeinsamen theoretischen Bestimmung des Begriffs der Ideologie durch Marx und Engels nicht mehr viel gemein, obwohl zentrale Elemente der Originaltexte den Grundstock seiner Argumentation bilden. Durch Radikalisierung der Begriffe und neue Kontextualisierung ist dies möglich. So wird der Begiff der 'Allgemeinheit' benutzt, wobei zum einen unterschlagen wird, daß sich Marx und Engels die Notwendigkeit von Allgemeinheit nur für den Zeitraum der Übernahme der Macht durch eine sich in Formierung befindliche Klasse vorgestellt haben. Zum anderen wird die reale Funktion von Allgemeinheit übersehen, sie wird rein als verschleiertes Herrschaftsverhältnis übersetzt. Auch wird die Rolle der 'Ideologen' bezogen auf die Herstellung von Allgemeinheit im Text von Volker derart gestärkt, daß die klare und sehr rigide Eingrenzung dieser Rolle durch Marx und Engels, fast bin ich geneigt zu sagen, die mit der Theorie in der 'Deutschen Ideologie' notwendig einhergehende Nichtfüllung des Begriffs 'Ideologen', aus dem Blickwinkel geschoben wird.

Nach dieser Aufwertung und Verschiebung der Rolle der Ideologen tritt an ihre Seite noch der Staat. Die Behauptung von Volker ist nun, der Staat sei Produzent von Ideologie, was, wenn es auf die Theorie von Marx und Engels insgesamt bezogen wird, wie bei ihm, eine unzulässige Verkürzung ist. Die von ihm vorgenomme Interpretation über die Funktion des Staates kann sich nämlich ausschließlich auf die Spätwerke von Engels (nach Marx' Tod) beziehen, und wie unsystematisch sie sich dort findet, wird noch gezeigt werden. In ihrem gemeinsamen Werk jedenfalls haben Marx und Engels den Staat weithin als ein Überbauphänomen, entstanden durch die Teilung der Arbeit und die Warenproduktion, gesehen. Dort hatte er keinerlei eigenständige Funktion. Er ist nicht Produzent von Ideologie, sondern abgeleitetes Phänomen und ideologischer

---

127) Volker 1986 : 8.
128) Volker 1986 : 10 und 17.
129) Volker 1986 : 11.

Effekt[130]. Er wird mit der Herrschaft der bürgerlichen Klasse in eins gesetzt, ist Instrument der Bourgeoisie, ohne daß so recht klar würde, wofür dieses Instrument gebraucht wird[131]. Dies ignorierend, und fest im Blick, daß sich im real existierenden kapitalistischen Staat Herrschaft manifestiert und Ideologie produziert wird, muß dieser bevorzugtes Ziel marxistischer Kritik sein. So richtig die Einschätzung auch in meinen Augen ist, sie findet zumindest in dem gemeinsamen Werk von Marx und Engels wenig Referenz.

Volker unterschiebt Marx und Engels einen politischen, einen kämpferischen Ideologiebegriff, den diese nicht hatten[132]. Man mag dies als eine theoretische Weiterentwicklung der Marxschen Theorie begrüßen, sie muß aber gegen die Hauptstoßrichtung des klassischen Marxismus erfolgen und ist nicht ihr legitimes Erbe.

---

130) "Meine Untersuchung mündete in dem Ergebnis, daß Rechtsverhältnisse wie Staatsformen weder aus sich selbst zu begreifen sind noch aus der sogenannten allgemeinen Entwicklung des menschlichen Geistes, sondern vielmehr aus den materiellen Lebensverhältnissen" (Marx MEW 13 : 8).
131) Dies haben wir etwas ausführlich an anderer Stelle dargelegt: Vgl. Müller/Reinfeldt/Schwarz/ Tuckfeld 1994 : 23 ff..
132) Haug 1984 : 91 kritisiert in Forcierung dieser falschen Vereinnahmung der 'Deutschen Ideologie' noch jene Stellen seines PIT-Kollegen Volker, wo dieser die Unzulänglichkeiten der marxschen Ideologietheorie noch, wenn auch eher beiläufig, erwähnt.

2. Friedrich Engels - oder: die ökonomistischen Effekte einer antiökonomistischen Kritik

2.1. Kontinuitäten und Brüche in der nach'marxschen' Theorie

Die politisch-theoretischen Bewertungen von Friedrich Engels durch seine Nachwelt unterscheiden sich in hohem Maße. Einerseits wird er als theoretischer Zwillingsbruder von Marx gerade von denen gesehen, die Theorie als eine kontinuierliche Anhäufung von Wissen, Weiterentwicklung der Begriffe und Annäherung an die Wahrheit sehen, und somit die Klassiker des Marxismus nicht nur als je ungebrochene Autoren eines 'Werkes' sehen, sondern auch die verschiedenen Autoren in einen reinen Fortsetzungszusammenhang stellen, der in Worten durch Bindestriche (Marxismus-Leninismus), in Bildern durch nebeneinandergereihte Köpfe von Marx, Engels, Lenin, Stalin, Mao etc. (je nach Gusto) symbolisiert wird[1]. Ist dies eher Kennzeichen des 'östlichen' Marxismus, so herrscht im westlichen Marxismus die gegenteilige Tendenz vor. Marx und Engels werden klar geschieden und Engels wird zum Prügelknaben, dem alle Fehler der Verflachung, Dogmatisierung und des Positivismus im Marxismus anzulasten sind. Die Rückkehr zur originären, reinen marxschen Position bedarf, so scheint es, der Reinigung von allen Verunreinigungen und Fehlern des 'Marxismus', die allein auf Engels' Konto gehen. Während erstere Beschreibungen schlicht falsch sind, sind letztere nur undifferenziert[2]: Nicht alle im westlichen Marxismus kritisierten Fehler der marxistischen Theorie gehen auf Engels' Konto, und einige der weithin unbestrittenen Kernsätze des Marxismus wurden von Engels noch vor Marx erarbeitet. Bilanzierend kommt Gareth Stedman Jones zu dem Schluß, daß Engels' Anteile an der Theorie des wissenschaftlichen Sozialismus bei weitem nicht so unwesentlich sind, wie dies Engels selbst, der sich immer nur als Verbreiter der Marxschen Lehre ver-

---

1) Zur Kritik dieser Bindestrich-Philosophie vgl. Labica 1986.
2) Vgl. hierzu die hervorragende Analyse von Stedman Jones 1988 : 231 ff.. Klassische Werke für die Tendenz, die Reinheit des Marxschen Werkes gegen Engels zu verteidigen, sind Lukács' 'Geschichte und Klassenbewußtsein' und Korsch' 'Marxismus und Philosophie'. Vgl. exemplarisch Lukács 1971 : 51: "Wenn hier an einigen Stellen gegen einzelne Aussprüche von Engels polemisiert wird, so geschieht dies - wie jeder einsichtsvolle Leser bemerken muß - aus dem Geiste des Gesamtsystems; von der Auffassung ausgehend - mag dies nun richtig oder falsch sein - daß an diesen einzelnen Punkten der Verfasser sogar gegen Engels den Standpunkt des orthodoxen Marxismus vertritt". War diese Kritik an Engels noch gegen reformistische Tendenzen gerichtet, so nutzten umgekehrt die Sozialdemokraten Landshut und Meyer, die mit ihrer Edition der Marxschen Frühschriften den ethischen und humanistischen Marx gegen den Leninismus stellen wollten, die Kritik an Engels zur Verteidigung des Reformismus.

stand, einschätzte, oder dies doch zumindest öffentlich bekundete[3]. Einige Grundlagen des historischen Materialismus sind vor Marx von Engels ausgearbeitet worden: "die Verschiebung des Blickpunktes von der Konkurrenz auf die Produktion, die revolutionäre Neuartigkeit der modernen Industrie, festgemacht an ihren Überproduktionskrisen und ihrer beständigen Reproduktion einer Arbeiter-Reservearmee, das zumindest im Keim entwickelte Argument, daß die Bourgeoisie sich ihre eigenen Totengräber schafft, und daß der Kommunismus kein philosophisches Prinzip, sondern die wirkliche Bewegung verkörpert, die den gegenwärtigen Zustand der Dinge abschafft, die historische Skizze der Formierung des Proletariats zur Klasse, die Unterscheidung zwischen dem 'proletarischen Sozialismus' und dem Radikalismus der kleinen Handwerksmeister oder der unteren Mittelklasse und die Charakterisierung des Staates als eines Unterdrückungsinstruments in den Händen der herrschenden besitzenden Klasse"[4].

Gleichzeitig macht Jones auf die Schwächen von Engels aufmerksam. Engels, der kein so stringenter Theoretiker wie Marx war, mischte Theorieelemente unterschiedlicher Denktradition dergestalt, daß Kernpunkte des Marxismus in Frage gestellt wurden. Der Einfluß von Philosophen wie Hegel, Feuerbach und Stirner, unter denen Engels in seinen jungen Jahren stand, kam insbesondere zu dem Zeitpunkt wieder zum Tragen, als die gemeinsame Schaffensperiode mit Marx durch dessen Tod 1881 beendet worden war.

So ist denn auch nicht die differenzierende Trennung der Marxschen und Engelsschen Anteile an der klassischen "marxistischen" Theorie abzulehnen, sondern die damit verbundene einseitige Zuweisung aller Stärken an Marx, aller Schwächen an Engels. Das, was zum Beispiel oftmals als Verflachung des Marxschen Werkes durch Engels gedeutet wurde, ist auch Produkt interner Arbeitsteilung: "Infolge der Teilung der Arbeit, die zwischen Marx und mir bestand, fiel es mir zu, unsere Ansichten in der periodischen Presse, also namentlich im Kampf mit gegnerischen Ansichten, zu vertreten, damit Marx für die Ausarbeitung seines großen Hauptwerks Zeit behielt."[5] Die Engelsschen Werke, deren Aufgabe die Popularisierung des historischen Materialismus war, haben diesen Zweck erfüllt. Nicht nur, daß der Marxismus erst durch Engels' Darstellungen in der Arbeiterbewegung populär wurde, auch viele Parteiführer

---

3) Vgl. die Fußnote von Engels in 'Ludwig Feuerbach und der Ausgang der klassischen deutschen Philosophie', Engels MEW 21 : 291 f.: "Was ich beigetragen, das konnte - allenfalls von ein paar Spezialfächern ausgenommen - Marx auch wohl ohne mich fertigbringen."
4) Stedman Jones 1988 : 263 f..
5) Vorwort zur 2. Auflage 'Zur Wohnungsfrage', Engels MEW 18 : 649.

der II. Internationale wurden durch den 'Anti-Dühring' dem Marxismus näher gebracht. Was auch immer im weiteren Verlauf der Argumentation an Engels zu kritisieren ist, so sollte bedacht werden, daß Marx zu seinen Lebzeiten diese Popularisierung nicht nur duldete, sondern z.B. Teile des 'Anti-Dühring' mitverfaßte und mit diesem Werk bestens vertraut war[6].

Nach dem Tode von Marx wurde Engels zum selbstverständlichen Ansprechpartner der internationalen ArbeiterInnenbewegung. Er war der Einzige, der für sich in Anspruch nehmen konnte, fast ein ganzes Leben lang mit Karl Marx zusammengearbeitet und mit ihm die Grundlagen des wissenschaftlichen Sozialismus erarbeitet zu haben. Engels nahm aber nicht nur die Rolle ein, die Marx vorher inne hatte. Marx und Engels waren nämlich in den späten 70er Jahren des 19. Jahrhunderts auf einem Tiefpunkt des persönlichen und politischen Einflusses in der Sozialdemokratie. Sie waren als ehrenvolle Gründungsväter, als Theoretiker, im Londoner Exil zwar geduldet, aktuelle Einmischungsversuche waren aber kaum von Erfolg gekrönt[7]. Demgegenüber war Engels in den späten 80er Jahren fast unumstrittene Autorität, der nicht nur von der Parteiführung gebeten wurde, zu aktuellen Entwicklungen Stellung zu nehmen, sondern der gar die Marxsche Kritik am Gothaer Programm 16 Jahre nach ihrer Entstehung parteioffiziell - wenn auch etwas abgemildert[8] - veröffentlichen und - über Kautsky - durchaus zentralen Einfluß auf das Erfurter Programm nehmen konnte[9].

Für diesen Zusammenhang interessant sind die neuen Problemstellungen, die sich sehr schnell nach dem Tode von Marx aufdrängten. Das Problem des Ökonomismus wurde für Engels von zwei Seiten virulent. Einerseits gab es nach der Aufhebung des Sozialistengesetzes einen erstarkten linksradikalen Flügel - die sogenannten 'Jungen', denen Engels die einseitige Überbewertung der Ökonomie vorwarf. Gleichzeitig wurde von bürgerlichen Theoretikern, die sich nun auch mit dem Werk von Marx befaßten, dem Marxismus Ökonomismus vorgeworfen[10].

---

6) Vgl. Stedman Jones 1988 : 237 f.. Engels MEW 20 : 9: "Ich habe ihm das ganze Manuskript [des Anti-Dühring, mt] vor dem Druck vorgelesen, und das zehnte Kapitel des Abschnitts über Ökonomie ('Aus der 'kritischen Geschichte'') ist von Marx geschrieben ..."
7) Vgl. Stedman Jones 1988 : 234.
8) Vgl. Engels' 'Vorwort zur 'Kritik des Gothaer Programms' von Karl Marx', MEW 19 : 521 f..
9) Vgl. Fülberth 1972 : XIV.
10) Das Buch von Paul Barth, 'Die Geschichtsphilosophie Hegel's und der Hegelianer bis auf Marx und Hartmann. Ein kritischer Versuch', das 1890 veröffentlicht worden war, ist in zwei zentralen Briefen von Engels (an Conrad Schmidt v. 27.10.1890 und an Franz Mehring vom 14.7.1893) Bezugspunkt. Barth hatte Marx vorgeworfen, er leugne jeden Einfluß nichtökonomischer Faktoren auf die Geschichte.

In der deutschen Sozialdemokratie, bei den 'Jungen' um Paul Ernst[11], wie auch bei den französischen Guedisten, verstärkten sich in den 80iger Jahren ökonomistische Tendenzen, die Engels veranlaßten, das Verhältnis von Basis und Überbau neu zu bestimmen. Er sah sein Konzept durch die 'Jüngeren', die nach seiner Ansicht in dem ökonomischen Moment das einzig bestimmende sahen[12], gefährdet. Diese Verabsolutierung mache den Materialismus zur "absurden Phrase"[13]. So schrieb Engels an Paul Ernst, einen der Wortführer der 'Jungen': "Was Ihren Versuch, die Sache materialistisch zu behandeln, angeht, so muß ich vor allem sagen, daß die materialistische Methode in ihr Gegenteil umschlägt, wenn sie nicht als Leitfaden beim historischen Studium behandelt wird, sondern als fertige Schablone, wonach man die historischen Tatsachen zurechtschneidet"[14]. Nur nach einem genauen Studium der "Daseinsbedingungen der verschiedenen Gesellschaftsformationen" sei es zulässig, aus ihnen den Überbau "ab(zu)leiten"[15]. Er und Marx hätten immer, so Engels, die Rückwirkungen der Momente des Überbaus auf die Basis gekannt und berücksichtigt. "Marx hat kaum etwas geschrieben, wo sie [die Relevanz der Momente des Überbaus, mt] nicht eine Rolle spielt. Besonders aber ist 'Der 18. Brumaire des L. Bonaparte' ein ganz ausgezeichnetes Beispiel ihrer Anwendung"[16]. Andererseits räumt Engels ein, daß es sich bei der Überbetonung der "ökonomische(n) Seite" nicht allein um eine Fehlinterpretation handelt. Vielmehr haben "Marx und ich [diesen Fehler, mt] teilweise selbst verschulden müssen. Wir hatten, den Gegnern gegenüber, das von diesen geleugnete Hauptprinzip zu betonen, und da war nicht immer Zeit, Ort und Gelegenheit, die übrigen an der Wechselwirkung beteiligten Momente zu ihrem Recht kommen zu lassen"[17]. Gegenüber Franz Mehring räumt er schließlich ein, Marx und er hätten "die formale Seite über die inhaltliche oft vernachlässigt"[18].

In Darstellungen des orthodoxen Marxismus werden u.a. diese Zitate als Beleg dafür angeführt, daß der Marxismus Marx' und Engels' letztendlich - seinem Wesen nach - die Momente des Überbaus doch zur Kenntnis genommen und ihnen eine gewisse Relevanz zugesprochen habe. Zentral für diese Argumentation ist zudem jene berühmte Aussage Engels' über die "nur" letztinstanzliche Relevanz des Ökonomischen.

---

11) Vgl. zu den 'Jungen': Bock 1976 : 38 - 73; zu Engels' Kritik an den 'Jungen' vgl. ebd. : 24 ff..
12) Vgl. Engels MEW 37 : 463 - 465 an Joseph Bloch v. 21.9.1890.
13) Vgl. Engels MEW 37 : 463 - 465 an Joseph Bloch v. 21.9.1890.
14) Engels MEW 37 : 411 an Paul Ernst v. 5.6.1890.
15) Engels MEW 37 : 436 an Conrad Schmidt v. 5.8.1890.
16) Engels MEW 37 : 465 an Joseph Bloch v. 21.9.1890.
17) Engels MEW 37 : 465 an Joseph Bloch v. 21.9.1890.
18) Engels MEW 39 : 96.

2.1.1. Der 'Anti-Dühring' und die letzte Instanz

Doch gerade der 'Anti-Dühring' gibt für derartige Interpretationen wenig her. Diese Schrift war zuerst einmal eine Klarstellung. Gegen den Privatdozenten Eugen Dühring geschrieben, der mit seinen Vorlesungen und Veröffentlichungen "großen Zulauf", gerade auch, wie es Mehring ausdrückt[19], unter den "geistig rege(n) Elemente(n) der Sozialdemokratie" erreicht hatte, sollte sie die Grundzüge des historischen Materialismus erläutern. Nicht umsonst war es gerade dieses Werk, das auf die Führer der II. Internationale großen Einfluß hatte, und auch bei Schulungen einen zentralen Einfluß ausübte. Sowohl Kautsky als auch Bernstein sahen den 'Anti-Dühring' als das zentrale Werk, das sie zu Marxisten gemacht habe, an[20]. Doch zurück zur berühmten "letzten Instanz". Diese zwei Worte finden sich in der Einleitung zum 'Anti-Dühring' in folgendem Zusammenhang[21]. Der historische Materialismus habe erwiesen, daß die bisherige Geschichte eine Geschichte der Klassenkämpfe sei, und die Klassen seien "jedesmal Erzeugnisse ... der *ökonomischen* Verhältnisse ihrer Epoche; daß also die jedesmalige ökonomische Struktur der Gesellschaft die reale Grundlage bildet, aus der der gesamte Überbau der rechtlichen und politischen Einrichtungen sowie der religiösen, philosophischen und sonstigen Vorstellungsweise eines jeden geschichtlichen Zeitabschnittes in letzter Instanz zu erklären sind"[22].

Mit dieser Formulierung, reißt man sie aus dem Zusammenhang, wird die Möglichkeit eröffnet, Vorgänge im Überbau nicht immer als unmittelbare Spiegelung der Basis interpretieren zu müssen. Die Formulierung '*letzte* Instanz' ermöglicht also zu denken, daß sich zwischen der Basis (als Ursache) und dem Überbau (als Wirkung) eine Ebene schiebt, die nicht aus der Basis ableitbar, also autonom ist. Gleichzeitig aber, und das ist die zweite Aussage, die sich im Begriff der 'letzten Instanz' findet, hat diese neue Ebene keine Auswirkungen. Und so scheint es, wenn man die Passage im Zusammenhang der Einleitung zum 'Anti-Dühring' liest, daß Engels das gerade Gegenteil einer anti-ökonomistischen Position ausdrücken wollte. Sein argumentatives Ziel ist nicht zu erklären, daß Ökonomie und Überbau zwar zusammenhängen, aber eben nur in letzter Instanz, so daß man sich auch mit der Untersuchung der vor- und vorvorletzten Instan-

---

19) Mehring 1980 (Bd. 2) : 480 - 482.
20) Vgl. Stedman Jones 1988 : 234 f.. Zu Dühring vgl. auch Gay 1954 : 107. Dort beschreibt Gay auch, daß Bernstein, der kurzzeitig Dühring-Anhänger gewesen war, durch die Engelssche Kritikschrift ins "marxistische Lager" gebracht wurde.
21) Sie finden sich aber z.B. auch in der Einleitung zu 'Der Ursprung der Familie, des Privateigentums und des Staats' (1884), MEW 21 : 27. Auch hier sind sie nicht als Kritik am Ökonomismus zu verstehen.
22) Engels MEW 20 : 25.

zen zu beschäftigen habe. Vielmehr ist die Zielrichtung der Passage gerade umgekehrt, zu behaupten, daß alle Überbauphänomene, so esoterisch und abgehoben sie auch erscheinen mögen, letztendlich Produkte der Produktions- und Verkehrsverhältnisse sind. Man kann also getrost behaupten, daß die letzte Instanz im 'Anti-Dühring' ökonomistische Effekte befördern, nicht sie in Frage stellen sollte. Es ist kein Zufall, daß diese scheinbar neue theoretische Formulierung einer letztinstanzlichen Determination im 'Anti Dühring' nirgendwo auch nur noch mit einem Wort erläutert wird - schließlich besagt sie, wie Engels zu Recht annimmt, nichts Neues. Die Verwendung des Begriffes 'letzte Instanz' im 'Anti-Dühring' darf also nicht mit der Verwendung dieses Begriffes im Brief an Bloch, oder aber auch mit dem Schlußkapitel der Feuerbachschrift - beide mehr als 10 Jahre nach dem 'Anti-Dühring' geschrieben -, verwechselt werden.

Doch vorerst weiter beim 'Anti-Dühring': Dort findet sich eine einzige weitere Passage, die sich mit dem, was unter Ideologie zu verstehen ist, auseinandersetzt. Sie lautet: "Es ist nur dies eine andere Wendung der alten beliebten, ideologischen ... Methode ... . Erst macht man sich aus dem Gegenstand den Begriff des Gegenstandes, dann dreht man den Spieß um und mißt den Gegenstand an seinem Abbild, dem Begriff. Nicht der Begriff soll sich nun nach dem Gegenstand, der Gegenstand soll sich nach dem Begriff richten"[23]. An dieser Aussage sind zwei Dinge auffällig. Erstens ist diese Beschreibung nicht eingefügt worden, um Ideologie (neu) zu definieren, sondern um eine bestimmte Methode, die von Dühring, zu charakterisieren. Zweitens entwickelt der Text aber dennoch implizit eine neue Ideologiedefinition, die sich von der der 'Deutschen Ideologie' in einem wesentlichen Punkt unterscheidet. Eagleton merkt zwar an, daß diese Definition "nur sehr schwer verständlich ist"[24]. Dennoch schlußfolgert er, daß sich der schwer verständliche Engelssche Ausdruck von dem Ideologiebegriff der der 'Deutschen Ideologie' unterscheidet. War dort Ideologie die notwendig falsche Widerspiegelung der Realität, die erst mit der Aufhebung der Arbeitsteilung beseitigt werden konnte, so wird hier Ideologie zum falschen, was gleichbedeutend ist mit nicht-materialistischen, Bewußtsein. Es ist Engels' Verdienst, Ideologie als falsches Bewußtsein gedeutet zu haben[25], mit allen Problemen und Möglichkeiten, die sich aus dieser Verschiebung ergeben.

---

23) Engels MEW 20 : 89.
24) Eagleton 1993 : 106.
25) Eagleton 1993 : 106 und Balibar 1994 : 102 ff. betonen, daß Marx den Ausdruck "falsches Bewußtsein" nie gebrauchte.

War in der 'Deutschen Ideologie', oder auch im 'Kapital' (bei den oben bereits darge-stellten Unterschieden), Ideologie jedenfalls als ein notwendiges Produkt der kapita-listischen Gesellschaftsformation gekennzeichnet worden, so wird Ideologie von Engels einerseits als subjektive Fehlleistung, andererseits als machtvolle Verschleierung von oben charakterisiert.

Ideologie als subjektive Fehlleistung bedeutet zweierlei. Erstens, daß Menschen schlicht nicht erkennen, daß ihr Denken Produkt der Gesellschaftsformation ist. Zweitens, daß sie dementsprechend Begriffe deuten, statt sich der Wirklichkeit zuzu-wenden. Dührings Methode ist, wie Engels sagt, deswegen ideologisch, weil er die Wirklichkeit aus dem Begriff, nicht den Begriff aus der Wirklichkeit ableitet. In einem Brief an Mehring vom 14.7.1893[26] wird dies explizit definiert: "Die Ideologie ist ein Prozeß, der zwar mit Bewußtsein vom sogenannten Denker vollzogen wird, aber mit einem falschen Bewußtsein. Die eigentlichen Triebkräfte, die ihn bewegen, bleiben ihm unbekannt; sonst wäre es eben kein ideologischer Prozeß". Damit wird Ideologie zu einem Vorgang, der weniger darin besteht, daß die Welt falsch erkannt wird, als vielmehr, daß sich das denkende Individuum über sich selbst täuscht.

Damit werden aber zwei subjektivistische Ideologiekonzeptionen vermischt. Eine psychologisierende und eine epistemologische. Die epistemologische behauptet, daß das in der Ideologie befangene Subjekt die Welt nicht richtig erkennt, weil es über Begriffe die Welt, statt über die Welt Begriffe entwickelt. Die psychologisierende hin-gegen hat nicht als Kriterium, daß das Subjekt die Welt, sondern seine Beweggründe richtig erkennt. Warum aber dieses Kriterium für eine materialistische Ideologietheorie relevant sein soll, bleibt rätselhaft: "Es gibt keinen Grund anzunehmen, daß oberfläch-liche Überzeugungen notwendigerweise etwas mit empirischer Falschheit zu tun haben oder in irgendeinem Sinne 'irreal' sind"[27].

Dieser subjektivistisch-psychologisierende Ideologiebegriff bekommt nun interessan-terweise eine dezisionistische Wendung. Dies läßt sich sehr gut an einer Formulierung in 'Ludwig Feuerbach und der Ausgang der klassischen deutschen Philosophie' erhel-len. In diesem Text, der der Kritik am Wiedererstarken der klassischen deutschen Philosophie gewidmet ist[28], argumentiert Engels wie folgt. Marx war für ihn ein Kind der hegelschen Schule. Allerdings eines, das die Auflösung dieser Schule betrieb und aus dieser nur die dialektische Methode, gereinigt davon, daß sie Hegel nur dazu

---

26) Engels MEW 39 : 96 - 100.
27) Eagleton 1993 : 106.
28) Vgl. Engels MEW 21 : 263.

70

diente, die Selbstentwicklung des Begriffs zu behaupten, gereinigt also von ihrem Idealismus, mitnahm. "Wir faßten die Begriffe unseres Kopfs wieder materialistisch als die Abbilder der wirklichen Dinge, statt die wirklichen Dinge als Abbilder dieser oder jener Stufe des absoluten Begriffs. (...) Hiermit war aber die revolutionäre Seite der Hegelschen Philosophie wieder aufgenommen"[29]. Die Individuen Marx und Engels haben also die sie bewegenden Triebkräfte erkannt und entschieden, die Realität wieder ganz realistisch zu sehen. Eben so, wie sie ist. Weniger ironisch ausgedrückt heißt das, hier etabliert sich eine Linie im Marxismus, die für sich behauptet, unmittelbarer theoretischer Ausdruck der objektiven Zustände zu sein, ohne jede Verzerrung, ohne jeden Camera obscura-Effekt - einfach transparenter Ausdruck der Wirklichkeit. Der Marxist (oder historische Materialist) ist per definitionem derjenige, der die Realität erkennt. Diese Behauptung aber wird z.B. bei Rosa Luxemburg noch Karriere machen.

2.1.2. Ideologie, Macht und Herrschaft

Wie bereits oben erwähnt, hat diese Engelssche Verschiebung des Ideologiebegriffs von der ehernen Notwendigkeit des in der Ideologie-Befangen-Seins der 'Deutschen Ideologie' zur Kennzeichnung der Ideologie als falsches Bewußtsein aber auch andere als subjektivistische Effekte. War in der 'Deutschen Ideologie' die Komponente der Macht und des ideologischen Kampfes nur um den Preis der theoretischen Selbstwidersprüchlichkeit einzuführen, so kann der Ideologiebegriff, wenn er denn 'falsches Bewußtsein' bezeichnet, leichter mit Macht und Herrschaft in Beziehung gesetzt werden.

Engels verwendet den Begriff der Ideologie also in einer neuen Verknüpfung, die ihm einen ganz anderen Charakter verleiht. Er verknüpft den Begriff der Ideologie mit dem Begriff der Macht und bezieht beide auf den Staat, der für ihn die "erste ideologische Macht über die Menschen"[30] darstellt. Dies ist in vielerlei Hinsicht bemerkenswert. Macht, beziehungsweise Herrschaft, ist im frühen Marxismus in erster Linie an die Verfügungsgewalt über Produktionsmittel geknüpft. In der 'Deutschen Ideologie' wird dieser Machtbegriff zwar erweitert, indem er ableitungslogisch ergänzt wird - 'wer über die materielle Macht disponiert, disponiert auch über die geistige Macht' -, doch bleibt die geistige Macht der materiellen untergeordnet. Dies ist jetzt bei Engels anders. Der Begriff Macht, kombiniert mit dem Wort Ideologie, bekommt damit eine

---

29) Engels MEW 21 : 292 f..
30) Engels MEW 21 : 302.

eigene Qualität. In der 'Deutschen Ideologie' wurde von Marx und Engels zwar deutlich gemacht, wie ideologisches Denken entsteht, Ideologie selbst aber hatte keine Funktion. Sie war für den Erhalt von Herrschaft nutzlos, die Passagen über Macht und Ideologie somit seltsam. Jetzt hat die Ideologie eine Qualität, sie ermöglicht dem Staat, Macht über Menschen zu haben. Diese ungewöhnliche Wendung ist nicht zufällig, sie wird im anschließenden Text nochmals untermauert. Dort heißt es: "Der Staat aber, einmal eine selbstständige Macht geworden gegenüber der Gesellschaft, erzeugt alsbald eine weitere Ideologie"[31]. Selbstständige, also keine durch die ökonomischen Verhältnisse abgeleitete Macht, und Produzent von Ideologie. War bisher Ideologie 'notwendig' im Sinne eines objektiven Zusammenhangs mit der Struktur kapitalistischer Vergesellschaftung (Arbeitsteilung oder - später - Warenfetischismus), so wird sie nun 'notwendig' zur Erhaltung politischer Macht. Ideologie als Machtfaktor und der Staat als Produzent von Ideologie sind Theoreme, die im Zusammenhang der Veränderung der Ideologiekonzeption des Marxismus noch eine entscheidende Rolle spielen werden[32].

Die mögliche theoretische Tragweite dieser Formulierung, so wie hier ausgeführt, sieht Engels nicht. Macht und Herrschaft, kaum daß sie als Elemente einer Theorie der Ideologie eingeführt wurden, werden sogleich verdrängt. Einerseits durch den oben beschriebenen Subjektivismus. Ideologische Kämpfe sind kaum sinnvoll vorstellbar, wenn es 'nur' einer Entscheidung des Subjekts bedürfte, die Dinge richtig (materialistisch) und nicht falsch (idealistisch) zu sehen. Andererseits durch eine ökonomistische Metaphysik, die den Hegelschen Weltgeist und die durch ihn wirksame List der Vernunft schlicht in die Ökonomie verlegt[33]. Dieser Hegelianismus ist Ausdruck eines Versuches, das Besondere als das, was jenseits des Ökonomischen zu

---

31) Engels MEW 21 : 302.
32) Vgl. Haug 1993 : 46 ff.. Haug nimmt den Begriff der ideologischen Mächte als einen, der "den Zugang zum Gebiet historisch materialistischer Ideologietheorie erschließt" (ebd. : 48). Das Projekt Ideologie-Theorie (PIT) gruppiert um diesen Begriff geradezu seine theoretischen Ausarbeitungen. Vgl. Koivisto/Pietilä 1993 : 243 ff.. Der Begriff wird zwar explizit von Engels Feuerbach-Text entliehen, aber ohne ernsthafte Auseinandersetzung mit der unzureichenden Ausarbeitung bei Engels.
33) Was als Kritik am Wiedererstarken des Hegelianismus geschrieben ist, verbleibt so weitgehend im Rahmen des (Jung-) Hegelianismus. Der Staat beispielsweise ist nach Engels in seiner Genese ein Organ zur Wahrung der gemeinsamen Interessen der Gesellschaft. Dieses Wesen des Staates geht dann dadurch, daß er sich verselbstständigt und Instrument der Herrschaft einer Klasse wird, verloren. Vgl. Engels MEW 21 : 302.

finden ist, zur Kenntnis zu nehmen, gleichzeitig aber durch das Allgemeine (die ökonomischen Verhältnisse) aufgehoben[34] zu wissen.

Dieser Gedankengang bedarf einer etwas ausführlicheren Ausführung. Die Schwierigkeiten, die Engels mit seiner Autonomisierung des Ideologischen hat, lassen sich recht gut auf den letzten Seiten des 'Ludwig Feuerbach' nachzeichnen. Die Ideologie, die der Staat alsbald erzeugt, ist wohl in erster Linie nach Engels diejenige der Selbständigkeit des Ideologischen. Hier ist für Engels die juristische Ideologie geradezu das Paradigma des Ideologischen in der Neuzeit, so wie diese Funktion im Mittelalter die Religion ausübte[35]. Politik und Interesse, ja selbst die "ökonomischen Tatsachen" müssen im Kapitalismus "die Form juristischer Motive annehmen"[36]. Nun ist dies nicht bloß eine Form, die den Inhalt völlig unberührt ließe. Denn im Zuge dieser Transformation ökonomischer Tatsachen in juristische Motive müsse auch Rücksicht auf das schon geltende Rechtssystem genommen werden. Die Eigenlogik des Juristischen verändert mithin die Artikulation des Ökonomischen. Was Engels nun als Ideologie kritisiert, ist, daß die Juristen aus dieser Tatsache schlössen, daß die juristische Form alles, der ökonomische Inhalt nichts sei. Diese Argumentation Engels' bleibt natürlich völlig unbefriedigend. Einerseits wird eine Formbestimmtheit konstatiert, andererseits hat diese relative Autonomie des Überbaus keinerlei Auswirkung als die, den Ideologen als Anlaß für die maßlose Überschätzung des Juridischen zu dienen.

Ähnlich verfährt Engels mit der Religion und der Philosophie. Diese seien noch weiter (als das Recht) von der Ökonomie entfernt. Der Zusammenhang zwischen der Ökonomie und den entfernteren Sphären des Denkens werde aber immer dunkler, verwickelter und durch Zwischenglieder vermittelt. So versucht Engels denn in einem historischen Parforceritt durch die Geschichte der Religion von ihrer Entstehung "zu einer sehr waldursprünglichen Zeit aus mißverständlichen, waldursprünglichen Vorstellungen der Menschen"[37] bis zur Französischen Revolution nachzuweisen, daß dieser Zusammenhang, so dunkel er auch immer sei, doch existiert. Doch nicht nur die Zwischenschritte und Vermittlungen erschweren das Ableitungsverhältnis, vielmehr

---

34) Vgl. Daniel's Erläuterung des Begriffs der Aufhebung bei Hegel: "1. Überwindung von Problemen der vorhergehenden Stufe auf einem gleichsam gedanklich höheren Niveau. ... 2. Bewahrung der Grundgedanken der vorhergehenden Stufe, die als notwendige Erkenntnisbedingungen begründet werden können" (Daniel 1983 : 31).
35) Vgl. die von Engels und Kautsky gemeinsam verfaßte Polemik gegen den Juristensozialismus (MEW 21 : 491 - 509). Die Bedeutung dieses relativ unbekannten, auch in den MEW nur als Beilage abgedruckten Textes hebt die ausführliche Lektüre durch Schöttler 1980 hervor.
36) Engels MEW 21 : 302.
37) Engels MEW 21 : 303.

hat auch die Religion eine gewisse Eigenlogik. Was also beim Recht die relative Autonomie der Rechtsform, ist bei der Religion dann die Tradition. "Wir sehn also: Die
Religion, einmal gebildet, enthält stets einen überlieferten Stoff, wie denn auf allen
ideologischen Gebieten die Tradition eine große konservative Macht ist"[38]. Die Eigenheiten der Tradition, die völlig nebenbei dem Ideologischen per se als Bestimmung
zugeschrieben werden, werden aber ebensowenig, wie im Juridischen die Eigenheiten
der Form, expliziert. Ganz im Gegenteil. Völlig willkürlich wird jeder Gedanke an eine
relative Autonomie des Ideologischen, kaum daß er von Engels selbst ins Spiel
gebracht wurde, durch den Verweis auf die, wie auch immer verwickelte Bestimmung
durch die Ökonomie zunichte gemacht. Nachdem die Ideologie sozusagen erst mit
einer Tradition ausgestattet, zu einem eigenen "Stoff" gemacht wurde, wird dieser
Stoff denn doch sofort als Schleppe des wehenden Mantels der Ökonomie vereinnahmt. "Aber die Veränderungen, die mit diesem Stoff vorgehn, entspringen aus den
Klassenverhältnissen ... . Und das ist hier hinreichend"[39]. Daß diese Erklärungen ganz
und gar unzureichend sind, ist hier gar nicht die Frage. Interessanter ist schon, auf welchem theoretischen Hintergrund Engels glaubt, derartige Allgemeinplätzigkeiten
könnten die Eigenart der Form, des Staates als ideologische Macht, der Tradition usw.
erklären. Es ist dies nicht etwa die erste Ausarbeitung einer Idee, die später verfeinert
würde. Engels nimmt - im Gegenteil - in seinen berühmten Briefen wider den Ökonomismus immer wieder auf das Schlußkapitel des 'Ludwig Feuerbach'-Textes
Bezug[40], um den Adressaten ein Beispiel für eine genaue Analyse wider die einseitige
Betonung der Ökonomie an die Hand zu geben.

2.1.3. Die dezisionistische Rehegelianisierung des Marxismus, oder das große Schauspiel der Zufälligkeiten

Das große Schauspiel der Zufälligkeiten, der Traditionen und Formbestimmtheiten, das
Engels den 'Jungen' und der bürgerlichen Kritik am marxistischen Ökonomismus ent-
gegenhält, ist nur dann adäquat begreifbar, wenn man die Rehegelianisierung des
Marxismus durch Engels zur Kenntnis nimmt. Hatte Louis Althusser, meines
Erachtens in ihrem Kern zu Recht, die These vertreten, daß Marx seit den Thesen über
Feuerbach und der 'Deutschen Ideologie' (also etwa seit 1845) mit dem Hegelianismus

---

38) Engels MEW 21 : 305.
39) Engels MEW 21 : 305.
40) Vgl. z.B. Brief an Bloch MEW 37 : 463 ff.; Brief an C. Schmidt MEW 37 : 488 ff.; Brief an
    Borgius MEW 39 : 205 ff..

bricht[41] (Althusser nannte dies im Anschluß an die Wissenschaftstheorie von Gaston Bachelard einen epistemologischen Bruch[42]), so ist festzustellen, daß der späte Engels diesen Bruch teilweise, aber gerade in seinen wesentlichen Teilen, rückgängig macht[43].

Auf den ersten Blick erstaunlich ist diese Behauptung schon deswegen, weil Engels mit dem Feuerbach-Text ja gerade ein Werk gegen die Renaissance der klassisch idealistischen Philosophie in Deutschland geschrieben hat. Doch Engels trennte, wie viele Linkshegelianer, zwischen der revolutionären Methode Hegels, der Logik und der Dialektik, die für Engels schlicht die (Natur-) Gesetze des Denkprozesses entdeckt hatte[44] und dem konservativen System samt seines Idealismus. Mit der Dialektik übernimmt Engels aber auch die Hegelsche teleologische Geschichtsphilosophie: "Der große Grundgedanke, daß die Welt nicht als ein Komplex von fertigen *Dingen* zu fassen ist, sondern als ein Komplex von *Prozessen*, worin die scheinbar stabilen Dinge nicht minder wie ihre Gedankenabbilder in unserm Kopf, die Begriffe, eine ununterbrochene Veränderung des Werdens und Vergehens durchmachen, in der bei aller scheinbaren Zufälligkeit und trotz aller momentanen Rückläufigkeit schließlich eine fortschreitende Entwicklung sich durchsetzt - dieser große Grundgedanke ist, namentlich seit Hegel, so sehr in das gewöhnliche Bewußtsein übergegangen, daß er in dieser Allgemeinheit wohl kaum noch Widerspruch findet. ... Geht man aber bei der Untersuchung stets von diesem Gesichtspunkt aus, so hört die Forderung endgültiger Lösungen und ewiger Wahrheiten ein für allemal auf; ...[und man wird sehen, mt.] daß das behauptete Notwendige sich aus lauter Zufälligkeiten zusammensetzt und das angeblich Zufällige die Form ist, hinter der die Notwendigkeit sich birgt - und so weiter"[45].

Was Engels nun an Hegel kritisiert, ist dessen Idealismus, der das revolutionäre Potential der dialektischen Methode unterminiert. Man muß Hegel also nur umstülpen, ihn vom 'Kopf auf die Füße stellen'[46], um den historischen Materialismus zu begründen.

---

41) Vgl. z.B. Althusser 1968 : 43 ff..
42) Vgl. Lecourt 1975 : 18 ff..
43) Vgl. dazu auch Stedman Jones 1988 : 244 ff.. Stedman Jones hebt hervor, daß Engels - im Gegensatz zu Marx - Hegel nie einer radikalen und systematischen Kritik unterzogen hat. "Wenn er daher in späteren Jahren als Antwort auf den Vulgärmaterialismus und Positivismus wieder auf Hegel zurückgriff, dann neigte er dazu, Elemente seines eigenen vormarxistischen Verhältnisses zur deutschen idealistischen Philosophie wiederaufleben zu lassen" (ebd. : 245).
44) Vgl. z.B. Engels MEW 21 : 306 und das gesamte erste Kapitel des Feuerbach-Textes (MEW 21 : 265 - 273).
45) Engels MEW 21 : 293 f..
46) Vgl. die berühmten Ausführungen von Marx über das Verhältnis seiner zur hegelschen Methode im Nachwort zur 2. Auflage des 'Kapital' (MEW 23 : 18 ff.): "Ich bekannte mich daher offen als

In diesem Sinne sieht Engels die "deutsche Arbeiterbewegung als die Erbin der deutschen klassischen Philosophie"[47]. Was er nun als das spezifisch Marxistische kennzeichnet, ist jener Vorgang, den wir bereits oben unter dem Blickwinkel des Voluntarismus und Dezisionismus kritisiert hatten: "Wir faßten die Begriffe unseres Kopfs wieder materialistisch als die Abbilder der wirklichen Dinge, statt die wirklichen Dinge als Abbilder dieser oder jener Stufe des absoluten Begriffs"[48].

Wie oben ausgeführt, verwundert, wie selbstverständlich das autonome Subjekt reinkarniert wird (wir faßten die Begriffe ...), ganz so, als ob es eine freie Entscheidung wäre, Marxist zu sein oder Idealist. Zum anderen weist diese Formulierung einen Weg, der von zukünftigen MarxistInnen beschritten werden wird. Die Regel lautet: bist du Marxist, dann sind deine Wahrnehmungen, dann ist dein Bewußtsein Reflex und Abbild der Wirklichkeit und deine Lehre entspricht dem objektiven Entwicklungsgang (siehe Luxemburg, Kap. 1.2.3.) der Geschichte. Aber nicht nur diese wirklich seltsame bewußtseinsphilosophische Garantie des Materialismus (das Subjekt entscheidet sich, die Dinge so zu sehen, wie sie sind) ist bemerkenswert, sondern der krude Empirismus und epistemologische Positivismus, der hier zu Tage tritt.

Diese Vorwürfe sind in gewisser Hinsicht problematisch. Schließlich faßt Engels das Denken (und hier läge der produktive Teil seiner Hegelrezeption) als Prozeß. Nicht die Dinge an sich, sondern deren Veränderung muß in den Begriffen gefaßt werden. Auch spricht dagegen die luzide Polemik, die Engels beispielsweise in seinem Aufsatz "Die Naturforschung in der Geisterwelt", der im Rahmen der unvollendeten 'Dialektik der Natur' gegen den Empirismus führt[49]. Diese Bekenntnisse sprechen auf den ersten Blick dem Vorwurf des Positivismus und Empirismus Hohn. Doch überlagert wird jener Verweis auf die Prozesse nicht nur von der hegelianischen Teleologie, in der der Prozeß selbst zum Subjekt wird, und die Dinge, ebenso wie der Begriff von ihnen,

---

Schüler jenes großen Denkers und kokettierte sogar hier und da im Kapitel über die Werttheorie mit der ihm eigentümlichen Ausdrucksweise. ... [Die Dialektik] steht bei ihm auf dem Kopf. Man muß sie umstülpen, um den rationellen Kern in der mystischen Hülle zu entdecken" (ebd. : 27). Obwohl also Engels die Marxsche Intention einer 'Umstülpung' teilt, so ist doch sein Bezug auf die hegelsche Theorie ein direkterer und ungebrochenerer. Kann man nämlich mit guten Gründen behaupten, daß die Marxsche Dialektik "von der Hegelschen nicht nur verschieden, sondern ihr direktes Gegenteil" (MEW 23 : 27) ist (vgl. dazu prononciert Althusser 1968 : 52 ff. und 100 ff.), so ist dies für die Engelssche Theorie nach Marx' Tod nicht möglich (vgl. Stedman Jones 1988).

47) Engels MEW 21 : 307.
48) Engels MEW 21 : 292 f..
49) Engels MEW 20 : 345: "Es zeigt sich handgreiflich, welches der sicherste Weg von der Naturwissenschaft zum Mystizismus ist. Nicht die überwuchernde Theorie der Naturphilosophie, sondern die allerplatteste, alle Theorie verachtende, gegen alles Denken mißtrauische Empirie."

letztlich der absolute Geist, im Verlaufe des Prozesses notwendig zu sich kommen, sondern von einem weithin unkritischen Bezug auf die Naturwissenschaften, der vorausgesetzten Transparenz menschlicher Erkenntnis und dem Kriterium der Praxis als Platzanweiser für die Theorie.

Der Bezug auf die Naturwissenschaften wird von dem festen Glauben getragen, daß sich dort der Beweis der Naturgesetzlichkeit der Dialektik finden lasse. Damit wäre dann Hegel, aber auch der historische Materialismus "materialistisch" abgesichert. Der Prozeß der Dinge selbst ist es, der dialektisch ist - dies beweist das intensive Studium der neuesten Naturwissenschaften nach Engels. Die echten Naturwissenschaften sind für Engels reine Widerspiegelungen der Natur selbst. Weder die Durchdrungenheit und Verflechtung wissenschaftlicher Erkenntnisse und der sie leitenden Voraussetzungen[50], noch die Gesellschaftlichkeit der Naturverhältnisse werden von Engels erkannt. Vielmehr reißt er Natur und Gesellschaft auseinander, so daß eine Natur an sich, in Form einer dialektischen Ontologie der Natur begründet wird, die als eine der Ursachen des Produktivkraftfetischismus in der Arbeiterbewegung gelten darf[51].

In der Epistemologie fällt Engels auf den Stand der 'Deutschen Ideologie' zurück, allerdings mit der wesentlichen Modifikation, daß die objektive Verstelltheit (oder nach dem Camera obscura-Modell wohl besser: Umkehrung), die dort notwendiges Produkt der Arbeitsteilung war, zugunsten der oben dargestellten dezisionistischen Subjektivierung des Erkenntnisprozesses verdrängt wird. War in der 'Deutschen Ideologie' die Transparenz des Seins für das erkennende Subjekt nicht nur prinzipiell möglich, sondern vor der Arbeitsteilung historisch existent und nach Überwindung der Arbeitsteilung wieder hergestellt, so ist das Sein für Engels dann, wenn das erkennende Subjekt es denn nur richtig anstellt, einfach zu erkennen. Nur so kann man zu Engels' Definition des Materialismus kommen. Eines Materialismus, der sich selbst genügt, weil die Materie sich selbst genügt und immer-schon mit sich identisch ist. "Allerdings heißt materialistische Naturanschauung weiter nichts als einfache Auffas-

---

50) Ich benutze hier bewußt nicht 'Interesse', da dieser Begriff die Tendenz hat, entweder bewußtseinsphilosophisch (das Subjekt als bewußter Agent seiner Interessen) oder ökonomistisch (der Forscher als Erfüllungsgehilfe) mißverstanden zu werden. Hier geht es aber um eine objektive Verflochtenheit der Produktionsweise mit der Organisation der Wissenschaft, ohne dabei relative Autonomie zu leugnen.
51) Diese Kritik ist gerade im Rahmen des Versuchs, einen marxistischen Ökologiebegriff zu entwickeln, vorgebracht worden. Vgl. Brinkmann 1979 : 39 ff.. Vgl. auch Vester 1981, der - was beim Herausgeber von E. P. Thompson nicht verwundern kann - allerdings einen unreflektierten Erfahrungsbegriff als Alternative zum zu Recht kritisierten "Dampf-Sozialismus" bei Engels anbietet.

sung der Natur so, wie sie sich gibt, ohne fremde Zutat..."[52], so daß dementsprechend die Materialisten reine Analytiker und exakte Darsteller der Realität der Welt sind: "Die Materialisten explizieren einfach die *Sache* ..."[53]. So "einfach" ist das mit der Realität. Man muß nur Materialist sein, und schon hat man sie im Sack. Erklärlich wird diese Theorie transparenter Erkenntnis eben nur dadurch, daß die Gesetze des Denkens (Dialektik) mit den Naturgesetzen als kongruent gesetzt werden[54].

Letzte Instanz dieser transparenten Beweiskette, oder genauer: dieser Beweiskette der Transparenz, in der die Ideologie für den marxistischen Wissenschaftler keine wesentliche Rolle mehr spielt, da sie nichts als die Täuschung der Nichtwissenschaftler und Nichtmarxisten (was infolge der Wissenschaftlichkeit des historischen Materialismus im Grunde dasselbe ist) bezeichnet, ist die Praxis. Die Richtigkeit einer Theorie, so wiederholt Engels immer aufs Neue, zeigt sich in der Praxis. Alle Erkenntnistheorie, die die Dinge nicht einfach als das nimmt, was sie sind ("ohne Zutat"), ist Klugtuerei. Aber keine Sorge, für einen Materialisten, der - im Gegensatz zu den Klugtuern - über gesunden Menschenverstand verfügt, ist dies kein Problem, denn die "menschliche Tat hatte die Schwierigkeit schon gelöst, lange ehe die menschliche Klugtuerei sie erfand. The proof of the pudding is in the eating"[55]. Althusser hat diese Argumentation als Teil eines circulus vitiosus der Ideologie kritisiert. Egal wie man zum politisch-pragmatischen Stellenwert des Praxisbezuges auch steht, theoretisch ist er mehr als unbefriedigend. Denn die ideologische, politische und theoretische Struktur, in der eine Praxis als Verifikation oder Falsifikation 'ihrer' Theorie herangezogen werden kann, bleibt völlig unberücksichtigt. So war mit Sicherheit das regelmäßige Geständnis der Hexen unter der Folter die bestätigende Praxis der theoretischen Inquisition. Der Engelssche Pudding jedenfalls ist für eine marxistische Ideologietheorie ungenießbar. Denn man "serviert uns das schöne Argument vom Pudding, den man essen muß, um seine Qualität feststellen zu können. Uns aber interessiert der Mechanismus, der uns bestätigt, daß das, was wir für unseren Pudding halten, auch wirklich ein Pudding ist und nicht eine Elefantenkuh"[56].

Dieser Marxismus verbleibt in den klassischen Unterteilungen zwischen wahr und falsch; Illusion und Realität: ohne die Frage zu stellen, wie Begriffe gesellschaftlich

---

52) Engels MEW 20 : 469.
53) Engels MEW 20 : 470.
54) Vgl. dazu auch die, allerdings zu moderate Kritik bei Lefèbvre 1965 : 95 ff. und Raymond 1986 : 854 ff..
55) Engels MEW 22 : 296.
56) Althusser/Balibar 1972 : 75. Zur Bedeutung des "Puddings" im Marxismus vgl. auch das entsprechende Stichwort im 'Kritischen Wörterbuch des Marxismus' (Labica 1987 : 1096).

'wahr' werden, sucht der Marxismus nach einer Garantie der Wahrheit - ob ontolo-
gisierend (die Natur ohne Zutat) oder ob historisierend (die Praxis)[57].

2.1.4. Die Form und der Inhalt

Es ist nun ein etwas längerer theoretischer Umweg gemacht worden, der aber notwendig war, um wieder auf die Ökonomismus-Kritik von Engels zurückzukommen, die
unter dem Stichwort der Determination in letzter Instanz im Marxismus immer wieder
als Beleg für die relative Autonomie des Überbaus von der Ökonomie herangezogen
wird[58]. Wir können nun zeigen, daß der Marxismus gerade dort, wo er mit der
bekannten Engelsschen Formel scheinbar dem Nichtökonomischen sein Recht gibt,
keine adäquate theoretische[59] Antwort auf den Ökonomismus der 'Jungen' ist.

Die dargestellten Elemente der Engelsschen Weiterentwicklung des Marxismus finden
sich denn auch als Grundlage seiner Bestimmung von Basis und Überbau. Exemplarisch wollen wir uns hier den Brief an Joseph Bloch vom 21. September 1890
ansehen. Es ist dabei legitim, einen Brief heranzuziehen, da es sich nicht um ein en

---

57) Vgl. dazu Balibar 1994 : 151 ff..
58) Vgl. exemplarisch Colletti 1971 : 27 f.: "Bernstein beurteilt diese selbstkritischen Bemerkungen
    Engels' [hinsichtlich der Determination in letzter Instanz, mt] als eine grundlegende Erneuerung
    der materialistischen Geschichtsauffassung gegenüber deren ursprünglichen 'Determinismus' ... .
    Es ist auch bekannt, daß ein analoges Urteil (...) seit langem auch im heutigen Marxismus vor-
    herrscht."
59) Was die SPD an den 'Jungen' störte, war weniger deren Ökonomismus, sondern ihre Kritik an der
    fehlenden Radikalität, an der Anpassung der Sozialdemokratie unter dem Sozialistengesetz und an
    der undemokratischen Abkopplung der Partei von der Basis. Ob bewußt oder nicht, liefert Engels
    die theoretische Begründung, um unliebsame Kritik von links mundtot zu machen. Der Erfurter
    Parteitag, der gemeinhin als Sieg des Marxismus in der Sozialdemokratie gewertet wird, war denn
    auch der Parteitag, der durch Ausschluß und publizistische Entmachtung die Kritik der 'Jungen'
    erledigte. Vgl. dazu Karasek 1978 : 133 ff. und Bock 1976 : 24 ff., 38 ff. Die (KPdSU bzw. SED-
) parteioffizielle Geschichte der II. Internationale feiert dies als Sieg gegen linksradikale, klein-
    bürgerliche Elemente. Vgl. Subok u.a. 1983 : 280 ff.. Zu Engels Haltung zu den 'Jungen' vgl.
    seine "Antwort an die Redaktion der Sächsischen Arbeiter-Zeitung" (einem Blatt der 'Jungen';
    MEW 22 : 68 ff.); seinen Brief an Paul Ernst (einem Wortführer der 'Jungen'; MEW 37 : 411 ff.)
    und den Brief an Wilhelm Liebknecht (vor dem Parteitag von Halle; MEW 37 : 444 f.): "Daß Ihr
    auf *diesem* Kongreß spielend damit [mit den 'Jungen', mt] fertig werdet, ist klar. Aber sorgt dafür,
    daß keine Keime gelegt werden für *zukünftige* Schwierigkeiten. Macht keine unnötigen Märtyrer,
    zeigt, daß Freiheit der Kritik herrscht, und *wenn* herausgeworfen werden muß, dann nur in Fällen,
    wo ganz eklatante und vollauf erweisbare *Tatsachen* - overt acts - der Gemeinheit und des Verrats
    vorliegen! Dies meine Meinung. Mehr mündlich."

passant geschriebenes, gleichsam privates Gelegenheitswerk handelt[60], und die hier dargelegten Positionen für das Spätwerk von Engels typisch sind. Engels Bestimmung des Ideologischen fußt auf Gedanken, die er, wie wir gesehen haben, an anderen und zentralen Stellen in seinen Werk immer wieder verwendet: "Die ökonomische Lage ist die Basis, aber die verschiedenen Momente des Überbaus - politische Formen des Klassenkampfs und seine Resultate - ... und nun gar die Reflexe aller dieser wirklichen Kämpfe im Gehirn der Beteiligten, ... üben auch ihre Einwirkung auf den Verlauf der geschichtlichen Kämpfe aus und bestimmen in vielen Fällen vorwiegend deren *Form*. Es ist eine Wechselwirkung aller dieser Momente, worin schließlich durch alle die unendliche Menge von Zufälligkeiten (d.h. von Dingen und Ereignissen, deren innerer Zusammenhang untereinander so entfernt oder so unnachweisbar ist, daß wir ihn als nicht vorhanden betrachten, vernachlässigen können) als Notwendiges die ökonomische Bewegung sich durchsetzt"[61].

Ideologie bestimmt also den Verlauf der Kämpfe und die Form, in denen sie stattfinden. Doch diese Form entspricht Zufällen, das Notwendige setzt sich gegen sie durch. Wir finden also wieder das, was Engels unter der von der klassischen Philosophie entliehenen, aber von deren Inhalt 'gereinigte' Methode versteht. Wir finden einen Prozeß, der die Vielfältigkeit der Kämpfe und des Denkens konstatieren kann, weil er sogleich die letztendliche Bedeutungslosigkeit dieser Vielfältigkeit behauptet. Hegels Geschichtsphilosophie, in der das Besondere nur Emanation des Allgemeinen ist und mit diesem nur in einen einfachen Widerspruch geraten kann, der das Besondere letztendlich im Allgemeinen wieder aufgehen läßt, wird hier bewußt von Engels paraphrasiert. Was bei Hegel das Allgemeine, ist bei Engels die Notwendigkeit, das Besondere die Zufälligkeit, der Geist die Ökonomie. Adorno hat diese Parallele in ihrer Problematik beschrieben: "Es ging um die Vergottung der Geschichte, auch bei den atheistischen Hegelianern Marx und Engels. Der Primat der Ökonomie soll mit historischer Stringenz das glückliche Ende als ihr immanent begründen..."[62].

Althusser setzt in seiner Kritik der letztinstanzlichen Determination beim engelsschen Begriff der 'Wechselwirkungen' zwischen Basis und Überbau an. Diese Wechselwirkung, so seine Interpretation, "verstreut sich in gewisser Weise ins Unendliche, in die Unendlichkeit der Wirkungen, der Zufälle, deren innere Verbindung man als

---

60) Der Brief wurde am 1. Oktober 1890 in der Zeitschrift "Der sozialistische Akademiker" veröffentlicht.
61) Vgl. Engels MEW 37 : 463 - 465 an Joseph Bloch.
62) Adorno 1990 : 315. Beachtenswert ist dieser Exkurs zu Hegel in der 'Negativen Dialektik' insgesamt. Nämlich als Auseinandersetzung mit den Problemen wie Vorzügen des Hegelianismus in einer kritischen Gesellschaftstheorie.

unverständlich (zu schwierig nachzuweisen) und deswegen als inexistent wird betrachten können, wenn man diesen äußersten Punkt im Infinitesimalen erreicht hat. ... im Schoß dieser infinitesimalen mikroskopischen Verschiedenartigkeit bahnt sich schließlich die makroskopische Notwendigkeit einen Weg, d.h. sie behält schließlich die Oberhand"[63].

Doch damit nicht genug, Engels führt nämlich weiter aus: "Wir machen unsere Geschichte selbst, aber erstens unter sehr bestimmten Voraussetzungen und Bedingungen. Darunter sind die ökonomischen die schließlich entscheidenden.... Zweitens aber macht sich die Geschichte so, daß das Endresultat stets aus den Konflikten vieler Einzelwillen hervorgeht"[64]. Wie bei Hegel auch, wird der Gang der Geschichte nicht als einseitige Determination des Besonderen durch das Allgemeine gefaßt. Vielmehr verwirklicht sich das Allgemeine durch die Widersprüche des Besonderen. Die Ökonomie determiniert so nicht den je autonomen Einzelwillen, sondern sorgt - als List der Geschichte - dafür, daß die Vielfältigkeit des Besonderen sich in der Gerichtetheit des Allgemeinen aufhebt. Engels faßt dies, seiner Begeisterung für die immanente Dialektik der Logik, der Natur und ihrer Wissenschaften entsprechend, als Rechenexempel. Die Einzelwillen bilden die Faktoren einer Funktion. Daß diese letztendlich von den Einzelwillen unabhängig sei, bedeute also nicht, daß die Einzelwillen selbst "= 0 zu setzen sind. Im Gegenteil, jeder trägt zur Resultante bei und ist insofern in ihr einbegriffen"[65].

Wenn Engels also den Ökonomisten vorwirft, die historischen Umstände, die Formen, die Besonderheiten nicht zu berücksichtigen oder diese als direkten Ausdruck der Ökonomie zu deuten, so geht Engels einen Doppelschritt.

Zum einen schweben die Besonderheiten in der Luft. Der Zusammenhang des Überbaus zur Ökonomie ist, wie er sich im 'Ludwig Feuerbach' ausdrückte, insbesondere in Philosophie und Religion, dunkel. So dunkel, daß man sich mit ihm nicht beschäftigen kann. Daß man dies nicht kann, ist jedoch letztendlich egal, da in letzter Instanz die Besonderheiten keine Rolle spielen. Wenn Engels also z.B. dem 'Jungen' Paul Ernst vorwirft, die "himmelweiten" Differenzen des norwegischen und deutschen Kleinbürgertums[66] nicht zur Kenntnis zu nehmen, historische Besonderheiten zu unterschlagen,

---

63) Althusser 1968 : 86.
64) Engels MEW 37 : 463 f. an Joseph Bloch.
65) Engels MEW 37 : 464.
66) Engels MEW 37 : 411 ff.: "Der norwegische Kleinbürger ist der Sohn eines freien Bauern und ist unter diesen Umständen ein *Mann* gegenüber dem verkommenen deutschen Spießer. ... [Die] Ibsenschen Dramen ... spiegeln uns eine zwar klein- und mittelbürgerliche, aber von der deutschen

so fragt sich, was der Sinn dieser genauen Analyse sein kann. Letztlich doch wohl nur Gelehrsamkeit und wissenschaftliches Differenzierungsvermögen; der Vorwurf, der Materialismus verkomme zur Schablone, fällt letztlich auf Engels zurück. So kritisiert Althusser, daß Engels diese 'dialektisch-mathematische' Geschichtsphilosophie mehrmals mit der Analyse gleichsetzt, die Marx exemplarisch im '18. Brumaire' durchgeführt hat. Denn erstens müssen Momente, die Auswirkungen haben sollen, auch bestimmbar sein. "Und da Engels sich schon darauf bezieht, was hat denn Marx im '18. Brumaire' anderes gemacht, als eine Analyse der Aktionen und Reaktionen dieser 'verschiedenen Faktoren'? Eine völlig verständliche Analyse *ihrer Wirkungen*? Aber Marx konnte diese 'Beweisführung' nur durchführen, weil er die *historischen Wirkungen* dieser Faktoren nicht *mit ihren mikroskopischen Wirkungen* verwechselte"[67].

Zweitens fragt sich, worin der Zusammenhang zwischen den Zufälligkeiten und den Notwendigkeiten im Text von Engels besteht. Diese Frage wird von Engels nicht im Zusammenhang des Basis/Überbau-Modells geklärt, sondern an anderer Stelle und in einer anderen Logik behandelt. Ausgangspunkt ist nicht ein Bild der Über- und Unterordnung, sondern der mathematischen Auflösung der unendlichen Vielheit in einer Resultante. Denn das "*Spiel der individuellen Willen* [beruht, mt] ... auf dem physikalischen Modell des *Kräfteparallelogramms*: die Willen sind Kräfte; ... Aber unglücklicherweise begründet diese so sichere Begründung nichts [außer, mt] ... seine eigene Evidenz. Welche Evidenz ist das aber? Man muß zugeben, *daß diese Evidenz nichts anderes ist, als die der Voraussetzungen der klassischen bürgerlichen Ideologie und der bürgerlichen politischen Ökonomie*"[68].

So kann man also nur auf den ersten Blick das Problem der engelsschen Dichotomie von Zufälligkeiten und Notwendigkeiten darin sehen, daß die Zufälligkeiten keine Wirkung haben, beliebig sind. Doch insoweit ist der Begriff der Zufälligkeiten von Engels falsch gewählt; er führt in die Irre. Denn die Zufälligkeiten sind ja die Faktoren, deren Ergebnis die transzendentale Resultante der Notwendigkeit ist. Sie sind also Zufälligkeiten des Notwendigen, oder genauer: notwendige Zufälligkeiten. Dies wird noch deutlicher, wenn man das Modell des Kräfteparallelogramms sich vor Augen hält. Wenn die Resultante selbst a priori feststeht, so bedarf es zum Ausgleich einer Zufälligkeit einer genauso starken, von der Resultante in entgegengesetzter Richtung abweichender, Zufälligkeit. Der Abweichung +A muß also die Abweichung -A ent-

---

himmelweit verschiedne Welt wieder ... . So etwas ziehe ich vor, gründlich kennenzulernen, ehe ich aburteile."
67) Althusser 1968 : 89.
68) Althusser 1968 : 90 + 95.

sprechen, und seien beide Abweichungen auch die Summe unbekannt großer Zahlen. Das Ergebnis der Rechnung steht fest, bevor sie begonnen wird.

2.2. Friedrich Engels und der Ökonomismus der II. Internationale

So finden wir in der Engelsschen Antwort auf das Ideologieproblem eine, insofern man nicht Hegelianer ist und an das Wirken des Weltgeistes glaubt, seltsame Mischung aus einer völligen Trennung und einer direkten Anbindung des Überbaus an die Basis.

Die Begriffe, die diese Trennung hätten aufbrechen können, werden von Engels nicht entwickelt und verschwinden auch gänzlich aus der Diskussion der II. Internationale. Es sind dies der Begriff der 'Form' und derjenige der 'ideologischen Macht'. "Man muß dieses Wort 'Form' im starken Sinn nehmen und es etwas ganz anders bezeichnen lassen als das Formale"[69]. Es bleibt ein folgenschwerer Fehler im Marxismus, daß Engels (und nach ihm viele andere) "so schnell über diese Formen hinweggehen [kann], über ihr Wesen und ihre Rolle, um nur den mikroskopischen Staub ihrer belanglosen und unverständlichen Wirkungen zu betrachten"[70]. Die Reduzierung dieser Wirkungen auf zufälligen Staub steht gerade gegen den Begriff der Form.

Engels stellt die richtige Frage, indem er nach der Relevanz des Nichtökonomischen fragt. Er gibt aber eine Antwort, die die Problematik unter sich begräbt, die alle Ansätze einer ernsthaften Beschäftigung mit ideologischen Formen und Mächten aus dem Weg räumt, bevor sie überhaupt eine nennenswerte theoretische Rolle gespielt haben[71].

So muß es nicht verwundern, wenn in der II. Internationale die Engelssche Frage völlig verschwindet, während seine Antwort von Luxemburg über Kautsky bis Bernstein geradezu zur 'normal science' wird. Was von Engels in der II. Internationale bleibt, ist nicht dessen Kritik des Ökonomismus, sondern der Ökonomismus seiner Antwort. Was bleibt, ist ein naturalisierter Begriff des Ökonomischen als einer sich selbst genügenden Entität. Was bleibt, ist die unkritische Lobpreisung der Naturwissenschaften. Was bleibt, ist die von Hegel geerbte Geschichtsmetaphysik.

---

69) Althusser 1968 : 80.
70) Althusser 1968 : 88 f..
71) Insofern ist, entgegen der eigenen Darstellungsweise, der Gebrauch, den das PIT (vgl. exemplarisch Volker 1979) und im besonderen W.F.Haug (1993) von diesen beiden Begriffen machen - ganz unabhängig, was man von diesem Gebrauchmachen im Einzelnen hält - kein Rekurs auf Engels, sondern die eigenständige Füllung engelsscher Begriffshülsen.

Was schließlich bleibt, ist das Denken im begrifflichen Rahmen der Notwendigkeit, dem Dreh- und Angelpunkt des engelschen Denkens. Er wird so sehr mit Wahrheit und fortschreitendem ökonomischen Prozeß identifiziert, daß er weiterer Grundlegungen nicht bedarf. Der Selbstlauf der ökonomischen Entwicklung ist vorprogrammiert. Der Sieg der ArbeiterInnenbewegung auch. Diese Tendenzen kulminierten in einer Hypostasierung der Wissenschaftlichkeit des historischen Materialismus. Kautsky wird den Begriffen der Notwendigkeit, wie der Wissenschaft, noch das Wörtchen 'Natur' hinzufügen und sie somit noch kompakter machen. Wo Engels von Hegel ausgegangen war ging Kautsky, nach eigenen Worten, von Darwin aus[72]. Notwendigkeit wird zum Schlüssel der Analyse aller gesellschaftlichen und naturwissenschaftlichen Momente. Auch Bernstein wird, bei aller vordergründigen Kritik an Hegel und der Teleologie, diesen Begriff der Notwendigkeit füllen - unmarxistisch sicherlich -, indem er eine liberaldemokratische Fortschrittsgläubigkeit an seine Stelle setzt. Diese Gläubigkeit wird sich bei Bernstein aber auch auf alle gesellschaftlichen und ökonmomischen Momente beziehen.

Engels wird, trotz seiner Kritik des Ökonomismus, der legitime Vater des Ökonomismus der II. Internationale. Doch wir sollten hier nicht den Fehler begehen, den wir zu Anfang selbst benannt hatten, nämlich alle Fehler des Marxismus Engels anzulasten, um so einen 'reinen' Marx hervorzaubern zu können. Die Grundstrukturen seiner Argumentation wurden gemeinsam mit Marx entwickelt[73], und die Vereinfachungen sind wohl weniger Abweichungen, als Folge einer didaktischen Aufbereitung. Genauso wie sich bei Marx Stränge einer nichtökonomistischen Ideologietheorie finden, finden sie sich auch bei Engels (wenn auch vielleicht schwächer). Man darf nicht davor zurückschrecken, zu sehen, daß Engels einen bestimmten Strang des Marxismus, um Ernst Bloch zu paraphrasieren, bis zur Kenntlichkeit verunstaltet hat.

---

72) Kautsky, zit. nach Stedman Jones 1988 : 236.
73) Vgl. dazu Stedman Jones 1988 : 237 f..

Teil II

Die Verdrängung des Politischen in der II. Internationale

1. Kautsky, Bernstein, Luxemburg als Beispiel

In diesem Kapitel sollen drei TheoretikerInnen und ParteiarbeiterInnen, alle zur ersten Generation der MarxistInnen gehörend[1], in Bezug auf ihr theoretisches und praktisches Verhältnis zu Fragen der Kämpfe, der Ideologie und der Politik vorgestellt werden. Der Grund für die Auswahl dieser drei Personen besteht darin, daß sie auf unterschiedliche Art und Weise das Erbe von Marx und Engels repräsentieren. Der Reiz dieser Auswahl besteht natürlich auch darin, die oben bereits aufgestellte These belegen zu können, daß in der II. Internationale Fragen der Ideologietheorie und der Kämpfe theoretisch keine nennenswerte Rolle spielten. Dies ist nicht einfach die Konstatierung der Abwesenheit einer theoretischen Problematik, sondern zugleich Ausdruck einer Politik, die meinte, dieser Fragen nicht zu bedürfen. Erstaunlich ist nämlich, daß bei allen bekannten politischen Differenzen zwischen Luxemburg, Kautsky und Bernstein eine bemerkenswerte theoretische Übereinstimmung bestand, die die Genannten gar nicht wahrnahmen. Ihre theoretischen Positionen zeichnen sich in hohem Maße durch ökonomistische Grundannahmen aus. Die Unterschiedlichkeit besteht hingegen in ihren Politik- und Strategieansätzen. In diesem theoretischen Spannungsverhältnis entspinnt sich eine Debatte, die eine zentrale Weichenstellung innerhalb der marxistischen Historie zur Folge hat. Dieser theoretische Disput steht damit stellvertretend für das, was die erste Generation der MarxistInnen mit der Theorie der Gründungsväter machte, nachdem mit dem Tode Engels (1895) auf diese nicht mehr als persönliche Autorität zurückgegriffen werden konnte. Da sich diese Debatte im Marxismus so komprimiert, aufeinander bezogen und gut dokumentiert nirgendwo anders finden läßt, ist diese Auswahl, trotz der mit einer Auswahl notwendig verbundenen Willkür, gerechtfertigt.

Unter einem anderen Aspekt allerdings stellt sich die Frage noch einmal neu. Man könnte z.B. darüber diskutieren, ob denn Bernstein überhaupt als marxistischer Theoretiker analysiert werden darf. Es gibt gute Gründe, dies zu verneinen. Somit stellt sich bereits in Bezug auf die erste Generation die Frage, ob deren VertreterInnen über-

---

1) Vgl. Anderson 1978 : 13 - 44. Die erste Generation von MarxistInnen zeichnet sich, laut Anderson, durch folgende Gemeinsamkeiten aus: Theorie- und Parteiarbeit waren nicht getrennt. Sie konzentrierten sich in ihren Analysen auf die ökonomischen Entwicklungen und den Imperialismus, geographisch kamen sie aus Mittel- und Osteuropa.

haupt MarxistInnen sind, ob sie also überhaupt zu der hier interessierenden Frage einer marxistischen Ideologietheorie, bzw. einer marxistischen Theorie des Kampfes legitim befragt werden können. Die Frage so zu stellen, zeigt schon ihre theoretische Unsinnigkeit an. Um theoretisch legitim den Bonus (oder - heutzutage wohl eher - Malus) des Etiketts MarxistIn vergeben zu können, müßte vorab ein einheitliches theoretisches Gebäude konstruiert werden. Ein klar abgestecktes Feld, das jedenfalls die Grenzen seiner selbst deutlich setzt. Nun war zu Zeiten, als sich Menschen noch stolz dazu bekannten, MarxistInnen zu sein, es ein beliebtes und strategisch wichtiges Unterfangen, die Legitimität dieser Bezeichnung zu überprüfen, sich zu versichern oder sich streitig zu machen. Demgegenüber sehen wir Marx', von Engels gegen die Ökonomisten gern zitiertes Diktum "Tout ce que je sais, c'est que je ne suis pas Marxiste"[2], kein Paradox und auch kein bon mot, sondern eine theoretische Aussage.

So wird hier auch nicht der authentische Marxismus rekonstruiert, sondern gezeigt, daß sich auf dem Feld des Marxismus sehr unterschiedliche Strömungen finden. Und dies eben auch darum, weil die Positionen von Marx und Engels selbst keine kohärenten obersten Leitsätze enthalten, sondern eher durchaus widersprüchliche Argumentationslinien. Dies dürfte angesichts der Rekonstruktion des Ideologiebegriffs bei Marx und Engels deutlich geworden sein.

Wenn wir beispielsweise die Einschätzung der Funktion des Staates zur Grundlage nehmen, dann finden wir bei Marx Aussagen, die von der junghegelianischen These, der Staat sei seinem Wesen nach die Verwirklichung der vernünftigen Freiheit, bis zu seiner Einschätzung als Parasitenkörper reicht und letztendlich bei einer relationalen (nicht mehr essentialistischen) Bestimmung der konkreten Funktion des Staates endet. Die Einschätzung der Form wechselt mit der Erfahrung der Pariser Kommune. Vorher sollte es nach Marx Ziel der Arbeiterklasse sein, die Staatsmacht zu erobern, danach sieht Marx eine Eigendynamik der Form, die die Besetzung der Staatsmaschine mit beliebigen Inhalten unmöglich macht[3]. Bei Engels schließlich finden wir den Glauben an den parlamentarischen Übergang zum Sozialismus[4] und die These vom Absterben

---

2) Zit. nach Engels' Brief an C. Schmidt v. 5.8.1890, MEW 37 : 435 ff..
3) Etwas ausführlicher haben wir dies dargestellt in: Müller/Reinfeldt/Schwarz/Tuckfeld 1994 : 23 - 36.
4) Engels MEW 22 : 509 ff.. Ein interessanter Kommentar zu diesem "politischen Testament" von Engels findet sich bei Colletti 1971 : 7 ff., der anschaulich zeigt, daß sowohl der Revisionismus Bernsteins als auch der orthodoxe Zentrismus Kautskys aus dem Engelsschen Spätwerk ihre Argumentationen bezogen. Korsch (1967 : 193) hat die Altersbriefe von Engels als "Hauptquelle für alle revisionistischen und bürgerlichen 'Verbesserer'" des Marxismus kritisiert. Engels habe zuviel Schuld für den Vulgärmaterialismus auf Marxens Schultern abgeladen und verkannt, daß er damit

des Staates. Nähmen wir nun Marx' grundsätzliche Kritik des Etatismus, wie man sie pointiert in den Anmerkungen zum Gothaer Programm findet, zum Kriterium der Beurteilung, wer denn als Marxist gelten dürfe, so würde man wohl kaum einen Sozialdemokraten oder eine Sozialdemokratin finden, der/die legitim sich MarxistIn nennen dürfte. Kautsky, Luxemburg und Bernstein jedenfalls nicht.

Diese Dekonstruktion des Marxismus darf aber nicht als Plädoyer für theoretische Beliebigkeit mißverstanden werden. Nur wird die immer neu in Frage stehende Aufgabe der Entwicklung einer kritischen Theorie gerade durch den religiösen Bezug auf 'den' Marxismus gelähmt, nicht vorangebracht. 'Den' Marxismus gibt es nicht. Das ist vielleicht der theoretische Kern der genannten Marxschen Selbstbezichtigung.

Wenn hier also von verschiedenen TheoretikerInnen als MarxistInnen die Rede ist, so ist dies nicht als ein theoretisch stringenter Rahmen, in dem diese Personen einen gesicherten Platz hätten, zu verstehen. Vielmehr wird diese Arbeit der Frage nur insofern nachgehen, als sie bei der Auswahl der darzustellenden Personen folgende Kriterien berücksichtigt: 1. Verstand sich die Person über einen längeren Zeitraum selbst als MarxistIn? 2. Wurde diese Einschätzung von anderen Personen geteilt? 3. Hatte diese Person einen Einfluß von weichenstellender Bedeutung innerhalb der marxistischen Bewegung? 4. Gibt es Theoreme innerhalb des Denkens dieser Person, die auch in den Theorien von Marx und Engels eine theoriekonstituierende Rolle gespielt haben?

1.1. Karl Kautsky - oder: die Mehrheitssozialdemokratie in Person

1.1.1. Karl Kautsky

Die Geschichte und die Naturwissenschaften waren bereits die thematischen Schwerpunkte von Karl Kautsky, bevor ihn der Fall der Pariser Kommune so heftig aufrüt-

---

dem aufkommenden Revisionismus Munition im Kampf gegen die "bisweilen zu primitive", aber dem revolutionären Gehalt der marxistischen Theorie enger verbundenen Vulgärmaterialisten lieferte (ebd. : 194). Wenn auch Korsch selbst das Problem des Ökonomismus im Marxismus unterschätzt, ja den Ökonomismus in den Engelsschen Altersbriefen gar nicht sieht, so hat er mit seiner politischen Einschätzung völlig Recht. Die vorgebliche Kritik des Ökonomismus hatte, was auch immer ihr Ziel war, nur 'rechte' Effekte. Zuerst gegen die 'Jungen', später als Legitimation des Revisionismus.

telte, daß er beschloß, Sozialist zu werden[5]. Zugang zum Marxismus von Marx und Engels erhielt er über das intensive Studium der Streitschrift Engels' gegen Dühring, den 'Anti-Dühring'[6]. Diese Arbeit prägte sein Verständnis des Marxismus in hohem Maße. Die Wertschätzung gegenüber dieser Art des Marxismus verband ihn auch mit Bernstein[7]. Mit letzterem war Kautsky ab 1880 als ständiger Mitarbeiter einer Exilzeitschrift in Zürich freundschaftlich verbunden[8].

Er gründete und leitete ab 1883 die 'Neue Zeit', eine Monatsschrift, die in Stuttgart erschien und das erste deutsche Organ des theoretischen Marxismus war. Aber nicht nur das. Für mehr als drei Jahrzehnte war sie das führende theoretische Organ des deutschen und internationalen Marxismus. Kautsky war bis 1917 ihr Herausgeber, leitender Redakteur und produktivster Schriftsteller. Diese Position und der enge Kontakt zu Engels[9] machten ihn zum einflußreichsten Theoretiker nach dem Tode von Marx und Engels innerhalb der sozialdemokratischen ArbeiterInnenbewegung, auch der II. Internationale[10]. Kautsky stand wie Mehring, Plechanow und Labriola aber nicht nur in direktem Kontakt zu Engels. Die vier Männer hatten sich zur Aufgabe gemacht, so Anderson, Engels letzte theoretische Phase fortzusetzen. Sie unternahmen es also, "den historischen Materialismus als eine umfassende Theorie des Menschen und der Natur zu *systematisieren*"[11]. In der Sozialdemokratie Deutschlands löste Kautsky Liebknecht als Vordenker ab. Grund dafür war u.a. Liebknechts Entwurf des Gothaer Programms, das durch Marx scharf kritisiert worden war[12].

---

5) Mehring GS, Bd. 2 : 580 f.. Er studierte die französichen Quellen des Sozialismus im Original, wodurch auch ein Stück Utopismus in seine theoretische Qualifizierung schwappte. Die genaue Kenntnis des Darwinismus und der Einfluß von Albert Langes veranlaßten ihn, eine seiner ersten Schriften dem Thema der Bevölkerungsfrage im Zukunftsstaate zu widmen (vgl. ebd.).

6) Mehring GS, Bd. 2 : 581.

7) Vgl. Miller 1980 : o.S. (S. 2f.). Siehe hierzu auch Bernstein, zit. nach Gay 1954 : 45: "Ich wurde durch sie [die Engelssche Schrift gegen Dühring, mt] zur marxistischen Theorie bekehrt."

8) Vgl. die Kurzbiographie bei Fülberth 1972 : XIII ff.. Vgl. auch Gay 1954, der als Biograph Bernsteins die seit Anfang der 80er Jahre bestehende, lebenslange Freundschaft, die auch durch verschiedene politische Differenzen (insb. im Revisionismusstreit und bei der Frage des politischen Streiks) nicht grundsätzlich in Frage gestellt wurde, immer wieder erwähnt. Vgl. zu Bernsteins und Kautskys Engagement in den frühen wissenschaftlichen Revuen des Sozialismus auch Stephan 1981 : 227 ff..

9) Dies ist am bestem im vertraulichen Ton der diversen Briefe von Engels an Kautsky ersichtlich. Zwischen 1885 und 1890 lebte Kautsky in London, wo er in ständigem Kontakt mit Engels war.

10) Vgl. Fülberth 1972 : XIV.

11) Anderson 1978 : 19.

12) Die Kritik von Marx am Gothaer Progamm, wurde durch die Intervention von Engels in Kautskys 'Neue Zeit'veröffentlicht. So gelangten die Randglossen zwanzig Jahre nach ihrer Erstellung erstmals in die allgemeine Öffentlichkeit.

Auf dem Erfurter Parteitag (1891) setzte sich schließlich das von Kautsky und Bernstein (ersterer schrieb den grundsätzlichen Teil, letzterer die programmatischen Forderungen) gegen den Entwurf von Liebknecht, Auer und Bebel, der von Engels kritisiert worden war, durch[13]. Der Entwurf von Kautsky und Bernstein fand die Billigung von Engels und die Zustimmung von Bebel[14]. Er wurde einstimmig und ohne Debatte auf dem Parteitag der SPD angenommen. Die Einstimmigkeit, das sei am Rande vermerkt, kam auch dadurch zustande, daß die Sprecher der 'Jungen', die etwa ein Dutzend der 255 Delegierten stellten und einen Programmentwurf vorgelegt hatten, ausgeschlossen wurden[15].

Unter Kautskys Ägide wurde das Erfurter Programm des Jahres 1891 zum marxistischen Programm. In ihm wurde der Marxismus erstmals zur offiziellen Doktrin der Sozialdemokratie[16]. Die Gründe für diese Radikalisierung sind in der Parteigeschichtsschreibung umstritten. Während die ehemals offizielle SED-Geschichtsschreibung dies als die quasi natürliche Ausbreitung der Lehren von Marx in der Arbeiterbewegung, als allmähliche Annäherung an die Wahrheit erklärt, sieht die SPD-nahe Geschichtswissenschaft darin das Wirken einiger weniger Parteiführer, die das wahre Bild der Sozialdemokratie als reformerische und demokratische Kraft zeitweilig gehemmt habe[17]. Es spricht letztendlich einiges dafür, daß es wirklich eine Radikalisierung in

---

13) Vgl. Mehring 1980, Bd. 2 : 681 ff..
14) Vgl. Miller 1980 : o.S. (S. 4). Engels (an Kautsky) MEW 38 : 156: "Dein Programmentwurf ist weit besser als der offizielle, und ich höre mit Vergnügen, daß Bebel seine Annahme vorschlagen will. Ich werde ihn darin bestärken."
15) Vgl. dazu die Darstellung bei Karasek 1978 : 137 ff. (der von einer Entledigung der Radikalen, bei Duldung rechter Positionen schreibt). Während die Parteigeschichtsschreibung von Mehring 1980, Bd. 2 : 681 von einem Akt der Notwehr der Partei berichtet. Die SED-offizielle Geschichtsschreibung berichtet von "verleumderischen Anschuldigungen der halbanarchistischen [oder auch "pseudoradikalen", mt] Opposition". Vgl. Bartel u.a. 1980 : 346.
16) So auch in der Auffassung von Engels. Vgl. MEW 38 : 183: "Wir haben [durch das Erfurter Programm, mt] die Satisfaktion, daß die Marxsche Kritik [am Gothaer Programm, mt] voll durchgeschlagen hat.".Auch Lenin (LW 4 : 229) bekannte sich 1899 ausdrücklich zum vorbildlichen Charakter des Erfurter Programms. In der großen Linie ist dennoch Rosenberg zuzustimmen, der schon für einen sehr frühen Zeitpunkt bemerkte: "Wenn die europäischen Sozialisten die täglichen Kämpfe der Arbeiter gegen das Unternehmertum förderten, die besondere Stellung des Proletariats als Klasse betonten, zum Parlament wählten und die anarchistischen Irrlehren verwarfen, so dachten sie, daß dies zum 'Marxismus' genüge." (Rosenberg 1988 : 190) Hierzu stellt er fest: Marx und Engels hatten die tiefgreifenden Differenzen zu den Arbeiterparteien nicht erkannt, weil sie diese allein auf einzelne Fehler der Arbeiterführer und auf die kleinbürgerliche Rückständigkeit von Teilen der Mitglieder zurückführten. Sie übersahen, "daß es sich seit 1863 bei den sozialistischen Parteien nicht um einzelne Fehler, sondern um einen neuen Typus handelte und daß die normale Berufspartei der europäischen Arbeiter von dem revolutionären Marxismus verschieden war" (ebd. : 251).
17) Vgl. dazu die Kritik von Stephan 1981.

der Sozialdemokratie gegeben hat, und daß diese Radikalisierung auch Ergebnis der Erfahrungen in der Illegalität, also unter dem Sozialistengesetz war. Die Bewegung der 'Jungen' beispielsweise wird von Engels als Überbleibsel der Radikalität in der Illegalität gedeutet. Andererseits darf man, wie schon das Beispiel des Umgangs mit Kritik von links zeigt (die im Gegensatz zu rechter Kritik fast immer durch Ordnungsmaßnahmen mundtot gemacht wurde[18]), die Übernahme marxistischer Theorie nicht überbewerten. Zum einen war z.B. das 'Kapital' wenig rezipiert (es war zu teuer und zu 'wissenschaftlich'). Zum anderen war dies eine ganz spezifische Rezeption des Marxismus, die die bei Engels als problematisch beschriebenen herausgearbeiteten Kennzeichen des ökonomistisch-evolutionistischen Marxismus noch verstärkte. Wenn hier Kautsky als Theoretiker der Mehrheitssozialdemokratie in der Phase zwischen dem Ende der Sozialistengesetze und dem 1. Weltkrieg geschildert wird, so geht es weniger um die Person des Theoretikers. Kautsky ist vielmehr in Theorie und Praxis die ideale Verkörperung sozialdemokratischer Politik in dieser Zeit[19]. Die heute eigentümlich scheinende Mischung aus radikaler Rhetorik, vager Revolutionserwartung und reformistischer Alltagspraxis war, zumindest bis 1914, im Kern von der Zustimmung der großen Masse der Mitglieder und Anhänger der Partei gedeckt[20].

1.1.2. Das Erfurter Programm

Das Erfurter Programm entsprach dieser Mischung aufs Vortrefflichste. Die zwei Teile des Programmes standen völlig unverbunden nebeneinander. Auf der einen Seite eine objektivistische Analyse der kapitalistischen Entwicklung; auf der anderen Seite Tagesforderungen. Eine Vermittlung zwischen beiden war nicht vorgesehen, sie war aber auch in den Augen der Sozialdemokraten überhaupt nicht nötig. Entscheidend scheint hier die Bedeutung des Wortes "naturnotwendig", das gleich mehrmals an exponierter Stelle das Erfurter Programm schmückt. In unserem Zusammenhang ist wichtig, welche Rolle der Sozialdemokratie als Partei in diesem als naturnotwendig konstatierten Lauf der Produktivkräfte zugewiesen wurde. Es sind dies Organisation und Agitation, oder wie Max Weber einmal über die Sozialdemokratie spottete, die Führung eines Vereins zur Herbeiführung einer ohnehin stattfindenden Mondfinsternis. In den Worten des Erfurter Programms: "Diesen Kampf der Arbeiterklasse zu einem

---

18) Dazu Karasek 1978.
19) Dies bedeutet nicht, daß Kautsky nicht auch gegen die Parteioligarchie und insbesondere gegen den Parteivorstand der SPD kämpfen mußte (z.B. um die deutliche Festlegung der Gewerkschaften auf die Politik der Sozialdemokratie oder die Herausgabe seines Buches 'Der Weg zur Macht'). Letztendlich war er aber die Verkörperung des Erfurter Programmes.
20) Vgl. Klönne 1989 : 122 ff.; für die Frühphase der Sozialdemokratie Stephan 1981.

bewußten und einheitlichen zu gestalten und ihm sein naturnotwendiges Ziel zu weisen - das ist die Aufgabe der Sozialdemokratischen Partei"[21].

Dieses Denken in Begriffen einer absoluten Geschichtsteleologie macht die spezifische Verbindung zwischen revolutionärem Pathos, politischem Quietismus und unreflektiertem Reformismus, wie er für die Sozialdemokratie bis zum Revisionismusstreit (also ca. 1896) typisch ist, nachvollziehbar. Engels hatte, wie oben berichtet, ausgeführt, daß die Kerngedanken der Hegelschen Geschichtsphilosophie zum theoretischen Allgemeingut gehörten, mithin kaum bestritten waren. Daß also die Revolution notwendig kommt, war Konsens. Ebenso, daß alle Maßnahmen, seien es Reformen auf Betreiben der Sozialdemokratie, seien es Aktionen der Gegner, diesen Gang der Geschichte nur befördern könnten. Schon 1877 hieß es in einem, wahrscheinlich von Wilhelm Liebknecht geschriebenen Artikel im 'Vorwärts': "Reformen liefern uns Hebelpunkte, um das Alte aus den Angeln zu heben; eine Repressionspolitik verleiht unserer Bewegung bloß um so größere Intensität - liberale Gesetze stärken uns moralisch, weil sie den Bankrott der herrschenden Staatsmannschaft verkünden; und etwaige Kopien der Versailler Ordnungsparteipolitik... - je nun, das gäbe uns Märtyrer ..."[22]. Mit dieser Gewißheit im Rücken konnte der 'Vorwärts' denn auch die politischen Gegner auffordern: "Tut Euer Schlimmstes, es wird unser Bestes sein"[23]. Dementsprechend gab es bis zum Revisionismusstreit keinen Gegensatz zwischen Reform und Revolution in der Sozialdemokratie[24] - schlicht deswegen, weil alles, was in der Welt geschah (also auch Reformen), den Gang der Geschichte nur befördern konnte. Nach der Aufhebung der Sozialistengesetze schien sich denn auch diese Einschätzung über den Gang der Dinge zu bestätigen. Der sprunghafte Anstieg der Wählerstimmen wurde als Vorbote der unmittelbar bevorstehenden Revolution gewertet. Schon auf dem Erfurter Parteitag erklärte Bebel, daß es nur wenige Anwesende gebe, die die Verwirklichung der letzten Ziele der Sozialdemokratie nicht mehr selbst erleben würden[25]. Engels gab dieser allgemeinen Einschätzung, daß durch diesen Lauf der Geschichte ein friedlicher, parlamentarischer Übergang zum Sozialismus nicht nur möglich, sondern unumkehrbar war, die theoretische Würde[26].

---

21) Erfurter Programm, zit. nach dem Abdruck bei Abendroth 1978 : 110.
22) Vorwärts Nr. 39 v. 1.4.1877, zit. nach Stephan 1981 : 234.
23) Vorwärts Nr. 15 v. 4.2.1877, zit. nach Stephan 1981 : 234.
24) Stephan 1981 : 231: "Reform war also Teil der Revolution."
25) Vgl. Klönne 1989 : 116.
26) Engels MEW 22 : 509 ff.. Dieser Text ist von Bernstein und anderen als Beleg für den Legalismus Engels' und die grundlegende Modifikation der Revolutionstheorie durch ihn propagiert worden. Dies ist mit Sicherheit falsch. Grundsätzlich wollte Engels den bewaffneten Kampf nicht ausschließen. Die Passagen dieses 1895 veröffentlichten Vorwortes zu Marx' 'Klassenkämpfe in

Da es keine konsistente Vermittlung von Reform und Revolution in der Theorie der Sozialdemokratie gab, wurde jenseits der Verkündung der Endziele, genauer: des naturnotwendigen Laufs der Geschichte, unreflektierte parlamentarische Praxis betrieben. Gerade der ökonomistische, scheinbar radikale und revolutionäre Optimismus bot dem "apolitischen Sozialreformismus breiten Raum"[27]. Die parlamentarische Politik der Sozialdemokratie war denn auch eine unausgegorene Mischung aus Fundamentalopposition, Reformismus und Anbiederung an die imperialistischen Bestrebungen des Deutschen Reiches[28]. Der Revisionismus sah sich denn auch berechtigterweise als die Theorie der Praxis der Sozialdemokratie. Nicht deren praktisches Handeln stellte er in Frage, sondern die davon völlig abgelöste Revolutionstheorie.

Dies erklärt auch, warum der kautskyanische Marxismus durchaus von den pragmatischen Gewerkschaftsführern in der Regel nicht nur nicht angegriffen, sondern in weiten Teilen sogar unterstützt wurde. Die erstarkten Gewerkschaften nutzten als praktisch-reformistische Kraft[29] diese Trennung von Endzielprogrammatik und Reformismus, um eine eigenständige Politik ökonomischer Arbeiterinteressenvertretung durchzusetzen. Nur insoweit Kautsky ein Primat des politischen über den rein

---

Frankreich', in denen dies deutlich wurde, mußte Engels auf Druck des Parteivorstandes, der ein erneutes Sozialistengesetz befürchtete, streichen. Aber jenseits dieser falschen Inanspruchnahme Engels durch den Revisionismus, bleibt an diesem Text wichtig, daß Engels den Straßenkampf nicht aus grundsätzlichen, sondern aus pragmatischen Motiven heraus für unzeitgemäß erklärt. Diese pragmatische Befürwortung einer legalen Strategie beruht aber gerade auf der hier explizierten Geschichtsteleologie: "Ihr [die Zahl der Wahlstimmen, mt] Wachstum geht so spontan, so stetig, so unaufhaltsam und gleichzeitig so stetig vor sich wie ein Naturprozeß. ... Geht das so voran, so erobern wir bis Ende des Jahrhunderts den größeren Teil der Mittelschichten der Gesellschaft, Kleinbürger wie Kleinbauern, und wachsen aus zu der entscheidenden Macht im Lande, vor der aller andern Mächte sich beugen müssen, sie mögen wollen oder nicht. Dies Wachstum in Gang zu halten, bis es dem gegenwärtigen Regierungssystem von selbst über den Kopf wächst, ..., das ist unsere Hauptaufgabe" (MEW 22 : 524).

27) Stephan 1981 : 234, die diese Aussage schon für die Zeit vor der Verabschiedung des Sozialistengesetzes trifft.
28) Vgl. Stephan 1981 : 234 ff.; Schorske 1981 : 1. Kapitel. Die Anbiederung der Fraktionsmehrheit an die Kolonialpolitik (1884/85) stieß immerhin auf Widerstand. Allerdings wurde der Konflikt nicht zu einer grundsätzlichen Auseinandersetzung mit den Möglichkeiten und Grenzen parlamentarischer Politik genutzt. Vgl. Karasek 1978 : 108 ff.; Bartel u.a. 1980 : 181 ff.. Es war, was insbesondere auch in vorgenannten Darstellungen (erstere undogmatisch-linksradikal, letztere SED-offiziell) 'vergessen' wird, Bernstein, der hier aktiv gegen die Anbiederung der rechten Fraktionsmehrheit wurde. Vgl. Gay 1954 : 59 f..
29) Den Einfluß der erstarkenden und von der Sozialdemokratie tendenziell autonom werdenden Gewerkschaftsbewegung auf die Formierung eines praktischen Revisionismus vgl. Schorske 1981 : 26 ff.; Klönne 1989 : 93 ff.. Vgl. auch Abendroth 1965 : 63 ff.: "Die Arbeiterorganisationen waren zugleich Objekt und Subjekt der gesellschaftlichen Weiterentwicklung geworden, wenn auch rasches Wachstum und Erfolge sie ihre Subjektposition in der Theorie allzu häufig überschätzen ließen" (ebd. : 70).

"trade-unionistischen" Kampf behauptete, kam es zu Streitigkeiten zwischen der marxistischen Orthodoxie und den reformerischen Kräften in den Gewerkschaften[30]. Daß der ökonomistische "Revolutions-Evolutionismus" Kautskys von praktischen Revisionisten dem *theoretischen* Revisionismus sogar vorgezogen wurde, zeigt die Debatte um den Massenstreik ab 1905[31]. Während sowohl Bernstein[32], als auch Luxemburg[33], wenn auch mit äußerst unterschiedlicher Begründung, den Massenstreik als Mittel des politischen, nicht nur des gewerkschaftlichen Kampfes sahen, wollten die Gewerkschaften ihre sozialpolitisch-reformistischen Erfolge nicht durch sozialdemokratischen Radikalismus gefährdet sehen[34]. Carl Legien, der Gewerkschaftsführer, prägte jene berühmt gewordene Formel, nach der Generalstreik Generalunsinn sei, und der Sprecher der Gewerkschaften in dieser Frage, Bömelburg, wetterte gegen "die Literaten", also die Intellektuellen, die von den Notwendigkeiten der gewerkschaftlichen Arbeiterbewegung keine Ahnung hätten. Auch Bernstein fiel unter dieses Verdikt: "Einmal weiß Bernstein nicht, wie weit er nach rechts gehen soll, ein andermal spricht er von Massenstreik. Diese Literaten ... leisten der Gewerkschaftsbewegung keinen guten Dienst"[35].

Auch Kautsky trat in den Jahren um 1905 für die Möglichkeit des politischen Massenstreiks ein. Doch scheint hier das für ihn entscheidende Moment weniger in der Option massenaktionistischer Politik, denn in der klaren Feststellung der Führungsrolle der Partei gegenüber den Gewerkschaften gelegen zu haben[36].

Für Kautsky, so kann es dem grundsätzlichen Teil des Erfurter Programms entnommen werden, steht Politik in einem klaren Ableitungsverhältnis zur Ökonomie. "Man hat mitunter den politischen Kampf dem wirtschaftlichen entgegengestellt und es für notwendig erklärt, daß das Proletariat sich einseitig nur dem einen oder dem anderen

---

30) Vgl. die Vorrede zur 2. Aufl. von 'Der Weg zur Macht' (Kautsky 1972 : 7 ff.). Laclau/Mouffe 1991 : 68 sehen in den Gewerkschaftssprechern die wahren Führer reformistischer Politik in der Sozialdemokratie und plädieren für eine analytische Trennung des Revisionismus und des Reformismus. In Zusammenhang mit dem Streit zwischen den Gewerkschaften und der SPD entwickelt Kautsky eine modifizierte Stellungnahme zu den Reformen (vgl. Kautsky 1980 : 101). Er macht darauf aufmerksam, daß Reformen auch genutzt werden könnten, um die revolutionäre Kraft des Proletariats auszubremsen. Diese Modifizierung erhält aber nicht den Status einer theoretischen Änderung.
31) Sie ist ausführlich bei Grunenberg (Hrsg.) 1970 dargestellt.
32) Zu Bernsteins Befürwortung des politischen Massenstreiks vgl. Gay 1954 : 289 ff..
33) Vgl. Geras 1979 : 103 ff..
34) Zur gewerkschaftlichen Haltung zu politischen Massenstreiks vgl. Schorske 1981 : 60 ff.; Klönne 1989 : 109 ff..
35) Theodor Bömelburg, zit. nach Gay 1954 : 163 f..
36) Vgl. dazu Schorske 1981 : 77 ff..

zuwende. In Wahrheit sind beide voneinander nicht zu trennen. Der wirtschaftliche Kampf erfordert die ebengenannten politischen Rechte, die aber nicht vom Himmel fallen, sondern zu ihrer Erlangung und Behauptung der energischsten politischen Tätigkeit bedürfen. ... Der politische Kampf ist nur eine besondere, die umfassendste und meist auch einschneidenste Form des wirtschaftlichen Kampfes"[37]. Auch der politische Kampf ist also ein ökonomischer Kampf, aber einer, der es durch seine politische Stoßrichtung erlaubt, Parlament und Staat in die revolutionäre Strategie miteinzubinden und in ihnen auch den entscheidenden Hebel zur Umgestaltung von ökonomischer Macht zu sehen.

1.1.3. Mit Naturnotwendigkeit

Der Kern der Kautskyschen Theorie gruppiert sich um den Begriff der Naturnotwendigkeit. Es wäre jedoch falsch, darin nur eine Verfälschung des Marxismus und auch des späten Engels zu entdecken. Zwar erklärt Kautsky selbst, daß er von Darwin ausgehe, während Marx und Engels von Hegel ausgegangen seien, doch darf man diese Aussage nicht zu ernst nehmen. Wie Laclau/Mouffe zu Recht betonen, wird der Hegelianismus (der im Marxismus des späten Engels einen so zentralen Platz hatte) nicht durch den Darwinismus ersetzt, sondern ergänzt. "Der Darwinismus allein bietet keine Garantien für die Zukunft, weil die natürliche Auslese nicht in einer von Anfang an vorbestimmten Richtung operiert. Nur wenn dem Darwinismus - der damit gänzlich unvereinbar ist - ein hegelianischer Typus der Teleologie hinzugefügt wird, kann ein evolutionärer Prozeß als ein Garant zukünftiger Übergänge präsentiert werden"[38]. Für unsere Fragestellung ist es mithin müßig, die in der Kautsky-Rezeption geführte Debatte, ab wann Kautsky eine "pseudomarxistische, in Wirklichkeit darwinistisch versetzte Entwicklungslinie" vertrat, zu vertiefen[39]. Wenn nämlich die hegelianisierende Teleologie der Kern der ökonomistischen Notwendigkeit ist, so ist es für die Frage der Rolle der Kämpfe und der Ideologie von allenfalls sekundärer Bedeutung, ob diese Teleologie als Naturgesetz im engeren Sinne gefaßt wird. Diese Notwendigkeit

---

37) Kautsky 1980 : 211.
38) Laclau/Mouffe 1991 : 56.
39) Vgl. zu dieser Diskussion Fülberth 1972 : VIII ff. mit entsprechenden Nachweisen. Während die linkskommunistische Kritik (z.B. K. Korsch und A. Rosenberg) den Darwinismus bei Kautsky schon für seine Politik in den 90er Jahren verantwortlich machen, sieht Lenin Kautsky erst ab 1914 als "Renegaten" an. Die neuere SED-nahe Geschichtsschreibung wiederum sieht den Bruch ab etwa 1905 zunehmen. Unbestritten ist, daß das Spätwerk Kautskys mehr von Darwin (und - wie wir meinen - Hegel), denn von Marx bestimmt ist.

findet sich aber in aller Deutlichkeit bereits im Erfurter Programm, wo sie zumindest mit dem Begriff der Naturnotwendigkeit umschrieben wird.

Kern dieser Teleologie, ja des gesamten Ökonomismus der II. Internationale ist ein Verständnis der "Entfaltung" der Produktivkräfte. Diese Entfaltung wird als ein beständiger, der Produktivkraft selbst immanenter Prozeß gesehen, der letztlich das Wesen kapitalistischer Entwicklung und damit des Übergangs zum Sozialismus determiniert. Der Motor der Geschichte wird im Ökonomismus nicht durch die Klassenkämpfe, sondern durch die Entwicklung der Produktivkräfte repräsentiert[40]. "Jede weitere Vervollkommnung der Produktivkräfte steigert den Widerspruch zwischen ihnen und der bestehenden Eigentumsordnung"[41]. Ergebnis der Revolution ist somit die Umwandlung von privatem in sozialistisches Eigentum. Den Weg dahin beschreibt er wie folgt: "Früher oder später muß in jedem Lande der kapitalistischen Produktionsweise die Anteilnahme der Arbeiterklasse an der Politik dahin führen, daß sie sich von den bürgerlichen Parteien loslöst und eine selbstständige Partei bildet, die *Arbeiterpartei*"[42]. "Wo es zur Bildung einer selbstständigen Arbeiterpartei kommt, da muß diese mit Naturnotwendigkeit früher oder später sozialistische Tendenzen annehmen; wenn sie nicht von vornherein von solchen erfüllt ist, da muß sie schließlich zu einer sozialistischen Arbeiterpartei werden: zur Sozialdemokratie"[43]. "Den Klassenkampf des Proletariats möglichst zielbewußt und zweckmäßig zu gestalten, das ist die Aufgabe der Sozialdemokratie"[44]. "Wo das Proletariat als selbstbewußte Klasse an den Kämpfen ums Parlament (namentlich den Wahlkämpfen) und im Parlament Anteil nimmt, beginnt denn auch der Parlamentarismus sein früheres Wesen zu ändern. Er hört auf, ein bloßes Herrschaftsmittel der Bourgeoisie zu sein"[45]. "Erst wenn die arbeitenden Klassen im Staate die herrschenden geworden sind, wird der Staat auf-

---

40) Die zentrale Setzung der Produktivkraft ist von Plechanow geradezu rigide systematisiert worden: "1. Stand der Produktivkräfte; 2. die durch diesen Stand bedingten ökonomischen Verhältnisse; 3. die sozial-politische Ordnung, die sich auf der gegebenen ökonomischen 'Basis' erhebt; 4. die teils unmittelbar durch die Ökonomie, teils durch die ganze darauf sich erhebende sozial-politische Ordnung bestimmte Psychologie des gesellschaftlichen Menschen; 5. die verschiedenen Ideologien, welche die Eigenschaften dieser Psychologie in sich widerspiegeln" (Plechanow 1973 : 81).
41) Kautsky 1980 : 100. Die hier vorgenommene Reduzierung des Ziels der sozialistischen Revolution auf die Eigentumsfrage kann hier nur vermerkt, nicht kritisch gewürdigt werden.
42) Kautsky 1980 : 218.
43) Kautsky 1980 : 222.
44) Kautsky 1980 : 230.
45) Kautsky 1980 : 216.

hören, ein kapitalistisches Unternehmen zu sein; erst dann wird es möglich werden, ihn zu einer sozialistischen Genossenschaft umzugestalten"[46].

Wir sehen also einen politischen Prozeß vor uns, der analog der Entfaltungslogik, wie sie für die Produktivkräfte angenommen wird, konstruiert wird. Dabei wird der Form erstaunlich wenig Beachtung geschenkt. Ebenso wie die Produktivkräfte als Technik gedacht sind, als neutrale Mittel der Produktivitätssteigerung, die zuerst den Übergang vom Feudalismus zum Kapitalismus nötig machen, dann den Kapitalismus voll entwickeln, bis dieser selbst durch die Entwicklung überwunden wird, sind die politischen Formen gedacht. Sie ändern mit ihrem Inhalt ihr Wesen, sind also selbst bloße Hüllen. Ob die Parteiform, das Parlament oder der Staat: alle Formen werden als Herrschaftsmittel der Bourgeoisie konzipiert, die bei geänderten Machtverhältnissen übernommen werden und allein durch den Akt der Übernahme durch das Proletariat sich im Kern verändern. Die marxsche Kritik der Staatsform spielt in der Sozialdemokratie auch nach der Überwindung des Gothaer Programms keine Rolle.

Welche Rolle nun spielt in diesem Szenario der politische Kampf, oder humanistisch gedacht: welche Rolle spielt der Mensch? Es ist nun keineswegs so, daß das Ökonomische als völlig eigenständige und von den Menschen unabhängige Entität konzipiert ist. Vielmehr ist die Verbindung von Ökonomismus und theoretischem Humanismus ein kennzeichnendes Element der II. Internationale[47]. Wie liest sich das nun in Kautskys offizieller Kommentierung des Erfurter Programms? Zuerst einmal als scheinbare Zurückweisung des Ökonomismus: "Aber wir wollen damit weder sagen, daß die soziale Revolution sich von selbst machen, ..., daß die unwiderstehliche, naturnotwendige Entwicklung dies ohne menschliches Zutun besorgen werde, noch auch, daß ... nichts übrigbleibe, als tatlos die Hände in den Schoß zu legen und ergeben zu warten, bis er [der Widerspruch zwischen Produktivkräften und Eigentumsordnung, mt] überwunden worden"[48]. Scheinbare Zurückweisung, weil schon diese Formulierung den Stellenwert der Kämpfe andeutet, indem sie nicht die Naturnotwendigkeit der Entwicklung, sondern allein eine mögliche Tatenlosigkeit des Proletariats in Frage stellt. So ist nur folgerichtig, wenn die Kämpfe ebenso naturnotwendig sind, wie die Entwicklung der Produktivkräfte, wenn sich also, um wieder die hegelianische Wurzel dieser Teleologie zu benennen, durch die und in den Kämpfen der Individuen der Weltgeist durchsetzt. Gerade weil, wie Kautsky weiter schreibt, "die Menschen Menschen und nicht tote Puppen" sind, erfaßt sie der objektiv sich entwickelnde, der natur-

46) Kautsky 1980 : 125.
47) Vgl. Althusser 1968 : 168 ff..
48) Kautsky 1980 : 101.

notwendige Widerspruch. "Wir halten den Zusammenbruch der heutigen Gesellschaft für unvermeidlich, weil wir wissen, daß die ökonomische Entwicklung mit Naturnotwendigkeit Zustände erzeugt, welche die Ausgebeuteten zwingen, gegen dies Privateigentum anzukämpfen"[49]. Was später als 'subjektiver Faktor' im Marxismus bezeichnet werden wird, ist also nicht einfach bei Kautsky (und damit im offiziellen Kommentar zum Erfurter Programm) abwesend, sondern Folge der objektiven Entwicklung. Dieser subjektive Faktor ist aber auch nicht einfach bedeutungslos. Sonst ließe sich kaum die Rolle der Partei und ihrer Theoretiker erklären. Denn auch nach Kautsky kann die ökonomische Entwicklung beeinflußt werden: sie kann beschleunigt oder verlangsamt, verstärkt oder abgeschwächt, schmerzloser oder schmerzreicher gestaltet werden. Beschleunigung und Verstärkung, sowie schmerzlose Gestaltung des Übergangs zum Sozialismus, ist also die Aufgabe der Kämpfe. Aber jenseits dieser Beeinflussungsmöglichkeiten bleibt das eherne Faktum der Naturnotwendigkeit der Entwicklung der Produktivkräfte: "Aber eines kann man nicht; sie zum Stillstand oder gar zur Umkehr bringen"[50]. Da aber die Entwicklung der Produktivkräfte notwendig zum Sozialismus führt, ist der Kampf und das Bewußtsein der Kämpfenden eine humanistische Beigabe, genauer: die andere Seite der ökonomistischen Medaille.

1.1.4. Der Kampf, das Subjekt und der Wille

Die revolutionären Ereignisse in Rußland von 1905 problematisieren durch ihren Verlauf diese programmatischen Anschauungen. Aufgrund einer Polarisierung in der SPD verliert das Erfurter Programm seine Integrationskraft. Fordern auf der einen Seite die 'Linken' eine revolutionäre Radikalisierung in Form politischer Massenstreiks, so stellt der erstarkte Revisionismus die Möglichkeit der Revolution überhaupt in Frage. In dieser Situation, die wir hier nur skizzenhaft andeuten können[51], versucht Kautsky die Grundsätze des Erfurter Programms zu reaktivieren. Mit seinem aus einer Polemik gegen den Revisionisten Maurenbrecher entstandenen Buch 'Der Weg zur Macht', steht Kautsky auf der Seite der Parteilinken, die sich aber als Parteimehrheit sieht. Der Bruch mit Luxemburg, der ein Jahr später (1910) sich an der Frage der Forcierung der Massenstreiks festmachen wird, ist darin angelegt. Doch da der Parteivorstand der SPD, teils aus Angst vor staatlicher Repression, teils aus reformistischer Grundhaltung, den Vertrieb des Buches verhindern will, sieht sich

---

49) Kautsky 1980 : 102.
50) Kautsky 1980 : 104.
51) Eine gute historische Darstellung findet sich bei Schorske 1981.

Kautsky noch einmal in die Rolle des Parteilinken gedrängt[52]. So setzt sich beispielsweise Clara Zetkin mit großem Engagement für die Veröffentlichung des Buches ein. Diese Polarisierung war Kautsky kaum recht[53]. Zum einen sah er sich nicht als Vertreter einer Linie, sondern als Vertreter der SPD des Erfurter Programms. Nur weil die Revisionisten davon abwichen, galt es, dies noch einmal klarzustellen. Zum anderen war er in seinem Ökonomismus konsequent: Da er als Theoretiker nur die objektiven Zusammenhänge feststellte und darlegte; da also die Agitation selbst bestenfalls geringen Einfluß auf den naturnotwendigen Lauf der Entwicklung hat, war auch ein Scheitern der Veröffentlichung unangenehm, aber politisch weitgehend unwichtig. So schrieb er folgerichtig: "Natürlich bin ich darob [über die Haltung des Parteivorstandes, mt] nicht verzweifelt. Andere sind es. Die Dinge arbeiten für uns. Aber was wir tun können, die Dinge zu benützen, geschieht nicht"[54].

Obwohl Kautskys Buch vom Klassenkampf handelt, der das Ziel haben soll, die politische Macht zu erobern, spielen Kämpfe keine nennenswerte Rolle. Der Untertitel des Buches ("Politische Betrachtungen über das Hineinwachsen in die Revolution") ist zwar einerseits als Polemik gegenüber der verbreiteten revisionistischen Losung vom 'Hereinwachsen in den Sozialismus' zu verstehen[55]. Andererseits geht auch Kautsky eben von einem Hineinwachsen, also einem natürlichen und selbsttätigen Prozeß aus, wenn er auch glaubt, daß am Ende dieses Prozesses eine grundlegende Umwälzung der ökonomischen Verhältnisse stehen muß. Der Kampf ist dementsprechend nur Ausdruck eines bestimmten ökonomischen (Reife)Zustandes, der zu 'Kraftproben' zwischen Bourgeoisie und Arbeiterklasse führt. Hier aber erhält die Theorie ihre Aufgabe. Denn sie "ist der Faktor, der die mögliche Kraftentfaltung des Proletariats aufs höchste steigert, indem er dessen durch die ökonomische Entwicklung gegebenen Kräfte aufs zweckmäßigste gebrauchen lehrt und ihrer Verschwendung entgegenwirkt"[56]. Zum Ökonomismus kommt die Theorie (und der Intellektuelle) als Garant dieser Annahme. Wie Laclau/Mouffe zu Recht betonen, ist diese Einführung der Bedeutung der marxistischen Theorie Ausdruck einer Krise. Gerade weil sich seit Mitte der neunziger Jahre des letzten Jahrhunderts die Differenz trade-unionistischer

---

52) Zur Vorgeschichte der Veröffentlichung vgl. das Vorwort von Fülberth (1972) und die im Anhang abgedruckten Briefe.
53) Vgl. Fülberth 1972 : XXII, der berichtet, daß sowohl Zetkins energisches Engagement, als auch das Angebot von Mehring, das Buch im Verlag der 'Leipziger Volkszeitung' zu veröffentlichen, Kautsky kaum lieb waren. Kautsky einigte sich denn auch mit dem Parteivorstand und stimmte der Streichung einiger Passagen zu.
54) Brief an H. Haase v. 19.2.1909 (Kautsky 1972 : 114 f.).
55) Vgl. Kautsky 1972 : 31 ff..
56) Kautsky 1972 : 45.

und marxistischer Theorie in aller Deutlichkeit zeigt, muß die marxistische Theorie eine eigene Rolle übernehmen[57]. In der Praxis heißt das, daß der theoretisch bestimmte Wirkungsbereich der Sozialdemokratie ausgedehnt wird, zum anderen - und das ist neu - wird die Partei Vertreterin eines Programms[58], das den Weg zum Sozialismus weiß und weist[59]. In diesem Zusammenhang entsteht, was bei Kautsky wohl als der einzige wirkliche Punkt mit politischen Implikationen auf dem Feld der Theorie gewertet werden kann: eine neue Funktionsbeschreibung des Intellektuellen. Er hat die Aufgabe der Vermittlung der marxistischen Wissenschaft[60]. Mit dieser Funktionsbeschreibung ändert sich die theoretische Stellung des Proletariats im Grundsätzlichen. Nicht das Proletariat kann und soll entscheiden, wann und wie gekämpft wird, sondern die Partei und deren Intellektuelle. Das Proletariat verschleißt, bleibt es ungeführt, seine Kraft. Damit übernimmt das Programm die Garantiefunktion über den Weg zum, und das Eintreffen des Sozialismus und, was dazu notwendig ist, die theoretische Garantie der Einheit der proletarischen Klasse. Diese aus der Kritik trade-unionistischer Theorie erwachsene Partei- und Intellektuellenkonzeption, die Kautsky schon um die Jahrhundertwende verwendet, hat bekanntlich großen Einfluß auf Lenins Parteitheorie gehabt. In 'Was tun?' nimmt Lenin diesen Strang Kautskys auf, und wendet ihn gegen die Ökonomisten[61]. Diese Möglichkeit mag in Kautskys Theorie angelegt sein, er selbst sprengt den eigenen ökonomistischen Rahmen jedoch nicht. Denn bei Kautsky ist die intellektuelle und ideologische Vermittlung der Einheit der Arbeiterklasse, die Lenin später mit den Konzepten 'Hegemonie' und 'ideologischer Kampf' fassen wird, in ihren Effekten beschränkt, "weil - wie die spinozistische Formel es ausdrückt - ihre einzige Freiheit darin besteht, das Bewußtsein einer Notwendigkeit zu sein"[62].

---

57) Vgl. Laclau/Mouffe 1991 : 54 f..
58) Die Partei sei die "Vertreterin aller Ausgebeuteten, aller, welche sich gegen die bestehenden Ausbeutungsverhältnisse erheben ... die Vertreterin des Programms, das eine Erneuerung der Gesellschaft anstrebt" (Protokoll des Parteitages, 1906 : 257 zit. nach Schorske 1981 : 77).
59) "Die Partei versucht ... ein Endziel zu erreichen, das ein für allemal die kapitalistische Ausbeutung beseitigt. Hinsichtlich dieses Endzieles kann die gewerkschaftliche Aktivität, abgesehen von seiner Wichtigkeit und Unentbehrlichkeit, mit gutem Grund als eine Sisyphusarbeit bezeichnet werden, nicht im Sinne einer nutzlosen Tätigkeit, sondern einer, die niemals beendet ist und immer wieder von neuem angegangen werden muß. Aus all diesem folgt, daß, wo eine starke sozialdemokratische Partei existiert, mit der man rechnen muß, diese eine größere Möglichkeit als die Gewerkschaften besitzt, die notwendige Linie für den Klassenkampf zu etablieren, und folglich auch die Richtung anzugeben, die die einzelnen Organisationen, die nicht direkt zur Partei gehören, einschlagen sollen. Auf diese Weise kann die unverzichtbare Einheit des Klassenkampfes gesichert werden", Kautsky zitiert nach Laclau/Mouffe 1991 : 266.
60) Vgl. Laclau/Mouffe 1991 : 55.
61) Vgl. Lenin AW, Bd. 1 : 374 f.. Dort zitiert Lenin über fast zwei Seiten aus einem Artikel Kautskys aus der 'Neuen Zeit'. Er übernimmt explizit von Kautsky die Theorie des Hereintragens der marxistischen Wissenschaft in das Proletariat durch die Intelligenz.
62) Laclau/Mouffe 1991 : 55.

War im Kommentar zum Erfurter Programm der 'subjektive Faktor' noch direkt an die Entwicklung des Widerspruchs von Produktivkräften und Eigentumsverhältnissen gebunden worden, so finden wir im 'Weg zur Macht' eine seltsame, relative Autonomisierung des Willens. Denn neben die ökonomische Entwicklung, ja als Grundlage der ökonomischen Entwicklung, wird nun das biologistisch-anthropologische Konstrukt des "Willens zum Leben" gesetzt[63]. Der Wille zum Leben ist es denn auch, der den Kapitalisten dazu treibt, Profite zu erwirtschaften, wie er den Arbeiter dazu treibt, sich der intensiven Ausbeutung seiner Arbeitskraft zu widersetzen. Die Anspielungen auf den Sozialdarwinismus, wenn er auch nicht orthodox nachvollzogen wird, sind völlig eindeutig. So wird die Naturnotwendigkeit der ökonomischen Entwicklung durch die "Natur des Menschen" ergänzt.

So gibt es, neben genannter Stellung des Intellektuellen, nur einen weiteren Ansatz bei Kautsky, der im Bereich einer Theorie des ideologischen Kampfes interessant sein könnte. Mehrmals spricht er von einem 'Kraftgefühl', welches eine Klasse haben müsse, um siegreich kämpfen zu können. Dieses Kraftgefühl werde durch Maifeiern, Wahlkämpfe und Wahlrechtskämpfe gestärkt. Deren Erfolg sei nämlich gar nicht in erster Linie der materielle Vorteil, vielmehr bedeuteten sie "ein gewaltiges Anwachsen der wirkenden Kräfte des Proletariats, weil sie sein Kraftgefühl und damit die Energie seines Wollens im Klassenkampf mächtig anstacheln"[64]. Doch bleiben diese und weitere Äußerungen zum systematischen Stellenwert des 'Kraftgefühls' abstrakt, können somit kaum als Hinweis auf eine Eigendynamik des Klassenkampfs gedeutet werden.

1.1.5. Die Revolution als Rechenaufgabe

Letzten Endes bleibt die Revolution eine Rechenaufgabe. Die Gleichung, auf deren einer Seite als Ergebnis Revolution steht, hat auf der anderen Seite 4 Variablen:

"1. Dieses Regime muß der Masse des Volkes entschieden feindselig gegenüberstehen.
2. Es muß eine große Partei unversöhnlicher Opposition mit organisierten Massen vorhanden sein.
3. Die Partei muß die Interessen der großen Mehrheit der Bevölkerung vertreten und deren Vertrauen besitzen.

---

63) Vgl. Kautsky 1972 : 38 ff..
64) Kautsky 1972 : 47.

100

4. Das Vertrauen zum herrschenden Regime, in seine Kraft und Stabilität muß bei seinen eigenen Werkzeugen, bei Bürokratie und Armee erschüttert sein"[65].

Alle diese Punkte, so politizistisch sie sich auf den ersten Blick lesen, ergeben sich natürlich naturnotwendig. Sie sind gar so weit fortgeschritten, daß Kautsky eine neue Zeit der Revolution angebrochen sieht. Die Rechnung, von der gesprochen wurde, wird nun von Kautsky in extenso durchgeführt. Auf der einen Seite berechnet er die Entwicklung der Produktivkräfte in Form der Entwicklung der Länge der Eisenbahnkilometer, der Tragfähigkeit der Seedampfer und der Anzahl Auswanderer (je höher die Produktivkräfte entwickelt sind, desto weniger Auswanderer!). Auf der anderen Seite bemerkt er durch Auswertung diverser Statistiken, "daß das Lohnproletariat heute bereits die Mehrheit, nicht bloß der B e v ö l k e r u n g sondern sogar der *Wahlberechtigten* im Deutschen Reiche ausmacht"[66]. Es folgen seitenlange Berechnungen über das Anwachsen des Proletariats und damit (notwendig) der Wählerschaft der SPD. "So wirkt die ökonomische Entwicklung ununterbrochen dahin, die revolutionären Elemente (...) zu vermehren und ihr Übergewicht im Staate immer größer zu gestalten"[67]. Obwohl von der Revolution gesprochen wird, paart sich eine ökonomistische mit einer reformistischen Strategie. Für unsere Fragestellung aber entscheidender ist, daß Kautsky einmal mehr allein anhand der objektiven Klassenlage das revolutionäre Potential bestimmt. Diese Gleichsetzung aber zeigt die letztendliche Bedeutungslosigkeit des ideologischen Kampfes in seiner Revolutionstheorie.

Und so verwundert es nicht, daß Kautsky, wie seine Partei, für die Unterdrückung des Konzepts des Massenstreiks eintrat[68]. Für ihn stand das Kommen der Revolution zweifelsfrei fest. So hatte er bereits 1893 in der 'Neuen Zeit' geschrieben: "wir wissen aber auch, daß es ebensowenig in unserer Macht steht, diese Revolution zu machen, als in der unserer Gegner, diese zu verhindern"[69]. In 'Der Weg zur Macht' bezieht er sich darauf nochmals zitierend, um zu betonen, daß revolutionäre Politik für ihn kein aktiver Prozeß ist. "Unsere Aufgabe ist es nicht, die Revolution zu organisieren, sondern uns selbst für die Revolution zu organisieren; nicht die Revolution zu machen, sondern sie zu benutzen"[70]. Folgerichtig konnte er im Luxemburgschen Plädoyer für eine aktivere, revolutionärere Politik, die Massenstreiks als Aktionsform nutzt, nur eine unnütze Verschwendung von Energien des Proletariats sehen. Gegen Luxemburg

---

65) Kautsky 1972 : 63.
66) Kaustky 1972 : 65 (Hervorh. im Original).
67) Kautsky 1972 : 68.
68) Vgl. Fülberth 1972 : XVI.
69) Kautsky 1972 : 52.
70) Symmachos (Karl Kautsky) 1881.

setzte er sein Konzept der 'Ermattungsstrategie'. Er zensierte den Artikel 'Was weiter'[71] von Luxemburg, der für eine revolutionäre Strategie warb, und plazierte stattdessen seinen eigenen Artikel 'Was nun', der für die parlamentarische Option warb. Die Auseinandersetzung über den Weg der SPD in dieser entscheidenden Frage besiegelte den Bruch mit Rosa Luxemburg[72].

Obwohl Kautsky als Schüler von Engels zu sehen ist, findet sich bei ihm nicht einmal der Versuch, Basis und Überbaugeschehen als ein wechselseitiges oder auch wechselseitig bestimmendes Verhältnis zu sehen. Ideologie und Überbau spielen bei Kautsky keine nennenswerte Rolle. Sicher wäre es möglich, gerade diese Beliebigkeit mit dem Engelsschen Theorem der Zufälligkeiten zu fassen, denn genau das ist es, was in Politik und Gesellschaft passiert: Zufälligkeiten, durch die sich die Notwendigkeit einen Weg bahnt. Dennoch - obwohl theoretisch möglich - weist diese Interpretation in die falsche Richtung. Engels hatte zumindest den Anspruch, das Verhältnis von Basis und Überbau neu und nichtökonomistisch zu bestimmen. In Kautskys Theorie hat bereits die Engelssche Frage, nicht erst seine Antwort keine Bedeutung.

Mit Naturnotwendigkeit geht die Geschichte ihren Gang. Im Spätwerk Kautskys, insbesondere in seinem monumentalen, mehrbändigen Werk 'Die materialistische Geschichtsauffassung' (1927), arbeitet Kautsky die darwinistische Grundlegung seiner Theorie aus. Marx und Engels hätten, so führt es Kautsky aus, die Natur- und Urgeschichte zu wenig beachtet, der Einwirkung des 'natürlichen Faktors in der Geschichte' zu wenig Interesse entgegengebracht. Der Naturalismus und Positivismus des späten Kautsky ist von Karl Korsch ausführlich dargestellt und kritisiert worden[73]. Korsch weist auch zu Recht nach, daß diese Argumentationen kein völlig neues Produkt, sondern eine Zusammenfassung bereits früh von Kautsky vertretener Theoreme sind. Die Kritik Korschs krankt aber daran, daß er zwar richtig antinaturalistische und antipositivistische Positionen von Marx und Engels Kautsky entgegenhält; er sieht aber nicht, daß auch der Marxismus von Marx und Engels positivistische und naturalistische Tendenzen hat, auf die Kautsky aufbauen konnte.

---

71) Vgl. Schorske 1981 : 237. Dort auch Kautskys Begründung, der Artikel von Luxemburg sei zu früh, da die objektiven Bedingungen für einen Massenstreik noch nicht gegeben seien. Allerdings hätte er einzelne Aktionen auslösen können, die dem Ansehen der Arbeiterklasse geschadet hätten. Die Partei habe die Pflicht, alle Versuche eines vorzeitigen Massenstreiks zu unterbinden.

72) Ausführlich setzt sich Kautsky mit diesem Bruch in dem Buch 'Rosa Luxemburg, Karl Liebknecht, Leo Jogiches. Ihre Bedeutung für die deutsche Sozialdemokratie' auseinander.

73) Vgl. Korsch 1974.

So bleibt als das einzige Kautskysche Theorem, das für eine Theorie des ideologischen Kampfes fruchtbar gemacht werden kann, seine Theorie des Intellektuellen (und daraus abgeleitet der Theorie, der Partei und des 'Kraftgefühls'). Dieses Theorem hat historisch zwei Effekte gezeitigt. Erstens: die Stärkung der Stellung der Partei. Sie und ihre Intellektuellen verkörpern das Wissen über die Kämpfe und leiten das Proletariat an, die Dinge so zu sehen, 'wie sie sind'. Diesen ersten Effekt finden wir bei Kautsky, der damit die Sozialdemokratie und ihren Apparat stärkt und bei Lenin, dessen problematische Intellektuellentheorie explizit auf Kautsky zurückgeführt werden kann. Verbunden mit einem Glauben an die Naturnotwendigkeit der Entfaltung kapitalistischer Widersprüche und damit der Revolution, wird diese Theorie zu einer Theorie des Quietismus, dessen Hüterin die Partei ist. Sie achtet darauf, daß nicht unnötig Kräfte in unnützen Kämpfen verschlissen werden. Somit sprengt die Intellektuellen- und Parteitheorie bei Kautsky den Ökonomismus nicht, sondern bewegt sich auf dessen Grundlage.

Der Bruch mit dem Ökonomismus, der in dieser These angelegt ist, wird bei Kautsky aber dadurch unterminiert, daß - man kommt bei Kautsky immer wieder darauf - mit Naturnotwendigkeit sich sowohl die Klassen, als auch ihre Parteien und Intellektuellen herausbilden. Die scheinbare Kontingenz wird so wieder auf Null reduziert. Die ideologietheoretischen Möglichkeiten dieses Bruches verschwinden in der teleologischen Ontologie der Klasseneinheit, die nach Laclau/Mouffe drei Aspekte umfaßt: "Erstens die präkonstruierte Identität der Arbeiterklasse, die die gegnerische Macht zunehmend unterminiert, jedoch durch den Verlauf des Kampfes nicht merklich modifiziert wird; zweitens eine in gleicher Weise präkonstituierte Identität der Bourgeoisie, die ihre Fähigkeit zur Herrschaft vergrößert oder abbaut, unter keinen Umständen jedoch ihre eigene Natur ändert; drittens eine präfixierte Richtung der Entwicklung"[74]. Diese Ontologisierung der Subjektpositionen wie ihrer Entwicklung macht aber die Theorie und die Intellektuellen zur Notwendigkeit, die "in letzter Instanz" denklogisch auch überflüssig ist, weil sie keine wirklich eigenen Effekte hat.

Bei Lenin jedoch wird, wie noch zu zeigen sein wird, die Kautskysche Theorie geradezu den Ökonomismus sprengen. Da Lenin Revolution als Kampf und nicht als Naturnotwendigkeit fassen wird, ist die Konstatierung der Notwendigkeit der Interpretation der Welt, die mit Kautskys Theorie eigentlich einhergeht (*die berühmte These vom Hineintragen des sozialistischen Bewußtseins in das Proletariat durch die*

---

74) Laclau/Mouffe 1991 : 60.

bürgerliche Intelligenz[75]), Grundlage einer Theorie des ideologischen Kampfes (das ist dann der mögliche zweite Effekt). Die Wichtigkeit dieses theoretischen Bruches zeigt sich vielleicht am besten im Kontrast zur 'Deutschen Ideologie'. Während hier das Bewußtsein das bewußte Sein ist und im Entwicklungsprozeß Wirklichkeit und Wissen sich notwendig annähern, behauptet Kautsky (und Lenin wird diese These ausbauen), daß die Arbeiterklasse selbst, ohne Anleitung des Marxismus, nur ihre gewerkschaftlichen Interessen erkennen kann. Die Welt wird also erst durch die wissenschaftliche Theorie - und nicht durch spontane Erfahrung - transparent.

1.2. Eduard Bernstein - oder: von der Teleologie der Geschichte zur Teleologie des ethischen Subjekts

1.2.1. Bernstein und der Revisionismus

Es ist unmöglich, Bernsteins Ideologiebegriff zu diskutieren, ohne einige Grundsätze und Ziele seiner Revision des Marxismus zu analysieren, beziehungsweise deren Begriff des gesellschaftlichen Kampfes[76]. Denn die Verwendung des Begriffes ist, obschon ein ideologietheoretisches Potential im Revisionismus vorhanden ist, weitestgehend taktischer, nicht analytischer Natur. Bernstein nutzt den Ideologiebegriff, genauer: das Wort 'Ideologie', um sein Ziel, die SPD in eine "demokratische Reformpartei"[77] zu verwandeln, zu untermauern. Daß es dabei zu fast divergierenden Sinnge-

---

75) Vgl. Kautsky, in: Die Neue Zeit, 1901-1902, Nr. 3 : 79 f.; im Folgenden zit. nach Lenin AW, Bd. 1 : 374 f.: "Das moderne sozialistische Bewußtsein kann nur entstehen auf Grund tiefer wissenschaftlicher Einsicht. ... Der Träger der Wissenschaft ist aber nicht das Proletariat, sondern die *bürgerliche Intelligenz* [Herv. im Orig.]; in einzelnen Mitgliedern dieser Schicht ist denn auch der moderne Sozialismus entstanden und durch sie erst geistig hervorragenden Proletariern mitgeteilt worden, die ihn dann in den Klassenkampf des Proletariats hineintragen, wo die Verhältnisse es gestatten. Das sozialistische Bewußtsein ist also etwas in den Klassenkampf des Proletariats von außen Hineingetragenes, nicht etwas aus ihm urwüchsig Entstandenes."

76) Dabei wird, dem Ziel der Untersuchung folgend, jedoch nur auf Aspekte Bezug genommen, die in Beziehung zur Thematisierung der Kämpfe und der Ideologie stehen. Bernsteins munizipalsozialistische Demokratievorstellungen und sein nationalistischer Chauvinismus, der nicht nur versucht, sozialistische Interessen national zu überformen, sondern mit chauvinistischen Argumenten die Kolonialpolitik befürwortet (1899 : 150), muß hier aus der Analyse ausgenommen werden. Es bedürfte einer eigenständigen Untersuchung, inwieweit Realpolitik und nationalistische Besitzstandpolitik einander bedingen. Die weiteren empirisch gegebenen Erfahrungen mit der SPD wie auch - heute - mit den Grünen lassen erwarten, daß dieser Zusammenhang ein logischer und kein rein historischer ist.

77) Bernstein 1899 : 165.

bungen des Wortes 'Ideologie' kommt, ist ein Umstand, der frei nach Bernstein auf die Formel gebracht werden kann: das Ziel ist alles, der Weg nichts.

Der Revisionismus ist, wie Laclau/Mouffe zutreffend herausgearbeitet haben, eine Antwort auf die erste "Krise des Marxismus". Dieses Schlagwort, das mittlerweile weitgehend abgedroschen ist, weil es eher nach feuilletonistischen, denn nach theoretischen Kriterien benutzt wird, hat hier nicht nur seine Berechtigung, sondern auch seine Entstehung[78]. Diese Krise besteht in der Unfähigkeit des klassischen Marxismus, die relative Prosperität der 90er Jahre des letzten Jahrhunderts und die offensichtlich, entgegen den Hoffnungen des Erfurter Programms, nicht eintretende revolutionäre Situation erklären zu können. Zudem zeigte schon der wilhelminische Kapitalismus die Möglichkeit politischer und insbesondere sozialer Reformen. Genauer gesagt: war Bismarcks Politik noch der Versuch, mittels Zuckerbrot und Peitsche (soziale Reformen einerseits bei repressiver Unterdrückung der politischen und gewerkschaftlichen Organisierung) ein Erstarken der Arbeiterklasse durch Ausgrenzung und Verbot zu erreichen, setzten sich zunehmend Tendenzen der partiellen Integration durch[79].

Die Sozialdemokratie entfaltete sich zudem nicht in einer "Atmosphäre zunehmender Verelendung und Arbeitslosigkeit, sondern im Zeichen einer bis dahin noch nicht dagewesenen Prosperität"[80]. Dies alles nun stand ganz offensichtlich gegen das Bild, das die Sozialdemokratie im Erfurter Programm von der zukünftigen Entwicklung gezeichnet hatte. Die dort verkündeten Naturnotwendigkeiten ließen auf sich warten, während sich gleichzeitig Möglichkeiten reformistischer Mitbestimmung eröffneten. Dies ist der Hintergrund, vor dem Bernstein das Marxsche Werk, oder genauer: die sozialdemokratische Interpretation der marxschen Theorie sichtete und einer Revision unterwarf. Erster Angriffspunkt war folgerichtig die Behauptung des Erfurter Programms, der Klassenkampf spitze sich mit Naturnotwendigkeit beständig zu[81]. Dieser

---

78) "Thomas Masaryk prägte 1898 einen Ausdruck, der bald populär wurde: die 'Krise des Marxismus'" (Laclau/Mouffe 1991 : 53).
79) Vgl. Klönne 1989 : 53 ff. und 93 ff.; dazu auch Hallgarten/Radkau 1986 : 21 - 104. Sowie die äußerst aufschlußreichen Arbeiten von Blackbourn und Eley 1980.
80) Schorske 1981 : 35, dort auch der Hinweis auf steigende Bruttoreallöhne in den späten 90er Jahren. Auch Bartel (1977 : 203) sieht in der "relativ friedlichen Periode" und der "wirtschaftliche(n) Prosperität" 'objektive Bedingungen' für das Entstehen des Revisionismus. Statistiken dazu bei Klönne 1989 : 93 ff..
81) Vgl. Bernstein 1899 : VI, 51, 53 f., 57 ff., 88 ff.; vgl. dazu Gay 1954 : 141 ff.. Das Werk, auf das die Interpretation des Bernsteinschen Revisionismus hier vorrangig gestützt wird, war von ihm im Auftrag des Stuttgarter Parteitages der SPD (1898) verfaßt worden. Auf diesem Parteitag versuchte die Parteiführung die Kontroversen mit Bernstein und seinen Anhängern dadurch zu besänftigen, daß sie Bernstein aufforderte, seine Auffassungen kurz, eindeutig und präzise in einer

von ihm als 'Katastrophentheorie' gekennzeichneten Entwicklungsannahme stellte er somit glaubhaft die These entgegen, der Klassenkampf nehme in den "vorgeschrittenen Ländern ... mildere Formen" an. Berechtigt sei somit ein "hoffungsvoller Ausblick in die Zukunft"[82]. Womit hängt nun diese Abmilderung zusammen und warum haben Marx und Engels diese Tendenz nicht gesehen? Bei der Beantwortung dieser Frage kommt die doppelte Bedeutung des bernsteinschen Ideologiebegriffs zum Tragen.

1.2.2. Ideologie als Ethik (positiver Ideologiebegriff)

Zum einen verwendet Bernstein den Begriff der Ideologie im Sinne des Basis/Überbau-Modells als Bezeichnung für das Nichtökonomische. Die "nichtökonomischen Faktoren"[83], so der Vorwurf an Marx und Engels, würden im dialektischen Materialismus zu wenig Berücksichtigung finden. Bernstein stellt, das muß ausdrücklich betont werden, nicht etwa das Basis/Überbau-Modell selbst in Frage[84]. Er konstatiert vielmehr eine Entwicklung, in der der 'Überbau' allmählich von der Ökonomie unabhängig wird. Die grundsätzliche Auffassung, daß die Ökonomie die Grundlage der Ideologie sei, ist also für Bernstein historisch richtig, sie wird jedoch zunehmend problematisch.

Ideologie ist bei Bernstein auch Autonomie und gesellschaftlicher Reichtum. "An Ideologie, die nicht von der Oekonomie und der als ökonomische Macht wirkenden Natur bestimmt ist, ist die moderne Gesellschaft vielmehr reicher als frühere Gesell-schaften"[85]. Ideologie ist hier synonym mit dem Geistigen. Dieses Geistige ist nicht etwa, wie bei Marx oder Engels negativ als Verstellung, Verschleierung oder Herr-schaft bestimmt, sondern ermöglicht vielmehr, insofern es von den ehernen Gesetzen der Natur und der Ökonomie emanzipiert, Autonomie und menschlichen Fortschritt. Diese Autonomisierung ist aber selbst Ergebnis des ökonomischen Prozesses. "Die

---

Broschüre für die weitere Diskussion zusammenzufassen. Diese Zusammenfassung stellt 'Die Voraussetzungen des Sozialismus und die Aufgaben der Sozialdemokratie' dar. Vgl. Bernstein 1899 : V ff.; Bartel 1977 : 211; Gay 1954 : 86 ff..

82) Bernstein 1899 : VIII.
83) Bernstein 1899 : 7 f.. Als Beispiele von nichtökonomischen Faktoren, denen in einer Analyse Rechnung getragen werden müsse, nennt er: Rechts- und Moralbegriffe, geschichtliche und reli-giöse Traditionen jeder Epoche, Einflüsse von geographischen und sonstigen Natureinflüssen, wozu denn auch die Natur des Menschen selbst und seiner geistigen Anlagen gehört.
84) Wie Gay 1954 : 178 betont, hat Bernstein "niemals den machtvollen Einfluß wirtschaftlicher Faktoren auf die gesamte Gesellschaft bestritten und ... die Fruchtbarkeit des marxistischen Begriffes der Ideologie niemals in Frage gestellt".
85) Bernstein 1899 : 10.

Wissenschaften, die Künste, eine größere Reihe sozialer Beziehungen sind heute viel weniger von der Oekonomie abhängig als zu irgend einer früheren Zeit. Oder um keiner Mißdeutung Raum zu geben, der heute erreichte Stand ökonomischer Entwicklung läßt den ideologischen und insbesondere den ethischen Faktoren einen größeren Spielraum selbstständiger Bethätigung als dies vordem der Fall war. In Folge dessen wird der Kausalzusammenhang zwischen technisch-ökonomischer Entwicklung und der Entwicklung der sonstigen sozialen Einrichtungen ein immer mehr mittelbarer, und damit werden die Naturnothwendigkeiten der Ersteren immer weniger maßgebend für die Gestaltung der Letzteren"[86]. Nicht, daß die Ökonomie sich mit Naturnotwendigkeit entwickelt, wird also von Bernstein bestritten[87], sondern allein, daß in modernen Gesellschaften die Entwicklung des Geistigen (also dem, was Bernstein Ideologie nennt) dieser ökonomischen Entwicklung unmittelbar folge.

Bernstein untersucht nun keinesfalls die 'Wechselwirkungen' zwischen dem Ideologischen und dem Ökonomischen, sondern benutzt den Begriff der Ideologie lediglich als Türöffner, um unter Zuhilfenahme dieses Begriffs eine Loslösung des Ideologischen vom Ökonomischen und in Anschluß daran ein neues Dominanzverhältnis zu behaupten. Damit verändert der Begriff der Ideologie, den Bernstein vorgeblich dem späten Engels entleiht[88], unter der Hand seinen Kern. Die Topologie des Basis/Überbau-Modells wird übernommen, jedoch auf den Kopf gestellt. Diese zunehmende Autonomie, wiewohl sie durch die Entwicklung der Ökonomie selbst indiziert ist, führt letztendlich nicht nur zur relativen Unabhängigkeit des Ideologischen vom Ökonomischen, sondern das autonom gewordene Ideologische ist zuneh-

---

86) Bernstein 1899 : 10 f..
87) Wenn auch das Ergebnis der naturnotwendigen Entwicklung der Ökonomie anders bestimmt wird als bei Marx und Engels, da der Kapitalismus - nach Bernstein - in seiner Entwicklung auch stabilisierende Elemente hervorbringt. Zur Ökonomietheorie Bernsteins vgl. Gay 1954 : 199 ff.; Schorske 1981 : 35 ff.; Hofmann 1979 : 174 ff..
88) Zur Legitimation dieser Thesen stützt sich Bernstein auf die oben bereits ausführlich behandelten späten Briefe von Engels, die er als die ausgereifteste Form der materialistischen Geschichtstheorie bezeichnet. Vgl. Bernstein 1899 : 7. Dem ganzen Abschnitt, der "Die materialistische Geschichtsauffassung und die historische Notwendigkeit" betitelt ist, stellt Bernstein als Motto jenen Abschnitt aus dem Brief von Engels an Bloch vom 21.9.1890 voran, in dem Engels die mangelnde Beachtung des Nichtökonomischen mit der Notwendigkeit, zuerst das Hauptprinzip den Gegnern gegenüber betonen zu müssen, entschuldigt. Jedoch unterschiebt er Engels unter der Hand einen Evolutionismus, der sich im Engelsschen Spätwerk nicht finden läßt. Während Engels nämlich die Bedeutung geschichtlicher Kontingenzen und der, sagen wir mal, 'vorletzten Instanzen' als *strukturelles* Problem beschreibt, inszeniert Bernstein eine von Engels initiierte Dynamik, die dann über Engels hinaus zu Bernsteins Theorie der ethikindizierten Entwicklung des Kapitalismus treibt. Bei Engels nämlich gibt es nirgendwo eine - mit der ökonomischen Entwicklung - *zunehmende* Autonomie des Überbaus.

mend in der Lage, aktiv das Ökonomische zu verändern. So wird das Ableitungsverhältnis bei Bernstein durch die ökonomische Entwicklung selbst tendenziell aufgehoben. Um diese These zu substantiieren, benutzt Bernstein das Beispiel des Rechts: "Es ist klar, daß wo die Gesetzgebung, die planmäßige und bewußte Aktion der Gesellschaft, entsprechend eingreift, das Walten der Tendenzen der wirtschaftlichen Entwicklung durchkreuzt, unter Umständen sogar aufgehoben werden kann"[89]. Doch die Ökonomie läßt nicht nur verstärkt den planenden Eingriff per Gesetz in ihre 'ehernen Gesetze' der Ökonomie zu. Im ökonomischen Prozeß selbst entwickeln sich Instrumente, die rationale Planung und Steuerung ermöglichen, ja teilweise selbst zur Stabilisierung des Kapitalismus beitragen.

Schon bei Marx lassen sich zahlreiche Aussagen finden, nach denen der Kapitalismus notwendigerweise in zyklisch eintretende Wirtschaftskrisen gerät, die als Unterkonsumtionskrisen konzipiert waren[90]. Im Erfurter Programm wurde diese Tendenz aufgegriffen. Der Abgrund zwischen Besitzenden und Besitzlosen werde, so heißt es dort, durch "die im Wesen der kapitalistischen Produktionsweise begründeten Krisen, die immer umfangreicher und verheerender werden", immer unüberwindlicher. So ist der Zusammenbruch des Kapitalismus letztendlich Ergebnis der immer größer werdenden Krise. Demgegenüber folgte für Bernstein aus der bereits genannten Tendenz zur Steuerung und Selbstregulierung eine Tendenz zur Abnahme und zur Abmilderung zyklischer Krisen im Kapitalismus. Für ihn sind es die Kartelle, der Kredit, die verbesserten Verkehrsbedingungen, die Tendenz der Streuung des Kapitalbesitzes durch Aktiengesellschaften und das Aufstreben der arbeitenden Klasse und die mit all dem einhergehende Tendenz einer gerechteren Verteilung des gesellschaftlichen Reichtums, die empirisch der marxistischen Zusammenbruchstheorie entgegenstehen.

---

89) Bernstein 1899 : 176. Bernstein zitiert hier aus einem von ihm 1891 in der 'Neuen Zeit' veröffentlichten Artikel, der dem Beweis dienen soll, daß er diese Position nicht nur schon zu Lebzeiten von Engels vertreten, sondern daß dieser ihm auch nicht widersprochen habe.

90) Es gibt zahlreiche Erläuterungen, die betonen, daß es bei Marx keine Zusammenbruchstheorie gegeben habe. Das Modell zyklischer Krisen sei ein abstraktes Modell, das sozusagen die Tendenzen im analytisch 'reinen' Kapitalismus aufzeige, nicht jedoch im empirischen (real-existierenden) Kapitalismus. Jedoch hat diese Verteidigungslinie, wie berechtigt sie auch auf der Oberfläche sein mag, zwei Schwächen. Zum einen gibt es zahlreiche Stellungnahmen von Marx (jenseits des 'Kapitals'), die deutlich machen, daß hier eine nicht nur analytische, sondern eine real vorfindliche Entwicklung beschrieben wird. Zum zweiten nähert man sich mit dieser Argumentation Bernstein bis zur Ununterscheidbarkeit an. Denn man muß dann erklären, daß der real-existierende Kapitalismus derart von seinem Modell abweicht, daß die Krisen nicht notwendig zum Zusammenbruch führen. Nichts anderes aber behauptet Bernstein. Vgl. zu dieser Debatte Gay 1954 : 221 ff.; Colletti 1971 : 15 ff., der betont, daß Bernstein "mit seiner Anklage in irgendeiner Weise doch ins Schwarze getroffen hat" (ebd. : 18).

Während im Erfurter Programm sowohl der Untergang kleiner und mittlerer Betriebe, als auch - entsprechend - die Polarisierung der Gesellschaftsklassen in Proletariat und Bourgeoisie als unumkehrbare und eindeutige Entwicklungslinie markiert wurde, wies Bernstein nach, daß beide Vorhersagen sich empirisch nicht bestätigen, sondern nur widerlegen ließen.

Die Mehrheitssozialdemokratie, für die zu diesem Zeitpunkt noch Kautsky[91] und Luxemburg standen, sah sich durch die Abhandlungen Bernsteins in ihren Grundfesten erschüttert. Kautsky schrieb denn auch, daß das Bernsteinsche Buch "die erste Sensationsschrift" in der Sozialdemokratie bilde[92].

An die Stelle der ökonomistisch bestimmten Naturnotwendigkeit des orthodoxen Marxismus Kautskys tritt die Idee des ethischen Subjekts, das sich aufgrund des allgemeinen Fortschritts, der die ökonomischen Notwendigkeiten zurückweist, entwickelt. "Die ökonomische Naturmacht (wird mt.) in dem Maße von der Herrscherin zur Dienerin des Menschen, als ihr Wesen erkannt ist"[93]. Gegen diese Indienstnahme der Ökonomie durch die Subjekte steht einzig die Macht der Gruppen- und Einzelinteressen. Ist das Problem des Kapitalismus von strukturellen Notwendigkeiten der Reproduktion der Produktionsverhältnisse aber auf die Ebene von Interessen verlagert, so ist es nicht die gesellschaftliche Struktur, die zu ändern ist, sondern die Individuen. Aber auch hier ist Bernstein optimistisch. Die durch subjektive und Gruppeninteressen verstellten Möglichkeiten der Verwirklichung des Sozialismus setzen sich auch für ihn notwendig durch. "Indes gewinnt auch hier das Allgemeininteresse in wachsendem Maße an Macht gegenüber dem Privatinteresse, und in dem Grade wie dies der Fall, ... hört das elementarische Walten der ökonomischen Mächte auf"[94]. Sozialismus ist für Bernstein das Produkt der freien Entscheidung von Menschen[95]. Damit ist alles auf den Kopf gestellt. Nicht der Kapitalismus ist der strukturelle Grund für Ausbeutung und Unterdrückung, sondern die egoistischen Einzelwillen, die, und das ist der Clou der Argumentation, in dem Maße zurückgedrängt werden können, in dem der Kapitalismus sich entwickelt, und mit ihm die politische Demokratie.

---

91) Für den Fall, daß Bernsteins These von Wachsen der besitzenden Klasse richtig wäre, sagt Kautsky: "dann festigt sich der Kapitalismus, nicht der Sozialismus". Kautsky zit. nach Bernstein 1899 : 178.
92) Kautsky 1899 : 1. Doch auf die "Widerlegungen" Bernsteins durch Kautsky und Luxemburg soll erst später eingegangen werden.
93) Bernstein 1899 : 10.
94) Bernstein 1899 : 10.
95) Vgl. Gay 1954 : 106 f.. Dieser kommt zu dem Schluß, daß Bernstein in Bezug auf die Ethik und die Moral, sowie in der Begründung des sozialistischen Ziels klar auf der Linie von Lassalle liegt.

Hier zeigt sich ein immanentes Problem der Bernsteinschen Argumentation[96]. Das Subjekt kann bei Bernstein relativ autonom entscheiden, und dennoch gibt es eine voraussagbare kontinuierliche Entwicklung zum Höheren und Besseren. Um diesen Widerspruch aufzulösen, muß Bernstein die Teleologie in den Begriff des Subjekts selbst verlegen. Dazu bedarf es einiger Schritte. Er macht aus dem Proletarier einen Bürger[97], und aus dem Bürger einen "Pionier einer höheren Kultur"[98] und "gesunden Moral"[99], der die Klassendiktatur hinter sich läßt, und der gemeinsam mit anderen Bürgern einen kollektiven Glauben hat, "der, wieviel immer das Interesse zu seiner Ausbildung beitragen mag, doch zugleich von irgendwelcher verbreiteten Ansicht oder Erkenntnis dessen abhängig ist, was allgemein wünschbar und durchführbar ist"[100]. So wird der ökonomische Determinismus durch einen Fortschritts- oder Kulturdeterminismus ersetzt. Die Teleologie ist jedenfalls, trotz des freien und ethischen Subjekts, gerettet.

Bernstein verläßt also keinesfalls die teleologische Logik des Ökonomismus. Auch für ihn führt die ökonomische Entwicklung des Kapitalismus zum Sozialismus (allerdings über den Umweg der ethischen Subjekte). Dieses Komplementarität der Perspektive hat Bernstein recht anschaulich beschrieben. Die alte, orthodoxe Perspektive, so führt er aus, stelle sich ein immer größer werdendes Heer von Arbeitern vor, daß auf seinem Vorwärtsmarsch immer weiter durch Krisen abwärts geführt werde, bis es an eine große Kluft oder ein "rotes Meer" komme, jenseits dessen der Zukunftsstaat liege. Demgegenüber sei die revisionistische Perspektive, daß mit dem Anwachsen des Heeres auch seine politische Macht steige. Der Weg der Arbeiterklasse führe so nicht nur vorwärts, sondern auch aufwärts. Er bedeute "nicht nur ein Stärkerwerden der Zahl nach, sondern auch eine Hebung ihres ökonomischen, ethischen und politischen Niveaus, eine steigende Befähigung und Betätigung als mitregierender Faktor in Staat und Wirtschaft"[101].

Interessant sind hierbei nicht nur die Differenzen, sondern auch die Gemeinsamkeiten der so beschriebenen Perspektiven. Beide Bilder des Gangs der Geschichte weisen einen kontinuierlichen Weg, der zur permanenten Stärkung der Arbeiterklasse und

---

96) Gay (Gay 1954 : 176) schreibt, daß Bernsteins Versuch, Marx' historischen Determinismus zu modifizieren, ihn "in einen philosophischen Morast [führt], aus dem er sich niemals mehr ganz herausziehen konnte".
97) Bernstein 1899 : 144; vgl. auch Gay 1954 : 255.
98) Bernstein 1899 : 127.
99) Bernstein 1899 : 187.
100) Bernstein 1899 : 174 FN.
101) Bernstein 1909 : 41.

schließlich zum Sozialismus führt. Beiden ist der ideologische Kampf kein Problem. Ist in der Orthodoxie das revolutionäre Bewußtsein durch den Gang der Produktivkraftentwicklung gesichert, so ist im Revisionismus Bernsteins die Ethisierung der Welt ebenso nur eine Frage der fortschreitenden Entwicklung.

Die Differenzen, und das ist ebenso beachtlich, sind auch ökonomisch, wenn nicht gar ökonomistisch bestimmt. In Bernsteins Argumentation ist der Zeitpunkt für den Übergang zum Sozialismus noch nicht erreicht, weil 1899 die objektiven Bedingungen für den Sozialismus noch nicht gegeben sind; diese sieht er in allererster Linie in der "Sozialisierung der Produktion und Distribution"[102] im Kapitalismus, was für ihn gleichbedeutend mit dem Wachstum von Kartellen und Großkonzernen ist. Diese sind für ihn Ausdruck größerer Sozialisierungsreife der Wirtschaft. Wie wir dies schon von Kautsky kennen, wird nun gerechnet und die beeindruckende Vielfalt statistischer Zahlen ins Zentrum der Argumentation gerückt. Diese ergeben jedenfalls für Bernstein, daß die Konzentration der Wirtschaft noch nicht genügend weit für den Sozialismus vorangeschritten sei. Zweitens, und das könnte man nun als subjektive oder ethische Vorbedingung verstehen, das Proletariat selbst eine Entwicklung durchgemacht haben muß, um die politische Herrschaft übernehmen zu können, und diese Entwicklung noch nicht gegeben ist[103]. Diese Reife des Proletariats zur Herrschaft wird mit Sicherheit auch als ethische und intellektuelle Reife verstanden. Gleichzeitig aber bindet Bernstein diese ethische und intellektuelle Reife an die Entwicklung der Produktivkräfte. "Haben wir die zur Abschaffung der Klassen erforderliche Höhe der Entwicklung der Produktivkräfte schon erreicht?", fragt Bernstein, um - was kaum zu verwundern vermag - dies natürlich zu bestreiten[104]. Doch diese Anbindung besteht nicht in einer Widerspiegelung der Ökonomie in der Ethik, sondern vermittelt durch eine völlige Trennung von Ökonomie und Ethik. Bildlich gesprochen: durch die als Selbstentfaltung konzipierte Entwicklung der Ökonomie, macht diese mehr und mehr Platz für die Ausdehnung der Ethik. Das Feld der Ökonomie, die ursprünglich wohl völlig dominant war, wird im Verlaufe ihrer eigendynamischen Entwicklung kleiner. In diesen Leerstellen breitet sich die Ethik aus, wird also durch die Entwicklung der Ökonomie immer wichtiger, um schließlich zur Dominante gesellschaftlichen Fortschritts zu werden.

---

102) Bernstein 1899 : 83 ff. (87).
103) Bernstein 1899 : 184: "... halte ich sie doch selbst heute noch nicht für entwickelt genug, die politische Herrschaft zu übernehmen."
104) Bernstein 1899 : 185.

Interessanterweise verbindet sich diese Frage logisch mit einer Argumentation an anderer Stelle. Neben der kapitalistischen Sozialisierung der Wirtschaft durch Groß-konzerne sieht Bernstein nämlich Größe und Geschlossenheit der Arbeiterklasse als zweite Voraussetzung des Sozialismus (und zwar unabhängig von der Frage, ob dieser durch Wahlen oder eine Revolution erreicht werde). Dies ist aber, entgegen dem, was man bei der zu leichtfertigen Abfertigung Bernsteins als kantianischer Idealist glauben könnte, keine Frage allein der Ethik (also des Sollens), sondern der objektiven Lebens-bedingungen in der Produktion. Solange diese Lebensbedingungen nicht vereinheit-licht seien, gebe es neben der industriellen Arbeiterschaft (deren Größe auch Bernstein als Gradmesser für die Möglichkeit des Sozialismus sieht) sowohl die besitzlose Masse Unqualifizierter, das Landproletariat, das Beamtentum, die technischen und Handels-angestellten und auch die gewerkschaftliche Arbeiteraristokratie[105]. Die objektiv gesellschaftliche Ausdifferenzierung verhindert so die Bildung einer Klasse "für sich". Dies kann nur in einem höheren Stadium, zu einer anderen Zeit, durch die ökonomisch sich entwickelnde Ethik kompensiert werden. Zusammenfassend: die Ökonomie schafft eine disparate Gruppe von Menschen (was man als eine frühe Theorie der Fragmentierung und Individualisierung im Kapitalismus lesen kann), die Politik/Ethik kann diese (zumindest dauerhaft) *noch* nicht zusammenhalten, weil der gerade beschriebene gesellschaftliche Entwicklungsprozeß der Ethik diesen gesellschaftlichen Raum noch nicht eröffnet hat. Gleichzeitig aber weicht die Ökonomie der Ethik lang-sam, aber sicher, um schließlich die objektive Fragmentierung ethisch überwinden zu können. Dann ist nach Bernstein der Sozialismus beides: ethisch notwendig, aber eben auch notwendig ethisch; also: freie Entscheidung und gesellschaftliche Notwendigkeit.

Die Einführung der Kategorie des ethischen Subjekts, wie *theoretisch* unsinnig man sie auch immer finden mag, hat nämlich *politisch* nicht per se reformistische Effekte. Vielmehr ist es im westlichen Marxismus oder im Anarchismus gerade oft ein Audruck 'linksradikaler' Positionierung, das kämpfende Subjekt als Katalysator revolutionärer Situationen zu konzipieren; als dasjenige, das die bereits 'objektiv' vorhandenen revolutionären Verhältnisse zum Tanzen bringt oder gar quasi in einem subjekti-vistischen Sprung sich über objektive Gegebenheiten hinwegsetzen kann. All diese Effekte löst das ethische Subjekt bei Bernstein wohlweislich nicht aus. Das ethische

---

105) Es zeigt sich hier besonders schön, daß Bernstein, wenn es um die Begründung der Unmöglich-keit des Sozialismus Ende des 19. Jahrhunderts geht, geradezu alle Aussagen über die Kraft des ethischen Subjekts selbst widerlegt. So schreibt er zur englischen Arbeiteraristokratie, daß die politische Solidarität, die diese mit den Besitzlosen empfinde, die ökonomische Verschiedenheit der Interessen nicht beseitigen könne. "Aber zwischen solcher politischer und sozialpolitischer Sympathie und ökonomischer Solidarität ist noch ein großer Unterschied, der ... sich schließlich immer wieder in der einen und anderen Weise bemerkbar machen wird" (Bernstein 1899 : 90).

Subjekt ist nämlich bei ihm nicht nur Ergebnis eines Freiraums, der erst mit der hohen Entwicklung der Produktivkräfte möglich wird, sondern selbst ein Subjekt in der Entwicklung. Die Arbeiterklasse wird erst im Laufe ihrer demokratischen Entwicklung ihr ethisches und intellektuelles Niveau so weit heben, daß sie die politische und wirtschaftliche Macht übernehmen kann (was für Bernstein gleichbedeutend mit Sozialismus ist).

1.2.3. Ideologie als Verfälschung des Wissenschaftlichen (negativer Ideologiebegriff)

Am Anfang der Darstellung des Bernsteinschen Revisionismus war von einer zweiten Verwendung des Ideologiebegriffes die Rede. Diese von der bisher analysierten Verwendung völlig verschiedene Thematisierung entspricht weitgehend dem Ideologiebegriff, der dem modernen 'gesunden Menschenverstand' eigen ist. Ideologie ist dann so etwas wie eine Ansammlung theoretisierter Dogmen und Vorurteile. Ein Wissen, daß sich durch die Wirklichkeit und ihre Repräsentationen in der 'Praxis' und der wirklichen 'Wissenschaft' nicht beeindrucken läßt. Die szientivistische Trennung von Wissenschaft und Ideologie als einander völlig äußerliche Bereiche ist zwar bei Marx und insbesondere Engels selbst angelegt. Bernstein ist aber der erste Marxist, der die Trennung von Marxismus und Ideologie auf das Feld des Marxismus selbst verlegt[106]. War bei Engels der Marxismus die Wissenschaft der Geschichte und damit der gesellschaftlichen Entwicklungsgesetze, und Ideologie nur das "Außen" des Marxismus, so ist bei Bernstein der Marxismus selbst ideologisch, oder genauer: der Marxismus besteht aus ideologischen und wissenschaftlichen Aussagen.

Bei Bernstein wird nun Ideologie nicht mehr als ein produktives Moment für die Bestimmung der Beziehungen von Ökonomie und Politik gesehen - auch wenn diese Beziehung hernach zugunsten der letzteren Instanz aufgelöst wird -, sondern negativ, als Moment der Überformung der reinen Wissenschaft. Durch die negativen Ideo-

---

106) Vgl. Colletti 1971 : 36 ff.; siehe auch Metscher/Steigerwald 1982 : 196, die jedoch natürlich unerwähnt lassen, daß dies auch eine Konsequenz der positivistischen Hypostasierung der Wissenschaft, insbesondere bei Engels ist. Lenk 1986 : 216, der als bekennender Hegelmarxist kaum ein gutes Haar an Bernsteins Kritik läßt, sieht gerade hier die spezifische Erkenntnis, die Bernstein der Orthodoxie voraushabe: das Festhalten an der Hegelschen Geschichtsteleologie müsse mit der empirisch gegebenen, gesellschaftlichen Entwicklung vermittelt werden (was auch immer das heißen soll, mt), sonst sinke sie in 'bloße Ideologie' ab. Pointe dieser Aussage ist allerdings, daß Lenk den Ideologiebegriff hier selbst in jener positivistischen Bedeutung nutzt, deren engagierter Kritiker er sonst ist.

logieeinflüsse sind Menschen nicht mehr in der Lage, zwischen Wissenschaft und Wunsch/Ziel zu unterscheiden. Diese Negativsetzung des Begriffes der Ideologie ist nicht so stringent. Sie fließt leiser und indirekter in den Text ein. Angangspunkt dieser Negativbestimmung des Ideologischen ist ein dem Werk von Marx unterstellte 'Dualismus'.

Die marxsche Theorie fußt Bernsteins Auffassung nach auf zwei entgegengesetzten Linien, die nicht in einer Einheit zusammenfließen, sondern einen permanenten Dualismus der Analyse produzieren. Es ist dies der Dualismus von Sachurteil und Werturteil, von Sein und Sollen, die für Bernstein, wie im Neukantianismus üblich[107], zwei völlig getrennte Sphären bilden[108]. Das erste Element ist der politische Klassenkampf, den Marx von den Revolutionären übernahm, und von dem sich Marx, so Bernstein, sein ganzes Werk hindurch theoretisch nicht befreien konnte. Das zweite Element bilden die Einsichten in die ökonomischen und sozialen Vorbedingungen der Arbeiteremanzipation, die die eigentliche wissenschaftliche Qualität der Marxschen Studien ausmachen[109]. Der reine, wissenschaftliche Marxismus ist für Bernstein durch zwei zentrale Ideologien (im Sinne von unwissenschaftlichen Vorurteilen) kontaminiert. Erstens durch den Hegelianismus und dessen objektivistische Geschichtsphilosophie, die die Eigendynamik des gesellschaftlichen Widerspruchs betont und das autonome ethische Subjekt unterbewertet. Zweitens durch den Blanquismus und damit der völligen Überbewertung des völligen revolutionären Umbruchs und der revolutionären Gewalt.

Daß hier nun Marx' Einsicht in die ökonomischen Prozesse gepriesen wird, die an anderer Stelle der Argumentation Bernsteins gerade kritisiert werden, muß wohl so verstanden werden, daß Bernstein glaubt, alle "Fehler" in Marx' ökonomischer Analyse seien auf diese ideologischen Teile zurückzuführen. Ideologisch aber sind diese Teile, weil sie die Differenz von Sein und Sollen verwischen. Statt reine Analyse zu sein, durchziehe das Werk von Marx jener genannte Dualismus, der sich darin zeigt,

---

107) Es wäre jedoch falsch, diese Trennung allein auf Bernsteins theoretische Affinität zum Kantianismus zurückzuführen. Vielmehr ist diese Trennung auch bei Kautsky (1906 : 141) zu finden. Dort heißt es: "Auch die Sozialdemokratie ... kann das sittliche Ideal, kann die sittliche Empörung gegen Ausbeutung und Klassenherrschaft nicht entbehren. Aber dies Ideal hat nichts zu suchen im wissenschaftlichen Sozialismus, der wissenschaftlichen Erforschung der Entwicklungs- und Bewegungsgesetze des gesellschaftlichen Organismus." Diese Trennung ist also nicht allein auf Kant, sondern wohl auch auf den positivistischen und szientivistischen Zeitgeist zurückzuführen, der - wie gezeigt - beim späten Engels schon deutlich sichtbar ist.
108) Vgl. Colletti 1971 : 41.
109) Vgl. Bernstein 1899 : 27 ff..

"daß das Werk wissenschaftliche Untersuchung sein und doch eine, lange vor seiner Konzipierung fertige These beweisen will, daß ihm ein Schema zu Grunde liegt, in dem das Resultat, zu dem hin die Entwicklung führen sollte, schon von vornhinein feststand"[110].

Dieses Vorurteil, das die Wissenschaftlichkeit des Marxschen Werkes - im doppelten Wortsinne - durchkreuzt, ist einmal Revolution à la Blanqui[111], mal der Hegelianismus[112], mal der Utopismus[113] oder mal die Ideologie des Materialismus[114].

1.2.4. Bernstein's ökonomischer Evolutionismus

Hat man diese absolute Trennung von Wissenschaft und Ideologie vor Augen, dann ist auch die doppelte und auf den ersten Blick widersprüchliche Verwendung des Ideologiebegriffs nachvollziehbar. Positiv ist Ideologie im Sinne von Ethik, als Anleitung zur von der Ökonomie relativ undeterminierten Handlung des Subjekts. Bei voller Ausbildung der Produktivkräfte kann diese Ethik auch in einer demokratischen Gesellschaft Grundlage der Machtübernahme der Sozialdemokratie als Partei der Arbeiterklasse sein. Diese Ethik dient dem Sozialismus als Antrieb, weil der vernünftige und ethische Mensch den Sozialismus wünscht. Der Eintritt des Sozialismus ist also nicht mehr durch immanente Gesetze der Ökonomie gewährleistet, sondern er muß Ziel einer ethischen Bewegung sein. Dies ist der eine Ideologiebegriff.

Im Bereich der wissenschaftlichen Analyse hat der Wunsch aber nichts zu suchen. Hier zählen die harten Fakten, sonst nichts. Hier ist Ideologie Behinderung der Analyse der realen Gegebenheiten.

Bernsteins Ziel war es, das ethische und das relativ autonome Subjekt als bestimmenden Faktor in den Marxismus miteinzubeziehen. Ein Subjekt, das zwar Gesetzmäßigkeiten aus vernünftiger Einsicht anerkennt, aber durch seine Erkenntnis den Raum der Notwendigkeiten zugunsten der freien Entscheidung verkleinert. Bernstein selbst gibt den Schlachtruf aus, daß Kant gegen Cant [= leeres Geschwätz] gesetzt werden müsse. Die Grundlage des Cants aber sieht er - vor allem - in der Übernahme des

---

110) Bernstein 1899 : 177.
111) Bernstein 1899 : 31.
112) Bernstein 1899 : 35.
113) Bernstein 1899 : 177.
114) Bernstein 1899 : 187.

Hegelianismus. Beschwörend endet das Bernsteinsche Buch mit der Überzeugung, daß "der Sozialdemokratie ein Kant nottut, der einmal mit der überkommenen Lehrmeinung mit voller Schärfe kritisch-sichtend ins Gericht geht, der aufzeigt, wo ihr scheinbarer Materialismus die höchste und darum am leichtesten irreführende Ideologie ist"[115]. Doch man darf diese Beschwörungen nur als cum grano salis nehmen. Denn die Aussage, Ethik sei keine Wissenschaft, ist alles andere als kantianisch und auch die kantianische Erkenntnistheorie bleibt ihm fremd[116]. Andererseits speist sich seine radikale Ablehnung Hegels zum Gutteil aus Unkenntnis[117]. Ob Bernstein wirklich so weit vom Hegel der 'Rechtsphilosophie', der die Freiheit und Sittlichkeit des Subjekts im Staate aufgehoben sah, entfernt ist, wie er selbst glaubte, kann getrost bezweifelt werden.

Der zentrale Kritikpunkt, den Bernstein immer wieder gegen Hegel betont, ist dessen Geschichtsphilosophie. Jedoch kritisiert er nicht deren Teleologie, sondern deren Dialektik. Die Betonung des Kampfes der Gegensätze als treibendes Moment geschichtlicher Entwicklung bei Hegel, scheint Bernstein auf eine Hypostasierung des Klassenkampfes zu verweisen. "Ich bin nicht der Ansicht, daß der Kampf der Gegensätze die Grundlage jeder Entwicklung ist. Das Zusammenwirken von verwandten Kräften ist ebenfalls von großer Bedeutung"[118]. So wird Hegel bei Bernstein zum Synonym für ein Denken in Antagonismen, das seinen gradualistischen Theorien entgegensteht. Was er Hegel, in souveräner Verkennung der Bedeutung von Sittlichkeit und Volksgeist in dessen Denken vorwirft, ist die Überbetonung der schöpferischen Kraft der Gewalt. Bernstein nennt die hegelsche Dialektik deswegen auch "unorganischen Evolutionismus"; diesem setzt er sein Konzept des "organischen Evolutionismus" entgegen[119]. An die Stelle der dialektischen Entwicklung stellt Bernstein den gradlinigen Fortschritt.

So ist es zwar einerseits richtig, wenn im Revisionismus die andere Seite der Medaille des orthodoxen Ökonomismus gesehen wird: "Die eiserne Notwendigkeit beschwört ihr abstraktes Gegenstück: die Freiheit; der Determinismus den absoluten Indeterminismus; die in sich geschlossene Kette des 'Seins' die offene und unbedingte Perspektive des 'Sein sollens'"[120]. Andererseits muß eben betont werden, daß die beiden

---

115) Bernstein 1899 : 187.
116) Vgl. Pascher 1995; Gay 1954 : 180 ff.. Klassisch zum Verhältnis von Kant und Marx aus Neo-Kantianischer Sicht: Vorländer 1911.
117) Vgl. Gay 1954 : 167 ff.; Pascher 1995.
118) Bernstein 1901 : 347.
119) Vgl. Gay 1954 : 174.
120) Colletti 1971 : 37.

Seiten der Medaille eben die Medaille selbst gemeinsam bilden, anders ausgedrückt, daß die Differenzen von Orthodoxie und Revisionismus auf gemeinsamen und grundlegenden Annahmen beruhen.

Dies wird gerade dann deutlich, wenn wir abschließend sichten, welche Bedeutung der Bernsteinsche Revisionismus für eine Theorie des ideologischen Kampfes hat. Um das Ergebnis vorwegzunehmen: keine nennenswerte. Bernstein teilt mit der Orthodoxie und wohl auch dem späten Engels einen "vereinfachte(n) und naive(n) Begriff von Ökonomie"[121]. Ökonomie wird als ein Prozeß verstanden, der jenseits intersubjektiver Beziehungen und deren Wahrnehmung stattfindet. Auch Bernstein bleibt in der kruden Topologie der Trennung von Basis und Überbau befangen, in der Ideologie und Produktion als getrennte Räume erscheinen. Entweder absolute Abhängigkeit oder absolute Freiheit des Denkens, tertium non datur. Nur indem Ökonomie auch von Bernstein allein als Entfaltung von Produktivkräften verstanden wird, kann er den Überbau zum Himmelreich der autonomen Ethik erklären und trotzdem den Sozialismus als gesellschaftliche Notwendigkeit beschreiben. Eine materialistische Ideologietheorie kann hiervon wohl kaum profitieren.

Aber selbst für Konzepte radikaler Demokratie ist der Revisionismus Bernsteins, seine Ideologie'theorie' und seine Vorstellung des demokratischen Kampfes nicht zu gebrauchen. Denn die Kämpfe und Ideologien spielen bei ihm - letzten Endes - genausowenig eine Rolle, wie in der Orthodoxie. Der Grund dafür ist der beschriebene Evolutionismus. Wie Laclau/Mouffe[122] gezeigt haben, läßt dieser Evolutionismus das Problem der Politik, der Ideologie und des Kampfes verschwinden. Da jeder erkämpfte Fortschritt aufgrund der Unterstellung organischer Evolution des ethischen Subjekts irreversibel ist, wird die sattsam bekannte Logik der Entfaltung der Produktivkräfte in eine Entfaltung des ethischen Subjekts und demokratischer Strukturen transformiert. Für die Frage nach der Bedeutung des ideologischen Kampfes aber sind beide Teleologien funktional äquivalent, indem sie beide das Problem selbst auflösen.

---

121) Colletti 1971 : 27 und passim.
122) Laclau/Mouffe 1991 : 74 ff..

1.3. Rosa Luxemburg[123] - oder: die Kämpferin auf ehernem Weg

1.3.1. Die Massenstreikdebatte und ihre Folgen

Rosa Luxemburg gilt ihren Freunden wie Gegnern als Spontaneistin, als Vertreterin engagierter revolutionärer Politik, als Propagandistin des Massenstreiks und vehementeste Kritikerin des Revisionismus, wie später des zentristischen Quietismus in der Sozialdemokratie. Daß ihre Politik zentral auf den revolutionären Spontaneismus des Proletariats und die Erhebung der Massen setzt, legt die Vermutung nahe, daß es sich bei Luxemburg um eine Theoretikerin und Praktikerin handelt, die dem politisch-ideologischen Moment ein zentrale Rolle zuweist.

Die Auseinandersetzung um ihre 'Massenstreikkonzeption', die sie in Widerspruch zur SPD und zu ihrem langjährigen Mitstreiter Kautsky brachte, ist hier von besonderer Bedeutung. Luxemburg reagiert, wie andere sozialdemokratische Funktionäre auch, auf die revolutionären Erhebungen in Rußland. Sie klärt in dieser Debatte, welchen Stellenwert die Massen/Proletarier, die Partei und die Theorie haben. Ihr Ausgangspunkt ist die Kritik am Auseinanderklaffen von Maximal- und Minimalforderungen im Erfurter Programm, der darauf aufbauenden Taktik, und ihre Erfahrungen mit den polnischen Revolten 1905/06[124]. "Der weltgeschichtliche Vormarsch des Proletariats ... ist ein Prozeß, dessen Besonderheit darin liegt, daß hier zum ersten Mal in der Geschichte die Volksmassen selbst und gegen alle herrschenden Klassen ihren Willen durchsetzen ... . Diesen *Willen* können sich die Massen ... nur im alltäglichen Kampfe ... ausbilden. Die Vereinigung ... des alltäglichen Kampfes mit der revolutionären Umwälzung, das ist der dialektische Widerspruch der sozialdemokratischen Bewegung, die sich auch folgerichtig auf dem ganzen Entwicklungsgang zwischen den beiden Klippen: zwischen dem Preisgeben des Massencharakters und dem Aufgeben des Endziels, zwischen dem Rückfall in die Sekte und dem Umfall in die bürgerliche Reformbewegung, vorwärtsarbeiten muß"[125]. Diesen nicht nur gegen den sozialdemokratischen Revisionismus, sondern - wie hier - auch gegen den leninschen 'Ultrazentrismus' vertretenen theoretischen Anspruch, daß der alltägliche Kampf mit der Idee des Sozialismus glücklich zusammenfallen müsse, explizierte und konkretisierte Rosa Luxemburg in dem von ihr entwickelten Konzept, das unter dem Kürzel

---

123) Die Ausführungen zu Rosa Luxemburg basieren zum Teil auf einem bereits veröffentlichten Vortrag (Tuckfeld/Müller 1994).
124) Vgl. Schorske 1981 : 82; Geras 1979 : 48 f. und 104 f..
125) Luxemburg LGW, Bd. 1/2 : 442.

"Massenstreik" bekannt wurde[126]. Es bedeutet aber nicht, wie der Name vielleicht nahelegt, eine einmalige und von oben verordnete, zentral gelenkte Erhebung der Menschen, sondern stellt vielmehr eine Theorie des permanenten Kampfprozesses dar.

Schon vor Abschluß ihrer konzeptionellen Überlegungen zum Massenstreik im Jahre 1905 ging sie mehr und mehr davon aus, daß weder eine revolutionäre Programmatik, noch die *eine* Führung die Massen zur Revolution bringen könne. Nur von den Massen selbst initiierte und getragene, regional und thematisch begrenzte ökonomische, wie politische Kämpfe könnten dies erreichen. Die kämpfenden, revolutionären Subjekte allerdings sind auf eine allein durch den ökonomischen Prozeß hergestellte revolutionäre Situation angewiesen, da ansonsten die Spaltung des politischen vom ökonomischen Kampf, die ein "künstliches, wenn auch geschichtlich bedingtes Produkt der parlamentarischen Periode"[127] ist, nicht überwunden werde könne. "Nur in der Gewitterluft der revolutionären Periode vermag sich nämlich jeder partielle kleine Konflikt zwischen Arbeit und Kapital zu einer allgemeinen Explosion auszuwachsen. In Deutschland passieren jährlich und täglich die heftigsten, brutalsten Zusammenstöße zwischen Arbeitern und Unternehmern ... . Kein einziger dieser Fälle ... schlägt jedoch in eine gemeinsame Klassenaktion um. Und wenn sie sich selbst zu einzelnen Massenstreiks auswachsen ..., so entzünden sie auch dann noch kein allgemeines Gewitter"[128].

Folgerichtig können Massenstreikaktivitäten nicht von oben proklamiert und geleitet werden. "Wenn aber die Leitung der Massenstreiks im Sinne des Kommandos über ihre Entstehung ... Sache der revolutionären Periode selbst ist, so kommt dafür die Leitung bei Massenstreiks in einem ganz anderen Sinne der Sozialdemokratie und ihren führenden Organen zu"[129]. Die Sozialdemokratie muß nämlich "den breitesten proletarischen Schichten den unvermeidlichen Eintritt dieser revolutionären Periode"[130] klarmachen. Nur die ökonomisch strukturierte, objektiv revolutionäre Situation aber ermöglicht den Massenstreik: denn er "ist die Bewegungsweise der proletarischen Masse, die Erscheinungsform des proletarischen Kampfes in der Revolution"[131], zugespitzter noch: "In Wirklichkeit produziert nicht der Massenstreik die Revolution, sondern die Revolution produziert den Massenstreik"[132].

---

126) Der vollständige Name: Massenstreik, Partei und Gewerkschaften.
127) Luxemburg LGW, Bd. 2 : 155.
128) Luxemburg LWG, Bd. 2 : 129.
129) Luxemburg LGW, Bd. 2 : 133.
130) Luxemburg LGW, Bd. 2 : 146.
131) Luxemburg LGW, Bd. 2 : 125.
132) Luxemburg LGW, Bd. 2 : 130.

Der politische Kampf der Sozialdemokratie ist also nicht in dem Sinne revolutionär, als daß er die Revolution "machen" könne, sondern insofern, daß er die ohnehin sich entwickelnde (und 1905/06 für Luxemburg gegebene) objektiv revolutionäre Situation vorantreibt und nicht bremst. Insofern ist der Kampf gegen den Revisionismus und zentristischen Quietismus zwar wichtig, damit die Sozialdemokratie an vorderster Front, an der Spitze der revolutionären Bewegung steht. Letztendlich kann aber auch eine revisionistische Politik den revolutionären Prozeß nur bremsen, verhindern kann sie ihn nicht. Mit dieser Gewißheit im Gepäck kann Rosa Luxemburg sich denn auch von zwei *politischen* Positionen in der damals aktuellen Massenstreikdebatte abgrenzen[133]. Einerseits argumentiert sie gegen die opportunistischen Gewerkschaftsführer, die den Massenstreik mit den (vorgeschobenen) Argumenten, die Arbeiterklasse sei noch zu schwach, die Streikkassen seien leer und das preußische Militär sei zu stark, bekämpfen. Für sie ist die Frage der gewerkschaftlichen Kassen und der Macht der Bajonette zwar ebenso materiell wie historisch, basiere aber auf einer Auffassung, die kein historischer Materialismus im Sinne von Marx sei. Denn da der Massenstreik eben eine geschichtliche Bewegung sei, seien weder Bajonette noch leere Streikkassen in der Lage, sie aufzuhalten. Andererseits polemisiert sie gegen jene linken "Revolutionsromantiker", die eine larmoyante Entrüstungskampagne gegen "irgendwelche 'vertraulichen' Abmachungen" zwischen Parteivorstand und Gewerkschaftsführung inszeniert hätten[134]. Auch diese unterschätzten die Kraft der historischen Bewegung. Denn für den Massenstreik kommt es nicht "auf die zündende 'Propaganda' der Revolutionsromantiker, oder auf vertrauliche oder öffentliche Beschlüsse der Parteileitungen an"[135]. Denn ihre Theorie des Massenstreiks, der auf den ersten Blick geradezu das Gegenteil des quietistischen Ökonomismus eines Kautsky erscheint, basiert doch auf der gleichen Logik. So betont Luxemburg denn auch, daß der Massenstreik weder gemacht, noch beschlossen, noch propagiert wird,

---

133) Vgl. zum Folgenden: Luxemburg LGW, Bd. 2 : 98 f..

134) Als Hintergrund dieser Äußerung über 'angebliche vertrauliche Abmachungen' sei angemerkt: Auf dem Parteitag von Jena im September 1905 hatten die "Radikalen" in der SPD in der Frage der Massenstreiks einen Sieg errungen, indem der Massenstreik als Mittel sozialdemokratischer Politik beschlossen wurde. Einschränkend muß sofort hinzugefügt werden, daß die Parteilinke den Sieg deutlich überbewertete, da der Generalstreik nur als untergeordnetes Mittel in einer gradualistischen Politikkonzeption, nicht als zentrale Kampfstrategie beschlossen worden war. Wenn aber auch der Enthusiasmus, mit dem die Parteilinke (insbesondere auch Rosa Luxemburg) in der Jenaer Resolution ein Zeichen für die revolutionäre Tatkraft der Sozialdemokratie erblickte, kaum gerechtfertigt war, so ging der Beschluß den Gewerkschaften doch selbst als Symbol zu weit. In einem Geheimtreffen im Februar 1906 vereinbarte der Parteivorstand mit der Generalkommission der Gewerkschaften, daß er nicht nur keinen Generalstreik initiieren, sondern diesen nach Möglichkeit verhindern werde. Durch Indiskretion wurde das Geheimtreffen aber doch bekannt. Vgl. zum Ganzen: Schorske 1981 : 67 - 75.

135) Luxemburg LGW, Bd. 2 : 99.

"sondern daß er eine historische Erscheinung ist, die sich in gewissem Moment aus den sozialen Verhältnissen mit geschichtlicher Notwendigkeit ergibt"[136]. Egal wie man zur Argumentation von Gewerkschaften und linken Kritikern des Vorstands steht: Beide Richtungen gehen davon aus, daß es historisch-konkrete Kräfteverhältnisse gibt, und daß diese bei der Analyse der Massenstreikfrage herangezogen werden müssen. Sehen die einen die Kraft der Arbeiterklasse objektiv als zu gering an, so sehen die anderen eine politisch-ideologische Entkräftung der Arbeiterklasse durch den Geheimpakt von Parteivorstand und Gewerkschaftsführung, und dadurch den Massenstreik gefährdet. Rosa Luxemburg lehnt es aber explizit ab, sich auf diese politische Ebene zu begeben. Der Massenstreik ist als Teil der Revolution nicht nur möglich, sondern er ist historisch notwendig. Jede weitere politisch-strategische Erwägung erübrigt sich für sie.

Die Behauptung einer geschichtlichen Notwendigkeit der Revolution (und daraus folgend: des Massenstreiks) basiert auf der Luxemburgschen Ökonomietheorie, die hier nur skizziert werden kann. Die Argumentation bei Luxemburg läuft auf folgendes Schema heraus: In der monopolkapitalistischen Phase dehnt sich die Herrschaft des Kapitals über den sich entwickelnden Weltmarkt ungeheuer aus. Zur Reproduktion der Produktionsbedingungen bedarf das Kapital immer neuer Regionen und Menschen. Das führt sowohl zur Polarisierung und Vereinfachung der Sozialstruktur (die Tendenz führt zu nur zwei antagonistischen Klassen: Proletariat und Kapital), als auch zur Notwendigkeit der Ausdehnung des Weltmarkts. Wenn aber alle sozialen und geographischen Räume kapitalistisch erschlossen sind, führt dies notwendig dazu, daß die Realisierung und Kapitalisierung des Mehrwerts und damit die Kapitalakkumulation nicht mehr möglich ist. Luxemburg negiert dabei die Möglichkeit einer intensiv (und nicht nur extensiv) erweiterten Reproduktion ebenso, wie die mit Lohnsteigerungen erzielte erweiterte Nachfrage. Die einzig von ihr als relevant angesehene quantitativ erweiterte Reproduktion und die damit einhergehende Ausdehnung ist aber nun einmal objektiv begrenzt, woraus sich für Rosa Luxemburg die objektiven Schranken der Weiterentwicklung des Kapitalismus notwendig ergeben. "Die Unmöglichkeit der Akkumulation bedeutet kapitalistisch die Unmöglichkeit der weiteren Entfaltung der Produktivkräfte und damit die objektive geschichtliche Notwendigkeit des Untergangs des Kapitalismus"[137].

---

136) Luxemburg LGW, Bd. 2 : 100.
137) Luxemburg LGW, Bd. 5 : 364. Es handelt sich bei ihrer Argumentation um eine Lektüre und Interpretation der Marxschen Thesen zur erweiterten Reproduktion des Kapitals, wie sie in Kapitel 22 des 1. Bandes, insbesondere aber im 2. Band des 'Kapital' aufgestellt wurden (vgl. dazu zusammenfassend Bidet 1987 : 1136).

Welchen Status hat dann die politische Aktion? In der 'Akkumulation des Kapitals', ihrem ökonomischen Hauptwerk, schreibt sie dazu: "Die politische Aktion des proletarischen Klassenkampfes ... (ist) ein Reflex ökonomischer Vorgänge, (sonst hört) der Sozialismus ... auf, eine historische Notwendigkeit zu sein"[138]. Und noch deutlicher wird sie in ihrer 'Antikritik'[139], die sich mit der Kritik an ihrer Akkumulationstheorie auseinandersetzt. Dort wird die These vom notwendigen Zusammenbruch des Kapitalismus zum "spezifisch Marxsche(n) Grundpfeiler des Sozialismus" erklärt: "Nach Marx ist die Rebellion der Arbeiter, ihr Klassenkampf - und darin liegt gerade die Bürgschaft seiner siegreichen Kraft -, bloß ideologischer Reflex der objektiven geschichtlichen Notwendigkeit des Sozialismus ..."[140].

Revolution, Kampf und Ideologie sind in all ihren Beschreibungen Ausdruck der Ökonomie. Dennoch gibt es in diesem starren Ökonomismus - und dieser Punkt ist auch die zentrale Differenz zum Quietismus Kautskys - Kämpfe von Menschen, die eine Wirkung haben. Natürlich, so Luxemburg, müsse dieser ökonomisch bedingte Zerfallsprozeß nicht bis zum Ende abgewartet werden, da die soziale Verschärfung, die mit ihm einherginge, dem System schon vorher das Ende bereite[141]. Diese Aussage wird zwar auch wieder sofort auf die ökonomischen Grundannahmen zurückgeführt, indem eben auch diese Verschärfung und die daraus resultierenden politischen Gegensätze "in letzter Linie nur Produkt der *ökonomischen* Unhaltbarkeit des kapitalistischen Systems"[142] sind. Werde diese eherne Notwendigkeit geleugnet, so "schwindet dem Sozialismus der granitene Boden der objektiven historischen Notwendigkeit unter den Füßen"[143]. Dennoch haben die Kämpfe eine gewisse eigenständige Qualität. Dies wird auch noch einmal an anderer Stelle deutlich: "Der wissenschaftliche Sozialismus hat uns gelehrt, die objektiven Gesetze der geschichtlichen Entwicklung zu begreifen. Die Menschen machen ihre Geschichte nicht aus freien Stücken. Aber sie machen sie selbst. Das Proletariat ist in seiner Aktion von dem jeweiligen Reifegrad der gesellschaftlichen Entwicklung abhängig, aber die gesellschaftliche Entwicklung geht nicht jenseits des Proletariats vor sich, es ist im gleichen Maße ihre Triebfeder und Ursache, wie es ihr Produkt und ihre Folge ist. Seine Aktion selbst ist mitbestimmender Teil der Geschichte. Und wenn wir die geschichtliche Entwicklung sowenig überspringen kön-

---

138) Luxemburg LGW, Bd. 5 : 277.
139) Luxemburg LGW, Bd. 5 : 413 ff..
140) Luxemburg LGW, Bd. 5 : 445.
141) Vgl. Luxemburg LGW, Bd. 5 : 445 f..
142) Luxemburg LGW, Bd. 5 : 446. Hervorh. v. R.L.
143) Luxemburg LGW, Bd. 5 : 446.

nen wie der Mensch seinen Schatten, so können wir sie doch beschleunigen oder verlangsamen."[144].

Kämpfe haben bei ihr somit die Funktion, den Zusammenbruch des Kapitalismus
schneller, als dieser 'natürlicherweise' eintreten würde, herbeizuführen. Mit dieser
Auffassung hat sie in Marx, und in einer bestimmten Interpretation des Vorworts zur
'Kritik der Politischen Ökonomie' eine starke Referenz. Damit unterscheidet sie sich
deutlich von Kautsky, der im Kampf jeweils nur einen objektiven Ausdruck des nicht
sichtbaren ökonomischen Kräfteverhältnisses sieht[145].

Dennoch entwickelt dieses Konzept nur politische Sprengkraft, ohne die theoretischen
Grundlagen des Ökonomismus in Frage zu stellen. Luxemburg sah 1910 den Zeitpunkt
für gekommen, um den Kampf um das preußische Wahlrecht eine revolutionäre Wendung zu geben. Kautsky hingegen hielt das Proletariat für zu schwach. Die Praxis,
hätte es eine revolutionäre gegeben, hätte dem Ökonomismus selbst - wie im Falle
Rußlands - den Garaus machen können. Doch was Rosa Luxemburg praktisch will, hat
theoretisch keinen Platz bei ihr. Die Kämpfe waren in der Theorie so eingemauert, daß
was auf den ersten Blick spontaneistisch und aktionistisch scheint - Streiks, Aufstände,
Kämpfe -, streng ökonomistisch konstruiert ist. Die Subjekte erreichen in ihren
Kämpfen immer nur das, was "Madame Geschichte"[146] den massenhaft Streikenden an
Möglichkeiten eröffnet. Bei genauem Hinsehen erweist sich Rosa Luxemburgs tiefer
Glaube an den "edlen intellektuellen Durst und revolutionären Tatendrang der
Arbeiter"[147] als Nuancengeber auf einem streng determinierten Weg. Der Kampf ist
nur der politische Ausdruck eines ökonomischen Zustandes. Ein Zustand, der nach

---

144) Luxemburg LGW, Bd. 4 : 61. Ein Bonmot, das die Rezeption Luxemburgs als Spontaneistin
vielleicht etwas erhellt: Dieses Zitat findet sich auch im Luxemburg-Kapitel des von Franz
Neumann herausgegebenen 'Handbuch Politischer Theorien und Ideologien' (Neumann 1989),
das dem linkssozialdemokratisch-marxistischen Spektrum zugeordnet werden kann. Dort wird
der Vorwurf des Ökonomismus aufgegriffen, und zwar dergestalt, daß das hier genannte Zitat
wiedergegeben und behauptet wird, daß dieser Aspekt der Luxemburg immer zu kurz gekommen
sei. Dieses Zitat wird dann so interpretiert: "Das bewußte Handeln der Menschen selbst ist für
Rosa Luxemburg das bewegende Moment im historischen Prozeß" (ebd. : 365). Doch hier war
wohl der Wunsch Mutter des Gedankens, und so wurde kurzerhand das Zitat um den ersten und
letzten Satz gekürzt. Der Sinn verkehrt sich so ins Gegenteil.
145) Was auch nicht dadurch geändert wird, daß Kautsky an einer Stelle im erläuternden Teil zum
Erfurter Programm über 5 Zeilen hinweg die luxemburgische Position einnimmt (vgl. Kautsky
1922 (bzw. der Nachdruck 1980) : 103 f.), da in seinem gesamten theoretischen Werk und in
seiner politischen Haltung die Position nie ausgearbeitet und praktisch politisch sogar von ihm
bekämpft wurde.
146) Luxemburg LGW, Bd. 2 : 117.
147) Luxemburg LGW, Bd. 2 : 101.

Luxemburg sowieso nur 'künstliches Produkt', und damit Übergangsprodukt ist. In die marxsche Topologie hineinverlagert, ist der politische Kampf zwar formal Bestandteil des Überbaus, real aber nur eine Doppelung bzw. Ausdifferenzierung der Basis. Somit finden wir im Politischen nicht den Hauch von Eigenständigkeit, sondern ganz im Gegenteil eine reflexhafte Anbindung, die durch nichts unterbrochen oder verzerrt wird. Genaugenommen modifiziert Luxemburg *theoretisch* nur die kautskysche Position, indem sie diese dynamisiert. Alles Dynamische wird dann aber wieder auf den Punkt der Ökonomie zurückbezogen.

Luxemburg verläßt nie diesen ökonomistischen Rahmen. Sie entwickelt ihn im Revisionismusstreit gegen Bernstein und dessen Epigonen, also bereits Ende des 19. Jahrhunderts. Ausgearbeitet wird die Zusammenbruchstheorie dann in ihren ökonomietheoretischen Schriften[148]. Insofern wäre es völlig falsch, den Ökonomismus allein in dem Werk 'Die Akkumulation des Kapitals' zu sehen oder ihn als theoretisches Zugeständnis an die Epoche zu werten, als Einzelstück in Luxemburgs Theorie. Die Grundannahmen des Ökonomismus ziehen sich durch das gesamte Werk und konstituieren es gleichsam[149]. Das Proletariat kann zwar den Zeitpunkt der Revolution in gewissem Maße beeinflussen (beschleunigen oder verlangsamen), aber der Untergang des Kapitalismus kommt, und wenn es sein muß, auch ohne jedes menschliche Zutun. Die hier vertretene These läßt sich so zusammenfassen: Rosa Luxemburgs Spontaneismus, ihre Demokratietheorie, ihre Kritik der leninschen Parteikonzeption oder ihre

---

148) 'Die Akkumulation des Kapitals' (1913) und in den während des 1. Weltkriegs geschriebenen Werken 'Die Akkumulation des Kapitals oder: Was die Epigonen aus der Marxschen Theorie gemacht haben. Eine Antikritik' und 'Einführung in die Nationalökonomie' (alle in: LGW, Bd. 5).

149) Vgl. Gioia 1989. Er beschreibt, daß eine Lektüre des gesamten Werks von Rosa Luxemburg ergebe, daß das Thema der "objektiven Schranken" des Kapitalismus der Angelpunkt ist, um den sich ihr Denken dreht. Ebenso kommt Norman Geras (vgl. Geras 1979 : 12), gewiß ein Mensch, der der Luxemburgschen Theorie wesentlich näher steht als ich, zu der These: für Rosa Luxemburg bleibt "erwiesen, daß die Dynamik der kapitalistischen Akkumulation einen Punkt erreicht, an dem sie zur Unmöglichkeit wird und - mit oder ohne Rebellion der Arbeiterklasse - unvermeidlich zusammenbricht. Wie wir sehen werden, gibt es keine Belege für die Vermutung, daß Rosa diese Ansicht je aufgegeben hätte". Bei Geras findet sich zudem eine interessante Zusammenfassung verschiedener Deutungen des Luxemburgschen Ökonomismus. Während nämlich beispielsweise M. Löwy behauptet, Rosa Luxemburg sei nur in ihrem Kampf gegen den Revisionismus der 'ökonomistischen Versuchung' erlegen und habe nach dem Beginn des ersten Weltkriegs diese Position überwunden, widerspricht dem Geras und behauptet, daß es zwar durchgängig bei Luxemburg ökonomistische Tendenzen gebe, diese aber im Lichte ihrer Demokratietheorie relativiert betrachtet werden müßten. Vgl. dazu das erste Kapitel in Geras 1979.

Behandlung des Antisemitismus und des Feminismus[150] lassen sich adäquat nur verstehen, wenn man die ökonomistische Entwicklungskonzeption als deren theoretische Voraussetzung begreift. Letzten Endes ist der Spontaneismus nicht eine Gegenbewegung zum Ökonomismus, sondern vielmehr dessen Ergänzung.

1.3.2. Demokratie und Ökonomismus

Wenn aber die hier vertretene These eines konstitutiven Ökonomismus richtig ist, so verwundert auf den ersten Blick nicht nur der praktische Bezug auf die Kämpfe, sondern auch die Luxemburgsche Demokratietheorie, die in ihrer vulgarisierten Form zum rhetorischen Repertoire verschiedenster Richtungen, von libertären Sozialisten bis zu antikommunistischen Propagandisten gehört. Nur die völlig unzureichend kontextualisierende Rezeption von Schlagworten wie dem, daß die Freiheit immer die Freiheit des Andersdenkenden sei, erlaubt diese relative Popularität.

In der Tatsache, daß sie im 'Anti-Bernstein' ihr Plädoyer für die Demokratie ebenso bekräftigt, wie in der Kritik an Lenin und den Bolschewiki, ist der Beleg für viele Interpreten, daß hier der Marxismus mit menschlichem Anlitz geboren worden ist, daß in der Theorie der Luxemburg die ideale Kombination von maxistischem Ideal und demokratischer Form gefunden worden ist. "In der Tat war Rosa unter den besten revolutionären Denkern ihrer Generation vielleicht diejenige, die in einer einmalig geeigneten Position war, um gegenüber der Arbeiterbewegung des zaristischen Rußlands eine Sensibilität in Fragen der demokratischen Rechte zu vertreten, ... und gleichzeitig gegenüber der Arbeiterbewegung im Westen ein Verständnis und ein tiefes Gespür für die revolutionäre Kraft ... der Massenaktion" vertreten konnte[151]. Rosa Luxemburg scheint also die ideale Theorie für einen demokratischen Marxismus bereit zu halten. Ein Marxismus, der weder in opportunistischem Revisionismus, noch in bolschewistischer Diktatur endet. Was hier als Widerspruch aufgemacht wird - demokratische Form und gleichzeitig revolutionäre Kraft - speist sich, so zeigt das genaue Hinsehen, aus einer Quelle im luxemburgischen Denken.

Auf den ersten Blick aber scheint das konsequente Eintreten Luxemburgs für die Demokratie Ausdruck einer neuen Logik zu sein. Wird hier nicht, so könnte man ja

---

150) Vergleicht man beispielsweise die Thematisierung der "Frauenfrage" oder der "Judenfrage", so wird man feststellen, daß sie auch diese Phänomene im Kern als Scheinprobleme sieht; bestenfalls sieht Luxemburg randständige Nebenwidersprüche. Vgl. dazu z.B. Benussan 1989 : 147 ff..
151) Geras 1979 : 186.

erst einmal unterstellen, einer bestimmten Form ein Eigenwert jenseits der geschichtlichen Gesetzmäßigkeit zugeschrieben? In ihren Begründungen wird deutlich, daß Luxemburg die Form, auch die Form der Demokratie, neutral denkt. Für sie sind es beliebige Gefäße, leere Hüllen, die unterschiedlich gefüllt werden können. Somit kommen wir auf unsere bereits oben formulierte These, nach der es nicht nur einen ökonomistischen Strang in Rosa Luxemburgs Werk gibt, sondern ihre gesamte Theorie (einschließlich des angeblichen Spontaneismus, ihrer Demokratietheorie, ihres revolutionären Existenzialismus) nur dann zu verstehen ist, wenn man sie als auf der Grundlage des Ökonomismus stehend und nicht unabhängig voneinander interpretiert, zurück. Was sich bei oberflächlicher Rezeption als Patentrezept eines ebenso radikalen wie demokratischen Marxismus liest, ist bei genauerem Hinsehen kaum geeignet, eine politische Strategie, die sich nicht einer quasi religiösen Gewißheit über den Selbstlauf der Geschichte sicher weiß, anzuleiten.

Denn nur auf der Grundlage der historischen Gewißheit entfaltet Rosa Luxemburg nicht nur ihren Glauben an die Massen, sondern auch ihre demokratische Liberalität. Zeichnen wir, um dies zu belegen, die "demokratietheoretische" Argumentation kurz nach.

Nachdem sie im 'Anti-Bernstein' zuerst in der demokratischen Form ein "spezifisch kapitalistisches Mittel, die kapitalistischen Gegensätze zur Reife und zur Ausbildung zu bringen"[152] sieht, zeigt sie - und das steht nicht im Widerspruch zur ersten Behauptung -, daß die Demokratie in den verschiedensten Gesellschaftsformen zu finden ist[153], um dann zum Kern vorzudringen: "Es ist die andere Besonderheit der kapitalistischen Ordnung, daß in ihr *alle* Elemente der künftigen Gesellschaft in ihrer Entwicklung *vorerst* eine Form annehmen, in der sie sich dem Sozialismus nicht nähern, sondern von ihm entfernen. ... Ist die Demokratie ... für die Bourgeoisie teils überflüssig, teils hinderlich geworden, so ist sie für die Arbeiterklasse dafür notwendig und unentbehrlich"[154]. Demokratie und Parlamentarismus sind also weder per se Mittel der Emanzipation, noch der bürgerlichen Herrschaft. Sie verändern vielmehr mit dem notwendigen Gang der Geschichte ihre Funktion.

Nur auf diesem Hintergrund wird aber die Kritik Luxemburgs an der leninschen Parteikonzeption verständlich. Dies wird bereits in ihrer Kritik an Lenins 'ultrazentristischer' Parteitheorie deutlich, die sie schon 1903 als Reaktion auf Lenins

---

152) Luxemburg LGW, Bd. 1/1 : 399.
153) Vgl. Luxemburg LGW, Bd. 1/1 : 422f..
154) Luxemburg LGW, Bd. 1/1 : 431 f. (Hervorhebung hinzugefügt, mt).

'Ein Schritt vorwärts, zwei Schritte zurück' übt. Da ist einerseits ihre richtige Kritik an der Hyposthasierung der Parteidisziplin, in der Lenin bekanntermaßen mal die Disziplin in den Fabriken als Vorbild für die Partei, mal die Organisation der deutschen Reichspost als Vorbild für den revolutionären Staat anempfiehlt. Diese "Willen- und Gedankenlosigkeit einer vielbeinigen und vielarmigen Fleischmasse"[155] könne wohl kaum Ziel einer revolutionären Organisation sein. So richtig aber die Warnungen der Luxemburg vor der Herrschaft der Zentralkomitees sind, so fragwürdig ist ihre Begründung[156]. Wo Lenin, wie wir später noch sehen werden, die Notwendigkeit des ideologischen Kampfes auch in der Arbeiterbewegung betont, sieht Rosa Luxemburg das revolutionäre Klassenbewußtsein allein durch die Klassenlage gesichert. Der Opportunismus ist für sie eine dem Wesen der Arbeiterklasse fremde Auffassung, während für Lenin (im Anschluß an Kautsky, s.o.) der Trade-Unionismus die 'natürliche' oder spontane Ideologie der Arbeiterklasse ist. Nicht also ein abstrakter Glaube an die Wichtigkeit demokratischer Formen ist Grundlage der Luxemburgschen Kritik an Lenin, sondern die feste ökonomistische Überzeugung, daß das Proletariat per se revolutionär ist. Der Opportunismus ist für Luxemburg allein durch 'Akademiker' als dem Proletariat fremden, aus der Bourgeoisie stammenden Elementen entstanden. Der Akademiker handelt nämlich "nicht im Einklang mit dem eigenen Klassenempfinden, sondern [er kann] nur durch dessen Überwindung, auf dem Wege der *Ideologie* zum Sozialismus gelangen ... und [ist] deshalb eher zu opportunistischen Seitensprüngen prädisponiert ... als der aufgeklärte Proletarier"[157]. Ideologie wird hier also wieder einmal, wie schon oben, als 'Windbeutelei', als eher unstete Überzeugung, die von den materiellen Interessen entfernt ist, verstanden. Dementsprechend ist es natürlich nicht die Ideologie oder die Organisation, die dem Proletariat zur Revolution verhilft. Vielmehr gibt dem Proletarier "sein unmittelbarer Klasseninstinkt einen sicheren revolutionären Halt"[158].

Dieser Glaube an eine Art Klasseninstinkt, der der Schulung oder des ideologischen Kampfes letztendlich nicht bedarf, weil er Ausdruck der natürlichen Erfahrung seiner

---

155) Luxemburg LGW, Bd. 1/2 : 430.
156) Vgl. Mandel 1970; und Lukács 1971 : 422 ff.. Lukács' Kritik an Luxemburg, so richtig sie in einigen Einschätzungen auch ist, ist jedoch mit Vorsicht zu genießen. Wie bei Luxemburg der Glaube an den Gang der Geschichte zur unkritischen Bezugnahme auf bürgerliche Formen führt, führt bei Lukács derselbe Glaube zu einer unkritischen Lobpreisung der Bolschewiki. Dort heißt es dann, daß die Freiheit "der Herrschaft des Proletariats, nicht aber diese ihr zu dienen" hat (ebd. : 450). Dagegen bleibt natürlich die Luxemburgsche Kritik, trotz ihrer Herleitung, im Recht.
157) Luxemburg LGW, Bd. 1/2 : 437.
158) Luxemburg LGW, Bd. 1/2 : 437.

Träger ist, führt bei Luxemburg durchgängig zu einer Art revolutionärem Existenzialismus. Fragen der Organisierung und der Agitation konnte sie deswegen so gering veranschlagen, weil sie fest davon überzeugt war, daß die notwendig kommende Revolution selbst aus sich heraus für die Einheit und Kampfkraft der Arbeiterklasse sorgen werde. "Und wenn die Verhältnisse [!] in Deutschland für eine solche Periode den Reifegrad erreicht haben, werden im Kampfe die heute unorganisierten, zurückgebliebensten Schichten naturgemäß [!] das radikalste, das ungestümste, nicht das mitgeschleppte Element bilden"[159].

So verwundert es nicht, daß Luxemburg Lenin "*Subjektivismus*"[160] vorwirft. Denn für Rosa Luxemburg, so erklärt sie zum Abschluß ihrer antileninistischen Kritik, ist es der Geschichtsprozeß selbst, und als sein Agent die Arbeiterbewegung, die notwendig die Revolution macht. Revolutionäre, die diesen Prozeß durch Agitation und Organisation lenken wollen, überschätzen sich und vergessen, "daß das einzige Subjekt, dem jetzt diese Rolle des Lenkers zugefallen, das Massen-Ich der Arbeiterklasse ist"[161]. Dieses Massen-Ich aber bildet sich spontan aus dem Klasseninstinkt des Proletariats im Laufe des notwendigen Entwicklungsprozesses. Wir sehen: die Forderung nach Demokratie und die Kritik an Lenin ist so nur möglich, wenn ihr der teleologische Ökonomismus als Grundlage dient.

Dies zeigt sich auch in Rosa Luxemburgs Kritik an den ersten Maßnahmen der Bolschewiki nach der Oktoberrevolution. Der Frage der Organisierung nach geglückter Revolution, von Lenin und Trotzki nach der russischen Revolution gestellt und zugunsten der Diktatur des Proletariats mit schon deutlichen Tendenzen zu einer Diktatur über das Proletariat beantwortet, begegnet sie mit ihrer Demokratievorstellung. Für sie ist Sozialismus ein Experiment. Mehr als Hinweisschilder existieren nicht. Um den Sozialismus aus der Kraft Aller zu schaffen, fordert sie gegen das Organisationsmodell der Bolschewiki, daß die "wichtigsten demokratischen Garantien"[162] wie das Wahlrecht, die Pressefreiheit, das Vereins- und Versammlungsrecht, beibehalten bzw. eingeführt werden, da "ohne eine freie, ungehemmte Presse, ohne ungehindertes Vereins- und Versammlungsleben gerade die Herrschaft breiter Volksmassen völlig undenkbar ist"[163]. Für sie bedeutet die "Ausschließung der Demokratie, die lebendigen Quellen allen geistigen Reichtums und Fortschritts"[164] abzusperren.

---

159) Luxemburg LGW, Bd. 2 : 145.
160) Luxemburg LGW, Bd. 1/2 : 443 (Hervorhebung im Original).
161) Luxemburg LGW, Bd. 1/2 : 444.
162) Luxemburg LGW, Bd. 4 : 358.
163) Luxemburg LGW, Bd. 4 : 358.
164) Luxemburg LGW, Bd. 4 : 360.

Diese Forderungen wirken heute natürlich unglaublich vorausschauend. Die Geschichte der Sowjetunion - der Stalinismus scheint geradezu die historische Wahrheit der Luxemburgschen Position zu bestätigen. Doch dieser Eindruck täuscht. Denn Rosa Luxemburg hat keine andere politische Strategie für den Aufbau sozialistischer Strukturen. Sie hat als Alternative schlicht die ökonomistische Gewißheit anzubieten, eine Revolution werde von innen heraus sich immer weiter entfalten. Da für sie die Geschichte letzten Endes kein Zurück kennt, ist die Option der Konterrevolution kein ernstzunehmendes Problem. Die demokratische Form *garantiert* bei Rosa Luxemburg, daß die besten Wege gesucht und gefunden werden können. Diese Naivität basiert auf zwei theoretischen Überlegungen: Erstens die bereits erwähnte Formenneutralität. Die Form Demokratie ist in Zeiten bürgerlicher Herrschaft im Kern durch soziale Ungleichheit und Unfreiheit bestimmt[165]. Die Proletarier müssen während des Abbaus der Klassenherrschaft diesen Kern mit neuen sozialen Inhalten füllen. So entsteht aus der bürgerlichen Demokratie eine sozialistische[166]. Auch die prinzipielle Kritik der Form Staat, wie sie Marx seit der Pariser Kommune formuliert hat[167], ist Rosa Luxemburg fremd, von ihrer 1899 auf dem Parteitag in Hannover aufgestellten These, die Umbildung der kapitalistischen Wirtschaftsordnung sei nur durch die "Ergreifung der Staatsgewalt"[168] zu bewerkstelligen, bis hin zum Programm des Spartakusbundes, nach der die lebendige Wechselwirkung zwischen den Volksmassen und ihren Organen den "Staat mit sozialistischem Geiste erfüllen"[169] solle.

---

165) Vgl. auch Engels MEW 1 : 592, auf den sich Rosa Luxemburg insoweit mehrmals bezieht.
166) Vgl. Luxemburg LGW, Bd. 4 : 363. Man wende hier nicht ein, Rosa Luxemburg sei doch eine engagierte Kritikerin des Parlamentarismus und Verfechterin der Rätedemokratie gewesen. Denn ihre Forderung nach Räten und ihre Polemik gegen das Parlament wird zentral und fast ausschließlich damit begründet, daß das Parlament in Zeiten sozialer Revolution nicht die notwendige Entschiedenheit repräsentiere, und somit kein Instrument der Revolution sein könne. Vgl. dazu 'Nationalversammlung oder Räteregierung?', LGW, Bd. 4 : 460 ff.. Dort heißt es, daß der Parlamentarismus Arena des Klassenkampfes für das Proletariat gewesen sei. "Er war die Tribüne, von der die Massen um die Fahne des Sozialismus gesammelt, für den Kampf geschult" werden konnten. Das Parlament habe aber in der Phase der Revolution sein "Daseinsrecht verwirkt", denn "Kapital und Arbeit haben sich nichts mehr zu sagen".
167) Vgl. Marx/Engels MEW 4 : 574: "Namentlich hat die Kommune den Beweis geliefert, daß die 'Arbeiterklasse nicht die fertige Staatsmaschine einfach in Besitz nehmen und sie für ihre eignen Zwecke in Bewegung setzen kann'" oder wiederum die Kritik des Gothaer Programms: "Doch das ganze Programm, trotz alles demokratischen Geklingels, ist durch und durch vom Untertanenglauben der Lassalleschen Sekte an den Staat verpestet oder, was nicht besser, vom demokratischen Wunderglauben, oder vielleicht ist es ein Kompromiß zwischen diesen zwei Sorten, dem Sozialismus gleich fernen, Wunderglauben" (Marx MEW 19 : 31). Rosa Luxemburg hingegen bezieht sich nicht ohne Grund positiv auf Gotha und auf Lassalle.
168) Luxemburg LGW, Bd. 1/1 : 571.
169) Luxemburg LGW, Bd. 4 : 442.

Zweitens, und das basiert auf der eben dargestellten Unterschätzung der Form, ist aber in diesem Zusammenhang wichtiger, unterschätzt Rosa Luxemburg bürgerliche Herrschaft und deren institutionelle und ideologische Fundierung gründlichst. Demokratie und Aufklärung arbeiten allein für die Sache der Revolution. Die bürgerliche Herrschaft ist aber für sie rein ökonomischer und militärischer Provenienz: "Die bürgerliche Klassenherrschaft braucht keine politische Schulung und Erziehung der ganzen Volksmasse, wenigstens nicht über gewisse eng gezogene Grenzen hinaus"[170].

Diese zweite Annahme der Luxemburg ist mehr als die Doppelung der ersten. Luxemburgs Standpunkt legt nahe, daß bürgerliche Herrschaft und demokratische Formen einander äußerlich sind. Diese Beschreibung läuft im Kern darauf hinaus, zu behaupten, daß Parlamente, Vereine, Gewerkschaften, Medien etc. vom Proletariat erkämpfte Beigaben der bürgerlichen Herrschaft sind. Diese Position verkennt die Ambivalenz, das heißt den doppelten Charakter der Institutionalisierung. Parlamente etc. sind eben für das Proletariat nicht nur Tribüne (wie Rosa Luxemburg meint, s.o.), sie sind zumindest auch und meist zentrale Integrationsinstanzen von Protest, Transmissionsriemen bürgerlicher Hegemonie. Aber da Rosa Luxemburg die Herrschaft des Kapitals rein ökonomisch und militärisch analysiert, entgeht ihr die Notwendigkeit hegemonialer Politikkonzeptionen auch und gerade des Kapitals. Ist der Bourgeoisie die ökonomische Macht erst einmal entrissen, muß nichts mehr gefürchtet werden. Die Fragen des Politischen, der Hegemonie und der Ideologie werden aus dem Kontext zumindest von bürgerlicher Herrschaft ausgeblendet. Sie spielen - und das ist die konsequente Folge ihres Ökonomismus - keine Rolle. Das heißt: nicht nur in der eigenen Theorie haben ideologische Momente keinen Platz, sondern auch in der Einschätzung der gesellschaftlichen Situation spielen Aspekte wie die herrschende Ideologie, widerstreitende Interessen oder unterschiedliche Politikstrategien keine Rolle. Der notwendige Gang der Geschichte[171] garantiert für Luxemburg die tendenzielle Belanglosigkeit dieser Fragestellungen.

---

170) Luxemburg LGW, Bd. 4 : 359.

171) Gegenüber Kautskys Position bleibt jedoch eine entscheidende Differenz. Spätestens ab 1914 hält Luxemburg den Sozialismus für unumgänglich, weil es eine Alternative zu ihm gibt - nämlich die Barbarei. Dies ändert jedoch weder ihre feste Überzeugung, daß der Sozialismus (nun noch entschiedener) kommen müsse. Zudem bleibt diese binäre Logik von Sozialismus oder Barbarei auf dem Boden ihrer Position, daß sich der Kapitalismus als "normale" Herrschaftsform auf Dauer nicht reproduzieren kann. Zu Bedeutung und Grenzen der Rede von "Sozialismus oder Barbarei" vgl. Geras 1979 : 18 ff..

1.3.3. Die Abwesenheit des Ideologischen

Der Begriff der Ideologie spielt bei Luxemburg absolut keine Rolle[172]. Würde man auf dem begrifflichen Feld suchen, das er gemeinhin bestellt, so würde man bei Luxemburg nur Begriffe wie sozialistisches Bewußtsein oder revolutionäre Spontanität finden. Diese Begriffe sind aber natürlich kein Äquivalent für das Problem des Ideologischen, sondern zeigen im Gegenteil an, daß dieses Problem bei Rosa Luxemburg schlicht kein Thema ist. Wir werden später im Rahmen der luxemburgschen Demokratietheorie noch sehen, welche Probleme diese fast völlige Abwesenheit des Ideologischen nach sich zieht. Hier sollen erst einmal Beispiele für die Luxemburgsche Behandlung des, sagen wir mal, Überbaus gegeben werden.

In ihrer Streitschrift gegen Bernstein findet sich die folgende Polemik: "Wenn Theorien Reflexe (zweite Auflage: Spiegelbilder) der Erscheinungen der Außenwelt im menschlichen Hirn sind, so muß man angesichts der (neuesten) Theorie von Eduard Bernstein jedenfalls hinzufügen - manchmal auf den Kopf gestellte Reflexe (zweite Auflage: Spiegelbilder)"[173]. Auch wenn der Duktus dieses Satzes ironisch ist, so zeigt er das theoretische Verhältnis der Luxemburg zu Theorie und Bewußtsein. Voraussetzung ihres Bonmots ist die These, daß der Marxist im unmittelbaren Besitz derjenigen Theorie ist, die die Welt richtig beschreibt, der die Realität transparent ist. Natürlich konnte Luxemburg den Text der 'Deutschen Ideologie', die bekanntlich von Marx und Engels der nagenden Kritik der Mäuse überlassen worden war, nicht kennen. So ist es nur ein semantischer Zufall, daß Luxemburg Bernstein jene Wahrnehmung der Realität zuschreibt, die Marx und Engels in ihrem Frühwerk als konstitutiv für Wahrnehmung in arbeitsteiliger Gesellschaft überhaupt behauptet hatten. Da aber Bernstein gar keine wirkliche Theorie entwickelt hat, da seine Theorie nur in einer Verkennung der Realität besteht, ist der Kampf mit Bernstein kein "ideologischer Kampf", sondern ein wissenschaftlicher Kampf. Seine schärfste Waffe ist die eherne Gewißheit der Wissenschaftlichkeit des Marxschen Werkes und die Statistik.

Das Marxsche Werk hat die Geschichte und die Politik bewußt und transparent gemacht. Da es die wissenschaftliche Theorie des historischen Entwicklungsganges ist, bedarf es für die Arbeiterklasse nur seiner Kenntnis. "Durch den Marxschen Gedanken

---

172) Nicht nur als Konzept, sondern allein schon als Wort ist "Ideologie" in den Werken von Luxemburg kaum zu finden. Und wenn, dann in Äußerungen wie der folgenden: "Hier äußert sich wieder einmal in bemerkenswerter Weise das eherne Gesetz der Geschichte und die Windbeutelei aller 'Ideologie', die nicht in Klasseninteressen feste Wurzeln hat" (LGW Bd. 1/2 : 590).
173) Luxemburg LGW, Bd. 1/1 : 373.

ist also die Menschheit zuerst hinter das Geheimnis ihres eignen gesellschaftlichen Prozesses gekommen"[174]. War die bisherige Geschichte unbewußt, sie wurde also schlicht gemacht, so wie - verwenden wir die Analogie von Luxemburg, die diese wiederum dem 'Kapital' entleiht - die Biene Waben baut, tritt die Menschheit nun in den bewußten Teil ihrer Geschichte. Da nur die Sozialdemokratie aber über die wissenschaftliche Erkenntnis der Geschichte verfügt, ist sie die Vertreterin der geschichtlichen Wahrheit schon innerhalb der kapitalistischen Ordnung. "Mit dem Ariadnefaden der Marxschen Lehre in der Hand ist die Arbeiterpartei heute die einzige, die vom historischen Standpunkt *weiß, was sie tut*, und deshalb *tut, was sie will*. Darin liegt das ganze Geheimnis der sozialdemokratischen Macht"[175]. Damit ist das Problem der Ideologie vollständig durch die Wissenschaft verdrängt. Es verwundert also keineswegs, daß Ideologie bei Luxemburg keine Rolle spielt. Die Arbeiterbewegung selbst braucht nämlich keine. Ihr Kampfwillen ist weder in der trade-unionistischen Verfolgung materieller Verbesserungen, noch in christlicher Askese oder einer utopischen Vorstellung von Gerechtigkeit begründet. All dies bedarf die Arbeiterklasse nicht. Allein die "Einsicht in die Gesetzmäßigkeit der objektiven historischen Entwicklung ... ist es, in der sie die feste Bürgschaft des schließlichen Sieges erblickt und aus der sie nicht nur den Ungestüm, sondern auch die Geduld, die Kraft zur Tat und die Ausdauer schöpft"[176]. Marxisten schöpfen also ihre Kampfkraft aus der wissenschaftlich fundierten Garantie des Sozialismus. Aber auch für die alltäglichen Kämpfe bedarf es keiner weiteren strategischen Überlegungen. Denn sowohl die bürgerliche Politik läßt sich "bis in die Verschlingungen der Tagespolitik" aus dem ökonomischen Konflikt ableiten, wie die Arbeiterbewegung nun einen Maßstab bei der Wahl aller Mittel und Wege im Kampf hat, der "planloses Experimentieren" und "kraftvergeudende utopische Seitensprünge" völlig überflüssig macht. "Die einmal erkannte Richtung des ökonomischen und politischen Prozesses in der heutigen Gesellschaft ist es, an der wir nicht nur unseren Feldzugsplan in seinen großen Linien, sondern auch jedes Detail unseres politischen Strebens messen können"[177]. Verkennung, ideologische Herrschaft oder notwendig falsches Bewußtsein haben in dieser Konzeption keinen Platz.

Georg Lukács, glühender Verehrer der luxemburgschen Ökonomietheorie, hat diese unzureichende Beachtung des Ideologischen und Politischen bei Luxemburg treffend

---

174) Luxemburg LGW, Bd. 1/2 : 371.
175) Luxemburg LGW, Bd. 1/2 : 371.
176) Luxemburg LGW, Bd. 1/2 : 372.
177) Luxemburg LGW, Bd. 1/2 : 373.

kritisiert[178]. Ansatzpunkt seiner Auseinandersetzung ist ihre Stellungnahme zur Agrar-frage in Rußland. Luxemburg argumentiert hier, "daß die unmittelbare Landergreifung durch die Bauern mit sozialistischer Bewirtschaftung gar nichts gemein hat"[179]. Für sie hat die Revolution hier sich nicht wirklich in die Agrarfrage umgesetzt. Den Hinter-grund der bolschewistischen Agrarpolitik, nämlich damit eine materielle Grundlage für ein Bündnis der Kleinbauern mit dem Proletariat zu schaffen, nimmt sie nicht wirklich zur Kenntnis. Lukács zeigt, daß sich Luxemburg nicht hätte die Frage stellen sollen, was einer sozialistischen Wirtschaft (abstrakt) entspricht, sondern welche Bündnisse eingegangen werden mußten, damit die russische Revolution nicht weggefegt werde. Luxemburg erkennt zwar den taktischen Gehalt dieser Maßnahme an, aber nicht ihre Notwendigkeit. Der Kampf um die Köpfe entscheidet sich für sie nicht durch taktische Maßnahmen als Kampf um Hegemonie, sondern der Kampf um die Köpfe ist in gewis-ser Weise bereits entschieden und gewonnen, wenn es eine sozialistische Revolution gegeben hat. Die Politik, die sich hiernach etabliert, steht im Entsprechungsverhältnis zu dem ökonomischen System. "Das sozialistische Gesellschaftssystem soll und kann nur ein geschichtliches Produkt sein, geboren aus der eigenen Schule der Erfahrung ..., die genau wie die organische Natur, deren Teil sie letzten Endes ist, die schöne Gepflogenheit hat, zusammen mit einem wirklichen gesellschaftlichen Bedürfnis stets auch die Mittel zu seiner Befriedigung, mit der Aufgabe zugleich die Lösung vorzu-bringen"[180]. Lukács kritisiert zu Recht die Überschätzung der spontanen und elemen-taren Kräfte in der Revolution durch Luxemburg. Rosa Luxemburg gehe von einem organischen Selbstlauf der Revolution aus, einem "ideologische(n) Hineinwachsen in den Sozialismus"[181]. Grundlage dieser falschen Annahme ist die Unterschätzung des ideologischen Kampfes und die Überschätzung der ideologischen Geschlossenheit der Arbeiterklasse. "Rosa Luxemburg geht also ... davon aus, daß die Arbeiterklasse geschlossen, einheitlich-revolutionär in die Revolution eintreten wird, ohne von den demokratischen Illusionen der bürgerlichen Gesellschaft vergiftet und auf Irrwege geführt zu sein"[182]. Somit erledigt sich für sie Opportunismus und Konterrevolution quasi spontan aus dem Selbstlauf der proletarischen Revolution. Wäre diese Position richtig, so folgt daraus, auch für Lukács, die Ablehnung der bolschewistischen Kon-

---

178) Natürlich kann Lukács als Historizist nicht bis zum Kern der Problematik vordringen, da er diese Problematik selbst teilt. Wenn er also auch die luxemburgschen Schwächen als unzureichende Anwendung dialektischen Denkens kritisiert und selbst äußerst fragwürdige Lobpreisungen der Bolschewiki "dialektisch" begründet, so bleibt doch die 'Phänomenologie' seiner Kritik an Luxemburg sehr aufschlußreich.
179) Luxemburg LGW, Bd. 4 : 342.
180) Luxemburg LGW, Bd. 4 : 360.
181) Lukács 1971 : 431.
182) Lukács 1971 : 440.

zeption der Partei. Ist sie aber, wie insoweit mit Lukács übereinstimmend hier vertreten wird, falsch, so folgt daraus zwar noch nicht - anders als für Lukács - die Richtigkeit der bolschewistischen Parteikonzeption. Jedoch zeigt sich, daß es dann Probleme der Taktik, Hegemonie und Strategie gibt, die die Luxemburg mit ihrer metaphysischen Behauptung, daß jedes Problem seine Lösung in sich trage, nur verkleistert. Mag man also auch Teilen der luxemburgschen Kritik an den Bolschewiki im Ergebnis zustimmen, so hat sie keine plausiblen Antworten auf die Fragen zu bieten, die Lenin auch nach 1917 stellt: Hegemonie und ideologischer Kampf.

1.3.4. Praxis jenseits der Theorie

Mit ihren ökonomistischen Grundannahmen, auf denen sich ihr Aktionismus, ihr revolutionär-idealistischer Existenzialismus und ihre Demokratietheorie entfalten, bleibt Rosa Luxemburg im Rahmen des Denkens ihrer Gegner. Er findet sich nicht nur bei Kautsky, sondern auch bei Bernstein. Auch war sie deren naturalisiertem Gesellschaftsverständis gegenüber, wie wir oben gesehen haben, offen. Was Luxemburg in die Minderheit und Opposition innerhalb der Sozialdemokratie brachte, war letztlich nicht ihre Theorie, sondern ihre Bereitschaft zum offensiven Klassenkampf[183]. Diese allerdings beruhte nicht auf einer Analyse, die den Kämpfen eigenständiges Gewicht zusprach, sondern auf einer ökonomistischen Analyse, die im Unterschied zu ihren Gegnern den Zeitpunkt revolutionärer Erhebungen bereits für gekommen ansah.

---

183) Daß Rosa Luxemburg zum Idol undogmatischer MarxistInnen wurde, ist nicht zuletzt auch ein Resultat ihrer Kritiker aus den Parteioligarchien, ihrer praktisch-revolutionären Politik gegen den Krieg und für eine sozialistische Revolution in Deutschland und ihrer Ermordung durch die Reaktion mit aktiver Billigung der Sozialdemokratie. Die Haßtiraden aus der stalinisierten KPD (Ruth Fischer (1925): Rosa Luxemburgs Theorie als "Syphilisbazillus" in der Arbeiterbewegung (zit. nach Geras 1979 : 13); Ernst Thälmann (1932): "... in all den Fragen, in denen Rosa Luxemburg eine andere Auffassung als Lenin vertrat, war ihre Meinung irrig") und die parteioffiziellen Vorworte zur Ausgabe der Gesammelten Werke auf der einen, die Hypostasierung zur aufrechten, menschlichen Vorkämpferin (Exemplarisch: "Wichtig erscheint an der Theorie Rosas letztlich nicht so sehr das WAS ..., wichtig ist vor allem das WIE ... Wenn es darum geht, nach einem Vorbild Ausschau zu halten, bei dem Engagement Sympathie für die Erniedrigten und Unterdrückten bedeutet - in ihrer Person ist es verkörpert", (Hetmann 1986 : 13 ff.), oder der Film von v. Trotha.), zur "Leidensmutter der Linken" (vogue) auf der anderen Seite, zeitigen Effekte, die sich mit der Theorie (ja selbst mit der Praxis) Rosa Luxemburgs schlicht und einfach nicht erklären lassen.

2. Mathematische Differenzen - oder: Luxemburg, Kautsky, Bernstein, die II. Internationale und das Politische

Es ist wohl kaum übertrieben, zu behaupten, daß der *theoretische* Streit zwischen Luxemburg, Kautsky und Bernstein ein rein mathematischer war. Alle drei waren sich darüber einig, daß sich die Gesellschaft auf einer teleologischen Entwicklungslinie befindet, deren sicheres Ziel der Sozialismus ist. Nur waren Kautsky und Luxemburg davon überzeugt, daß die subjektivistische Fortschrittsidee in Form des sich entfaltenden ethischen Subjekts den Sozialismus nicht hinreichend garantieren könne. "Entweder hat Bernstein in bezug auf den Gang der kapitalistischen Entwicklung recht, dann verwandelt sich die sozialistische Umgestaltung der Gesellschaft in eine Utopie, oder der Sozialismus ist keine Utopie, dann muß aber die Theorie der "Anpassungsmittel" (so nennt Luxemburg die von Bernstein entwickelten Instrumente der Steuerung, mt.) nicht stichhaltig sein"[184].

Doch eine wirkliche Antwort auf die eigentliche Problemstellung gaben die führenden Theoretiker der SPD nicht. Bernsteins zentrale Frage war die nach dem Nichteintreffen der erwarteten Krise. Er fragte, warum der Kapitalismus nicht seinem prognostizierten Untergang entgegengehe. Die Bernsteinsche Frage aber war, sieht man einmal sowohl von ihrer seltsam ökonomistisch-idealistischen 'Auflösung' und der intendierten politischen Rechtsverschiebung ab, völlig berechtigt. Labriola erkennt diesen Kern und sagt: "Unter der Oberfläche all dieses Debattierlärms ... gibt es in Wahrheit eine schwerwiegende und grundlegende Frage: die brennenden, heftigen und verfrühten Hoffnungen der letzten Jahre - jene zu genau umrissenen und detailgenauen Erwartungen - kollidieren mit der heute komplizierter gewordenen Widerstandskraft der ökonomischen Verhältnisse und noch verwickelteren Mechanismen der politischen Welt"[185].

Daß wir aber in der II. Internationale so wenig über Kämpfe und die Bedeutung der Ideologie lesen können, liegt in jener positivistischen und gleichzeitig hegelianisierenden Auffassung begründet, die die gesellschaftliche Entwicklung Gesetzen unterworfen sieht, die völlig äquivalent zu Naturgesetzen sind und deren positive und unfehlbare Erkenntnis im Marxismus liegt. Selbst Bernstein hätte dieser Charakterisierung zugestimmt, insoweit ein Kant zuvor den Cant des Marxismus entfernt und die dialektische Entwicklung durch eine evolutionäre des Subjekts ersetzt hätte. Auf die Infragestellung des Marxismus durch den Revisionismus aber antworteten sowohl

---

184) Luxemburg LGW, Bd. 1/1 1990 : 377.
185) Labriola zit. nach Colletti 1968 : 22.

Kautsky als auch Luxemburg mit einer theoretischen Verhärtung. Denn die Fragen des Revisionismus führen, wie wir schon bei Bernstein gezeigt haben, nicht notwendig zu dessen Antworten. Auf die Revision der Zusammenbruchstheorie durch Bernstein wurde aber von Kautsky und Luxemburg in jenem wunderbar dialektischen Doppelschritt reagiert, der zuerst die Existenz einer 'Zusammenbruchstheorie' im Marxismus als revisionistische Erfindung brandmarkt, um sodann im Folgenden die besten Beispiele für eben jene Zusammenbruchstheorie eigenhändig zu formulieren.

Die Antwort auf Bernstein war nicht politisch, sondern mathematisch. Kautsky, der ohnehin eine ganze Weile glaubte, bei dem Streit mit seinem alten Freund handele es sich um Unklarheiten und Mißverständnisse[186], begab sich mit Bernstein in eine statistische Auseinandersetzung. Die Stabilität des kapitalistischen Systems und der von Bernstein aufgeworfene Zusammenhang mit der ideologischen Problemstellung wurden von den Exponenten der SPD ausgeblendet. Sie befaßten sich mit der zunehmenden Konzentration und der expansiven Haltung des Kapitals[187].

Luxemburg erklärt kurzerhand die relativ stabile ökonomische Situation der 90er Jahre damit, daß der Kapitalismus noch nicht in sein wirklich krisenhaftes Stadium eingetreten ist. Da nicht sein kann, was nicht sein darf, nämlich daß im Kapitalismus Mechanismen zur Krisenbekämpfung ausgebaut werden können, werden von Luxemburg die bisherigen Krisen umdefiniert. Während bislang darin ein Ausdruck der Altersschwäche des Kapitalismus gesehen wurde, sind diese Krisen in Wirklichkeit "Kinderkrankheiten". Ihr aktuelles Ausbleiben stellt somit nicht die Teleologie des sicheren Zusammenbruchs in Frage, sondern verschiebt ihn nur etwas in die Zukunft. Somit ist die relative Prosperität nur die Ruhe vor dem Sturm. "Wir befinden uns in einer Phase, wo die Krisen nicht mehr das Aufkommen des Kapitalismus und noch nicht seinen Untergang begleiten"[188]. Damit war ihre Argumentation nichts als das Spiegelbild der bernsteinschen. Während bei Luxemburg die Phase relativer Prosperität keinerlei theoretische Bedeutung für eine Theorie der krisenhaften Entwicklung haben darf, ist sie bei Bernstein schon der sichere Beweis dafür, daß es zu wirklich ernsthaften Krisen nicht mehr kommen kann. Die Unterschätzung der Variabilität kapitalistischer Entwicklung korrespondiert mit der theoretischen Überschätzung einer historischen Entwicklungsphase. Beide Logiken können sich in ihrer Geschichtsphilosophie nur eine Kontinuität vorstellen. Die Kontinuität der zunehmenden Krisen oder eben die Kontinuität der zunehmenden Stabilität.

---

186) Vgl. Bartel 1977 : 209 f..
187) Vgl. Anderson 1978 : 23 ff., der darauf aufmerksam macht, daß sich alle MarxistInnen von Bedeutung daran machten, Marx' ökonomisches Werk fortzuschreiben.
188) Luxemburg LGW, Bd. 1/1 : 385.

Man muß hier wohl analytisch unterscheiden[189]. Einerseits eine teleologische Geschichtsauffassung, die nicht notwendigerweise ökonomistisch sein muß. Sowohl Hegel, als auch Kant können hier als idealistische Modelle gelten. Zwar hat der Import des Hegelianismus, wie der des Kantianismus in den Marxismus (bei Bernstein), zu einer Liäson von teleologischer Geschichtsphilosophie und Ökonomismus geführt, dies ist aber nicht notwendig. Umgekehrt finden wir einen Ökonomismus auch ohne explizite Geschichtsphilosophie in allen Theorien, die wie diejenige der Industriegesellschaft usw. die zentralen Merkmale der Vergesellschaftung aus der Entwicklung und Veränderung der Produktivkräfte herleiten.

Beide Vorstellungen über das "Wesen" der Gesellschaft aber machen eine Analyse ideologischer Kämpfe tendenziell überflüssig. In der II. Internationale aber verbinden sich beide zu einem völligen theoretischen Desinteresse an der Kontingenz gesellschaftlicher Entwicklung und der Relevanz hegemonialer Kämpfe. Der Verzicht darauf, gesellschaftlichen Phänomenen, die nicht direkt ökonomisch, oder direkt aus der Ökonomie abzuleiten sind, eine eigenständige, oder auch nur relativ eigenständige Erklärungskraft für gesellschaftliche Verhältnisse oder eine eigene Machtwirkung zuzusprechen, ist geradezu das zentrale Merkmal, der kleinste gemeinsame Nenner des Marxismus der II. Internationale. Bei Kautsky ist dies offensichtlich, hier sind Kämpfe, Politik und Ideologie nur im Entsprechungsverhältnis zur Ökonomie zu sehen, sie sind immer Ausdruck der jeweiligen ökonomischen Verhältnisse, sichtbarer Indikator derselben. Für Rosa Luxemburg hingegen sind Ideologien 'Windbeuteleien', also Vorstellungen, die nicht in der ökonomischen Entwicklung und den Interessen selbst beheimatet sind. Diese spielen aber keine Rolle, so daß sie konsequenterweise nicht begrifflich gefaßt werden. Die Kämpfe aber verdanken sich dem sozialistischen Bewußtsein und dem Klasseninstinkt, diese wiederum allein der ökonomischen Entwicklung. Politik und Kämpfe nehmen - anders als bei Kautsky - in ihren Politikkonzepten eine zentrale Rolle ein, nicht aber in ihrer Theorie von gesellschaftlicher Entwicklung und Veränderung. Dieser Hintergrund läßt ihr sonst so dynamisch wirkendes Modell von Politik und Aktion besonders statisch wirken. Selbst Eduard Bernstein, der mit seinem Beharren auf der Wichtigkeit des Politischen und seiner Kritik an der Behauptung, daß der Sozialismus unweigerlich durch die ökonomische Entwicklung selbst hervorgebracht werde, bricht nicht mit dem Ökonomismus und Determinismus. Sein revisionistisches Politikkonzept verbindet er mit der Annahme einer stetigen Entwicklung zum Höheren, Besseren. Der Staat werde unumkehrbar und quasi automatisch zum Staat des ganzen Volkes[190]. Nicht nur die Teleologie wird von ihm nicht in Frage

---

189) Vgl. zur Analyse der Geschichtsphilosophie des Marxismus auch Balibar 1995 : 80 ff..
190) Vgl. Bernstein 1899 : 124 und 126.

gestellt, sondern auch die Logik einer Selbstentfaltung der Produktivkräfte. Diese erst macht den Platz frei, in dem die Entfaltung der Produktivkräfte tendenziell durch die Selbstentfaltung des ethischen Subjekts abgelöst werden kann.

Was Rosa Luxemburg und letztendlich auch Kautsky von dem Revisionismus Bernsteins trennt, ist daher eine rein mathematische Frage[191]. Für Bernstein war das unvermeidliche Ende des Kapitalismus und der Übergang zum Sozialismus rechnerisch nicht nachweisbar, sondern lediglich höchst wünschenswert im Sinne der praktischen Vernunft Kants. Daß aber diese Vernunft sich zweifelsfrei durchsetzen würde, hielt Bernstein für unstreitig. Somit verkannte Luxemburg in ihrer Antwort auf den Bernsteinschen Revisionismus - die politische Aktion müsse Reflex ökonomischer Vorgänge sein, da ansonsten "der Sozialismus ... auf(höre), eine historische Notwendigkeit zu sein" -, daß Bernstein nur der ersten der beiden Thesen widersprach. Auch für ihn war der Sozialismus eine historische Notwendigkeit, welche sich jedoch im Rahmen des Kapitalismus schrittweise erreichen und durch politische Aktionen gestalten ließe. Man kann sich der Schlußfolgerung Rosenbergs nur anschließen. Zwar verkannten die Revisionisten (bewußt oder unbewußt) den Charakter des Imperialismus. Dieser zeigte denn auch recht bald, daß die relative ökonomische und politische Friedlichkeit der 90er Jahre des letzten Jahrhunderts und des beginnenden 20. Jahrhunderts kein Beginn eines friedlichen Übergangs zum Sozialismus war. "Dessen ungeachtet war die revisionistische Lehre in ihrem praktischen Nutzen für die Arbeiterbewegung dem offiziellen Radikalismus bei weitem überlegen. Hätten die sozialistischen Parteien die Lehre des Revisionismus angenommen ... hätten (sie) in einer breiten Volksbewegung den Kampf gegen den herrschenden Imperialismus und Militarismus aufgenommen. Auf diese Weise wären die Arbeiterparteien in den großen Ländern in einen wirklichen Machtkampf geraten, und die Erfahrung des Machtkampfes hätte sie auch am ehesten von den Illusionen des formalen Pazifismus befreien können"[192]. Auch wenn Rosenberg den Quietismus des Revisionismus unterschätzt, so hat er doch im Kern Recht. Die richtige Antwort auf den Revisionismus wäre nicht der Ökonomismus, sondern die Kritik sowohl des zentristischen, wie des revisionistischen Quietismus gewesen. Denn es ist strategisch kaum verwunderlich, daß Bernstein dort am "ökonomistischsten" wird, wo er betont, daß die Revolution objektiv noch nicht möglich ist. Seine Theorie des ethischen Subjekts und der relativen Autonomie der Politik sicherte er gegen eine linksradikale Besetzung durch eben jenen Ökonomismus

---

191) Das hat Georg Fülberth (Fülberth 1991 : 10 ff.) in dem Kapitel mit der schönen Überschrift "Rosa Luxemburg und die Grundrechenarten" kurz und knapp erläutert.
192) Rosenberg 1988 : 265.

ab. Dies aber erkannte die Linke nicht, sondern stritt sich mit Bernstein auf dem Feld des Ökonomismus um Zahlen, Statistiken und Formeln.

Obwohl also weder Luxemburg, noch Bernstein, noch Kautsky den theoretischen Rahmen des ökonomistischen Denkens sprengen konnten oder wollten, reagierten sie dennoch mit ihren Politikkonzepten. Ihr Problem war, daß das angenommene Entsprechungsverhältnis von Ökonomie und Politik immer instabiler wurde und die Gefahr bestand, daß das ökonomisch bestimmte Bewußtsein die Menschen nicht mehr zur Klasse einte. Deswegen wird bei Kautsky der Intellektuelle geboren, der Parteiführer, der als Repräsentant einer Theorie Zeitpunkte und Aktionsradius klassenkämpferischer Erhebungen bestimmen soll, damit der Verschleiß der Kämpfenden minimiert und der Kampf zielgenau gestaltet wird. Bei Luxemburg wird deswegen das verstärkte Pochen auf die politische Aktion zentral, was sie in einen (und das ist kaum zu drastisch formuliert) letztlich tödlichen[193]) Widerspruch zu ihrer Partei bringt. Und bei Bernstein ersetzt die Ethik die unsicher gewordene Ökonomie als Garant des Sozialismus.

Laclau/Mouffe verweisen im Zusammenhang mit der ersten Krise des Marxismus auf ein Paradox. Alle führenden TheoretikerInnen der Sozialdemokratie waren innerhalb des gleichen Dilemmas. Die ökonomische Situation war noch nicht so weit fortgeschritten, daß sie die Klasseneinheit - qua revolutionärer Situation/ langsamen Hineinwachsen - herstellen konnte. Die Politik hingegen vermochte den Klassencharakter und damit die unterstellten gleichen ökonomisch-politischen Absichten der Subjekte nicht zu garantieren[194].

Diese 'Politik'-Konzepte waren somit notwendig geworden, weil die historische Situation anders, als von Marx und Engels prognostiziert, verlief. Diese waren bereits im 'Kommunistischen Manifest' davon ausgegangen, daß der Zeitpunkt, sich "die ganze alte Scheiße vom Halse zu schaffen", greifbar nahe sei. Engels modifizierte dies nur bedingt, als er davon ausging, daß alle zehn bis fünfzehn Jahre revolutionäre Erhebungen das System angreifen, gegebenenfalls zerbrechen würden. Wie zentral und

---

193) Vgl. zur Ermordung Rosa Luxemburgs und zur Verantwortung der Sozialdemokratie: Gietinger 1993.
194) Vgl. Laclau/Mouffe 1991 : 77 und 39: Die Aufgabe, diese Lücke zu schließen, kommt nach Ernesto Laclau und Chantal Mouffe dem Begriff der Hegemonie zu. In ihrem Buch gehen sie der Frage nach der Genealogie des Begriffs der Hegemonie nach, und zwar in Form einer 'Archäologie eines Schweigens'. Ihre Behauptung ist, daß der Begriff der Hegemonie eine Lücke zu schließen hat, so "daß Kämpfe einen Sinn bekommen und historische Kräfte mit voller Positivität ausgestattet werden".

ernsthaft sich mit diesen erwarteten Revolutionszeitpunkten auseinandergesetzt wurde, ist bei Kautsky nachzulesen[195]. Doch Engels steht noch für einen zweiten Strang. Auch er war in seinen letzten Jahren zu dem Eindruck gelangt, daß erstens dem Ideologischen viel mehr Gewicht zukommen müsse als dies bei ihm und Marx zumindest im Ergebnis immer der Fall war, und daß zweitens der politisch-parlamentarische Weg die ArbeiterInnenbewegung zum Ziel führen könne. Diese politisch-strategische Orientierung von Engels, kombiniert mit einer langen Phase enormer ökonomischer Stabilität, veranlaßte zum einen, die ökonomischen Annahmen von Marx rechnerisch zu verifizieren[196], zum anderen, politisch zu reagieren.

Gerade die 'westliche' Tradition des Marxismus (Anderson), die sich auch als Reaktion auf den Ökonomismus der II. Internationale (genauer: dessen Unfähigkeit, sowohl die russische Revolution, als auch die Niederlage der Revolution im Westen und das Aufkommen des Faschismus zu erklären) bildete, schließt dieses Kapitel der marxistischen Tradition gerne aus ihrem Denken aus. Das hat Gründe. Nur im Marginalen finden sich Ansätze für einen Marxismus, der nicht produktivkraftökonomistisch verkürzt ist. Und diese wenigen Ansätze werden vom Positivismus und Ökonomismus überwuchert. So knüpft gerade der westliche Marxismus zum überwiegenden Teil beim jungen Marx an und benennt die Verkürzungen und Fehlentwicklungen nur in Abgrenzung zu ihm. Alle Fehler der II. Internationale wurden im westlichen Marxismus einer Fehlinterpretation, einer Verflachung oder einer Verfälschung des "wahren" Marx zugeschrieben. Zu dieser Tradition gehört auch, daß immer auf Engels verwiesen[197] wird, wenn es um den Ökonomismus in der marxistischen Tradition geht. Der 'Anti-Dühring' ist dafür ein beredtes Beispiel, er diente sowohl Kautsky als auch Bernstein dazu, zu Marxisten zu werden. So liegt der Schluß nahe, daß Engels diese Generation prägte.

Nun ist auch hier aufgezeigt worden, daß diese Charakterisierung eine hohe Berechtigung hat. Doch übersieht sie, daß auch Marx mit seiner Definition des Ideologischen, mit seiner im Vorwort zur 'Kritik der politischen Ökonomie' entwickelten Topologie, mit seinem Stufenmodell gesellschaftlicher Entwicklung und mit seinen teleologischen Annahmen über den ökonomischen Lauf der Dinge alles Wesentliche geliefert hat, was den Stoff für die II. Internationale bildete. Es reicht also nicht aus, den wahren Marx

---

195) Vgl. Kautsky 1972 : 22 ff.. Das Kapitel heißt treffenderweise "Die Prophezeiung der Revolution". Dort kann man Kautskys Versuch nachlesen, die Methode richtiger von der falscher Prophezeiungen zu unterscheiden.
196) Vgl. Anderson 1978 : 23 f..
197) Vgl. dazu Stedman Jones 1988 : 231 ff..

zu retten. Man muß sich eben auch fragen, inwieweit die II. Internationale, und später der Stalinismus, die marxsche Theorie bis zur Kenntlichkeit entstellt hat (Bloch).

Auch fällt durch diese Lesart - die Engels im ursprünglichen Sinn des Wortes als Sündenbock alle Fehler des "praktisch gewordenen" Marxismus auferlegt, um ihn in die Wüste zu schicken und den Marxismus dadurch gereinigt zu haben - weg, daß es gerade Engels war, der in seiner Korrespondenz mit den Repräsentanten der II. Internationale die ideologischen Formen gegen den Ökonomismus stark gemacht hat. Auch, und das ist noch unsinniger, wird von den gleichen Theoretikern, die Engels als Verflacher denunzieren, regelmäßig auf eine angebliche Theorie der 'letzten Instanz' (die Worte stammen ja bekanntlich von Engels) verwiesen, die dann zeigen soll, daß alle Vorwürfe des Ökonomismus gegen den Marxismus 'in letzter Instanz' unberechtigt sind.

Dieses Ausschneiden dieser bestimmten Phase des Marxismus, gerade durch den westlichen Marxismus, ist aber von großem Nachteil, lassen sich doch zwei Dinge besonders gut herausarbeiten. Zum einen werden die Probleme bestimmter Linien im Marxismus durch ihre konsequente Anwendung in ihren Auswirkungen deutlich. Und, diese Antworten auf die erste 'Krise des Marxismus'[198] enthalten Elemente einer Reformulierung des Marxismus, der die Ideologie und die Kämpfe der Menschen als Faktoren mit eigener Machtwirkung berücksichtigt.

Da ist die engelssche "Form", wenn sie ein Begriff und nicht nur ein Wort wäre. Und der kautskyanische Intellektuelle und Parteiführer, der, wenn in einem leninschen und noch stärker in einem gramscianischen Kontext gelesen, eine wichtige Funktion zur Herstellung eines neuen gesellschaftlichen Machtgefüges hat. Und die Kämpfe der Luxemburg, die in ihrer politischen Konzeption einen zentralen Platz einnehmen, könnten dergestalt auch in der Theorie radikalisiert werden, daß sie auch Ursache, nicht nur Wirkung sind. Daß dabei von einer, wie Luxemburg sagt, gegenseitigen

---

198) Das Schlagwort von der 'Krise des Marxismus' findet sich erstmals bei Masaryk 1899 : 586 ff.. Sowohl Hofmann 1979 : 176, als auch Laclau/Mouffe 1991 zeigen, daß der Revisionismus eine Reaktion auf diese theoretische Krise ist. Luxemburg, auch wenn sie praktisch (und mit ihrer Neudeutung der Alterskrisen als Kinderkrankheiten teilweise auch theoretisch) auf diese Krise reagiert, leugnet wenn nicht schlicht ihre Existenz, zumindest aber ihre Bedeutung: "Vor zwanzig Jahren hat Marx seinen gewaltigen Kopf zur Ruhe gelegt, und trotzdem wir erst vor wenigen Jahren das erlebt haben, was man in der Sprache der deutschen Professoren 'die Krise des Marxismus' genannt hat, so genügt ein Blick auf die Massen, die heute allein in Deutschland dem Sozialismus folgen, auf seine Bedeutung im öffentlichen Leben aller sogenannten Kulturländer, um das Werk des Marxschen Gedankens in seiner Riesenhaftigkeit zu fassen" (LGW, Bd. 1/2 : 369).

politischen und ökonomischen Befruchtung ausgegangen werden muß, zeigt dafür einen Weg, auch wenn die Äußerlichkeitsbeziehung von Ökonomie und Politik, die hinter derartigen Formulierungen steckt, in Frage gestellt werden muß. In all diesen Krisenantworten stecken Elemente, in denen auch Ansätze zu finden sind, die theoretisch in der Lage sind, die ökonomistische Lesart des Sozialismus, deren Exponenten sie doch sind, zu transzendieren.

Teil III
Die Wiederkehr des Politischen

1. Wladimir Iljitsch Lenin - oder: die Politik des Kampfes

Sich mit Wladimir Iljitsch Lenin zu befassen, ist in vielfacher Hinsicht schwierig.
Weder kann auf ein zentrales, grundlegendes, theoretisches Werk zurückgegriffen
werden, noch auf eine einheitliche politische Strategie. Der Begriff des Kampfes, so
wie ihn der Marxismus bisher verstanden hatte, fehlt genauso wie der richtungs-
weisende Ökonomiebegriff. Diese theoretische wie praktische Unübersichtlichkeit hat
in der Rezeption zu zumindest vier Umgehensweisen geführt: Erstens wurde Lenin als
'reiner' Politiker gesehen, dessen Praxis keine wirkliche Theorie zugrundeliege[1]. Nur
auf den ersten Blick ähnlich ist die zweite Herangehensweise: Lenin wird dort zwar
eine unzureichende Theoretisierung seiner Praxis vorgeworfen, jedoch wird gerade in
dieser Praxis implizit eine neue Theorie, ja gar eine neue marxistische Philosophie
erkannt[2]. Drittens wird der Versuch unternommen, Lenin der Weite und Offenheit
seines praktischen und theoretischen Feldes wegen für jede Strategie und Gegenstra-
tegie zu verwenden[3]. Viertens wird seine Theorie dogmatisiert und kanonisiert und als
sogenannter 'Marxismus-Leninismus' zur Legitimationswissenschaft stalinistischer
Praxis[4].

Ein zweites und für diese Untersuchung zentrales Problem kommt hinzu. Gemeinhin
wird Lenin als Marxist gesehen und seine Theorie auf dem marxistischen Terrain verortet. Diese Vorannahme verflüchtigt sich aber bei genauem Hinsehen, freilich nur
unter der Voraussetzung, daß unter 'Marxismus' der bis dato analysierte Kanon verstanden wird. Waren bei den bis jetzt untersuchten und dargestellten TheoretikerInnen
und PolitikerInnen des Marxismus Kämpfe als eigenständiges Phänomen kaum vorhanden und war deswegen die zentrale Frage dieser Untersuchung: 'wo werden die
Kämpfe, jenseits der Ökonomie, also als eigenständige Kämpfe verortet?'; so verliert
diese Frage bei der Untersuchung von Lenins Werk ihre Bedeutung. Sie dreht sich um

---

1) So die Grundintention beispielsweise in Eisenberg 1977: "Lenin war in erster Linie praktischer
   Revolutionär" (ebd. : 337).
2) Dies ist der Grundtenor der Leninrezeption von Gramsci und insbesondere auch Althusser. Vgl.
   Althusser 1974.
3) vgl. exemplarisch die Leninrezeption des 'Projekts Klassenanalyse' (1972) und die ausführliche
   Kritik daran von Rabehl u.a. 1974.
4) vgl. dazu die ebenso kurze wie prägnante Analyse von Labica 1986. Aufschlußreich ist dazu auch
   Negt 1974.

ihre eigene Achse. Lenin muß, anders als die klassischen MarxistInnen darauf befragt werden, inwieweit er die Ökonomie überhaupt zentral setzt, und Kämpfe von der 'Basis' her denkt. Betrachtet man das Verhältnis von Ökonomie und Politik im klassischen Marxismus analog zur Mengenlehre als einen Raum sich überdeckender Kreise, in dem die Ökonomie die Politik überlagert und fast gänzlich abdeckt, so reicht es nicht, dieses Bild für Lenin nur umzukehren. Lenin zerbricht das gedachte Entsprechungsverhältnis. Es wird ersetzt durch die Analyse der jeweiligen Felder Ökonomie und Politik, wobei der Politik eine weitreichende Autonomie zugestanden wird. Die Ökonomie verliert oftmals die Rolle des Motors und Gestalters von Politik, Geschichte und Erkenntnis. An ihre Stelle tritt der Kampf, die Praxis und eine Erkenntnistheorie.

Somit ist Lenin kein klassischer Marxist. Der Beginn der gesamten Umkonzeptionierung seines Marxismus funktioniert über die Begriffe des Kampfes und der Politik. Das, was bei anderen TheoretikerInnen des Marxismus nur in Spurenelementen zu finden ist, nämlich ein eigenständiger Begriff des Kampfes und des Politischen, ist bei Lenin an jeder Ecke zu haben. So entsteht auf der Suche nach der Frage: 'wie erklärt sich der Marxismus, daß Menschen kämpfen?' bei Lenin etwas Neues. Die Frage nämlich: Wie koppelt jemand wie Lenin, für den der Kampf, die Politik und die Macht als Konzepte so zentral sind, seine eigene Politik an den Marxismus an? Oder anders gefragt: Was versteht Lenin unter Marxismus? Dies in Erfahrung zu bringen, bedarf einiger Umwege; insbesondere den Umweg über die Politik.

1.1. Lenin und die Politik

1.1.1. Objektivismus versus Marxismus

Lenins Politik unterscheidet sich gravierend von der exemplarisch an Bernstein, Kautsky und Luxemburg deutlich gemachten[5]. Was alle drei RepräsentantInnen der Sozialdemokratie bei aller Differenz nämlich verband, war, wie ich oben herausgearbeitet hatte, die relative Bedeutungslosigkeit politischer Intervention aufgrund einer teleologischen Auffassung gesellschaftlicher Entwicklung. Alle drei verband ein öko-

---

5) Rosenberg 1987 : 74 formuliert dies recht treffend am Beispiel der Auseinandersetzung Lenins mit den Menschewiki: "Er [Lenin, mt] vertritt eine Auffassung, die gegenüber dem 'linken' Radikalismus der Menschewiki 'rechts' aussieht, die aber nur beweist, daß für Lenin die Richtungsunterschiede innerhalb der westeuropäischen Sozialdemokratie gar nicht existierten. Sein Gegensatz zu allen Formen des nichtrussischen Sozialismus von 1905 war so tief, daß demgegenüber alle Richtungsstreitigkeiten zwischen Radikalen und Revisionisten verschwanden."

nomistischer Determinismus, wiewohl er sich recht unterschiedlich gebärdete. Die Differenz, die zwischen Lenin und diesen zentralen RepräsentantInnen aber nicht nur auf Grund der massiven politisch-strategischen Differenzen innerhalb des ökonomistischen Terrains besteht, ist auf den ersten Blick schwierig zu sehen. Auch Lenin selbst verwischt diese Unterschiede, da er über lange Zeit die II. Internationale und hier insbesondere auch Kautsky als zentrale Referenz der eigenen Politik und Theorie nennt, ohne die grundsätzlichen Differenzen zu benennen[6].

Lenins Politik und Theorie entfaltet sich um die Jahrhundertwende in einer Situation, in der die Narodniki ('Volkstümler') die zentrale oppositionelle Kraft im zaristischen Rußland bilden[7]. Diese gingen davon aus, daß die Bauern das entscheidende revolutionäre Potential Rußlands bildeten. Diese aber mußten über ihre wahre Lage aufgeklärt werden[8]. Zu diesem Zwecke gingen junge BürgerInnen aus den Städten aufs Land. So waren es die Narodniki, die die ersten russischen 'Berufsrevolutionäre' stellten. Ziel war eine Art 'Agrarsozialismus', in dessen Theorien der beginnende Prozeß der Industrialisierung Rußlands keine nennenswerte Rolle spielte. Deswegen sah Lenin sein Wirkungsfeld nicht innerhalb der Narodniki. Deren politische Agitation, so sein Vorwurf, abstrahiere von den kapitalistischen Strukturen, die sich in Rußland gerade etablierten[9]. Lenin, Sozialdemokrat und Marxist, ging getreu der allgemein verbreiteten Lehre des Marxismus von der Unvermeidbarkeit der kapitalistischen Entwicklung und dementsprechend einer bürgerlichen Revolution auch für Rußland aus[10]. Ja, man muß die Leninsche Analyse des russischen Kapitalismus, wie auch andere frühe Pamphlete, als Kampfschrift gegen die Volkstümler sehen, gegen deren

---

6) Vgl. dazu auch Dutschke 1984 : 140, der insoweit mit der hier vertretenen Ansicht übereinstimmt, als er etwas dramatisch behauptet, daß Lenin sein Verhältnis zu Kautsky "vertusche". Die Differenz meiner Position zu der Dutschkes liegt freilich auf der Hand. Während hier vertreten werden soll, daß Lenin trotz seines expliziten positiven Bezuges auf Kautsky vor dem ersten Weltkrieg nicht wirklich dessen Theorie übernahm, behauptet Dutschke, daß Lenin, trotz seiner barschen Kritik am "Renegaten Kautsky" ab 1914 seine theoretische Nähe zu ihm kontinuierlich bewahrt habe. Zumindest aber für die hier interessierende Fragestellung ist diese Behauptung schlicht unhaltbar. Demgegenüber hat Rabehl 1970 : 67 darauf hingewiesen, daß Lenins Kritik an Plechanov im Grunde auch eine Kritik der Kautskyschen Position ist.

7) Vgl. Rosenberg 1987 : 60 ff.; Eisenberg 1977 : 339 f..

8) vgl. exemplarisch Lenin AW, Bd. I : 230. Vgl. auch Rabehl 1973 : 198, der die Grundlagen der Ideologie der Narodniki bei folgenden Theoretikern angesiedelt sieht: A. Herzen, N.G. Cernysevski, M. Bakunin und P. Tkachev.

9) Vgl. Lenins Kritik an den "Volkstümler-Ökonomen" in seiner Schrift: 'Die Entwicklung des Kapitalismus in Rußland' (1896-99), in: Lenin AW, Bd. I : 257 ff.. Zur Kritik an dieser Analyse des russischen Kapitalismus vgl. insb. Rabehl u.a. 1974 : 34 ff..

10) Der starke Einfluß, den Plechanow auf die Rezeption des Marxismus in Rußland hatte, spielt hier eine Rolle. Plechanow selbst war einer der krudesten Vertreter des Produktivkraftökonomismus (vgl. Rabehl 1973 : 201 ff.; ders. 1986 : 50 ff.).

Betonung der 'Künstlichkeit' kapitalistischer Produktion in Rußland und deren Ideali-
sierung der Dorfgemeinschaft. Die russische Sozialdemokratie, die erst 1898 offiziell
gegründet wurde, entstand nämlich, vor allem unter dem Einfluß Plechanows, gerade
in Abgrenzung zur traditionellen Narodniki-Bewegung. Man kann also davon ausgehen, daß Lenins Behauptung, Rußland sei zur Jahrhundertwende bereits ein, wenn
auch etwas rückständiges kapitalistisches Land, ihre Ursache also sowohl in einer
spezifischen Marxrezeption, wie in einer strategischen Stoßrichtung hat[11].

Diese Analyse des russischen Kapitalismus ist vielfach kritisiert worden. Hier ist nicht
der Ort, ihre empirische Triftigkeit zu analysieren[12]. Wichtiger erscheint in diesem
Zusammenhang, daß Lenin die Marxsche Kapitaltheorie als historische Entwicklungs-
theorie rezipiert. Aus einem logischen Verhältnis der Kategorien wird so ein
historischer Entwicklungsprozeß, eine geschichtsphilosophische Linie, auf der der
jeweilige Stand der historischen Entwicklung abgelesen werden kann. Auf den ersten
Blick ist Lenin hier also Vertreter eines klar teleologisch-determinierten Geschichtsverständnisses. Gleichzeitig aber ist deutlich, daß er in seinen taktischen Schlußfolgerungen niemals aus der geschichtsphilosophischen Tendenz ökonomistische Rück-
schlüsse über eine rein objektive Entwicklung des revolutionären Prozesses gezogen
hat. Die Gleichungen des späten Engels oder von Kautsky, nach denen nur die
(wachsende) Zahl der Industriearbeiter berechnet werden mußte, um das revolutionäre
Potential ablesen zu können, der Schluß also von der proletarischen Klassenlage auf
ein revolutionäres Klassenbewußtsein, werden von Lenin nicht nachvollzogen.
Während Lenin nämlich auf recht anfechtbaren Wegen dazu kommt, bereits 1899 zu
konstatieren, daß über die Hälfte der Bevölkerung Rußlands dem Proletariat zugerechnet werden könne, ist er "nie davon ausgegangen ..., daß über die Hälfte der
Bevölkerung in einer Revolution hinter der sozialdemokratischen Partei stünde"[13].

So grenzt sich Lenin deutlich von ökonomistischen und objektivistischen Tendenzen
ab. In einer Rezension eines Buches von Struve, das sich kritisch mit den ökonomischen Theorien der Volkstümler auseinandersetzt, und dem Lenin in Teilen folgt,
kritisiert er vor allem den ökonomischen Objektivismus Struves. Zwischen Objektivismus und Marxismus aber sei klar zu unterscheiden und gerade die mangelnde

---

11) So auch Rabehl u.a. 1974 : 36.
12) Diese Diskussion bestimmte in weitem Maße die Lenin-Rezeption in der Bundesrepublik der
frühen siebziger Jahre: Vgl. Projekt Klassenanalyse 1972; die verschiedenen Arbeiten von
Rabehl; Dutschke 1984 (Original 1974); zusammenfassend und in problematischer und teilweise
falscher Zuspitzung, aber mit einer brauchbaren Übersicht: Breuer 1985 (Original 1974) : 228 ff..
13) Rabehl u.a. 1974 : 36.

Berücksichtigung dieser Differenz sei der Hauptmangel der Arbeit Struves[14]. "Der Objektivist spricht von der Notwendigkeit des gegebenen historischen Prozesses; der Materialist trifft genaue Feststellungen über die gegebene sozialökonomische Formation und die von ihr erzeugten antagonistischen Verhältnisse. Wenn der Objektivist die Notwendigkeit einer gegebenen Reihe von Tatsachen nachweist, so läuft er stets Gefahr, auf den Standpunkt eines Apologeten dieser Tatsachen zu geraten; der Materialist enthüllt die Klassengegensätze und legt damit seinen Standpunkt fest. Der Objektivist spricht von 'unüberwindlichen geschichtlichen Tendenzen'; der Materialist spricht von der Klasse, die die gegebene Wirtschaftsordnung 'dirigiert' und dabei in diesen oder jenen Formen Gegenwirkungen der anderen Klassen hervorruft. Auf diese Weise ist der Materialist einerseits folgerichtiger als der Objektivist und führt seinen Objektivismus gründlicher, vollständiger durch. Er begnügt sich nicht mit dem Hinweis auf die Notwendigkeit des Prozesses, sondern klärt, welche sozialökonomische Formation diesem Prozeß seinen Inhalt gibt, *welche Klasse* diese Notwendigkeit festlegt. Im gegebenen Fall z.B. würde sich der Materialist nicht mit der Feststellung 'unüberwindlicher geschichtlicher Tendenzen' zufriedengeben, sondern auf das Vorhandensein bestimmter Klassen verweisen, die den Inhalt der gegebenen Verhältnisse bestimmen und die Möglichkeit eines Auswegs ausschließen, der nicht das Handeln der Produzenten selbst voraussetzt. Andererseits schließt der Materialismus sozusagen Parteilichkeit in sich ein, da er dazu verpflichtet ist, bei jeder Bewertung eines Ereignisses direkt und offen den Standpunkt einer bestimmten Gesellschaftsgruppe einzunehmen"[15]. In der Fußnote zu dieser Ausführung heißt es noch: "Konkrete Beispiele dafür, wie unvollständig Herr Struve den Materialismus durchführt und wie inkonsequent er die Theorie des Klassenkampfes vertritt, werden weiter unten ... angeführt werden"[16].

Dieses sehr frühe Zitat von 1895 beinhaltet, wenn auch noch nicht ausgereift, die zentralen Achsen der leninschen Politik und Theorie: Klassen, nicht historisch determinierte Prozesse; Kampf, nicht abstrakte Analyse; Parteilichkeit und nicht reine Wissenschaftlichkeit. Diese Schwerpunkte unterscheiden, so Lenin, den Materialisten vom Objektivisten und Lenin von seinen VorgängerInnen. Obwohl Lenin den marxistischen Rahmen nicht verläßt, als er ihn als Rahmenbedingung des Kampfes - sowohl analytisch wie tatsächlich - denkt, justiert er ihn dennoch um. Er gruppiert ihn um eine neue Achse: Der Klassenkampf wird zum zentralen Moment und erhält das

---

14) Lenin AW, Bd. I : 95.
15) Lenin AW, Bd. I : 95 f..
16) Lenin AW, Bd. I : 96.

Primat[17]. So sehr also Lenin auch das Moment der Eigendynamik des Ökonomischen -
in durchaus nicht unproblematischer Weise - gegen die Volkstümler stark macht, so
sehr hat er an einer zweiten theoretischen Front zu kämpfen: gegen den Objektivismus
und gegen den Ökonomismus.

1.1.2. Kautsky, Lenin und und das sozialistische Bewußtsein

Auf diesen theoretischen Setzungen entwickelt er, seine konkreten Arbeitsmöglich-
keiten berücksichtigend (Politische Polizei, fehlende demokratische Strukturen,
politische Frontstellung zu den Narodniki) folgendes Konzept: In Abweichung zum
theoretischen Sozialdemokratismus in den westlichen Ländern plädiert er für eine
Sozialdemokratie, die von einer Kaderorganisation von Berufsrevolutionären geprägt
und u.a. über das Instrument einer Zeitung geleitet werden sollte. Wenn hier nun
behauptet wird, daß das Leninsche Modell auf einer besonderen Theorie des Klassenbewußtseins beruht, die mit den bisher präsentierten marxistischen Konzeptionali-
sierungen sich nicht vergleichen läßt, so scheint dies sowohl Lenins eigener
'Herleitung', wie auch ihrer traditionellen Rezeption zu widersprechen. Lenin selbst
nämlich leitet seine, noch genauer zu erläuternde These, daß das proletarische Klassenbewußtsein von außen in den Klassenkampf hereingetragen wird, nicht aber sein
spezifisches Produkt ist, direkt aus einem, langatmig zitierten Artikel Kautskys ab[18].
Mithin wird die Kontinuität zwischen der zentristisch sozialdemokratischen Position
Kautskys und derjenigen Lenins in dieser Frage entweder begrüßt[19] oder kritisiert[20],
kaum aber in Frage gestellt.

Gerade auf dem Gebiet der Einschätzung der aktiven Rolle der Klassenkämpfe aber
kann diese Übereinstimmung zwischen Lenin und Kautsky kaum ernsthaft vertreten
werden. Während Kautsky, wie oben dargestellt[21], zwar Theorie und Intellektuellen
einen Logenplatz im Klassenkampf avisiert, so ist dieser Kampf selbst durch eine
seltsame Mischung aus Darwinschem Evolutionismus und Hegelianischen Geschichts-

---

17) Vgl. hierzu insgesamt: Rabehl 1973 : 266 ff..
18) Vgl. Lenin AW, Bd. I : 374 f..
19) Mandel 1970 : 150 (FN. 1), der sich nicht nur auf Kautsky bezieht, sondern Engels und die
    gesamte klassische Doktrin der internationalen Sozialdemokratie als Väter des Gedankens
    bemüht.
20) Dutschke 1984 : 99 ff. sieht in Lenin gar den 'russischen Kautsky' (ebd. : 100), einhergehend mit
    der bereits angeführten These, daß Lenin auch nach seinem 'moralischen Bruch' mit Kautsky
    1914 dessen theoretisches Terrain nicht verlasse (ebd. : 140).
21) Vgl. oben, 2.1.1.4..

determinismus unbedeutend. Aufgabe der Intellektuellen ist bei Kautsky die Vermittlung der Einsicht in die historische Notwendigkeit, nicht mehr. Wenn also auch die Worte Lenins bei Kautsky geborgt wurden, so ist die Funktion der Theorie der Bildung proletarischen Klassenbewußtseins eine völlig andere.

Lenin ging davon aus, daß proletarisches, revolutionäres Klassenbewußtsein den Massen durch Berufsrevolutionäre gebracht werden müsse. Die Masse selbst sei zur Revolution nicht fähig. Nicht nur die Bevölkerung an sich, sondern auch die proletarischen Massen sind eigenständig nur zur Entwicklung eines trade-unionistischen Bewußtseins und damit letztendlich nur zu bürgerlicher Politik fähig[22]. Die Proletarier sind zwar aufgrund ihrer schlechten wirtschaftlichen Lage die, eben durch ihre Klassenlage, "bevorzugten" Kämpfer für den Sozialismus, dennoch muß der Sozialismus als Theorie den Arbeitern von außen gebracht werden[23]. Sie haben nur einen Instinkt[24], der durch die Partei[25], die Erfahrungen des Kampfes[26], durch ökonomische wie politische Agitation[27] zu Klassenbewußtsein weiterentwickelt werden muß.

Die Grundlagen dieser Position legt Lenin in 'Was tun?'. In Abgrenzung zu den russischen Ökonomisten und Spontaneisten, die er mit dem Revisionismus à la Bernstein identifiziert, weil diese sich nur für ökonomische Verbesserungen der Lage der Arbeiterklasse im Kapitalismus engagierten und somit eine reine 'Nachtrabpolitik', wie Lenin es nennt, machten, und den Narodniki, denen er Werkelei vorwirft, entwickelt Lenin unter Bezug auf Engels folgende Einschätzung: Es gibt drei Formen des Kampfes der Sozialdemokratie - den politischen, den ökonomischen und den theoretischen. Diese Elemente seien in der deutschen Sozialdemokratie - so vermutet Lenin - auf das vortrefflichste vereinigt[28]; und Kautsky bringe dies in seinen Schriften auch präzise zum Ausdruck, indem er den Schwerpunkt seiner Politik auf das Theoretische lege. Konkret heißt das, daß Lenin unter Bezug auf Kautsky davon ausgeht, daß das sozialistische Bewußtsein nicht direkter Ausdruck des proletarischen Klassenkampfes,

---

22) Vgl. Lenin AW, Bd. I : 435 f..
23) Vgl. Lenin AW, Bd. I : 374 f..
24) Vgl. Lenin AW, Bd. III : 167: "Aus ihnen spricht der Instinkt unterdrückter Menschen, die müde und erschöpft sind und den Kapitalisten nicht mehr glauben. (...) Das ist der sichere Klasseninstinkt. Ohne diesen Instinkt wäre die Sache der Revolution aussichtslos. Denn ihr wißt, niemand würde die Arbeiter befreien, wenn sie sich nicht selbst befreiten. Genügt aber dieser Instinkt? Mit dem Instinkt allein kommt man nicht weit. Darum ist notwendig, daß aus dem Instinkt Bewußtsein wird."
25) Lenin AW, Bd. I : 167.
26) Lenin AW, Bd. I : 163 ff..
27) Lenin AW, Bd. I : 183.
28) Vgl. Lenin AW, Bd. I : 359 ff..

sondern, hier zitiert Lenin Kautsky zustimmend, Ergebnis wissenschaftlicher Erkenntnis und Agitation ist. "Das moderne sozialistische Bewußtsein kann nur erstehen auf Grund tiefer wissenschaftlicher Einsicht. ... Der Träger der Wissenschaft ist aber nicht das Proletariat, sondern die *bürgerliche Intelligenz*. ... Das sozialistische Bewußtsein ist also etwas in den Klassenkampf des Proletariats von außen Hineingetragenes, nicht etwas aus ihm urwüchsig Entstandenes"[29].

Nun ist der Bezug auf Kautsky natürlich, wie bereits hervorgehoben, problematisch, da der Ökonomismus und Evolutionismus, der diese und ähnliche Aussagen Kautskys begleitet, von Lenin nicht zur Kenntnis genommen wird, d. h. die Widersprüchlichkeit im Kautskyschen Denken, einerseits den politischen und theoretischen Kampf zu betonen und ihm scheinbar den Primat gegenüber dem rein ökonomischen Kampf zuzuweisen, um andererseits[30] dann doch den unaufhaltsamen Gang der Entwicklung der Produktivkräfte als festen Grund und Garantie zu setzen. Daß hier zwei auf den ersten Blick dasselbe reden, aber keinesfalls dasselbe meinen, zeigt sich deutlich an den jeweiligen Organisationskonzepten: Kautsky berechnet Eisenbahnkilometer und Tragfähigkeit der Seedampfer, schließt daraus auf den Stand der Entwicklung der Produktivkräfte und aus diesem auf die Größe der Wählerschaft der Sozialdemokratie. Lenin aber redet von der Organisation, um überhaupt erst eine revolutionäre Bewegung formieren zu können. Er schreibt und redet von Bündnissen, der Notwendigkeit der Hegemonie und dem ideologischen Kampf.

1.1.3. Organisation und Hegemonie

Zuerst also zum Organisationskonzept. Wir wissen, daß Lenins Parteitheorie aus heutiger Sicht mehr als angreifbar ist. Schon früh wurden ihre Gefahren von Trotzki und Luxemburg benannt[31], doch hier geht es um etwas anderes. Denn es wäre falsch, das Konzept des ideologischen Klassenkampfs für diese Entwicklungen verantwortlich zu machen. Die Probleme, die letztendlich in einer Parteiherrschaft enden, haben nämlich praktische wie theoretische Ursachen. Letztere liegen aber nicht in der zentraleren

---

29) Kautsky in 'Die Neue Zeit' 1901/02 zitiert nach Lenin AW, Bd. I : 374 f..
30) Vgl. dazu oben, 2.1.1.5..
31) Vgl. Eisenberg 1977 : 340 ff.; vgl. auch diverse Aufsätze im II. Teil des von Bergmann u.a. 1994 herausgegebenen Sammelbandes. Der dort enthaltene Aufsatz von Hansen/Schulz 1994 ist allerdings in seiner kruden antileninistischen Polemik ziemlich unerträglich und läßt jede differenzierte Betrachtungsweise vermissen. Nichtsdestotrotz zeigt auch er Probleme der leninschen Organisations- und Kapitalismustheorie auf, die in der Entwicklung des Marxismus zur Legitimationsideologie eine wesentliche Rolle gespielt haben.

Rolle des ideologischen Kampfes, sondern in der spezifischen Rolle der Theorie und Wissenschaft in dieser Konzeption. Dazu aber später. Erstere, praktische Bedingungen aber zu vernachlässigen, wäre grob fahrlässig. Lenin hat die Theorie der Parteiorganisation in einem autokratischen, von politischer Polizei und ihren Spitzeln, ebenso wie von Zensur und militärischer Unterdrückung des Proletariats gekennzeichneten Umgebung entworfen. So faßt denn Lenin die Grundzüge seines Verständnisses einer revolutionären Organisation wie folgt zusammen: "1. Keine einzige revolutionäre Bewegung kann ohne eine stabile und die Kontinuität wahrende Führerorganisation Bestand haben; 2. je breiter die Masse ist, die spontan in den Kampf hineingezogen wird, die die Grundlage der Bewegung bildet und an ihr teilnimmt, um so dringender ist die Notwendigkeit einer solchen Organisation und um so fester muß diese Organisation sein (denn um so leichter wird es für allerhand Demagogen sein, die unentwickelten Schichten der Masse mitzureißen); 3. eine solche Organisation muß hauptsächlich aus Leuten bestehen, die sich berufsmäßig mit revolutionärer Tätigkeit befassen; 4. je mehr wir die Mitgliedschaft einer solchen Organisation *einengen*, und zwar so weit, daß sich an der Organisation nur diejenigen Mitglieder beteiligen, die sich berufsmäßig mit revolutionärer Tätigkeit befassen und in der Kunst des Kampfes gegen die politische Polizei berufsmäßig geschult sind, um so schwieriger wird es in einem autokratischen Lande sein, eine solche Organisation 'zu schnappen', und 5. um so *breiter* wird der Kreis der Personen aus der Arbeiterklasse und aus den übrigen Gesellschaftsklassen sein, die die Möglichkeit haben werden, an der Bewegung teilzunehmen und sich in ihr aktiv zu betätigen"[32].

Diese Sätze sind aber mehr als nur das Organisations- und Kampfmodell eines Marxisten unter den Bedingungen autokratischer Herrschaft[33]. Diese Sätze dehnen den Adressatenkreis der KämpferInnen aus. Diese Sätze heben die Privilegierung des Proletariats, zumindest für die Initiierung der bürgerlichen Revolution, auf. Der Kerngedanke ist also der, daß "die Organisation proletarischer Politik gerade in der Überschreitung, im Durchbrechen der Klassenbestimmungen liegt"[34]. Revolutionär zu sein ist nun weniger eine Frage der Klassenlage, als der der Schulung. Auch in dieser Hinsicht muß man die Bezeichnung Berufsrevolutionär ernstnehmen. Denn diesen "Beruf" erlangt man nicht aufgrund der Zugehörigkeit zu einer Klasse, sondern durch Aus-

---

32) Lenin AW, Bd. I : 466.
33) Elfferding 1983 : 17 ff. hebt diesen hegemonietheoretischen Aspekt der leninschen Parteitheorie hervor.
34) Elfferding 1983 : 20.

bildung[35]. Potentiell können Mitglieder verschiedener Gesellschaftsklassen nicht nur mitkämpfen, sondern auch Funktionäre im Klassenkampf stellen. Dieses Konzept findet an anderer Stelle und bereits im Jahre 1897 seinen Ausdruck: "Im demokratischen, *politischen* Kampf hingegen [gegenüber dem ökonomischen Kampf, mt] steht die russische Arbeiterklasse nicht allein; an ihre Seite treten alle politisch oppositionellen Elemente, Bevölkerungsschichten und Klassen, soweit sie dem Absolutismus feind sind und ihn in dieser oder jener Form bekämpfen. *Neben* dem Proletariat stehen hier auch die oppositionell gesinnten Elemente der Bourgeoisie oder der gebildeten Klassen oder des Kleinbürgertums oder der vom Absolutismus verfolgten Völkerschaften oder Konfessionen und Sekten usw. usf."[36].

Grundlage dieser Analyse ist natürlich die Ansicht gewesen, daß in Rußland zuerst der Feudalismus durch eine bürgerliche Revolution überwunden werden müsse, um dann den Weg für eine sozialistische Revolution frei zu machen. Somit ist die Beschreibung der möglichen Bündniskonstellationen und Kampfformationen nicht völlig neu und nicht Lenins Erfindung. Sowohl Plechanow, später Axelrod und mit ihnen die gesamte frühe russische Sozialdemokratie gingen davon aus, daß der Kampf um Hegemonie - so das Kürzel für diese Politik - geführt werden müsse. Die russische Sozialdemokratie (SDAPR) sollte den Zar, und damit das feudale System stürzen, auch um den Preis, als Arbeiterklasse bürgerlich-demokratische Forderungen übernehmen zu müssen. Welche Klasse - Proletariat oder Borgeoisie - in diesem antizaristischen Bündnis die dominante Rolle einnehmen sollte, sorgte dann aber für die späte Sprengkraft dieses Hegemoniekonzeptes.

Die Ausführungen von Lenin in 'Was tun?' führten bereits zu massiver Kritik. Das Spektrum der ins Auge gefaßten gesellschaftlichen Gruppen für diesen Kampf sei zu breit und das Konzept der Hegemonie würde nicht Assimilation der verschiedenen gesellschaftlichen Gruppen bedeuten - wie bei Lenin - sondern Respekt vor der jeweiligen klassenspezifischen Eigenheit erfordern[37]. 1901, zum Zeitpunkt der Erstellung von 'Was tun?', ging Lenin wie 1897 davon aus, daß die herbeizuführende Revolution notwendig eine bürgerlich-demokratische sein müsse, daß aber in dieser Revolution der Sozialdemokrat die Aufgabe habe, "bei der Aufrollung, Zuspitzung und Lösung einer jeden allgemein demokratischen Frage *allen voranzugehen*"[38]. Schon im

---

35) Vgl. Lenin AW, Bd. I : 464: "Aber hieraus muß der Schluß gezogen werden, daß man ein Komitee aus Berufsrevolutionären braucht, einerlei, ob es ein Student oder ein Arbeiter versteht, sich zum Berufsrevolutionär zu entwickeln."
36) Lenin AW, Bd. I : 184.
37) Vgl. Anderson 1979 : 20 ff..
38) Lenin AW, Bd. I : 422.

Rahmen der bürgerlichen Revolution sah Lenin also als Aufgabe der Sozialdemokratie, hegemonialer Teil des Kampfes zu sein, Versammlungen aller Demokraten, unabhängig von deren Klassenzugehörigkeit zu organisieren[39] oder auch Agitation in alle Klassen der Bevölkerung zu tragen[40]. Mit klaren Worten vertrat Lenin also die Position, daß die sozialistische Avantgarde die bürgerliche Revolution maßgeblich mit ins Werk setzen müsse. Schon das war aber in dieser Zuspitzung kritisch. Der größte Teil der Sozialdemokratie nämlich lehnte eine zu aktive Rolle der SDAPR in einer bürgerlichen Revolution ab und vertrat demgegenüber, daß es sozialdemokratische Aufgabe sei, erstens die Lage des Proletariats zu bessern und zweitens sich zwar am demokratischen Kampf zu beteiligen, aber nur in sehr eingegrenztem Rahmen. Es sei die Aufgabe des Bürgertums, Art und Tempo der bürgerlichen Revolution zu bestimmen. An dieser Frage aber, die mit der Frage Massenpartei oder Kampfpartei einhergeht, entzündete sich der Streit, der auf dem Londoner Parteitag von 1903 zur Spaltung der russischen Sozialdemokratie in Menschewiki und Bolschewiki führte[41].

Somit etablierte Lenin seine "Theorie des Kampfes"[42] um das Kürzel Hegemonie, welches er neu faßt, indem er es nicht nur auf alle Schichten und Klassen, die gegen die Herrschaft des Zarismus für die "Demokratie"[43] zu haben waren, ausdehnte, sondern auch - wie es seine Kritiker richtig bemerkten - den inneren Charakter dieses Bündniskonzepts verschob. Damit war, und das ist das Neue, nicht das Proletariat Mitkämpfer der bürgerlichen Revolution, sondern die Bürger sollten faktisch Mitkämpfer für eine, zwar immer noch bürgerliche, aber schon unter zentraler Herrschaft des Proletariats stehende, Revolution sein.

1.1.4. Jenseits des Klassenessentialismus

1.1.4.1. Die Formierung des revolutionären Subjekts einer bürgerlichen Revolution

Hier werden, ausgehend vom Hegemoniekonzept, zwei Fragen innerhalb der russischen Sozialdemokratie interessant: 1. was ist unter 'Demokratie', respektive 'bürgerlicher Revolution' zu verstehen?; und 2. wie soll geherrscht werden? Anders

---

39) Vgl. Lenin AW, Bd. I : 422.
40) Vgl. Lenin AW, Bd. I : 418.
41) Vgl. Rosenberg 1987 : 66 f..
42) Lenin AW, Bd. I : 298.
43) Lenin AW, Bd. I : 417 ff..

gefragt: ist es die Aufgabe der russischen Sozialdemokratie, die Leitung der bürgerlichen Revolution zu übernehmen und gleichzeitig nach deren Erreichen wieder von der politischen Bühne abzutreten? So wollten es die Menschewiki. Oder war die durchgesetzte bürgerliche Revolution nur eine kurze, aber notwendige Phase, in der die Bolschewiki die Aufgabe der politischen Führung nur hatten, um diese Phase bürgerlicher Herrschaft schnell in den Sozialismus überführen zu können, wie Lenin es wollte?

Auf die spontane, insbesondere durch das Petersburger Proletariat getragene, Revolution von 1905, die sich eigene Interessenvertretungen in Form der 'Sowjets' schaffte, hatten die Parteien insgesamt wenig, insbesondere aber die Bolschewiki, noch keinen Einfluß. Dennoch war diese Revolution Katalysator für eine Debatte innerhalb der russischen Sozialdemokratie, in der es um die politischen Anteile ging, die diese nach einer erfolgreichen demokratischen Revolution im Rußland haben wollte. Die Menschewiki blieben bei der Einschätzung, daß die kommende Revolution eine bürgerliche sei, und vertraten die Position, daß die Sozialisten an einer zu bildenden Regierung nicht teilnehmen sollten. Rosenberg faßt die dafür in Anspruch genommene Begründung so zusammen: "Beiden Gefahren, sich entweder im Dienste der bürgerlichen Republik zu kompromittieren, oder aber durch ehrliche Konsequenz die Gegenrevolution zu erzeugen, kann die russische Sozialdemokratie nur entgehen, wenn sie der provisorischen Revolutionsregierung fernbleibt. Sie soll zwar die Revolution mit allen Kräften unterstützen, aber nach dem Sturz des Zaren den bürgerlichen Parteien die Regierungsbildung überlassen und selbst in der Opposition die spezifischen Arbeiterinteressen fördern"[44].

Lenin kritisierte an der menschewistischen Position nicht deren innersten Kern, also die Annahme, daß es sich bei der Revolution um eine bürgerliche handele[45], sondern daß die Menschewiki nur Proletariat und Bourgeoisie sähen, nicht aber die große Mittelschicht, die aus Bauern, kleinen Gewerbetreibenden, Soldaten etc. bestehe und die, wenn sie durch das Proletariat und die Sozialdemokratie geführt würde, eine revolutionär-demokratische Kraft sei. Er kritisierte also die Menschewisten, so Anderson, weil sie das "Axiom der Hegemonie aufgegeben hätten"[46]: "Die Aufgabe des Prole-

---

44) Rosenberg 1987 : 74.
45) Vgl. Rabehl u.a. 1974 : 35 ff., die betonen, daß es Lenin zu diesem Zeitpunkt nie in den Sinn gekommen wäre, die Sowjets als Instrumente einer proletarischen Revolution oder die erhaltenen Dorfgemeinschaften als Grundlage für den sofortigen Übergang zum Sozialismus zu sehen. Dafür sei er zu sehr im modellhaften Marxismus verstrickt gewesen. Ähnlich auch Rosenberg 1987 : 71 f..
46) Anderson 1979 : 23.

tariats ergeben sich aus dieser Lage mit ganz eindeutiger Bestimmtheit. Als die einzige konsequent revolutionäre Klasse muß das Proletariat der Führer sein, der Hegemon im Kampf des ganzen Volkes für die vollständige demokratische Umwälzung, im Kampf aller Werktätigen und Ausgebeuteten gegen die Unterdrücker und Ausbeuter. Das Proletariat ist nur insofern revolutionär, als es sich dieser Idee der Hegemonie bewußt ist und sie in die Tat umsetzt"[47].

Die Losung für Lenins Programm hieß 'revolutionär-demokratische Diktatur des Proletariats und der Bauernschaft'. "Diese Losung bestimmt sowohl jene Klassen, auf die sich die neuen 'Erbauer' des neuen Überbaus stützen können und müssen, als auch dessen Charakter ('demokratische' Diktatur zum Unterschied von der sozialistischen) und die Methode des Aufbaus (Diktatur, d.h. gewaltsame Unterdrückung des gewaltsamen Widerstands, Bewaffnung der revolutionären Klassen des Volkes)"[48]. Konkret verstand Lenin darunter ein Bündnis von Sozialrevolutionären (Narodniki), Menschewiki und Bolschewiki, verwirklichen sollte es eine radikal-demokratische Republik ohne Zar, Großgrundbesitz und Kirche. Das Privateigentum wäre damit zwar noch nicht abgeschafft, aber die Voraussetzungen für den Sozialismus geschaffen. Auch ging Lenin davon aus, daß diese Revolution nicht vereinzelt bleiben, sondern der sozialistische Umsturz in Europa folgen würde[49].

Daß hier, so scheint es, einfach die Revolutionäre der jeweiligen Revolutionen und der Charakter der Revolution ausgetauscht werden können, bedarf einer Begründung.

Lenin sagt, und das unterscheidet ihn deutlich von der II. Internationale, und auch von der scheinbar so ähnlichen, den Schwerpunkt auf Kampf und Aktion legenden Rosa Luxemburg, eine Revolution sei die "gewaltsame Zerstörung des überlebten politischen Überbaus, dessen Widerspruch zu den neuen Produktionsverhältnissen in einem bestimmten Zeitpunkt zu seinem Zusammenbruch geführt hat"[50]. Erste Aussage von Lenin: die Entwicklung der Produktionsverhältnisse hat einen Selbstlauf; zweite Aussage: die politischen Verhältnisse (Überbau) überleben auch ohne adäquate ökonomische Grundlage; dritte Aussage: der Überbau muß gewaltsam und durch den Eingriff von Revolutionären zerstört werden. Während also bei Luxemburg die jeweilige ökonomische Lage ihren politischen Ausdruck in sich trägt und maximal der Lauf

---

47) Lenin, zitiert nach: Anderson 1979 : 23.
48) Lenin AW, Bd. II : 143.
49) Vgl. dazu insgesamt: Rosenberg 1987 : 74 ff.; Rabehl 1973 : 294 ff.; und Lenin in: 'Zwei Taktiken der Sozialdemokratie in der demokratischen Revolution' von 1905.
50) Lenin AW, Bd. II : 142.

der Dinge durch den politischen Kampf etwas beschleunigt werden kann, ist dieses Entsprechungsverhältnis bei Lenin weitgehend aufgelöst. Zwar führt die Entwicklung der Produktionsverhältnisse dazu, daß der Überbau 'veraltet' - insoweit bleibt Lenin auf dem Feld klassischer Erklärungen -, aber damit verschwindet der alte Überbau nicht. Er kann, zumindest über eine gewisse Zeit, "künstlich aufrechterhalten" werden, auch wenn er zunehmend seinen Halt verliert und in allen Fugen kracht[51]. Wenn also auch der primär ökonomistische Ansatz - es ist weiterhin die Entwicklung der Produktionsverhältnisse, die die Voraussetzungen der Revolution schafft - nicht verlassen wird, so wird er doch so verschoben, daß seine Bedeutung eher historischer Natur ist. Das besagt also sinngemäß: die Entwicklung des Ökonomischen hat die notwendigen, aber nicht die hinreichenden Bedingungen für eine Revolution geschaffen. Nun bedarf es noch der Partei, der Agitation und der Hegemonie, um die historische Chance zu nutzen. Auf dieser Grundlage legitimieren sich aber die Praxis und der Kampf: sie werden zu notwendigen Elementen.

1.1.4.2. Klasse und Ideologie

Nicht nur diese Revolutionskonzeption ist außergewöhnlich, sondern auch die dahinter stehenden Grundannahmen über die mögliche Rolle der nichtproletarischen, aber auch nichtbourgeoisen Schichten. Debatten - vergleichbar mit denen in der deutschen Sozialdemokratie über das tendenzielle, ökonomisch bedingte, Verschwinden der Mittelschichten - spielen bei dieser Konzeptionierung nicht die geringste Rolle. An die Stelle des Wegdefinierens all derer, die nicht den 'Hauptklassen' entsprechen, tritt die Konzeption des ideologischen Kampfes. Mit seiner Hilfe sollen die nichtproletarischen Schichten in ein Bündnis zur Erreichung der Macht, der Errichtung des neuen Überbaus, integriert werden.

Die Dichotomisierung des Politischen, die in der deutschen Sozialdemokratie als tendenzielle Dichotomisierung der objektiven Klassenlagen konzeptioniert wurde, wandert bei Lenin in die Ideologietheorie aus. Damit aber wird nicht nur das Feld der Konfrontation und des Widerspruchs aus der 'objektiven' Sphäre des ökonomischen Widerspruchs und dessen Selbstbewegung hin zur Ebene des eher 'subjektiven', oder genauer: relativ autonomen und nicht derart determinierten, Überbaus verschoben. Diese Verschiebung hat darüberhinaus zentrale Konsequenzen für den Ideologiebegriff selbst.

---

51) Lenin AW, Bd. II : 143.

Das ideologische Feld ist für Lenin klar gespalten in entweder eine bürgerliche oder eine sozialistische Ideologie, "denn eine 'dritte' Ideologie hat die Menschheit nicht geschaffen", und kann diese auch nicht schaffen, da es keine "außerhalb der Klassen oder über den Klassen stehende Ideologie geben kann"[52]. Das Terrain der Ideologie ist aber nicht nur zweigeteilt, sondern auch strikt begrenzt, so daß Verschiebungen in der Logik der Nullsumme bleiben, denn "*jede* Herabminderung der sozialistischen Ideologie, *jedes Abschwenken* von ihr [ist, mt] zugleich eine Stärkung der bürgerlichen Ideologie"[53]. Das heißt, daß Lenin davon ausgeht, daß eine objektiv zwar angelegte, aber noch nicht voll zum Tragen gekommene historische Situation (Kapitalismus, bürgerliche Revolution) ideologisch bereits hergestellt werden kann, und zwar von Akteuren, die eigentlich für die sozialistische Revolution prädestiniert sind. Seine Ideologiekonzeption gestattet Lenin so, aus der starren Abfolge einer Stufenleiter in der historischen Entwicklung, wie sie der ökonomistische Marxismus propagierte, auszubrechen. Lenin geht ja von der Annahme aus, daß nur zwei Ideologien, die bürgerliche und die sozialistische, bestehen, die er an die Existenz von Klassen, nicht von Produktionsverhältnissen bindet. Ideologisch kann er damit eine Zweiklassenlogik mit der entsprechenden theoretischen Frontstellung zwischen Bourgeoisie und Proletariat etablieren, obwohl dies die ökonomische Basis noch nicht hergibt.

Unklar bleibt, wie lange die Bourgeoisie die ideologische Stellung halten kann. Lenin verankert ihre Relevanz in der Tradition und in den politischen Zugeständnissen gegenüber den beherrschten Klassen, zumindest in der Zeit des Konkurrenzkapitalismus[54]. Warum aber die Bourgeoisie diese Macht verliert und warum das Proletariat dann wirkungsmächtig wird, bleibt ungeklärt. Der Verweis auf das Volk, das sich nach dem Zusammenbruch des feudalen Systems 'aussuchen' kann, wer politisch die neue kapitalistische Struktur in Rußland repräsentiert - die Bourgeoisie oder die Avantgarde des Proletariats - ist theoretisch nicht befriedigend: "Das Volk muß sich selbst durch die Vertreter der verschiedensten Klassen und Gruppen einen neuen Überbau schaffen. ... Jetzt ist es die Aufgabe, zu bestimmen, *welche* Klassen den neuen Überbau errichten und *wie* sie das tun sollen"[55].

Bei allen Unzulänglichkeiten aber muß das Wesentliche der leninschen Neubestimmung von Überbau und Ideologie festgehalten werden. Das fehlende Ent-

---

52) Lenin AW, Bd. I : 375.
53) Lenin AW, Bd. I : 375 f..
54) Lenin AW, Bd. II : 308 ff.. Hier beschreibt er die Methode der Verteidigung der Herrschaft der Bourgeoisie: 1. durch Gewalt. 2. durch die Spaltung der Arbeiterbewegung, vermittelt durch die Entfaltung politischer Rechte, von Reformen und Zugeständnissen.
55) Lenin AW, Bd. II : 143.

sprechungsverhältnis von Ökonomie und Politik kann unterschiedlich genutzt werden. Eine ökonomische Situation kann 'reif' sein und doch noch den alten Überbau haben, und eine ökonomische Situation kann noch nicht 'reif' sein und dennoch schon einen neuen Überbau bekommen. Damit erlangt der politische und ideologische Kampf eine relative Autonomie zur Ökonomie. Dieses theoretische Verständnis des Kampfes, des Überbaus und der Rolle des Ideologischen erklärt aber auch die an sich, nach klassischer Lesart, nicht miteinander konform gehenden theoretischen Einschätzungen Lenins. Zum einem seine gegen die Volkstümler gerichtete Behauptung, der Kapitalismus habe sich in Rußland bereits durchgesetzt, zum anderen die damit - eigentlich - nicht in Einklang zu bringende These, dem Kapitalismus fehle noch sein 'normaler' Reproduktionsrahmen, der über die noch ausstehende bürgerliche Revolution zu schaffen sei. Der ideologische Kampf hat somit eine geschichtliche Wirkungsmächtigkeit und läßt sich nicht mehr allein als Reflex des Ökonomischen fassen.

Diese Wirkungsmächtigkeit des Ideologischen ist zudem keine einseitige. Während beispielsweise bei Rosa Luxemburg die Bourgeoisie nur militärisch und ökonomisch herrscht, spielt bei Lenin die ideologische Herrschaft eine nicht zu unterschätzende Rolle. Wir hatten schon oben[56] betont, daß Luxemburgs Kritik an Lenin, so zutreffend sie in einigen ihrer Ergebnisse auch sein mag, gerade auf der durch ihren strikten Ökonomismus ermöglichten Unterschätzung der leninschen Problematik beruht. Parteiorganisation und Klarstellung der ideologischen Linie sind dann nicht sonderlich relevant, wenn die Entwicklung der Ökonomie selbst das revolutionäre Bewußtsein garantiert. Völlig zutreffend hat deswegen Lenin, insbesondere in 'Was tun?' analysiert, daß Spontaneismus und Ökonomismus nicht etwa Gegensätze, sondern zwei Seiten einer Medaille sind. "Jeder, der von der 'Überschätzung der Ideologie', von der Übertreibung der Rolle des bewußten Elements u. dgl. m. spricht, glaubt, die reine Arbeiterbewegung könne und werde sich von selbst eine selbstständige Ideologie schaffen, wenn nur die Arbeiter 'ihr Schicksal den Händen der Führer entreißen'"[57].

Pierre Macherey hat die Neuartigkeit der leninschen Theorie in einem sehr lesenswerten Aufsatz rekonstruiert: Eins teilt sich in zwei, was heißen soll, daß die Kämpfe schon immer Kämpfe in einer strukturierten Totalität sind. Es gibt also nicht logisch[58] zuerst die beherrschten Klassen als ontische Entitäten, die in einer von der Bourgeoisie

---

56) Vgl. Kapitel 2.1.3.3..
57) Lenin AW, Bd. 1 : 374.
58) Wir schreiben hier von logischen, nicht von historischen Prämissen. Macherey 1988 : 21 schreibt sehr richtig, daß die Theorie der Klassenkämpfe "nicht in der Art eines Mythos erzählt werden kann, welcher stets einen chronologischen Rahmen voraussetzt".

getrennten Welt leben, um mit ihr dann um die Herrschaft zu kämpfen. Sondern umgekehrt ist der logische Primat des Klassenkampfs über die Klassen zu setzen. Die Klassen konstituieren sich im Kampf. Louis Althusser bringt diese, eben auf Lenin zurückgehende Idee auf einen anschaulichen Punkt, wenn er sagt, man dürfe sich den Klassenkampf nicht wie den Kampf zweier Rugby-Mannschaften vorstellen, die dann auf einem Spielfeld um den Sieg, sprich: die Revolution, ringen[59]. Demgegenüber konstituiert bei Lenin der Klassenkampf, zumindest ein Stück weit, die kämpfenden Klassen. Sie stehen weder aufgrund der objektiven Klassenlagen fest und bereit, noch sind sie im Vorhinein klar voneinander getrennt. Erst durch den Kampf teilt sich eins in zwei, um aber auch weiterhin nicht ontisch, sondern nur in der Permanenz des Kampfes getrennt zu sein. Dies ist die grundsätzliche Logik des hegemonialen, ideologischen Kampfes bei Lenin.

Seine Bedeutung für Lenin zeigt sich durchgängig durch alle Schriften. Implizit, wie explizit. Implizit darin, daß Lenin, in manchmal schon ermüdendem Detaileifer, den Argumentationen seiner Gegnerinnen und Gegner antwortet. Er zitiert im Einzelnen, oft Satz für Satz, um diese dann zu kritisieren. Mit Ausnahme der - im engeren Sinne - ökonomischen Arbeiten, also insbesondere der Studie zur Entwicklung des Kapitalismus in Rußland und der Imperialismusstudie finden wir wenig Tabellen zur Entwicklung der Produktivkräfte, der proletarischen Wahlbevölkerung etc.. Vergleicht man dies mit den Debatten in der deutschen Sozialdemokratie und deren Auseinandersetzungen um empirische und mathematische Fragestellungen, so wird die Differenz besonders deutlich. Doch die Bedeutung des ideologischen Klassenkampfs wird auch explizit gemacht. Gerade weil Lenin sich ein gutes Stück weit vom Klassenessentialismus verabschiedet, kann er vertreten, daß die Arbeiterklasse "nicht durch eine chinesische Mauer von den anderen Klassen getrennt" ist, so daß auch die "imperialistische Ideologie ... in die Arbeiterklasse" eindringen kann[60].

1.2. Ideologie: ein positiver Begriff

In Lenins Konzeption sollen die KämpferInnen für den Sozialismus beides herstellen: die erste Stufe, radikale Demokratie als adäquaten Rahmen für die Entfaltung des Kapitalismus und die zweite Stufe, Sozialismus als Rahmen für den Monopolkapita-

---

59) Althusser 1973 : 48 f..
60) Lenin AW, Bd. II : 750.

lismus[61] und unter alleiniger Führung des Proletariats, die letzte Stufe, Kommunismus. Die Ökonomie bestimmt also nicht die Akteure einer Epoche, sondern die Akteure der Epoche bestimmen das Tempo und die Zeitspanne einer Epoche.

Dies ist deutlich mehr als jenes Moment der Verschnellung eines determinierten historischen Prozesses, das im Rahmen dieser Untersuchung immer wieder durch Luxemburg, Kautsky etc. thematisiert wurde, da letztere die Akteure der Verschnellung in einen starren theoretischen Rahmen einbanden und sich selbst nur als Gehilfen verstanden, ja genauer: nur als authentischer Ausdruck von 'Madame Geschichte'. Diese doppelte Verschiebung, notwendige Verschnellung des historischen Prozesses plus relative Autonomie der Akteure, ist eine tatsächliche Umkonzeptionierung innerhalb des Marxismus.

Im Rahmen des Marxismus entsteht eine politisch-ideologische Konzeption. Sie entsteht aus dem:
- theoretischen Spannungsverhältnis zwischen der Annahme, wissenschaftlich korrekt die Welt und ihre Bewegungsgesetze erkannt zu haben; und der daraus abgeleiteten Annahme, daß die Durchsetzung kapitalistischer Produktionsverhältnisse ein notwendiger Schritt zur Errichtung sozialistischer und schließlich kommunistischer Produktionsverhältnisse sei;
- praktischen Spannungsverhältnis, daß nämlich in Rußland vorkapitalistische Produktionsverhältnisse weithin dominant sind und trotzdem sich die Sozialdemokratie als revolutionäre Partei entwickelt hat.

Daraus folgt die Einschätzung, ein historisch angenommener Prozeß könne durch den ideologischen Kampf so beschleunigt werden, daß die eigentliche Trägerin der notwendig ersten Revolution, die Bourgeoisie, gleichsam zu ihrer Aufgabe, der Ausbildung bürgerlicher Verhältnisse, getrieben werde.

In der ersten politisch-theoretischen Schaffensphase von Lenin entsteht als Politikmodell für eine bürgerliche Revolution ein Konzept des ideologisch-hegemonialen

---

61) Trotzki stand dieser Konzeption einer bürgerlichen Herrschaft durch das Proletariat sehr kritisch gegenüber. Für ihn war klar, daß ein Sieg des Proletariats notwendig zu einer sozialistischen Herrschaftsform führen müsse. Das Bürgertum habe gar nicht die Kraft, eine bürgerliche Herrschaft dauerhaft zu tragen, während die Sozialdemokraten nicht die Arbeiter daran hindern könnten, nach ihrem Sieg auch die kapitalistische Ausbeutung zu beenden. Vgl. insgesamt zur Kritik Trotzkis an Menschewiki und Bolschewiki hinsichtlich der Notwendigkeit und Möglichkeit einer bürgerlichen Revolution in Rußland die prägnante Zusammenfassung bei Rosenberg 1987 : 96 ff..

Kampfes. Dieses Modell findet seinen Ausdruck in der angestrebten Herrschaftsform, der revolutionär-demokratischen Diktatur.

Der Bruch, den Lenin in der marxistischen Ideologietheorie vollzieht, ist also gravierend. War Ideologie seit der 'Deutschen Ideologie' ein negativer Begriff, der für ein Verkennen des Realen stand, so wird Ideologie jetzt ein positiver Begriff. Wenn Lenin den Marxismus also als Ideologie bezeichnet, so ist er nicht der erste. Bereits Bernstein hatte dies getan[62], jedoch mit der Intention, die begriffliche Trennung von Ideologie und Wissenschaft in das Feld des Marxismus zu verlegen. Der Marxismus habe, so Bernstein, ideologische und wissenschaftliche Aspekte. Den Begriff der Ideologie aber verwendete er dann ambivalent. Einerseits als Ausdruck des Normativen und Ethischen, nicht Gesetzmäßigen. Andererseits als Ausdruck des Falschen, Verdummenden und, in einem abwertenden Sinne, des Unwissenschaftlichen. Demgegenüber verwendet Lenin als erster Marxist den Begriff der Ideologie in einem positiven Sinn[63]; und zwar positiv in zweifacher Hinsicht. Zum einen gesteht Lenin dem Ideologischen, wie bereits betont, eine positive, relativ autonome Existenz und historische Wirkungsmächtigkeit zu. Zum anderen aber wird unter Ideologie auch normativ etwas Positives verstanden. Gerade weil die Arbeiterklasse nicht allein aufgrund ihrer ökonomischen Situation mehr als ein trade-unionistisches Bewußtsein "spontan" entwickelt, bedarf es der Entwicklung einer revolutionären Weltanschauung, einer 'verité à faire'[64]. Diese Weltanschauung muß ausgearbeitet werden, um überhaupt erst eine revolutionäre Klasse zu konstituieren. Mithin ist die Ausarbeitung einer proletarischen Ideologie conditio sine qua non einer Revolution. Denn, und davon geht Lenin aus, der Bourgeoisie reicht die "Herrschaft von Stock und Knute allein" nicht.

---

62) Vgl. Metscher/Steigerwald 1982 : 196 und oben, Kap. 2.1.2.3..
63) Vgl. zur Unterscheidung von Ideologie im deskriptiven, abwertenden und positiven Sinn: Geuss 1996 : 13 - 36, der (ebd. : 33) den "vielleicht erste(n) Entwurf" eines Begriffs der Ideologie im positiven Sinne bei Lenin verortet. Diese Unterscheidung übernimmt auch Eagleton 1993 : 55. In einer gewissen parteinahen Theoretisierung wird demgegenüber behauptet, daß Lenin die Ideologietheorie von Marx und Engels nur "weiterentwickelt" habe (Metscher/Steigerwald 1982 : 196 f.). Diese Kontinuitätsthese, die natürlich schon in der Theoriebezeichnung 'Marxismus-Leninismus' enthalten ist, wurde exemplarisch im 'Philosophischen Wörterbuch' der DDR propagiert (vgl. Buhr/Klaus 1975 : 546 f.; zur Kritik daran vgl. auch Haug/Elfferding 1986 : 19 f.).
64) So charakterisiert Geuss 1996 : 33 den leninschen Ideologiebegriff unter Verweis auf Merleau-Ponty. Eine Würdigung verschiedener Ansätze, zwischen einem kritischen/negativen und einem positiven Ideologiebegriff zu unterscheiden, findet sich bei Barrett 1991 : 18 ff., die ebenfalls Lenin als Begründer einer positiven Ideologiekonzeption im Marxismus ansieht. Fälschlicherweise verwendet Barrett jedoch 'positiv' und 'deskriptiv' äquivalent, obwohl diese beiden Bestimmungen des Ideologiebegriffs deutlich voneinander abzugrenzen sind. So richtig: Geuss 1996.

Die Bourgeoisie hat sich zu ihrer Herrschaft auch mit "einem modernen ideologischen Stock, einem geistigen Stock ... versehen"[65].

Ideologie ist somit von einem statischen Begriff zu einem Begriff der Auseinandersetzung geworden. Auf der einen Seite gibt es die (ideologische) Hegemonie der Bourgeoisie. Diese formiert die spontane Philosophie[66] der Arbeiter derart, daß deren spontaner Widerstand gegen ihre Ausbeutung selbst auf dem Boden der bürgerlichen Ideologie bleibt[67]. Es gilt daher, durch die Formierung einer hegemonialen Politik das Kampffeld neu zu gestalten und die Arbeiter aus der "Hegemonie der Bourgeoisie" herauszulösen[68]. Nur wenn man diese Neuartigkeit zur Kenntnis genommen hat, läßt sich das politisch-strategische Konzept des revolutionären Kampfes bei Lenin richtig verstehen.

1.2.1. Lenin - ein Subjektivist?

Daß diese Positionen Lenins marxistisch sind, kann natürlich bezweifelt werden. Die Bedeutung von Kampf und Ideologie bei Marx ist mit derjenigen bei Lenin nicht zu vergleichen. Genau dies ist denn auch die Kritik der Menschewiki an Lenin. Dies kann hier anhand der aufschlußreichen Ausführungen seines menschewistischen Parteigenossen Paul Axelrod[69] verdeutlicht werden. Axelrod hatte in der 'Iskra' 1904 einen langen Artikel veröffentlicht, der als derjenige Text gilt, der die theoretischen Unterschiede zwischen Menschewiki und Bolschewiki erstmals klar ausformulierte[70]. Dem leninschen Programm wird dort implizit, aber eindeutig der marxistische Charakter abgesprochen: "Der Klassenkampf ... beschränkt sich tatsächlich auf den 'Kampf

---

65) Lenin Werke, Bd. 17 : 61.
66) Ich benutze diesen Begriff in einem analogen Sinne zu Althusser 1985 : 101 ff.. Analog deshalb, weil Althusser hier von der spontanen Philosophie der Wissenschaftler schreibt. Spontane Philosophie der Proletarier ist dann die Gesamtheit der Vorstellungen, die die Proletarier (bewußt oder unbewußt) über ihre Praxis und ihr Handeln als Proletarier besitzen.
67) Vgl. Lenin AW, Bd. I : 377.
68) Vgl. Lenin Werke, Bd. 17 : 226. Die Bedeutung des Hegemoniebegriffs bei Lenin arbeiten Haug/Elfferding 1986 heraus, wenn hier auch ihrer Gegenüberstellung von Ideologie und Hegemonie bei Lenin nicht gefolgt wird. Der Hegemoniebegriff hat natürlich über die Gramsci-Rezeption Furore gemacht. So finden sich denn auch einige gute Rekonstruktionen des Hegemoniebegriffs bei Lenin in denjenigen Arbeiten über Gramsci, die nicht versuchen, ihn zu sozialdemokratisieren. Vgl. als Beispiele dieser zutreffenden Betonung der Beziehung von Gramsci und Lenin (nicht nur) im Hegemoniebegriff: Buci-Glucksmann 1981 : 165 ff.; Kramer 1975 : 85 ff.; sowie das bereits angeführte Buch von Anderson.
69) Axelrod 1981 : 13 ff.
70) vgl. Junius 1981 : 13.

gegen den Zarismus' allein, auf einen Kampf, der mit der 'proletarischen Lehre' bloß vermittels der sozialdemokratischen Phraseologie zusammenhängt, wobei dieser Zusammenhang überhaupt nur subjektiven, ideologischen, platonischen Charakter hat"[71]. Als echter Marxist geht Axelrod natürlich davon aus, daß die von Lenin entwickelte Strategie historische Gründe habe: nämlich die politische Sondersituation in Rußland (feudal-bürokratisch). Dort mußte die kritische Intelligenz, die sozialistisch war, da sie durch die großen westlichen sozialdemokratischen Bewegungen befruchtet worden sei, die Führung von Menschen übernehmen, die eigentlich durch die revolutionäre Bourgeoisie, die es in Rußland nicht gab, hätten geführt werden müssen[72]. Dies sei aber nur ein "Umweg" der Geschichte, der jedoch schließlich in der normalen Entwicklung, wie sie einer proletarischen Bewegung notwendig eigen ist, ende. Denn natürlich werde "der gesellschaftliche Inhalt der sozialen und politischen Bewegungen nicht so sehr durch die Theorien bestimmt ..., unter deren Flagge sie sich entwickeln, als durch die geschichtlichen Kräfte, die sie ins Leben rufen und durch die soziale Natur ihrer Träger"[73]. Für die Situation von 1904 aber sei deswegen, so Axelrod weiter, die "objektive Möglichkeit"[74] gegeben, die Führung des Proletariats aus den Händen der "nichtproletarischen Elemente" in die Hand der Arbeiter selbst zu legen. Deutlich ist, daß die Menschewiki Lenins Konzept als anachronistischen Ausdruck einer, durch die spezifische geschichtliche Entwicklung Rußlands geprägten, subjektivistischen, auf die nichtproletarische Intelligenz gestützten Phase ansehen, die es nun zu überwinden galt. Diese Einschätzung von Lenin als Subjektivisten teilt auch Luxemburg in der Auseinandersetzung um die Organisationsfragen der russischen Sozialdemokratie[75].

Der Vorwurf des Subjektivismus basiert auf den Annahmen, die Lenin als das theoretische Paar Ökonomismus/Spontaneismus kritisiert hatte. Luxemburg, um uns, der besseren Dokumentierbarkeit halber, auf diese Kritik zu beschränken, kann die Position Lenins deswegen als subjektivistisch angreifen, da sie von einer festen, determinierten Geschichtsentwicklung ausgeht, in deren Verlauf das Proletariat notwendig ein revolutionäres Klassenbewußtsein entwickelt. Ihre Kritik an Lenin zeigt zwar zahlreiche Punkte auf, die einer Kritik bedürften - sei es nun die weithin unkritische Haltung Lenins zur Fabrikdisziplin oder die Überbetonung des subjektiven

---

71) Axelrod 1981 : 16.
72) Axelrod 1981 : 21 f..
73) Axelrod 1981 : 23.
74) Axelrod 1981 : 25.
75) Luxemburg LGW, Bd. 1/2 : 443. Vgl. Teil II, Kapitel 1.3.3. dieser Arbeit.

Elements[76] -, doch liefert sie selbst diese Kritik nur unzulänglich. Luxemburg kann Demokratie und die Eigeninitiative des Proletariats deswegen einfordern, da sie sich aufgrund ihrer ökonomistischen Grundannahmen sicher ist, daß der historische Lernprozeß aus dem Proletariat notwendig eine revolutionäre Klasse formt. Für die linke Opposition des Westens (und hier ist Luxemburg nur exemplarisch) war die Absage Lenins an die Spontanität äußerst befremdlich. Hier wurde gerade im verbürokratisierten Apparat der offiziellen Arbeiterbewegung der Hemmschuh zur Ausbildung einer revolutionären Bewegung gesehen und auf die Kraft proletarischer Eigeninitiative gesetzt[77]. Doch täuschten sich die linken KritikerInnen. Denn die "spontane" Entwicklung der deutschen Arbeiterbewegung führte nicht etwa zur revolutionären Revolte gegen die Parteibürokratie, sondern genau zu jener trade-unionistischen Haltung, die Lenin in 'Was tun?' kritisiert hatte[78]. Die Kämpfe und die Ausbeutung liefern jedenfalls nicht von alleine das revolutionäre Bewußtsein[79].

Lenin hat mit seiner Konzeption die Kämpfe von Menschen im Marxismus zu einem relevanten Faktor gemacht, dem in der Theorie der Revolution mehr zukommt, als die bisher zugestandene Komparsenrolle. Doch diese grundsätzlich zustimmende Position, die die Qualität und die klare Überlegenheit des Leninschen Politikkonzeptes in Bezug auf die Kampf-, Bündnis- und Machtpolitik einräumt, weil hier Ideologien nicht mehr notwendige Reflexe und/oder Hirngespinste ohne jede eigene Qualität und Wirkung sind, wird durch einige zentrale Einwände relativiert.

1.2.2. Ideologie und Wissenschaft

Menschen kämpfen bei Lenin tatsächlich und sie kämpfen mit und gegen bestimmte Ideologien. Doch woher kommen diese Ideologien? Nach Lenin sind sie Produkt der zwei Klassen. Jenseits und über diesen beiden Klassen gibt es keine Ideologie. Proletarische oder bourgeoise Ideologie: tertium non datur. Diese primäre Dichotomisierung

---

76) Es wird vielleicht verwundern, daß auch hier die Überbetonung des subjektiven Elements bei Lenin kritisiert wird. Jedoch ist genau zwischen der anti-ökonomistischen Betonung ideologischer Kämpfe und dem, insbesondere beim späten Lenin, zunehmenden Abstellen auf die Subjektivität oder den Charakter einzelner Personen zu unterscheiden.
77) Vgl. dazu Mattick 1970 : 15 f..
78) Vgl. Schorske 1981 : 26 ff.. Vgl. auch ebd. : 150: "Es darf angenommen werden, daß die Gewerkschafter mit ihrer antirevolutionären Haltung die Masse der deutschen Arbeiter in unserer Periode genauer repräsentierten als die Sozialdemokratische Partei."
79) So auch Mandel 1970 : 165 ff., der, durch einige Beispiele belegt, erklärt: "Rosa Luxemburgs Konzept ... ist durch die Geschichte widerlegt worden" (ebd. : 167).

des Ideologischen ist aber problematisch und paßt kaum damit zusammen, daß Lenin gegen die Ökonomisten die Relevanz von Mittelschichten, Kleinbürgern etc. betont. Wenn es aber noch gar nicht zwei ausgebildete Klassen gibt, wie sollen diese bereits eine ausgearbeitete Ideologie besitzen? Wenn es aber denn doch diese zwei Ideologien schon gibt, sie also nicht erst Ergebnis eines hegemonialen Prozesses sind, warum muß dann die Ideologie der Arbeiterklasse, die es ja angeblich nicht jenseits und über derselben geben kann, erst gebracht werden? Der Widerspruch ist offensichtlich. Was einer Klasse gegeben ist, muß ihr nicht gebracht werden; was einer Klasse gebracht werden muß, ist ihr nicht gegeben. Auf der einen Seite hat Lenin also einen prozessualen Ideologiebegriff. Dieser muß entwickelt, gegen alternative Positionen abgegrenzt und in hegemonialen Kämpfen behauptet werden. In dieser Logik ist die Klasse nicht Ausgangspunkt, sondern Ergebnis eines hegemonialen ideologischen Kampfes. Auf der anderen Seite aber hat Lenin einen ontologisierenden Ideologiebegriff. Dieser ist, anders als im klassischen Marxismus das Klassenbewußtsein, weniger in der objektiven Klassenlage als in der Wissenschaft und der Wahrheit fundiert. Hier kollidieren zwei Maximen: Die Garantie, mit dem Versuch; die gesetzte Wahrheit mit dem Kampf um sie; der abgesicherte Führungsanspruch gegen den sich zu erkämpfenden Führungsanspruch.

An der Schnittstelle dieser Ambivalenz steht der leninistische Wissenschafts- bzw. Theoriebegriff. Hier nämlich setzt Lenins Ideologiekonzept an. Aus der, hier geteilten, Behauptung, die Arbeiterklasse entwickele in den ökonomischen Kämpfen nicht notwendig ein revolutionäres Bewußtsein, schließt Lenin, unter bereits zitiertem Rückgriff auf Kautsky[80], daß dieses revolutionäre Bewußtsein "von außen" in die Arbeiterklasse hineingetragen werden müsse. Doch was wird da hineingetragen? Bei Kautsky selbst, den Lenin zustimmend und ausführlichst zitiert, ist es "die Wissenschaft", deren Träger die bürgerliche Intelligenz sei. Dabei trennt Kautsky säuberlich zwischen dem Klassenkampf des Proletariats und dem "Sozialismus als Lehre". Beide enständen neben-, nicht auseinander. Hier scheint Sozialismus als Wissenschaft eine notwendige Einsicht in den Lauf der Dinge zu sein. Bei vertiefter wissenschaftlicher Beschäftigung kommt die bürgerliche Intelligenz so notwendig zum Sozialismus als Lehre und trägt ihn in das Proletariat. Der Sozialismus als Wissenschaft steht so jenseits des Kampfes, die Intelligenz scheint geradezu eine freischwebende Klasse der bürgerlichen Gesellschaft, die sich dem Wissen widmet und so, da er die Wahrheit des Wesens der Welt ist, am Sozialismus als Lehre nicht vorbeikommt.

---

80) Die folgenden Ausführungen beziehen sich auf Lenin AW, Bd. I : 374 f..

Bei Lenin ist das Verhältnis Wissenschaft und Sozialismus etwas komplizierter. Denn nach der von ihm angeführten Position Kautskys schreibt er, als Bewertung und ohne irgendeinen Übergang, daß also von einer von den Arbeitermassen "selbst ausgearbeiteten Ideologie" keine Rede sein könne. Nun hat allerdings Kautsky von Ideologie gar nicht geschrieben, sondern von *der* Wissenschaft, die in die Arbeiterbewegung hineingetragen werde und so das sozialistische Bewußtsein ausbilde. Wenn man also hier 'Ideologie' liest, könnte man versucht sein, sie mit Theorie gleichzusetzen. Doch würde dies kaum den folgenden Satz, nämlich daß es (nur) zwei, gegeneinander stehende Ideologien gebe - die bürgerliche und die sozialistische -, erklären. Hier steht Ideologie offensichtlich für so etwas wie 'Weltanschauung'. Es ist also völlig offensichtlich, daß Lenin den Ideologiebegriff in zwei Logiken einbaut, die einander widersprechen: in eine Standpunktlogik und eine Wissenschaftslogik. Einerseits ist Ideologie objektiv und klassenunabhängig insoweit, als die sozialistische Ideologie nicht ein partikulares Wissen repräsentiert. In einer Fußnote zu seiner Aussage, daß es keine selbst ausgearbeitete Ideologie der Arbeiterklasse gebe, heißt es relativierend: "Dies heißt selbstverständlich nicht, daß die Arbeiter an dieser Ausarbeitung nicht teilnehmen. Aber sie nehmen daran nicht als Arbeiter teil, sondern als Theoretiker des Sozialismus, als die Proudhon und Weitling, mit anderen Worten, sie nehmen nur dann und soweit daran teil, als es ihnen ... gelingt, sich das Wissen ihres Zeitalters anzueignen und dieses Wissen zu bereichern"[81]. Diese Definition löst nicht das Problem der klassenspezifischen Verankerung der Intelligenz. Denn diese Definition sagt nichts über die klassenspezifisch garantierte Herkunft des Wissens aus. Es scheint, daß das Wissen klassenneutral ist. Es ist das Wissen des Zeitalters. Wenn aber die sozialistische Ideologie ihren tiefsten Grund im Wissen des Zeitalters hat, was ist dann die bürgerliche Ideologie? Da der Ideologiebegriff von Lenin äquivalent für beide Seiten verwendet wird, kann er ja hier nicht das Wissen des Zeitalters, sondern nur einen spezifischen Standpunkt, oder genauer: zwei gegeneinander stehende, ausgearbeitete Weltanschauungen meinen[82]. Gegen die neutrale Wissenschaftslogik, die Lenin von Kautsky übernimmt, steht zudem der ganze Sinn der Schrift 'Was tun?'. Schließlich will Lenin nicht etwa zu vertieftem Studium des Wissens anregen, sondern eine Parteistruktur, die von Berufsrevolutionären bestimmt werden soll, durchsetzen.

---

81) Lenin AW, Bd. I : 375 (FN. I).
82) Diesen Widerspruch arbeiten auch Haug/Elfferding (1986 : 21 ff.) heraus. Angesichts der impliziten Standpunktlogik jedoch packt die beiden Autoren das Entsetzen: "Der Wissenschaftscharakter des Marxismus kann doch von Lenin nicht ernsthaft infragegestellt sein!" (ebd. : 22). In gewohnter Weise verdunkeln Metscher/Steigerwald (1982 : 198) das Problem, indem sie den Gegensatz von Wissenschaft und Ideologie bei Lenin im Begriff der wissenschaftlichen Ideologie beerdigen und wieder die Kontinuität zu Marx und Engels beschwören.

Diese Unklarheiten haben ihren Grund in der, so paradox es sich anhört, fehlenden Ideologietheorie. Dies gilt zuersteinmal für das Offensichtlichste. Eine Theorie der Ideologie müßte Auskunft über die Genese ihres Gegenstandes geben können. Wenn sie dabei auf eine präexistente Entität, die Klasse, verweist, kann sie nicht gleichzeitig die Funktion haben, die Klasse als handlungsfähig bzw. revolutionär zu konstituieren. Wenn aber Ideologie als feste, dichotomisierte Größe (hier bürgerliche Ideologie, dort proletarische Ideologie - tertium non datur) gesehen wird, fragt sich, warum es denn keine "chinesische Mauer" zwischen den Klassen gibt. Umgekehrt stellt sich die Frage: Wenn es keine Mauer zwischen den Klassen gibt, warum gibt es dann keine Misch-formen? - Weiter: Wie, wann und warum ist eine Ideologie in der Lage, eine andere zurückzudrängen? In welchem Verhältnis steht dabei ihre Qualität oder Wahrheit zu ihrer Quantität oder Wirkungsmächtigkeit?[83] Last but not least müßte geklärt werden, was Ideologie ist. Sind es Lügen, Verdummungen; sind es Vorboten der Wahrheit, ist es Wissenschaft? Bei Lenin bleibt dies wenig trennscharf. Man kann sich des Ein-drucks nicht erwehren, daß der Ideologiebegriff in dem Sinne 'operativ' ist[84], daß er in Lenins Texten als Variable zur Benennung, weniger zur theoretischen Bearbeitung, verschiedener Probleme genutzt wird. Dieses Operative schließt keineswegs aus, daß die Verwendung durch Lenin als auch theoretische Weiterentwicklung der Frage des Ideologischen rekonstruiert werden kann. Jedoch wird man bei Lenin keine Ideologie-theorie finden, sondern verschiedene Argumentationsstrategien, die sich der Vokabel bedienen.

Wie Haug/Elfferding[85] zu Recht betonen, ist deren Vereinheitlichung, etwa im Begriff einer 'wissenschaftlichen Ideologie' als Charakterisierung des Marxismus, nicht nur theoretisch, sondern auch politisch fatal. Zum einen wird die notwendige Spannung

---

83) Diese Unklarheit können wir hier nur andeuten: Auf die Frage, warum denn die spontane Bewe-gung des Proletariats nur zur Herrschaft der bürgerlichen Ideologie führt, antwortet Lenin, daß diese eben älter und vielseitiger entwickelt sei und zudem über weit mehr Mittel der Verbreitung verfüge als die sozialistische Ideologie (Lenin AW, Bd. I : 377). Bis hierhin also quantitative Argumente, die auf die Standpunktlogik verweisen. In der Fußnote zu diesem Satz (ebd., FN. I) behauptet nun Lenin fast das Gegenteil: die Arbeiter fühlten sich "*spontan*" (Hervorh. von Lenin) zum Sozialismus hingezogen, falls dieser eine Theorie sei und eben nicht der Spontanität huldige, weil diese sozialistische Theorie "tiefer und richtiger als jede andere" das Elend der Arbeiter erkläre. Dies sei der Grund, warum die Arbeiter diese Theorie so leicht erfassen könnten. Hier ist es dann nicht mehr die Logik des Standpunktes, sondern der Wahrheit. Und erstaunlicherweise haben nun die Arbeiter, denen doch die Wissenschaft von außen gebracht werden muß, wohl so etwas wie ein Gespür zum Erfassen der wahren Theorie.
84) Vgl. Haug/Elfferding 1986 : 24, die zudem betonen, daß der Begriff des Ideologischen bei Lenin 'flüssig' bleibt und nicht jenseits des Kontextes, in dem er verwendet wird, analysiert werden kann (ebd. : 20).
85) Haug/Elfferding 1986 : 22.

zwischen Wissenschaft und Politik, Theorie und Praxis einfach geleugnet, anstatt sie zu bearbeiten. Zum anderen aber hat diese Vereinheitlichung, die Lenin selbst nicht leisten wollte, in der Theorie des Marxismus-Leninismus praktisch-terroristische Konsequenzen: die Standpunktlogik und die Wahrheitslogik, bei Lenin durchaus getrennt, werden nämlich zusammengezogen. Der Standpunkt der Partei ist wahr; die Wahrheit ein Standpunkt - die Ideologie ist eine Wissenschaft und die Wissenschaft eine Ideologie und ihr Interpret ist die Partei[86]. Bei allen Unklarheiten darf man also die theoretische Produktivität und politische Notwendigkeit der leninschen Trennungen nicht verkennen. Vielleicht, und diese Frage werden wir uns noch zu stellen haben, läßt sich das Verhältnis von Wahrheit, Wissenschaft und Ideologie gar nicht auf einen Begriff bringen. Vielleicht liegt die theoretische Produktivität dieser begrifflichen Konstellation gerade in ihrem Spannungsverhältnis.

Unterhalb dieser zentralen theoretischen Konfliktlinie klafft aber noch ein Problem. Die Präexistenz von proletarischen und bourgeoisen Klassen vor den Kämpfen zu behaupten - sie entständen automatisch mit dem Kapitalismus[87] - und damit die Kampfformation, den Kampfinhalt und das Ziel schon festzulegen, gleichzeitig aber die Kämpfe nicht nur zum zentralen Bezugspunkt zu erklären, sondern die Klasse als Ergebnis des Klassenkampfes zu definieren[88], führt zu Unklarheiten in der politischen Strategie. Entweder sind die Kämpfe zentral, dann ist egal, wo derjenige herkommt, der kämpft; oder die Klassenlage ist entscheidend, dann dürfen Nichtproletarier und nichtproletarisierte Kleinbauern nicht kämpfen, bzw. sind nicht AnsprechpartnerInnen für eine politische Strategie. Dieses Problem wird durch die Leninsche Hegemonietheorie zwar nivelliert: Da er davon ausgeht, daß die kommende Revolution den Charakter einer Volkserhebung haben wird, spielt in seinem Hegemoniekonzept diese Frage noch keine wesentliche Rolle. Hier gilt es nur ein Bündnis der Demokraten und aller Unterdrückten unter dem Zarismus zu schmieden. Inwieweit diese hegemoniale Strategie aber auch grundsätzlich, als theoretisch, von Bedeutung ist und mithin den ontologisierenden Klassenbegriff der II. Internationale in Frage stellen kann, bleibt

---

86) Vgl. dazu Labica 1986; Lecourt 1976; Althusser 1976 : 16: "Diese marxistische Philosophie dient immerhin als *interne Ideologie* der Partei."

87) Z.B. Lenin AW, Bd. V : 209: "Diese geschichtliche Teilung der Gesellschaft in Klassen müssen wir uns als die grundlegende Tatsache stets klar vor Augen halten."

88) Lenin AW, Bd. V : 455: "Die Gewerkschaften sind aus dem Kapitalismus hervorgewachsen als *Mittel zur Entwicklung einer neuen Klasse*. Klasse ist ein Begriff, der sich *im Kampf* und in der Entwicklung herausbildet. Keine Wand trennt eine Klasse von der anderen" (Hervorh. hinzugef., mt).

ungeklärt[89]. Für eine nachbürgerliche, revolutionäre Politik ist aber gerade diese Frage zentral. Das ideologisch-hegemoniale Konzept aus 'Was tun?' ist jedenfalls kein Konzept, das eine radikal, also eindeutig antiökonomistische Stoßrichtung hat und Klassen, bzw. Menschen nur nach ihrer Position auf dem Kampffeld der Geschichte bestimmt.

Doch die Kritik kann hier noch nicht mal haltmachen. Tiefere Umkonzeptionierungen wären angesagt gewesen, wenn Lenin seine im Begriff der Hegemonie und im positiven Ideologiebegriff angelegte antiökonomistische Linie konsequent verfolgt hätte. Denn wenn eine Praxis, ein Kampf, eine Ideologie einen historischen Prozeß wirklich beeinflussen kann, kann dieser historische Prozeß keine a priori feststehende Dynamik besitzen. Doch Lenin ist kein Antiökonomist. Neben der relativen Eigendynamik des Ideologischen und Politischen gibt es bei Lenin klare ökonomistische Tendenzen. Ganz besonders deutlich wird dies dort, wo Lenin die Entwicklung der Produktivkräfte als eine politisch neutrale Frage des Fortschritts begreift. Ob Taylorisierung der Arbeit, Fabrikdisziplin oder die Entwicklung kapitalistischer Monopole. All dies ist für Lenin eine Fortschrittsgeschichte, an deren Ende der Sozialismus steht. Aber nicht nur das: Der Kapitalismus entwickelt für ihn die Techniken, Arbeits- und Rechnungsformen (kurz: die ökonomische Rationalität), die nur noch in eine neue politische Form gegossen werden muß[90].

Da der Ideologie- und Hegemoniebegriff aber so wenig theoretisch abgesichert wird, strukturiert er das Werk keineswegs. Vielmehr ist seine zentrale Bedeutung in 'Was tun?' nicht zu vergleichen mit der marginalen Rolle, die er in den im engeren Sinne ökonomischen Werken Lenins spielt. Diese Trennung aber in eher politische und eher ökonomische Schriften führt dazu, daß die Rolle des ideologischen Moments, die Lenin gegenüber den 'Ökonomisten' so schön herausarbeitet und betont, in seinen ökonomischen Werken fast vollständig abwesend ist. So strukturiert die politische Kampfstrategie das Werk, was zu theoretischen Turbulenzen führt. War Lenin zuerst ein Theoretiker mit ökonomischem (ja ökonomistischem) Schwerpunkt (gegen die

---

89) Haug/Elfferding 1986 arbeiten recht treffend Differenzen zwischen Hegemonie- und Ideologiebegriff bei Lenin heraus. Dabei schießen sie jedoch in zweifacher Hinsicht über das Ziel hinaus. Indem sie z.B. Lenins euphorische Begeisterung über die Revolution von 1905 dem Hegemoniekonzept zuschlagen (25 f.), verkennen sie, daß Lenin hier gerade nicht das Problem der Hegemonie behandelt, sondern geradezu unleninistisch der Spontanität huldigt. Dies wohl deswegen, da er von dieser Revolution überrascht wurde und die Bolschewiki in ihr keine allzu nennenswerte Rolle spielten (vgl. Rosenberg 1987 : 69 ff.). Zum anderen unterschätzen sie in ihrer Überbetonung der Unklarheiten im Spannungsfeld Wissenschaft und Ideologie die Unklarheiten in der Frage des Verhältnisses von Ökonomie und Ideologie.
90) Vgl. Eisenberg 1977 : 344 ff.; Breuer 1985 : 234 f.; Dutschke 1984 : 171 ff..

Volkstümler), dann mit ideologisch-hegemonialem Schwerpunkt (gegen die Menschewiki und andere 'Ökonomisten'), so wird er in seiner nächsten zentralen Schaffensphase wieder ein Theoretiker mit ökonomi(sti)schem Schwerpunkt.

1.3. Kämpfe im Zeitalter des Imperialismus

1.3.1. Ökonomie und Imperialismus

Lenins Imperialismusschrift, 1916 während des I. Weltkrieges verfaßt, hat mit zumindest zwei grundlegenden Problemen zu kämpfen, die sich mit der klassischen marxschen Theorie nicht erklären lassen. Lassen wir dabei erst einmal beiseite, daß Marx dem Imperialismus explizit eine nur untergeordnete und randständige Rolle in der modernen Weltgeschichte zusprach und stattdessen von einer Tendenz zum Weltmarkt ausging. Insoweit es den Imperialismus gebe, sei dieser eine notwendige und unabwendbare Erscheinung. Jedenfalls darf man daraus keine allzu weitreichenden Schlüsse ziehen, da der Imperialismusbegriff für Marx und Engels keine zentrale Rolle spielt[91]. Weniger der Begriff selbst, als sein weitgehendes Fehlen in den Werken der Klassiker macht nun eine Beschäftigung nötig. Bei Lenin geht es denn auch um die Entwicklung einer Möglichkeit, verschiedene aktuelle politische und theoretische Probleme mit der Fokussierung des Imperialismusbegriffes in Angriff nehmen zu können. Einerseits war offensichtlich, gut zwei Generationen nach Veröffentlichung des 'Kommunistischen Manifests', noch immer keine proletarische Revolution gelungen. Der Kapitalismus hatte jedenfalls nicht zu einer absoluten, sondern allenfalls zu einer relativen Verelendung geführt, und seine Krisen zeigten sich weit weniger regelmäßig und tiefgreifend, als dies von Marx vorhergesagt worden war. Gerade diese Diskussion über die relative Stabilität hatte ja den Argumentationsstoff für die revisionistische und austromarxistische Kritik an der Theorie der II. Internationale geliefert. Insoweit war dies keine neue Frage.

Was jedoch die Situation verschärfte, war, daß das internationale Proletariat und seine Führer keineswegs proletarisches Klassenbewußtsein ausgebildet hatten. Vielmehr erwies sich, daß die Arbeiterparteien der II. Internationale fast durchweg 'ihrem' Staat im Kriege zu Diensten waren. Gerade in jenen Ländern, die nach der marxschen Theorie als die fortgeschrittensten zu gelten hatten (England, Deutschland, Frankreich) und in denen deswegen die Entwicklung sowohl des Widerspruchs zwischen Produktiv-

---

91) Vgl. Gallissot 1985 : 529; Mommsen 1987 : 27 ff..

kräften und Produktionsverhältnissen als auch, damit einhergehend, des revolutionären Bewußtseins am weitesten hätte gediehen sein müssen, war das revolutionäre Proletariat verschwindend klein geworden, wohingegen revisionistische und sozialchauvinistische Strömungen das Bild der Arbeiterbewegung beherrschten.

Die leninsche Imperialismustheorie versucht nun zu erklären, warum die inneren Widersprüche der kapitalistischen Produktionsweise noch nicht bis zu ihrer revolutionären Entwicklung sich entwickelt haben; und welche Schlüsse daraus für eine revolutionäre Politik gerade in Rußland zu ziehen sind.

Der Krieg veranlaßte also Lenin zur erneuten Überprüfung und anschließenden Modifikation seiner bisherigen Strategie. Für ihn war der imperialistische Krieg Katalysator der Revolution, weil er massenhaftes Elend über die Menschen bringe. Dieser Gedanke war nicht neu und durch Lenin bereits im Rahmen der II. Internationale mehrfach vertreten worden. So in der von ihm beeinflußten Stuttgarter Resolution der II. Internationale; und dem gleichen Wortlaute nach noch einmal in der Baseler Resolution von 1912[92]. Auf diese Texte bezieht er sich im Vorwort seiner Imperialismusschrift ausdrücklich, da in ihnen "vom dem Zusammenhang eben dieses kommenden Krieges mit der proletarischen Revolution präzis, klar und direkt die Rede ist"[93].

An dieser Formulierung wird aber auch schon die Strategieänderung deutlich. Nicht mehr von der bürgerlichen, sondern von der proletarischen Revolution ist die Rede[94]. Insofern bei Lenin aber nun von einer sozialistischen Revolution die Rede ist, muß erläutert werden, was er unter "Sozialismus" versteht. Der Begriff Sozialismus bedeutet für Lenin, daß das Proletariat *politisch* die Macht übernimmt, während die Struktur der kapitalistischen Produktion weitergeführt wird.

Lenins Imperialismusschrift von 1916 ersetzt den politischen Schwerpunkt von 'Was tun?' durch eine starke ökonomische Akzentuierung. Lenin identifiziert dies selbst als weitgehende Beschränkung auf die ökonomische Analyse und führt als Grund dafür

---

92) Vgl. insg.: Akademie der Wissenschaften der UdSSR - Institut für Geschichte 1983 : 336 ff.. Wörtlich heißt es in dem Manifest u.a.: "Die Sozialisten müssen ... aus allen Kräften bestrebt sein, die durch den Krieg hervorgerufene Wirtschaftskrise auszunutzen, um das Volk aufzubieten und damit den Sturz der kapitalistischen Klassenherrschaft zu beschleunigen" (ebd. : 358).
93) Lenin AW, Bd. II : 650.
94) Vgl. exemplarisch Lenin AW, Bd. II : 645. Siehe auch die berühmten Aprilthesen von Lenin (Lenin AW, Bd. III : 60), die den Sozialismus für ein aktuell zu erreichendes Ziel erklären, deren zentrale Stütze die Sowjets seien.

die zaristische Zensur an[95]. Doch ist diese ökonomische Analyse selbst von eminent politischer Bedeutung, will sie doch begründen, warum gerade in Rußland die proletarische Revolution auf der Tagesordnung steht und der scheinbar so mächtige und beständige Kapitalismus sich seinem Untergang entgegenbewegt.

In dem Text unterscheidet Lenin nämlich zwei Phasen des Kapitalismus. Die erste Phase sei die des Wettbewerbs und der freien Konkurrenz gewesen, die zweite sei die der Monopolbildung und Herrschaft des Finanzkapitals. Die erste Phase des Konkurrenzkapitalismus sei von Marx beschrieben worden, werde nun aber sukzessive seit 1871 von der 'höchsten Phase' des Kapitalismus, nämlich dem Imperialismus abgelöst. Die Monopolisierung in der imperialistischen Phase ist charakterisiert durch die "Verschmelzung von Industrietrust, Bankkapital und Staat"[96]. Diese Kurzdefinition - Lenin selbst gibt eine präzise Definition des Imperialismus an anderer Stelle[97] - verweist auf eine neue Grundstruktur moderner kapitalistischer Gesellschaften. Lenin versteht damit erneut, wie schon in seiner Analyse der Entwicklung des Kapitalismus in Rußland, die Marxsche Kapitaltheorie als Darstellung der historischen Entwicklung der kapitalistischen Produktion. Dies enthebt ihn freilich von der Notwendigkeit, die von ihm und anderen wahrgenommenen Probleme der marxschen Theorie in deren Rahmen selbst zu analysieren. Nicht Marx hat sich geirrt, sondern der Kern des Kapitalismus hat sich verändert. Dabei nimmt Lenin implizit - er zitiert sie weder affirmativ, noch kritisch - auch die Gedanken Rosa Luxemburgs auf[98]. Sie hatte im Revisionismusstreit dieselbe Ausgangsfrage, nämlich warum die kapitalistische Gesellschaft sich noch immer relativ stabil reproduzieren kann. Ihre Antwort war, daß der Kapitalismus immer neue, nicht-kapitalisierte Regionen erschließen müsse (und bisher eben auch erschließen konnte), um den Mehrwert als Ganzen realisieren zu können. Lenin widerspricht zwar der These, daß der Kapitalismus ohne koloniale Ausbeutung nicht zu bestehen vermöge. Er übernimmt aber Luxemburgs Charakterisierung des Imperialismus als letztem Stadium des Kapitalismus. Der Imperialismus ist

---

95) Vgl. die später angefügten Vorworte: Lenin AW, Bd. II : 645 ff..

96) Rabehl u.a. 1974 : 39.

97) Vgl. hierzu ausführlicher: Lenin AW, Bd. II : 728 ff.. Meyer 1979 : 148 (FN. 9) verweist richtig darauf, daß Kritiker der leninschen Imperialismustheorie, wie z.B. Schumpeter, den Begriff wesentlich unpräziser gebrauchten und dann scheinbar nachwiesen, daß der Imperialismus nicht mit leninschen Kategorien erklärt werden könne. Lenin nutzt das Wort aber nur zur Beschreibung einer bestimmten Phase kapitalistischer Expansion und nicht zur allgemeinen Charakterisierung der Bildung von Imperien.

98) Explizit bezieht sich Lenin auf John Atkinson Hobson ('Imperialism', 1902) und Rudolf Hilferding ('Das Finanzkapital', 1910). Zu Hobsons Imperialismustheorie vgl.: Schröder 1979 und Mommsen 1987 : 12 ff.. Zu Hilferding: Mommsen 1987 : 32 ff..

also nicht nur ein neues, von Marx so nicht vorausgesehenes Stadium des Kapitalismus, sondern er besiegelt auch das Ende des Kapitalismus.

Die freie Konkurrenz als "Grundeigenschaft des Kapitalismus"[99] ist durch das Monopol, wenn auch nicht beseitigt, so doch verdrängt worden. Das Monopol "ist der direkte Gegensatz zur freien Konkurrenz"; und da beide Formen des Kapitalismus nebeneinander bestehen, führt dies zu Widersprüchen, Reibungen und Konflikten. Das Monopol selbst aber ist nicht nur ein Stadium des Kapitalismus. In gewisser Weise transzendiert es diesen: "Das Monopol ist der Übergang vom Kapitalismus zu einer höheren Ordnung". Das Monopol ist also nicht nur Ausdruck des letzten, sondern auch des höchsten Stadiums des Kapitalismus. Das Monopol ist für Lenin der ökonomische Vorgriff auf den Sozialismus noch in den politischen Rahmenbedingungen des Kapitalismus. Die monopolistische Phase des Kapitalismus befördert so in zweifacher Weise den Sozialismus. Einerseits schafft sie die ökonomischen Strukturen, die bereits den Kapitalismus überwinden. So erklärt Lenin, daß die monopolistische Distribution nach einem Plan geschehe, so daß "wir es mit einer Vergesellschaftung der Produktion zu tun haben". Das private Eigentum an Produktionsmitteln und die Privatwirtschaft stellten somit zunehmend nur noch eine bloße Hülle dar, die ihrem Inhalt nicht mehr entspreche und "die daher unvermeidlich in Fäulnis übergehen muß, wenn ihre Beseitigung künstlich verzögert wird"[100]. Andererseits befördert die imperialistisch-monopolistische Phase den Sozialismus, da sie die Widersprüche zwischen den kapitalistischen Staaten verschärft und zu Krieg und Elend führt.

Doch bleiben wir zuerst bei Lenins Charakterisierung des Monopols als "*Übergang* zum Sozialismus", das "*bereits* das Sterben des Kapitalismus" und den Übergang in den Sozialismus durch die "gewaltige *Vergesellschaftung* der Arbeit durch den Imperialismus" bedeutet[101]. Damit ist klar, daß der Übergang zum Sozialismus ein politisches, kein ökonomisches Problem mehr darstellt. Die ökonomische Theorie Lenins ergibt also, daß es für den Sozialismus nur noch des politischen Sieges der Arbeiterklasse bedürfe.

---

99) Dies und die folgenden Zitate sind dem Abschnitt "Der Imperialismus als besonderes Stadium des Kapitalismus" entnommen. Vgl. Lenin AW, Bd. II : 728 ff..
100) Lenin AW, Bd. II : 769.
101) Lenin AW, Bd. II : 786 (Hervorh. im Original).

1.3.2. Der politische und der ökonomische Staat

Lenin ist also bemüht, einen doppelten Charakter des Staates zu begründen. Für ihn ist der Staat in einen politischen und einen ökonomischen Sektor geteilt. Schließlich hat die Verschmelzung von Industriekonzernen, Banken und Staat im Monopolkapitalismus eine staatskapitalistische Wirtschaftsform hervorgebracht. Entscheidend für den Charakter des ökonomischen Staates wird dadurch die Frage politischer Herrschaft. Agiert der Staat im Interesse des Kapitals, ist er kapitalistisch; agiert er im Interesse des Proletariats, ist er sozialistisch[102]: "Der Sozialismus ist nichts anderes als staatskapitalistisches Monopol, das *zum Nutzen des ganzen Volkes angewandt wird* und dadurch *aufgehört hat*, kapitalistisches Monopol zu sein"[103]. Lenins Staats- und Kapitaltheorie gehen so Hand in Hand[104]. In beiden wird behauptet, daß die moderne Entwicklung der kapitalistischen Produktionsweise einen sozialistischen Kern geschaffen haben, dessen kapitalistische Hülle beseitigt werden muß.

So trennt Lenin zwischen dem unterdrückenden Apparat und dem Apparat der Rechnungsführung und Registrierung im Staat, um letzteren als unbedingt erhaltenswert zu kennzeichnen. Die deutsche Post wird bei Lenin zum Vorbild für die Organisierung der Volkswirtschaft, und die Taylorisierung der Arbeit wird als modernste Form der Organisation des Produktionsprozesses affirmiert. So schreibt Lenin der Entwicklung der kapitalistischen Arbeits- und Staatsorganisation eine moderne, neutrale Rationalität zu, die ihre Übernahme in den Sozialismus nicht etwa als ein Problem des Übergangs, sondern als die Sinnhaftigkeit des geschichtlichen Prozesses selbst erscheinen läßt. Das einzige, was Lenin an kapitalistischer Produktion auszusetzen hat, ist deren anarchische Unkontrollierbarkeit und Krisenanfälligkeit. Demgegenüber sollen "die Lohnarbeit, die Despotie in der Fabrik, die kapitalistischen Formen der Produktion, die Verkehrsformen insgesamt, d.h. die Art und Weise, wie die Menschen miteinander umgehen und ihre Beziehungen gestalten, unangetastet bleiben"[105]. Die völlige analytische Trennung der ökonomischen und der politischen Ebene bei Lenin führt zu einer Unbekümmertheit gegenüber kapitalistischer Herrschaft im und durch (und nicht nur über den) Produktionsprozeß. Was Lenin nicht erfassen kann, ist, daß der politische Inhalt der Funktionen kapitalistischer Herrschaft in die institutionelle Materialität und

---

102) Vgl. Rabehl 1973 : 318 ff..
103) Lenin AW, Bd. III : 441.
104) Vgl. Rabehl u.a. 1974 : 38 ff..
105) Eisenberg 1977 : 345. Vgl. auch die Kritik bei Rabehl u.a. 1974 : 38 ff., die ebenso wie Eisenberg von einer "Ideologisierung der kapitalistischen Produktionsweise" durch Lenin sprechen. Wenn auch dieser Vorwurf wenig erhellt, so ist das Moment, das er aufzeigt, kritisch nachzuvollziehen.

in den organisatorischen Aufbau sowohl des Staates als auch der Produktion eingeschrieben sind[106]: "Die kapitalistische Maschinerie ist nicht bruchlos in eine andere
gesellschaftliche Form zu überführen, sie ist selbst, bis in ihre kleinsten Funktions- und
Konstruktionsprinzipien hinein, geprägt von den bestehenden gesellschaftlichen Verhältnissen: Ausbeutung und Herrschaft"[107].

1.3.3. Theorie des schwächsten Gliedes in der imperialistischen Kette

Was bedeutet Lenins Imperialismustheorie aber für die Frage der Kämpfe? Zuerst
einmal haben wir es hier mit einer letztlich "klassisch" ökonomistischen Theorie zu
tun, wie sie uns aus der II. Internationale bekannt ist: Die autonome Entwicklung der
Produktivkräfte schafft die Voraussetzungen für den Sozialismus. Während bei
Kautsky und Luxemburg der Widerspruch zwischen Produktivkräften und Produktionsverhältnissen nur die subjektiven und objektiven Voraussetzungen der sozialistischen Revolution schafft, übernimmt Lenin eine Denkfigur, die zumindest in der
westeuropäischen Sozialdemokratie eindeutig dem Revisionismus zugerechnet werden
muß. Denn daß der Kapitalismus selbst schon - mit Aktiengesellschaften, staatlicher
Wirtschaftsplanung etc. - wesentliche Elemente des Sozialismus herausbilde, war
spätestens seit Bernstein Argument für eine anti-revolutionäre Argumentation. Rudolf
Hilferding, auf dessen Werk 'Das Finanzkapital' sich Lenin maßgeblich und auch
gerade in der Frage der ökonomischen Grundlegung des Sozialismus im Kapitalismus
bezieht[108], wird der erste Finanzminister der deutschen Sozialdemokratie werden. Aber
nicht nur das. Hilferding wird auf dem Kieler Parteitag der Sozialdemokratie 1927
zeigen, daß die Annahme, der Sozialismus entstehe ökonomisch im und durch den
Kapitalismus, eine wunderbare Grundlage eines reformistisch-sozialdemokratischen
Konzeptes ist. In seinem Parteitagsreferat prägt Hilferding das Schlagwort vom

---

106) Eine ausführliche und treffende Kritik der Theorie des staatsmonopolistischen Kapitalismus und
damit der Trennung politischer und ökonomischer Funktionen findet sich bei Poulantzas 1978 :
151 ff..
107) Hirsch 1986 : 145.
108) Vgl. Lenin AW, Bd. II : 654: "Obwohl der Autor [Hilferding, mt] ... eine gewisse Neigung zeigt,
den Marxismus mit dem Opportunismus zu versöhnen, ist dieses Werk eine höchst wertvolle
theoretische Studie ...". Während Lenin nun Hilferdings Studie kaum zum Beleg der ökonomischen Entwicklung heranzieht, zitiert er ihn zustimmend an zentralen Stellen, in denen politische Schlußfolgerungen zu ziehen sind: Es sei nicht die Sache des Proletariats, heißt es bei
Lenin unter Verwendung eines Zitates von Hilferding, der "fortgeschritteneren kapitalistischen
Politik gegenüber die überwundene der Freihandelsära und der Staatsfeindschaft entgegenzu-
setzen" (ebd. : 754), sondern stattdessen zu erkennen, daß es - nur - der Aufhebung des -
politischen - Kapitalismus bedürfe. Vgl. auch ebd. : 763.

"organisierten Kapitalismus", der in Wirklichkeit gar kein Kapitalismus mehr sei, sondern "Ersatz des kapitalistischen Prinzips der freien Konkurrenz durch das sozialistische der planmäßigen Produktion". Folglich sei es nun die Aufgabe der Sozialdemokratie, die bislang von den Kapitalisten geleitete Wirtschaft in eine "durch den demokratischen Staat geleitete Wirtschaft umzuwandeln"[109].

Nicht trotz, sondern gerade durch die ökonomistische Problematik wird also die Politik in den Vordergrund gerückt. Kannten wir aus der II. Internationale Argumentationen, die den Sozialismus als eine mit Naturnotwendigkeit kommende Entwicklung in die Zukunft projizierten: 'warte ab, die Widersprüche der kapitalistischen Produktionsweise produzieren eine reife Frucht, die die Arbeiterklasse nur zu pflücken braucht, wenn die Zeit gekommen ist', wird der Konnex von Ökonomie und Politik bei Lenin gelockert. Bekanntlich implizierte der geschichtsphilosophische Glaube in der II. Internationale, daß durch die geschichtliche Entwicklung nicht nur 'objektiv' die Voraussetzungen einer Überwindung des Kapitalismus geschaffen werden, sondern daß zugleich die Arbeiterklasse sich als revolutionäre Klasse konstituiert. Diese direkte Parallelität objektiver und subjektiver Momente in der Überwindung des Kapitalismus aber wird bei Lenin aufgegeben. Er diagnostiziert, daß die Zeit reif für die Revolution ist - Monopolbildung abgeschlossen, Welt in Einflußsphären aufgeteilt etc., also objektiv sozialistische ökonomische Verhältnisse in einer privatkapitalistischen Hülle -, muß aber gleichzeitig zur Kenntnis nehmen, daß sich dieser angeblich objektiv vorhandene Zustand nicht subjektiv, in Form einer Revolution, durchsetzt. Ganz im Gegenteil: spätestens mit der aktiven Unterstützung des Krieges durch weite Teile der sozialdemokratischen Arbeiterbewegung war nicht nur keine Verstärkung revolutionären zu konstatieren. Weite Teile der Arbeiterbewegung hatten aktiv chauvinistische und imperialistische Positionen eingenommen.

Halten wir noch einmal fest: Hatte zwar Lenin eine rein produktivkraftökonomistische Linie von der frühen Warenwirtschaft zum Imperialismus als höchstem und letztem Stadium des Kapitalismus beschrieben, so hatte er gleichzeitig aber Ökonomie und Politik als Ebenen voneinander relativ unabhängig gesetzt. Denn allein das Vorhandensein der objektiven Bedingungen einer sozialistischen Revolution reicht keineswegs für die revolutionäre politische Überwindung des Kapitalismus. Für diesen Verzögerungseffekt macht Lenin denn auch ideologische Kämpfe verantwortlich. Wenn

---

109) Hilferding, zitiert nach Hofmann 1979 : 186 f.. Hofmann faßt denn auch die Differenz zwischen deutschen Revisionisten und Austromarxisten so zusammen: Während erstere glaubten, der Sozialismus ließe noch eine Weile auf sich warten, "erklärten die Austromarxisten umgekehrt: der Sozialismus ist schon da!" (ebd. : 183).

man also von der äußerst fragwürdigen Geschichtsphilosophie und dem 'formvergessenen' Sozialismusverständnis Lenins in der Imperialismusschrift einmal absieht, so könnte man immerhin, eingerahmt von ökonomistischen Prämissen, eine Sphäre des Ideologischen als einem relativ eigenständigen und wirkungsmächtigen Kampffeld ausmachen. Doch täuscht dieser erste Eindruck weitgehend.

Zur Begründung im einzelnen: Für Lenin gleicht der Imperialismus auf der einen Seite die Wirtschafts- und Lebensbedingungen aneinander an, trennt sie aber auch gleichzeitig wieder, indem er im internationalen Maßstab die kapitalistischen Länder hierarchisiert: Einerseits eine starke Angleichung der Wirtschafts- und Lebensbedingungen in den imperialistischen Staaten "unter dem Druck der Großindustrie, des Austausches und des Finanzkapitals"[110], andererseits ausgebeutete, ausgepreßte Länder. Rußland nimmt in dieser Theorie eine Zwischenstellung ein, die politisch das revolutionäre Potential erklären soll. Einerseits nämlich ist Rußland durch die Internationalisierung des Kapitals im Monopolkapitalismus selbst nun im Stadium des Monopolkapitalismus, was ja, wie beschrieben, Bedingung für die Durchsetzung der objektiven Voraussetzungen des Sozialismus (staatskapitalistische Wirtschaft) ist. Andererseits muß Lenin begründen, warum nicht etwa in den fortgeschrittensten imperialistischen Ländern, sondern in Rußland die 'subjektiven' Bedingungen sich den objektiven hinzugesellen. Denn Rußland ist für Lenin einerseits im Stadium des Monopolkapitalismus, andererseits aber ein Land, in dem "der moderne kapitalistische Imperialismus sozusagen mit einem besonders dichten Netz vorkapitalistischer Verhältnisse überzogen ist"[111].

Daß nämlich nicht England, Frankreich oder Deutschland die Zentren revolutionärer Bestrebungen sind, sondern daß gerade in den entwickelsten kapitalistischen Ländern reformistische, chauvinistische und opportunistische Arbeiterparteien das Bild beherrschen, erklärt Lenin damit, daß die privilegierten Schichten der Arbeiterbewegung in den imperialistischen Zentren gekauft würden. Die Parteiführer werden gekauft, denn es ist im Monopolkapitalismus für die führenden imperialistischen Staaten möglich, Extra- oder Monopolprofite zu realisieren und damit "einzelne Schichten der Arbeiter, vorübergehend sogar eine ziemlich bedeutende Minderheit der Arbeiter zu bestechen und sie auf die Seite der Bourgeoisie ... hinüberzuziehen"[112]. Man muß sich der Verschiebung, ja Verkehrung bewußt sein, die hier Lenin in die marxistische Theorie des revolutionären Klassenbewußtseins einführt. War bislang die objektive Entwicklung

---

110) Lenin AW, Bd. II : 721.
111) Lenin AW, Bd. II : 721.
112) Lenin AW, Bd. II : 767; vgl. auch ebd. : 795.

des Kapitalismus der Garant auch für das revolutionäre Klassenbewußtsein, so wird nun das Klassenbewußtsein geradezu durch die Möglichkeit der Bestechung in den monopolkapitalistischen Staaten unterminiert. Opportunismus und Sozialchauvinismus werden also nicht mehr als noch ungenügende Entwicklung des Klassenbewußtseins[113], sondern als ideologischer Ausdruck des entwickelten Kapitalismus betrachtet. Konsequent zu Ende gedacht wäre mithin in den entwickelten Ländern des Monopolkapitalismus keine sozialistische Revolution möglich, da ja der Zusammenhang von Opportunismus und Imperialismus als ein ökonomischer, mithin keinesfalls kontingenter beschrieben wird.

Doch Lenin zieht diese Konsequenz nicht explizit. Zwar betont er, daß gewisse Schichten der Arbeiterklasse "auf dem Rücken Asiens und Afrikas" mit Extraprofiten bestochen werden und "in *Kettenhunde* des Kapitalismus, in *Verderber* der Arbeiterbewegung" verwandelt worden seien[114]. Auch kann es sich nicht nur um eine kleine Schicht handeln, denn schließlich hat sie "jetzt (auf wie lange wohl?) über die Arbeiterbewegung den Sieg davongetragen"[115]. Doch andererseits betont Lenin immer wieder, daß nur eine kleine Oberschicht, die sogenannte "Arbeiteraristokratie" bestochen werden könne, während die Masse des Proletariats immer mehr unterdrückt werde[116]. Und tatsächlich: gerade in der Frage der Massenbasis des Opportunismus schwankt Lenin in den einschlägigen Texten. Letztlich aber ist er überzeugt, daß die "unterste Masse, die tatsächliche Mehrheit" im Kampf nicht den Opportunisten folgen werde. Man fragt sich allerdings wieso. Denn während die Arbeiteraristokratie rein ökonomisch bestimmt wird und ihr revolutionäres Bewußtsein aufgrund ihrer objektiven Klassenlage notwendig verkauft, erkennen die untersten Massen ihre Lage nicht schon allein vermittels ihrer Ausgebeutetheit. Vielmehr müssen diese Massen erst lernen, ihre Interessen zu erkennen und für den Sozialismus zu kämpfen[117]. Das allein vermag denn auch zu erklären, wie Lenin es bewerkstelligt, gleichzeitig zu behaupten, der Imperialismus werde schwächer und könne nicht mehr (wie zu Engels' Zeiten in

---

113) So z.B. auch noch in einem Text von 1908, Lenin AW, Bd. II : 263 ff.. Dort wird der Revisionismus als Ausdruck des vom Kapitalismus immer neu geschaffenen Kleinbürgertums, das "ebenso unausbleiblich wieder in die Reihen des Proletariats geschleudert wird", betrachtet. Es sei mithin "ganz natürlich, daß die kleinbürgerliche Weltanschauung in den großen Arbeiterparteien immer wieder zum Durchbruch kommt" (ebd. : 272).

114) Lenin AW, Bd. II : 789.

115) Lenin AW, Bd. II : 789.

116) Lenin AW, Bd. II : 796.

117) Vgl. insgesamt Lenin AW, Bd. II : 799 ff.. Dabei ist interessant, daß sich Lenin auf Engels' Analyse des Opportunismus in England bezieht. Engels allerdings zitiert Lenin mit den Worten, daß die unterste Masse eines Tages "plötzlich *sich selbst findet*, wo es ihr aufleuchtet, daß sie diese kolossale sich bewegende Masse ist" (Engels, zitiert bei Lenin AW, Bd. II : 792).

England) die gesamte Arbeiterklasse eines Landes über Jahrzehnte hinaus bestechen, sondern nur noch eine kleine Oberschicht der Arbeiter; dieser Umstand aber dennoch zentrale Auswirkungen auf die Massen habe. Insoweit behält also Lenin sein Konzept aus 'Was tun?' bei. Der Sozialismus muß von außen in den Klassenkampf hineingetragen werden. Nur leider sind im Imperialismus die Träger der Ideologie der Arbeiterklasse gekauft.

Was so explizit bei Lenin nicht ausgesprochen wird, zeigt sich jedoch implizit in einer neuen Revolutionsstrategie. Bekannt ist sie als Theorie des schwächsten Gliedes in der imperialistischen Kette[118]: Gerade die ungleichzeitige Entwicklung des Kapitalismus in Rußland (Teil des Imperialismus, aber durchzogen von vorkapitalistischen Strukturen) mache dort die Revolution möglich[119]. In subjektiver Hinsicht wohl gerade dadurch, daß es Rußland noch unmöglich sei, bedeutende Teile der Arbeiterklasse, und sei es auch nur ihrer Oberschicht, zu kaufen.

1.3.4. Ausgebeutete aller Länder, erhebt euch !

Doch Lenin bleibt nicht dabei stehen. Er will nicht nur die Spezifik Rußlands erklären, sondern er verlagert theoretisch - und nimmt insoweit die oben als nur implizit vorgetragen dargestellten Konsequenzen seiner Theorie ernst - das revolutionäre Potential weg von den kapitalistischen Zentren hin zur Peripherie. So wie der Kapitalismus im Zeitalter des Imperialismus alle Verhältnisse angleicht und tendenziell alle Regionen in den kapitalistischen Weltmarkt eingliedert, so verlagert sich der Klassenkampf tendenziell von einem nationalen zu einem internationalen Klassenkampf[120].

Dabei ist sich Lenin durchaus bewußt, daß er die Marxschen Annahmen bestreitet. Da Lenin aber, wie beschrieben, den Imperialismus als neues Zeitalter begreift, das die Grundlagen der Marxschen Theorie teilweise in Frage stellt, sieht er dies nicht als

---

118) Bei Lenin selbst war diese Formulierung explizit nicht zu finden. Doch sie charakterisiert recht treffend die neue Revolutionsstrategie und zieht sich so implizit durch verschiedene Schriften. Rußland ist gerade deswegen für eine Revolution prädestiniert, weil hier "die Kette der imperialistischen Front am schwächsten" ist (so die Formulierung bei Stalin 1970 : 108).
119) Vgl. dazu auch die Interpretation von Althusser 1968 : 61.
120) Vgl. dazu insb. Meyer 1979 : 133 ff.. Ebenso auch Mommsen 1987 : 43 f., der jedoch - in seiner teilweise recht platten antileninistischen Argumentation - die theoretische Tragweite der Analyse unterschätzt und in bekannter Manier Lenin rein strategische Erwägungen unterstellt. Noch unsachlicher ist die Polemik bei Lichtheim 1972 : 99 ff., der jedoch ebenso das 'Neue' an dieser Position betont.

Widerlegung, sondern als Weiterentwicklung der Marxschen Theorie - als ihre Anwendung auf ein neues Zeitalter: "Der römische Proletarier lebte auf Kosten der Gesellschaft. Die heutige Gesellschaft lebt auf Kosten des modernen Proletariers. Dieses treffende Wort Sismondis pflegte Marx besonders hervorzuheben. Der Imperialismus verändert die Sache etwas. Die privilegierte Oberschicht des Proletariats der imperialistischen Mächte lebt zum Teil auf Kosten der vielen hundert Millionen Menschen der nichtzivilisierten Völker"[121].

Damit besteht der Imperialismus letztlich aus den 'klassischen' Elementen des Kapitalismus, nur daß diese globalisiert werden: der Ausbeuterklasse (die Teile der Arbeiterklasse der imperialistischen Staaten beinhaltet) stehen die unterdrückten Völker gegenüber. Bereits 1912 beginnt Lenin von ausbeutenden und ausgebeuteten Nationen zu sprechen, 1917 schließlich radikalisiert er dies dahin, daß eine Tendenz zur Aufspaltung der Welt in rein proletarische und rein imperialistische Nationen zu erkennen sei, die eine proletarische Revolution nur bei den rückständigen, proletarischen Nationen wahrscheinlich mache[122]. Die Weltrevolution geht nun nicht mehr von den Zentren, sondern von der Peripherie aus[123]: "Denn der morgige Tag der Weltgeschichte wird eben der Tag sein, an dem die vom Imperialismus unterdrückten Völker, die sich schon regen, endgültig erwachen werden, an dem der lange und schwere Entscheidungskampf um ihre Befreiung beginnen wird"[124].

Mao wird diese Verschiebung in der Bestimmung des revolutionären Subjekts fortführen, ja gegen die Sowjetunion (als imperialistischem Staat) selbst richten. Egal aber, wie man diese Verschiebungen inhaltlich beurteilt, klar ist, daß sie mit dem klassischen Marxismus nur noch bedingt in Einklang zu bringen sind. Etwas ungerecht zugespitzt kann man mit Lichtheim polemisieren: "Diese Vorstellung bricht vollkommen mit dem Marxismus, was einige ihrer Verfechter nicht daran gehindert hat zu beanspruchen, sie befänden sich auf dem Boden von Marx, denn Revolutionäre müßten immer auf seiten der Ausgebeuteten sein, einerlei ob diese nun Sklaven, Leibeigene oder aber Bauern seien, die den kolonialen Fesseln nicht entkommen können. So bewundernswert es ist, wie hier allein moralische Überlegungen angestellt werden, scheint diese Lehre doch

---

121) Lenin AW, Bd. II : 786.
122) Vgl. Meyer 1979 : 134 f..
123) Lenins Imperialismustheorie hat deswegen gerade im Zuge der Renaissance von Imperialismus- und 'Dritte Welt'-Theorien in der Neuen Linken auch bei Nicht-Leninisten starken Anklang gefunden. Vgl. z.B. Galtung 1972 : 36 FN. 4, der Lenins Theorie der Arbeiteraristokratie aufnimmt und sich in seiner Imperialismusdefinition "weitgehend an Lenin anlehnt" (ebd.).
124) Lenin AW, Bd. VI : 659.

Tolstoi oder Gandhi im Geiste näher zu stehen als dem Begründer des modernen Sozialismus"[125].

So ganz stimmt das natürlich nicht. Nur im Ergebnis, wenn man also die spezifische, ökonomistische (und nur bedingt moralische) Begründung Lenins außer acht läßt und mithin nur darauf achtet, wer denn letztendlich als revolutionäres Subjekt angesehen wird, kann diese Übereinstimmung mit Tolstoi oder Gandhi postuliert werden. Die klare Herleitung aber ist alles andere als 'rein moralisch': Kämpften in 'Was tun?' also noch zwei Ideologien gegeneinander und um die Köpfe, so ist in der Imperialismusschrift der Kampf so unter das Primat der Ökonomie gestellt, daß die Orte des Kampfes eigentlich feststehen. Auch wenn die Analogie auf den ersten Blick vielleicht etwas weit hergeholt erscheint, so gibt es hier strukturelle Parallelen zur Theorie der kritischen Intelligenz bei Adorno. Um die Möglichkeit zu erklären, warum denn nun gerade einige ältere, in Frankfurt forschende Herren dem universellen Verblendungszusammenhang denn zumindest so weit entgehen konnten, daß ihnen seine Beschreibung und Kritik möglich sei, verwiesen die Kritischen Theoretiker auf jene Zeit ihrer Sozialisation, in der mit der Aufklärung und dem Bildungsbürgertum noch Kritik nicht selbst nur Teil des falschen Ganzen war. Waren vor dieser Zeit die materiellen und geistigen Mittel zur Überwindung des Kapitalismus noch nicht gegeben, so sind sie mittlerweile nicht mehr gegeben. Der Zeitpunkt ihrer Verwirklichung ist verpaßt. Nun hat Lenin zwar nicht die Vorstellung, daß der Zeitpunkt der Revolution in den imperialistischen Metropolen endgültig verpaßt ist, aber er ist wahrscheinlicher in einem Land, das am Beginn der imperialistischen Entwicklung steht. Während also in der klassischen marxschen Theorie die Entwicklung der Widersprüche des Kapitalismus linear und ohne Brüche verlief, so gibt es bei Lenin einen Umschlagpunkt. Natürlich betont Lenin immer wieder, daß der Imperialismus nur ein Stadium des Kapitalismus und notwendig auch sein letztes sei. Gerade weil nun immer mehr Länder sich um die verbliebenen Kolonien stritten, weil zudem der Imperialismus im wesentlichen nur ein Kapital- und kein Warenexport wäre, weil er, wie Lenin in unangenehm moralisierender, kleinbürgerlicher und naturalisierender Manier betont, ein "Parasitismus" sei, der ungesunde Rentnerstaaten hervorbringe, "verfaule" er bereits.

Obwohl also Lenin die Neuartigkeit des Imperialismus betont, gleichzeitig hervorhebt, daß Marx und Engels die imperialistische Epoche nicht beobachtet haben (was ja impliziert, daß die Geschichte Entwicklungen nehmen kann, die den Marxismus korrek-

---

125) Lichtheim 1972 : 100.

turbedürftig machen), geht er dennoch von einem "unvermeidlichen" Sieg der Arbeiterklasse aus.

Dies ist der ökonomistische Hauptstrang der Imperialismusschriften. Dazwischen gibt es interessante Bemerkungen, die eigentlich auch eine andere Analyse ermöglicht hätten. Wenn Lenin etwa gegen die Zentristen polemisiert, die die Spaltung der Arbeiterklasse, den Übergang von großen Teilen der Arbeiterklasse ins Lager der Bourgeoisie damit verleugnen, daß sie auf die objektive Einheit des Proletariats verweisen, so ironisiert Lenin völlig anti-ökonomistisch: "Sie versuchen die Sache mit jenem 'amtlichen Optimismus' abzutun ...: die objektiven Bedingungen verbürgen ja die Einheit des Proletariats und den Sieg der revolutionären Strömung! Wir sind ja in bezug auf das Proletariat 'Optimisten'!"[126]. Doch was sich auf den ersten Blick als Kritik des Ökonomismus in der Bestimmung politischer Kämpfe liest, ist eine Kritik des Optimismus, nicht der direkten Anbindung der Kämpfe an die Ökonomie. "Der Leninismus ist ein Marxismus, der von inneren Zweifeln bedrängt wird - einem Mißtrauen gegenüber der Geschichte, den Massen und sogar der bewußten Führung"[127]. Dieser Pessimismus aber ist zu einem guten Teil theoretisch nur das Spiegelbild des ökonomistischen Optimismus. Denn die Theorie der Ungleichzeitigkeit, die die Linearität der Geschichte in Frage stellt, bricht doch nicht mit ihr. So ist der Imperialismus nur ein neues Stadium des Kapitalismus, aber definitiv sein letztes. So ist die Entwicklung des Kapitalismus überall gleich, ob in Rußland oder den (noch) 'unzivilisierten' Regionen, nur daß diese Länder noch vor sich haben, was die Länder des 'verfaulenden' Imperialismus bereits hinter sich lassen. Der Zeitablauf ist derselbe, nur ist der aktuelle Zeitpunkt nicht der gleiche.

1.3.5. Arbeiteraristokratie und ideologischer Kampf

Neben den Ansätzen zu einer Theorie der Ungleichzeitigkeit zieht sich ein zweiter Strang tendenziell antiökonomistischen Denkens durch die Imperialismusschriften. Dieser Strang steht im Zusammenhang mit dem Versuch einer detaillierteren Erklärung des Sieges des Opportunismus. Eine rein ökonomistische Erklärung, wie sie mit den Extraprofiten im Imperialismus, der Bestechung der Arbeiteraristokratie und der Unreife der untersten Massen angeboten wird, hat schon implizit ihre Schwachstelle, nämlich in eben jener Unreife der untersten Massen. Warum werden diese Massen

---

126) Lenin AW, Bd. II : 790.
127) Meyer 1979 : 150, der diese richtige Einschätzung jedoch zu schnell in den Zusammenhang eines Totalitarismus-Verdikts stellt.

nicht zum Träger der Revolution, lassen die Arbeiteraristokratie rechts liegen und nehmen das Heft der Geschichte fest in ihre Hand? Offensichtlich bleibt Lenin insoweit seiner in 'Was tun?' dargestellten Position, nach der das sozialistische Bewußtsein in den Klassenkampf von 'außen' hereingetragen werden muß, treu. Da nun aber gerade die Träger dieses Bewußtseins 'bestochen' worden sind, entwickelt sich kein Klassenbewußtsein, obwohl doch nur eine "dünne Oberschicht" bestochen werden kann, während die Massen "stärker denn je unterdrückt werden"[128]. Hier könnte nun eine rein ökonomistische Theorie aber aufhören: sie hätte alles erklärt, was sie erklären müßte.

Doch implizit gibt sich Lenin mit dieser, seiner eigenen expliziten Erklärung des Opportunismus und Sozialchauvinismus nicht zufrieden. Was beispielsweise ist mit Kautsky und seinen Adepten? Kautsky selbst wird von Lenin attestiert, bis 1914 Marxist und Antirevisionist gewesen zu sein. Während er also den Opportunismus in Deutschland (und Zentraleuropa) ideal dem zeitlichen Umschwung hin zum Monopolkapitalismus zuordnen kann (der Revisionismusstreit bricht 1898 aus; die imperialistische Epoche des Weltkapitalismus beginnt nach Lenin 1898-1900[129]), er zudem England als klassisches Land des Opportunismus und Sozialchauvinismus mit dessen Ausnahmestellung als erstem imperialistischen Land zu erklären vermag, so läßt sich der Wandel der zentristischen Orthodoxie (Kautsky, Plechanow u.a.) so kaum fassen.

So kommen hier denn neue Erklärungsmuster hinzu: Lenin macht sich Gedanken um die 'Gefährlichkeit' des marxistischen Zentrismus, was innerhalb einer Logik der notwendigen Bestechung der Arbeiteraristokratie und einer notwendigen Dumpfheit der untersten Massen im Monopolkapitalismus eigentlich völlig überflüssig ist. "Gefährlich ist das Kautskyanertum deshalb, weil es unter Ausnutzung der Ideologie der Vergangenheit bemüht ist, das Proletariat mit der 'bürgerlichen Arbeiterpartei' zu versöhnen, die Einheit des Proletariats mit ihr durchzusetzen und dadurch die Autorität der 'bürgerlichen Arbeiterpartei' zu heben"[130]. Man muß sich diese Argumente genau ansehen. Hier muß das Proletariat versöhnt werden, dafür ist eine bestimmte hegemoniale Ideologie notwendig; genauer: die Ideologie, eingebunden in eine bestimmte politische Stategie, schafft eine Hegemonie der bürgerlichen Arbeiterpartei, indem sie die 'Einheit des Proletariats durchsetzt' und ihre Autorität verstärkt. Diese Erklärung hat mit Ökonomismus und objektiver Bestechung nicht das geringste zu tun. Doch

---

128) Lenin AW, Bd. II : 796.
129) Vgl. Lenin AW, Bd. II : 791.
130) Lenin AW, Bd. II : 799.

weiter: woher kommt diese "gefährlichste Strömung" der Sozialchauvinisten? Ist es wenigstens der bestochenste Teil der Arbeiteraristokratie? Nein, nicht einmal das: "Das Kautskyanertum ist keine selbstständige Strömung, denn es wurzelt weder in den Massen noch in der zur Bourgeoisie übergegangenen privilegierten Schicht"[131]. Diese Argumentation ist natürlich unsinnig und nur auf dem Hintergrund der alten These, es gebe nur zwei Ideologien, die wir oben bereits vorgestellt haben, verständlich. Natürlich ist in Lenins eigener Interpretation das genaue Gegenteil nur plausibel: wenn das Kautskyanertum weder in den Massen, noch in der Bourgeoisie wurzelt, dann ist es eine eigene Strömung!

Die Logik einer konterrevolutionären ideologischen Hegemonie, die Lenin mit seiner objektivistisch-ökonomistischen Hauptlogik der Imperialismusschrift eigentlich obsolet gemacht haben sollte, zieht sich wie ein roter Faden durch die Imperialismusschriften und lugt durch alle Ritzen und Löcher.

Einige Beispiele: Direkt nachdem Lenin wieder einmal betont, daß der Imperialismus, vermittelt durch monopolistische Extraprofite, die Möglichkeit hat, die Oberschicht des Proletariats zu bestechen und dadurch den Opportunismus zu 'nähren, formen und festigen', betont Lenin: "Nur darf man die dem Imperialismus im allgemeinen und dem Opportunismus im besonderen entgegenwirkenden Kräfte nicht vergessen"[132]. Schreibt er und vergißt! Vergißt zu erklären, welche Kräfte er meint: die 'objektiven' Widersprüche des monopolistisch-imperialistischen Kapitalismus? Eine radikale Arbeiterbewegung? Weiter: Gerade in der Imperialismusschrift formuliert Lenin, daß die "imperialistische Ideologie" in die Arbeiterklasse eindringt, denn die Arbeiterklasse "ist nicht durch eine chinesische Mauer von den anderen Klassen getrennt"[133]. Eine natürlich problematische Formulierung, da die Arbeiterklasse als eine rein objektiv bestimmte Entität vorgestellt wird, in die - von außen - eine ihr (essentiell fremde) Ideologie eindringt. Im Kontext der ökonomistischen Grundlogik des leninschen Imperialismustextes kommen aber eher die produktiven Aspekte dieser Formulierung zum Tragen. Zum einen besitzt eine Klasse nicht per se eine Ideologie, die einfach aus ihrer Klassenlage abgeleitet werden kann, zum anderen folgt daraus, daß die Ideologie einer Klasse ein umkämpftes Terrain ist.

In dieser Logik folgerichtig ziehen sich denn auch durch die Imperialismustexte Lenins Beschreibungen, die als Elemente einer Darstellung der Funktionsweisen antirevolu-

---

131) Lenin AW, Bd. II : 799.
132) Lenin AW, Bd. II : 745.
133) Lenin AW, Bd. II : 750.

184

tionärer Hegemonie sich deuten lassen. So zitiert Lenin ausführlich aus dem Brief-wechsel zwischen Engels und Marx, sozusagen um seine Verdammung der 'bürgerlichen Arbeiterparteien', die ja immerhin der Aufruf zur Spaltung der Arbeiter-bewegung ist, als in der Tradition von Marx und Engels stehend zu rechtfertigen. Engels, der aus England an Marx und Sorge schreibt, dient insoweit als Kronzeuge, da ja Lenins Argumentation darauf basiert, daß England als erstes imperialistisches Land schon zu Lebzeiten von Marx und Engels die Kennzeichen aufwies, die seit Beginn des 20. Jahrhunderts den Kapitalismus der imperialistischen Metropolen insgesamt prägen; u.a. eben auch eine sozialchauvinistische Arbeiterpartei. Dafür eignen sich die Engels-Zitate auch hervorragend. Engels schreibt, "... daß das englische Proletariat fak-tisch mehr und mehr verbürgert, so daß diese bürgerlichste aller Nationen es schließ-lich dahin bringen zu wollen scheint, eine bürgerliche Aristokratie und ein bürgerliches Proletariat *neben* der Bourgeoisie zu besitzen. Bei einer Nation, die die ganze Welt exploitiert, ist das allerdings gewissermaßen gerechtfertigt"[134]. Einige weitere Briefe belegen, daß Marx und Engels die Einschätzung der Verbürgerlichung des Proletariats in England vertraten und dies mit dem Imperialismus und dessen Möglichkeit, die Arbeiter(führer) zu kaufen, in Beziehung setzten. Soweit bleibt dies im leninschen Rahmen. Aber er zitiert auch Engels mit einem Brief an Sorge, in dem Engels dem Verdikt der Bürgerlichkeit eine spezifisch ideologische Note gibt: "'Das wider-wärtigste hier' (in England) 'ist die den Arbeitern tief ins Fleisch gewachsne bürger-liche 'respectability' (Ehrbarkeit) ... selbst Tom Mann, den ich für den bravsten halte, spricht gern davon, daß er mit dem Lord Mayor lunchen wird. Wenn man dagegen die Franzosen hält, merkt man doch, wozu eine Revolution gut ist'"[135]. Doch Lenin baut diesen Gedanken theoretisch nicht aus. Daß nämlich die Hegemonie der Bourgeoisie nicht allein materieller Natur sein kann (Bestechung), sondern sich auch und gerade darin zeigt, daß die Werte der herrschenden Klasse den Habitus und das ideale Selbstbild der beherrschten Massen prägen, wird erst von Gramsci, Althusser, Pêcheux und Bourdieu ausgearbeitet werden. Tucholsky hat in seinen beißenden Polemiken gegen die deutsche Sozialdemokratie genau diese 'Bürgerlichkeit' als Motor der permanenten opportunistischen Anpassung herausgearbeitet[136]; Agnoli[137] und Hirsch[138]

---

134) Engels, Brief an Marx v. 7.10.1858, MEW 29 : 358; zitiert bei Lenin AW, Bd. II : 748 und ebd. : 791.
135) Engels, Brief an Sorge v. 7.12.1889, MEW 37 : 321; zitiert bei Lenin AW, Bd. II : 792.
136) Exemplarisch (Tucholsky's Werke sind in dieser Hinsicht eine Fundgrube): Tucholsky, Werke, Bd. 9 : 311 f.. Aus diesem "Die Verräter" überschriebenen, wunderbaren kleinen Text zitiere ich hier nur die Passagen, mit denen Tucholsky die einfache Bestechungsvariante als Erklärung da-für, warum Arbeitervertreter die Interessen ihrer Klasse verraten, zurückweist: "Geld ... ach, Geld ... wenn die Welt so einfach wäre. Geld ist zunächst gar nicht zu holen. ... Und was alles Geld der Welt nicht bewirkt hätte, das bewirkt jene perfide, kleine Spekulation auf die Eitelkeit

haben dies für Die Grünen, Althusser[139] und Balibar[140] für die KPF analysiert. Bürgerlichkeit als ein ideologisch hegemoniales Konstrukt ist dort für die Arbeiterbewegung,
oder allgemeiner, für soziale Bewegungen konstitutiv, wo diese sich die Kriterien ihrer
Opposition von den Herrschenden vorschreiben lassen. Dies fängt bei scheinbaren
Banalitäten, wie dem von Engels beschriebenen Wunsch, mal mit dem Bürgermeister
essen gehen zu dürfen, an. Dies kann hier nicht weiter ausgeführt werden. Aber es
kann z.B. auf die Analysen von Peter Brückner verwiesen werden, der die Bedeutung
der kulturellen Hegemonie der Bourgeoisie für die Integration der Arbeiterbewegung
gut herausgearbeitet hat[141].

Systematisch analysiert wird also dieser Aspekt bei Lenin nicht, obwohl dies in
Weiterentwicklung der Thesen aus 'Was tun?' nur folgerichtig gewesen wäre. Denn
hier hatte Lenin zutreffend das Primat der bürgerlichen über die proletarische Ideologie
hervorgehoben und gezeigt, daß sich die proletarische Ideologie nicht (aufgrund
objektiver Klassenlagen) von selbst, sondern nur im Kampf mit und in Abspaltung von
der bürgerlichen Ideologie entwickelt. Es ließen sich noch einige Beispiele anführen,
mit denen Lenin ideologische Mechanismen der (Re-)Integration der Arbeiterbewegung beschreibt, doch würde dies hier den Rahmen sprengen. Insbesondere aber
kann daraus nicht mehr geschlußfolgert werden, als daß Lenin seine objektivistisch-
ökonomistische These vom Sozialchauvinismus als notwendigem Ausdruck des
Imperialismus zumindest nicht konsequent vertritt. Allerdings konsequent genug, um
aus den vielen Aspekten ideologischer Hegemonie keine Ansätze für eine Theorie des
ideologischen Kampfes im monopolistischen Imperialismus zu entwickeln.

---

des Menschen." Kein Wunder also, daß Tucholsky gerne auch zur Polemik gegen grüne Realpolitik herangezogen wurde, sind doch die Grünen gerade auch in dieser Hinsicht die berühmte
Wiederholung der Geschichte als Farce.

137) Vgl. z.B. Agnoli 1986 : insb. 20 f.: "Wer sich in die Institutionen begibt, kommt darin keineswegs um; verliert seine Identität nicht, sondern gewinnt eine neue, in der er sich prächtig gefällt
und mächtig gedeiht - wenn es möglich ist, bis zur Ministrabilität."

138) Vgl. z.B. Hirsch 1986 : 166 ff., der die Bedeutung der "gesellschaftlich-kulturellen Re-Integra-
tion" alternativer Politikmilieus beschreibt.

139) Althusser 1978 : insb. 121 ff..

140) Balibar 1977 : insb. 43 ff. beschreibt, wie die bürgerliche juristische Ideologie die KPF strukturiert.

141) Brückner 1978 : 54 ff. (an dieser sehr erhellenden Analyse ist allerdings ein gewisser psycho-
linksnationalistischer Duktus zu kritisieren); Brückner 1982 : 102 ff. ("Wie entsteht die kulturelle Hegemonie des Bürgertums").

1.4. Zwei Logiken - Vorbestimmtheit versus Kampf

1.4.1. Lenins theoretische Praxis

Doch man darf die Imperialismusschrift nicht überbewerten. Liest man die zahlreichen Texte der politischen Intervention, so zeigt sich ein anderes Bild. Nicht, daß Lenin irgendwo eine wirkliche Theorie des ideologischen Kampfes ausarbeitet[142] - aber durchweg spielt dieser bei ihm eine wichtige Rolle. Das wird insbesondere in seiner 'theoretischen Praxis' deutlich. Kautsky konnte in seiner Auseinandersetzung mit dem Parteivorstand um die Genehmigung zum Druck von 'Der Weg zur Macht' doch tatsächlich schreiben, daß es letztendlich egal sei, ob das Buch gedruckt werde oder nicht. Das ist konsequenter Ökonomismus. Denn die Theorie greift bei Kautsky nicht nennenswert in das rein objektiv (ökonomisch) bestimmte Weltgeschehen ein, sondern beschreibt es nur. Ob es diese Beschreibung aber nun gibt oder nicht, ändert nicht das Geringste am Lauf der Dinge.

Diese Sichtweise ist Lenin völlig fremd. Für Lenin verortet sich eine revolutionäre Theorie auf dem aktuellen Kampffeld der Theorien und greift in dieses Feld ein. Doch nicht nur implizit, auch explizit macht Lenin die Bedeutung des ideologischen oder theoretischen Kampfes deutlich.

Weniger interessant ist dabei, daß Lenin in einem frühen Text zwischen ideologischen und materiellen gesellschaftlichen Verhältnissen unterscheidet[143]. Diese Unterscheidung hatte in der DDR-Philosophie einen Stellenwert[144], der mit Lenins Text keineswegs zu rechtfertigen ist. Denn bei Lenin heißt es unter Anlehnung an die berühmten Sätze aus dem Marxschen Vorwort zur 'Kritik der politischen Ökonomie' nur, daß "die gesellschaftlichen Verhältnisse in materielle und ideologische zerfallen"[145]. Doch wird daraus keineswegs eine Theorie der ideologischen Verhältnisse, ja der Begriff wird weder hier noch später je näher bestimmt. Das ist auch nur konsequent, da Lenin den Begriff der ideologischen Verhältnisse nur verwendet, um eine eigenständige Bedeutung dieser Verhältnisse zu leugnen: "Die letzteren [ideologischen

---

142) Insoweit gehen Haug/Elfferding 1986 : 30 etwas zu weit, wenn sie behaupten, daß Lenin "die Gesetze des ideologischen Kampfes" erkannt habe. In der Kapitelüberschrift heißt es denn auch richtiger: "Begriffe für eine Theorie des ideologischen Kampfes". Die erstere Lobhudelei übernehmen natürlich Metscher/Steigerwald 1982 : 41 wörtlich, um sogleich die kritischen Passagen der PIT-Argumentation zurückzuweisen.
143) Vgl. Lenin AW, Bd. I : 31 und 32.
144) Vgl. dazu Haug 1986 : insb. 86.
145) Lenin AW, Bd. I : 32.

Verhältnisse, mt] bilden lediglich einen Überbau über die ersteren, die sich unabhängig vom Willen und Bewußtsein des Menschen gestalten"[146]. Nichts Neues also, außer einem Begriff: 'ideologische Verhältnisse'.

Lenin füllt diesen Begriff, wenn auch nicht da, wo er ihn explizit verwendet. Er füllt ihn vielmehr durch die Betonung der Wichtigkeit einer revolutionären Theorie. Kritik und die Ausarbeitung einer jeweils aktuellen Linie des Marxismus sind für Lenin immer notwendig, und zwar "unabhängig von der 'Möglichkeit von Aktionen'. Selbst in einer Zeit, in der Aktionen der Massen offenbar unmöglich sind. Die Kritik an die Möglichkeit von Aktionen zu binden heißt eine immer obligatorische Linie des Marxismus mit einer der Kampfformen (und zwar einer besonders hohen) verwechseln"[147]. Diese Linie wird nicht abstrakt ausgearbeitet, sondern in der Auseinandersetzung mit alternativen Theorien. Der Marxismus konstituiert sich also für Lenin auch in Abgrenzung zu den jeweils aktuellen "Richtungen des Denkens"[148]. Erst auf dem Kampffeld der theoretisch-ideologischen Auseinandersetzung kann der Marxismus intervenieren. "Ohne Einschätzung der 'aktiven', aktuellen oder 'Mode gewordenen' politisch-ideologischen Strömungen können Programm und Taktik zu toten 'Punkten' werden ..."[149]. Den Marxismus in den aktuellen Auseinandersetzungen zu verorten, ist die Voraussetzung für eine revolutionäre Praxis, denn es "gibt keine einzige Frage der 'Praxis', ... auf die der Propagandist und der Agitator eine genaue und erschöpfende Antwort geben könnte, wenn er nicht die ganze Tiefe und die volle Bedeutung der erwähnten 'Richtungen des Denkens' begreift"[150]. Es bedarf des "theoretischen Kampfes ... für den entscheidenden Kampf gegen ihre *praktischen* Positionen"[151]. Ziel dieser theoretischen Interventionen ist es, "dem Proletariat den Ausweg aus der geistigen Sklaverei"[152] zu zeigen. Denn diese geistige Sklaverei ist Voraussetzung für die Unterdrückung des Proletariats. "Stock und Knute", also rein militärische Gewalt, so hatten wir Lenin bereits oben zitiert, "allein genügen nicht". Zur Aufrechterhaltung ihrer Herrschaft muß sich die Bourgeoisie "mit einem modernen ideologischen, einem geistigen Stock" bewaffnen[153]. Herrschaft und Befreiung sind somit für Lenin, was immer er auch an Ökonomismen so schreibt, nicht unabhängig

---

146) Lenin AW, Bd. I : 32.
147) Lenin, Werke, Bd. 17 : 353. Dies und die folgenden Zitate finden sich denn auch weithin übereinstimmend bei Haug/Elfferding 1986 und Metscher/Steigerwald 1982.
148) Lenin, Werke, Bd. 17 : 270.
149) Lenin, Werke, Bd. 17 : 269.
150) Lenin, Werke, Bd. 17 : 270.
151) Lenin AW, Bd. I : 522 (FN. II).
152) Lenin AW, Bd. II : 334.
153) Lenin, Werke, Bd. 17 : 61.

von ihrer Benennung. Die bürgerliche Ideologie dient der Unterdrückung und hat dort eine Funktion; die proletarische Ideologie dient dazu, das Proletariat aus der primären Hegemonie der Bourgeoisie zu lösen.

Ein zweites Moment kommt hinzu. So wichtig Lenin die Ausarbeitung einer jeweils aktuellen Linie im Marxismus nimmt, so beschränkt er den politisch-revolutionären Kampf nicht auf einen Kampf des Proletariats. Vielmehr hat er von Anbeginn ein Problem, dem sich der bisherige Marxismus nicht gewidmet hatte: die Notwendigkeit der Konstitution einer revolutionären Masse. Lenin geht nicht davon aus, daß der sich entwickelnde Kapitalismus zuerst die Klassen dichotomisiert haben muß, um die Bedingungen einer Revolution zu schaffen. Hatten wir oben bereits ausgeführt, daß Lenin die objektive Dichotomisierung des klassischen Marxismus durch eine ideologische Dichotomisierung (in: 'Was tun?') ersetzt, so kommt in späteren Schriften der Aspekt der Hegemonie stärker zum Ausdruck. Hegemonie als Vereinheitlichung tendenziell heterogener Interessen. Aus einem Herrschaftsbündniskonzept (Bündnis auf der Ebene der Repräsentanten/bzw. Parteien) wird eine Strategie zur Formierung einer revolutionären Massenbewegung (Bauern und Arbeiter). Dieses Bündniskonzept räumt dem Proletariat zwar die Führung ein, sieht aber die Notwendigkeit der Masse und des Kompromisses. Denn Hegemonie bedeutet eben auch z.B. die Abgrenzung der Sozialisten von den Gläubigen, den radikalen Atheismus, zu bekämpfen, wenn dieser ein Bündnis mit den Bauern oder gläubigen Arbeitern verhindert: "Die Einheit dieses wirklich revolutionären Kampfes der unterdrückten Klasse für ein Paradies auf Erden ist uns wichtiger als die Einheit der Meinungen der Proletarier über ein Paradies im Himmel"[154]. Diese Strategie der Hegemonie ist nicht ohne theoretische Probleme. Lenin schwankt nämlich zwischen Einschätzungen, die bestimmte ideologische Positionen per se - jenseits ihrer Einbindung in bourgeoise oder proletarische Strategien - als der Unterdrückung dienend ansehen; und solchen Bemerkungen, die ideologische Positionen als weithin neutral, je nach Einbindung in hegemoniale Bündnisse in ihrer Funktion entweder als revolutionär oder als reaktionär verorten. Die Logik radikaler Ideologiekritik und die Logik der Hegemonie widersprechen sich zwar nicht grundsätzlich, führen aber zumindest zu theoretischen Friktionen[155]. Letztlich rückt aber mit dem Hegemoniekonzept der Kampf gegen die Determiniertheit in den Vordergrund: denn ohne die Mehrheit in den ausgebeuteten und unterdrückten Klassen, ohne die Hegemonie in diesen Klassen, ohne eine politisch-ideologische Führung gibt es keine Diktatur des Proletariats. Lenin trennt in dieser Hegemoniekonzeption zwischen 'führend' und 'herrschend', wenn auch ohne die begriffliche Präzision, die Gramsci

154) Lenin AW, Bd. II : 203.
155) Vgl. Haug/Elfferding 1986 : 29 f..

189

später ausarbeiten wird[156]. Herrschaft, so Lenin, schließt Freiheit und Gleichheit aus, während 'führen' mit 'leiten' und 'mit sich reißen' äquivalent gesetzt wird[157]. Genau diese hegemoniale Politik ist es denn auch, die Lenin in seiner berühmt-berüchtigten Schrift gegen den linken Radikalismus einfordert. Zumindest hier hat sie auch ihre Berechtigung. So, wenn Lenin kritisiert, die radikale Linke halte in ihrer radikalen Ideologiekritik "*ihren eigenen Wunsch*, ihre eigene ideologisch-politische Stellung für die objektive Wirklichkeit"[158]. Diese objektive Wirklichkeit aber bestimmt Lenin auch als Wirklichkeit des historisch-konkreten ideologischen Feldes. "Alles kommt jetzt darauf an, daß die Kommunisten eines jeden Landes ... die *konkreten Besonderheiten* ganz klar einschätzen, die dieser Kampf in jedem einzelnen Lande entsprechend der Eigenart seiner Ökonomik, Politik und Kultur, seiner nationalen Zusammensetzung (Irland usw.), seiner Kolonien, seiner religiösen Gliederung usw. usf. annimmt"[159]. Ziel revolutionärer hegemonialer Arbeit ist es, zu erreichen, daß "die historisch wirksamen Kräfte *aller* Klassen, unbedingt ausnahmslos aller Klassen der gegebenen Gesellschaft, so gruppiert sind, daß die Entscheidungsschlacht bereits vollauf herangereift ist"[160]. Hegemonie ist deswegen die Fähigkeit, "sich mit den breitesten Massen der Werktätigen, in erster Linie mit den proletarischen, *aber auch mit den nichtproletarischen* werktätigen Massen zu verbinden, sich ihnen anzunähern, ja, wenn man will, sich bis zu einem gewissen Grade mit ihnen zu verschmelzen"; was nur unter der Bedingung gelingen kann, daß "sich die breitesten Massen durch eigene Erfahrung von dieser Richtigkeit überzeugen"[161].

1.4.2. Hegelianismus am Werk

Ziehen wir ein vorläufiges Resümee: Nicht eine Logik strukturiert das Werk von Lenin, sondern in Hinsicht auf unsere Fragestellung zumindest zwei Logiken. Die des ökonomischen Selbstlaufs und die des politisch-ideologischen Kampfes. Diese beiden Punkte scheinen das Dominanzgefüge des Leninschen Werkes auszumachen. Heißt das, Lenin als einen reinen Machtpolitiker zu kennzeichnen, der mit einem entschiedenen sowohl-als-auch mal eine objektivistische Strategie (gegen die Narodniki) fährt und mal eine ideologisch-hegemoniale (gegen die Menschewiki)? Diese Unterstellung, Lenin nutze Theorie rein strategisch als Verfügungsmasse im politischen Tages-

---

156) Vgl. hierzu insgesamt Buci-Glucksmann 1981 : 168 ff..
157) Lenin AW, Bd. V : 287.
158) Lenin AW, Bd. V : 508.
159) Lenin AW, Bd. V : 546.
160) Lenin AW, Bd. V : 549.
161) Lenin AW, Bd. V : 471.

geschäft, ist richtig und falsch zugleich. Falsch ist sie, wenn sie zur Denunziation der leninschen Theorie verwendet wird. Denn wie wir gezeigt haben, ist es gerade das Neue an der leninschen Theorie, daß sie sich nicht als - im doppelten Wortsinne - 'reine' Theorie, sondern als theoretische Praxis, als ein Eingreifen in eine historisch-konkrete, theoretische und praktische Situation versteht[162]. So gesehen ist der Vorhalt, wenn er denn nicht als Vorwurf gemeint ist, durchaus auch richtig. Etwas Wichtiges kommt hinzu. Man könnte nämlich einwenden, daß es die Qualität einer Theorie nicht schon hebe, wenn diese ihre Widersprüchlichkeit zum Programm erhebe. Doch damit würde man Lenin nicht treffen. Für Lenin liegen die Widersprüche nicht in seiner Theorie, sondern in den Dingen selbst. Lenin ist in gewisser Hinsicht, zumindest manchmal, engagierter Hegelianer. Mitten in einer Phase des Kampfes, 1914/15, während der imperialistische Weltkrieg tobt und die Spaltung der Arbeiterbewegung überdeutlich ist, begibt sich Lenin ins Studium der Philosophie. Insbesondere studiert er Hegels 'Wissenschaft der Logik' und bemüht sich, wie er schreibt, Hegel materialistisch zu lesen[163]. Das Zentrale dieser Lektüre ist einerseits die Übernahme der Hegelschen Kritik an Kant, der Kritik an einer Unerkennbarkeit des 'Dings an sich'; andererseits die Betonung der Dialektik als unhintergehbarer Grundlage des Marxismus. Ohne Dialektik kein Marxismus oder: "Aphorismus: Man kann das 'Kapital' von Marx und insbesondere das I. Kapitel nicht vollständig begreifen, ohne die *ganze* Logik von Hegel durchstudiert und begriffen zu haben. Folglich hat nach einem halben Jahrhundert nicht ein Marxist Marx begriffen !!"[164]. Der Kern der Dialektik besteht für Lenin nun darin, daß diese als "die Lehre von der Einheit der Gegensätze bestimmt" wird[165]. Da in jedem Ding widersprüchliche Tendenzen enthalten, die Einheit aus Gegensätzen zusammengesetzt gedacht werden muß, ist das parallele Denken einer rein ökonomischen Entwicklung und einer hegemonialen Strategie der Widerspruch, der der Bewegung der kapitalistischen Produktionsweise angemessen ist. Im Denken von Lenin hat jedes Ding also zumindest zwei Komponenten. Die eine Komponente, die 'Seins-Komponente', geht unaufhaltsam dem Sozialismus entgegen, es ist die jeweils ökonomische Seite der politischen Verhältnisse. Die zweite Seite aber muß erst noch zum Ausdruck gebracht werden. Damit hat die Teleologie ein aktives Moment hinzubekommen. Doch dringt es nicht in die Teleologie selbst ein, kann deren Charakter nicht verändern.

---

162) Dieser Aspekt ist insbesondere von Althusser 1974 herausgearbeitet worden.
163) Lenin, Werke, Bd. 38 : 94.
164) Lenin, Werke, Bd. 38 : 170.
165) Lenin, Werke, Bd. 38 : 214. An gleicher Stelle (ebd. : 212 ff.) stellt Lenin detailliert die Elemente der Dialektik dar.

Dieses theoretische Verständnis der Dialektik erlaubt Lenin, jenseits von Voluntarismus und Opportunismus seine interventionistische Praxis den historischen Situationen anzupassen. Lenin kann einmal auf ideologisch-hegemoniale Theoreme zur Begründung oder Verhinderung von Bündnissen abstellen und ein anderes Mal auf eine ökonomische Analyse. Er kann jeweils andere Sprachen sprechen, andere Politiken propagieren, um sein immer gleiches Ziel, die Revolution in Rußland, erreichen zu können. Seine politischen Interventionsschriften enthalten immer wieder unzählige Beispiele dieser 'Einheit der Gegensätze'. Hier ein offener oder versteckter Determinismus, Historizismus und Ökonomismus[166] - obwohl auch schon dort oft der Verweis auf den Kampf, die Praxis und den Klassenstandpunkt zum Tragen kommt - und dort ein Zitat, das Lenin zum Begründer einer fast schon 'postmodernen' Kampf- und Hegemonietheorie werden lassen könnte, da er auf teleologische Gewißheiten verzichtet und alles dem Kampf unterordnet: "Wir können nicht - und niemand kann - genau ausrechnen, welcher Teil des Proletariats den Sozialchauvinisten und Opportunisten folgt und folgen wird. Das wird erst der Kampf zeigen, das wird endgültig nur die sozialistische Revolution entscheiden"[167].

So sehr dieses Verständnis der Dialektik es Lenin ermöglicht, die Eigendynamik des Kampfes zu betonen, ohne zentrale ökonomistische und teleologische Grundannahmen des Marxismus systematisch in Frage zu stellen, so sehr verhindert der leninsche Hegelianismus eine theoretische Klärung dieser Fragen. Eine wirkliche Eigendynamik der Kämpfe jedenfalls ist im Rahmen des hegelschen Widerspruchsdenkens nicht möglich. Der Hegelsche Widerspruch trägt seine Lösung schon immer in sich. Der Kampf ist dann nur als Entfaltung des Widerspruchs selbst zu denken[168]. In seinen interessantesten Aspekten bricht Lenin mit diesem einfachen Widerspruchsbegriff. Dann gesteht er den verschiedenen Entwicklungen eine eigene Dynamik zu, die sich nicht auf die bloße Ausformung des Hauptwiderspruchs reduzieren läßt. Am schönsten und deutlichsten sehen wir diese dem hegelianischen Denken fremde Sichtweise dort, wo Lenin so etwas wie die relative Autonomie von distinkten Widerspruchsebenen betont. Im Frühling 1917, direkt nach Ausbruch der ersten Etappe der russischen

---

166) Exemplarisch: Lenin AW, Bd. I : 16 - 22, 60 - 61, 108; AW, Bd. II : 263, 330; AW, Bd. V : 683; AW, Bd. VI : 90.
167) Lenin AW, Bd. II : 800.
168) Natürlich kann hier zur Kritik des hegelschen Widerspruchsbegriffs auf Althusser 1968 : 52 ff. verwiesen werden. Aber auch der des strukturalen Marxismus durchaus unverdächtige Philosoph und Hegel-Interpret Theunissen 1982 : 375 betont, daß bei Hegel die destruktive Bewegung immer nur auf der Oberfläche angesiedelt ist, während eine konstruktive Bewegung zur Einheit im Inneren des Prozesses immer schon gegeben ist, während Marx die oberflächliche Einheit auf einen tief liegenden Widerspruch zurückführt.

Revolution, analysiert Lenin deren Erfolg: "Wenn die Revolution so rasch und - dem Anschein nach, bei erster, oberflächlicher Betrachtung - so radikal gesiegt hat, dann nur deshalb, weil sich dank einer außerordentlich originellen historischen Situation *völlig verschiedene Ströme, völlig ungleichartige* Klasseninteressen, *völlig entgegengesetzte* politische und soziale Bestrebungen *vereinigten*, und zwar bemerkenswert 'einmütig' vereinigten"[169].

Dies allerdings ist ein Denken, daß dem Marxismus bislang völlig fremd gewesen war. Die Revolution wird nicht also notwendiger Kulminationspunkt eines, genauer: des Hauptwiderspruchs, sondern ein historisch relativ kontingenter Moment, der sich dadurch auszeichnet, daß unterschiedliche, ungleichartige, ja entgegengesetzte Widerspruchsebenen sich vereinigen und sozusagen das Faß zum Überlaufen bringen. Das hat mit Hegel nichts mehr zu tun. Zwar vereinigen sich auch bei Hegel völlig entgegengesetzte Bestrebungen, doch sie vereinigen sich notwendig, da sie nur als notwendige Momente einer Totalität gesehen werden.

Insoweit Lenin also eine Theorie seiner Praxis ausarbeitet, geht sie von relativ eigenständigen Widerspruchsebenen aus. Dies zeigt sich im Hegemoniebegriff, wenn er als Voraussetzung der Revolution die Formierung aller fortschrittlichen Kräfte aller Klassen zu einer Einheit ansieht; dies zeigt sich im eben dargelegten Revolutionsbegriff. Da, wo Lenin allerdings über das Wesen der Dialektik theoretisch schreibt, bleibt er Hegelianer. Dabei stellt er vermeintlich Hegel vom Kopf auf die Füße. Und wie Marx im Nachwort zur 2. Auflage des 'Kapitals' behauptete, man müsse die Hegelsche Dialektik umstülpen[170], so meint Lenin schon dadurch materialistisch zu lesen, indem er das Absolute, Gott etc. streicht. Was er aber in seiner 'materialistischen' *Theorie* der Dialektik nicht streicht, ist das Moment der Entfaltung des Weltgeistes, der in den Dingen immer schon präsent ist und sich im Gang der Geschichte durch die Widersprüche hindurch notwendig entfaltet. Sehen wir in Lenins Theorie der Praxis relativ eigenständige Widersprüche, so sehen wir in seiner Theorie der Theorie eine expressive Totalität walten. Dann schreibt er Sätze wie diese: "Marx analysiert im 'Kapital' ... den Warentausch. Die Analyse deckt in dieser einfachsten Erscheinung (in dieser 'Zelle' der bürgerlichen Gesellschaft) *alle* Widersprüche (resp. die Keime *aller* Widersprüche) der modernen Gesellschaft auf. Die weitere Darstellung zeigt uns die Entwicklung (sowohl das Wachstum als auch die Bewegung) dieser Widersprüche und dieser Gesellschaft im xx ihrer einzelnen Teile, von ihrem Anfang bis zu ihrem

---

169) Lenin AW, Bd. III : 13.
170) Marx MEW 23 : 27.

Ende"[171]. Da nun *alle* Widersprüche nur *einen* Kern haben, da sie sich selbst entfalten, ist der Gang der Weltgeschichte im Warentausch selbst vollständig enthalten. "Auf diese Weise kann (und soll) man in jedem *beliebigen* Satz, wie in einer 'Zelle', die Keime *aller* Elemente der Dialektik aufdecken und so zeigen, daß der gesamten menschlichen Erkenntnis überhaupt die Dialektik eigen ist"[172]. Diese Form der Dialektik, diese feststehende Entwicklung eines einfachen Widerspruchs, bestimmt nach Lenin das menschliche Denken deshalb, weil dies die Form der Bewegung der Dinge selbst ist. Deswegen ist die Dialektik "eben die Erkenntnistheorie (Hegels und) des Marxismus"[173].

1.5. Lenins Erkenntnistheorie

1.5.1. Sensualismus versus Widerspiegelung

Als sich Lenin 1908 mit Fragen der Erkenntnistheorie befaßt, hat dies klare, politische Gründe[174]. Drei Jahre nach dem Mißlingen der Revolution von 1905 macht sich Pessimismus auf der einen, Ungeduld auf der anderen Seite breit. Innerhalb der Bolschewiki formiert sich eine 'linke' Gruppe, die sich für die Einstellung aller legalen Handlungsformen und für bewaffnete Aktionen einsetzt. Dieser taktische Streit geht aber tiefer. Denn die Linksbolschewisten um Bogdanow sind Anhänger des sogenannten Empiriokritizismus. Einer Lehre, die von sich behauptete, den Gegensatz von Idealismus und Materialismus, von Empirismus und Kritizismus (daher der Name) überwunden zu haben. Alle Erkenntnisse, so die Empiriokritizisten, seien nur über Sinneseindrücke, also die Erfahrung, zu gewinnen. Gleichzeitig bedeutet dies, daß es keine Erfahrung und damit Erkenntnis jenseits der Sinneseindrücke gibt. Für die Empiriokritizisten ist mithin die "Außenwelt" oder die Realität nicht jenseits dieser Erfahrung bestimmbar. Plechanow, den sie als Zielscheibe der Kritik auserkoren haben, werfen sie Kantianismus vor. Dieser gehe nämlich von einem 'Ding an sich', von einer Materie außerhalb jeder Erfahrung aus und verbreite damit Mystizismus.

Lenin nun nimmt in 'Materialismus und Empiriokritizismus' den theoretischen Kampf auf. Sein erster Einsatz besteht darin, das philosophische Feld zu sichten und auf zwei

---

171) Lenin, Werke, Bd. 38 : 340.
172) Lenin, Werke, Bd. 38 : 343.
173) Lenin, Werke, Bd. 38 : 343.
174) Vgl. hierzu die kurze Einführung in die geschichtliche Situation bei Lecourt 1975a : 5 ff. und Althusser 1974 : 7 ff..

Traditionen zu reduzieren. Für Lenin repräsentiert die Philosophie, bei aller "erkenntnistheoretischen Scholastik ... in letzter Instanz die Tendenzen und die Ideologie der feindlichen Klassen"[175]. In der Erkenntnistheorie stehen sich diese feindlichen Klassen also letztlich in Form idealistischer und materialistischer Philosophien gegenüber. Nach dieser grundlegenden Dichotomisierung, die per definitionem nicht aufhebbar ist, gilt es die "marxistischen" Empiriokritizisten zu verorten. Und natürlich verortet Lenin die Empiriokritizisten in einer Linie mit Berkeley und anderen Idealisten; sich selbst und den Marxismus in einer Linie mit Denis Diderot und anderen Materialisten. Letztlich erscheint so die Philosophie als ein Spiel der Wiederholungen, ewige Wiederholungen des immer gleichen Streits von Idealismus und Materialismus[176]. Dieser Kampf, so sagt es Lenin explizit, kann nicht veralten. Es ist der Kampf zwischen Plato und Demokrit, zwischen Religion und Wissenschaft, zwischen Verneinung der Wahrheit und ihrer Anerkennung[177].

Wodurch aber zeichnet sich der Materialismus aus? In der Erkenntnistheorie dadurch, daß von einer von den Empfindungen und Sinneseindrücken unabhängigen Außenwelt ausgegangen wird, die sich in der Erkenntnis widerspiegelt. Die Einforderung der Widerspiegelungs- oder Abbildtheorie sind denn auch die zentralen Einsätze Lenins gegen den Idealismus. Deutlich wird das an seiner Bewertung Kants. Kant stehe als Agnostiker zwischen Idealismus und Materialismus. Zwar gehe Kant von einem 'Ding an sich' aus, dieses ist aber letztlich nicht erkennbar. Daß es wirkliche Dinge, jenseits ihrer Erkenntnis gibt, ist materialistisch; daß diese nicht erkannt werden können, ist idealistisch[178]. Kurzum: "Unsere Empfindungen für Abbilder der Außenwelt halten, die objektive Wahrheit anerkennen, auf dem Standpunkt der materialistischen Erkenntnistheorie stehen, das ist ein und dasselbe"[179].

Wir finden also in der leninschen Erkenntnistheorie zentral die Spiegelmetapher. Das Gehirn ist, vermittelt durch die Sinne, Spiegel der Außenwelt, der objektiven Realität, die so durch die Menschen "kopiert, fotografiert, abgebildet wird und unabhängig von ihnen existiert"[180].

---

175) Lenin, Werke, Bd. 14 : 363.
176) Vgl. Althusser 1974 : 32 ff., der diese These von Engels und Lenin aufgreift und mit der Behauptung radikalisiert, dies zeige, daß die Philosophie weder eine Geschichte noch einen Gegenstand habe.
177) Lenin, Werke, Bd. 14 : 124.
178) Vgl. Lenin, Werke, Bd. 14 : 196 ff..
179) Lenin, Werke, Bd. 14 : 125.
180) Lenin, Werke, Bd. 14 : 124.

Nun hat diese Abbildtheorie natürlich einige Schwierigkeiten zu meistern[181]. Das erkennende Bewußtsein wird zum reinen Naturprodukt; letztendlich ist es ein Reiz-Reaktionsschema, das Erkenntnis ermöglicht. Subjekt und Objekt der Erkenntnis bleiben radikal getrennt, wobei das Objekt scheinbar von ewiger, naturalisierter Qualität ist. Damit ist aber eine Erkenntnistheorie als marxistisch protegiert, die in ihrem Kern (einer überhistorischen Mensch-Natur-Relation) von Geschichte und Gesellschaft vollständig zu abstrahieren weiß, so daß der Eindruck entsteht, "die Natur ganz unmittelbar sei das wesentliche Kriterium der zu erklärenden Wirklichkeit"[182]. Verwunderlich daran ist natürlich, warum nicht zu jeder Zeit die Erkenntnis gleich ist und bleibt. Da nämlich die Intersubjektivität des Erkennens allein daraus resultiert, daß voneinander unabhängige Nervensysteme eine gleiche objektive Realität wider-spiegeln, bleibt offen, warum das Fallgesetz nicht in der Steinzeit entdeckt wurde und warum vor Kopernikus und Galilei die Himmelskörper sich auch bei Wissenschaftlern anders widerspiegelten als bei jedem Gymnasiasten des 20. Jahrhunderts. Im Medium des Spiegelphantasmas kann natürlich erst recht nicht erklärt werden, wie in einer gegebenen Zeit unterschiedliche Sichtweisen möglich sind.

Wie also ist es möglich, daß der Idealismus immer wieder in neuen Formen gegen den Materialismus kämpft, wenn doch die Realität sich selbst in den Gehirnen offenbart? Natürlich bleibt die Erklärung, der Idealismus sei ein Kampfmittel der Bourgeoisie (oder allgemeiner: der herrschenden Klasse). Wenn sich aber die objektive Wirklich-keit in den Hirnen abbildet, dann wäre dies in zweifacher Hinsicht unsinnig. Erstens müßte es eine Verdummung wider besseres Wissen sein. Auch in den Hirnen der herrschenden Klasse spiegelt sich die Realität wider, sie zu verkennen müßte ein bewußter Akt sein. Dies mag ja noch im Interesse der Bourgeoisie liegen, wie kommen aber Linksbolschewisten wie Bogdanow dazu, derartiges zu verbreiten? "Bogdanow persönlich ist geschworener Feind jeder Reaktion und der bürgerlichen Reaktion insbe-sondere. Die Bogdanowsche ... Theorie ... *dient* dieser Reaktion. Das ist eine traurige Tatsache, aber doch eine Tatsache"[183]. Folglich kann sich in Bogdanow zumindest die objektive Realität nicht zutreffend widerspiegeln. Wichtiger noch: Nähme man das ganze Gerede von der Spiegelung ernst, so wäre der Kampf in der Philosophie, auf den Lenin hier so großen Wert legt, schlicht überflüssig. Wen wollte man verdummen, wen aufklären? Die Welt wäre transparent, kopiert in den Köpfen der Menschen.

---

181) Vgl. die Kritik bei v. Greiff/Herkommer 1974.
182) v. Greiff/Herkommer 1974 : 156.
183) Lenin, Werke, Bd. 14 : 329.

Es ist offensichtlich, daß diese Spiegelmetaphorik so nicht ernst gemeint sein kann. Was von ihr bleibt, ist nicht mehr als die Adäquanztheorie der Wahrheit. Also daß die Wahrheit einer Aussage darin besteht, ob sie der von ihr bezeichneten Außenwelt entspricht. Die Widerspiegelungsthese ist, wie Lecourt treffend herausarbeitet, eine doppelte. Sie behauptet erstens den Primat des Seins über das Bewußtsein und zweitens die Objektivität der Erkenntnis[184]. Beide Thesen aber sind nicht notwendig aufeinander bezogen. Die Frage der Objektivität der Erkenntnis ist letztlich eine Frage nach dem Grund der Wahrheit der Aussage. Man kann sie in zwei völlig entgegengesetzten Weisen beantworten. Doch beide Antworten bleiben auf dem Niveau einer Erkenntnistheorie und entsprechen sich mithin spiegelbildlich. Entweder die Wahrheit der Erkenntnis ist im Subjekt garantiert (Bewußtseinsphilosophie, Introspektion, transzendentale Subjektivität etc.) und das Objekt ist nur der Spiegel des Subjekts; oder aber die Wahrheit ist im Objekt garantiert und das Subjekt ist nur sein Spiegel. Erkenntnis findet so in einem geschlossenen System statt, indem entweder das Subjekt oder das Objekt der Erkenntnis Orte der passiven Einschreibung sind[185]. Demgegenüber verhält sich die Frage des Primat des Seins über das Bewußtsein neutral zur Frage der Wahrheit. Genauer: im Kern bleibt diese These der Frage der Wahrheit nicht nur indifferent gegenüber, sondern sie löst sie auf, indem allein die Objektivität (aber nur im Sinne einer Nicht-Subjektivität) der Erkenntnis behauptet wird. Der Sensualismus aber, der die erste, nach Fundierung der Wahrheit heischende These bestimmt, verkennt, unabhängig davon, ob er objektiv oder subjektiv gefaßt wird, grundlegend den gesellschaftlichen Charakter der Erkenntnis.

1.5.2. Vom Spiegel zum Prozeß

Wodurch aber wird die Widerspiegelungsthese, auf deren Metaphorik Lenin so viel Wert legt, deren Problematik er aber nicht wirklich übernimmt, ersetzt oder doch zumindest ergänzt? Es ist dies der Gedanke des Prozesses, der prozessualen Erkenntnis. Hier ist es erneut Hegel, der das leninsche Denken anleitet. Dabei wäre es völlig verfehlt, zwischen 'Materialismus und Empiriokritizismus' einerseits und den philosophischen Schriften von 1914/15 einen grundsätzlichen Strich zu ziehen. Weder ist die erste Schrift eine von Hegel unberührte summarische Gnoseologie, noch die

---

184) Lecourt 1975a : 26 ff..
185) Ich folge hier ein Stück weit der Analyse von Lecourt 1975a : 32 f., obwohl Lecourts 'Rettung' der leninschen Erkenntnistheorie mir keineswegs plausibel erscheint. Dies wird uns aber noch weiter unten beschäftigen.

zweite Selbstkritik des Materialismus[186]. Vielmehr findet über die Lektüre des späten Engels dessen Hegelianismus[187] bereits Einzug in die Leninsche Erkenntnistheorie von 1908. Deutlich wird dies insbesondere in Lenins Bestimmung der absoluten und der relativen Wahrheit.

Bogdanow nämlich bezieht sich als Relativist auf Engels' bekannte Polemik gegen absolute Wahrheiten im 'Anti-Dühring'. Engels habe dort nämlich die Relativität jeder Wahrheit gegen Dühring zu Recht behauptet. Lenin nun arbeitet - zu Recht - gegen Bogdanow heraus, daß diese scheinbar relativistische These Engels' im Kontext seiner dialektischen Geschichtsphilosophie betrachtet werden muß. Denn für Engels bedeutet die Kritik absoluter Wahrheiten keineswegs den Verzicht auf die prinzipielle Anerkennung objektiver Realität. Vielmehr historisiert Engels, indem er den Prozeß des Wissens als Prozeß der Annäherung an die Wahrheit ansieht. Menschliches Wissen ist also zwar nur relativ wahr, jedoch wird es immer wahrer. Es nähert sich mithin der objektiven Wahrheit an. Genau dieser Position schließt sich Lenin an: "Für Bogdanow (wie für alle Machisten) *schließt* die Anerkennung der Relativität unseres Wissens die leiseste Anerkennung der absoluten Wahrheit *aus*. Für Engels setzt sich die absolute Wahrheit aus relativen Wahrheiten zusammen. Bogdanow ist Relativist, Engels Dialektiker"[188].

Hier wird es natürlich schwieriger. War in der reinen Widerspiegelungstheorie die Frage der Wahrheit wissenschaftlich sinnvoll kaum zu stellen (da sie sich als Abbild selbst offenbart), haben wir nun Wahrheiten, die nur relativ sind. Eine Aussage, die relativ wahr ist, ist aber immer auch (relativ) falsch. Sie spiegelt also die Wirklichkeit nicht korrekt wider. Wir haben hier zumindest keinen einfachen Spiegel. Hier verabschiedet sich Lenin nun, auf den ersten Blick, von der Logik der Widerspiegelung. Denn relative Wahrheiten lassen sich durch sie nicht erklären. Zwar benutzt Lenin das Bild modifiziert weiter, wenn er von der Theorie als "annähernde(r) Kopie der Realität" schreibt[189], doch die Passivität, die der Begriff der Widerspiegelung nahelegt, wird durch die Einführung der Praxis als dem entscheidenden Kriterium der Erkenntnis konterkariert. Die objektive Wahrheit widerspiegelt sich danach nicht im Bewußtsein der Individuen, sondern in ihrer Praxis. Der Erfolg der Handlung zeigt an, ob die Wahrnehmung dem Gegenstand entspricht oder nicht. Damit aber haben wir das

---

186) So aber z.B. Merleau-Ponty 1974 : 75 mit Bezug auf die Lenin-Interpretation von Korsch.
187) Vgl. dazu oben Teil I, Kapitel 2.1.3.. Man wird sehen, daß viele Gedanken und Problematiken Lenins vom späten Engels direkt inspiriert sind. Diese Nähe wird von Lenin zu Recht unablässig in 'Materialismus und Empiriokritizismus' hervorgehoben.
188) Lenin, Werke, Bd. 14 : 129.
189) Lenin, Werke, Bd. 14 : 265.

Problem nun kaum gelöst. Denn den Glauben, Praxis könne per se - theorielos - die Wahrheit der Theorie garantieren, teilt Lenin nicht. "Freilich darf dabei nicht vergessen werden, daß das Kriterium der Praxis schon dem Wesen der Sache nach niemals irgendeine menschliche Vorstellung *vollständig* bestätigen oder widerlegen kann"[190]. Lenin sieht also völlig zu Recht, daß Praxis nicht ein kontextloses Kriterium ist. Doch verwundert, daß nun als Kriterium der Bewertung von Praxis, als einzigem Weg zur objektiven Wahrheit der Weg der "auf dem materialistischen Standpunkt stehenden Wissenschaft"[191] eingeführt wird. Die Argumentation ist damit in gewisser Weise zirkulär. Über Wahrheit oder Unwahrheit der Theorien entscheidet die Praxis, aber nicht vollständig. Denn die Kriterien zur Bewertung der Praxis liefert die Theorie. Doch der Zirkel ist kein vollständiger. Denn durchbrochen wird er dadurch, daß nicht irgendeine, sondern allein die richtige (materialistische) Wissenschaft herangezogen wird. Damit tut sich aber ein anderer Widerspruch auf. Denn obwohl es keine absolute Wahrheit geben soll, ist die (absolute) Wahrheit offensichtlich doch in der Methode der materialistischen Wissenschaft präsent. Und es öffnet sich eine Hintertür, die materialistische Wissenschaft wird zum Interpreten von Wahrheit, nicht der freie Interpret, da sie ja 'nur' feststehende Wahrheiten expliziert, dennoch ist ein gewisses Spiel in der Interpretation der Teleologie.

Daß die Wahrheit in der Methode der materialistischen Wissenschaft liegt, wird insbesondere in Lenins Lektüre der Hegelschen Logik deutlich, ist aber bereits in 'Materialismus und Empiriokritizismus' präsent[192]. Sehen wir uns Lenins Hegel-Lektüre an. Deutlich wird, daß das Verhältnis zwischen Widerspiegelung und Prozeß, das im Werk von 1908 noch unklar herausgearbeitet worden ist, nun eindeutig wird. Der Begriff des Prozesses dominiert den Widerspiegelungsbegriff[193]. Wird aber damit wirklich die Erkenntnisproblematik ausgeschaltet und wird Widerspiegelung zu einem aktiven Prozeß? Was jedenfalls ausgeschaltet wird, ist der einfache objektive Sensualismus, der den Begriffsapparat insbesondere von 'Materialismus und Empirio-kritizismus' beherrscht und scheinbar in der Metapher des Spiegels seinen idealen Ausdruck findet. Die Erkenntnis, so betont Lenin, ist nicht einfach, nicht unmittelbar und nicht total. Mithin ist sie, um das positiv zu formulieren, komplex, mittelbar und partiell. Sie erfolgt über Begriffe und Kategorien und setzt einen Erkenntnisprozeß voraus. "Erkenntnis ist die Widerspiegelung der Natur durch den Menschen. Aber das ist keine einfache, keine unmittelbare, keine totale Widerspiegelung, sondern der

190) Lenin, Werke, Bd. 14 : 137.
191) Lenin, Werke, Bd. 14 : 137 f..
192) Vgl. Lecourt 1975a : 12 f. und 43 f..
193) Dies arbeitet Houdebine 1971 sehr treffend heraus.

Prozeß einer Reihe von Abstraktionen, der Formierung, der Bildung von Begriffen, Gesetze etc. ... Der Mensch kann die Natur nicht als ganze, nicht vollständig, kann nicht ihre 'unmittelbare Totalität' erfassen = widerspiegeln = abbilden, er kann dem nur ewig näher kommen, indem er Abstraktionen, Begriffe, Gesetze, ein wissenschaftliches Weltbild usw. usf. schafft"[194]. Doch ist damit nur scheinbar die Widerspiegelung vom Tisch. Denn die Wahrheit der Welt ist vom objektiven Sensualismus, also von den Sinnen des Individuums in den Marxismus selbst ausgewandert. Nicht mehr das je erkennende Subjekt garantiert Objektivität, sondern die Erkenntnistheorie des Materialismus selbst. Die Dialektik "ist die richtige Widerspiegelung der ewigen Entwicklung der Welt"[195]. Die Identität der Gegensätze, d. h. die Dialektik, ist das Gesetz der Erkenntnis und der objektiven Welt[196]. Hier können wir also an die schon oben dargelegte Problematik anknüpfen. Indem Lenin die Dialektik als Denkprozeß faßt, der die Bewegung der Welt adäquat widerspiegelt, entgeht er zwar dem sensualistischen Materialismus, aber er übergibt sich einer letztlich seiner praktischen Theorie der Kämpfe widersprechenden notwendigen Teleologie. Zwar kritisiert er Theorien der Dialektik, die das treibende Moment entweder als Selbstbewegung fassen oder nach außen in Gott oder das Subjekt verlegen, auch sieht er die Entwicklung nur im Kampf der Gegensätze[197]. Doch die notwendige Teleologie, die er mit der Dialektik übernimmt, 'frißt' gleichsam die Kontingenz des Kampfes. Ungestraft wird Hegel nicht übernommen, denn letztlich trifft Lenins Theorie der Dialektik der gegen Hegel erhobene Vorwurf: die Negation bleibt immer affirmativ, weil sie die Negation der Negation und damit die Produktion des Neuen und Besseren ist. Diese produktive Auflösung wird "zur Theologie da, wo sie eine Teleologie einschließt, ein Werden, dem das Moment des Bruchs untergeordnet wird, das es auslöscht"[198].

Das Moment des Bruchs, des Bruchs der sozialistischen Ideologie mit der bürgerlichen Ideologie, die diese immer dominiert, wird also ausgelöscht zugunsten einer Vindizierung der Wahrheit durch den dialektischen Materialismus. Dieser ist hier keine Theorie zur Konstitution einer kämpfenden Klasse, sondern Widerspiegelung der Bewegungsgesetze der Welt. Damit aber ist alles Gerede von der Relativität der Wahr-

---

194) Lenin, Werke, Bd. 38 : 172.
195) Lenin, Werke, Bd. 38 : 100.
196) Lenin, Werke, Bd. 38 : 338.
197) Vgl. Lenin, Werke, Bd. 38 : 338 ff..
198) Kristeva 1978 : 119. Zur Negativität bei Hegel (und teilweise auch bei Lenin) vgl. ebd. : 114 - 170.

heit, der Erkenntnis als Prozeß etc. Makulatur. Denn die Relativität ist immer Relativität auf dem Weg zum Absoluten[199].

Hier wird wohl deutlich, warum wir hier uns derart ausführlich mit Fragen der leninschen Erkenntnistheorie beschäftigen. Indem Lenin nämlich in der Erkenntnistheorie, angeleitet durch die hegelsche Teleologie, die Fragen des Wahren und des Guten in eins setzen kann, bekämpft er bei Bogdanow auch Fragen, die in einer Theorie der Kämpfe gestellt werden müßten. Eine Analyse der Theorie Bogdanows kann hier nicht geleistet werden[200]. Es geht hier auch nur um eine Frage, die aus dem durchaus problematischen Kontext gelöst wird, in dem Bogdanow sie stellt: die Frage der objektiven Wirksamkeit der Ideologie. Gerade diese Frage aber ist für Bogdanow besonders wichtig, nicht von ungefähr wird er nach 1917 einer der zentralen Protagonisten kulturrevolutionärer Kampagnen (des sog. 'Proletkult') werden[201]. Für Bogdanow ist Wahrheit keine Übereinstimmung von Beschreibung und objektiver Außenwelt. "Ein Kriterium der objektiven Wahrheit ... gibt es nicht, die Wahrheit ist eine ideologische Form - die organisierende Form der menschlichen Erfahrung"[202]. Objektivität ist mithin ein gesellschaftlicher Prozeß, keine ontische Qualität. "Die Grundlage der Objektivität ... dürfte in der Sphäre der kollektiven Erfahrung liegen. Als objektiv bezeichnen wir jene Gegebenheiten der Erfahrung, die sowohl für uns als auch für andere Menschen die gleiche Lebensbedeutung haben ... . Der objektive Charakter der physischen Welt besteht darin, daß sie nicht nur persönlich für mich, sondern für alle existiert ... und für alle eine bestimmte Bedeutung hat ..."[203]. Bei allen Problemen, die die Theorie von Bogdanow hat, ist die Betonung der Gesellschaft-

---

199) Vgl. demgegenüber die Kritik von v.Greiff/Herkommer 1974 : 157 ff., die insgesamt - fälschlicherweise - den Relativismus in Lenins Theorie kritisieren.

200) Vgl. aber zumindest Rabehl 1986 : 57 ff..

201) Auch in dieser Frage werden Lenin und Bogdanow divergierende, ja gegensätzliche Positionen einnehmen. Lenin nämlich hält wenig vom Proletkult und kann ihm dessen Modernität nichts abgewinnen. Er sieht zudem im Proletkult eine Richtung, die den Zusammenhalt von Arbeitern und Bauern gefährdet. Nicht zuletzt befürchtet er, daß Bogdanow die unabhängige Organisation strategisch gegen ihn einsetzen könnte. So setzte Lenin durch, daß das ZK 1920 beschloß, den Proletkult dem Volkskommissariat für Bildungswesen zu unterstellen. Daß Lenin wenig vom Proletkult hielt, lag aber wohl nicht nur daran, daß er eher Beethoven denn moderne Maschinenmusik als Kulturgut des Proletariats ansah (vgl. dazu auch Gallas 1971 : 210 ff.), sondern auch daran, daß er als Hegelianer die proletarische Kultur als 'Aufhebung' der bürgerlichen Kultur in ihrer Aneignung und Verarbeitung ansah, wohingegen Bogdanow in der bürgerlichen Kultur eine Komponente der Unterdrückung sah, mit der radikal gebrochen werden müsse. Ziel einer proletarischen Kultur müsse eine neue 'Organisierung der Gedanken und Gefühle' sein. Vgl. Gallas 1971 : 76 ff..

202) Bogdanow, zitiert nach Lenin, Werke, Bd. 14 : 117.

203) Bogdanow, zitiert nach Lenin, Werke, Bd. 14 : 118.

lichkeit von Wahrheit und Erfahrung jedenfalls der Mischung aus Sensualismus und prozessualer Teleologie vorzuziehen, die Lenin ihr entgegensetzt. Für Lenin sind Objektivität und Wahrheit letztlich a-gesellschaftliche Kategorien, sie sind die objektiven Garantien der Richtigkeit des Kampfes. "Wenn die Wahrheit nur die organisierende Form der menschlichen Erfahrung ist, dann ist also auch die Lehre, sagen wir des Katholizismus eine Wahrheit", kontert Lenin[204]. Da aber nicht sein kann, was nicht sein darf, kann Lenin mit dieser Theorie der Wahrheit Bogdanows nicht umgehen. Statt Erkenntnis und Wahrheit nicht als Widerspiegelung, sondern als Produktion zu begreifen, um damit eine Theorie des hegemonialen und ideologischen Kampfes zu begründen, bleibt Lenin im Käfig der Adäquanztheorien befangen. So behindert seine Erkenntnistheorie Einsichten, die in seiner politischen Praxis (und der Theorie seiner politischen Praxis) durchaus anwesend sind.

1.5.3. Die 'politische' Verkehrung eines theoretischen Konflikts

Nun haben wir damit aber nur die theoretische Hauptlinie der leninschen Erkenntnistheorie herausgearbeitet. In seiner Praxis vertraut Lenin keineswegs auf irgendeine Form der Widerspiegelung und er macht sich auch nicht zum 'wahren' Interpreten einer teleologischen Wissenschaft. Vielmehr greift er mit 'Materialismus und Empiriokritizismus' aktiv in die theoretischen Debatten ein und zieht klare Demarkationslinien. Lenin scheut wohl eine offene und detaillierte Diskussion mit Bogdanow und schlägt sich auf die Seite Plechanows, weil er eine Zerfaserung der bolschewistischen Fraktion befürchtet[205]. Dieses praktische Ziehen von Demarkationslinien aber hat implizit eine Verkehrung der bisher dargestellten Konfrontation zur Folge. Erklärt nämlich Bogdanow explizit, Wahrheit sei eine sozial organisierte Erfahrung, und polemisiert Lenin explizit mit einem Verweis auf die von jeder Erfahrung unabhängige Wahrheit, so verkehrt sich in der Praxis der Konflikt. Bogdanow nämlich verweist in seiner Kritik des traditionellen Materialismus auf die neuesten Erkenntnisse der Naturwissenschaften, auf die Forschungen von Mach u.a.. Nun scheinen diese Forschungen aber für Bogdanow das Wahre selbst zu repräsentieren. Obwohl er Objektivität und Wahrheit als gesellschaftliche Bezeichnungen definiert, will er den Marxismus als veraltete Ideologie abtun und durch die neuesten wissenschaftlichen

---

204) Lenin, Werke, Bd. 14 : 118.
205) Diese Einschätzung findet sich, in durchaus divergierenden Kontexten bei Rabehl 1986 : 67 f.; Merleau-Ponty 1974 : 75; Korsch 1967 : 149 und wird von Lecourt 1975a : 101 ff. heftig bestritten.

Methoden ersetzen[206]. So kann er auch die Position vertreten, daß die neuesten Erkenntnisse der Physik und ihre Relativierung des physikalischen Begriffs der Materie die philosophischen Grundlagen des historischen Materialismus zerstört hätten. Gerade aber in dieser naiven Wissenschaftsgläubigkeit, in der den 'Erkenntnissen' von Mach im Kern eine unbedingte Richtigkeit zugesprochen wird, konterkariert Bogdanow seine These, nach der Wahrheit Produkt gesellschaftlicher organisierter Erfahrung ist. Indem die Empiriokritizisten den Marxismus als durch die Erkenntnisse der modernen Physik als überholt ansehen, erweisen sie sich als philosophisch naiv. Demgegenüber vertritt Lenin hier die Auffassung, die Materie sei im Rahmen des Marxismus ein philosophischer und kein physikalischer Begriff. "Die Materie ist eine philosophische Kategorie zur Bezeichnung der objektiven Realität"[207]. Innerhalb des Marxismus hat diese Kategorie keine physikalische Bedeutung. Der Marxismus behauptet nicht eine bestimmte Eigenschaft der Materie. Vielmehr ist "die *einzige* 'Eigenschaft' der Materie, an deren Anerkennung der philosophische Materialismus gebunden ist, ... die Eigenschaft, *objektive Realität zu sein*, außerhalb unseres Bewußtseins zu existieren"[208]. In dieser Debatte also vertritt gerade Lenin den Standpunkt, daß der Materialismus in erster Linie eine Philosophie und keine reine Beobachtung der Materie ist. Lenins Praxis ist also eine originär philosophische Praxis. Diese Praxis besteht darin, 'Trennungslinien' zu ziehen, die durch Abgrenzung gegen bürgerliche Philosophien dem Marxismus ein theoretisches Feld zuweisen. Materialist zu sein bedeutet, sich in diesem Feld zu bewegen, nicht etwa die einzig adäquate Theorie der Bewegung der Materie zu vertreten. Nach Lenin kann man also "Materialist sein und in der Frage nach dem Kriterium der Richtigkeit jener Abbilder, die uns die Sinne geben, unterschiedliche Auffassungen vertreten"[209].

Althusser legt genau auf diese neue Praxis der Philosophie Lenins besonderen Wert. Für ihn entwickelt Lenin einen Praxisbegriff, der philosophischer Natur ist und theoretische Effekte zeitigt. "Lenin bestimmt das Wesen der philosophischen Praxis letztlich als einen *Eingriff (Intervention)* in den theoretischen Bereich"[210]. Als Beleg für diese Einschätzung kann das Lob der Unbestimmtheit in den Grenzen des theoretischen Feldes durch Lenin herangezogen werden: "Ihr werdet sagen: Diese Unterscheidung zwischen relativer und absoluter Wahrheit ist unbestimmt. Ich antworte darauf: Sie ist gerade 'unbestimmt' genug, *um die Verwandlung der Wissenschaft in ein Dogma im*

---

206) Vgl. Rabehl 1986 : 68.
207) Lenin, Werke, Bd. 14 : 124.
208) Lenin, Werke, Bd. 14 : 260.
209) Lenin, Werke, Bd. 14 : 107.
210) Althusser 1974 : 38.

schlechten Sinn dieses Wortes, d.h. in etwas Totes, Erstarrtes, Verknöchertes *zu verhindern*, sie ist aber zugleich 'bestimmt' genug, um sich auf das Entschiedenste und Unwiderruflichste vom Fideismus und Agnostizismus, vom philosophischen Idealismus und der Sophistik der Nachfolger Humes und Kants abzugrenzen. Hier ist *eine Trennungslinie*, die ihr nicht bemerkt habt...". Und: "Freilich darf dabei nicht vergessen werden, daß das Kriterium der Praxis dem Wesen nach niemals irgendeine menschliche Vorstellung vollständig bestätigen oder widerlegen kann. Auch dieses Kriterium ist 'unbestimmt' genug, um die Verwandlung der menschlichen Kenntnisse in ein 'Absolutum' zu verhindern, zugleich aber auch bestimmt genug, um gegen alle Spielarten des Agnostizismus und Idealismus einen unerbittlichen Kampf zu führen"[211].

Nach Althusser besteht die Funktion der leninschen Intervention "darin, innerhalb des theoretischen Bereichs selbst zwischen wahren und falschen Vorstellungen, zwischen Wissenschaft und Ideologie 'eine Trennungslinie zu ziehen'"[212]. Die Philosophie hat somit eine Aufgabe im Bereich der Wissenschaft, sie konstituiert den Bereich, und gleichzeitig ist die Philosophie nicht rein theoretischer, sondern praktischer Natur. "Ohne über Lenins Ausführungen hinauszugehen, können wir sagen, daß die Philosophie für Lenin den Klassenkampf, also die Politik *repräsentiert*. Das setzt eine *Instanz* voraus, *neben der* die Politik in dieser Weise repräsentiert wird. Diese Instanz sind die Wissenschaften ... . Seine feste Überzeugung ist es offenbar ..., daß die Philosophie in gewisser Weise zwischen den beiden größeren, sie selbst erst als Instanz konstituierenden Instanzen, zwischen Klassenkampf und Wissenschaften als dritte Instanz existiert"[213].

Althussers Lenin-Lektüre legt den Schwerpunkt auf den Effekt, auf die Wirkung, zwischen Wahrem (Wissenschaft) und Falschem (Ideologie) trennen zu können. Neben der hier nicht zentralen, aber problematischen Zuordnung der Begrifflichkeiten durch Althusser, bleibt die Frage, ob Lenin seine Intervention selbst in diesem von Althusser vorgeschlagenen theoretischen Kontext verortet. Nach unserer obigen Lektüre wird nicht verwundern, daß wir Althusser und Lecourt, der - wenn auch modifizierend - die althussersche Perspektive auf Lenin luzide ausarbeitet, hier nur bedingt folgen können[214]. Was beide herausarbeiten, ist ein Strang von 'Materialismus und Empiriokri-

---

211) Althusser 1974 : 38. Die zitierten Stellen finden sich in: Lenin, Werke, Bd. 14 : 131 und 137.
212) Althusser 1974 : 38.
213) Althusser 1974 : 41 f..
214) Mujumdar 1995 widmet dem Verhältnis Althussers zu Lenin ein ganzes Buch, in dem die Orthodoxie gegen die Lektüre Althussers vehement verteidigt wird. Auch wenn Stil und Ziel

tizismus', den viele Leser Lenins - und zwar sowohl seine dogmatischen Anhänger, wie seine vehementesten Kritiker - in der Regel übersehen[215]. Lenin wird dann allein mit einer kruden Version des objektiven Sensualismus in Verbindung gebracht[216], die - und hier haben Althusser und Lecourt vollkommen Recht - nicht den Kern von 'Materialismus und Empiriokritizismus' ausmacht - auch wenn Lenin mit der Terminologie und mit Beispielen des Sensualismus in einer Weise hantiert, die eine solche Interpretation bei ungenauer Lektüre nahelegen. Doch Lenin ist (als Schüler von Engels in 'Materialismus und Empiriokritizismus' und als begeisterter Leser der 'Logik der Wissenschaften' in den 'Philosophischen Heften') keinesfalls ein Vertreter des vordialektischen, mechanischen Materialismus. Während nämlich der Machismus den Materialismus als Lehre von den Zuständen der Materie mißversteht und den "Unterschied zwischen metaphysischem Materialismus und dialektischem Materialismus ignoriert", betont Lenin: "Die Anerkennung irgendwelcher unveränderlichen Elemente, eines 'unveränderlichen Wesens der Dinge' usw. ist nicht Materialismus, sondern ist *metaphysischer*, d.h. anti-dialektischer Materialismus"[217].

1.5.4. Dennoch, Hauptlinie schlägt Nebenlinie

Nicht also der objektive Sensualismus strukturiert die frühe Erkenntnistheorie Lenins, das haben Althusser und Lecourt richtig gezeigt. Es ist aber auch nicht jene Praxis der Philosophie, die diese ihm nahelegen. Wenn Althusser, insbesondere in seiner Wissenschaftsphilosophievorlesung[218], Lenin als Beleg für die Unsinnigkeit der Erkenntnistheorien, wie auch der Suche nach "Wahrheit" in der Philosophie heranzieht, dann

---

dieses Buches mir eher fernliegen, konstatiert die Autorin zu Recht, daß Althusser, sagen wir es positiv, recht kreativ mit den Leninschen Gedanken umgeht.

215) Auch Brühmann 1980 : 257 ff., der eine harsche und überzogene, in wesentlichen Teilen aber durchaus triftige Kritik der althusserschen und lecourtschen Leninlektüre vorgelegt hat, konstatiert, daß sich in Lenins Textformation eine untergründige Linie finde, auf der die Konzeption der Widerspiegelung vom empiristischen Spiegelphantasma getrennt werden könne (ebd. : 316 FN.).

216) Diese naturalistische Rezeption feierte gerade im Marxismus-Leninismus große Erfolge. Wenn es beispielsweise im 'Philosophischen Wörterbuch' (der DDR von 1971) heißt, daß der Ablauf des Erkenntnisaktes "durch die Gesetzmäßigkeiten der bedingt reflektorischen Nerventätigkeit" bestimmt werde, dann hat dies mit Lenin nur noch wenig zu tun. Vgl. zur Kritik v. Greiff/Herkommer 1974, die aber spiegelbildlich den gleichen Fehler machen. Sie unterstellen nämlich, daß sich ein solcher Unsinn zu Recht auf Lenin bezieht.

217) Lenin, Werke, Bd. 14 : 260.

218) Vgl. Althusser 1985 : 59 ff.. Dabei wird dieser Vorwurf natürlich dadurch ein Stück weit relativiert, daß sich Althusser einmal mehr auf Lenins theoretische Praxis, und nicht so sehr auf den dekontextualisierten Wortlaut seiner Theorie stützt.

verkennt er bewußt den Stellenwert des leninschen Hegelianismus[219]. Bei Lenin ist der Kampf nämlich keinesfalls ein Einsatz der Philosophie, sondern die Totalität ist immer schon gespalten: in Idealismus und Materialismus. Die Negation des Idealismus durch den Materialismus ist jene produktive Negation, von der wir oben mit Kristeva behaupteten, daß sie den Bruch nur einführt, um ihn zu überdecken. Hier wird das Erkennen nicht als umkämpfter Akt, sondern als teleologischer Prozeß des immer genaueren Erkennens bestimmt. Damit enthält das Wahre immer das Falsche und das Falsche immer das Wahre - die berühmte Einheit der Gegensätze. In diesem Prozeß aber kommt es nur darauf an, das Wahre vom Falschen zu trennen, nicht aber das Wahre und das Falsche auf der Matrix des Kampfes je neu zu bestimmen. Das Ziel, die absolute Wahrheit, ist in ihrer Abwesenheit immer schon anwesend, Teil einer schon geschriebenen Geschichte, in der es immer vorwärts geht. Nicht durch den Sensualismus, sondern durch den Hegelianismus wird damit die Erkenntnistheorie einer Geschichtlichkeit und Gesellschaftlichkeit beraubt, die diesen Namen verdiente.

Indem Lenin seine Erkenntnistheorie in die traditionelle Problematik der Adäquanz von 'innen' und 'außen' stellt, verkennt er die zentrale Frage nach den gesellschaftlichen Mechanismen, in denen Erkenntniseffekte ermöglicht werden. Er verbleibt letztendlich in einer empiristischen Problematik, die durch ihre Prozessualisierung höchstens flexibilisiert und historisiert wird[220].

---

219) Lenins Hegel-Lektüre, der Althusser ein Kapitel widmet (Althusser 1974 : 69 ff.), begnügt sich nämlich keineswegs mit der Kritik Kants und der Übernahme der Kategorie eines Prozesses ohne Subjekt (wiewohl hier Althusser Hegel trefflich gegen den linkshegelianischen Marxismus verteidigt), sondern übernimmt insbesondere auch die absolute Wahrheit als Ziel des geschichtlichen Prozesses. Dies kritisiert auch Majumdar 1995 : 124 ff., die allerdings ebenso unkritisch mit Lenins Hegellektüre verfährt, wie sie kritisch den Lenin-Lektüre Althussers gegenübersteht. Vollkommen anders verfahren Resnick/Wolff 1989 : 62 ff., wenn sie Lenins Verdienst darin sehen, die Spezifik einer materialistischen Epistemologie herausgearbeitet zu haben. Zwar rekonstruieren die Autoren dies nicht kritiklos, doch sie unterschätzen den Geschichtsdeterminismus und die positivistischen bzw. rationalistischen Gefahren der Leninschen 'Ziehung von Trennungslinien'.

220) So die insoweit zutreffende Kritik bei Brühmann 1980 : 257 ff., der richtig betont, daß Althusser in seiner zu affirmativen Lenin-Rezeption hinter seine frühe Kritik des Empirismus zurückfällt. Brühmann wiederum verkennt aber die positiven anti-theorizistischen Effekte dieser Lenin-Rezeption. Althusser wird später richtig den grundlegenden Hegelianismus bei Lenin kritisieren (Althusser 1983). Die noch spätere Kritik, daß Lenin wie Engels "eine Art materialistische Ontologie, begleitet von einer Erkenntnistheorie (fabriziere) ... wo die Praxis und das berühmte 'Kriterium der Praxis' (Engels, Lenin) eingriffen, um die Stafette von der Materie zu übernehmen, wenn ihr unmittelbarer Sinn dürftig erschiene" (Althusser 1995 : 12) zeigt richtige Momente, ist aber genauso verkürzt, wie ehedem die affirmative Lektüre.

Anders als Althusser bin ich also der Ansicht, daß Lenins Praxis der Theorie zwar seine theoretische Praxis in gewisser Weise relativiert und konterkariert (wie im Verhältnis der Auseinandersetzung zu Bogdanow gezeigt), aber nicht aufhebt. Doch zurück zu einem sehr wichtigen und fundierten Einwand. Althusser selbst artikuliert in seinem frühen Text zu Lenin eine Distanz. Er gibt zu bedenken, daß die leninsche Praxis nicht als theoretisch abgesicherte, sondern nur als eine "wilde" Praxis (in dem Sinne, in dem Freud von einer "wilden Analyse" spricht) vorhanden ist. Eine Praxis, die nicht wirklich erklärt, wie die "Philosophie die Wissenschaftlichkeit in der Politik [repräsentiert, mt] ... welche Mechanismen sie [die Repräsentation, mt] garantieren, durch welche sie verfälscht und vorgetäuscht ... wird"[221]. Diese Distanz ist berechtigt. Auch wenn die Worte sehr nahe beieinander liegen, ist Parteilichkeit und Parteienkampf in der Philosophie etwas anderes als Praxis. Die ersten sind über eine Wissenschaft angebunden - den dialektischen Materialismus, der sie 'garantiert' - das letzte, die Praxis, bleibt theoretisch unbestimmt. Sie verfügt über eine Grundlage - Parteilichkeit in der Philosophie - aber nicht über eine auf dieser Grundlage entwickelte Konzeption des politischen Handelns. Hier klafft eine Lücke. Sie öffnet den Marxismus für die Politik und setzt ihn damit allen Risiken, Turbulenzen und Fallstricken aus. Sie ist produktiv und gefährlich zugleich. Ihre Produktivität werden wir noch bei Lukács und Gramsci, auf je ganz unterschiedliche Weise, sehen. Lukács und Gramsci werden die leninsche Praxis durchaus auch gegen seine Theorie weiterentwickeln. Ihre Gefährlichkeit werden wir im Marxismus-Leninismus sehen. Jenem Theoriegebäude des Stalinismus und Post-Stalinismus, das die 'onto-theo-teleologischen' Aspekte der leninschen Theorie gegen seine Praxis entwickeln wird.

1.6. Von Lenin zu Stalin

1.6.1. Die drei Elemente des Stalinismus

Man kommt nicht umhin, den Zusammenhang von Lenin und Stalin zu thematisieren. Wenn selbst linke Theoretiker wie Mattick sich nicht entblöden, nicht nur eine direkte Linie vom Bolschewismus Lenins und Trotzkis zum Stalinismus zu ziehen, sondern zudem die Analogie zum Nationalsozialismus bemühen[222]; wenn auf einem linken Lenin-Kongreß die Frage der Gewalt weitestgehend dekontextualisiert gestellt werden[223] und die Oktoberrevolution als "Machtergreifung" betitelt und der Stalinsche

---

221) Althusser 1974 : 42.
222) Mattick 1978, zit. nach Bergmann 1994 : 15.
223) Vgl. Ruge 1994.

Terror als eine "übertriebene Fortsetzung dieser [der leninschen, mt] Interpretation des Dissenses"[224] dargestellt werden kann, bedarf es zumindest einiger kurzer Anmerkungen.

Mit derartiger kruder Polemik werden wir uns hier nur am Rande auseinandersetzen. Sie verdeckt eher die Problematik, die eine linke Kritik des Stalinismus[225] zu bearbeiten hätte und die natürlich insoweit Lenin nicht aussparen kann. Auch wenn der Stalinsche Terror keinesfalls als direkte Fortsetzung von Lenins Theorie und Praxis gewertet werden kann, so ist es aber dringend notwendig, aufzuzeigen, daß sich diese zumindest einer bestimmten Nutzung nicht deutlich genug verweigerten.

Mit einem bekannten Aufsatz von Oskar Negt können wir noch einmal an die Debatte um den Empiriokritizismus anknüpfen. Negt untersucht Lenins Empiriokritizismusschrift ausschließlich unter dem Aspekt der möglichen Stalinisierung dieser Theorie, der Verwandlung des Marxismus in eine "Legitimationswissenschaft". Dabei untersucht er nicht direkt den Leninschen Text, sondern stellt einen theoretischen Korpus vor, der sich aus - trotz aller Unterschiedlichkeit - Theorieelementen von Lenin und in seiner Folge Abram Deborin und Nikolai Bucharin[226] bildet. Zwei Aspekte sind es, die gerade 'Materialismus und Empiriokritizismus' zu einer Standardreferenz der stalinistischen Philosophie werden lassen. Einerseits die Ontologisierung der Dialektik zur Naturdialektik, als Grundgesetze der Bewegung der Materie. Wie auch Negt anmerkt, kann sich diese Lesart der Dialektik zwar eher auf Engels, denn auf Lenin berufen[227], doch ermöglicht die Analogisierung der Erkenntnisbewegung mit der Naturbewegung, die sich gerade in seiner Hegelrezeption findet[228], die Einbindung Lenins in eine derartige Rekonstruktion, die bei ihm selbst noch widersprüchlich, vom Denken in Kategorien des Kampfes überdeterminiert war. Die legitimatorische Funktion dieser Denkbewegung liegt auf der Hand: politische Entscheidungen erhalten "die Würde und Unabänderlichkeit von naturgesetzlichen Zusammenhängen"[229]. Nicht nur wird so der Widerstand oppositioneller Positionen als der Wirklichkeit (und nicht nur einer politischen Entscheidung) widersprechend denunzierbar, auch die Opfer, die die nachholende Industrialisierung erfordert, lassen sich als Elemente eines natürlichen Entwicklungsganges darstellen.

---

224) Beides in Hansen/Schulz 1994 : 122 (FN.).
225) Zusammenfassend zu einer linken Stalinismuskritik: Schöttler 1978 und Breuer 1977.
226) Vgl. Negt 1974 : 40.
227) Negt 1974 : 35.
228) Insofern unterschätzt Negt hier die Anwesenheit der Naturdialektik bei Lenin.
229) Negt 1974 : 36.

Einher geht damit notwendig ein zweites Element stalinistischer Philosophie: die Vulgarisierung und Verapperatung der Abbild- oder Widerspiegelungstheorie. Auch hier stellt Negt fest, daß Lenin die "drohende Kanonisierung der Abbildtheorie" nicht vor Augen gehabt habe, da ihm ein "überwiegend praktische(s) Interesse" an der Verankerung dialektischen und materialistischen Denkens zu dieser Schrift bewegte. Doch bleibt diese Relativierung Negts allein auf der intentionalen Ebene, denn theoretisch bereitet für Negt Lenin den Boden einer mangelnden "Selbstreflektion"[230]. "Weil Lenin weder die Naturwissenschaften noch die Begriffe von Materie und Natur in den Konstitutionszusammenhängen historischer Praxis begreift, bleibt auch die Beziehung der einzelnen Formen des 'erscheinenden Wissens' untereinander und zur Selbstreflektion ihrer erkenntnistheoretischen Voraussetzungen undiskutiert. Während er dogmatisch die naturwissenschaftliche Erkenntnis als Modell jeglicher Erkenntnis unterstellt, führt er, indem er gegen idealistische Formen der Identifikation von Denken und Sein polemisiert und deren Nicht-Identität betont, die Widerspiegelungs-these einfach als ein gesichertes und zentrales Lehrstück der Marxschen Theorie ein"[231].

Negt erkennt zwar in diesem Begriff der Widerspiegelung auch das aktive Moment, er ordnet es aber dem erkennenden Subjekt[232] zu. Richtig betont er, daß die Trennung von Sein und Bewußtsein, die Lenin gegen Bogdanow als materialistische These verficht, zuersteinmal auch dazu dienen könnte, das Moment des Nicht-Identischen zwischen Begriff und Ding, Signifikant und Signifikat zu stärken. Diese Eigenständigkeit von Erkenntnis aber, so Negt, unterminiert Lenin, und da bei ihm "die Gegenstandsformen, auf die sich Erkenntnis und Bewußtsein beziehen, zu selbstständig 'gegebenen' und von der Gesamtwirklichkeit des gesellschaftlichen Produktions- und Reproduktions-prozesses isolierten Objektbereichen einer 'widerspiegelnden' Erkenntnis abstrakt zusammengefaßt werden, obwohl sie doch nur auf eine je besondere Weise die gesell-schaftliche Totalität ausdrücken, fallen nicht nur Denken und Sein, philosophische Reflexion und Wirklichkeit, sondern auch Theorie und Praxis auseinander"[233]. Der legitimatorische Sinn der Widerspiegelungstheorie ist klar. Nicht nur gibt es klare Entwicklungsgesetze in der Natur, diese können auch unbedingt, mit Hilfe des richtigen theoretischen Instrumentariums, erkannt werden. Damit wird der Legitima-tionsrahmen perfekt. Nicht nur kann ein "Pathos des Objektiven" (Negt) ausformuliert

---

230) Negt 1974 : 40.
231) Negt 1974 : 40 f..
232) vgl. Negt 1974 : 41.
233) Negt 1974 : 41 f..

werden. Dieses Objektive bedarf zudem der Erkenntnis durch die marxistisch-leninistische Partei.

Wir können diese Schritte in den Schriften Stalins gut verfolgen, am deutlichsten in 'Über dialektischen und historischen Materialismus' von 1938. Im ersten Schritt erklärt Stalin das Wesen der Dialektik als permanenten, gerichteten Prozeß einer Naturgeschichte vom Niederen zum Höheren. Jedes Stadium hat seine historische Berechtigung, stirbt aber ab, wenn es durch das Neue, Bessere ersetzt wird. Im zweiten Schritt wird der marxistische philosophische Materialismus erläutert. Dieser lehrt, mit Engels, die Natur so zu sehen, wie sie ist, ohne fremde Zutat. Ohne idealistische Mystizismen rein wissenschaftlich. Die Geschichte ist damit nicht nur gerichtet, die Richtung selbst ist durch eine "Wissenschaft bezüglich der Entwicklungsgesetze der Gesellschaft"[234] zu erfassen. Als solche liefert sie "objektive Wahrheiten" und ermöglicht es, "die Entwicklungsgesetze der Gesellschaft in der Praxis auszunutzen"[235]. Die Partei setzt folglich diese objektiven Gesetze um, besser: sie nutzt sie aus. Die Partei geht deswegen nur von den realen, wissenschaftlich gesicherten Erkenntnissen des gesellschaftlichen Lebens aus. Dabei befördert sie die ohnehin sich durchsetzende Tendenz aktiv (die aktive Rolle der Partei zu unterschätzen wäre "Vulgärmaterialismus"[236]): "Stärke und Lebenskraft des Marxismus-Leninismus bestehen darin, daß er sich auf die fortschrittliche Theorie stützt, die die Bedürfnisse der Entwicklung des materiellen Lebens der Gesellschaft richtig zum Ausdruck bringt ..."[237].

Ist aber nun eine Linie zu ziehen zwischen 'Materialismus und Empiriokritizismus' und der stalinschen Rezeption? Bleibt die Differenz zwischen Stalins Leninrezeption und dem Werk Lenins allein auf der Ebene der Intention? Bereitet Lenin, so die These Negts, mit einer Negation des 'subjektiven Faktors' objektiv den theoretischen Boden für Stalin, ob er dies nun wollte oder nicht?

Untersuchen wir die Frage nach dem Fehlen des 'subjektiven Faktors' kurz, um dann zu den anderen Punkten zurückzukommen. Negt macht, um diese seine Sicht positiv zu begründen, zwei Linien auf, die sich im Marxismus gegenüberstehen: einerseits Engels/Kautsky/Lenin/russische Orthodoxie; andererseits Marx/Korsch/Gramsci/Lukács/Marcuse. Die einen hätten die Frage des Subjekts positv gelöst, die anderen

234) Stalin 1970 : 261.
235) Stalin 1970 : 261.
236) Stalin 1970 : 264 f..
237) Stalin 1970 : 265.

eben gerade nicht. Doch dieses Bild der zwei Linien, so wie es Negt zeichnet, bröckelt. Und das nicht nur, wenn ins Detail gegangen wird: schon bei so zentralen Kategorien wie dem 'Subjektbegriff' gibt es beispielsweise zwischen Gramsci und Lukács enorme Unterschiede. Aber es stimmt noch nicht einmal auf der Oberfläche, auf der Ebene der allgemeinen Theorie. Einzig der historische Verlauf bietet im Nachhinein Ansatzpunkte für diese Linienziehung. Lenin bezog sich zum Teil auf Kautsky und die Orthodoxie bezog sich auf Lenin; auf sie alle wiederum bezog sich Stalin. Verboten hingegen waren unter Stalin Korsch und Lukács; Gramsci fiel in Ungnade. Es hätte aber auch vieles ganz anders sein können. Aus den Zitierkartellen und den Verboten lassen sich Aufschlüsse über die politisch-theoretische Praxis, nicht aber die theoretischen Linien ziehen. Das haben wir am Verhältnis der Rezeption Kautskys durch Lenin und dessen Rezeption durch Stalin gezeigt. Nehmen wir umgekehrt beispielsweise Lukács, der in seiner Zeit am Moskauer Marx-Engels-Institut, obwohl es da schon gegen die Deborin-Gruppe ging, vermerkte, daß der Standpunkt Stalins für ihn außerordentlich wichtig gewesen sei, denn Stalin habe den Marxismus zu einer universellen Weltanschauung gemacht. Hier fügt sich der Lukácssche Begriff der Totalität zum Stalinschen[238]. Auch der Praxisbegriff von Lukács könnte für die zügellose Realpolitik stalinistischer Provinienz stehen, da bei ihm die Partei den bewußten Gesamtwillen des Proletariats verkörpert[239]. Auch übernimmt Lukács von Kautsky den Begriff, den er zu seinem zentralen Begriff für den Ausweis der maxistischen Orthodoxie macht, den Begriff der Methode[240]. "'Methode' konnte dies genannt werden, weil geglaubt wurde, dieser Unterordnung würden Rat und Lenkung, richtiger Weg entspringen und sie würde das Hinüberschwingen der Revolution aus dem Möglichen ins Wirkliche erlangen. Fragen des Zusammenbringens unterschiedlicher Kräfte, Fragen der Demokratie stellen sich so nicht. Und der linksradikale Mythos kündigt hier schon ein anderes Hinüberschwingen an: in die bedingungslose Einheit und Totalität des sogenannten Stalinismus. Viele andere könnten sagen, was Wilfried Gottschalch festgestellt hat: 'Den Georg Lukács hatten wir damals falsch verstanden. Weil *Geschichte und Klassenbewußtsein* verboten war, lasen wir es als eine antistalinistische Schrift ..."[241].

Nur wer Lukács durch die Brille der stalinistischen Kritik liest und Lenin über den Marxismus-Leninismus zur Kenntnis nimmt, kann ersteren als Gegner, letzteren als Protagonisten eines Marxismus als Legitimationswissenschaft lesen.

---

238) Vgl. dazu insgesamt: Labica 1986 : 66.
239) Vgl. Lukács 1971 : 480 und insgesamt das folgende Kapitel zu Lukács.
240) Vgl. Lukács' Aufsatz 'Was ist orthodoxer Marxismus?', in: ders. 1971 : 58 ff..
241) Haug 1984 : 45.

Negt verkennt, daß es gerade Lenin war, der Gramsci und Lukács inspirierte. Er nimmt denn auch weniger Lenin, denn den Leninismus zum Ausgangspunkt. Damit aber verkennt er deren grundsätzliche Differenzen und geht insoweit, wenn auch mit kritischen Vorzeichen, der Gleichsetzung der Arbeiten Lenins mit dem, was der Leninismus aus ihnen machte, letztlich also der Orthodoxie selbst, auf den Leim.

Auch mit seinen anderen Bewertungen greift Negt deutlich zu kurz. Nicht nur, daß er den von Althusser überbetonten Strang der Argumentation in Lenins Werk nicht zur Kenntnis nimmt, sondern auch, indem er die Umarbeitung des Materials durch Stalin nicht ausreichend berücksichtigt.

Hier von 'Material' zu schreiben, heißt, in gewisser Weise der Idee des Textkorpus, wie sie Negt vertritt, zuzustimmen. Es ist in der Tat so, daß Stalin sich vieler Theorie- elemente der zentralen Protagonisten marxistischer Theorie in der UdSSR bediente. Die Theorie Stalins ist nicht der Stalinismus, sondern der Marxismus-Leninismus. Stalin schafft sich seine Theorie unter Referenz des 'großen' Lenins. Es ist auf den ersten Blick geradezu frappierend, wie wenig eigene theoretische Intervention seitens Stalins nötig war. Sein Arbeitsprinzip ist das der Collage, der Kommentierung, der Interpretation. Die Interpretation aber stellt sich auch nicht als eigene dar, sondern allein als Verteidigung der 'wahren' Aussagen des Marxismus-Leninismus gegen die Unzahl von Abweichungen, die es zu bekämpfen gilt. Seine Leistung ist also die eines abwesenden Autors. Er reiht Zitate, die er strukturiert. Doch die Struktur ist vorgeblich die Struktur des großen Gebäudes des Marxismus-Leninismus selbst. Eines Gebäudes ohne Brüche und Widersprüche. Einer ehernen Wissenschaft, die, wie wir bereits gesehen hatten, nichts ist als die richtige Beschreibung der Wirklichkeit. Reine Wissenschaft, kämpferische Wissenschaft.

Auf den ersten Blick also ist Stalin Leninist. In 'Zu den Fragen des Leninismus' von 1926 inauguriert er sich als der Großsiegelbewahrer des leninschen Erbes, das er gegen alle Verfälschungen schützt[242]. Diese Schrift ist Stalins erste zentrale Intervention in die Auseinandersetzungen der jungen Sowjetunion. Der Text steht gleichzeitig für "die Geburt des Marxismus-Leninismus"[243]. Der Begriff tauchte zu Lebzeiten von Lenin nicht auf; erstmalig wurde er Ende der zwanziger Jahre im Zusammenhang mit den marxistisch-leninistischen Instituten verwendet. Das Prinzip des Textes von 1926 ist das Prinzip des Marxismus-Leninismus insgesamt: die Dekontextualisierung von leninschen Theoremen. Beispielsweise, wenn Stalin die Frage, ob die Diktatur des

---

242) Vgl. Stalin 1970 : 133 ff..
243) Labica 1986 : 119.

212

Proletariats eine Diktatur der Partei sei, mit dem Hinweis darauf, daß Lenin insgesamt fünfmal zu dieser Frage Stellung genommen habe und unter Interpretation dieser fünf Zitate, verneint. Der Leninismus wird 1926 in Stellung gebracht gegen die 'Linksabweichung' von Sinowjew und Trotzki. Ob zur Frage der permanenten Revolution, des Aufbaus des Sozialismus in einem Lande, zur NÖP: Lenin wird dekontextualisiert und als geheiligter Text gelesen. Da der Leninismus die "Theorie und Taktik der proletarischen Revolution im allgemeinen, die Theorie und Taktik der Diktatur des Proletariats im Besonderen"[244] ist, ergibt sich aus der Lektüre Lenins die Unrichtigkeit der Positionen der 'Linksabweichler'. Ausgehend von eben genannter Definition wird deduziert, abgeleitet, abgegrenzt. Lenin hat damit zum einen nur eine feste, geschlossene Position vertreten (keine Widersprüche, keine Ambivalenzen, keine Fehler) - er hat zudem eigentlich gar keine Position (die ja notwendig partiell wäre), sondern die wissenschaftliche Theorie der Epoche vertreten. Das legitimiert dann Stalin zu einer gleichsam religiösen Lektüre, in der die Abweichung vom geheiligten Text über Wahrheit und Unwahrheit entscheidet.

Der Text 'Zu den Fragen des Leninismus' schafft eine "Universalphilosophie"[245]. Legitimer Interpret wird im Laufe einiger weniger weiterer Interventionen, zentral beispielsweise 'Zu Fragen der Agrarpolitik' im Jahre 1929, in der Stalin verlangt, daß die Theorie auf die Höhe der Praxis gebracht werden müsse[246], Josef Stalin selbst. War der Leninismus-Text das Fanal zur Liquidation der 'Linksabweichung', so verbirgt sich in dem zuletzt genannten Text der Angriff auf die 'Bucharin-Gruppe' bezüglich der bis zu diesem Zeitpunkt in der UdSSR vertretenen Agrarpolitik. Die Liquidierung des Kulakentums 'als Klasse' folgt, und mit ihr, wenn auch später, die der angeblich assoziierten Theoretiker[247].

---

244) Stalin 1970 : 133.
245) Labica 1986 : 119.
246) vgl. Labica 1986 : 40 f..
247) Der politischen Liquidation folgte die physische. Neben vielen 'kleinen' Prozessen (klein nur von der propagandistischen Außenwirkung; vermutlich wurden einige hunderttausend legal hingerichtet) in den großen Schauprozessen gegen die Linke 1937 und die Rechte 1938. Die 'Säuberungen' erfaßten den weitaus größten Teil der Mitglieder der Politbüros vor Lenins Tod. Vgl. Moneta o.J. (1976); Conquest 1970 und Trotzki in Moneta, a.a.O. : 179: Von den 21 Mitgliedern des Zentralkomitees, das die Oktoberrevolution einleitete, "bleibt zur gegenwärtigen Zeit [1939] nur einer in der Parteiführung - Stalin. Sieben sind durch Krankheit gestorben oder sind durch die Hände des Feindes gefallen ... . Erschossen oder zur Hinrichtung verurteilt: sieben; drei sind während der Säuberungen verschwunden; drei andere sind politisch liquidiert worden - und vielleicht auch physisch; insgesamt 13, d.h. fast 62 % der Teilnehmer im Oktoberstab erwiesen sich als 'Feinde des Volkes'." Ein Jahr später wird Trotzki selbst im Auftrag Stalins ermordet werden.

Nicht die Linie bestimmt die Abweichung, sondern die Abweichung definiert die Linie. Man kann dafür zahlreiche Beispiele anführen. Nehmen wir den Kampf an der philosophischen Front[248]: Zuerst ist es Deborin, der als Dialektiker 1929 den Sieg seiner Anhänger gegen die Mechanisten (Bucharin u.a.) verkünden darf. In einer zentralen Rede über 'Die gegenwärtigen Probleme der marxistischen Philosophie' wird nur besiegelt, was ohnehin bereits klar war: die Dialektik ist der Kern der materialistischen Theorie, sie muß gegen den Mechanizismus (Bucharin) und den Idealismus (Lukács) verteidigt werden. Keine zwei Jahre später wird die Deborin-Gruppe, zu ihrer Verwunderung, entmachtet sein. Sie wird selbst des Idealismus bezichtigt. Die gleichen Argumente, mit denen Deborin 1924 Lukács abgekanzelt hatte, werden nun ihn selbst treffen[249]. Auch die engagierte Selbstverteidigung hilft nichts mehr - eine junge Garde neuer Ideologen wird die zentralen Stellen einnehmen. Mark Mitin hat die Aufgabe, die neue Philosophie, die in weiten Teilen doch die alte ist, zu begründen. Das Ziel ist keine wirkliche theoretische Verschiebung, sondern nur die Ersetzung einer Gruppe, die zu mächtig und zu eigenständig geworden war. Was Mitin von Deborin vorrangig unterscheidet, ist, daß er die Notwendigkeit der Lobpreisung der Realpolitik, der Lobpreisung Stalins erkannt hatte: "Die Weiterentwicklung der marxistisch-leninistischen Theorie in all ihren Bestandteilen, darunter auch in der Philosophie des Marxismus, ist gebunden an den Namen des Genossen Stalin. In der gesamten praktischen Arbeit wie auch in allen theoretischen Arbeiten des Genossen Stalin ist die ganze Erfahrung des Weltkampfes des Proletariats niedergelegt, der gesamte Inhaltsreichtum der marxistisch-leninistischen Theorie"[250]. Was hier am Beispiel der Philosophie nur angerissen wird, läßt sich im Bereich der Geschichtswissenschaft, der Musik, der Sprachwissenschaft etc. analog darstellen[251].

Theorie und Philosophie werden zur 'Magd' der Politik, wie Labica trefflich formuliert[252]. Damit ist der Charakter der stalinistischen Politik nicht im Auseinanderfallen von Theorie und Praxis[253], sondern im Primat der Praxis über die Theorie zu suchen. Einem Primat, das sich, gestützt auf die oben dargestellte Ontologisierung, auf

---

248) Vgl. Labica 1986 : 28 ff..
249) Vgl. Negt 1974, der die Kontroverse einleitend kommentiert.
250) Mitin 1933, zit. nach Labica 1986 : 48.
251) Vgl. Labica 1986 : 57 ff..
252) Vgl. Labica 1986 : 65 ff.. Meine Interpretation stützt sich in vielerlei Hinsicht auf dieses ausgezeichnete Buch, das den Entstehungsprozeß des 'Marxismus-Leninismus' nachzeichnet.
253) So aber z.B. Gente/Herrmann/Schulz 1970 : 26; Negt 1974 : 42. Diese Ansicht beruht meines Erachtens auf einem mythischen Praxisbegriff (Praxis als Motor des sich natürlich entwickelnden revolutionären Bewußtseins), den Lenin zu Recht in Frage gestellt hat. Vgl. zur Charakterisierung der Theorie als flexibles Begründungsmuster der jeweiligen Politik auch Schäfer 1994 : 155 ff..

das Wesen der gesellschaftlichen Realität selbst stützen konnte. Es ist deswegen falsch, den Stalinismus als eine bestimmte Theorie zu kritisieren, bestimmte konkrete Aussagen herauszugreifen und diese mit Lenins, Engels' oder Marx' Ansichten zu vergleichen. Der Stalinismus ist wandelbar und unangreifbar. Er gruppiert sich allein um eine Methode der Vindizierung des Interpretationsmonopols, genauer - da es ja gar keine Interpretation ist -: des Erkenntnismonopols bei der Partei bei gleichzeitigem Offenhalten für permanente Verschiebungen.

Somit sind die Gründe der politischen, theoretischen und auch physischen Liquidierung keine innertheoretischen. Nicht eine Theorie kämpft gegen die andere, sondern die Theorie wird zur 'Magd'. Stalin macht sich die verschiedenen Theoretisierungen zunutze. Gefordert ist eine opportunistische Wandlungsfähigkeit der Theoretiker, die ihre Theorie den Erfordernissen der sich verändernden Wirklichkeit, sprich: der aktuellen Parteilinie anzupassen haben. Nebenbei: Mitin beherrschte dies derart vorzüglich, daß er nicht nur einer der bedeutendsten stalinistischen Philosophen war, sondern zudem nach dem XXII. Parteitag der KPdSU einen der zentralen Aufsätze zur Kritik des Stalinismus verfassen konnte[254].

Obwohl Stalins 'Über dialektischen und historischen Materialismus' nichts anderes war als die versimplifizierte und gereinigte Zusammenfassung von Lenins 'Empiriokritizismus', unterfüttert mit vielen Zitaten von Marx und Engels, hatte sie das geleistet und zum Abschluß gebracht, was ihre Aufgabe war: Die Identifizierung von Philosophie, Partei und Wortführer. Die Kritik in der Philosophie wurde zur Kritik an der Partei, die den Staat verkörperte und durch den Wortführer repräsentiert wurde. In dieser Fusion der Begriffe und deren Unterordnung unter die Praxis hatte Stalin Lenin hinter dem Leninismus verschwinden lassen.

Die zentralen Aspekte dafür sind:
(1) Der historische Materialismus; die Naturgesetze der geschichtlichen Entwicklung: Sie verbürgen, daß die Geschichte selbst dem richtigen Ziel zusteuert. Daß die Kommunisten keine Politik, sondern Wissenschaft betreiben und der Kommunismus nicht einem besonderen Interesse, sondern dem Weltengang entspricht.
(2) Die materialistische Dialektik: Sie zeigt einerseits, daß es keine *ewige* Wahrheit und Gerechtigkeit gibt. Was gestern noch richtig war, kann heute falsch sein. Wenn also heute gegen die Positionen der 'Linksabweichler' mit den Rechten und morgen mit den Argumenten der liquidierten 'Linksabweichler' die Liquidation der 'Rechten'

---

254) Vgl. Labica 1986 : 89 f..

propagiert wird, so hat sich nicht die Position der Partei, sondern die Wirklichkeit selbst geändert. Denn wenn es auch keine ewige Wahrheit gibt, so gibt es doch immer eine (und nur eine!) historisch gerade adäquate Wahrheit.

(3) Die Komplexität der Angelegenheit; die Wissenschaft: Nicht etwa der platte Sensualismus, den die Spiegelmetapher nahelegt, wird gebraucht, sondern eine komplexe Wissenschaft. Nicht im Kopfe von Krethi und Plethi spiegelt sich die Dialektik der historischen Entwicklung adäquat wider, sondern allein bei den fortgeschrittensten Kennern der dialektischen Methode. Mithin bedarf es der institutionellen Absicherung der Erkenntnis. Die Partei besitzt, indem sie das Wissen akkumuliert, das natürliche Erkenntnismonopol. Die Partei ist so der einzig legitime "Generalaufseher der theoretischen Produktion" (Althusser), die ja nichts anderes als Erfassen des Wirklichen ist.

Doch, und das bleibt zu berücksichtigen, liegt eine Gefahr in der Trennung von Wissenschaft und Philosophie, genau wie eine Gefahr in der Identifizierung der beiden Bereiche liegt. Stalin, wenn er auch keinesfalls der legitime Erbe der Theorie Lenins ist, hat die Gefahren leninistischer, besser, nicht nur leninscher, Argumentationsmuster gezeigt, auch wenn er sie allesamt der Politik einer Partei untergeordnet hat und damit aus dem ursprünglichen Kontext entrissen hat. Dennoch ist eine bestimmte Linie leninscher Argumentationen, um noch einmal die Blochsche Formulierung aufzugreifen, durch Stalin bis zur Kenntlichkeit entstellt worden.

Lenin ging von einem Kampf in der Philosophie, sowohl innerhalb des materialistischen Lagers, als auch gegen die Idealisten aus, nicht von einer Offizialphilosophie - und schon gar nicht von einer in der Partei kanonisierten Offizialphilosophie. Deswegen 'vergaß' Stalin bei seiner Zusammenfassung von 'Materialismus und Empiriokritizismus', daß für Lenin die bolschewistischen Machisten, die er in der Sache heftigst kritisiert, noch Genossen sind[255]; deswegen 'vergaß' Stalin Sachverhalte, wie die leninsche Unterscheidung der 'Methode der Dialektik' und der 'Weltanschauung des Marxismus'[256]; oder die gegen Bogdanov gewendete Idee, daß das gesellschaftliche Sein und das gesellschaftliche Bewußtsein nicht identisch sind[257]; oder den Hinweis, daß die ökonomische und historische Theorie ihre Grundlage im philosophischen Materialismus habe[258]. Oder aber auch die mit Naturdialektik schwer zu verbindenden Thesen, daß der philosophische Materialismus der Materie keinerlei Eigenschaft, außer

---

255) Vgl. Lenin, Werke, Bd. 14 : 350 und 329.
256) Vgl. Lenin, Werke, Bd. 14 : 331.
257) Vgl. Lenin, Werke, Bd. 14 : 326.
258) Vgl. Lenin, Werke, Bd. 14 : 334.

der, außerhalb des Bewußtseins zu existieren, zuschreibt[259]; und daß man Materialist sein und nichtsdestotrotz in der Frage der Kriterien der Richtigkeit der Abbilder unterschiedliche Auffassungen vertreten könne[260]. Alles zu vernachlässigende Theoreme, wenn es um die Begründung des Führungsanspruches geht.

Doch das Wichtigste: die Frage der Differenz zwischen Lenin und Stalin darf nicht allein im Bereich der Theorie, sie muß vorrangig auch im Bereich der Praxis gestellt werden: Zu Lebzeiten von Lenin und auch noch in den ersten Jahren nach seinem Tod gibt es keine Offizialphilosophie; niemand ist verpflichtet, sich auf die Grundsätze von 'Materialismus und Empiriokritizismus' zu berufen. Gegner Lenins in der Partei werden von ihm mit harten Worten attackiert, jedoch weder politisch kaltgestellt, noch gar verhaftet oder ermordet. Selbst in dezidiert antibolschewistischen Publikationen heißt es: "In entscheidenden Fragen war er, wenn es nottat, kompromißlos hart gegenüber seinen Opponenten. ... Niemals war er rachsüchtig oder nachtragend. Über alte Meinungsverschiedenheiten sah er souverän hinweg - ohne sie jedoch, wie sein 'Testament' zeigt, zu vergessen. Kaum ein Kommunist, der mit ihm einmal die Klingen gekreuzt hatte und dabei unterlegen war, hegte ihm gegenüber Gefühle der Bitterkeit"[261]. Deutlich wird dies exemplarisch an Biographien der politischen Gegner Lenins in der Partei: Plechanow, der die Oktoberrevolution verurteilt und als Menschewik die Zustimmung zu den Kriegskrediten und die Unterstützung einer Burgfriedenspolitik mit dem Zar gefordert hatte, wird von Lenin, trotz bekannter Bedenken auch gegen die ökonomistische Philosophie Plechanows, noch 1921 zum Studium empfohlen. Bogdanow, dem Lenin so polemisch im 'Empiriokritizismus' entgegentrat, wird nicht nur nicht ausgeschaltet. Er interveniert mit immer neuen Büchern, von Lenin keineswegs umgestimmt, und ficht mit Lenin erneut 1918-20 um den Proletkult und hält noch 1925 einen Vortrag in der kommunistischen Akademie[262]. Lunartscharski, der als Protagonist einer Versöhnung des Marxismus mit der Religion ebenfalls Ziel heftiger Attacken Lenins ist, wird 1918 Volkskommissar für das Bildungswesen. Die Beispiele ließen sich vermehren[263]. Jedenfalls ist deutlich, wie absurd es ist, keinen Bruch mehr zwischen Lenin und Stalin zu sehen, wie dies mittlerweile selbst in der Linken Mode wird. Ein deutlicher Bruch also, der Kontinuitätslinien nicht auslöscht, sie aber im richtigen Licht erscheinen läßt.

---

259) Vgl. Lenin, Werke, Bd. 14 : 260.
260) Vgl. Lenin, Werke, Bd. 14 : 107.
261) Brahm 1972 : 20. Ebenso: Schäfer 1994 : 69 f. mit Verweis auf Kolakowski.
262) Vgl. insgesamt zu Bogdanow: Rabehl 1986 : 58 ff.; Labica 1986 : 61 f..
263) Vgl. Labica 1986 : 59 ff..

1.6.2. Die drei Kritiken am Stalinismus

Gemeinhin finden sich drei Erklärungen in der theoretischen Kritik des Stalinismus. Einerseits die des 'Personenkults', einer Erklärung, die man kaum als marxistisch betrachten kann[264] und die zudem folgende Funktion hat: Der Stalinismus wird zu einem Werk Stalins, eines Despoten. Er bleibt in dieser Erklärung nur eine Erscheinungsform, vielleicht sogar eine 'List der Vernunft', durch die hindurch das Allgemeine, das unangegriffen im Hintergrund verharrte, sich durchsetzen kann. Der Personenkult ist die parteioffizielle Erklärung, um eine Entstalinisierung voranzutreiben, die die philosophischen, theoretischen und praktischen Grundlagen des Stalinismus nicht in Frage stellt[265].

Zweite Kritik: Die Dialektik sei vernachlässigt worden. Dies ist die Trumpfkarte der stalinistischen, wie der post-stalinistischen Diskussion. Deborin kanzelt damit Lukács ab, Mitin sägt damit erfolgreich am Thron der Deborin-Gruppe. Mitin schreibt 1931 mit der "Sensibilität für Nuancen von Abweichungen und ... Instinkt für Häresien"[266], das der stalinistischen Orthodoxie zugesprochen werden kann, daß die Hegelsche Dialektik in gewisser Weise "einen Prüfstein" für jede revisionistische Abweichung und Aufgabe der marxistischen Philosophie darstelle[267]. Hegel plus Materialismus ist die Devise[268]. Die zentrale Funktion der Dialektik im Stalinismus haben wir oben hervorgehoben. Eine Funktion, die auch die post-stalinistische Nomenklatura nicht aufgeben wollte. So kann dann Mitin in seinem Entstalinisierungspamphlet behaupten, daß der zentrale Fehler der stalinschen Philosophie in einer Unterschätzung des Hegelschen Erbes zu suchen sei. Dem schließen sich Poststalinisten wie Garaudy gerne an. Nun kann hier die Funktion des Hegelianismus im Stalinismus nicht wirklich differenziert gewürdigt werden. Klar ist jedenfalls, daß es dem Marxismus-Leninismus

---

264) Vgl. zur Kritik daran: Schöttler 1978; Buci-Glucksmann 1976.
265) Vgl. Althusser 1976 : 16: "Warum dieses Schweigen, das zur Folge hat, daß die vorherrschende Version der marxistischen Philosophie verdeckt und perpetuiert wird? Weil nämlich die zutiefst konformistische und apologetische Version, die 'das Bestehende verklärt' und die ihre Vertreter in Generalaufseher der theoretischen Produktion verwandelt, nur zu gut den weiterbestehenden politischen Praktiken entgegen kommt, als daß diese auf ihre Dienste verzichten möchten: sie 'brauchen' sie."
266) Negt 1974 : 9 f..
267) Mitin 1974 : 349.
268) Vgl. die Resolution der Parteizelle des Instituts der Roten Professur für Philosophie und Naturwissenschaften in Moskau von 1930: Gegen den Vulgärmaterialismus der Mechanizisten heißt es dort, unter Verwendung eines Lenin-Zitates: "Hegel schlägt jedweden Materialismus, nur nicht den dialektischen" (vgl. Bucharin/Deborin 1974 : 320).

nicht an einer gewissen Hegelrezeption mangelte[269]: "Es gibt keinen Ausweg aus dem 'philosophischen' Stalinismus durch Rückwendung zu Hegel, weil der Stalinismus ... in seiner Substanz bereits ein Hegelianismus ist"[270]. Gewiß ein 'Hegelianismus für Arme' (Althusser), mit Verkürzungen und Entstellungen Hegels, aber eben kein Anti-Hegelianismus.

Dritte Kritik: Dem Marxismus-Leninismus fehle das Subjekt. Seine Integration in den theoretischen Korpus des Marxismus ist denn auch die Generalantwort vieler westlicher MarxistInnen auf den Ökonomismus und Stalinismus. Die Entdeckung des 'subjektiven Faktors', der vom Stalinismus vernachlässigt worden sei. In einer gewissen Weise ist dies richtig. Dem Stalinismus fehlt, wie dem Marxismus auch, eine *Theorie* des Subjekts. Das heißt nicht, daß Subjekte nicht anwesend wären, aber sie sind nur als Anhängsel der Naturdialektik anwesend. Ökonomismus und Humanismus schließen sich aber nicht aus, wie bislang am besten bei Rosa Luxemburg zu sehen war. Das erste Problem der humanistischen Kritik am Marxismus ist, diese Verbindung nicht zu bemerken. Das zweite ist, daß mit der humanistischen Kritik an die Stelle der Ökonomie die Bewußtseinsphilosophie gesetzt wird. Indem die Garantie der Befreiung aus der Natur und/oder der Geschichte in das Subjekt (genauer: in die Natur/ das Wesen des Subjekts) verlegt wird, das rebellische Subjekt mit mystischen Begriffen der Erfahrung, der Praxis, der Entfremdung etc. in eine subjektivistisch gefaßte Dialektik der Bewußtwerdung eingeschrieben wird, wird der Fehler des Objektivismus spiegelbildlich wiederholt.

1.7. Lenin's Erbe - Bruchstücke einer Subjekt- und Hegemonietheorie

Bleiben wir bei der Frage des Subjekts, bei der Frage des Subjekts bei Lenin allerdings und damit bei der Frage der Kämpfe. Hatte nicht Luxemburg, ganz im Gegensatz zu Negt, Lenin Subjektivismus vergeworfen? Ein scheinbar skurriler Vorwurf von der Frau, die in der Linken für Humanismus und Spontaneismus steht. Skurril aber nur, wenn man der These anhängt, Spontaneismus und Ökonomismus seien Gegensätze. Doch genau diese These hat Lenin bestritten und so erst das Feld für eine Theorie der Kämpfe im Marxismus eröffnet. Der Spontaneismus ist, so eine der Kernaussagen, die sich durch 'Was tun?' zieht, notwendige Ergänzung des Ökonomismus, er baut auf diesem auf. Um eine Theorie des Kampfes zu entwickeln, muß man mit beiden

---

269) Vgl. Labica 1986 : 72 f.: "Hegelianismus sans phrase"; Lefebvre, zit. nach ebd.: "Der Stalinismus hat die Hegelsche Philosophie verwirklicht."
270) Buci-Glucksmann 1976 : 181.

brechen. Man braucht eine positive Theorie der Ideologie und der Hegemonie. Beides entwickelt Lenin in Ansätzen, wenn auch durchaus widersprüchlich, wie oben dargestellt; und Lukács, Gramsci und Althusser werden zeigen, welch produktive Verschiebung Lenin damit in der marxistischen Theorie vornimmt.

Das gilt damit auch für eine Theorie des Subjekts. Indem Lenin das Klassenbewußtsein von der Klassenlage trennt; indem er ideologische Kämpfe beschreibt und Hegemonie einfordert, wird das Subjekt zu einem spezifisch gesellschaftlichen Wesen, das seine Identität nicht von selbst, sondern in den Kämpfen erlangt, an denen es beteiligt ist. Die vielgescholtene, von Kautsky übernommene Sentenz, nach der das Klassenbewußtsein nicht im ökonomischen Kampf naturwüchsig entsteht, sondern politisch in diesen hineingetragen werden muß, hat hier ihre Aktualität. Hier ist die offene Stelle, in der eine marxistische Theorie der Subjektivität ihren Ausgangspunkt haben müßte. Erst wenn Menschen nicht mehr automatisch das ihrer objektiven Lage entsprechende Bewußtsein haben und auch nicht Emanationen einer transzendentalen Subjektivität sind, bedarf es dieser Theorie.

Doch sie wird von Lenin nicht entwickelt. Indem er die marxistische Wissenschaft von der Ideologie, als die sie im Klassenkampf funktioniert und Effekte erzielt, trennt, ist das Bewußtsein der Führer der Arbeiterklasse selbst wissenschaftlich. Diese Position muß damit das 'Außen' des ideologischen Kampfes, aus dem das Wissen, die Wissenschaft, in den Klassenkampf hineingetragen wird, nur konstatieren, nicht aber analysieren. Obwohl Lenin später den Kampf in der Philosophie und in der Wissenschaft selbst analysiert, rettet er sich vor der Infragestellung der Garantie des realen Außen durch die Garantien der Dialektik, der absoluten Wahrheit und des Weges zu ihr. Wer aber die Erziehung der Menschen verändern will, darf nicht vergessen, daß der Erzieher selbst erzogen werden muß. Diese Polemik von Marx gegen Feuerbach[271] kann, anders als bei Marx selbst, nicht mit dem Verweis auf das Zusammenfallen von Veränderung und Erziehung in revolutionärer Praxis, aber eben auch nicht durch den Verweis auf die Wissenschaft gelöst werden. Nicht in der Leugnung des Klassenbewußtseinsessentialismus, sondern in der Konstruktion der Wahrheit jenseits der Kämpfe, die von einem neutralen Ort hineingetragen wird, hat die Leninsche Theorie eine ungelöste Problematik.

So ist denn der Vorwurf des Subjektivismus ein Stück weit, jenseits des Zusammenhangs, in den Luxemburg ihn stellte, berechtigt: Wenn Lenin nämlich nach der

---

271) Marx MEW 3 : 5 f. (3. These über Feuerbach).

Oktoberrevolution Probleme des Aufbaus des Sozialismus thematisiert, so verwendet er regelmäßig zwar den Kulturbegriff in einer Weise, die sofort an Gramsci denken läßt. So wenn er erklärt: "Die ganze Schwere der russischen Revolution besteht darin, daß es für die russische revolutionäre Arbeiterklasse bedeutend leichter war als für die westeuropäische Arbeiterklasse, die Revolution zu beginnen, daß es für uns aber schwerer ist, sie fortzusetzen. Dort, in den westeuropäischen Ländern, ist es schwieriger, die Revolution zu beginnen, weil sich dort der hohe Stand der Kultur gegen das revolutionäre Proletariat auswirkt und die Arbeiterklasse sich in Kultursklaverei befindet"[272]. In der Sowjetunion aber fehle die Kultur, auf der die Arbeiterklasse aufbauen könne. Genau dies wird auch später Gramsci erklären: im Westen ist der Staat gerade dadurch stark, daß es eine Hegemonie der Bourgeoisie auch über die Kultur der Arbeiterklasse gibt. Hinter den Schützengräben des Staates liegen die Kasematten dessen, was Gramsci 'Zivilgesellschaft' nennen wird.

Insoweit greift also Lenin das Thema der Hegemonie erneut auf und wendet es gegen ökonomistische Erklärungen, die allein in der revolutionären Umgestaltung der Produktionsverhältnisse die Revolution als gesichert ansehen. Anders aber als Gramsci verwendet er 'Kultur' in einem eher klassischen Sinne und trennt sie weitgehend von einer institutionellen Absicherung. So wird die Frage der Hebung der Kultur zu einer Frage der Auswahl der richtigen Parteiführer: "Wir sind an einem Punkt angelangt, wo es hauptsächlich auf die Menschen ankommt, auf die Auswahl der Menschen ankommt"[273].

Mehr und mehr verschwinden theoretische und institutionelle Probleme hinter dieser subjektivistischen These. Als zentralen Ansatzpunkt zur Lösung aller Probleme sieht Lenin nur die vorbildliche Funktion der Parteielite, die dem Land Kultur bringen soll[274]. Obwohl er der Erfinder einer Theorie der Arbeiteraristokratie ist und, wie insbesondere trotzkistische Autoren betonen[275], scharfer Kritiker der zunehmenden Verbürokratisierung des Apparates ist[276], glaubt er, allein in der Auswahl der richtigen Personen die Antwort zu finden. So ist denn das 'politische Testament'[277], das Lenin in einem Brief an den Parteitag Ende 1922/Anfang 1923 verfaßt, Ausdruck einer Reduktion von Politik auf die Einschätzung der Charaktereigenschaften von Persön-

---

272) Lenin, Werke, Bd. 27 : 464.
273) Lenin AW, Bd. VI : 559 f..
274) So auch die These von Schäfer 1994 : 77.
275) Vgl. Schäfer 1994; Moneta o.J..
276) Vgl. die von Hillmann 1970 herausgegebene Textsammlung.
277) Vgl. Lenin AW, Bd. VI : 639 ff.. Die folgenden Zitate sind diesem Brief an den Parteitag entnommen.

lichkeiten. Trotzki sei "persönlich der wohl fähigste Mann im gegenwärtigen ZK", besitze aber ein "Übermaß von Selbstbewußtsein"; während Stalin es nicht verstehe, von der großen Macht, die er als Generalsekretär hat, "vorsichtig genug Gebrauch zu machen". Bucharin und Pjatakow seien die "hervorragendsten Kräfte (unter den jüngsten Kräften)" usw.. Stalin "ist zu grob". Er solle, so Lenin, durch einen Genossen abgelöst werden, "der sich in jeder Hinsicht vom Gen. Stalin nur durch *einen* Vorzug unterscheidet, nämlich dadurch, daß er toleranter, loyaler, höflicher und den Genossen gegenüber aufmerksamer, weniger launenhaft usw. ist". Dabei hat Lenin, wie er betont, allein die Gefahr der Spaltung der Partei im Auge. Doch während er vom Krankenbett aus Noten verteilt, hat Stalin die Macht schon längst an sich gezogen. Und obwohl Lenin einen so großen Wert auf die persönlichen Eigenschaften der Mitglieder des ZK legt, macht er sich keine nennenswerten Gedanken, wie diese Einschätzung institutionalisiert werden oder Machtmißbrauch begrenzt werden könnte. So als gebe es immer jemanden, der "von außen" die Redlichkeit und Klugheit der Führer der KP prüft und damit Gefahren abwendet. Hier liegt der Subjektivismus Lenins und wenig erscheint falscher, als Lenin eine Unterschätzung des Subjekts vorzuwerfen.

Resümierend bleibt für die Frage nach dem Ort des Politischen aber festzuhalten: Erst durch Lenin ist es innerhalb des Marxismus klar geworden, daß eine Theorie der Praxis, der Politik, der Funktion der Ideologie etc. fehlt. Erst durch seine tatsächliche Praxis ist deutlich geworden, daß die Kritik der politischen Ökonomie allein für eine marxistische Theorie des Kampfes nicht hinreicht. Erst durch die 'wilde' Praxis Lenins ist die kritische Hinterfragung der marxistischen Behauptung eines 'Primats der Praxis' bei gleichzeitiger Verdrängung der Praxis als *theoretischem* Problem präsent geworden. Lenins spezifische Situation führt zur Infragestellung ökonomistischer Gewißheiten und eröffnet das Terrain für eine Theorie des Kampfes im Marxismus: die Burgfriedenspolitik der II. Internationale, der Sieg der Revolution in einem nicht durchkapitalisierten Land, das Ausbleiben der Revolution in den fortgeschrittensten kapitalistischen Ländern etc.. Ein Marxismus, der eine Praxis will, der kämpfen will - im eigentlichen Sinn des Wortes - bewegt sich damit weg von gesicherten Wahrheiten. Er öffnet sich. Diesen Spannungsbogen zwischen orthodoxen Gewißheiten und politisch kontingenter Praxis repräsentiert Lenin. Und aus dieser Spannung heraus entwickelt er neue Begriffe oder alte Begriffe neu: den der Hegemonie, den des Imperialismus, den des ideologischen Kampfes und den der Revolution. Das Werk von Lenin ist der Steinbruch, der den Stoff für einen neuen Marxismus enthält.

2. Georg Lukács - oder: das Proletariat als Weltgeist

Ohne Übertreibung kann gesagt werden, daß Georg Lukács die leninsche Frage nach der Praxis aufnimmt. Nicht exakt in der hier entwickelten Fragestellung, auch nicht exakt im leninschen Sinne, sondern in einer spezifischen Modifikation, die das Werk von Lukács bestimmen wird. Er selbst sagt: "wir kannten kaum Lenins Theorie der Revolution"[1]; was richtig und falsch zugleich ist. Lukács bezieht sich immer wieder direkt und indirekt auf Lenin. Sein zentraler Text 'Die Verdinglichung und das Bewußtsein des Proletariats' im hier zur Rede stehenden Buch, dem wichtigsten und einflußreichsten von Georg Lukács[2] - 'Geschichte und Klassenbewußtsein', weist folgende Anmerkung auf: "Es ist Lenins Verdienst, diese Seite des Marxismus, die den Weg zum Bewußtwerden seines *praktischen* Kerns weist, wieder entdeckt zu haben. ... seine 'Realpolitik' bedeut[et] eben das Aktuell- und Praktischwerden der Feuerbach-Thesen des jungen Marx"[3].

Doch wäre dieser Hinweis allein zu wenig. Immer wieder, und das wird der Text in seinem Fortgang dokumentieren, tauchen in der Theoretisierung Lukács' Ideen auf, deren Vordenker Lenin ist. Auf mehreren Ebenen begründet Lenin die Problematik, in der Lukács denkt und in dieser theoretischen Nachfolge sieht er sich auch. Im Vorwort zur Erstausgabe (1922) schreibt er seinem Buch auch die Funktion zu, "eindringlich daran [zu] erinnern, was der *Theoretiker* Lenin für die Entwicklung des Marxismus bedeutet. Seine überragende Wucht als Politiker verdeckt heute für viele diese seine Rolle als Theoretiker"[4]. Doch heißt das nicht, daß in Georg Lukács ein Jünger Lenins zu finden ist. Der richtige Teil der von Lukács zitierten Aussage bezüglich der Un-kenntnis Lenins ist, daß er Lenin wirklich nicht in seiner Gänze adaptiert hat, wiewohl er einige Aspekte der leninschen Theorie bereits 1922 dort ziemlich orthodox weiter-

---

1) Lukács 1971 : 9.
2) Die erste Phase der Rezeption, direkt nach dem Erscheinen, führt zu wütenden Angriffen von Sei-ten der deutschen Sozialdemokratie (Kautsky) ebenso wie von Seiten der Bolschewiki (namentlich u.a. durch Sinowjew und Deborin). Andererseits repräsentierte das Buch eine 'linke' Kritik an Leninismus und Sozialdemokratie, die viele Anhänger fand (Korsch u.a.). Vgl. Merleau-Ponty 1974 : 73 ff., der selbst in den Fußstapfen von Lukács argumentiert. Eine Renaissance erlebte das Buch in der Studentenbewegung von 1968. Es stand hier für eine linke Kritik am Stalinismus, für eine Einbeziehung des 'subjektiven Faktors' in die marxistische Theorie. Vgl. Schmidt 1980 : 39 f. und Dutschke 1980, durch dessen Aufsätze sich der affirmative Bezug auf Lukács als roter Faden zieht. Krahl, der Theoretiker des SDS, faßt dies treffend zusammen: "Die Aktualität von Lukács''Geschichte und Klassenbewußtsein' auch für die Rezeption der politischen Protestbe-wegungen in Westeuropa liegt in der durch die 2. Internationale verschütteten emanzipativen Sub-jektivitätsdimension im Marxismus" (1985 : 200).
3) Lukács 1971 : 339 (FN.).
4) Lukács 1971 : 50.

entwickelt, wo sie die linksradikal-hegelianische Perspektive erweitern. Dies gilt ins-besondere für Lenins Parteitheorie, die Lukács mit teils guten Argumenten gegen Rosa Luxemburgs Kritik[5] verteidigt, was aber letztendlich zu einer spekulativen Hyposta-sierung der Partei führt[6], die bei Lenin zwar angelegt ist, ihm in dieser Zuspitzung aber fremd bleibt. Mit Krahl läßt diese sich so zusammenfassen: "Die Zentrale ist eine kommunistische volonté générale, der der Weltgeist gleichsam innewohnt"[7].

Die Benutzung des Begriffes 'Weltgeist' verweist auf eine Nähe von Lukács zu Hegel, die dazu führen, daß er als der Erfinder des Hegelmarxismus bezeichnet wird[8]. Fast genauso wichtig aber ist seine Nähe zu Max Weber und Georg Simmel. 'Geschichte und Klassenbewußtsein' läßt sich als eine, auf dem Gebiet des Marxismus völlig neu-artige, doppelte Synthese lesen: "Es ist die Synthese zweier Synthesen: zunächst von Hegel und Marx, dann von Weber und Marx, schließlich auf der zweiten Stufe die geniale werttheoretische Integration des auf Stufe 1 entstandenen Hegelmarxismus mit dem Webermarxismus"[9]. Man muß die übertrieben euphorische Einschätzung als 'genial' keineswegs teilen, um zu sehen, daß diese spezifische Verbindung jedenfalls zentral die Fragestellungen des philosophischen 'westlichen Marxismus'[10] nach Zusammenbruch der II. Internationale prägte[11].

Gerade das Übergewicht dessen, was gemeinhin in der marxistischen Tradition nur als 'Idealismus' zur Kenntnis genommen wurde, machte das Buch, so Lukács' Selbstein-

---

5) Darauf haben wir oben, Teil II, Kap. 1.3.2., bereits hingewiesen. Wichtig ist, daß Lukács diese Kritik auf dem Hintergrund seiner prinzipiellen Hochachtung für Luxemburg formuliert, von der er im Vorwort sagt, daß sie die einizige Schülerin von Marx gewesen sei, die diesen wirklich weiter-geführt habe, so daß die kritische Auseinandersetzung mit ihrem Lebenswerk unbedingte Voraus-setzung für eine kommunistisch-revolutionäre "Einstellung" sei (Lukács 1971 : 50).
6) Vgl. 'Methodisches zur Organisationsfrage', in: Lukács 1971 : 452 ff..
7) Krahl 1985 : 203, der dies die Dialektik in der antizipierten Stalinismuskritik durch Lukács nennt, die letztlich die spekulative Begründung des Satzes 'Die Partei hat immer recht' darstelle.
8) Brunkhorst 1988 : 243.
9) Brunkhorst 1988 : 243.
10) Man muß diesen Begriff mit Vorsicht genießen. Denn die Gegenüberstellung von 'westlichem' und 'östlichem' Marxismus konnotiert rassistische Vorurteile: aufgeklärt vs. dogmatisch; modern vs. altbacken, humanistisch vs. terroristisch, europäisch vs. asiatisch etc.. Sie ist zudem das Spiegelbild der Orthodoxie, die den Begriff erfand (vgl. Merleau-Ponty 1974 : 73), um klare Trennlinien ziehen zu können. War er bei dieser Schimpfwort für einen aseptischen, praxisfernen Bourgeois-Marxismus, so konnotiert er nun umgekehrt Offenheit und Fortschrittlichkeit gegen den Parteikommunismus. Er führt damit ein klassisches rassistisches Schema (Abendland vs. Morgenland) in die Theorie des Marxismus ein. Merleau-Ponty übrigens beteiligt sich an diesem Spiel, um Lukács und Lenin als theoretische Antipoden aufbauen zu können, was zumindest dem Selbstbild von Lukács keineswegs entsprach.
11) Darin stimmen Anhänger der Theorie von Lukács mit deren Gegnern überein. Vgl. exemplarisch: Brunkhorst 1988 : 243; Merleau-Ponty 1974 : 11; Nemitz 1986 : 39; McDonough 1978 : 33; Eagleton 1993 : 118; Ritsert 1977 : 89; Balibar 1995 : 69.

schätzung, zu einem derart zentralen Text innerhalb und am Rande der marxistischen Bewegung[12]. Obwohl Lukács diesen Text später selbst aufgeben und als 'geistig überholt'[13] ansehen wird, ist es ein historisch bedeutendes Dokument, welches auf die spezifischen theoretischen Fragestellungen und Probleme der kommunistischen Bewegung reagiert. So gilt Lukács' theoretische Anstrengung der Zurückdrängung des Revisionismus[14]. Die Instrumente dieses antirevisionistischen Kampfes lagen aber für Lukács nicht bei Marx dahingehend bereit, daß ein Kampf der Zitate um den wahren Marxismus eröffnet werden konnte. Vielmehr erfolgt seine Intervention mit der Begründung einer Problematik, die er in Marx liest: mit Hilfe von Hegel, der Dialektik und der Diesseitigkeit, der Praxis[15].

Sein von verschiedenen Idealismen geprägtes Denken[16], kombiniert mit einem Marxismus, der sich auf der Grundlage eines ökonomisch fundierten und determinierten Geschichtsablaufs entfaltet und gleichzeitig Elemente des leninschen Denkens aufgenommen hat[17], beantwortet die so nie an ihn gestellte Frage, die Frage nach der theoretischen Anbindung der Praxis. Die durch Lukács selbst thematisierte Ausgangsfrage ist paradigmatisch. Sie prägte schon die Maulwurfsarbeit Lenins am klassischen Marxismus, und sie wird noch weitere TheoretikerInnen des Kampfes - wie z.B. Gramsci - in noch zunehmendem Maße beschäftigen. Sie resultiert aus der Niederlage der Weltrevolution, dem Sieg einerseits gerade in, aber auch nur in Rußland (beides Aspekte wider das Verdikt des Sieges in den fortgeschrittensten kapitalistischen Ländern). Sie resultiert aus dem Nationalismus und Chauvinismus, der sich selbst als revolutionär bezeichnende Parteien zu Vaterlandsverteidigern, und nach dem Krieg zu den engagiertesten Protagonisten bürgerlich-kapitalistischer Verhältnisse werden ließ.

Diese Krise klassischer marxistischer Geschichtsphilosophie beantwortet Lukács auf mehreren Ebenen. Einerseits durch eine Umdefinition, eine Historisierung des Marxismus. Der Marxismus, so Lukács in seinem berühmten Aufsatz 'Was ist orthodoxer Marxismus?', gibt keine überhistorischen Antworten und Resultate, er gibt

---

12) Lukács verweist hier bespielsweise auf L. Goldmann und J. Sartre.
13) Vgl. Lukács 1971 : 44.
14) Vgl. Lukács 1971 : 40 und 21. Namentlich bezieht er sich insoweit auf Bernstein und Kautsky.
15) Vgl. Lukács 1971 : 5 ff. und 40.
16) Vgl. Lichtheim 1971 : 32 : "In Wahrheit verhält es sich so, daß in den Jahren vor dem Ausbruch des Ersten Weltkriegs Lukács zwischen dem Neukantianismus eines Lask, dem Neugelianismus Diltheys, dem religiösen Irrationalismus Kierkegaardscher Prägung und dem Ästhetizismus des Kreises um George und Gundolf hin- und hergerissen war; sein politisches Denken wurde von dem Einfluß Sorels bestimmt, der damals in philosophischer Hinsicht ein Anhänger Bergsons war."
17) Vgl. beispielsweise Lukács 1971 : 105.

nur eine Methode zur Erforschung der Welt. Marx kann deswegen nicht scholastisch gelesen, wie ein heiliges Buch ausgelegt, er muß angewandt werden. Wenn also die neuere Forschung dahin käme, die Unrichtigkeit aller einzelnen Aussagen von Marx nachzuweisen, so sei es für den ernsthaften orthodoxen Marxisten kein Problem, alle diese Resultate anzuerkennen, alle einzelnen Thesen von Marx zu verwerfen, "ohne für eine Minute seine marxistische Orthodoxie aufgeben zu müssen"[18]. Denn die Orthodoxie bezieht sich allein auf die Methode des dialektischen Materialismus. Damit ist der Marxismus gleichsam durch die Widerlegung seiner Prognosen hindurch gerettet. Nicht Marx hat sich geirrt, sondern die Wirklichkeit hat sich in einer Weise verändert, die Marx noch nicht erkennen konnte, zu deren Erkenntnis er aber die Instrumente geliefert hat. In gewisser Hinsicht gleicht diese Erklärung derjenigen Lenins, mit der dieser das besondere Stadium des Imperialismus und dessen Gesetzmäßigkeiten in die marxistische Theorie einführt. Zudem sind damit die Dialektik und die Erkenntnis der Totalität als einzige Wesensmerkmale des Marxismus festgehalten. Somit ist aber die Geschichtsphilosophie von Marx zwar relativiert und flexibilisiert, aber aufgehoben in der Notwendigkeit der Geschichtsphilosophie überhaupt.

Eine zweite Antwort auf die genannten Momente der Krise besteht in einer neuen Fragestellung, die ebenfalls erst mit Lenins 'Was tun?' im Feld des Marxismus eingeführt wurde: die Frage nach der Wirkungsmächtigkeit ideologischer Strukturen, die Frage des ideologischen Kampfes, die Frage nach den Gründen für die relative Stabilität kapitalistischer Regime[19]. Diese so gestellte Frage weist bereits auf eine Transformation hin. Das enge Verhältnis von Ideologie und Ökonomie ist gedanklich bereits aufgelöst. Die Ideologie bekommt eine Funktion. Die Fragestellung entwickelt sich als Reaktion auf den Ökonomismus der II. Internationale und die sich daran anschließenden theoretischen Debatten und praktischen Erfolge - russische Revolution, III. Internationale - und die Mißerfolge im Westen.

Der theoretische Rahmen des Lukácsschen Werks eröffnet sich bereits über den Titel. 'Geschichte und Klassen*bewußtsein*' ist Programm. Er signalisiert, daß der Klassenkampf, die Praxis des Marxismus in eine Sphäre transferiert werden soll, die für klassische MarxistInnen, aber auch, in dieser Zuspitzung und Konsequenz, für Lenin ungewöhnlich ist. Nicht die Ökonomie, oder nicht die Ökonomie allein bestimmen den

---

18) Lukács 1971 : 58.
19) Vgl. dazu Nemitz 1986 : 42 ff..

geschichtlichen Verlauf, sondern dem Bewußtsein gebührt der zentrale geschichts-determinierende Platz, könnte als Leitmotiv hinter diesem Titel stehen.

Für Lukács war klar, daß der Zusammenbruch des Kapitalismus kommen werde - er bezog sich hier, wie bereits erwähnt, auf die ökonomietheoretischen Arbeiten von Luxemburg - dennoch war für ihn dieser notwendige Prozeß *zeitlich* weit offener; und die Frage Sozialismus oder Barbarei war somit nicht von der nach der bewußten Intervention des Proletariats zu trennen[20]. Lukács nimmt die bekannte Dichotomie der Klasse an sich und der Klasse für sich auf und gibt ihr einen Stellenwert, die sie bei Marx[21] keineswegs hatte[22], und deren Anwesenheit im Bewußtsein des westlichen Marxismus eher auf den Einfluß des Lukácsschen Blicks, denn des Marxschen Werks zurückzuführen ist. Bei Lukács nämlich wird die Klasse für sich - genauer: das Bewußtsein der Klasse für sich, das Klassenbewußtsein - zur zentralen Bedingung der Überwindung des Kapitalismus: "Solange dieses Bewußtsein nicht da ist, bleibt die Krise permanent, kehrt zu ihrem Ausgangspunkte zurück, wiederholt die Situation, bis endlich nach unendlichen Leiden, nach schrecklichen Umwegen der Anschauungs-unterricht der Geschichte den Bewußtseinsprozeß im Proletariat vollendet und ihm damit die Führung der Geschichte in die Hände gibt. Das Proletariat hat aber hier keine Wahl. Es muß, wie Marx sagt, nicht nur 'gegenüber dem Kapital', sondern auch 'für sich selbst' zur Klasse werden; d.h., die ökonomische Notwendigkeit seines Klassen-kampfes zum bewußten Wollen, zum wirksamen Klassenbewußtsein erheben"[23]. Damit entzerrt Lukács den Konnex von ökonomischem Stand und politisch-ideologischem Ausdruck und gibt dem ideologischen Faktor eine neue zentrale Bedeutung. Zudem bekommt dieser eine eigene, relativ autonome Geschichte. Die Revolution, so sicher auch ihr Eintritt - in the long run - ist, kann nicht gedacht werden ohne den politisch-

---

20) Vgl. Lukács 1971 : 452 ff.. In diesem, wie bereits angedeutet, sehr ambivalenten Text vom September 1922 erkennt Lukács implizit, daß sein positiver Bezug auf Luxemburgs Theorie der Kämpfe in einem Aufsatz vom Januar 1921 (vgl. insb. ebd. : 114 f.) so nicht haltbar ist. Zwischen beiden Texten liegt die Veröffentlichung von Luxemburgs Kritik der russischen Revolution, die ihm verdeutlicht, daß die Theorie der Partei, die er Luxemburg angedichtet hatte, jedenfalls nicht die ihre war.

21) Lukács verweist mit dem nachfolgenden Zitat auf 'Das Elend der Philosophie', Marx MEW 4 : 180 f.: "Die Herrschaft des Kapitals hat für diese Masse eine gemeinsame Situation, gemeinsame Interessen geschaffen. So ist diese Masse bereits eine Klasse gegenüber dem Kapital, aber noch nicht für sich selbst."

22) Vgl. Balibar 1986 : 615 ff., der betont, daß der Begriff der Klasse keineswegs eine marxistische Erfindung sei, und daran erinnert, daß die Aussagen von Marx dazu eher spärlich sind. Bekann-termaßen bricht das Manuskript von Marx im III. Band des 'Kapital' gerade im "Die Klassen" betitelten 52. Kapitel nach gerade eineinhalb Seiten Text ab (vgl.: MEW 25 : 892 f.). Das 'Kapital' könnte man also, wohlwollend, wie folgt charakterisieren: "2500 Seiten über den Klas-senkampf, ohne die Klassen definiert zu haben!" (Balibar 1986 : 620).

23) Lukács 1971 : 163.

ideologischen Kampf; und dieser Kampf hat eine Dynamik, die sich auf die Entwicklung der Ökonomie keinesfalls reduzieren läßt.

Lukács expliziert diese Nicht-Reduzierbarkeit des Ideologischen auf das Ökonomische einerseits in Form der Kritik an Rosa Luxemburg, zum anderen an der Feststellung, daß die Herrschaft von Minderheiten - auch gegen die ökonomische Situation - durch ideologische Herrschaft ermöglicht werden könne. Dies gilt sowohl für die Bourgeoisie, wie für das Proletariat, da - so seine Annahme - Bourgeoisie und Proletariat die einzigen Klassen sind, die "bewußtseinfähig"[24] seien. Die Ideologie versetzt sie in die Lage, Gesellschaft nach ihren Vorstellungen zu gestalten[25]. Hier fließt der Leninsche Ideologiebegriff ein, der positive Ideologiebegriff. Positiv wieder in einem doppelten Sinne, nämlich einerseits funktional, i.S. von wirkungsmächtig, und andererseits normativ i.S. von bewußter Zielsetzung der Klasse. Insoweit transzendiert auch Lukács den negativen Ideologiebegriff des klassischen Marxismus. Herrschaft ist auch und gerade ideologische Herrschaft, Befreiung nur mittels proletarischer Klassenideologie möglich. Die ideologische Herrschaft kann durch die Herrschaft über die ideologisch ungefestigten Zwischenschichten erreicht oder gefestigt werden[26]. Somit kann ein Ergebnis des ideologischen Kampfes der Zugewinn an Mitstreitern sein. Soweit der Rahmen. Er könnte problemlos in 'Was tun?' transferiert werden, doch das würde die Spezifika verdecken[27].

2.1. Falsches Bewußtsein oder positiver Ideologiebegriff

Wie bereits deutlich geworden, leistet Lukács den begrifflichen Zugang zu einer nichtökonomistischen Erklärung von Kämpfen im Marxismus über das Wort 'Ideologie'. Doch er verwendet das Wort in widersprüchlicher Konnotation. Obwohl es dafür steht, die Praxis des Klassenkampfes, der darauf zielt, das Bewußtsein für die Revolution zu schaffen, thematisieren zu können, bleibt es seltsam praxisfern. Lukács bettet diesen Begriff von Anbeginn in ein theoretisches Konzept, das den Kampf, die Praxis theoretisch einbindet. Er realisiert erst im Nachhinein den Unterschied zum

---

24) Lukács 1971 : 470.
25) Vgl. exemplarisch Lukács 1971 : 138 oder 463 ff..
26) Vgl. Lukács 1971 : 466, 469, 472 und 474.
27) Vgl. Nemitz 1986 : 44. Lukács schreibt im Vorwort von 1967 selbstkritisch, daß er nur zur Formulierung eines 'zugerechneten' Klassenbewußtseins gelangen konnte. "Gemeint habe ich das, was Lenin in 'Was tun?' so bezeichnet, daß im Gegensatz zum spontan entstehenden tradeunionistischen Bewußtsein, das sozialistische Klassenbewußtsein an die Arbeiter 'von außen'... herangetragen wird" (Lukács 1971 : 18).

leninschen Begriff der Praxis. "Was also bei mir der subjektiven Intention nach, bei Lenin als Ergebnis der echt marxistischen Analyse einer praktischen Bewegung innerhalb der Totalität der Gesellschaft war, wurde in meiner Darstellung ein rein geistiges Resultat und damit etwas wesentlich Kontemplatives"[28]. Hier soll vorerst nicht diskutiert werden, ob die von Lukács so vorgenommene Entgegensetzung zwischen seiner Praxis und derjenigen Lenins so zutrifft, ob nicht jede 'Praxis' auf ihre Weise eine Intervention in eine bestimmte gesellschaftliche Situation ist. Auch soll das zweite Moment, das bei dieser Selbstbezichtigung eine Rolle spielt, der von Lukács gegen sich selbst gerichtete Vorwurf des Idealimus, hier nicht von Bedeutung sein. Wichtig ist nur, das Lukács sein Projekt selbst als ein theoretisches begriffen hat.

Doch vorerst zum Begriff des Ideologischen selbst. Wenn Lukács also von Lenin den positiven Ideologiebegriff durchaus übernimmt, so ist diese Übernahme widersprüchlich. Denn die klassische marxistische Verwendung, nach der Ideologie als ein von der materiellen Basis gelöstes Gedankenkonstrukt bestimmt wird, findet sich bei Lukács ebenso. So ist das Kleinbürgertum, wie wir wissen, ja keine 'bewußtseinsfähige' Klasse. Es repräsentiert eine Übergangsklasse, die sich mal auf diese, mal auf jene Seite der Barrikade stellt und kämpft, aber immer "unbewußt". Da es keine echte Klasse ist, kann es auch keine wirkliche positive Ideologie haben. "Seine eigenen Ziele, die eben ausschließlich in seinem Bewußtsein existieren, müssen dabei immer ausgehöhltere, vom gesellschaftlichen Handeln immer losgelöstere, rein 'ideologische' Formen werden"[29]. Die Verwendung des Begriffs entspricht hier weitgehend jener der 'Deutschen Ideologie'. Ideologie ist ein Gedankenkonstrukt, fern gesellschaftlicher Praxis. Doch diese 'negative' Verwendung ist mit der positiven auf eine erstaunliche Weise amalgamiert. Beispielsweise, wenn Lukács den "Marx-Epigonen" vorwirft, sie hätten die "Fähigkeit verloren ..., die geschichtlichen Ereignisse mit ihren rein ideologischen Konstruktionen zu treffen"[30]. Denn obwohl die Ineinssetzung von 'ideologisch' und 'Konstruktion' eher an das Bild des puren Scheins gemahnt, ist doch auch schon ein zweites Moment darin enthalten. 'Eine Fähigkeit zu verlieren' entweicht terminologisch dem Determinismus; und so nimmt Lukács diese Aussage auf, um die klare Trennung von Ökonomie und Ideologie zu kritisieren. Für beide, die Vulgärökonomen und die absoluten Idealisten gelte, daß sie die Totalität der Gesell-

---

28) Lukács 1971 : 18 f..
29) Lukács 1971 : 140.
30) Lukács 1971 : 104.

schaft nicht begreifen könnten, da sie Ideologie und Ökonomie nicht als Teil gesellschaftlicher Totalität begriffen[31].

Doch sagt diese Kritik noch nichts über eine Option, Ideologie oder Ökonomie neu zu fassen. Dies versucht Lukács, indem er, die Dichtomie verlassend, einen erweiterten Begriff der Ökonomie installiert. Erweitert gerade im Verhältnis zu jenem technokratischen Ökonomiebegriff, der das Denken der II. Internationale prägt. Ein Ökonomiebegriff, der diese als einen 'objektiven' Prozeß jenseits intersubjektiver Beziehungen und gesellschaftlicher Wahrnehmung thematisiert[32]. Denn nicht die Vorherrschaft der Ökonomie zu behaupten, sondern das Moment der Totalität unterscheidet für Lukács bürgerliche von marxistischer Wissenschaft[33]. Gegen den Idealismus, wie den Vulgärmaterialismus verteidigt er einen Ökonomiebegriff, der "sowohl den Zusammenhang der sogenannten 'ideologischen' Formen der Gesellschaft mit ihrer ökonomischen Grundlage, wie die Ökonomie selbst als Totalität, als gesellschaftliche Wirklichkeit zu begreifen"[34] ermöglicht. Hier wird die Ökonomie in einer modifizierten, erweiterten Form wieder zum bestimmenden gesellschaftlichen Moment, indem die ideologischen Formen Teil der ökonomischen Totalität werden. Gleichzeitig verwendet Lukács den Ideologiebegriff in doppelter Einschränkung ('sogenannt' und durch Verwendung von Anführungsstrichen). Der Begriff der Ideologie beschreibt einen Schein, der verhindert, daß ein objektiv bestehender gesellschaftlicher Zustand erkannt wird. Indem der Begriff aber einen Schein beschreibt, beschreibt er eine objektive Funktion dieses Scheins. Ideologie synthetisiert beispielsweise eine bereits objektiv nicht mehr vorhandene Klasse auf ideologischer Ebene: "Der Stand kann ökonomisch bereits gänzlich zerfallen sein, seine Angehörigen können *ökonomisch bereits verschiedenen Klassen angehören*, aber er bewahrt dennoch diesen (objektiv irreellen) ideologischen Zusammenhalt"[35]. Der Ideologiebegriff verweist also auf ein Nichts, daß historisch aber Effekte produzieren kann.

---

31) Nemitz kommt zu dem Schluß, das Ideologie hier - trotz des kritischen Potentials - in der klassischen Basis/Überbaulogik gedacht wird, was die Annahme der Äußerlichkeit beider Instanzen impliziert - modifiziert dadurch, daß Ideologie zum einen nicht mehr als reflexiver Ausdruck der Basis begriffen wird. Und zweitens durch eine Analyse, die Teile immer nur als Teile einer gesellschaftlichen Totalität begreifen kann. Vgl. Nemitz 1986 : 44.
32) Vgl. zum Ökonomiebegriff der II. Internationale: Colletti 1971 : 27 ff..
33) Lukács 1971 : 94.
34) Lukács 1971 : 104. Oder an anderer Stelle (Lukács 1971 : 71): "Denn der Ausspruch von Marx: 'die Produktionsverhältnisse jeder Gesellschaft bilden ein Ganzes' ist der methodische Ausgangspunkt und Schlüssel gerade der *historischen* Erkenntnis der gesellschaftlichen Beziehungen."
35) Lukács 1971 : 137.

Entgegen der weit verbreiteten Meinung steht also der Ideologiebegriff bei Lukács nicht ausschließlich für falsches Bewußtsein, nicht rein für Verkennung, sondern nur auf eine ganz bestimmte Weise, die nur auf dem Hintergrund einer hegelschen Geschichtsphilosophie verstanden werden kann. Jedenfalls läßt sich Ideologie nicht als Schein oder Illusion im Sinne realhistorischer, funktionaler Nichtigkeit verstehen[36]. "Die ideologische Geschichte der Bourgeoisie ist nun - ... - *nichts anderes, als ein verzweifelter Kampf gegen die Einsicht in das wahre Wesen der von ihr geschaffenen Gesellschaft, gegen das wirkliche Bewußtsein ihrer Klassenlage*"[37]. Grob zusammengefaßt ist in dieser Wendung folgendes enthalten: Ideologie = falsches Bewußtsein; genauer: ein durch den ideologischen Kampf aktiv verfälschtes Bewußtsein. Auf den ersten Blick liegt also in der Füllung des Begriffs der Ideologie keine Neuerung. Doch sie ist vorhanden. Sie zeigt sich deutlich daran, daß es eines Kampfes *um* Verkennung bedarf. In der 'Deutschen Ideologie' wurde einfach verkannt, sonst nichts. Warum muß hier um Verkennung gekämpft werden? Gerade weil die Ideologie positiv wirksam ist. Die Bourgeoisie bedarf der Verkennung, da eine wahre Einsicht in die gesellschaftliche Entwicklung ihr aufzeigen würde, daß sie zum Scheitern verurteilt ist. Das Paradox besteht also darin, daß, gerade weil die Bourgeoisie ihre fatale Lage verkennt, sie dieser Lage zumindest zeitweilig Herr werden kann. "Ohne die tatsächliche Wirksamkeit solcher ideologischer Momente zu überschätzen, muß dennoch festgestellt werden, daß die Kampfkraft einer Klasse um so größer ist, mit je besserem Gewissen sie den Glauben an die eigene Berufenheit haben kann, mit je ungebrochenerem Instinkt sie alle Erscheinungen ihrem Interesse gemäß zu durchdringen fähig ist"[38].

Wahrheit und Falschheit, Schein und Realität werden also bei Lukács auf eine Weise verwendet, die widersprüchlich erscheint, wenn zwischen Wahrheit und Wirklichkeit nicht unterschieden wird. Worum es aber Lukács geht, ist wahrhaft Wirkliches, das vom bloß Existierenden schon bei Hegel geschieden wird[39]. Das wahrhaft Wirkliche ist das, was bleibt, was den Gang der Dinge befördert. Lukács macht, wie Lenin, den Begriff der Ideologie zu einem Begriff, der zumindest partiell auch Wahres faßt. Diese Wahrheit ist aber eben nicht die Wahrheit der Übereinstimmung mit der Wirklichkeit, sondern die der Übereinstimmung mit der Wirklichkeit des Prozesses. Denn die Bestimmung eines historischen Wissens als falschem Bewußtsein ist nur aus der Perspektive einer teleologischen Geschichtsentwicklung möglich und schlüssig. In einer

---

36) Vgl. Eagelton 1993 : 118.
37) Lukács 1971 : 149.
38) Lukács 1971 : 149.
39) Vgl. Brunkhorst 1988 : 244 f..

Geschichtsphilosophie wie der Hegelschen[40], in der alle Phasen gesellschaftlicher Entwicklung insoweit richtig sind, als sie notwendige Stufen der Entwicklung des Prozesses sind, bedarf es einer historischen Definition von Wahrheit. Wahr ist, was seiner Zeit gemäß ist. Somit kann auch ein falsches Bewußtsein wirklich sein und ist als Teil des geschichtlichen Prozesses historisch gültig. "Die dialektische Methode gestattet uns jedoch auch hier nicht, bei einem einfachen Feststellen der 'Falschheit' dieses Bewußtseins, bei einer starren Gegenüberstellung von wahr und falsch stehen zu bleiben. Sie fordert vielmehr, daß dieses 'falsche Bewußtsein' als Moment jener geschichtlichen Totalität, der es angehört, als Stufe jenes geschichtlichen Prozesses, in dem es wirksam ist, konkret untersucht werde"[41]. Auch ein falsches Bewußtsein ist somit Teil des wahren Prozesses der Geschichte und daher objektiv. Lukács spricht von einer geschichtlichen Abfolge, in der das 'Falsche' und 'Einseitige' notwendig ist. Dabei bezieht er sich explizit auf Engels, der die Hegelsche Lehre vom Falschen akzeptiert habe[42]. Erst in dieser Geschichtsbetrachtung wird es möglich, daß "[d]er dialektische Widerspruch im 'falschen' Bewußtsein der Bourgeoisie (sich, mt) verschärft ...: das 'falsche' Bewußtsein wird zu einer Falschheit des Bewußtseins. Der anfangs nur objektiv vorhandene Widerspruch wird auch subjektiv"[43]. Der Zustand der Gesellschaft ist zu jeder Zeit aus der Perspektive einer externen Wahrheit objektiv falsch und gleichzeitig objektiv notwendig. Die Bourgeoisie ist Trägerin dieser "objektiv-ökonomischen Entwicklung der Gesellschaft als Klasse"[44], sich aber notwendig subjektiv dieser Funktion nicht bewußt. "Denn hinter solchen Tatsachen und Lagen liegt als erkennbarer Grund, daß 'die *wahre Schranke* der kapitalistischen Produktion *das Kapital selbst* ist'. Eine Erkenntnis, deren Bewußtwerden allerdings die Selbstaufhebung der Kapitalistenklasse bebeuten würde"[45].

Das Bewußtsein der Bourgeoisie ist also ideologisch in dem Sinne:
1) daß es sie als Klasse erst handlungsfähig macht (in diesem Sinne ist es der Glaube "an die eigene *Berufenheit* zu dieser Herrschaft"[46]). Hier haben wir ein funktional positives Moment.
2) Gleichzeitig resultiert dieser Glaube auf einer doppelten Verschleierung und Täuschung. Da die Herrschaft der Bourgeoisie von und im Interesse einer Minderheit ausgeübt wird, ist die Täuschung der anderen Klassen "Voraussetzung für den

---

40) Vgl. die prägnante Zusammenfassung bei Taylor 1983 : 509 - 560.
41) Lukács 1971 : 124.
42) Vgl. Lukács 1971 : 288 f. und FN 127.
43) Lukács 1971 : 148.
44) Lukács 1971 : 144.
45) Lukács 1971 : 145, mit Verweis auf den III. Band des 'Kapital', Marx MEW 25 : 260.
46) Lukács 1971 : 148.

Bestand des Bourgeoisregimes"[47]. Gleichzeitig aber bedarf es auch der Selbst-täuschung, denn die objektiven und antagonistischen Widersprüche lassen der Bourgeoisie, die ja, wie gesagt, den Glauben an die eigene Berufenheit benötigt, nur die Wahl, sich der Sache des Proletariats anzuschließen oder "alle moralischen Instinkte zu unterdrücken, um die den Interessen gemäß bejahte Wirtschaftsordnung auch moralisch bejahen zu können"[48].

Ideologie ist aber nicht gleich Ideologie, oder: "Jede Form von Klassenbewußtsein ist ideologisch, aber einige Formen sind gewissermaßen ideologischer als andere"[49]. Während die bürgerliche Ideologie nämlich Fremd- und Selbsttäuschung ist, ist die proletarische Ideologie eine Form tendenziell richtigen Bewußtseins. In 'Methodisches zur Organisationsfrage' schreibt Lukács dementsprechend ganz selbstverständlich von "proletarischer Ideologie"[50] und "ideologischer Krise des Proletariats"[51] womit klar ist, daß Ideologie nicht im rein pejorativen Sinne gemeint sein und verstanden werden kann. Im Gegenteil braucht das Proletariat eine Ideologie: "Für das Proletariat ist seine 'Ideologie' keine Flagge, unter der es kämpft, kein Deckmantel der eigentlichen Ziel-setzungen, sondern die Zielsetzung und die Waffe selbst"[52]. Nur nebenbei sei bemerkt, wie unwohl Lukács ganz offensichtlich bei dieser leninistischen Verwendung des Begriffs ist. Nicht nur, daß er den Begriff in Anführungszeichen setzt, was eine deut-liche Distanz signalisiert[53], schon im unmittelbar darauffolgenden Satz wird der Ideologiebegriff gegensätzlich konnotiert, indem erklärt wird, daß prinzipienlose Taktik den historischen Materialismus "zur bloßen 'Ideologie'" erniedrige[54]. Auf den ersten Blick scheint es, als habe Lukács einen positiven, leninistischen Ideologie-begriff, doch ist Ideologie nur insoweit positiv und notwendig, insoweit sie eigentlich keine Ideologie mehr, sondern Teil des Prozesses der Bewußtwerdung ist. Kommt sie zur Reife, ist Ideologie dem Bewußtsein gleichzusetzen. Dieser Zustand ist der Moment der Revolution. Denn wenn die objektiven Bedingungen in Form einer Wirt-schaftskrise vorhanden sind, so bedarf es des subjektiven Momentes, "so hängt das Schicksal der Revolution ... von der ideologischen Reife des Proletariats, von seinem

---

47) Lukács 1971 : 148.
48) Lukács 1971 : 149.
49) Eagleton 1993 : 113.
50) Lukács 1971 : 466.
51) Lukács 1971 : 472.
52) Lukács 1971 : 155. Ähnlich: ebd. : 138, wo er betont, daß Ideologien nicht allein die wirtschaft-lichen Interessen verdecken, "sondern Teile und Elemente des wirklichen Kampfes selbst" sind.
53) So auch Nemitz 1986 : 44. Zur Distanzierung durch das 'in Gänsefüßchen reden' vgl. den schönen Aufsatz von Authier 1983.
54) Lukács 1971 : 155.

Klassenbewußtsein ab"[55]. Hier fließen zwei Momente zusammen: Ideologie ist richtig, wichtig und partiell wahr für den Kampf des Proletariats (eben eine notwendige Stufe der geschichtlichen Entwicklung); und Ideologie wird, wenn sie ihren fragmentarischen Charakter verliert - reif wird - ineinsgesetzt mit dem Bewußtsein.

Was nun macht die Ideologie der Bourgeoisie zur Verkennung, die des Proletariats zur Vorstufe des Bewußtseins? Jede Ideologie stellt für Lukács eine spezifische, klassengebundene Sicht dar. Insofern sie aber nicht das Ganze, sondern nur Teile reflektiert, ist sie unwahr. Der Begriff der Totalität impliziert die Übernahme des hegelschen Diktums, nach dem das Ganze das Wahre sei. Ideologie im pejorativen Sinne bedeutet also nicht Verkennung der empirischen Wirklichkeit, sondern Verkennung der sie bedingenden Zusammenhänge. "Die Aussagen, die wir ... machen, müssen nicht unbedingt falsch sein, sie sind jedoch lediglich auf eine oberflächliche empirische Weise wahr, da es sich um Urteile über isolierte Objekte handelt, die noch nicht in einen Gesamtkontext integriert sind. ... Ideologie ist für Lukács demnach nicht so sehr ein Diskurs, der den Dingen nicht gerecht wird, sondern ein Diskurs, der nur auf eine beschränkte, oberflächliche Weise, in Verkennung ihrer tieferen Strömungen und Verbindungen wahr ist"[56].

Man kann dies an einem Beispiel erläutern. Das Handeln der Warenbesitzer auf dem kapitalistischen Warenmarkt ist, insofern es den 'Gesetzen des Marktes' folgt, sich ihnen anpaßt, praktisch richtig und wahr. Insofern es aber auf der Ebene bürgerlicher Ökonomietheorie, von Kategorien wie Angebot, Nachfrage, Grenznutzen u.ä.m. (und deren alltagspraktischen Äquivalenten) verbleibt, verkennt es die tieferen Beweggründe der kapitalistischen Produktionsweise und ist, im lukácsschen Sinne, falsches Bewußtsein.

An den Schwierigkeiten aber, den Ideologiebegriff bei Lukács trennscharf zu bestimmen, zeigt sich, daß er nicht der Kernbegriff der Argumentation ist. Er ändert seine Funktion; ist mal positiv, mal pejorativ, mal als Fremdverdummung, mal als Selbstverdummung, mal als Waffe im Kampf, mal als Zielsetzung gefaßt. Diese Unbestimmtheit resultiert nun daraus, daß der Ideologiebegriff letztendlich nicht direkt, sondern nur relational, in seiner Beziehung zum Bewußtsein erfaßt werden kann. Nur in dieser Relation nämlich läßt sich seine Funktion bestimmen. Ideologie ist das Tableau, der variable Begriff, der es Lukács gestattet, Praxis theoretisch in den Marxismus zu

---

55) Lukács 1971 : 154.
56) Eagelton 1993 : 117 f..

234

implantieren. Bewußtsein ist hierfür untauglich. Im Kampf der Ideologien drückt sich nur der zur Zeit erreichte Stand gesellschaftlicher Auseinandersetzung aus, doch das Bewußtsein ist das Ziel des Kampfes.

2.2. Wie Ideologie und Bewußtsein, Klasse und Kampf zusammenfallen

Da vom Begriff der Ideologie bei Lukács alles auf das Bewußtsein zeigt, scheint also hier die für ihn eigentlich zentrale Kategorie zu stecken. Ideologie wird ja bestimmt als Moment, das mal negativ, mal positiv auf das Bewußtsein einwirkt[57]. Diese Art des Einwirkens ist neu. In der 'Deutschen Ideologie' wurde Ideologie als eine Art Trennwand beschrieben, die durch die Arbeitsteilung zwischen das Bewußtsein und das wahre Sein geschoben ist. Bei Lukács nun wird Bewußtsein zum Adressat des gesellschaftlich-ideologischen Kampfes. Bewußtsein ist also nicht schon an und für sich wahr, sondern um das Bewußtsein muß und kann gekämpft werden. "Mit dem Kapitalismus, mit der Abschaffung der Ständestruktur und mit dem Aufbau einer *rein ökonomisch* gegliederten Gesellschaft ist das Klassenbewußtsein in das Stadium des *Bewußtwerdenkönnens* getreten. Jetzt spiegelt sich der gesellschaftliche Kampf in einem ideologischen Kampfe um das Bewußtsein, um Verhüllung oder Aufdeckung des Klassencharakters der Gesellschaft"[58]. Die hierin vorhandene Abweichung gegenüber den von Lukács als "Vulgärmarxismus"[59] bezeichneten Theorien ist nicht zufällig, sondern ein zentrales Ziel von Lukács. Seine Kritik gilt dem Ökonomismus. Der Vulgärmarxismus nämlich verkennt die tragende Rolle des Klassenbewußtseins in der Geschichte, er reduziert die geschichtliche Entwicklung auf eine Abfolge von Produktionsweisen, die sich naturgesetzlich, "aus eigener Machtvollkommenheit"[60], durchsetzen und jenseits und unabhängig vom bewußten Eingreifen der Arbeiterklasse den Sozialismus schaffen. Ist für diesen Marxismus die Identität von Sein und Bewußtsein immer in Form einer direkten Ableitung gegeben, so daß allein die Lokomotive der Produktivkraftentwicklung für die geschichtliche Entwicklung entscheidend ist, so muß für Lukács das subjektiv/objektive Moment noch hinzutreten. Lukács fügt in diesen automatischen Prozeß eine Ungleichzeitigkeit von relevanter Tragweite ein. Es bedarf des Bewußtseins, um den objektiv vorhandenen, ökonomischen Entwicklungsprozeß politisch-gesellschaftlich umzusetzen: "Zu dem bloßen Widerspruch - dem

---

57) Vgl. Lukács 1971 : 155.
58) Lukács 1971 : 138. Siehe dazu auch ebd. : 130. Hier macht Lukács darauf aufmerksam, daß es für den Kampf keineswegs belanglos ist, auf welchem Bewußtseinsstand das Proletariat kämpft.
59) Lukács 1971 : 379 ff..
60) Lukács 1971 : 380.

automatisch gesetzmäßigen Produkt der kapitalistischen Entwicklung - muß also etwas *Neues* hinzutreten: das zur Tat werdende Bewußtsein des Proletariats"[61].

Was unterscheidet nun aber das Klassenbewußtsein von einer Ideologie? Wir hatten oben darauf hingewiesen, daß Lukács zum einen Ideologie auch im Sinne von Weltanschauung versteht. Zum anderen, daß die Wahrheit im Erfassen des Ganzen, in der Überwindung der partikularen Sicht besteht. Ideologie wird zum Bewußtsein, indem sie ihre Partikularität abstreift, so daß es sozusagen ideologischere und weniger ideologische Ideologien geben kann, je nachdem, wie partikular die Sicht ist. Dies impliziert eindeutig, daß Lukács dem Proletariat eine besondere Stellung im geschichtlichen Prozeß zuweist[62]. Das Proletariat verwirklicht nicht allein seine besonderen Interessen, sondern es verwirklicht *durch* die Verwirklichung seiner besonderen Interessen das Interesse der Menschheit. Das Proletariat ist in diesem Sinne eine 'universale' Klasse, die in sich die Möglichkeit der Befreiung der Menschheit trägt. Insofern ist auch die partielle Erkenntnis des Proletariats, insofern sie zu sich selbst kommt, nicht mehr subjektiv, denn "universale Subjektivität ist wiederum im Endeffekt identisch mit Objektivität"[63]. Für das Proletariat bedeutet seine Selbsterkenntnis, also sein Klassenbewußtsein, die richtige Erkenntnis der Gesellschaft und sein revolutionärer Sieg ist "nicht wie bei früheren Klassen *die unmittelbare Verwirklichung des gesellschaftlich gegebenen Seins der Klasse*, sondern ... *ihre Selbstaufhebung*"[64].

Diese Verschiebung erklärt nun deutlich das Verhältnis von Ideologie und Bewußtsein, von proletarischer und bourgeoiser Ideologie. Die Ideologie des Proletariats ist Teil des Prozesses der Selbsterkenntnis der Gesellschaft. Selbst wo es noch falsch ist, ist diese Falschheit im Prozeß der Bewußtwerdung aufgehoben. Sie ist als noch falsches Bewußtsein Moment des Wahren, indem sie Stufe zur Bildung des Klassenbewußtseins ist. Selbst die Schriften des Vulgärmaterialismus, obwohl sie mittlerweile die Aussicht auf den richtigen Weg proletarischen Handelns verstellen[65], waren mithin zu ihrer Zeit Werkzeuge des Klassenkampfes und haben sich, wie auch die Schriften

---

61) Lukács 1971 : 309.
62) Vgl. dazu auch Ritsert 1977 : 105 ff..
63) Eagleton 1993 : 114. Ähnlich Ritsert 1977 : 107; McDonough 1978 : 38 f.. In direkter Nachfolge von Lukács vgl. auch Merleau-Ponty 1974 : 50.
64) Lukács 1971 : 157.
65) Vgl. Lukács 1971 : 153.

Kautskys, "um die Erweckung des Klassenbewußtseins unvergängliche Dienste erwiesen"[66].

Nicht nur also ist das Klassenbewußtsein keine Ideologie, kein Standpunkt mehr, sondern die Aufhebung aller Standpunkte und Ideologien in Erkenntnis, zudem ist diese Aufhebung der "sich selbst erzeugende Sinn der Geschichte"[67]. Das empirische Bewußtsein des Proletariats ist nämlich keineswegs erfüllt vom wahrhaft wirklichen Klassenbewußtsein[68], allein es enthält die Momente, die es über seine Falschheit hinaustreiben. Auch das unterscheidet bürgerliche und proletarische Ideologie. Während letztere durch die geschichtliche Entwicklung immer mehr in die Defensive gedrängt wird und an objektive Grenzen stößt, treibt die Geschichte die proletarische Ideologie zum Klassenbewußtsein, letztlich zum Selbstbewußtsein der gesamten Gesellschaft hinaus.

Der Kampf, die Zurückdrängung des ökonomischen Selbstlaufes, die wir oben hervorgehoben haben, verlieren so viel von ihrer Sprengkraft, da sie sogleich wieder in die Logik des 'finalen Glücks' eingebunden sind. Denn der Kampf um das zur Tat gewordene Bewußtsein ist nicht offen: "Nur wenn das Bewußtsein des Proletariats jenen Schritt zu zeigen imstande ist, dem die Dialektik der Entwicklung objektiv zudrängt, ohne ihn jedoch kraft der eigenen Dynamik leisten zu können, erwächst das Bewußtsein des Proletariats zum Bewußtsein des Prozesses selbst... . Vermag das Proletariat diesen Schritt nicht zu tun, so bleibt der Widerspruch ungelöst und wird auf erhöhter Potenz ... reproduziert. ... Ob dieser [der nächste Schritt, mt] nun ein 'entscheidender' oder ein 'episodischer' Schritt ist, ... ist ... nicht von ausschlaggebender Bedeutung, da es sich ja doch um einen ununterbrochenen Prozeß von solchen Durchbrüchen handelt"[69]. Zusammengefaßt: wir werden siegen, aber der Kampf dauert länger, weil es nicht nur der Ökonomie, sondern auch des Bewußtseins bedarf[70].

---

66) Lukács 1971 : 379. Eine ähnliche Argumentation findet sich auch bei Gramsci, der dem Ökonomismus die Fähigkeit zuschreibt, Massen in Bewegung zu setzen und somit paradoxerweise sich in der Praxis als Theorie widerlegt. Vgl. exemplarisch Gramsci 1967 : 141.

67) Ritsert 1977 : 105 u.ö..

68) Vgl. Lukács 1971 : 126: "Dieses Bewußtsein ist weder die Summe noch der Durchschnitt dessen, was die einzelnen Individuen, die die Klasse bilden, denken, empfinden usw."

69) Lukács 1971 : 339.

70) Auch Hauck (1992 : 67) kommt zu dem Schluß, daß Lukács "keinen Augenblick daran [zweifelt, mt] ..., daß der Lauf der Weltgeschichte 'letzthin' eben doch vom rationell angemessenen Bewußtsein bestimmt wird". Ein wenig verschoben dazu merkt Schmidt (1980 : 57 ff.) an, daß sich bei Lukács Elemente finden, die besagen, daß das Proletariat nicht unmittelbar und natürlich seine historische Rolle annimmt. Der Verweis von Lukács auf Lenins 'Was tun?' im Vorwort von 1967 kann aber kaum ausreichen, um diesen Elementen, die durchaus vorhanden sind, eine

Dennoch, und das ist der zentrale Punkt, argumentiert Lukács von einer anderen Seite her, von der Seite des Bewußtseins. Für Lukács ist das Bewußtsein der eigentliche Ort gesellschaftlicher Entwicklung - nicht die Produktivkraft[71]. Besonders deutlich wird dies, wenn Lukács schreibt, daß das Schicksal der Revolution von der geistigen Reife des Proletariats abhänge[72] und letztendlich allein die geistige Stärke des Staates, seine Legitimation oder Delegitimation diesen Sieg behindern kann[73].

Doch bevor der Argumentation von Lukács weiter gefolgt wird, muß die Tragweite der Umkonzeptionierung des Ideologischen bestimmt werden. Der ideologische Kampf spielt bei Lukács die zentrale Rolle im Rahmen des Verstehens und im Rahmen der Veränderung von Gesellschaft. Ideologie ist sowohl Mittel des Kampfes, wie Ergebnis des Kampfes (Reife). Hier fällt Ideologie mit Bewußtsein zusammen und bildet auf einer höheren Stufe Selbstbewußtsein. Vom Ende her gedacht sind also Ideologie und Bewußtsein nicht zu trennen. Das hat zwei Implikationen. Erstens müssen Bewußtsein und Ideologie in einen wahren Zustand gebracht werden, zweitens sind es umkämpfte Orte. Trotz allem Prozessualen eint aber auch beide Begriffe, Bewußtsein und Ideologie, daß sie über einen ontologisch gesetzten Kern verfügen. Ihr Wirken ist nicht frei von Determinismus, weil sie das Endziel inkorporiert haben. Der Sinn des geschichtlichen Prozesses, betont Lukács gegen jede Form der kantischen Trennung von Sein und Sollen (also mit Hegel gegen Bernstein), ist nicht transzendental oder ethisch, sondern er wohnt dem Prozeß selbst inne[74]. Das Bewußtsein als Ziel des Prozesses ist damit letztlich von den Stufen des Prozesses nur insoweit abhängig, daß sie notwendige Stufen zur Verwirklichung des Prozesses sind. Das Endziel aber ist im Prozeß als dessen Wahrheit immer schon anwesend und wird durch alle Kämpfe und Widersprüche hindurch unabwendbar erreicht.

Für das Verhältnis von Ideologie und Bewußtsein heißt das: Die Hülle des Bewußtseins, die Hülle um den wahren Kern des Bewußtseins ist die Ideologie. Die Ideologie wiederum ist ebenfalls, obwohl Kampfmittel und umkämpft, ontologisch aufgeladen, indem nämlich Lukács sich eines ontologischen Klassenbegriffs bedient[75]. Sie wird von Lukács nämlich einer Klasse, respektive den beiden Klassen zugeordnet; über-

---

bestimmende Rolle zuzuweisen. Letztendlich sieht aber auch Schmidt, daß Lukács eine übergeschichtliche logische Genesis der Geschichte installiert (ebd. : 59).
71) Vgl. Eagelton 1993 : 123.
72) Lukács 1971 : 154.
73) Vgl. dazu insbesondere Lukács' Aufsatz 'Legalität und Illegalität' (1971 : 401 ff.). Dazu auch: McDonough 1978 : 41.
74) Vgl. Lukács 1971 : 90.
75) So auch Krahl 1985 : 164.

formt wird diese Zuordnung nicht etwa durch den Kampf, sondern allein durch das jeweilige Verhältnis zur Wahrheit, zur Totalität.

Der ideologische Kampf ist bereits entschieden, noch bevor er begonnen wurde. Er ist allein der kämpferische und widerspruchsvolle Prozeß, in dem sich das Proletariat von überholter - im Sinne der objektiven Bestimmung geschichtlicher Entwicklung überholter - Ideologie frei macht. Die ideologische Krise des Proletariats drückt sich allein in der Überformung seiner Ideologie durch die "Gedanken und Gefühlsformen des Kapitalismus"[76] aus. Es bedarf also nur des Abschüttelns dieser dem Proletariat dem Wesen nach fremden Weltanschauung, um die Reinheit des richtigen Bewußtseins herzustellen. Die Bourgeoisie, so erfolgreich sie auch sein mag, kämpft letztendlich gegen Windmühlen den "verzweifelte[n] Kampf gegen die Einsicht in das wahre Wesen der von ihr geschaffenen Gesellschaft, gegen das wirkliche Bewußtsein ihrer Klassenlage"[77].

Gegen diese historizistische Ideologiekonzeption hat nun insbesondere Poulantzas Kritikpunkte formuliert[78], die er in drei Fragen zusammenfaßt: "1. Der Frage nach der spezifischen Einheit und der relativen Kohärenz ... des ideologischen Weltbildes ... 2. der Frage danach, warum dieses zusammenhängende Weltbild genau in dem Maße herrschende Ideologie ist, wie auch die unterdrückten Klassen davon durchsetzt sind ... 3. der Frage danach, warum diese herrschende Ideologie die Ideologie der herrschenden Klasse ist"[79]. Diese Art der Fragen würde die Logik des lukácsschen Denkens sprengen, da sie notwendig in der lukácsschen Konstruktion der Klasse als Subjekt untergehen. Poulantzas analysiert als die zentrale Schwäche der lukácsschen Ideologietheorie eine Überpolitisierung des Ideologischen, die sich darin ausdrückt, daß Ideologie zugleich Bewußtsein und Weltanschauung ist. In einer solchen Sicht aber kann ihr "keinerlei spezifische Autonomie zugestanden werden"[80]. Im Ergebnis führt diese Auffassung dazu, daß die proletarische Ideologie nie Teile anderer Ideologien aufnehmen kann, es sei denn als "Überbleibsel"[81].

---

76) Lukács 1971 : 472.
77) Lukács 1971 : 149.
78) Poulantzas schließt dabei an die Kritik des Historizismus bei Althusser (in: Althusser/Balibar 1972, Bd. I : 157 ff.) an. Eine kurze und prägnante Definition des Historizismus im Marxismus findet sich bei Anderson 1978 : 105 f.: dieser sei eine Auffassung, in der "Gesellschaft zu einer zirkulären 'expressiven' Totalität und die Geschichte zu einem homogenen Fluß linearer Zeit wird". Vgl. auch de Lara 1985.
79) Poulantzas 1975 : 200.
80) Poulantzas 1975 : 201.
81) Poulantzas 1975 : 202.

Die historizistische Auffassung der Ideologie reproduziert in gewisser Weise den ökonomistischen Reduktionismus, indem sie ihn einfach auf den Kopf stellt. Beide nämlich garantieren die Klasse essentialistisch, noch vor jedem Kampf. Ist bei ersterem die Garantie allein in der objektiven Klassenlage verankert, so wandert diese Garantie in ein den Klassen vor jedem Kampf zugeordnetes, geschlossenes Weltbild. Jedenfalls ist es die Logik der zwei Heere, die bereitstehen, um zu kämpfen - für eine oder viele Entscheidungsschlachten. Die Kämpfe aber haben mit der Konstitution dieser 'Heere' nichts zu tun, sondern ermöglichen allein das Kräftemessen[82]. Dies führt zu einem untauglichen Konzept einer beherrschten, proletarischen Ideologie, die derjenigen der Bourgeoisie nicht nur äußerlich ist, sondern auch einen unabhängigen Keim in sich trägt, der bereit ist, sich sofort zu entfalten, sobald der äußere Druck zurückweicht. Insofern ist auch der Begriff der Überpolitisierung, mit dem Poulantzas diese Form der Ideologietheorie zu fassen sucht, unangebracht. Denn Politik wird ja gerade nicht mehr thematisierbar, wenn "jede Ideologie einer Klasse ein abgeschlossenes Weltbild dar[stellt], das Einflüssen von draußen quasi unzugänglich ist"[83].

Eine solche Sichtweise reduziert die Unebenheiten des ideologischen Feldes und des ideologischen Kampfes. Sie hat auch, entgegen Lukács' 1967er-Vorwort, wenig mit Lenins Theorie des Klassenbewußtseins zu tun, da bei Lenin das Klassenbewußtsein gerade nicht schon existiert und sich nur entfalten muß, und es für ihn "keine chinesische Mauer" zwischen den Klassen gibt. Lukács steht insoweit für eine Tendenz, deren 'reinster' Vertreter er ist[84], einer historizistischen Ideologieauffassung, die verkennt, daß ideologische Herrschaft eine Herrschaftsform ist, "die sich, der eigenart der kapitalistischen produktionsverhältnisse gemäß, durch die innere organisation der beherrschten ideologie selbst durchsetzt"[85].

Um den ideologischen Kampf denken zu können, muß man sich von diesem Essentialismus befreien, da die Ideologien - wie die Klassen - nur relational gefaßt werden können[86]. Denn sie sind weniger ein Ausdruck davon, wie eine Klasse ihre Existenzbedingungen lebt, als wie sie diese im Verhältnis zu anderen gesellschaftlichen Klassen lebt. Erst in diesem Verhältnis bilden sich Klassenideologien, und zwar im Kampf gegen andere Klassenideologien, aus. Als solche sind diese im Kampf entstan-

---

82) Eine grundsätzliche Kritik dieser Auffassung findet sich bei Pêcheux 1984 : 61 ff..
83) Poulantzas 1975 : 204.
84) Vgl. Barrett 1991 : 25, der betont, daß zwar auch z.B. Lenin, Korsch und Gramsci sich historizistischer Argumentationsweisen bedienten, jedoch diese viel vermittelter, abgeschwächter und teils mit gegenläufigen Argumentationstendenzen gemischt vertreten haben.
85) Pêcheux 1984 : 63 (Kleinschreibung im Original).
86) Vgl. insgesamt Poulantzas 1975 : 193 - 224. Ebenso auch Eagelton 1993 : 120 f..

denen Ideologien nicht die 'natürliche' oder 'organische' Anschauung einer Klasse, sondern sie sind Teil der Konstitution der Klasse (und nicht nur ihr Ausdruck). Auch 'intern' sind Ideologien keine festen Blöcke, sondern umstrittene Bedeutungsfelder, die sich immer neu, durch Ein- und Ausgrenzungen formieren[87].

Auf dem Hintergrund der Gleichsetzung von Ideologie mit der organischen Weltanschauung einer Klasse ist eine konkrete Analyse ideologischer Kämpfe unmöglich. Hegemonie, Allianzen und ideologische Strategien sind ebenso undenkbar, wie überflüssig, da Lukács das Proletariat entweder auf dem Weg zum wahren Klassenbewußtsein oder im falschen Bewußtsein befangen sieht[88]. Das empirische Proletariat ist nämlich im Alltagsgeschäft, was noch unten zu analysieren sein wird, fast das genaue Gegenteil jenes heldenhaften Subjekts, dessen objektive Möglichkeit es in sich trägt.

Ideologie ist, wie insbesondere Stedman Jones kritisiert[89], bei Lukács eine körperlose, ätherische Angelegenheit. Sie ist eher mit Ideen, denn mit Institutionen oder Praxen konnotiert. Wie wir ebenfalls noch sehen werden, hat dies nicht zuletzt auch damit zu tun, daß in einer Geschichtsphilosophie, in der der absolute Geist durch das zu sich kommende Proletariat ersetzt wird[90], es letztendlich belanglos ist, durch welche Kämpfe, Institutionen und Widersprüche sich der Geschichtsprozeß verwirklicht.

Diese Flexibilität unterhalb der Ebene des Endziels führte für Lukács selbst in den Spontaneismus und Syndikalismus, später in den Revisionismus[91]. Doch auf theoretischer/praktischer Ebene hat diese Zuordnung der Ideologie zur proletarischen Praxis - die ja mit dem Nimbus des Wahren ausgestattet ist - zur Folge, daß, gar nicht so überspitzt gesagt, die Partei immer recht hat. Gerade die Abwesenheit von Institutionen und Praxen läßt die Partei von einer revolutionären Organisation zu einer Verkörperung des Weltgeistes werden. Da das Klassenbewußtsein ja im Kern, genauer als objektive Möglichkeit, rein ist, ist die Verkörperung dieses reinen Bewußtseins möglich. Partei hat dann nichts mehr mit Macht, Hegemonie, Durchsetzung konkreter Interessen, Kämpfen etc. zu tun, sondern ist schlicht das handelnde Klassenbe-

---

87) So völlig zutreffend Eagelton 1993 : 121, wenn auch er etwas schematisch die Ideologien Klassen zuordnet und damit näher bei Lukács' Ideologietheorie ist, als dies seine Kritik vermuten lassen könnte.
88) So auch McDonough 1978 : 40.
89) Vgl. Stedman Jones 1971.
90) So auch McDonough 1978 : 41; Eagelton 1993 : 117; Schmidt 1980 : 59 - aber im Ansatz auch Lukács selbst in seiner Selbstkritik: Lukács 1971 : 24.
91) Vgl, wenn auch mit deutlichen Vorbehalten, auch die autobiographischen Texte 'Vorwort (1967)' (Lukács 1971 : 5 ff.); 'Mein Weg zu Marx [1933]' (ders. 1970 : 7 ff.) und 'Postscriptum 1957 zu: Mein Weg zu Marx' (ebd. : 161 ff.).

wußtsein: "Indem die Partei als geschichtliche Gestalt und als handelnde Trägerin des Klassenbewußtseins erkannt wird, wird sie zugleich zur Trägerin der Ethik des kämpfenden Proletariats. Diese ihre Funktion hat ihre Politik zu bestimmen. Mag ihre Politik mit der augenblicklichen empirischen Wirklichkeit nicht immer im Einklang sein, mögen ihre Parolen in solchen Momenten unbefolgt bleiben, der notwendige Gang der Geschichte wird ihr nicht nur eine Genugtuung bringen, sondern die moralische Kraft des richtigen Klassenbewußtseins, des richtigen, klassenmäßigen Handelns wird auch - praktisch-realpolitisch - ihre Früchte tragen"[92]. Da man an jeder Ecke lesen muß, Lenin sei für die 'Verparteilichung' des Marxismus verantwortlich und habe, nur um ein Beispiel zu nennen, "Lukács hegelianische Zweideutigkeit zugunsten der Parteiorganisation beseitigt"[93], bleibt festzuhalten, daß die metaphysisch überhöhte Vindizierung des Klassenbewußtseins durch die Partei jedenfalls bei Lenin so nicht zu finden ist.

2.3. Die Subjekt/Objekt-Revolution

Unklar ist bisher geblieben, warum das Bewußtsein einen so zentralen Ort in der Gesellschaftstheorie von Lukács einnehmen kann. Man kann bei Lukács nämlich zwei Modelle, die die Funktionsweise des Ideologischen, das ideologische Wesen der Gesellschaft erklären sollen, unterscheiden. Zum einen jene bislang in den Vordergrund gerückte Sichtweise, nach der ein Kampf kollektiver Subjektivitäten den teleologisch determinierten Geschichtsprozeß beherrscht. Zum zweiten aber besteht für Lukács ein zentrales Kennzeichen kapitalistischer Vergesellschaftung in der Verdinglichung. Insoweit übernimmt Lukács einen zentralen Aspekt des 'Kapital' - die Theorie des Warenfetischismus -, die wir bereits oben als problematisch gekennzeichnet hatten[94], und verabsolutiert sie zum Kern marxistischer Gesellschaftsanalyse[95]. Die Verdinglichung ist aber, wie schon der Warenfetischismus, im Gegensatz zur ersten Linie Lukácsschen Denkens, kein in erster Linie geistiger Zustand, sondern materielle Struktur des Kapitalismus. Genauer gesagt ist sie, als der Warenproduktion anhaftend, nicht spezifisch kapitalistisch, sondern auch schon in vorkapitalistischen Gesellschaften vorhanden; erst aber in der modernen, kapitalistischen Gesellschaftsformation setzt sich die Warenform als herrschende, ja als universale durch[96]. In ihrer Univer-

---

92) Lukács 1971 : 115 f..
93) Zima 1989 : 79 mit weiteren Nachweisen dieser 'zeitgemäßen' Ansicht.
94) Vgl. oben, Teil I, Kap. 1.3..
95) Vgl. Nemitz 1986 : 44 f.; Balibar 1995 : 67 ff..
96) Vgl. dazu die Ausführungen gleich zu Anfang des insoweit zentralen Aufsatzes 'Die Verdinglichung und das Bewußtsein des Proletariats', Lukács 1971 : 170 ff., wo Lukács betont, daß die

salität durchdringt sie alle Bereiche der Gesellschaft, so daß das Marx'sche Kapitel über den Warenfetischismus in den Augen von Lukács (und Korsch) nicht nur den Kern marxistischer Gesellschaftslehre ausmacht, sondern letztendlich das Geheimnis der gesamten Gesellschaftsformation enthüllt. "Denn es gibt kein Problem dieser Entwicklungsstufe der Menschheit, ... dessen Lösung nicht in der Lösung des Rätsels der *Warenstruktur* gesucht werden müßte"[97]. Objektiv und subjektiv führt diese Universalität der Warenform zur Verdinglichung, also dazu, daß die Produkte der menschlichen Arbeit sich in Waren vergegenständlichen und den Menschen als abstrakte Objekte gegenübertreten: objektiv als Form der Durchsetzung der Gleichheit in der Austauschbarkeit (im Tausch) qualitativ unterschiedlicher Gegenstände; subjektiv, indem die Gleichheit zum Prinzip des Produktionsprozesses wird. Ausdruck dieses Prozesses ist die zunehmende Rationalisierung, die Kalkulierbarkeit, die Zerteilung der Arbeit im Taylor-System usw.. Dadurch aber wird der Mensch zum Teil der Maschine. "Der Mensch erscheint weder objektiv noch in seinem Verhalten zum Arbeitsprozeß als dessen eigentlicher Träger, sondern er wird als mechanisierter Teil in ein mechanisches System eingefügt, das er fertig und in völliger Unabhängigkeit von ihm funktionierend vorfindet, dessen Gesetzen er sich willenlos zu fügen hat"[98].

Bei dieser Beschreibung der objektiven und subjektiven Subsumtion des Menschen unter die Struktur der Warenproduktion wird die theoretische Nähe Lukács' zu Simmel und Weber deutlich. Georg Simmel, dessen persönlicher Schüler Lukács war[99], hatte insbesondere in seiner 'Philosophie des Geldes' von 1900 analysiert, daß der 'vergegenständlichte' Geist der Gesellschaft zunehmend in Widerspruch zu den Individuen tritt und den Menschen beherrscht[100]. Max Weber aber hatte bekanntlich die zunehmende Rationalisierung und Kalkulierbarkeit, den okzidentalen Rationalismus, als unaufhaltsame Entwicklung des modernen Kapitalismus beschrieben. Dabei war diese Entwicklung für ihn einerseits notwendig, sinnvoll und unhintergehbar; andererseits jedoch führt die Rationalisierung und Bürokratisierung zu einem Bruch zwischen den formal rationalen Strukturen und dem Handeln der Individuen. Die Bürokratisierung schließlich verwandelt die Gesellschaft in ein 'Gehäuse der Hörigkeit', in das

---

Universalität der Warenform im Kapitalismus nicht allein eine quantitative, sondern eine qualitative Differenz zur Form vorkapitalistischer Gesellschaften markiert.

97) Lukács 1971 : 170.
98) Lukács 1971 : 178 f..
99) Vgl. Lukács 1970 : 8.
100) Vgl. Stedman Jones 1971 : 40, der die Bezüge zwischen Simmel und Lukács deutlich aufzeigt. Kurze Darstellungen der für die hiesige Frage einschlägigen Theoriebildung Simmels finden sich bei Dahme 1988 : 238 ff. und Rammstedt 1988.

zu fügen die Individuen ohnmächtig gezwungen sind[101]. Lukács bezieht sich insbesondere auf Webers Analysen der modernen Kapitalrechnung[102], um die Subsumtion aller Arbeit unter das Prinzip der Kalkulierbarkeit darzustellen. Simmel und Weber teilen mit Tönnies, Durkheim und anderen frühen Soziologen der Jahrhundertwende die Einschätzung, daß die Moderne zu einer Rationalisierung und zunehmenden Dominanz der Gesellschaft gegenüber dem Individuum führt. Der gesellschaftliche Kontext, so die allgemeine Ansicht, grenzt die Handlungsfreiheiten immer mehr ein und diese Eingrenzung wird der kapitalistischen Moderne zugeschrieben: der Arbeitsteilung (Durkheim), der Rationalität des kapitalistischen Rechnungswesens (Weber), dem Geld (Simmel) oder dem Handel (Tönnies).

Neu ist also nicht der Grundtenor der Analyse Lukács'- sie lag, wie Lukács es später ausdrücken sollte, als "Problem in der Luft"[103] -, sondern ihre spezifische Einbindung in den marxistischen Diskurs. Lukács ist der erste bekannte Marxist, für den die Entwicklung der Technik und der Wissenschaft nicht mehr selbstverständlich in Richtung Befreiung führt, sondern, ganz im Gegenteil, zu immer weiter sich ausbreitender Unterwerfung. Wenn ihm, im Kern nicht zu Unrecht, eine romantische Technologie-, Logik- und Wissenschaftsfeindlichkeit vorgeworfen wird[104], so ist diese doch eine Antwort auf die Wissenschafts- und Technikgläubigkeit der II. Internationale. Ihr Kern, die Infragestellung einer zeit- und raumlosen Rationalität und Wissenschaft, das Aufzeigen von Herrschaft und Unterdrückung durch Maschinerie und Rationalität ist jedenfalls eine Linie, die sich über die Frankfurter Schule bis Foucault zieht, und deren adäquate Würdigung nur erfolgen kann, wenn man gleichzeitig aufzeigt, gegen welchen Marxismus, gegen welche Wissenschaft sie in Stellung gebracht wurde.

Kommen wir aber direkt zu Lukács' Theorie der Verdinglichung zurück. Die Verdinglichung als "struktive Grundtatsache" überformt alle Bereiche des Lebens - indem die menschliche Arbeit sich in den Dingen vergegenständlicht und dem Individuum als ihm fremdes gegenübertritt, indem der Arbeitsprozeß selbst das Individuum zerstückelt und isoliert, austauschbar und kalkulierbar macht, indem die Zeit ihren qualitativen Charakter verliert etc.. Die Gemeinschaft der Subjekte wird so zerstört. "Die Mecha-

---

101) Vgl. dazu Bader u.a. 1987 : 271 ff. und 470 ff.; Rolshausen 1991, dort auch (ebd. : 492 f.) Anmerkungen zur Rezeption durch den 'Weber-Marxismus'.
102) Vgl. Lukács 1971 : 187 ff., wo er die Analysen Webers aus 'Wirtschaft und Gesellschaft' zur Durchsetzung des ökonomisch-kalkulatorischen Prinzips zusammenfaßt.
103) Lukács 1971 : 23.
104) Vgl. insbesondere die scharfe Kritik bei Colletti 1976 : 139 ff., der den spiritualistischen Irrationalismus im Marxismus schon in Lenins 'Philosophischen Heften' angelegt sieht (ebd. : 144). Vgl. auch Eagelton 1993 : 123; McDonough 1978 : 41 ff..

nisierung der Produktion macht aus ihnen auch in dieser Hinsicht isoliert abstrakte Atome, die nicht mehr unmittelbar-organisch, durch ihre Arbeitsleistungen zusammengehören..."[105]. Für eine Theorie des Kampfes kann dies nicht ohne Bedeutung bleiben. Gerade nach den obigen Ausführungen zum objektiv möglichen Klassenbewußtsein erscheint hier also die objektive empirische Lage des Proletariats alles andere als revolutionär. Nicht nur ist das empirische Proletariat Produkt der kapitalistischen Gesellschaft und mithin nicht jenseits der Verdinglichung zu verorten, in ihm zeigt sich diese Verdinglichung und Entmenschlichung am prägnantesten[106]. Denn die Verhüllung und Verdinglichung, als Produkt der Warenproduktion in der kapitalistischen Produktion, verhindert also, daß die Klasse an sich (in der Sprache von Lukács: zugerechneten) zur Klasse für sich (Lukács: tatsächlichen)[107] werden kann. Anders gesagt: das Objekt der Geschichte muß zu ihrem Subjekt werden[108]. Wie aber ist dies möglich, da ja alle Bewußtseinsformen des Proletariats selbst in der 'negativen Totalität' kapitalistischer Vergesellschaftung befangen sind und diese per se nicht transzendieren? Allerdings nur per se. Denn obwohl Lukács erneut[109] betont, daß das gesellschaftliche Sein für Proletariat und Bourgeoisie gleich ist, treibt dieses gleiche Sein - oh Wunder der Dialektik - das Proletariat über die bestehende Gesellschaft hinaus, wohingegen es die Bourgeoisie gefangen hält. Gerade weil im Arbeiter die Verdinglichung auf die Spitze getrieben sei, gerade weil er nur Objekt ist, ist sein Bewußtsein das "Selbstbewußtsein der Ware"[110]. Die Verdinglichung, auf ihre Spitze getrieben, schlägt also für Lukács notwendig in einen Prozeß der Bewußtwerdung, der Selbstbewußtwerdung um. So kann auf einer bestimmten Stufe der ökonomischen Entwicklung[111] diese Verdinglichung aufgelöst werden. Indem dem Arbeiter bewußt wird, daß seine Unmittelbarkeit als Objekt in der kapitalistischen Gesellschaft durch eben diese vermittelt ist, indem die Objektivität die Subjektivität über sich selbst hinaustreibt, erkennt der Arbeiter sich und die Gesellschaft. Doch dieser Bewußtwerdungsprozeß ist nicht nur durch die Objektivität selbst initiiert, gleichzeitig zerstört er diese in ihrem Erkennen. Da die

---

105) Lukács 1971 : 180.
106) Lukács 1971 : 268.
107) Vgl. Lukács 1971 : 60, 119 ff., 127 f. und 160. Diese Trennung wird erst durch die Geschichte aufgehoben (Lukács 1971 : 163).
108) In dieser Formulierung steckt viel philosophischer Ballast, den auch nur halbwegs adäquat nachzuvollziehen hier nicht möglich ist. Hierzu nur kurz: Für Lukács ist es der bürgerlichen Logik nicht möglich, aus der Dichotomie von Objekt und Subjekt zu entkommen (Lukács 1971 : 246 und 261 ff.). Dies ist auch seine Kritik an Hegel (ebd. : 165). Für ihn hat Marx diese Dichotomie durchbrochen, indem er das Objekt/Subjekt der Geschichte, das Proletariat, entdeckte (ebd. : 60 f. und 267).
109) Vgl. Lukács 1971 : 289. Er ist sich offensichtlich des Widerspruchs zur darauf folgenden Argumentation bewußt.
110) Lukács 1971 : 295.
111) Vgl. Lukács 1971 : 294.

Nichterkenntnis des Wesens der kapitalistischen Gesellschaft conditio ihres Bestehens war, "beginnen die fetischistischen Formen der Warenstruktur zu zerfallen: der Arbeiter erkennt sich selbst und seine eigenen Beziehungen zum Kapital in der Ware"[112]. Dieses 'Selbstbewußtsein' ist kein normales Bewußtsein über eine Sache, sondern ein Bewußtsein über die Struktur der Gesellschaft: "da das Bewußtsein hier nicht das Bewußtsein über einen ihm gegenüberstehenden Gegenstand, sondern das Selbstbewußtsein des Gegenstandes ist, *umwälzt der Akt des Bewußtwerdens die Gegenständlichkeitsform seines Objekts*"[113]. Damit fallen Selbstbewußtsein und Revolution in eins. Das sich selbst erkennende Bewußtsein revolutioniert die Gesellschaft, indem es die Verdinglichung, durch die es hervorgebracht worden war, auflöst.

Doch wie kann so etwas vor sich gehen? Wie kann ein Bewußtseinsprozeß eine Gesellschaftsstruktur ändern? Wie das Subjekt eine Klasse bilden[114]? Lukács selbst sagt in seinem Vorwort von 1967 völlig zu Recht: "Das Umschlagen des 'zugerechneten' Bewußtseins in revolutionäre Praxis erscheint hier - objektiv betrachtet - als das reine Wunder"[115]. Er selbst glaubt auch den Grund für seine damalige Einschätzung gefunden zu haben. Für ihn wird in der Nachbetrachtung die Konstruktion des identischen Subjekt/Objekt in diesem doppelten Prozeß - Selbstbewußtsein/Veränderung der Gegenständlichkeitsform - "ein Überhegeln Hegels"[116]. Die theoretische Annahme, die dies ermöglicht, ist eine bestimmte Vorstellung, die sich mit dem Begriff der Entfremdung verbindet. Indem das Subjekt Gegenstände schafft, treten diese ihm schon als fremd entgegen. "Entfremdung ist deshalb, zu Ende gedacht, mit dem Setzen von Gegenständlichkeit identisch". Die Aufhebung der Entfremdung ist somit die Aufhebung der Gegenständlichkeit selbst, die nur als Entäußerung des Selbstbewußtseins existiert, so daß ihre "Rücknahme ins Subjekt ein Ende der gegenständlichen Wirklichkeit, also der Wirklichkeit überhaupt" wäre[117]. Entfremdung ist so letztlich einerseits eine 'condition humaine', die sich aber andererseits schon durch ihre Erkenntnis in das pure Nichts auflöst. Das Paradox ist, daß die Forcierung der

---

112) Lukács 1971 : 295.

113) Lukács 1971 : 309.

114) Zu dieser Frage findet sich bei Lukács keine Antwort. Sie ist für ihn keine. Eine Klasse ist eine Art kollektiviertes Individuum. Sie bildet sich von selbst im Prozeß der Bewußtwerdung der Individuen, die insoweit nur pars pro toto sind. Diese Klasse kann dementsprechend mit den üblichen Attributen des Individuums ausgestattet werden, wie beispielsweise zentral mit dem des Bewußtseins.

115) Lukács 1971 : 19.

116) Lukács 1971 : 25.

117) Lukács 1971 : 25.

Trennung von Subjekt und Objekt nichts weniger als den Prolog der Aufhebung von Objektivität in Subjektivität bedeutet[118].

Das reine Wunder, von dem Lukács schreibt, besteht nicht zuletzt in der Verbindung zweier Perspektiven des ideologischen Kampfes, die sich schlicht widersprechen und deren Widerspruch von Lukács nur durch einen Sprung von der objektivistischen Ebene des Warenfetischismus auf die subjektivistische Ebene des Klassenbewußtseins aufheben kann, indem er - gleich der Verelendungstheorie - die Befreiung als qualitativen Umschlag aus der härtesten (hier geistigen) Unterdrückung thematisiert. Vollzieht man diese dialektische Bewegung nicht nach, so stellen sich verschiedene Probleme und Fragen.

So ist die Thematisierung der Herrschaft der Bourgeoisie widersprüchlich. Wenn einerseits die Bourgeoisie ideologisch herrscht, indem sie der Arbeiterklasse ihr Denken aufzwingt, so widerspricht dies einer Vorstellung, nach der die Bourgeoisie selbst Objekt der Strukturen des Warenfetischismus ist[119].

Wichtiger aber ist, daß durch diese zweite, objektive Ebene die oben genannten Probleme des historizistischen Ideologiebegriffs nicht beseitigt, sondern noch verstärkt werden. Indem er Gesellschaft als eine "expressive Totalität"[120] faßt, entgeht ihm (nicht nur) die Spezifik des ideologischen Kampfes. Bei Lukács beginnt alles mit der Ware[121], ist letztlich alles auf sie zurückführbar. Nicht also die Betonung des Standpunktes der Totalität ist ihm vorzuhalten. Diese könnte man allein als methodologischen Standard, als antipositivistischen Einsatz gegen den Empirismus in der II. Internationale lesen. Dann würde sich, wie Frederic Jameson behauptet, in gewisser Weise der Lukácssche Totalitätsbegriff "mit der Althusserschen Vorstellung von Geschichte oder des Realen als 'abwesender Ursache'" treffen[122]. Doch die Totalität von Lukács ist nicht strukturiert, alle ihre Teile sind nur Erscheinungsformen der Warenstruktur, die selbst den einzigen Kern der Totalität ausmacht. Expressive Totalität bedeutet "die völlige Reduktion einer Struktur auf eine andere, die dann als absoluter Bezugspunkt, als der Originaltext zu mehreren Übersetzungen erscheint"[123]. Jedes Teil ist *'pars totalis'* (Althusser), indem es das Wesen der Gesellschaft direkt zum

---

118) Balibar 1995 : 70.
119) Vgl. Eagelton 1993 : 122.
120) Vgl. dazu Althusser/Balibar 1972 : 17; 127 f.; 335. Zur Anwendung dieses Begriffs auf Lukács
    vgl. Nemitz 1986 : 51 ff..
121) Vgl. Lukács 1971 : 170.
122) Jameson 1988 : 47. Vgl. ebd. : 43 - 47 die Althusser/Lukács Debatte.
123) Althusser/Balibar 1972 : 335.

Ausdruck bringt. Da die Verdinglichung "sämtliche Erscheinungsformen des gesellschaftlichen Lebens"[124] - einschließlich der Bewußtseinsstruktur aller Menschen[125] - erfaßt hat, ist die Lösung des Rätsels aller Fragen der Menschheit mit der "Lösung des Rätsels der Warenstruktur" identisch[126].

Sämtliche Prozesse werden somit von dieser einen Kategorie abgeleitet. Konkrete Analysen von Kräfteverhältnissen oder Widersprüchen, von Strategien und hegemonialen Bündnissen sind erneut überflüssig, genauso wie die Analyse von Institutionen oder konkreten Kämpfen. Warum es spezifischer Formen wie Recht, Staat, Wissenschaft, Philosophie oder Theorie bedarf, was sie unterscheidet, wie sich ihre Beziehung aufeinander verändert, bedarf keiner Analyse. Schließlich sind sie jeweils nur Ausdruck einer Grundstruktur. "Im schlimmsten Fall neigt dieses Modell dazu, die bürgerliche Gesellschaft auf einen Satz hübsch ordentlich geschichteter 'Ausdrücke' von Verdinglichung zu reduzieren, die sich auf allen Ebenen (ökonomisch, politisch, rechtlich, philosophisch) gehorsam gegenseitig spiegeln und nachahmen"[127]. Was wir hier also finden, ist ein ideologischer Substantialismus, der alle Diskurse, Strukturen und Effekte homogenisiert.

Nicht zuletzt führt die Rückführung aller realgeschichtlichen Prozesse auf ein bewegendes Moment auch dazu, daß der Ort der Theorie, das Handeln des Theoretikers Lukács selbst unthematisiert bleibt[128]. Das zugeschriebene Klassenbewußtsein, das sich ja vom empirischen deutlich unterscheidet, scheint als objektive Möglichkeit vom geschichtlichen Prozeß höchstpersönlich dem Proletariat zugeschrieben. Indem Lukács den Geschichtsprozeß als das Zulaufen auf einen Umschlagspunkt denkt, in dem sich urplötzlich alle Verstellungen und Verschleierungen der Wirklichkeit zurückziehen, um dem Blick auf die Dinge selbst, auf die Wahrheit und Wirklichkeit Platz zu machen, verschwindet die theoretische Intervention im Realprozeß selbst. Sie ist dessen Ausdruck, so daß die Ausdrucks-Kategorie insoweit, wie Nemitz richtig anmerkt, die Selbstverleugnung theoretischer Tätigkeit organisiert[129]. Die Zurechnung aber erfolgt natürlich durch den Theoretiker selbst. Dies aber kann Lukács nicht denken, da sich ansonsten sein archimedischer Punkt von einer Beschreibung in die Zuschreibung einer Zuschreibung, mithin in seinen Augen wohl in eine bloße Fiktion

---

124) Lukács 1971 : 187.
125) Lukács 1971 : 194.
126) Lukács 1971 : 170.
127) Eagelton 1993 : 119. Einige Beispiele für diese Reduktion gibt Nemitz 1986 : 52 f..
128) Vgl. dazu auch Nemitz 1986 : 54 ff..
129) Vgl. Nemitz 1986 : 58.

verwandeln würde[130]. Lukács' theoretische Praxis, eine einflußreiche und revolutionäre theoretische Praxis zumal, hat damit die Eigentümlichkeit, sich selbst nicht denken zu dürfen.

2.4. Zwei Selbstläufe

Natürlich muß man, um 'Geschichte und Klassenbewußtsein' historisch gerecht zu werden, betonen, daß es sich um ein Werk mit einem antiökonomistischen Effekt handelte. Eine Kritik gegen Revisionismus und Ökonomismus, die eindeutig als linksradikale Kritik zu verorten ist[131]. Auch die wütenden Attacken von Deborin einerseits, Kautsky andererseits sprechen dafür, daß der theoretische Einsatz von Lukács berechtigt war. Nichtsdestotrotz behinderte und behindert die Theorie des frühen Lukács, die Verwandlung des Marxismus in eine Theorie der Verdinglichung, eine Theorie des ideologischen Kampfes. Dies, obwohl sie brauchbare Elemente enthält, die aber insoweit völlig aus ihrem Kontext zu befreien sind. So die Kritik des Empirismus[132], die Kritik der religiösen, philologischen Lektüre von Marx[133], die Kritik einer naturalistischen, a-gesellschaftlichen Vorstellung von Wirklichkeit[134], die Kritik einer Dialektik der Natur[135], die Betonung der Wirksamkeit ideologischer Strukturen[136], die Betonung der Notwendigkeit der Frage der Legitimation bzw. Delegitimation bestehender Verhältnisse[137] u.a.m..

Obwohl 'Geschichte und Klassenbewußtsein' antiökonomistische Effekte erzielte, ist es kein antiökonomistisches Werk. Es ist vielmehr eine Mischung ökonomistischer und

---

130) Ähnlich auch Zima 1989 : 78.
131) Vgl. Althusser/Balibar 1972 : 158 f., die betonen, daß die Verdienste des historizistischen und humanistischen Marxismus sowohl in der 'linksradikalen' Kritik des Ökonomismus und des Fatalismus der II. Internationale liegen.
132) Vgl. Lukács 1971 : 64 f..
133) Vgl. Lukács 1971 : 58 f..
134) Vgl. Lukács 1971 : 349: "Das Kriterium der Richtigkeit des Denkens ist die Wirklichkeit. Diese ist aber nicht, sondern wird - nicht ohne Zutun des Denkens". Einige produktive Effekte der Lukácsschen Epistemologie sind ausführlicher bei Resnick/Wolff 1989 : 67 ff. herausgearbeitet.
135) Vgl. Lukács 1971 : 63 (FN.). Gerade die Ablehnung der Fundierung der Dialektik in der Natur aber war der parteioffiziellen Kritik eines Deborin (1974 : 194) ein Dorn im Auge. Nebenbei bemerkt ist es ein Treppenwitz der Geschichte, daß der so angegriffene Lukács 1930 in Moskau hochoffizielle Posten bekleiden konnte (vgl. Schmitt 1978 : 222 ff.), während der neue stalinistische Parteiphilosoph Mitin Deborin mit fast wortgleicher Kritik politisch-philosophisch beerbt. Vgl. dazu oben, Teil III, Kap. 1.6.1..
136) Vgl. Lukács 1971 : 124 u.ö.. Wir haben oben einige Beispiele angeführt.
137) Vgl. Lukács 1971 : 407.

idealistischer Positionen[138]. So ist es natürlich ein Ökonomismus, wenn alle Strukturen der Gesellschaft direkt auf die Warenstruktur als deren innerstes Geheimnis zurückgeführt werden. Daß diese dann vom Klassenbewußtsein überwunden wird, ist eine klassisch idealistische Ergänzung, keine wirkliche Veränderung der ökonomistischen Argumentation. Ja, wahrscheinlich muß man mit McDonough[139] noch weiter gehen. Auch die Entwicklung des empirischen Proletariats zum klassenbewußten Proletariat des zugeschriebenen Bewußtseins ist in ihrem Kern ökonomistisch; bei aller Kritik Lukács' an der II. Internationale ist hier seine Theorie so weit von dem Kritisierten nicht entfernt: "Je mehr nun die ökonomische Krise des Kapitalismus fortschreitet, desto klarer tritt diese Einheit des ökonomischen Prozesses *auch praktisch erfaßbar* in Erscheinung. Sie ist zwar in den sogenannten normalen Zeiten auch vorhanden und also vom Klassenstandpunkt des Proletariats aus wahrnehmbar gewesen, aber der Abstand zwischen Erscheinungsform und letztem Grund war dennoch zu groß, um im Handeln des Proletariats zu praktischen Konsequenzen führen zu können"[140]. Letztlich ist es also der ökonomische Prozeß höchstselbst, der die Revolution und das revolutionäre Bewußtsein ermöglicht. Was Lukács also will, ist weniger den Ökonomismus der II. Internationale zu kritisieren als deren Quietismus. Er besteht darauf, daß der geschichtliche Prozeß, indem er die ökonomischen Widersprüche notwendig zuspitzt, zugleich auch die Möglichkeit des klassenbewußten Handelns des Proletariats inauguriert. Das Klassenbewußtsein reflektiert also in gewisser Weise die ökonomische Krise, wenn auch andererseits, wie oben gezeigt, die relative Ungleichzeitigkeit beider Momente im revolutionären Prozeß betont wird.

Lukács löst sich keinesfalls von der teleologischen Geschichtsphilosophie. Was ihn von der II. Internationale vielmehr unterscheidet, ist, daß er das revolutionäre Potential der Hegelschen Philosophie gegen den Kantischen (Bernstein) und Darwinschen (Kautsky) Evolutionismus stark macht. Durch Widersprüche und Kämpfe bewegt sich die Geschichte; und die Kämpfe sind selbst notwendiger Teil des geschichtlichen Prozesses. Dies ist die Botschaft, die gegen die Theorien des langsamen, quasi autopoietischen und selbstreferentiellen Marxismus, in dem der Sozialismus gleichsam im Schlafe von den Produktivkräften höchstselbst erobert wird, gesetzt wird. Doch so ganz löst sich Lukács von "versicherungsmarxistischer Denkweise"[141] nicht.

---

138) Vgl. auch Eagelton 1993 : 118.
139) McDonough 1978 : 40.
140) Lukács 1971 : 161.
141) So aber Ritsert 1977 : 117, der Lukács mit einigen Hardlinern des dogmatischen Marxismus konfrontiert, gegen die er alle Mal gut aussieht. Diese argumentative Taktik, die mit einigem Recht zeigt, wie sinnvoll Lukács' Interventionen zuweilen sein können, verdeckt jedoch die Probleme der Lukácsschen Theorie selbst.

Lukács löst in Nachfolge Lenins den Ideologiebegriff zwar aus seiner direkten instrumentellen Ankoppelung an die Produktivkraftökonomie, doch er bindet ihn in seinen expressiven Totalitätsbegriff ein. Dies führt zu einer seltsamen Ambivalenz. Lukács betont rigoros das subjektive, das bewußte, das ideologische Moment des Kampfes. Gleichzeitig aber ist dieses Moment selbst in eine Teleologie eingebaut, die es nicht nur wieder an die Krise der kapitalistischen Ökonomie anbindet, sondern es zum notwendigen Moment historisch vorbestimmter Dialektik degradiert.

Lukács' Theorie kreist um die Fragen des zur Wahrheit kommenden Subjekts. Sie bewegt sich im Schema Subjekt - Realität - Entfremdung. Hierin ist Ideologie ein selbstverständlicher Bereich, dessen Bestimmung und theoretische Einordnung in eins mit der Konzeption einer Klasse fällt. Alle Subjekte sind entfremdet, doch nur einer Klasse obliegt es, diese Entfremdung kraft ihrer richtigen Ideologie aufzuheben. Subjekt, Klasse und Ideologie sind feste Entitäten, besser: prozessuale Entitäten, die durch die Wirrnisse der Geschichte zu ihrer Aufgabe finden - und zwar in dem Moment, indem sie zusammenfallen, da Ideologie zum Selbstbewußtsein der Klasse als kollektivem, die Wahrheit erkennenden Subjekt geworden ist. Diese Aufgabe ist von 'Madame Geschichte' bestimmt, das Proletariat ist in seinem Bewußtwerdungsprozeß subjektives Moment eines ihm äußerlichen Prozesses. Die Subjekte brauchen in diesem Rahmen keine realen Instrumente zum Kampf, weil sie auch nicht real kämpfen. Sie erkennen schlicht die Wahrheit, die ihnen im Laufe des Prozesses zufliegt "wie die gebratenen Tauben im Schlaraffenland"[142]. Erkenntnis und Revolution fallen zusammen. Indem das Proletariat die Welt sieht, wie sie ist, ist sie schon nicht mehr, wie sie war. Das Proletariat muß den ideologischen Kampf gewinnen, doch es wird ihn gewinnen. Diese Aussage scheint widersinnig, ist aber dennoch das Fazit. Das Klassenbewußtsein ist nämlich, gut hegelianisch, die notwendige Einsicht in die Notwendigkeit des Klassenbewußtseins. Entzieht man der Theoretisierung von Lukács das Wahrheitspostulat und die Gewißheit des sich selbst erzeugenden Sinns der Geschichte, bricht alles zusammen. Das Bewußtsein ersetzt so die Stelle der Produktivkräfte. Der Deus ex machina wird aus der Maschine in das Bewußtsein verlagert.

2.5. Nach Lukács

Antiökonomistische Effekte aber konnte das Buch aus zumindest zweierlei Hinsicht haben. Denn zumindest gegenüber dem marxistischen Naturalismus hatte diese Theo-

---

142) Nemitz 1986 : 56.

retisierung befreiende Wirkungen; und zweitens war das Buch zu einer Zeit veröffentlicht, in der bei weitem nicht nur Lukács die Möglichkeit einer Ausbreitung der sozialistischen Revolution für unmittelbar auf der Tagesordnung stehend ansah. In dieser Situation war die relative Ungleichzeitigkeit, die Lukács im doppelten Lauf des Geschichtsprozesses als relative Autonomie des Stands seiner objektiven und subjektiven Seite verortete, antiökonomistisch. Heute ist er dies nicht mehr. Für Lukács war, nach einem von ihm gern zitierten Wort Schillers, die Weltgeschichte das Weltgericht. Da Vernunft keine normative, sondern eine in der Wirklichkeit und ihrer Entwicklung selbst fundierte Größe ist, entscheidet so in letzter Instanz der geschichtliche Erfolg über die Richtigkeit von politischen Forderungen. Was dies nach 1989 für den Marxismus bedeutet hätte? Vielleicht das, was Lukács im Mai 1968 einem Prager Journalisten in die Feder diktierte: Wäre der Sozialismus keine 'richtige Lehre', die die Vorherrschaft der Wahrheit "nicht de facto besäße, dann wäre, grob gesagt, der ganze Sozialismus ein Schwindel. Er könnte dann nur einige Zeit bestehen, als eine falsche Ideologie eben, und würde nach einem gewissen Zeitraum verschwinden, wie die Ideologie Hitlers verschwunden ist"[143].

Dies ist aber nur die andere Seite der spekulativen Tautologie, die Geschichte und Klassenkampf anleitet. Nimmt man ihr die realgeschichtliche Versicherung, fällt sie im Nichts zusammen. Der argumentative Zirkel aber läßt sich so zusammenfassen[144]: Das Proletariat wird als revolutionäre Klasse, die die Gesellschaft aufgrund des Marxismus verstehen und transformieren kann, gesehen. Daß das Proletariat aber die revolutionäre Klasse ist, wissen wir aufgrund der marxistischen Theorie. Oder anders herum formuliert[145]: Von welchem Standpunkt aus kann entschieden werden, daß das Proletariat die objektive Möglichkeit des Klassenbewußtseins in sich trägt? Vom Standpunkt des idealen Proletariats aus ist dies nicht möglich, da es noch nicht existiert. Wenn aber nur dieser Standpunkt richtig ist, kann vernünftigerweise nicht von einem anderen Standort geurteilt werden. Damit steht der Theoretiker vor dem Paradox, die Wahrheit, die er gemäß seiner eigenen Theorie noch gar nicht erkennen kann, da er selbst in der Struktur des Warenfetischismus notwendig befangen ist, zu behaupten. Die Theorie der Veränderung selbst müßte dem Verdikt verfallen, Teil (Ausdruck) der falschen Struktur zu sein.

---

143) Lukács, zit. nach Brunkhorst 1988 : 245.
144) Vgl. McDonough 1978 : 43.
145) Vgl. Eagelton 1993 : 115 f..

Die Kritische Theorie hat, insbesondere Adorno in seiner Kritik an Lukács[146], diese unumgängliche Konsequenz einer Theorie umfassender, alle Poren der Gesellschaft durchdringender Verschleierung ein Stück weit (für Lukács, nicht für sich selbst) gezogen: "Die sinnerfüllten Zeiten, deren Wiederkunft der frühe Lukács ersehnte, waren ebenso das Produkt von Verdinglichung, unmenschlicher Institution, wie er es erst den bürgerlichen attestierte"[147]. Ohne Zweifel ist Adorno hier konsequenter. Den Standort seiner Wahrheit kann er nicht mehr in der Geschichte, sondern nur in einer Ungleichzeitigkeit der Entwicklung bürgerlicher Gesellschaft bestimmen[148]. Der Theoretiker, der den Warenfetischismus als Struktur ernst nimmt, muß, kann er auf diese Gnade der frühen Geburt nicht mehr verweisen, sich fragen, inwieweit seine Theorie des universellen Schleiers Teil eben dieses Schleiers ist. Das macht wahrscheinlich eine zentrale Schwierigkeit des 'Flaschenpostschreibens' heutzutage aus[149].

Das Buch hatte aber, wie Adorno und Althusser betonen, noch einen ganz anderen Effekt. Es leitete den Paradigmenwechsel vom Sein zum Bewußtsein ein. Lukács begründet damit eine Linie, die, wie Adorno sagt, insbesondere bei Theologen beliebt ist. Eine Linie des Marxismus, die sich zentral in den Frühschriften von Marx findet, und gegen die Louis Althusser unter zahlreichen Anfeindungen versuchte, den Marxismus als nicht-historizistische, a-humanistische und a-teleologische Theorie stark zu machen.

Teilt die Frankfurter Schule und dort insbesondere auch Adorno in ihrem äußerst zwiespältigen Verhältnis zu Lukács[150] zwar nicht das idealistische Moment einer teleologischen Bewußtseinsphilosophie, so um den Preis, Kämpfe und Widersprüche nur noch als Teil des falschen Ganzen thematisieren zu können. "Keine höhere Gestalt der Gesellschaft ist, zu dieser Stunde, konkret sichtbar. Darum hat, was sich gebärdet als

---

146) Vgl. dazu Zima 1978.
147) Adorno 1990 : 192. Vgl. ebd. : 191: "Leicht bildet Denken tröstlich sich ein, an der Auflösung der Verdinglichung, des Warencharakters, den Stein der Weisen zu besitzen. Aber Verdinglichung selbst ist die Reflexionsform der falschen Objektivität; die Theorie um sie, eine Gestalt des Bewußtseins, zu zentrieren, macht dem herrschenden Bewußtsein und dem kollektiven Unbewußten die kritische Theorie idealistisch akzeptabel. Dem verdanken die frühen Schriften von Marx, im Gegensatz zum 'Kapital', ihre gegenwärtige Beliebtheit, zumal unter Theologen. ... Worunter die Menschen leiden, darüber gleitet mittlerweile das Lamento über Verdinglichung eher hinweg, als es zu denunzieren. Das Unheil liegt in den Verhältnissen, ... nicht primär in den Menschen und der Weise, wie die Verhältnisse ihnen erscheinen."
148) Vgl. Böke 1992.
149) Vgl. dazu einerseits Nachtmann/Müller 1995; als Replik: Tuckfeld 1996; als Replik auf die Replik: Krug/Nachtmann 1996.
150) Vgl. dazu Wiggershaus 1991 : 92 - 98 (Adorno und Lukács); 113 ff. (Marcuse und Lukács).

wäre es zum Greifen nahe, etwas Regressives"[151]. So ist sie als Notwendiges Gegengift gegen den Glauben, der Widerstand gegen die bestehende Gesellschaft könne diese per definitionem transzendieren, äußerst heilsam. Jedoch bleibt eine Theorie des Kampfes in den bestehenden Strukturen gegen die bestehenden Strukturen für sie undenkbar[152].

Lukács' Denken findet sich in Versatzstücken dementsprechend heute bei so unterschiedlichen Gruppen und Theoretikern wie den Antiimperialisten, der RAF[153] oder auch in Form der romantischen Kapitalismuskritik namens Verdinglichung in humanistisch-subjektivistischen Ansätzen der unterschiedlichsten Couleur. Bei Habermas, der Lukács in der 'Theorie des kommunikativen Handelns' als Zwischenglied in der Kette von Weber bis Horkheimer/Adorno zu sich selbst ansieht, dient der Begriff der Verdinglichung gar dazu, ein Basis/Überbau-Modell in modifizierter Form zu validieren[154]. Dabei ist 'System' für Habermas eine normfrei sich reproduzierende Entität, die frappante Ähnlichkeiten mit der Ökonomie im dogmatischen Marxismus hat, wohingegen die 'Lebenswelt' modifiziert (sie spiegelt das System nicht wieder, sondern ist analytisch von diesem getrennt) die Rolle des Überbaus einnehmen darf[155]. Verdinglichung beschreibt in diesem Aufbau den Eingriff "ökonomischer Imperative tief in die kommunikativ strukturierte Lebenswelt der Beschäftigten und Konsumenten"[156] hinein. Wie Verdinglichung bei Lukács für die Zerstörung des wahren Menschen, der zum Abbild der Ware wird, steht, so steht sie bei Habermas für die Zerstörung der wahren, kommunikativen Lebenswelt durch Übergriffe des Systems.

So rettet sich Lukács' romantische Kapitalismuskritik bis in die neueste Philosophie. Eine marxistische Theorie des Politischen aber sollte andere Wege gehen.

---

151) Adorno 1974 : 45. Adornos Kritik am Aktionismus der Studentenbewegung, an Theoriefeindlichkeit und optimistischer Geschichtsmetaphysik ist weithin berechtigt und kann hier nicht adäquat gewürdigt werden. Problematisch aber wird es dort, wo die positive Dialektik des klassischen Marxismus auf den Kopf gestellt und durch eine negative Dialektik ersetzt wird: "Keine Universalgeschichte führt vom Wilden zur Humanität, sehr wohl eine von der Steinschleuder zur Megabombe" (Adorno 1990 : 314).

152) Vgl. auch die, wenn auch etwas zu kurz gegriffene, Kritik bei Nemitz 1986 : 59 f. und die längere, im Kern richtige, aber Adorno (z.B. in seiner Kritik der Verdinglichungskategorie) nicht gerecht werdende Kritik der Broschüren-Gruppe 1994 : 125 ff. und von Detlef Schulze (Desch) 1994 : 164 ff..

153) Vgl. dazu die überspitzte, aber im Kern richtige Polemik der Broschüren-Gruppe 1994 : 129 ff..

154) Vgl. dazu schon Müller-Tuckfeld 1996 : 148.

155) Vgl. zur ausführlichen Analyse und Kritik dieses Konzeptes Johannes 1989, dem allerdings nur in der Kritik, nicht aber in seinen Schlußfolgerungen gefolgt werden kann.

156) Habermas 1984 : 569.

3. Antonio Gramsci - oder: die Philosophie der Praxis

3.1. Wie Gramsci lesen?
3.1.1. Demokratietheoretisch oder leninistisch?

Gramsci ist Leninist gewesen. Seine ersten politischen und theoretischen Interventionen standen ganz unter diesem Zeichen; und die Problematik, in der er seine Begriffe entwickelt, bleibt, auch wenn er sie radikalisiert, modifiziert und verschiebt, eine leninistische[1]. Dies heißt also nicht, daß Gramsci "nichts anderes tut, als die vor ihm - vor allem bei Lenin - entwickelten Konzeptionen ... schärfer herauszuarbeiten"[2]. Vielmehr situiert Gramsci seine Überlegungen auf dem Terrain, das erst durch die Leninsche Transformation des Marxismus eröffnet worden ist, um dieses Terrain schließlich selbst, zumindest ein Stück weit, zu überwinden.

Gramsci hat, wie Lenin, sein Wirkungsfeld in der Weiterentwicklung einer theoretischen Position gegen den Ökonomismus gesehen[3]. Der Marxismus ist in seinen Augen zur Theorie der "Untätigkeit des Proletariats"[4] geworden, so daß die Revolution in Rußland, so sein bekanntes Diktum, das er im November 1917 veröffentlichte, eine Revolution "gegen das *Kapital* von Karl Marx"[5] sei. Enthusiastisch feiert Gramsci in seinen frühen Schriften die Oktoberrevolution mit einem geradezu idealistischen und messianischen Pathos, der an Sorel erinnert[6]. Mit diesem sieht er im Bolschewismus eine neue, gleichsam (zivil-)religiöse Kraft, die durch "sozialistische Verkündigung"[7]

---

1) Dies hat insbesondere Buci-Glucksmann 1981 herausgearbeitet.
2) So in bekannter Manier Metscher/Steigerwald 1982 : 205, die einmal mehr nur die heroische Linie der Kontinuität zwischen den Vordenkern der Arbeiterklasse in der Ideologietheorie zelebrieren. Zwar ist gegen die modische Rezeption Gramscis durch Sozialdemokraten und Eurokommunisten in den frühen achtzigern und liberalen Zivilgesellschaftstheoretikern in den späten achtzigern die Nähe zu Lenin zu betonen. Dies darf aber zum einen die theoretischen Differenzen nicht verdecken. Zum anderen stellen Metscher/Steigerwald Gramsci in die Linie von Marx bis Lenin und übersehen geflissentlich Gramscis expliziten Bezug auf den Leninismus *gegen* den Marxismus.
3) Vgl. exemplarisch Hall 1989 : 63 ff.; Elfferding/Volker 1986 : 63 f.; Kramer 1975 : 65 f.; Schreiber 1990 : 137 f..
4) Gramsci, zit. nach Zamis 1986 : 325.
5) Gramsci 1967 : 24.
6) Die Beziehung von Gramsci zu Georges Sorel, der sowohl als Syndikalist und Interpret des Marxismus, wie auch als geistiger Verbündeter nationalistischer und antisemitischer Strömungen selbst schon einen äußerst komplexen Fall darstellt (vgl. Lichtheim 1981), kann hier nicht adäquat dargestellt werden. Jedenfalls ist Sorel sich in der Einschätzung Lenins als Überwinder des marxistischen Quietismus mit Gramsci einig (vgl. Sorel 1981 : 346). Vgl. exemplarisch zu Gramscis Einschätzung von Sorel: Gramsci 1967 : 80 (emphatisch) und Gh, Bd. 6 : 11/66 (kritisch). Zum Verhältnis beider vgl. auch Buci-Glucksmann 1981 : 55 ff..
7) Vgl. Gramsci 1967 : 25 f..

dem russischen Volk einen gesellschaftlichen, historisch wirkungsmächtigen Willen gegeben habe. Der Bolschewismus ist insoweit für ihn die praktische Kritik der ökonomistischen Theorie: "Die politischen Verfassungen sind notwendigerweise von der ökonomischen Basis abhängig, von den Formen der Produktion und des Austausches. Mit dem einfachen Aufsagen dieser Formel glauben viele, jedes politische und historische Problem gelöst zu haben, ... und beispielsweise ... schlußfolgern (zu können): Lenin ist Utopist"[8]. "Sie [die Kritiker Lenins, mt] verstehen die Geschichte nicht als freie Entwicklung ... verschieden von der Evolution in der Natur ... . Sie haben nicht gelernt, daß die Freiheit die in der Geschichte innewohnende Kraft ist, die jedes vorgefaßte Schema sprengt. Die Philister des Sozialismus haben die sozialistische Lehre entwürdigt ... . In Rußland hat die freie Bejahung der individuellen und der vereinten Energien die Barrieren der Phrasen und der vorbestimmten Pläne niedergerissen"[9]. Die Kritik des Ökonomismus prägt also schon Gramscis erste Veröffentlichungen und zieht natürlich den Vorwurf des Voluntarismus nach sich. Die Problematik der Jugendschriften aber soll hier nicht der zentrale Gegenstand sein. Der idealistische Humanismus, das religiöse Pathos, die Gramsci hier in Opposition zum ökonomistischen Determinismus formuliert, zeigen aber, bei allen berechtigten Bedenken, die gegen sie zu formulieren wären, an, daß es jenseits der Verschiebungen und Brüche im Werk Gramscis eine Kontinuität gibt: der Marxismus soll von einer 'Theorie der Untätigkeit des Proletariats' zu einer 'Theorie der Praxis' werden. 'Theorie der Praxis' ist somit nicht nur ein beliebiges Codewort für den Marxismus, das in den Gefängnisheften genutzt wird, um der Zensur zu entgehen. Theorie der Praxis ist als Konzept ernst gemeint[10], ist Synonym für Marxismus und Metapher im lacanschen Sinne: Ein Wort für ein anderes. Aber ein Wort für einen anderen als den klassischen Marxismus.

Der frühe Zeitpunkt, zu dem Gramsci diese Aussagen traf, und die in dem später (1929 - 1933) in faschistischer Haft (1926 - 1934/36) entstandenen Werk, den sogenannten Kerkerheften, stattfindende thematische Verschiebung gaben Anlaß, Gramsci auf unterschiedliche Arten zur Kenntnis zu nehmen. Während eine dem orthodoxen Marxismus nahe Lesart versuchte, Gramsci allein oder doch zumindest vorrangig im Lichte seiner 'roten Jahre' als Politiker und Journalist auf dem linken Flügel der

---

8) Gramsci 1980 : 15.
9) Gramsci 1980 : 21.
10) Hall u.a. 1978 : 57. Diese Frage ist heftigst umstritten, da sie für das Verhältnis von Gramsci zum klassischen Marxismus zentral ist. Eine ausführliche Übersicht über den Streitstand findet sich bei Haug 1994 : 1195 ff..

Sozialisten und schließlich als Mitbegründer der KPI zu lesen[11]; versuchte eine zweite Rezeption allein seine Gefängnishefte und diese als Abgrenzung zum leninistischen Projekt zur Kenntnis zu nehmen.

Die erste Lesart steht also für den Versuch, Gramsci für eine orthodox-traditionelle Linie fruchtbar zu machen. Ein Versuch, der aufgrund des Materials nicht immer leicht ist[12]. Dennoch will diese Linie nicht auf den 'klugen Revolutionär', den 'Internationalisten' und den 'geistigen Vater und Führer' der Kommunistischen Partei Italiens in ihrer Ahnenreihe verzichten[13]. Damit hier ja keine Brüche deutlich werden, wird behauptet, daß Gramsci den Hegemoniebegriff "niemals anders" als Lenin und sogar Stalin verwandt habe[14].

In einer zweiten Variante wird der Versuch gestartet, Gramsci als Referenz für die Sozialdemokratie westlicher Prägung[15], für Stadtteilfeste und ähnliches, kurz: für die von Peter Glotz geschaffene Form der theoretischen und politischen Wahrnehmung, zu nutzen. Auch soll Gramsci, von der sozialdemokratischen Lesart nicht immer abweichend, für die eurokommunistische Variante fruchtbar gemacht werden[16]. Beiden

---

11) Vgl. hierzu exemplarisch die von Guido Zamis herausgegebenen Gramsci-Sammelbände des Röderberg-Verlages (1980 und 1987). Diesen wird zu Recht vorgeworfen (vgl. dazu Haug 1991 : 11), daß sie äußerst selektiv das Werk Gramscis ordnen. So verwendet der erste der beiden Sammelbände zu 75% Texte aus Gramscis früher Phase.

12) So schreibt Zamis in dem Nachwort zu der von ihm zusammengestellten Textsammlung: "Es ist erstaunlich, wie Gramsci sofort das Wesen der Revolution in Rußland erfaßte. Freilich darf man von den Artikeln, die er im 'Grido del Popolo' damals veröffentlichte, nicht jedes Wort auf die Goldwaage legen. ... Er schoß dabei sogar weit daneben, als er kurz nach den Sturm auf das Winterpalais von der 'Revolution gegen das 'Kapital'' sprach, wobei unter 'Kapital' das Werk von Karl Marx verstanden wird" (Zamis 1980 : 325). Zamis führt für dieses 'Versehen' zwei Gründe an: 1. sei der Marxismus in Italien kaum bekannt gewesen; 2. sei Gramsci der reformistischen Verballhornung des Marxismus aufgesessen. Doch seien "solche Unklarheiten" nicht der "Kern des Artikels" (vgl. ebd. : 326). Damit sich die LeserIn auf keinen Fall selbst davon überzeugen kann, wird der so inkriminierte Artikel in der Aufsatzsammlung von Zamis erst gar nicht veröffentlicht.

13) Vgl. den Klappentext des Röderbergbuches von 1980.

14) Vgl. Zamis 1980 : 342 f.. Ähnlich ist da natürlich die o.g. These von Metscher/Steigerwald.

15) Eine ausführliche und zusammenfassende Darstellung dieser Sozialdemokratisierung Gramscis, deren Kritik hier weitgehend geteilt werden kann, auch wenn der Kontext, in dem sie steht (Gramsci, Lenin, Thälmann und die DKP als Träger einer theoretischen Linie zu konstruieren), selbst der Kritik bedarf, bieten Holz/Sandkühler : 20 ff..

16) Für diese Linie stehen, freilich ohne sich genau um den theoretischen Kontext und die Begriffe bei Gramsci selbst zu kümmern, die eurokommunistischen und die sozialdemokratischen Lesarten. Vgl. hierzu kritisch: Haug 1991 : 11 und Schreiber 1990 : 14. Doch es gibt auch in den Texten Gramscis Ansatzpunkte für genau diese eurokommunistische und sozialdemokratische Interpretation. Sie werden im Fortgang der Argumentation noch vorgestellt werden.

politischen Richtungen ist gemein, daß sie das Gewicht auf die Hegemoniekonzeption Gramcsis legen, genauer noch: das Wort Hegemonie von Gramsci bar seines Zusammenhangs übernehmen, um damit die Zentralität der Eroberung der politischen Kultur *im* Kapitalismus zu betonen, um nicht mehr die Gramscische Frage nach der Überwindung des Kapitalismus stellen zu müssen. Verständlich und notwendig ist aus dieser Perspektive der Wille, sowohl den Bezug zu Lenin auszublenden oder kleinzureden, als auch, und damit in Zusammenhang, die Frage des Zwangs, der Diktatur und der Herrschaft. Gramsci wird so nicht nur zum Theoretiker des parlamentarischen Reformismus, was schon kaum aus seinem Werk gelesen werden kann[17], er wird gar zum Ahnherr der Frage, wie die Sozialdemokratie einen 'alternativen Block' für eine marktwirtschaftlich orientierte Politik errichten könne[18]. Ist der Hegemoniebegriff erst einmal jeden Kontextes beraubt und zu einer Kurzanweisung zur Eroberung politischer Macht, vermittelt durch die 'Besetzung von Begriffen', herabdekliniert, kann sich natürlich ungeniert jeder bedienen. In dieser Version findet bekanntlich auch die Neue Rechte Gramsci interessant[19].

Ähnlich aus dem Zusammenhang gerissen wurde in letzter Zeit auch der Begriff der Zivilgesellschaft. Aus einem kritischen und analytischen Begriff, der bei Gramsci die Festigkeit der Herrschaft der Bourgeoisie und also die Schwierigkeiten bei der Überwindung des Kapitalismus erklären soll, wird ein affirmativer Begriff, mit dem ehemalige Linke das Sich-Einrichten im politischen Gefüge des parlamentarisch verfaßten Kapitalismus mit der Weihe eines linken Gewährsmannes ausstatten wollen[20]. So gewendet wird 'Zivilgesellschaft' als der Ort des Diskurses, in dem Machtstrukturen aufgehoben scheinen, begrifflich reformuliert. Selbst bei Kritikern an neopluralistischen Demokratietheorien, wie sie in der Bundesrepublik vor allem von Rödel, Dubiel und Frankenberg formuliert worden sind[21], wird deren Verdrehung des Gramscischen Zivilgesellschaftsbegriffs nachvollzogen. Wenn beispielsweise Hirsch einfordert, daß das, "was Gramsci 'societa civile' genannt hat"[22], gleichsam als Gegengesellschaft wider die zunehmende und unhintergehbare Durchstaatlichung gestärkt

---

17) Vgl. Anderson 1979 : 35 ff.; differenzierend dazu macht Schreiber (vgl. Schreiber 1990 : 138) richtig darauf aufmerksam, daß, obwohl Gramsci für den positiven Bezug auf bürgerliche Freiheiten und auf den Parlamentarismus nicht fruchtbar gemacht werden kann, in Gramscis Argumentation trotz der Betonung des Zwangs ein starkes Gewicht auf den Konsensus - und damit auf die wünschenswerte tiefe Verankerung in der Gesellschaft - gelegt worden ist.

18) Vgl. zur Glotzschen Rezeption Gramscis: Deppe 1989 : 29 f..

19) Vgl. de Benoist 1984, Bd. 2 : 379 - 389 und Jäger 1994.

20) Vgl. Fülberth 1991 : 141 ff.. Daß sich diese Theorie dann zudem in rassistische Argumentationsmuster hervorragend einpaßt, haben wir an anderer Stelle diskutiert: Müller/Tuckfeld 1993.

21) Rödel u.a. 1989.

22) Hirsch 1990 : 172.

werden müsse, dann verkennt er nicht nur den Gehalt des Begriffs bei Gramsci, sondern sitzt jener Teilung von guten und bösen kapitalistischen Strukturen auf, die bei den Zivilgesellschaftstheoretikern propagiert wird. Man muß dann nur die guten Strukturen stärken, und der Kapitalismus entwickelt ein menschliches Antlitz: eine Strategie, die bei Habermas als Stärkung der kommunikativen Strukturen der Lebenswelt gegen die Übergriffe (Kolonisierungsversuche) des Systems schon lange vorgedacht ist. Genau aber gegen derartige Perspektiven steht Gramsci. Bei ihm ist Zivilgesellschaft, wie wir noch sehen werden, der Kern kapitalistischer Herrschaft. Ihn zu stärken ist ein affirmatives, kein kritisches Projekt[23].

Hier soll nun aber einer dritten Rezeptionslinie gefolgt werden, die versucht, das Werk Gramscis als Ganzes und in der durch Gramsci gewählten Kontextualisierung zur Kenntnis zu nehmen. Diese Linie macht den politischen wie theoretischen Zusammenhang zwischen Lenin und Gramsci stark, ohne letzteren auf ersteren zu reduzieren. Gramsci hat in meinen Augen eine, vom klassischen Marxismus abweichende, neue Staatskonzeption entwickelt, die maßgeblich auf dem Konzept der Hegemonie beruht[24].

Es darf also nicht unterschlagen werden, daß es zwischen dem frühen und dem späten Gramsci Unterschiede gibt. Im Gegenteil, denn dies macht ja gerade die Fruchtbarkeit des Ansatzes aus. Gramsci tritt zu einem bestimmten Zeitpunkt aus den Fußstapfen Lenins und wird zum Begründer einer Theorie der Revolution im Westen[25]. Dieses Heraustreten aus den Fußstapfen heißt aber nicht, daß Gramscis Theorie der Revolution im Westen ein Gegenmodell zur leninschen Theorie ist[26]; es beruht eher auf jener Unterscheidung, die Lenin selbst getroffen hat: "Die ganze Schwere der russischen Revolution besteht darin, daß es für die russische Arbeiterklasse bedeutend

---

23) Vgl. Fülberth 1991 : 143; Müller/Reinfeldt/Schwarz/Tuckfeld 1994 : 91. Mittlerweile vertritt auch Hirsch den Begriff der Zivilgesellschaft als kritischen Begriff, indem er einen "zivilgesellschaftlichen Totalitarismus" (Hirsch 1995 : 156 ff.) analysiert. Das Problem bleibt jedoch im Kern bestehen. Denn zum einen sieht Hirsch weiterhin als ein spezifisch neuartiges Phänomen, was Gramsci als 'normale' Funktionsweise bürgerlicher Herrschaft beschreibt. Zum anderen bedauert er, daß ein kritischer Begriff von 'Zivilgesellschaft', der bestehende institutionelle Formen hätte in Frage stellen können, nicht entwickelt worden sei (ebd. : 165). Die Entwicklung eines solchen Begriffs - den man dann aber bitte nicht 'Zivilgesellschaft' nennen sollte - hätte gerade vorausgesetzt, daß Gramscis Kritik des engen Staatsbegriffs rezipiert worden wäre.

24) Das wird gut herausgearbeitet von: Buci-Glucksmann 1981; Hall u.a. 1978; Eagleton 1993 : 133 ff.; Kramer 1975; Schreiber 1990.

25) Buci-Glucksmann 1981 : 16. Auch Schreiber teilt die Auffassung, daß sich als roter Faden durch Gramscis Werk die Frage nach der "Funktions- und Organisationsweise von Herrschaft in den industriell und kulturell hochentwickelten Ländern" (Schreiber 1990 : 10) zieht.

26) Wie es beispielsweise Walzer 1991 : 118 nahelegt.

leichter war als für die westeuropäische Arbeiterklasse, die Revolution zu beginnen ... . Dort, in den westeuropäischen Ländern, ist es schwieriger, die Revolution zu beginnen, weil sich dort der hohe Stand der Kultur gegen das revolutionäre Proletariat auswirkt und die Arbeiterklasse sich in Kultursklaverei befindet"[27]. Damit sind die Fragen, die Gramscis Denken zentral beschäftigen werden, gestellt: Warum erweist sich die Revolution im Westen als schwieriger als im Osten? Was macht die relative Stabilität des Kapitalismus aus? Welche Kampfstrategie erfordert dementsprechend eine revolutionäre Perspektive im Westen? Daß sie sich vom Sturm auf das Winterpalais zu unterscheiden habe, hat Lenin selbst bereits klar formuliert: "Mir scheint, Iljitsch hatte verstanden, daß es einer Wende vom Bewegungskrieg, der 1917 siegreich im Osten angewandt worden war, zum Stellungskrieg bedurfte, welcher der einzig mögliche im Westen war ... . Nur daß Iljitsch die Zeit nicht hatte, seine Formel zu vertiefen ..."[28].

Gramscis 'neue' Theorie bedient sich der Form der Verschiebung theoretischer Instrumente Lenins, gleichzeitig erweitert er diese. "Marx ist ein Schöpfer von Weltanschauung, aber welches ist die Stellung von Iljitsch? ... Die Erklärung liegt im Marxismus selbst - Wissenschaft und Handeln"[29]. Wenn Wissenschaft und Aktion gleichzeitig als homogen und heterogen zu betrachten sind, wie Gramsci im gleichen Fragment schreibt, dann muß der Modus der Verbreitung einer Theorie als Weltanschauung Teil der Theorie selbst sein. "Die Untersuchung muß daher, wie ich sagte, im Bereich des Hegemoniebegriffs gemacht werden. Dieser Begriff hätte ... einen erkenntnistheoretischen Sinn, und deshalb wäre am Hauptbeitrag Iljitschs zur marxistischen Philosophie, zum historischen Materialismus, festzuhalten, einem originellen und schöpferischen Beitrag"[30]. Dieser Sinn ergibt sich, wenn man Marx' Aussage aus dem Vorwort zur 'Kritik der Politischen Ökonomie', nach der sich die Menschen in den ideologischen Formen, in Kämpfen bewußt werden, gegen Marx[31] und mit Gramsci als erkenntnistheoretische Prämisse ernstnimmt[32]. Diese als Zitate vorgelegten Koordinaten bestimmen das Werk von Gramsci: Der Ausgangspunkt ist die Frage des Handelns, besser: die der Praxis; der theoretische Begriff, in dem diese Praxis verortet werden soll, ist der der Hegemonie.

Bereits oben hatten wir ausgeführt, daß Gramscis zentraler theoretischer Einsatz im Kampf gegen den Ökonomismus zu suchen ist. Für Gramsci steht Ökonomismus als

---

27) Lenin, Werke, Bd. 27 : 464.
28) Gramsci Gh, Bd. 4 : 7/16; Iljitsch steht (aus Gründen der Zensur) für Wladimir Iljitsch Lenin.
29) Gramsci Gh, Bd. 4 : 7/33.
30) Gramsci Gh, Bd. 3 : 4/38.
31) Vgl. oben, Teil I, Kap. 1.2.1..
32) Vgl. Gramsci Gh, Bd. 3 : 4/37.

Begriff für die Reduktion der Ökonomie auf die Produktivkräfte[33], in deren Entwicklung gleichzeitig ein immer fortschreitendes und gesellschaftsdeterminierendes Moment gesehen wird, das letzten Endes jenseits der Gesellschaft, in der es sich bewegt, analysiert werden kann[34]. Der Ökonomismus ist dabei keineswegs nur eine Abart des Marxismus, er nimmt vielmehr sehr unterschiedliche Formen an, je nachdem, in welchem Kontext er sich artikuliert[35]. So analysiert Gramsci sowohl den Liberalismus (die 'theoretische Freihandelsbewegung'), als auch den theoretischen Syndikalismus als Ökonomismen. Ersterer verkenne in seiner Behauptung, Zivilgesellschaft und Staat seien getrennte Sphären, daß die Unterscheidung *rein* methodisch sei, wie auch den Umstand, daß die von ihm geforderte Trennung von Markt und Staat keineswegs 'natürlich' und apolitisch ist. "Im übrigen muß auch der Liberalismus durch Gesetz eingeführt werden, also durch Eingriff der politischen Macht: er ist eine Willenstatsache, nicht der spontane, automatische Ausdruck der wirtschaftlichen Tatsache"[36]. Den theoretischen Syndikalismus sieht Gramsci als Spiegel des Wirtschaftsliberalismus in einer subalternen Gruppierung. Die Verdrängung des Nichtökonomischen aus der Geschichte ist denn für Gramsci auch ein zunehmend die bürgerliche Ökonomietheorie und Philosophie beherrschender Gedanke.

Damit ist der Rahmen für eine Kritik auch des Ökonomismus im Marxismus gesetzt. Diese Kritik setzt an beiden Achsen des Produktivkraftökonomismus an. Zum einen an der Determination jeglichen Handelns durch die Ökonomie, zum anderen an der Teleologie, die als Teleologie der naturgesetzlichen Entwicklung der Produktivkräfte mit der Behauptung der - im Wortsinne - unbedingten Determination alles Nichtökonomischen durch die Ökonomie einhergeht. Diese Teleologie konnotiert Gramsci regelmäßig mit Metaphern, die die enge Beziehung zwischen Ökonomismus und religiösem Denken anzeigen[37]. Gegen den Ökonomismus entwickelt Gramsci den Begriff der Hegemonie. Nun hatten wir bereits bei Lenin gesehen, daß dieser Begriff keineswegs neu ist, sondern in der russischen Sozialdemokratie eine lange Geschichte hat[38] und insbesondere von Lenin aufgegriffen wird. Der Begriff ist aber nicht abgeschlossen. Vielmehr entwickelt er sich bei Gramsci aus dem leninschen Hegemoniebegriff und transformiert diesen.

---

33) Vgl. hierzu exemplarisch Gramsci Gh, Bd. 3 : 4/19, 4/38.
34) Vgl. exemplarisch Gramsci Gh, Bd. 4 : 7/6 und den Aufsatz 'Revolution gegen das Kapital', in: Gramsci 1967 : 23 ff..
35) Vgl. Gramsci Gh, Bd. 3 : 4/38.
36) Gramsci Gh, Bd. 3 : 4/38.
37) Vgl. exemplarisch Gramsci Gh, Bd. 6 : 11/22, 11/23, 11/35.
38) Vgl. dazu insb. Anderson 1979 : 20 ff.; Schreiber 1990 : 34 ff.; Buci-Glucksmann 1981 : 165 ff.; Kramer 1975 : 85 ff., die insoweit aber nur Lenins Hegemoniebegriff berücksichtigt.

Wir hatten oben gesehen, daß Lenin in seinen frühen Werken dem Proletariat die Aufgabe der Initiierung eines Volksaufstandes und letztlich einer bürgerlichen Revolution zur Durchsetzung der Demokratie zuweist. Lenin ist sich früh bewußt, daß das Proletariat in Rußland diese Revolution keinesfalls allein tragen kann. Hegemonie bedeutet somit, insbesondere in 'Zwei Taktiken der Sozialdemokratie in der bürgerlichen Revolution' (1905), ein Bündnis zwischen nichtantagonistischen Klassen. Dabei sind jedoch die Rollen eindeutig verteilt. Das Proletariat hat als fortgeschrittenste Klasse die Führung in einem Bündnis, in dem die Bauern letztendlich kaum mehr sind als die notwendige, kritische Masse. Jedoch hat der Begriff bei Lenin schon eine eindeutig antiökonomistische Stoßrichtung. Denn die Behauptung, das Proletariat könne hegemonial die demokratische Revolution anführen, steht gegen die These der Menschewiki, daß die bürgerliche Revolution allein von der Bourgeoisie selbst, die sich noch mit der Ausbreitung des Kapitalismus notwendig entwickeln werde, durchgesetzt werden könne. "Den 'Ökonomisten' schien die Hegemonie im politischen Kampf nicht Sache der Sozialdemokraten, sondern eigentlich Sache der Liberalen zu sein"[39].

Während bei Lenin hier Hegemonie aber auf einer präexistenten Interessenidentität real existierender Klassenentitäten beruht (Proletariat und Bauernschaft haben ein gemeinsames Interesse an einer demokratischen Umwälzung), die allenfalls dadurch modifiziert wird, daß die fortgeschrittene Klasse das Bewußtseinsniveau der rückschrittlicheren Klasse anhebt, entwickelt Gramsci diesen Begriff in mehrfacher Hinsicht weiter.

Zum einen impliziert er bei Gramsci zunehmend das Erfordernis einer realen Universalisierung partikularer Interessen. Zum anderen entwickelt Gramsci einen Hegemoniebegriff, der den Staatsbegriff erweitert. Der Staat ist für Gramsci nicht mehr, wie in der klassischen marxistischen Tradition üblich, ein primär repressives Instrument, sondern ein Modus gesellschaftlicher Integration, in dem sowohl Zwang als auch Hegemonie den Zusammenhalt organisieren. Hegemonie, darauf wird im Detail noch einzugehen sein, steht dabei für eine Form konsensualer Herrschaft, die weniger auf Unterdrückung denn auf die Organisierung der aktiven Zustimmung der beherrschten Klasse abzielt. Diese Organisierung aber impliziert einen Staatsbegriff, der nicht beim Staatsapparat im engeren Sinne endet, sondern Staat vielmehr als Ensemble von (auch formal privaten) Institutionen faßt, die jene Funktion der Hegemonie tragen. Dieses Ensemble bildet, zumindest in entwickelten bürgerlichen Gesellschaften, die eigentliche Stütze kapitalistischer Vergesellschaftung.

---

39) Lenin AW, Bd. II : 123.

Dies ist die Grundlage jenes Konzeptes, das auf eine Verschiebung vom Bewegungskrieg zum Stellungskrieg zielt. Der Stellungskrieg ist Metapher für eine Politik der Untergrabung und Zersetzung der bürgerlichen ideologischen Herrschaft bei Aufbau einer proletarischen Hegemonie, die nur durch die Bildung eines breiten Blocks der subalternen Klassen erreicht werden kann. Um diesen Block zu bilden, bedarf es eines modernen Fürsten (im Sinne von Machiavellis Fürst), den Gramsci in der kommunistischen Partei als möglich verortet. Es bedarf der Universalisierung partikularer Interessen. Doch damit der subalterne Block zu einer Einheit zusammengeschmiedet werden kann, bedarf es auch einer ideologischen Universalisierung, die für Gramsci durch die organischen Intellektuellen der Arbeiterklasse geleistet wird.

Die gesamte Konzeption beruht auf der Annahme der Notwendigkeit des politischen Kampfes. Hegemonie ist, wie wir noch sehen werden, zwar keine von der Ökonomie unabhängige Größe, sie verweist aber darauf, daß weder die Herrschaft der Bourgeoisie, noch die Eroberung der Herrschaft durch die Arbeiterklasse notwendige Ergebnisse ökonomischer Entwicklungen sind.

In seiner Kritik des Ökonomismus, die, wie wir gesehen hatten, durchaus mit einer leninistischen Kritik am Marxismus oder zumindest an dessen ökonomistischen Effekten beginnt, rekonstruiert Gramsci einen Marx aus dessen primär politisch-journalistischen Schriften. Aus den großen, ökonomietheoretischen Schriften verweist er auf jene Mosaiksteinchen, die bei Marx vereinzelt die Funktion des Ideologischen, meist gegen ihren Kontext, betonen: den Marxschen Satz, wonach die Menschen sich des Konflikts zwischen Produktivkräften und Produktionsverhältnissen *in* ideologischen Formen bewußt werden und ihn *in* diesen Formen auskämpfen[40]; den Satz, nach dem das Geheimnis des Wertausdrucks erst entziffert werden kann, wenn "der Begriff der menschlichen Gleichheit bereits die Festigkeit eines Volksvorurteils besitzt"[41], den er zusammen mit jener Aussage aus der 'Einleitung zur Kritik der Hegelschen Rechtsphilosophie' liest[42], nach der "auch die Theorie zur materiellen Gewalt [wird, mt], sobald sie die Massen ergreift"[43]. Diese vereinzelten Aussagen, die er, bewußt, aus ihrem Kontext zieht[44], bilden den Rahmen für eine Lektüre von Marx,

---

40) Marx MEW 13 : 9. Vgl. zu Gramscis Bezugnahme auf diese Sentenz exemplarisch: Gh, Bd. 3 : 4/37, 4/38; Bd. 6 : 10/12.
41) Marx MEW 23 : 74.
42) Vgl. Gramsci Gh, Bd. 3 : 4/45; auch: Gh, Bd. 4 : 7/21.
43) Marx MEW 1 : 385.
44) Zum Stellenwert dieser Mosaiksteine bei Marx vgl. oben, Teil I, Kap. 1.4.1. und 1.4.2.. Gramsci ist sich bewußt, daß der Satz aus dem Vorwort zur 'Kritik der politischen Ökonomie' weit weniger impliziert, als er aus ihm herauslesen möchte (vgl. Gh, Bd. 3 : 4/37). Die beiden anderen Stel-

die eher am '18. Brumaire', denn an der Kritik der politischen Ökonomie orientiert ist[45]. Diese Verschiebung macht er selbst deutlich, auch wenn er eine organischere Beziehung zwischen politisch-journalistischen Schriften und der Kritik der politischen Ökonomie annimmt, als beispielsweise die vorliegende Arbeit: "Der (als wesentliches Postulat des historischen Materialismus dargestellte) Anspruch, jede Schwankung der Politik und der Ideologie als einen unmittelbaren Ausdruck der Struktur hinzustellen und darzulegen, muß theoretisch als primitiver Infantilismus bekämpft werden, oder praktisch muß er bekämpft werden mit dem authentischen Zeugnis von Marx als Verfasser konkreter politischer und historischer Werke. ... Eine Analyse dieser Werke erlaubt eine genauere Bestimmung der marxistischen historischen Methodologie ... . Man wird sehen können, wieviele reale Vorbehalte Marx in seinen konkreten Forschungen einführt, Vorbehalte, die in den allgemeinen Werken keinen Platz finden konnten"[46].

Man kann also sagen, daß Gramsci Marx durch eine leninistische Brille liest. Eine Brille zumal, die auch Lenin weithin nur als Theoretiker der Hegemonie, der Politik, der Revolution und nicht etwa als Theoretiker des Imperialismus oder der Durchsetzung des Kapitalismus in Rußland zur Kenntnis nimmt[47].

3.1.2. Theorie oder Fragment?

Genauso, wie es umstritten ist, wer Gramsci für sich und seine politischen Intentionen als Ahnherrn nutzbar machen kann, ist es umstritten, welchen Charakter sein Werk hat. Die fragmentarische Art der journalistischen Texte wie auch der im Gefängnis entstandenen Hefte lädt zu dieser Diskussion ein. Das Werk ist fragmentarisch. Es besteht aus Notizen, einige ein paar Zeilen, andere ein paar Seiten lang. Teilweise arbeiten sie einen Gedanken aus, teilweise sind sie kaum mehr als ein Merkposten, daß dieser Aspekt oder jenes Buch noch bedacht werden müsse. Allen Texten ist gemein, daß ihnen das jeweils definierte programmatisch-theoretische Ziel fehlt, oft ist sogar das Fehlen einer systematischen Bearbeitung der gestellten Frage festzustellen. Die Texte

---

len zitiert er aus dem Gedächtnis und er notiert, daß sie, sobald dies möglich sei, in ihrem Kontext zu interpretieren sind (vgl. Gh, Bd. 4 : 7/21).

45) So auch Hall u.a. 1978 : 46 f..

46) Gh, Bd.4 : 7/24.

47) Darauf weisen insbesondere orthodoxere Beiträge hin, um die ungenügende Kenntnis Lenins als zentrale Ursache der 'Fehler' Gramscis zu verorten. Vgl. Kebir 1980 : 232; Togliatti 1980. Als Grundtenor zieht sich dies durch die meisten Beiträge in Holz/Sandkühler (Hrsg.) 1980. Vgl. zu dieser Rezeption auch Buci-Glucksmann 1985 : 453 ff..

orientieren sich oft an konkreten theorie- wie tagespolitischen Anlässen, und verkürzen die Antwort manchmal dementsprechend.

Die Gefängnishefte sind ein großes Projekt, das Gramsci bereits 1927 in der Haft formuliert: "Kurz, ich würde mich gern, nach einem vorgefaßten Plan, intensiv und systematisch mit einem Thema befassen, das mich absorbieren und mein inneres Leben auf einen Mittelpunkt hin ausrichten würde"[48]. Ziel ist eine oder mehrere systematische Abhandlungen, für die die Aufzeichnungen insoweit nur Vorarbeiten sind[49]. Der Stellenwert, der nun theoretisch diesen Fragmenten zukommt, bleibt ein Zankapfel.

So vertritt Stuart Hall beispielsweise die Auffassung, daß sich Gramscis Begriffe nur auf der "historisch konkreten Beschreibungsebene"[50] lesen lassen, und daß sich die von Poulantzas und Althusser vorgeschlagene Theoretisierung, das Heben der Begriffe auf das Niveau einer begrifflichen Allgemeinheit, verbiete[51]. Ernesto Laclau und Chantal Mouffe hingegen sehen gerade dies aber als fast schon vollbracht an. "In der Tat führt uns durch die Begriffe des historischen Blocks und der Ideologie als organischem Zement eine neue totalisierende Kategorie über die alte Basis/Überbau-Unterscheidung hinaus"[52]. Gramscis Interventionen sind für sie weder spezifisch geographischer (ergo italienischer), noch allein in ihrem direkten Kontext allein aufgehobener Provenienz. "Ihre [der gramscianischen Kategorien, mt] Relevanz sollte deshalb auf der Ebene der allgemeinen Theorie des Marxismus situiert werden"[53].

Für die Hallsche Lesart spricht natürlich schon die äußere Form der unzähligen Fragmente, die sich mit tages-, oder besser: kulturspezifischen Fragen beschäftigen. Doch, und das ist der zentrale Einwand gegen Hall, sie begnügen sich nicht damit. Denn hinter dieser Form verbirgt sich selbst eine Theorie, die in anderen Fragmenten expliziert wird. Zwar ist diese Arbeitsweise auch durch das Gefängnis aufgezwungen und kann nicht im Nachhinein als Theorie der Form der Theorie rekonstruiert werden. So verbietet sich ein direkter Bezug auf Adornos Lob der essayistischen, ja der fragmentarischen Form, die das Partielle gegenüber dem Totalen bewahre, die das Vergängliche und Wechselhafte nicht als der Theoretisierung unwürdig betrachtet[54]. Die Form war Gramsci aufgezwungen und nicht frei gewählt. Und doch ist der Vergleich mit

---

48) Gramsci, Brief v. 19.3.1927, zit. nach Gerratana 1991 : 25.
49) Vgl. ausführlich zur Entstehungsgeschichte der Gefängnishefte Gerratana 1991.
50) Hall 1989 : 58.
51) Vgl. Hall 1989 : 58.
52) Laclau/Mouffe 1989 : 111.
53) Laclau/Mouffe 1989 : 109.
54) Vgl. dazu Zima 1978 : 130 ff.; ders. 1989 : 195 ff..

Adorno nicht an den Haaren herbeigezogen. Gramsci entwickelt, wie wir sehen werden, eine Theorie, in der das Partielle nicht allein als Teil einer Totalität verstanden werden kann. Oder genauer: die Totalität kann nicht unabhängig von den sie bildenden Elementen, die insofern nicht beliebig austauschbar sind, erfaßt werden. Für die Frage der Durchsetzung von Hegemonie ist der Alltagsverstand von zentraler Bedeutung; und so müssen Gramsci Dinge interessieren[55], für die ein Marxismus der expressiven Totalität, in dem diese sowieso nur Ausdruck eines ihnen vorgängigen Ganzen sind, kein Interesse zeigt. Gramsci geht davon aus, daß nur durch und mit dieser Art von Arbeit das Bestehende erkannt, und damit Momente der Anknüpfung für die Arbeit von Intellektuellen geschaffen werden können, die diese dazu nutzen sollen, das Bestehende zu verändern. Anders formuliert: es bedarf nicht allein des großen Plans einer Revolution als einem mystischen Punkt des totalen Umschlags, sondern revolutionäre Praxis beginnt im Erfassen, Darstellen, Diskutierbarmachen und Kritisieren von (Alltags-)Positionen. Denn nur auf dieser Grundlage kann, so Gramsci, die Analyse und Verschiebung von Ideologien und Hegemonien geleistet werden.

Dieser Prozeß des Erfassens von (Alltags-)Positionen zeichnet sich durch Nähe und Distanz zwischen Intellektuellen und Volk aus. "Das populare Element 'fühlt', aber begreift nicht und weiß auch nicht; das intellektuelle Element 'weiß', aber es begreift und vor allem fühlt nicht"[56]. Auf dieser Nähe besteht Gramsci, weil er fest davon ausgeht, daß im Volk eine Kompetenz besteht, die für eine neue hegemoniale Strategie Anknüpfungspunkte liefert. Genauer: er kann sich eine hegemoniale Strategie nur vorstellen, wenn diese sich in den konkreten Situationen einnistet und von diesen her ihren Ausgangspunkt nimmt. Für ihn ist jeder, unabhängig von seiner Tätigkeit, ein Intellektueller, da sich jede Tätigkeit nicht ohne das Hinzufügen von Intelligenz verrichten läßt; auch ist jeder Mensch ein Philosoph, da jeder Mensch "teilhat an einer Weltauffassung und daher dazu beiträgt, sie zu erhalten, sie zu modifizieren, das heißt neue Auffassungen zu schaffen"[57]. Das heißt nun aber nicht, und hier kommt die Distanz ins Spiel, daß die einfache Zurkenntnisnahme dieser Kompetenz bereits die fertige Ideologie und hegemoniale Strategie liefert. "Der Alltagsverstand ist keine einheitliche, in Raum und Zeit identische Auffassung: er ist die 'Folklore' der Philosophie, ... sein grundlegender Charakter ist es, eine auseinanderfallende, inkohärente, inkonsequente Weltauffassung zu sein ... . Wenn sich in der Geschichte eine homogene gesellschaft-

---

55) Er bedient sich eben auch der Gefängnisbibliothek - und dies nicht nur, um die Zeit totzuschlagen. Glücklicherweise besitze er die Fähigkeit, "auch der niedrigsten intellektuellen Produktion irgendeine interessante Seite abzugewinnen", Gramsci, zit. nach Gerratana 1991 : 28.
56) Gramsci Gh, Bd. 3 : 4/33.
57) Gramsci Gh, Bd. 3 : 4/51. Vgl. auch Gh, Bd. 5 : 8/204 und Bd. 6 : 10/II/54.

liche Gruppe herausarbeitet, arbeitet sich auch, gegen den Alltagsverstand, eine 'homogene', das heißt systematische Philosophie heraus"[58]. Gramscis Anliegen besteht somit darin, den 'Volksgeist'[59] zu erfassen. Deswegen der systematische Blick auf das Theater, die Literatur und die Religion: nicht aber, um ihn zu glorifizieren, sondern um ihn zu studieren, um das Material kennenzulernen, das es zu beeinflussen und zu verändern gilt, damit die Revolution schließlich möglich werden könnte[60].

So ist gegen Hall zweierlei einzuwenden. Zum einen lassen sich die Fragmente selbst nicht einfach homogenisieren. Sie befinden sich auf sehr unterschiedlichen Abstraktionshöhen. Da sind einerseits Texte, die philosophische und politische Grundsatzprobleme erörtern; andererseits historisch-konkrete Einzelanalysen. Erstere selbst können verallgemeinert werden. Jede Rekonstruktion einer Theorie ist Interpretation. Daß dies für eine Theorie, die vom Autor selbst nicht systematisiert wurde, in verstärktem Maße gilt, hindert nicht daran, zu erkennen, daß sich starke rote Fäden durch Gramscis Fragmente ziehen. Aber auch die konkretistischen Analysen und Fragmente haben, wie bereits angedeutet, eine theoretisch-methodische Bedeutung, insofern sie darauf verweisen, daß für eine marxistische Theorie der Hegemonie die Organisation von Zeitungen, die Ideologie der Populärliteratur oder des Theaters, die Organisationsstruktur ideologischer Apparate etc. von Bedeutung ist. Lenins berühmtes Diktum, nach der es jeweils einer konkreten Analyse der konkreten Situation bedarf, läßt sich hier herauslesen - auch wenn viele Beobachtungen, die Gramsci notiert, gerade deswegen, jenseits der Methode, die sie repräsentieren, nur noch von historischem Interesse sind. Eine Theorie, die die konkrete Situation ernstnimmt, produziert notwendig Aussagen, deren Bedeutung nicht zeit- und ortlos ist. Doch in der konkreten Analyse erschöpft sich Gramsci keineswegs. Er begründet vielmehr detailliert, warum diese Analyse notwendig ist und wie sie durchgeführt werden muß.

Fast jeder Text über Gramsci beginnt mit einer Vorbemerkung, die sinngemäß sagt: Die Texte seien nicht von hoher Reife, allein ein Steinbruch, mit Vorsicht zu genießen, weil fragmentarisch, widersprüchlich, begrifflich nicht immer trennscharf etc.. Zur Begründung wird auf die Bedingungen der Haft, fehlende Diskussionen und Materialien etc. verwiesen. Als Beleg für derartige Warnungen dient Gramsci selbst. Er wird

---

58) Gramsci Gh, Bd. 5 : 8/173.
59) Der Begriff ist in mehrfacher Hinsicht belastet. Einerseits durch seine Ontologisierung in nationalistischen und faschistischen Ideologien, andererseits - in seiner Hegelschen Fassung - dadurch, daß er nur als Moment des Weltgeistes in Teleologie aufgeht. Wenn wir ihn hier nutzen, dann in dem von Taylor 1983 : 505 ff. im Anschluß und gegen Hegel herausgearbeiteten Sinn, der in der neueren Geschichtsforschung wohl mit "Mentalität" gefaßt wird.
60) Vgl. Kebir 1983 : 13.

mit der Bemerkung zitiert, seine Texte seien mit "fliegender Feder"[61] geschrieben. Hier wiederholt sich, was sich bei Hall andeutet. Auf der deskriptiven Ebene spricht viel für diese Vorsicht, denn es ist richtig und unübersehbar: Wiederholungen, erneute Einkreisungen einer bestimmten Problematik, schneller Themenwechsel, unausgearbeitete Anspielungen, terminologische Widersprüche etc. prägen den sichtbaren Charakter seines Werkes. Und dennoch: die aufgelisteten Vorbehalte tragen nicht wirklich. Zum einen ist die Bemerkung zur 'fliegenden Feder' aus der mit 'Warnung' betitelten Vorbemerkung zu Heft 11 anders kontextualisiert. Gramsci warnt damit nicht vor der Vorläufigkeit der theoretischen Grundlinien seines Werkes, sondern bezieht diese Vorbemerkung schlicht auf Literatur, die er in der Haft nicht bei der Hand hatte, die er sinngemäß - aus dem Gedächtnis - zitiert. Die dekontextualisierte Übernahme dieser Warnung ist also in zumindest zweierlei Hinsicht problematisch. Zum einen dient der Verweis auf den fragmentarischen Charakter von Gramscis Werk dazu, Differenzen, die der Interpret zu Gramsci hat, hinter dem Verweis der Unabgeschlossenheit Gramscis zu verbergen. Es ist dies eine Form der Vereinnahmung, die damit hausieren geht, daß der als fragmentarisch denunzierte Autor, hätte er die zur Rede stehenden Aussagen nur ausgearbeitet, doch letztendlich zur Position seines späteren Interpreten gefunden hätte. Hier teilt Gramsci das Schicksal Rosa Luxemburgs, deren Kritik der russischen Revolution, die sie in der Haft verfaßte, ebenfalls, statt sie als falsche Position zu kritisieren, relativiert wurde, indem man auf den unzureichenden Informationsstand in der Haft verwies. Zum zweiten unterstellt die Kritik, daß die von Gramsci nicht frei gewählte, aber genutzte Form per se einen Nachteil gegenüber einem klar strukturierten, völlig abgeschlossenen Buch darstellen müsse. Dem aber hat Gramsci in Kritik zu Bucharins 'Gemeinverständlichen Lehrbuch'[62] explizit widersprochen: "Ist es möglich, ein Elementarbuch, ein Handbuch, ein gemeinverständliches Lehrbuch zu schreiben, wenn eine Lehre noch im Stadium der Diskussion, der Auseinandersetzung, der Ausarbeitung ist? ... Wenn eine bestimmte Lehre dieses 'klassische' Entwicklungsstadium noch nicht erreicht hat, scheitert jeder Versuch, sie in Lehrbuchform zu bringen, ihre logische Systematisierung ist bloß scheinbar: ... Warum ... nicht ... sich damit bescheiden, ein Buch zu veröffentlichen, in dem die Reihe der wesentlichen

---

61) Gramsci Gh, Bd. 6 : 1367 (Vorrede zu Heft 11).
62) 'Gemeinverständliches Lehrbuch' ist der verkürzte Titel des von Nikolai Bucharin geschriebenen Buches 'Theorie des historischen Materialismus. Gemeinverständliches Lehrbuch der marxistischen Soziologie' (1922). Es ist eines der zentralsten und einflußreichsten Theoriebücher nach dem Tode Lenins und vor der abgeschlossenen Stalinisierung der Theorie in der UdSSR. Es reduziert die Philosophie auf eine Wissenschaft, welche an die Produktivkraftentwicklung ankoppelt. Weite Teile seiner Kritik des Ökonomismus formuliert Gramsci in Abgrenzung gegen dieses Buch.

Probleme der Lehre monographisch dargestellt wird? ... Aber man meint, Wissenschaft müsse unter allen Umständen 'System' bedeuten"[63].

Fassen wir zusammen: Gramscis Fragmentarität, so sehr sie auch durch die Umstände faschistischer Haft erzwungen sein mag, läßt sich auf diese nicht reduzieren. Sie ist eine Methode, die sich selbst historisiert, die sich nicht denken kann als etwas Fertiges, Schon-Gedachtes, nur Nachzuvollziehendes. Hier fließen Gramscis Begriffe von Geschichte, Objektivität und Wahrheit ein. Sie sind in seinem Werk nicht nur neu gefaßt, sondern strukturieren es[64]. Gramsci hat also trotz, und, wie hier argumentiert wird, auch wegen seiner fragmentarischen Methode die Ebene der allgemeinen Theorie des Marxismus transformiert.

3.2. Begriffe[65]

3.2.1. Hegemonie

Der Hegemoniebegriff taucht bei Gramsci bereits ab 1924 in den politischen Analysen auf[66]. Er steht hier, wie schon bei Lenin, für die Möglichkeit und Notwendigkeit eines Bündnisses der subalternen Klassen unter Führung des Proletariats. Ausgearbeitet wird dieser Gesichtspunkt in 'Einige Gesichtspunkte der Frage des Südens', einem unvollendeten Essay aus dem Jahre 1926. Gramsci empfiehlt hier für Italien eine Strategie des Bündnisses zwischen Arbeitern und Bauern unter Führung des Proletariats[67]. Gramsci betont die Notwendigkeit, sich konkret "die Frage der 'Hegemonie des Proletariats'" zu stellen: eine Frage, die mit der Frage nach der sozialen Basis der Diktatur des Proletariats identisch ist. Das Proletariat kann nämlich nur dann zur führenden und herrschenden Klasse werden[68], wenn es vermittelt durch Klassenbündnisse, durch ein System von Klassenbündnissen, wie er schreibt, gelingt, "die

---

63) Gramsci Gh, Bd. 4 : 7/29.
64) Vgl. dazu auch Schreiber 1990 : 19 ff..
65) Annegret Kramer wird im Verlauf der definitorischen Klärungen gramscianischer Begriffe des öfteren Erwähnung finden, weil gerade ihr das Verdienst zukommt, innerhalb der Gramsci-Rezeption eine der philologisch gründlichsten Arbeiten geliefert zu haben. Vgl. auch Schreiber 1990 : 16.
66) Vgl. zum Hegemoniebegriff Gramscis vor den 'Gefängnisheften' Buci-Glucksmann 1981 : 142 ff. und 165 ff..
67) Die entsprechenden Stellen im Text über die 'süditalienische Frage' lassen sich entnehmen: Gramsci 1980 : 190 ff..
68) Vgl. Gramsci 1980 : 191. Man beachte, daß Gramsci bereits hier zwischen 'führend' und 'herrschend' unterscheidet.

Mehrheit der werktätigen Bevölkerung gegen den Kapitalismus zu mobilisieren"[69]. Diese Mobilisierung ist aber nur dann möglich, wenn das Proletariat sich die spezifischen Probleme des Südens, der Unterdrückung der Bauern, zu eigen macht. Was Gramsci also einfordert, ist eine reale Universalisierung der proletarischen Ziele zu Zielen der unterdrückten Bevölkerungsmehrheit. "Um als Klasse herrschen zu können, muß das Proletariat alle zünftlerischen Überreste, alle Vorurteile oder Einschläge syndikalistischer Art abstreifen ... Wenn das nicht erreicht wird, wird das Proletariat nicht die führende Klasse, und diesen Schichten, die in Italien die Mehrheit der Bevölkerung bilden, bleiben unter bürgerlicher Führung und ermöglichen es dem Staat, dem Ansturm des Proletariats standzuhalten und ihn zu brechen"[70]. Wie schon bei Lenin ist also der Hegemoniebegriff ein antiökonomistischer Einsatz. Denn die Revolution gelingt nicht von selbst, das Proletariat wird nicht an die Macht gespült, sondern es muß, um herrschen zu können, zu führen verstehen. Diese Führung impliziert aber einen politischen Einsatz, eine Strategie. Denn nur wenn es gelingt, ein Bündnis zu schmieden, kann die Revolution gelingen.

Wichtig ist dabei zudem, daß es nicht nur einer Erweiterung der materiellen Zielsetzungen des Proletariats bedarf. Denn das Ständische, das ein Bündnis so wirksam verhindert, ist nicht nur in den unterschiedlichen materiellen Interessen zu sehen, sondern auch in der diese überformenden rassistischen Ideologie. Wir finden hier, wenn auch noch nicht ausgearbeitet, schon einen Begriff bürgerlicher Hegemonie, die sich auch darin ausdrückt, daß die bürgerlichen Werte und Anschauungen vom Proletariat übernommen werden. Sie werden, auch das ist hier schon deutlich, nicht aus der Luft übernommen, sondern die herrschende Ideologie wird durch ideologische Apparate übermittelt, sie existiert in materiellen Formen. So hat nach Gramsci das erste Problem, das ein Klassenbündnis zwischen Arbeitern und Bauern vereitelte, darin bestanden, "die politische Richtung und die allgemeine Ideologie des Proletariats selbst, das als ein nationales Element in der Gesamtheit des staatlichen Lebens existiert und unbewußt dem Einfluß der Schule, der Presse, der bürgerlichen Tradition unterliegt, zu verändern"[71]. Die rassistische Propaganda gegen den Süden aber schmiedet im Norden so einen Block, da sie unter den Massen des Nordens weit verbreitet ist. "Danach ist der Süden die Bleikugel, die schnellere Fortschritte in der zivilisatorischen Entwicklung Italiens verhindert, sind die Südländer biologisch minderwertige Wesen, sind sie durch natürliche Bestimmung Halbbarbaren oder völlige Barbaren; wenn der Süden rückständig ist, so tragen nicht das kapitalistische System oder irgendeine

---

69) Gramsci 1980 : 191.
70) Gramsci 1980 : 198.
71) Gramsci 1980 : 192.

andere geschichtliche Ursache die Schuld daran, sondern die Natur, die die Südländer als Faulpelze, Dummköpfe, Verbrecher und Barbaren geschaffen hat"[72]. Auch die sozialistische Partei hat diese bürgerlichen Ideologien unter der proletarischen Bevölkerung des Nordens verbreitet. Die Ideologie 'kleidete sich in sozialistische Farben', wie Gramsci schreibt, und entzweite die Arbeiter des Nordens von den Bauern des Südens. Also ist es vorrangige Aufgabe der Kommunisten, diese Ideologie zu bekämpfen und Gramsci nennt in seinem Essay einige durchaus interessante politische Interventionen, wie z.B. den Versuch, einen Bauernführer des Südens zum Kandidaten der Turiner Kommunisten zu küren: "Die Turiner Arbeiter verlangen keinerlei Verpflichtungen von Salvemini [dem apulischen Bauernführer, der kein Mitglied der KPI war, mt] weder in bezug auf die Partei noch in bezug auf das Programm oder hinsichtlich der Fraktionsdisziplin im Parlament. Wenn Salvemini gewählt ist, soll er sich an die apulischen Bauern halten, nicht an die Turiner Arbeiter"[73].

Doch nicht nur der Norden, auch der Süden bildet einen Block, in dem Herrschende und Beherrschte durch die nationalistisch aufgeladene Konkurrenz ein Stück weit zusammengehalten werden. Bei der Frage des Zusammenhalts dieser Blöcke spielt, auch schon weit vor den Kerkerheften, die Frage der Intellektuellen eine entscheidende Rolle. Das Proletariat muß, wenn es hegemonial werden will, den Agrarblock zerstören und den Block der südlichen Intellektuellen, "der die elastische, aber äußerst widerstandsfähige Rüstung des Agarblocks ist"[74], zersetzen.

Man kann keine wirkliche Trennung zwischen Gramscis Hegemoniekonzeption vor und in den Gefängnisheften feststellen, wie dies teilweise suggeriert wird, um den Begriff der Hegemonie des Proletariats dem der Diktatur des Proletariats entgegenstellen zu können[75]. Doch für Gramsci ist die Hegemonie des Proletariats nie eine Alternative zur Diktatur des Proletariats, sondern in der Tradition des marxistischen Diktaturbegriffs[76] versteht er Diktatur des Proletariats nicht als Diktatur über das Proletariat, noch als herrschaftstechnische Unterordnung aller subalternen Klassen unter das Proletariat, sondern die Bildung eines hegemonialen, gemeinsame Interessen universalisierenden Blocks der übergroßen Mehrheit der Bevölkerung gegen die

---

72) Gramsci 1980 : 192.
73) Gramsci 1980 : 193 f..
74) Gramsci 1980 : 214.
75) So aber Koppel 1976 : 19 f.; vgl. dazu Schreiber 1990 : 43.
76) Vgl. dazu die Ausführungen von Balibar 1977, der die revisionistische Verfälschung des Begriffs zurückweist, mit dem die KPF zuerst bewußt 'Diktatur des Proletariats' als Gegenstück zu 'Demokratie' aufbaut, um sich dann nicht nur von dem verfälschten Begriff, sondern von der Perspektive einer revolutionären Umgestaltung insgesamt verabschieden zu können.

Bourgeoisie. Diktatur des Proletariats steht also als Begriff gegen die Diktatur der Bourgeoisie - und in diesem Sinne benutzt ihn auch Gramsci. Hegemonie ist insoweit bei Lenin und Gramsci als Strategie notwendig, weil beide, wie wir gesehen haben, davon ausgehen, daß die Revolution nicht allein durch das Proletariat erreicht werden kann, so daß die revolutionäre Klasse nicht gleichsam automatisch entsteht, sondern politisch hergestellt werden muß.

Dieser Aspekt des Hegemoniebegriffs, der insoweit nicht sonderlich originell ist, da er im wesentlichen in der Tradition seiner Verwendung in der III. Internationale steht[77], findet sich auch in den Gefängnisheften wieder. Gleich im ersten Heft wird der Hegemoniebegriff mit der Unterscheidung von 'führend' und 'herrschend' verbunden. Eine Klasse, die die Macht erobern will, muß gegenüber verbundenen Klassen führen und gegenüber gegnerischen herrschen. Eine Klasse muß also, schon bevor sie die Macht erobert, führen; nachdem sie die Macht erobert hat, kann sie zwar herrschen, muß aber weiterhin auch führen. "Es kann und es muß eine 'politische Hegemonie' auch vor dem Regierungsantritt geben, und man darf nicht nur auf die durch ihn verliehene Macht und die materielle Stärke zählen, um die politische Führung oder Hegemonie auszuüben"[78]. Hier zeigt sich, daß der Hegemoniebegriff ausgeweitet wird. Zwar bezeichnet er weiterhin die Form eines erfolgreichen Bündnisses des Proletariats mit anderen subalternen Klassen, doch kommt schon ein zweiter Aspekt hinzu. Der Hegemoniebegriff wird auch zu einem Instrument der Analyse bürgerlicher Herrschaft.

Der Hegemoniebegriff hat damit fortan zwei Komponenten: einen staatstheoretischen und einen revolutionstheoretischen. Schreiber formuliert das so: "1. *Hegemonie* als Begriff für das *Verhältnis einer subalternen Klasse zu anderen subalternen Klassen* ... modifiziert sich zu einem Begriff für eine *ideologische und politische Vormachtstellung* der *herrschenden* Klasse gegenüber *allen anderen Klassen und Schichten*. 2. 'Hegemonie' als Begriff für die *Beziehungen der Klassen zueinander* erweitert sich zu einem Begriff für die *Staatsanalyse*, der nicht nur für die bürgerliche und sozialistische, sondern für *sämtliche staatlich verfaßte Gesellschaften* gilt"[79]. Buci-Glucksmann hat zu Recht darauf hingewiesen, daß Gramsci damit ein Terrain betritt, das bislang eine rein bürgerliche Problematik repräsentierte[80]. Zwar besteht Führung natürlich auch im Aufzwingen kultureller und ideologischer Normen, aber sie erschöpft sich darin nicht. Die Analyse geht eher in eine Richtung, die Webers Begriff

---

77) Vgl. Anderson 1979 : 24 ff.; Schreiber 1990 : 37 f. u.ö.; Buci-Glucksmann 1981 : 165 f..
78) Gramsci Gh, Bd. 1 : 1/44.
79) Schreiber 1990 : 41.
80) Vgl. hierzu und im folgenden: Buci-Glucksmann 1981 : 64.

der Legitimität umschreibt, auch wenn der Hegemoniebegriff weiter reicht. Es bedarf bei Gramsci einer freiwilligen, aktiven Unterordnung, eines aktiven Konsensus. Und diese Form der Thematisierung von Herrschaft ist neu. Klassisch stehen sich seit der Säkularisierung politischer Legitimation (wohl in der Politiktheorie seit Machiavelli, den Gramsci sehr schätzt) Theorien gegenüber, die politische Herrschaft entweder auf die (meist idealisierend und nicht empirisch gedachte) Zustimmung der Untertanen gründen oder aber auf deren gewaltsame Unterdrückung[81]. Auf den ersten Blick und in der Geschichte der politischen Ideen, so scheint es, stehen Anerkennungs- oder Konsensustheorien auf der konservativen, bürgerlichen, herrschenden Seite. Sie legitimieren Herrschaft mit dem Willen der Beherrschten. Dagegen opponieren Konflikt- oder Zwangstheorien, die Herrschaft damit zu delegitimieren trachten, indem sie den Nachweis führen, daß diese Herrschaft Unterdrückung, letztlich pure Repression sei. Gramsci nun versucht diesen Gegensatz aufzulösen, was ihm natürlich massive Anwürfe einbringt. Denn die Nähe zum soziologischen Funktionalismus[82] wird als Unterschätzung des Handelns, des Zwangs, der ideologischen Eigenständigkeit des Proletariats gewertet[83]. Darauf wird noch zurückzukommen sein.

Zuerst einmal gilt es die theoretische Veränderung historisch zu situieren, denn diese Veränderung des Begriffs Führung/Hegemonie ist keine rein innertheoretische Verschiebung, sondern sie reagiert auf eine spezifische historische Situation. Stand der Beginn der Entwicklung dieses Begriffs unter dem historischen Zeichen des Sieges der Oktoberrevolution, erweitert und modifiziert sich das Hegemoniekonzept unter dem Zeichen des Faschismus. So wird aus der anfänglichen Frage nach dem Bündnis für die Revolution die Frage nach den Gründen für die Nichtrevolution, womit gleichzeitig wieder die Frage nach der Revolution gestellt ist, weil ja das Gelingen unter veränderten Kampfbedingungen das Interessierende ist. Nichtsdestotrotz ist diese Verschiebung in gewisser Hinsicht erstaunlich. Zwar läßt sie sich auf die Erfahrung des Scheiterns der Revolutionen im Westen zurückführen, aber das Scheitern hätte natürlich auch anders erklärt werden können. Schließlich, und das darf man nicht vergessen, sitzt Gramsci in Haft, die KPI ist verboten und verfolgt, faschistische Schlägerbanden terrorisieren Oppositionelle und schrecken auch vor Morden nicht zurück[84]. Mithin hätte es durchaus nahegelegen, das Zwangsmoment in den Vordergrund zu rücken.

---

81) Vgl. dazu auch Müller-Tuckfeld 1994 und ders. 1996.
82) Vgl. exemplarisch Lockwood 1985, der Gramsci den "Durkheim des modernen Marxismus" (ebd. : 19) nennt.
83) So z.B. bei Anderson 1979 oder Lockwood 1985. Vgl. gegen derartige Kritiken: Buci-Glucksmann 1981 : 62 ff..
84) Vgl. Korff 1990 : 83 ff.; Fiori 1979. Zu Gramscis Faschismus-Analyse vgl. auch Poulantzas 1973 : 61 ff., 119 ff., 320 ff..

Erstaunlich ist also weniger, daß Gramsci aufgrund der politischen Veränderungen sein Augenmerk von der zukünftigen Herrschaft der Arbeiterklasse auf die unerwartet stabile Herrschaft der Bourgeoisie lenkt, sondern daß er, als Opfer faschistischer Herrschaft, das Moment der Führung, des Konsenses der freiwilligen Unterwerfung in den Vordergrund rückt. Es findet so eine erstaunliche Wendung statt. Sowohl Mussolini als auch Gramsci rezipieren Machiavelli als den Theoretiker, der das Verhältnis von Zwang und Konsens in der Politik grundlegend aufgezeigt habe[85]. Während aber Mussolini in einem quasi programmatischen Manifest 'Preludio al Machiavelli' 1924, kurz nachdem er zum Ministerpräsidenten ernannt worden ist, Machiavelli heranzieht, um zu behaupten, daß "ausschließlich auf Konsens basierende Regime nie existierten"[86], schlägt Gramsci den entgegengesetzten Weg der Machiavelli-Rezeption ein. Nicht daß Gramsci etwa der Meinung gewesen wäre, daß Konsens allein die Herrschaft ermögliche. Gegen diese Auffassung polemisiert er vielmehr in Hinsicht auf Croce[87], den hegelianischen Philosophen, der - als Widerpart - weite Teile der Gefängnishefte prägt. Und doch behauptet er, daß die normale Form nicht nur bürgerlicher Herrschaft, auf Konsens, auf Hegemonie beruht. Wenn er also gegen Croce polemisiert, dieser lasse die Momente aus seiner Geschichtsbetrachtung aus, in denen "sich die widerstreitenden Kräfte bilden und Stellung beziehen, in dem das eine ethisch-politische System zerfällt und ein anderes im Feuer der Geschichte geschmiedet wird"[88], so wird deutlich, daß Zwang und Konsens bei ihm in einem bestimmten Verhältnis stehen, das sowohl gegen Croce als auch gegen Mussolini steht[89].

Gramscis Position läßt sich aber hier durchaus mit einer Position vergleichen, die Marx im Kapitel über die ursprüngliche Akkumulation vertritt, auch wenn Gramsci selbst diese Analogie meines Wissens nach nicht gezogen hat. Dort unterscheidet Marx zwischen der Genese kapitalistischer Produktion und deren normaler Reproduktion. Die Genese bedarf einer 'grotesk-terroristischen' Gesetzgebung, die das Proletariat überhaupt erst schafft. In der entwickelten kapitalistischen Produktion aber bedarf es mehr als des Zwangs, auch mehr als des ökonomischen Zwangs: "Es ist nicht genug,

---

85) Vgl. dazu insgesamt Frosini 1990.
86) Mussolini 1924, zit. nach Frosini 1990 : 70.
87) Vgl. Anderson 1979 : 66.
88) Gramsci, zit. nach Anderson 1979 : 66.
89) Dies verkennt Anderson 1979, der Zwang und Konsens nur abstrakt als Gegensätze auffaßt und so das spezifisch Neue an Gramsci unterschlägt. So muß Anderson die Zitate gegen Croce als Gegensatz zu der Betonung der Rolle der Hegemonie durch Gramsci lesen. Kein Wunder, verbleibt doch Anderson bei der Position, nur die Betonung von Zwang und Gewalt machten revolutionäre Theorie aus. So versteigt sich Anderson - trotz einiger kluger Analysen - dazu, Gramsci als Revisionisten im Sinne der Fabian Society, als auch als Vertreter der Kautskyschen Ermattungsstrategie, jedenfalls als nicht-revolutionären Theoretiker zu lesen.

daß die Arbeitsbedingungen auf den einen Pol als Kapital treten und auf den anderen Pol Menschen, welche nichts zu verkaufen haben, als ihre Arbeitskraft. Es genügt nicht, sie zu zwingen, sich freiwillig zu verkaufen. Im Fortgang der kapitalistischen Produktion entwickelt sich eine Arbeiterklasse, die aus Erziehung, Tradition, Gewohnheit die Anforderungen jener Produktionsweise als selbstverständliche Naturgesetze anerkennt"[90]. Genau dies meint Gramsci, auch wenn er, im Gegensatz zu Marx, dieses Verhältnis von Zwang und (habitualisiertem) Konsens nicht auf die Durchsetzung einer neuen Produktionsweise beschränkt, sondern jeweils bei grundsätzlichen Umbrüchen der politisch-strategischen Hegemonie sieht. Hegemonie ist in diesem Sinne die Anerkennung der Anforderungen eines konkreten ökonomisch-politischen Regimes als Naturgesetze. Was Gramsci aber von Konsenstheoretikern unterscheidet, ist, daß er diese Anerkennung einerseits als immer bedroht, umkämpft und nie vollständig ansieht und daß er andererseits betont, daß es der Gewalt, des Zwangs etc. bedarf, um ein neues hegemoniales Regime hervorzubringen.

Doch, und das ist wichtig, arbeitet Gramsci 'für ewig', wie er es in dem bekannten Brief an seine Schwägerin formuliert[91]. Das heißt, daß sein Projekt zwar unter dem Eindruck stabiler Herrschaft des gegnerischen Blocks, aber nicht mit der expliziten Ausrichtung einer antifaschistischen Theorie und Praxis entsteht. 'Für ewig' heißt also, daß Gramsci mit dem Hegemoniebegriff nicht die spezifischen Formen faschistischer Herrschaft, sondern die Form der bürgerlichen Herrschaft und damit natürlich auch die Kampfbedingungen gegen diese Herrschaft in ausdifferenzierten, modernen Gesellschaften ausarbeiten will[92].

Die Notwendigkeit von Gewalt ist so für Gramsci Zeichen der ideologisch-politischen Krise des Regimes, nicht etwa seiner Stärke. "Wenn die herrschende Klasse den Konsens verloren hat, das heißt nicht mehr 'führend', sondern einzig 'herrschend' ist, Inhaberin der reinen Zwangsgewalt, bedeutet das gerade, daß die großen Massen sich von den traditionellen Ideologien entfernt haben, nicht mehr an das glauben, woran sie zuvor glaubten usw. Die Krise besteht gerade in der Tatsache, daß das Alte stirbt und das Neue nicht zur Welt kommen kann"[93]. Der Grenzbegriff ist insoweit der der

---

90) Marx MEW 23 : 765.
91) Vgl. Schreiber 1990 : 9.
92) So entwickeln sich über den Begriff der Hegemonie, der nun für die Frage der Machterringung, wie für die Frage des Machterhalts steht, neue Fragen und Begriffe. Denn die Hegemonie bestimmt den Ort und das Ziel des Kampfes, ohne jedoch Form und Mittel bestimmt zu haben. Die Form ist der Stellungskrieg: "der Stellungskrieg in der Politik ist das Hegemoniekonzept" (Gh, Bd. 5 : 8/52); das Mittel die Ideologie.
93) Gramsci Gh, Bd. 2 : 3/34.

passiven Revolution, insoweit dieser als "Diktatur ohne Hegemonie"[94] gefaßt wird. Doch wird er auch den Faschismus zwar als eine Form passiver Revolution analysieren[95], doch wird hier das Wesen der passiven Revolution nicht in der Ersetzung von Hegemonie durch Zwang gesehen, sondern darin, daß passive Revolutionen sich von aktiven dadurch unterscheiden, daß Eliten dem Volk eine neue Lebensweise und Weltanschauung andienen, die dieses aufnimmt, da es ihm an eigenen, entwickelten Konzeptionen mangelt. In diesem Sinne sind sowohl der italienische Faschismus, als auch der Fordismus in den USA für Gramsci passive Revolutionen. Sie zeichnen sich also nicht durch mangelnden Konsens aus, sondern durch fehlenden *aktiven* Konsens und die Umwälzung der Lebensverhältnisse von oben. Gewalt ist dabei ein Transformationsphänomen, nicht der charakteristische Ausdruck dieser Herrschaft[96]. In diesen Phasen, so Gramsci, löst sich die zivile von der politischen Gesellschaft, was anzeigt, daß "ein neues Hegemonieproblem" aufgetreten ist. Die Folge ist Gewaltherrschaft, also "eine extreme Form politischer Gesellschaft: entweder um gegen das Neue zu kämpfen und das Wankende zu erhalten, indem man es repressiv wiederbefestigt, oder als Ausdruck des Neuen, um die Widerstände zu brechen, auf die es bei seiner Entfaltung trifft"[97].

Wir sind hier folglich bei jenen Gleichungen, für die Gramsci weithin bekannt ist: "Staat = politische Gesellschaft + Zivilgesellschaft, das heißt Hegemonie, gepanzert mit Zwang"[98]. Bei der politischen Gesellschaft haben wir es mit dem zu tun, was gemeinhin unter Staat im engeren Sinne verstanden wird. Hier sieht auch Gramsci das Zwangsmoment deutlich, aber die Stärke des Staates im, wie Gramsci es nennt, "integralen" Sinn läßt sich daraus in der Regel nicht erklären. Ihr Kern ist die Hegemonie, ihr Panzer der Zwang.

Somit unterliegt auch der Begriff der Herrschaft der Modifikation. Der vollendete zukünftige Staat entledigt sich tendenziell seines Gewaltmomentes und präsentiert sich nur noch als ein ethisch-moralisches Prinzip[99], er löst sich in der Gesellschaft auf, die Gesellschaft wird dann zu einer 'geregelten'[100]. Diese geregelte Gesellschaft ist aber

---

94) Vgl. Schreiber 1990 : 104; Buci-Glucksmann 1981 : 61.
95) Vgl. z.B. Gramsci Gh, Bd. 5 : 8/236.
96) Vgl. Schreiber 1990 : 104 ff..
97) Gramsci Gh, Bd. 4 : 7/28.
98) Gramsci Gh, Bd. 4 : 6/88. Vgl. auch 6/155: Staat ist "in integraler Bedeutung: Diktatur + Hegemonie"; und Bd. 6 : 10/II/7.
99) Vgl. Gramsci Gh, Bd. 4 : 6/88, 6/155; Bd. 5 : 8/2, 8/179, 8/233; Bd. 6 : 10/I/7, 10/II/7. Vgl. ebenso Buci-Glucksmann 1981 : 281.
100) Vgl. Schreiber 1990 : 123 f..

erst im Sozialismus möglich; und als Utopie bedürfte der Begriff zudem der Kritik, die hier nicht zu leisten ist. Bis zu diesem Zeitpunkt aber gilt, daß Hegemonie nie vollständig gelingt, so daß weiterhin das Moment des Zwanges und der Diktatur zur Aufrechterhaltung von Herrschaft unumgänglich ist[101].

Nichts ist falscher, als dort organische Dualitäten zu sehen, wo Gramsci analytische Unterscheidungen trifft. Denn in diesen, Gramsci unterstellten oder angedichteten Dualitäten liegt der Kern einiger Entstellungen des Werks von Gramsci. In der Trennung von führend/Hegemonie/Zivilgesellschaft einerseits und herrschend/Zwang/politische Gesellschaft andererseits[102] findet sich der Ansatzpunkt für reformistische Strategien. Dazu kommt der Begriff des Stellungs- und Bewegungskrieges - auch von Lenin übernommen[103] -, kombiniert mit der Aussage, nach der der Staat im Westen "nur ein vorgeschobener Schützengraben"[104] ist. Das Ergebnis ist dann folgende Interpretation: Das eigentliche Zentrum des Staates liege in der Zivilgesellschaft[105]. So weit, so dem Autor noch gerecht, denn dieser Aussage könnte sich Gramsci anschließen, wenn man zwischen politischem Staat und integralem Staat zu unterscheiden weiß und letzteren meint. Genau dies ist aber nicht die Intention: Der zuerst in der Gesellschaft aufgelöste politische Staat löst sich in der reformistischen Gramsci-Rezeption in Luft auf, um den Weg zur Eroberung der Macht durch Besetzung von Begriffen, Stadtteilfesten, Kulturarbeit und Wahlkampf freizumachen. Das dem Interessen, Gewalt und Herrschaft entgegenstehen könnten, ist ausgeblendet. Die angebliche begriffliche Dualität von Diktatur und Hegemonie wird reformistisch transformiert, übrig bleibt ein kulturalistischer Hegemoniebegriff, der mit dem gramscianischen in seinem Kern nichts mehr gemein hat[106].

Gleiches, und darauf weist Buci-Glucksmann hin, passiert, wenn der Begriff des historischen Blocks (Basis und Überbau als Einheit[107]) als reines Klassenbündnis gelesen und die gramscianische Grundlegung dieses Begriffs in der Ökonomie ausgeblendet wird[108].

---

101) Vgl. Gramsci Gh, Bd. 4 : 6/88, 6/155, 10/II/7.
102) Anderson 1979 : 29 ff..
103) Gramsci Gh, Bd. 4 : 7/16: "Mir scheint, Iljitsch hatte verstanden, daß es einer Wende vom Bewegungskrieg, der 1917 siegreich im Osten angewandt worden war, zum Stellungskrieg bedurfte, welcher der einzig mögliche in Westen war".
104) Gramsci Gh, Bd. 4 : 7/16.
105) Vgl. Anderson 1979 : 31 f. und 34 f..
106) Vgl. beispielsweise Koppel 1976 : 19 f..
107) Vgl. Gramsci Gh, Bd. 4 : 7/21; Schreiber 1990 : 110; Kramer 1975 : 78.
108) Buci-Glucksmann 1981 : 272 ff.; Elfferding/Volker 1986 : 66.

Man kann das gramscianische Konzept politischer und ziviler Gesellschaft nicht adäquat fassen, wenn man nicht berücksichtigt, daß Gramsci einen erweiterten Staatsbegriff zugrunde legt. Die Denkbewegung ist somit der eben, zugegeben verkürzt dargestellten, reformistischen Argumentation entgegengesetzt. Nicht der Staat löst sich im Nichts einer "zivilen" Gesellschaft auf, in der strukturierende Machtbeziehungen dem ‘zwanglosen Zwang des besseren Arguments’ gewichen sind. Vielmehr strukturiert umgekehrt der hegemoniale Block an der Macht auch scheinbar private Institutionen und Lebensäußerungen. Anderson macht deutlich, daß der Versuch, die Begriffe Zwang und Hegemonie ins Verhältnis zu setzen und somit Reichweite und Funktion des Staates zu bestimmen, bei Gramsci unterschiedliche Phasen durchlaufen hat, sich zum Schluß aber das Modell des erweiterten Staates durchgesetzt hat. In der Konzeption des erweiterten Staates[109] bekämpft Gramsci aber gerade jene liberale Auffassung, nach der die Gesellschaft eine vom Staat getrennte Sphäre ist, in die der staatliche Machtapparat allenfalls von außen eingreift. In der Konzeption des erweiterten Staates wird also davon ausgegangen, daß sich Zwang und Hegemonie in allen Teilen des Staates/der Gesellschaft finden lassen[110]. Aber auch Hegemonie ist kein pures Spiel um Worte, kein Kampf, in dem nur Begriffe zu besetzen, Kultur zu erobern wäre. Denn wesentliche Punkte blieben bei einer solchen Verharmlosung des Hegemoniebegriffs außen vor.

Erstens und grundsätzlich geht Gramsci davon aus, daß Hegemonie keine ‘geistige’ Angelegenheit ist. Vielmehr bedarf es zur Erreichung der Hegemonie zuerst einmal einer historischen Situation, in der eine bestimmte Gruppe hegemonial werden kann. Hegemonie ist nie nur eine ethische oder (im engeren Sinne) politische Angelegenheit. "Offensichtlich setzt die Tatsache der Hegemonie voraus, daß den Interessen und Tendenzen der Gruppierungen, über welche die Hegemonie ausgeübt werden soll, Rechnung getragen wird, ... daß also die hegemoniale Gruppierung Opfer ökonomisch-korporativer Art bringt, aber diese Opfer können nicht das Wesentliche betreffen, denn die Hegemonie ist eine politische, aber auch und besonders eine ökonomische, sie hat ihre materielle Basis in der entscheidenden Funktion, welche die hegemoniale Gruppierung im entscheidenden Kern der ökonomischen Aktivität ausübt"[111]. An verschiedenen Stellen betont Gramsci, daß Hegemonie nicht willkürlich aufgebaut werden kann. So unterscheidet er hegemoniale Ideologien und Schrullen und sieht eine entscheidende Fehlerquelle im Ideologiebegriff darin, daß man Hirngespinste einzelner Individuen und "organische" Weltanschauungen durch die Verwendung eines Begriffs,

---

109) Vgl. dazu Buci-Glucksmann 1981 : 76 ff.; Schreiber 1990 : 26 ff..
110) Vgl. Anderson 1979 : 32, 44 und 46; Schreiber 1990 : 29.
111) Gramsci Gh, Bd. 3 : 4/38.

den der Ideologie, in einen Topf werfe[112]. Demgegenüber betont aber Gramsci, daß eine "derartige Konstruktion von Masse nicht 'willkürlich' um eine beliebige Ideologie herum" errichtet werden kann[113]. Sie bewegt sich immer im ideologischen Panorama einer Zeit, das, wie betont, nicht unabhängig von den ökonomischen Kräfteverhältnissen gesehen werden kann.

Ein zweiter und eminent wichtiger Punkt kommt hinzu. Hegemonie ist auch in einem weiteren Sinne nicht nur ethisch-politisch, sondern materiell. Gramsci ist nämlich wohl der erste marxistische Theoretiker, der den Ideologiebegriff aus dem Bereich des Geistigen, des Körperlosen holt und eine Materialität des Ideologischen und damit der Hegemonie betont. Um die Hegemonie zu untersuchen, bedarf es daher nicht einer Analyse von Ideen, sondern einer Untersuchung darüber, "wie die ideologische Struktur einer herrschenden Klasse tatsächlich organisiert ist: das heißt die materielle Organisation, die darauf gerichtet ist, die theoretische oder ideologische 'Front' zu bewahren, zu verteidigen und zu entfalten"[114]. Zu dieser ideologischen Front gehören natürlich Presse und Verlagshäuser, aber nicht nur. Es ist zudem die materielle Struktur von all dem, "was die öffentliche Meinung direkt oder indirekt beeinflußt oder beeinflussen kann ... : die Bibliotheken, die Schulen, die Zirkel und Clubs unterschiedlicher Art, bis hin zur Architektur, zur Anlage der Straßen und zu den Namen derselben"[115]. Die Materialität der Ideologie, die Althusser später in 'Ideologie und Ideologische Staatsapparate' betonen wird, geht also eindeutig auf Gramsci zurück[116].

Wir sehen also, daß eine Lesart Gramscis, die den Staat in der Gesellschaft gleichsam verschwinden läßt, um von dessen Machtpotential abstrahieren zu können, sich auf Gramsci nicht berufen kann. Eher schon ist das Gegenteil richtig, daß nämlich Gramsci die Gesellschaft im Staat auflöst und damit die Autonomie ersterer völlig bestreitet. Gegen dieses Verständnis, das sich in den Augen seiner Kritiker durchaus verschärft noch im strukturalen Marxismus wiederfindet, werden zwei, auf den ersten Blick sehr divergierende Einwände erhoben. Der erste findet sich bei Anderson und Priester, wobei ersterer die nachfolgende Kritik auch auf Gramsci bezieht, während letzterer direkt auf Althussers Gramsci-Rezeption zielt. Es ist dies der Vorwurf, daß, insofern Staat und bürgerliche Gesellschaft bei Gramsci und Althusser keine getrennten Sphären mehr sind, jeder Versuch, die Besonderheiten der "bürgerlichen Demokratie

---

112) Vgl. Gramsci Gh, Bd. 4 : 7/19.
113) Gramsci Gh, Bd. 6 : 11/12.
114) Gramsci Gh, Bd. 2 : 3/49.
115) Gramsci Gh, Bd. 2 : 3/49.
116) Den Zusammenhang zwischen Althusser und Gramsci betonen insbesondere: Buci-Glucksmann 1981 : 70 ff. und Schreiber 1990 : 60 ff..

des Westens" zu analysieren, vereitelt würde; oder, um es zuzuspitzen: es könne analytisch nicht mehr zwischen bürgerlicher Demokratie und Faschismus unterschieden werden[117]. Der zweite Vorwurf scheint politisch genau in die gegenteilige Richtung zu zielen. Denn nicht nur die ultralinke Position der Ununterscheidbarkeit von Demokratie und Faschismus wird Althusser und Gramsci unterstellt, sondern auch die rechte Position einer Reduktion von Macht auf Kultur: "Die Vorstellung, daß die Macht des Kapitals im Westen wesentlich oder ausschließlich die Form der kulturellen Hegemonie annimmt, ist genau besehen eine klassische Position des Reformismus"[118]. Hiermit unterstellt Anderson letztlich, daß das erweiterte Staatsmodell doch dem der Reformisten ähnelt, obwohl er deren Gramsci-Rezeption zuvor selbst kritisiert hatte.

Daß diese beiden Vorwürfe nebeneinander stehen, verwundert nicht. Sie sind Ausdruck davon, daß Anderson wie Priester selbst noch im Modell der Dualität von Staat und Gesellschaft befangen sind. Indem sie damit den Staat nur als Zwangsapparat und die Gesellschaft nur als Konsensprodukt sehen, muß ihnen beim Anblick von Theorien, die diese Dualität nicht bewahren, einmal der Staat als auf Konsens, einmal die Gesellschaft als auf Zwang reduziert vorkommen. Beide Kritiken spielen also auf der Klaviatur der Dualität. Auf der einen Seite ist der Staat das gewaltige allgegenwärtige Monstrum, in dem analytisch zwischen der Zeit der Shoah und der Zeit der StudentInnenbewegung kein Unterschied mehr gemacht werden kann. Auf der anderen Seite ist es ein Staat, der so leichtfüßig daherkommt, daß ihn scheinbar allein ein radikales Popkonzert aus den Angeln heben kann. Das Spezifische der gramscianischen Definition des erweiterten Staates geht so verloren. Bei Gramsci stehen nämlich Konsens und Zwang nicht gegeneinander, wie dies die dualistische Lesart suggeriert. Vielmehr interessiert Gramsci, wie es herrschaftlich möglich ist, ein neues Konsensregime herzustellen. Der Konsens ist bei Gramsci nicht natürlich; er kommt nicht von selbst, sondern er muß aktiv produziert werden. Der Zwang ist dementsprechend sowohl Geburtshelfer wie Substitut der Hegemonie, nicht ihr Gegenteil. Anderson will gegen die reformistische Lesart die Anteile der Gewalt betonen und lokalisiert sie gleichzeitig im 'klassischen Staat'[119]. Damit bleibt ihm die spezifische Qualität des Hegemoniebegriffs fremd. Er streitet sich auf klassischem Terrain, will bürgerliche Gesellschaft und Parlamentarismus vom repressiven Kern des Staates trennen und reproduziert so klassisch liberale Theorie[120]. Der Vorwurf aber, mit der

---

117) Anderson 1979 : 46 und 50. Fast wortgleich findet sich der Vorwurf bei Priester 1979 : 37.
118) Anderson 1979 : 55.
119) Anderson 1979 : 106 f..
120) Vgl. dazu auch Kramer 1975 : 91 und 93. Aus der Formulierung 'Diktatur plus Hegemonie' von Gramsci leitet sie eine Dualität ab, die anders als Anderson zwar nicht die bürgerlich-liberale Staatstheorie reproduziert, aber eine klassisch marxistische.

Theorie des erweiterten Staates sei die Differenz zwischen Faschismus und kapitalistischer Demokratie nicht zu erklären, ist in doppelter Hinsicht absurd. Zum einen unterstellt er gleichsam a priori, daß der Unterschied in eben jener Trennung liege, womit das Urteil natürlich schon per definitionem gesprochen ist. Damit verbleibt diese Kritik auf dem analytischen Niveau bürgerlicher Faschismustheorie, die das zentrale Merkmal des Faschismus in der Beseitigung einer angeblich im liberalen Staat vorhandenen Trennung von Staat und Gesellschaft, in der Totalitarität des neuen, faschistischen Staates verorten. Damit wird zum zweiten sogleich bestritten, daß die Besonderheit des Faschismus auch dann gedacht und analysiert werden kann, wenn man sie nicht in dieser Beseitigung dieser Trennung sieht. Anderson und Priester verkennen, daß Althusser analytisch zwischen ideologischen und repressiven Staatsapparaten unterscheidet; daß Gramsci und Althusser den Staat nicht als monolithischen Block betrachten, sondern als Struktur, in der und um die gekämpft wird ([121]); und daß Nicos Poulantzas bereits 1970 auf dem Hintergrund der Theorie des integralen Staates und der ideologischen Staatsapparate eine Analyse des Faschismus als Ausnahmestaat vorgelegt hat[122].

Gramsci hat mithin ein Problem, das alle innovativen Theoretiker teilen. Sie denken und schreiben neue Konzepte zum Teil noch in alten Begriffen. Diese Begriffe werden dann von ihnen verschoben. Löst man sie aus diesem verschobenen Kontext, so führt das zu abstrusen Unterstellungen, wie eben jener, nach der das Konzept des erweiterten, integralen Staates das Denken der Erweiterung des klassischen Zwangsstaates, seiner Ausdehnung auf die gesamte Gesellschaft sei. Oder umgekehrt: daß zivile Gesellschaft und Konsens, was nach klassisch liberaler Lesart ja nahe liegt, das Gegenteil von Zwang und Herrschaft bezeichnen sollen. Es geht ihm wie jenen Revolutionären, von denen Marx am Anfang des '18. Brumaire' schreibt, daß sie das Neue in einer altehrwürdigen Verkleidung, in der erborgten Sprache aufführen - solange, bis sie sich eine neue Sprache für das Neue, was sie tun, angeeignet haben[123]. Folglich ist es hier unumgänglich, einige Begriffe zu klären.

---

121) Vgl. Schreiber 1990 : 63 f., der insoweit die Kritik von Priester an Althusser zurückweist.
122) Vgl. Poulantzas 1973 : 335 ff.. Dort kritisiert Poulantzas gerade die von Anderson und Gramsci reproduzierte Totalitarismus-Theorie, die die liberale These der Trennung von Staat und Gesellschaft reproduziert.
123) Vgl. Marx MEW 8 : 115.

3.2.2. Hegemonie und Staat

Mit dem Hegemoniebegriff ist nun einer der zentralsten Konzepte Gramscis bereits umrissen. Für unsere Frage nach dem Stellenwert der Kämpfe ist dabei wichtig, daß Hegemonie immer synonym mit der Notwendigkeit des politischen und ideologischen Kampfes ist. Hegemonie ist nicht statisch, nicht natürlich gegeben. Hegemonie beinhaltet immer die Notwendigkeit, tendenziell unterschiedliche Kräfte und Interessen zu vereinheitlichen, und ist somit gut mit einem Begriff von Poulantzas als instabiles Kompromißgleichgewicht umschrieben worden[124].

Im revolutionstheoretischen und staatstheoretischen Sinn gilt, daß die hegemonialen Strukturen hergestellt werden müssen. Hergestellt werden sie, wie bereits betont, auch durch Opfer ökonomisch-korporativer Art, durch die zum Teil reale Universalisierung partikularer Interessen. "Ganz grob können wir Hegemonie also als eine ganze Reihe praktischer Strategien definieren, durch die die herrschende Macht den von ihr Regierten Zustimmung entlockt"[125]. Wobei zwei Aspekte gegenüber dieser ersten, groben Definition betont werden müssen: Herrschaft ist zum einen nicht unabhängig von Hegemonie, Hegemonie also nicht nur ein Plus für die ohnehin Herrschenden ("schön, daß nun die Beherrschten auch noch zustimmen"), sondern die Form, in der Herrschaft sich dauerhaft überhaupt erst normal reproduziert. Zweitens: Hegemonie ist idealtypisch umfassend zu verstehen. Als ein Netz, daß die Gesellschaft durchdringt. Sie impliziert die Konstituierung hegemonialer Apparate, einen neuen Volksglauben und Alltagsverstand, eine neue Kultur und Philosophie[126]. Sie erstreckt sich dann auf unterschiedlichste gesellschaftliche Positionen, dominiert aber nicht alle[127]. So umfassend Hegemonie auch ist, so ist in ihr schon immer impliziert, daß sie konflikthaft und ständig vom Scheitern bedroht ist. Die hegemoniale Struktur muß ständig aktiviert bleiben, als Voraussetzung für eine dauerhafte Einheit von Basis und Überbau, gramscianisch ausgedrückt für einen dauerhaften historischen Block[128].

In gewisser Weise repräsentiert der Hegemoniebegriff somit eine Verschiebung gegenüber der klassisch marxistischen Theorie der Kämpfe, die gegenüber dieser sowohl die größere Schwierigkeit als auch die bessere Möglichkeit des politisch-ideologischen Kampfes aufzeigt. Schwieriger ist der Kampf, weil der hegemoniale

---

124) Vgl. Poulantzas 1975 und 1978.
125) Eagleton 1993 : 137.
126) Vgl. Elfferding/Volker 1986 : 65.
127) Vgl. Hall 1989 : 83.
128) Vgl. Kramer 1975 : 94.

Kampf des Proletariats nicht mit einer 'fertigen Armee' geführt werden kann, die nur in den Klassenkampf geschickt werden müßte. Die Arbeiterklasse selbst ist als Klasse für sich (um in Lukácsschen Begriffen zu schreiben) unter der Hegemonie der Bourgeoisie dekonstruiert und zwar bis in die innersten Winkel hinein. Die bürgerliche Hegemonie überformt die gesamte Lebensweise auch des Proletariats, seine Vorlieben, seine Weltanschauung, seinen Geschmack, seine Moral, seine Sitten, seine Folklore, seinen 'Sinn' für das Wahre und Gute[129]. Nur aber auf den ersten Blick kann dies so gelesen werden, als würde Gramsci damit dem Widerstand jeden Bezugspunkt nehmen, als sei er ein Anhänger des Konzepts eines universalen Verblendungszusammenhanges, der dadurch noch undurchbrechbarer wäre, daß Gramsci nicht nur einen Schleier, sondern die Materialität der Hegemonie der Befreiung entgegengestellt hätte. Denn so umfassend die Hegemonie auch ist, so ist sie per definitionem nicht monolithisch, nicht widerspruchsfrei. Denn die bessere Möglichkeit des Kampfes, von der wir sprachen, wird nicht im Jenseits der Hegemonie durch die Ökonomie oder das Klassenbewußtsein hergestellt. Vielmehr sind es die Widersprüche und Brüche in der Hegemonie selbst, die Notwendigkeit für die herrschende Klasse, sie immer neu herzustellen, die der Ansatzpunkt eines politisch-ideologischen Kampfes sind. Doch die Schwierigkeit dieses Kampfes ist damit auch betont: "Zerstören ist sehr schwierig, genauso schwierig wie schöpfen. Denn es geht nicht darum, materielle Dinge zu zerstören, es geht darum, 'Verhältnisse' zu zerstören, die nicht sichtbar, nicht greifbar sind, auch wenn sie sich in den materiellen Dingen verbergen"[130].

Dieser so gefaßte Begriff der Hegemonie greift in den Begriff des Staates ein und transformiert ihn. Der Staat wird zu einer Einheit von bürgerlicher und politischer Gesellschaft[131], zum integralen Staat[132], wobei das Gewicht dieser Aussage, wie wir oben bereits gegen Anderson betont haben, auf der Einheit beider Momente liegt. Definitorisch siedelt Gramsci den Staat im Überbau an, auch wenn er, wie wir noch sehen werden, das Basis/Überbau-Modell tendenziell auflöst. Der Überbau aber wird zweigeteilt in zwei Stockwerke: società civile = Gesamtheit aller gemeinhin als privat bezeichneten Organisationen und società politica = der Staat der direkten Herrschaft, Zwangsherrschaft im engeren Sinne[133]. Doch es handelt sich dabei nicht, wie die

---

129) Vgl. Kramer 1975 : 90.
130) Gramsci Gh, Bd. 4 : 6/30. Kramer 1975 : 105.
131) Vgl. Kramer 1975 : 89.
132) Vgl. Schreiber 1990 : 130.
133) Vgl. Kramer 1975 : 83 f.; Elfferding/Volker 1986 : 63 und 74. Althusser (1979 : 44 ff.) verweist auf die Problematik dieser Trennung, die kurz gesagt darin besteht, die bürgerliche Trennung von Staat und Gesellschaft in eine marxistische Theorie hinüberzuretten, anstatt zu sehen, daß der politische Staat schon immer die 'società civile' nicht nur mit Geld, Recht und Repression,

Metapher nahelegt, um einen räumliche Trennung, sondern um eine Trennung nach Funktionen[134]. Die unterschiedlichen Institutionen haben zwar unterschiedliche Funktionen, sie sind aber vom Kern her nicht in einen Bereich der Gewalt/Diktatur und einen Bereich der Nichtgewalt/Hegemonie zu trennen. Zur Unterstreichung des Gedankens formuliert Gramsci nochmals deutlich, daß das Ziel der Hegemonie ist, daß der ganze Staat zum Erzieher wird[135]: "Die bürgerliche Klasse setzt sich selbst als einen in beständiger Bewegung befindlichen Organismus, der in der Lage ist, die gesamte Gesellschaft aufzusaugen, indem er sie seinem kulturellen und ökonomischen Niveau angleicht: die *gesamte* Staatsfunktion wird transformiert: der Staat wird 'Erzieher', usw."[136]. Bezeichnenderweise schreibt Gramsci dies in einem Fragment über das Recht, dessen Aufgabe er in erster Linie in der Durchsetzung eines "Willen(s) zum Konformismus" ansieht. Und dies gilt tendenziell selbst für das Strafrecht[137].

Wir sind hier also noch einmal bei einem Thema, daß durchaus eines der Hauptthemen, wenn nicht gar das zentrale Thema Gramscis ist: das Verhältnis von Zwang und Konsens[138]. Gramsci übernimmt die Problematik, wie auch Mussolini oder Croce[139], von Machiavelli. Im 18. Kapitel von 'Der Fürst' heißt es: "Ihr müßt also beachten, daß es zwei Kampfesweisen gibt: einmal durch Gesetze und dann durch Gewalt; die erste kommt eigentlich den Menschen zu, die zweite den Tieren; aber da die erste oft nicht genügt, muß man auf die zweite zurückgreifen"[140]. Diese These des Doppelcharakters der Herrschaft übernimmt nun Gramsci und betont ebenso, daß das Primat normaler Herrschaft in der hegemonialen Herrschaft liegt, daß Zwang dort eingesetzt wird, wo

---

sondern auch mittels ideologischer Staatsapparate durchdrungen hat. Was Althusser hier aber kritisiert, ist eher eine bestimmte reformistische Lesart Gramscis, denn Gramsci selbst. Dieser hatte nämlich mit dem Konzept des "integralen Staates" überhaupt die Trennung nur analytisch eingeführt, um sie als realgeschichtliche Trennung zu bestreiten. Indem er aber dafür sich jener "erborgten Begriffe" der klassischen bürgerlichen Tradition bediente, erleichterte er eine reformistische Lesart. Dies ist für Althusser denn auch der Grund, von ideologischen *Staats*apparaten zu schreiben. Dies ist zwar in der Kritik an einer bestimmten Gramsci-Lektüre völlig richtig, zieht allerdings wiederum andere Probleme nach sich: nämlich wie im integralen Staat Verschiebungen der "Durchdringung", von der auch Althusser spricht und die insoweit dann doch auf einer analytischen Unterscheidung basieren muß, gefaßt werden können. Vgl. dazu auch Hall u.a. 1978 : 63.

134) Vgl. Gramsci 1983 : 61 f.; ders. 1967 : 412; Elfferding/Volker 1986 : 74.
135) Elfferding/Volker 1986 : 76; Hall 1989 : 77.
136) Gramsci Gh, Bd. 5 : 8/2, Hervorh. hinzugefügt.
137) Gramsci Gh, Bd. 5 : 8/62; Müller-Tuckfeld 1996.
138) Wir hatten dies bereits oben bei der Diskussion der Andersonschen Argumente gesehen. Anderson jedenfalls stellt diesen Aspekt - wie wir denken, zu Recht, wenn auch mit falscher Stoßrichtung - in das Zentrum seiner Gramsci-Rezeption.
139) Vgl. Frosini 1990.
140) Machiavelli 1980 : 71.

erstere nicht genügt. "Es handelt sich dabei 1) um den 'spontanen' Konsens, den die großen Massen der Bevölkerung der Zielsetzung geben, welche die herrschende grundlegende Gruppe dem gesellschaftlichen Leben gibt ... und 2) um den staatlichen Zwangsapparat, der 'legal' die Disziplin derjenigen Gruppen sichert, die weder aktiv noch passiv ihren 'Konsens' geben, aber für die ganze Gesellschaft konstruiert ist, in Voraussicht von Krisenmomenten des Kommandos und der Führung, wenn der spontane Konsens abnimmt"[141]. Diese Gewalt indiziert, insofern sie nicht bloß gegen marginale Gruppen ausgeübt wird, die Krise. Eine Krise, die eben wie alles in der gramscianischen Konzeption nicht rein ökonomischer Art ist[142].

Fazit: Der Staat bekommt bei Gramsci eine neue Struktur, in der hegemoniale Apparate eine zentrale Rolle spielen, und er bekommt eine neue Aufgabe, die der klassische Marxismus unterschätzt hatte: "eine seiner wichtigsten Funktionen ... besteht [darin, mt], die große Masse der Bevölkerung auf ein bestimmtes kulturelles und moralisches Niveau zu heben, ein Niveau (oder Typ), der den Entwicklungsnotwendigkeiten der Produktivkräfte und daher den Interessen der herrschenden Klassen entspricht"[143]; und "die Auffassung vom Staat als Hegemonie führt zu paradoxen Aussagen: daß der Staat nicht immer dort zu suchen ist, wo er 'institutionell' zu sein scheint"[144].

3.2.3. Ideologie

Das so strukturierte hegemoniale Terrain des Staates bedarf eines Kampfmittels. Bei Gramsci sind dies die Ideologien: "sie 'organisieren' die Menschenmassen, bilden das Terrain, auf dem die Menschen sich bewegen, Bewußtsein von ihrer Stellung erwerben, kämpfen usw."[145]. Dieser Kampf ist ein besonderer. Er muß gegen die 'Meister der Ideologie' geführt werden und sollte, wenn möglich, Elemente der Gegner aufnehmen. Hier gilt, wie auf ökonomischem Gebiet, daß (ideologische) Hegemonie den Abschied von korporatistischer Haltung voraussetzt. "Im politischen und militärischen Kampf kann die Taktik sinnvoll sein, an den Punkten geringsten Widerstandes durchzustoßen ... . An der ideologischen Front dagegen ... ist es nötig, gegen die Hervorra-

---

141) Gramsci 1983 : 62.
142) Vgl. hierzu auch die Ausführungen in Gramsci Gh, Bd. 3 : 4/38, wo dieser gegen 'Verelendungstheorien' einen Krisenbegriff stark macht, der sich politisch definiert.
143) Gramsci Gh, Bd. 5 : 8/179.
144) Gramsci Gh, Bd. 5 : 8/233.
145) Gramsci Gh, Bd. 4 : 7/19. Die Formulierung verweist natürlich erneut auf Gramscis Lieblingsdiktum aus dem Vorwort zur 'Kritik der politischen Ökonomie'.

gendsten ... zu kämpfen"[146]. Denn es ist für Gramsci durchaus möglich, "daß der Gegner einen Anspruch ausdrücken kann, der, wenn auch als untergeordnetes Moment, in die eigene Konstruktion eingebaut werden muß"[147].

Es dürfte deutlich geworden sein, daß Gramsci den von Lenin entwickelten positiven Ideologiebegriff zugrundelegt. Oder genauer: er legt ihn nicht nur zugrunde, sondern er entwickelt ihn weiter, differenziert, erforscht die Konsequenzen, die die Verwendung dieses positiven Ideologiebegriffs hat[148]. Auch wenn es einige wenige Passagen gibt, in denen Gramsci sich leichtfertig des Ideologiebegriffs im Sinne von Täuschung bedient, so kann ganz eindeutig der Grundtenor (viel deutlicher noch als bei Lenin) allein im Sinne des positiven Ideologiebegriffs gewertet werden[149]. Zentral ist dabei die Unterscheidung, die Gramsci im Ideologiebegriff vornimmt. Er bestimmt Ideologie einerseits als notwendige Superstruktur[150] einer bestimmten Struktur, andererseits als individuelle Hirngespinste und sieht in dieser Doppelbedeutung eine zentrale Fehlerquelle für die Erforschung der Bedeutung von Ideologien[151]. "Der schlechtere [=negative, mt] Sinn des Wortes ist extensiv geworden, und das hat die theoretische Analyse des Ideologiebegriffs modifiziert und verfälscht"[152]. Da Gramsci aber Ideologie funktional als ein Mittel begreift, das erforderlich ist, einen hegemonialen historischen Block zu bilden, bzw. eine Gegenhegemonie zu organisieren, kurz: also als Zement praktisch agierender Kollektivsubjekte, unterscheidet er Ideologien nicht nach ihrer 'Wahrheit' oder 'Falschheit', sondern danach, ob sie diese Funktion erfüllen (können). Ideologien in diesem positiven, organisierenden Sinne sind zu unterscheiden von "individuelle(n) Schrullen"[153]. Sie zeichnen sich dadurch aus, daß sie die Festigkeit eines Volks-

---

146) Gramsci Gh, Bd. 4 : 7/26.
147) Gramsci Gh, Bd. 6 : 10/II/24.
148) Vgl. Barrett 1991 : 52 ff.; Eagleton 1993 : 138.
149) Vgl. dazu auch Elfferding/Volker 1986 : 61 f., die aber z.T. verkennen, daß Gramsci dort sich dieses abweichenden Sprachgebrauchs bewußt ist. Beispielsweise in Gh, Bd. 6 : 10/II/24, wo er von einem "Gefängnis der Ideologien" schreibt, aber sofort den Ideologiebegriff mit einem Zusatz ergänzt: "(im schlechten Sinn von blindem ideologischem Fanatismus)". Unklar aber bleibt, da ist Elfferding/Volker recht zu geben, das Verhältnis von Wissenschaft und Ideologie. Vgl. einerseits Gh, Bd. 3 : 7 (Trennung von Wissenschaft und Ideologie) und Gh, Bd. 5 : 8/125 (unentschieden: "interessantes und besonders dringend zu lösendes Problem") und Gh, Bd. 6 : 11/38 (Wissenschaft ist Ideologie).
150) Die Verwendung des Begriffs 'Superstrukturen' statt 'Überbau(ten)' ist vom Herausgeber der deutschen Ausgabe der Gefängnishefte in Gh, Bd. 3 : Anmerkungss. 213 begründet worden. Sie ist sowohl übersetzungstechnisch, als auch inhaltlich begründet und verweist darauf, daß der Überbau-Begriff zumindest nicht im Sinne eines bloßen Anhängsels der Basis gelesen werden kann.
151) Gramsci Gh, Bd. 4 : 7/19.
152) Gramsci Gh, Bd. 4 : 7/19.
153) Gramsci Gh, Bd. 4 : 7/21.

glaubens haben und materielle Kräfte entwickeln[154]. Insofern ist es eine logische Konsequenz, wenn Gramsci betont, daß Ideologien kein Schein sind: "'Ideologien' (sind) alles andere als Illusionen und Schein; sie sind eine objektive und wirkende Realität, aber sie sind nicht die Triebfeder der Geschichte, das ist alles"[155].

Ideologie gliedert sich dabei in zumindest vier Stufen: Philosophie, 'Alltagsverstand', Religion und Folklore[156]. Damit gehört zur Ideologie auch die Wissenschaft[157], was impliziert, daß Objektivität nicht außergeschichtlich ist und daß die Wissenschaft kein a priori qualitativ besonderes Wissen gegenüber der Welt birgt. Die Unterscheidungen zwischen den Stufen der Ideologie sind somit letztlich *erkenntnistheoretisch* nicht qualitativer, sondern eher quantitativer Natur[158]. Es steht also nicht Erkenntnis gegen Nicht-Erkenntnis, sondern die Stufen bezeichnen Unterschiede in der bewußten Ausarbeitung der Ideologie, Unterschiede in Kohärenz und Homogenität.

In diesem Sinne ist natürlich auch der Marxismus (wie schon, mit den gezeigten Einschränkungen, bei Lenin und Lukács) eine Ideologie. "Auch seine [Marx', mt] Lehren sind eine Superstruktur ... : seine Theorie will ja gerade auch einer bestimmten sozialen Gruppe ihre eigenen Aufgaben, ihre eigene Kraft, ihr eigenes Werden 'bewußt werden lassen'. Aber er zerstört die 'Ideologien' der gegnerischen Gruppen, welche gerade praktische Instrumente politischer Herrschaft über die restliche Gesellschaft sind"[159]. Ideologien sind also erneut keine reinen Ideen, sondern "Weltanschauungen und eine ihr entsprechende Verhaltensnorm"[160]. Der Begriff des Ideologischen ist dementsprechend bei Gramsci so weit gefaßt, daß eine Trennschärfe zu anderen Begriffen wie Weltanschauung, Kultur, Religion bewußt nicht gegeben ist[161]. Insofern ist die Kritik, die zuerst von einer "atemberaubenden Sorglosigkeit im Umgang mit theoretischen Begriffen" spricht, um sogleich diese Sorglosigkeit allein den spezi-

---

154) Deutlich ist hier erneut die Anspielung auf die bereits oben genannten Passagen bei Marx.
155) Gramsci Gh, Bd. 3 : 4/15.
156) Vgl. beispielsweise Gramsci Gh, Bd. 6 : 10/II/2; auch Kramer 1975 : 79; Elfferding/Volker 1986 : 62; Hall 1989 : 79 ff..
157) Vgl. Gramsci Gh, Bd. 3 : 4/12.
158) Wenn Kramer 1975 : 79 demgegenüber von qualitativen Unterschieden schreibt, so verkennt sie, daß die Kriterien der Homogenität und Kohärenz selbst nicht unabhängig von den herrschenden Vorstellungen von homogener und kohärenter Argumentation zu bestimmen sind. Sieht man die Qualität aber nur funktional in Hinsicht auf die Bildung handlungsleitender Weltbilder, so kann hier unter Umständen die Reihenfolge der Stufen sich doch ziemlich verschieben.
159) Vgl. Gramsci Gh, Bd. 3 : 4/15; vgl. Kramer 1975 : 80 f..
160) Gramsci 1967 : 132; vgl. auch Kramer 1975 : 79.
161) Vgl. Gramsci 1967 : 132: "aber warum sollte man diese Glaubenseinheit 'Religion' und nicht 'Ideologie' oder geradezu 'Politik' nennen?"

fischen Bedingungen faschistischer Haft anzulasten[162], doppelt fragwürdig. Zum einen kann sie kaum erklären, warum die Zensur es Gramsci nicht erlaubt haben sollte, seine Begriffe zu präzisieren. Zum anderen verkennt sie gerade in Bezug auf den Ideologiebegriff Gramscis Intention. Gramsci will, indem er Ideologie als eine Funktion faßt, sie nicht von Wissenschaft, Kultur etc. abgrenzen. Interessant sind dann natürlich die begrifflichen Differenzierungen. Also: Religion funktioniert als Ideologie, was unterscheidet sie aber funktional von einer anderen Form der Ideologie usw.. Dazu versucht Gramsci, die spezifische Funktionsweise beispielsweise der katholischen Religion zu erörtern[163]. Wenn also der Begriff der Ideologie in gewisser Hinsicht wenig trennscharf ist, so sieht Gramsci nur dort keine grundsätzlichen Differenzen, wo die Kritiker sie gerne läsen, sondern an anderer Stelle.

Auf den ersten Blick wirkt dieser Ideologiebegriff nun ähnlich historizistisch[164], wie derjenige von Lukács. Ideologien stehen gegeneinander wie stehende Heere. Auf der einen Seite der Marxismus, auf der anderen die gegnerischen Ideologien. Wenn es aber auch bestimmte historizistische Anklänge bei Gramsci gibt[165], so betreffen sie nicht das Wesentliche. Denn Ideologie ist bei Gramsci kein ausgearbeiteter Block, keine fix und fertige Weltanschauung, derer ihre Träger nur habhaft werden müssen, um die Welt zu begreifen. Ideologien sind ein Feld des Kampfes, in dem eine expressive Totalität - ob nun mit Zentrum in der Ökonomie oder aber im Klassenbewußtsein - keinen Anknüpfungspunkt findet. Insbesondere aber geht Gramsci ja von einer Hegemonie der herrschenden Klasse aus, in deren Feld und in deren Brüchen sich überhaupt nur Strategien einer Gegenhegemonie entwickeln lassen. Die Ideologie des Proletariats entwickelt sich aus den Ideologien, die sie beherrschen, und ist von ihnen durchzogen.

Dementsprechend sind Ideologien für Gramsci keine festen Blöcke, sondern widersprüchliche Artikulationsräume. Sie haben eine Geschichte, die sich nicht als Entfaltung einer Kernstruktur rekonstruieren läßt und ohne die Anwesenheit konkreter, also kontingenter ideologischer Kämpfe nicht zu analysieren ist. Ideologien entstehen aus

---

162) Elfferding/Volker 1986 : 62.

163) Gramsci 1967 : 132 ff.. Die Unterschiede zwischen Katholizismus, 'höheren' Philosophien, dem Marxismus etc. bezeichnet Gramsci (ebd. : 136) als "fundamental". Hier fehlt jedoch der Raum, diesen Differenzierungen im Einzelnen nachzugehen.

164) Vgl. zur Frage des Historizismus bei Gramsci, der ihm insbesondere von Althusser (1972 : 167 ff.) und Poulantzas (1975 : 135 ff., 197 ff.) vorgeworfen wurde, wobei beide betonen, daß dieser Historizismus von anderer Qualität als jener von Lukács sei: Barrett 1991 : 53; Eagleton 1993 : 139; Hall u.a. 1978 : 52 ff.; Laclau/Mouffe 1991 : 273 (FN.).

165) Das betrifft insbesondere die Problematik, die sich bezüglich der Frage der Organizität der Ideologien stellt.

der Kombination durchaus widersprüchlicher Auffassungen des Alltagsverstandes und der Folklore. Sie sind fragmentarisch und mosaikhaft, da sie eben auch der Ausdruck spezifischer hegemonialer Bündnisse sind. Damit ist gleichzeitig gesagt, daß nie vollständig neue Ideologien (aus dem Nichts, am Schreibtisch) entstehen (es sei denn, sie seien nur Ideologien im Sinne willkürlicher "Schrullen"), sondern bestehende Elemente werden ein- und umgearbeitet, ersetzt und verschoben. "Der historische Entwicklungsprozeß ist eine Einheit in der Zeit, daher enthält die Gegenwart die gesamte Vergangenheit, und von der Vergangenheit verwirklicht sich in der Gegenwart das, was 'wesentlich' ist, ohne Residuum eines 'Unerkennbaren', welches das wahre 'Wesen' wäre"[166].

Von Ideologien kann zwar nach Gramsci nur dann gesprochen werden, wenn sie ihren Ursprung in den Widersprüchen der Basis haben, also nicht willkürlich, sondern organisch sind[167]. Dennoch haben sie eine Eigenlogik. Von Machiavelli übernimmt er die Aussage, daß "die Politik eine selbstständige und autonome Tätigkeit ist, die ihre Grundsätze und Gesetzmäßigkeiten hat"[168]. Diese Gesetzmäßigkeiten sind auch materieller Natur, insoweit sie sich nicht von den Formen ihrer Ausübung, den Apparaten, trennen lassen. Sie sind in den Apparaten der Herrschaft zu verorten und verfügen damit über eine eigene Materialität. Die "Entwicklung und der Kampf um die Macht und um die Erhaltung der Macht bringt die Superstrukturen hervor, welche die Bildung einer 'speziellen materiellen Struktur' für ihre Verbreitung determinieren"[169].

Der ideologische Kampf aber ist nicht nur eine Materialität durch die Institutionen und Apparate, in denen und durch die er ausgefochten wird. Er selbst ist notwendig auch ein Kampf in der und um die Sprache. Daß Gramsci dieser in der kommunistischen Bewegung kaum beachteten Tatsache[170] der Sprachlichkeit der Kommunikation und damit der Sprache (*langage*) Beachtung schenkt, hat natürlich nicht zuletzt damit zu tun, daß Gramsci Sprachwissenschaftler war[171]. Der Kampf um Hegemonie ist deswegen für Gramsci auch ein Kampf um die Bedeutung der Worte. "Unterstellt man die Philosophie als Weltauffassung und das philosophische Wirken ... als kulturellen Kampf zur Umformung der Volks-'Mentalität' und zur Verbreitung der philosophi-

---

166) Gramsci Gh, Bd. 4 : 7/24. Vgl. auch Kramer 1975 : 95; Elfferding/Volker 1986 : 66 f.; Hall 1989 : 79 ff..
167) Vgl. Gramsci Gh, Bd. 4 : 7/19; auch Kramer 1975 : 79; Elfferding/Volker 1986 : 62.
168) Gramsci Gh, Bd. 3 : 4/8.
169) Gramsci Gh, Bd. 3 : 4/12. Siehe auch die Ausführungen von Gramsci zur ideologischen Struktur einer herrschenden Klasse, Gh, Bd. 2 : 3/49.
170) Vgl. dazu Gadet 1988 : 1228 ff..
171) Vgl. dazu insbesondere Maas 1988.

schen Erneuerungen, die sich in dem Maße als 'geschichtlich wahr' erweisen werden, in welchem sie konkret, also geschichtlich und gesellschaftlich universell werden, dann muß die Frage der Sprache und der Sprachen 'technisch' an vorderste Stelle gerückt werden"[172]. Sprache ist für Gramsci, ebenso wie Philosophie, zentral eine Praxis. Sie ist so wesentlich ein Sammelname für etwas Uneinheitliches. Überspitzt ausgedrückt "kann man sagen, daß jedes sprechende Wesen eine eigene persönliche Sprache hat"[173]. Gleichzeitig aber ist es die Sprache, die mit das Kollektiv schafft, Erlebnis- und Wahrnehmungsräume vereinheitlicht. Insofern polemisiert Gramsci ganz in der Tradition der Arbeiterbewegung gegen Dialekte, da diese (gleichsam wie die nur partiell beherrschte Nationalsprache) dazu führten, daß ihr Sprecher nur an einer eingeschränkten Weltsicht partizipiere[174]. Denn Sprache drückt für Gramsci die Erfahrung, die Kultur, den Wissensschatz einer Gemeinschaft aus. Da also Gramsci Sprache wesentlich als Praxis begreift, polemisiert er gegen alle Versuche, Sprache als ein abstraktes System von Regeln zu fassen. Sprache ist geschichtlich und nicht abstrakt-logisch-formal. Sie existiert für ihn nicht im Wörterbuch, in den Grammatiken und den Techniken[175]. Gerade deswegen kann die Sprache aber nicht ihres Wandels, ihrer metaphorischen Bedeutungen und Verschiebungen entkleidet werden. Das heißt: Sprache ist per se "Metapher des bezeichneten 'Dinges' bzw. 'materiellen und sinnlich wahrnehmbaren Gegenstands', und sie ist Metapher der ideologischen Bedeutungen, die den Worten während der vorangegangenen Kulturepochen gegeben worden sind"[176]. So ist Sprache Geschichte; und zwar die Geschichte der sprachlichen Neuerungen, die keine individuellen, sondern gesellschaftliche Neuerungen sind[177]. Und sie ist Kampf. Kampf um neue metaphorische Bedeutungen. Der ideologische Kampf beginnt somit mit und an der Sprache, das Ziel ist "die Erreichung einer 'kulturell-gesellschaftlichen' Einheit ... ein und desselben kulturellen 'Klimas'"[178]. Letztlich bleibt aber die Thematisierung der Sprache bei Gramsci problematisch. Hier schlagen historizistische Tendenzen durch. Denn indem er Sprache weithin auf Praxis reduziert, unterschlägt er, daß sprachliche Praxis immer in die zwingende Form sprachlich korrekter Rede eingebunden ist. Damit unterliegt er letztlich jener Versuchung, die Gadet für die zentrale Schwäche der weitaus meisten marxistischen Versuche, sich der Sprache zu nähern, ansieht: "der Versuchung, den Sinn über die

---

172) Gramsci Gh, Bd. 6 : 10/II/44.
173) Gramsci Gh, Bd. 6 : 10/II/44.
174) Vgl. dazu Maas 1988 : 53 ff..
175) Vgl. Gramsci Gh, Bd. 6 : 11/45.
176) Gramsci Gh, Bd. 4 : 7/36. Vgl. auch die Wiederaufnahme dieses Gedankens in Gh, Bd. 6 : 11/24, wo Gramsci den Begriff der Metapher vorsichtiger, aber mit gleicher Stoßrichtung nutzt.
177) Vgl. Gramsci Gh, Bd. 4 : 6/71.
178) Gramsci Gh, Bd. 6 : 10/II/44.

Form zu stellen"[179]. Nichtsdestotrotz führt die Beschäftigung mit der Sprache Gramsci aber auch dazu, das Verhältnis von Realität und Wahrnehmung nicht als ein unvermitteltes und transparentes zu beschreiben. Insofern nämlich die Sprache geschichtlich ist und allein in der Sprache die Welt - im Wortsinne - auf den Begriff gebracht werden kann, stellt sich die Frage der Erkennbarkeit der Welt[180].

3.2.4. Historischer Block

Obwohl Gramsci von Basis und Überbau, von Struktur und Superstruktur schreibt, dürfte deutlich geworden sein, daß für ihn der Überbau keinesfalls als Widerspiegelung der Ökonomie zu thematisieren ist. Gleichzeitig aber läßt sich Gramsci nicht so rezipieren, wie dies sowohl liberale als auch orthodoxe Kritiker, wenn auch mit gegenteiliger Bewertung versuchen, nämlich als Theoretiker der "Ersetzung der politischen Ökonomie durch Kulturanthropologie"[181], als ein "subjektiver Idealist" und liberal-bürgerlicher Ideologe[182]. Gramsci verdrängt das Problem des Ökonomischen nicht, und erst recht ersetzt er es nicht. Nur wer im Marxismus notwendig eine Theorie der Materialität, der Selbstbewegung der Ökonomie sieht, kann Gramsci so einordnen. Dabei muß dann aber verdrängt werden, daß Gramsci gerade versucht, die Einheit von Basis und Überbau als eine dialektische Einheit zu denken. Genauso nämlich, wie Gramsci den Ökonomismus insbesondere Bucharins kritisiert, arbeitet er sich am hegelianisch inspirierten Idealismus Croces ab. Der Versuch, das Basis/Überbau-Modell zu überwinden, ohne aber die Problematik, die es anzeigt, nämlich die zentrale Bedeutung der gesellschaftlichen Produktionsweise bei der Untersuchung gesellschaftlicher Kräfteverhältnisse, zu verwerfen, führt Gramsci zum Begriff des historischen Blocks.

Dieser Begriff, der mit Sicherheit zu den zentralsten des gramscianischen Werkes gehört[183], versucht gerade, die Dualität von Basis und Überbau und damit die Gefahren des Ökonomismus, wie des subjektiven Idealismus zu umschiffen. Es ist hier nur der Ort, dies zusammenzufassen, denn der Begriff ist nicht losgelöst von den bereits

---

179) Gadet 1988 : 1232.
180) Diesen Zusammenhang diskutiert Gramsci in Gh, Bd. 6 : 11/45. Die Frage nach der Realität/Objektivität der Außenwelt durchzieht, insbesondere in Auseinandersetzung mit Bucharin, zudem fast die gesamten Gefängnishefte.
181) Walzer 1991 : 122.
182) Riechers 1970 : 131 und 243.
183) Vgl. dazu Buci-Glucksmann 1981 : 271 ff.; dies. 1985a; Kramer 1975 : 72 ff.; Elfferding/Volker 1986 : 210 (FN.).

gemachten Ausführungen zu Hegemonie und Ideologie. Der historische Block impliziert nicht nur, daß es einen Block an der Macht gibt, wie dies später Poulantzas[184] zuspitzen wird. Zwar zeigt dies richtig die gramscianische Idee auf, daß es nicht eine ihrem Wesen oder ihrer Stellung im Produktionsprozeß nach a priori herrschende Klasse gibt, sondern daß Klassenfraktionen in einem Bündnis herrschen und daß dabei durchaus auch Teile der beherrschten Klasse in den Block an der Macht eingebunden sind. Hegemonie heißt gerade, diesen Block an der Macht zu konstituieren und dabei die "ideologische Einheit zwischen oben und unten"[185] herstellen zu können. Aber der Begriff geht weiter, da er diese Einheit nicht als eine "verwaltbare mechanische Aggregation" vorstellt[186]. In gewisser Weise ist der historische Block Hegels Volksgeist nahe, wenn man sofort hinzudenkt, daß die Produktionsweise integraler Bestandteil desselben ist. Was beide Begriffe eint, ist, daß sie versuchen, die umfassende Einheit einer Gesellschaft zu thematisieren, ohne jedoch die Geschichtlichkeit dieser Einheit zu vergessen. Bei Gramsci, und das unterscheidet aber den historischen Block noch jenseits der Thematisierung des Ökonomischen vom Hegelschen Volksgeist, wohnt diesem Volksgeist nicht per se der Weltgeist inne. Wo er bei Hegel immer schon da ist, sozusagen Geschichte nur als Verwirklichung des Weltgeistes in der notwendigen Abfolge der Volksgeister gedacht werden kann, setzt Gramsci diese Einheit wirklich geschichtlich, also kontingent. So ist nicht jeder historische Augenblick auch ein historischer Block. Vielmehr bemüht sich Gramsci, "die Bedingungen der Existenz, der Zerstörung und der Veränderung historischer Blöcke zu definieren"[187]. Und hier wären wir wieder bei den bereits dargestellten Thesen. Kein stabiler historischer Block ohne umfassende Hegemonie und eine sie zementierende Ideologie. Da aber diese Hegemonie und Ideologie immer widersprüchlich ist, ist es auch der historische Block. Er bedarf der beständigen Reproduktion, Veränderung und Anpassung. Hier aber besteht das Potential, in den historischen Block, der mithin keineswegs monolithisch (wie es der Begriff 'Block' nun einmal nahelegt), zu intervenieren. Der Block jedenfalls, so hart er auch sein mag, ist geschaffen und hat keinen ontologischen Kern. Ein bestimmter Stand der Produktivkräfte bedarf zwar der Artikulation auch in einem historischen Block, in dem sie existieren können, aber diese Artikulation ist keine einfach determinierte Größe[188].

---

184) Vgl. Poulantzas 1975 : 229 ff. und ders. 1978 : 117 ff..
185) Gramsci 1967 : 134, in einem etwas verschobenen Kontext.
186) Buci-Glucksmann 1985b : 489.
187) Buci-Glucksmann 1985b : 487.
188) Vgl. auch Laclau/Mouffe 1991 : 109 ff..

3.2.5. Intellektuelle, Führung und Partei

Die zentrale Frage aus dieser Skizzierung der Begriffe Hegemonie und Ideologie, die die Fragmentarität und Zusammengesetztheit der Herrschaft betont hat, liegt auf der Hand. Wenn wir, was bei der Betonung des Kampfes selbstverständlich ist, nicht davon ausgehen, daß der Block an der Macht, der historische Block etc., aber auch die gegenhegemonialen Kräfte sich von alleine konstituieren, so bedarf es der Erklärung, wie aus den unterschiedlichen Momenten der Folklore, der Ideologien etc. der historische Block, bzw. die Arbeiterklasse synthetisiert wird. Gramscis Antwort: durch organische Intellektuelle. Diese formen aus dem Material des Alltagsverstandes eine Philosophie/Ideologie[189]. Aber sie formen sie auf eine ganz spezifische Art.

Jede Klasse, so Gramsci, bringt ihre Schicht von organischen Intellektuellen hervor: "Jede gesellschaftliche Gruppe schafft, während sie auf der ursprünglichen Basis einer wesentlichen Funktion in der Welt der ökonomischen Produktion entsteht, zugleich, organisch, eine Schicht oder mehrere Schichten von Intellektuellen"[190]. Organisch bezeichnet somit eine objektive Zugehörigkeit. Die Intellektuellen, so Gramsci, sind keine spezifische Schicht oder Klasse, sondern den zentralen Schichten und Klassen zugeordnet. Gleichzeitig verleihen erst die Intellektuellen ihrer Schicht Homogenität und Bewußtsein dieser ihrer Funktion[191]. Damit ist dieses Verhältnis aber nicht funktionalistisch, sondern ein vielfach vermitteltes: "die Beziehung zwischen den Intellektuellen und der Produktion ist nicht unmittelbar, ... sondern ... ist vermittelt durch zwei Typen gesellschaftlicher Organisation: *a)* durch die Zivilgesellschaft, d.h. durch die Gesamtheit privater Organisationen der Gesellschaft, *b)* durch den Staat"[192].

In diesem doppelt vermittelten Feld ist es die Aufgabe von Intellektuellen, das Ökonomische ins Politische zu übersetzen. Doch dieses 'Übersetzen' muß man wörtlich nehmen. Es bedarf der Einbindung in die neue Sprache, deren Grammatik, Duktus, Klangfarbe etc. zu beachten ist. Übersetzen ist deswegen keinesfalls Widerspiegeln, sondern die Ausarbeitung eines ebenso wohlklingenden wie passenden Textes. Sie sind Funktionäre des Überbaus[193], ihr Wirkungsfeld ist die Vorbereitung und Ausübung hegemonialer Funktionen[194]. Wie beim Staat auch bedient sich Gramsci in der Frage

---

189) Vgl. Gramsci Gh, Bd. 5 : 8/220.
190) Gramsci Gh, Bd. 3 : 4/49.
191) Gramsci Gh, Bd. 3 : 4/49. Vgl. auch Kramer 1975 : 98.
192) Gramsci Gh, Bd. 3 : 4/49. Vgl. auch Gramsci 1983 : 56 ff. und Kramer 1975 : 99; Elfferding/Volker 1986 : 90.
193) Gramsci 1983 : 56 ff.; Elfferding/Volker 1986 : 70.
194) Vgl. Kramer 1975 : 100; Elfferding/Volker 1986 : 68.

der Bestimmung der Intellektuellen einer funktionalen Analyse. Nicht in der (intellektuellen) Tätigkeit ist das bestimmte Differenzierungskriterium zu sehen, sondern in der Funktion, die innerhalb gesellschaftlicher Verhältnisse ausgeführt wird[195]. Denn in gewisser Weise sind in Gramscis Augen alle Menschen Intellektuelle, insoweit sie über sich, die Verhältnisse, das Leben etc. nachdenkende Wesen sind. Auch die Trennung nach Kopf- und Handarbeit hilft nach Gramsci nicht weiter, da jeder Beruf eine gewisse intellektuelle Tätigkeit voraussetzt und auch der Handarbeiter (zumindest) außerhalb seines Berufes auch intellektuelle Tätigkeit entfaltet, in einem weiten Sinne gar Philosoph ist, da er an einer Weltanschauung teilhat usw.[196]. Wenn aber alle Menschen auch Intellektuelle, Philosophen etc. sind, so üben sie dies nicht als gesellschaftliche Funktion aus. "Alle Menschen sind Intellektuelle, könnte man sagen, aber nicht alle Menschen üben in der Gesellschaft die Funktion von Intellektuellen aus (weil jeder einmal in die Situation kommen kann, sich zwei Eier zu braten oder sich einen Riß in der Jacke zu flicken, wird man doch nicht behaupten, daß alle Menschen Köche oder Schneider sind)"[197]. Wenn aber die Funktion in der Ausarbeitung und Übersetzung von Weltanschauungen besteht, so bedarf es für die gesellschaftliche Funktion nicht allein der privatimen Überlegung des Individuums über das Leben, sondern der Arbeit an der Ausarbeitung und Verbreitung dieser Weltanschauung. Nimmt man diese funktionale Bestimmung zur Grundlage, so kann man verschiedene Abstufungen intellektueller Tätigkeit unterscheiden. Die höchste Stufe der Funktionen ist dabei die 'Schöpfung' von Philosophien, die unterste Stufe ist deren Verwaltung und Verbreitung[198].

Durch die zweifache Bestimmung Klassenzugehörigkeit einerseits/Klassenformung andererseits entsteht ein Spannungsverhältnis. Von den jeweiligen Polen her betrachtet stellt sich die Frage, wie eine Schicht ihre Intellektuellen hervorbringen kann, wenn sie doch erst durch diese geschaffen wird? Gramscis Antwort ist eine doppelte. Zum einen durchläuft der Prozeß des Politisch- und dann Hegemonial-Werdens mehrere Stufen: 1. ökonomisch-korporativistisch, 2. sich über seinen Status als Klasse bewußt werden, 3. Partei werden, die mit ihrer Ideologie gegen die anderen Ideologien um Vorherrschaft kämpft[199]; wobei dieser Prozeß, diese "intellektuelle und moralische Reform immer an ein ökonomisches Reformprogramm gebunden"[200] ist. Das heißt, daß die Klassen sich

---

195) Vgl. Gramsci Gh, Bd. 3 : 4/49; ebd. : 4/51; Gramsci 1983 : 59 und Kramer 1975 : 97; Elfferding/Volker 1986 : 68; Schreiber 1990 : 54.
196) Vgl. Gramsci Gh, Bd. 3 : 4/51.
197) Gramsci 1983 : 59.
198) Vgl. Gramsci Gh, Bd. 3 : 4/49; Kramer 1975 : 101; Schreiber 1990 : 55.
199) Vgl. Gramsci Gh, Bd. 5 : 8/169; Elfferding/Volker 1986 : 71.
200) Gramsci Gh, Bd. 5 : 8/21.

ausgehend von ihren ökonomisch-korporatistischen Interessen bilden und in diesem Zusammenhang auch die Ausbildung von organischen Intellektuellen beginnt. Dann erst kommt die Stufe zwei. In dieser ist es notwendig, sich mit ehedem organischen, aus der Sicht der im Aufstieg befindlichen Klasse aber traditionellen Intellektuellen[201] auseinanderzusetzen, und zwar dergestalt, daß deren Ideologien entweder zerstört werden ("Eine Philosophie der Praxis kann anfänglich nicht anders als in polemischer Einstellung auftreten, als Aufhebung der bisher existierenden Denkweise"[202]) und/oder, indem einige der traditionellen Intellektuellen zu Verbündeten der organischen Intellektuellen der aufstrebenden Klasse gemacht werden. Beides sind Vorbedingungen für die Eroberung von Macht[203]. Insbesondere Demirovic hat darauf hingewiesen, daß Gramsci, konsequent zuende gedacht, den Intellektuellen eine zentrale Funktion in der Reproduktion des Produktionsprozesses zuweist. Indem nämlich die Intellektuellen Praxis-Wissen, das nicht nur für die Legitimation, sondern für die Reproduktion bestehender Kapitalverwertungsstrukturen zentral ist, "permanent machen" (es normalisieren, ausarbeiten, verbreiten), ermöglichen sie diese als dauerhafte erst[204]. Zwei Aspekte des gramscianischen Denkens allerdings kommen bei dieser Analyse zu kurz. Einerseits die Spezifik des organischen Intellektuellen. Andererseits die damit zusammenhängende Frage der Partei.

Die Frage der Intellektuellen ist aber nicht abzulösen von der Frage der Partei. Organisch nämlich ist der Intellektuelle bei Gramsci nicht in erster Linie, indem er sich als Vertreter einer bestimmten Schicht oder Klasse sieht oder fühlt, sondern nur, insoweit er in und an deren Materialisierungen arbeitet. Erst in und durch ihre Formierung wird nämlich eine Klasse als Klasse überhaupt sich bewußt und handlungsfähig. In der Unmöglichkeit, unmittelbar aus der Ökonomie Politik abzuleiten, besteht der wichtigste Grund für die Existenz von Parteien, die Gramsci, in Anspielung auf Machiavellis berühmtes Werk, auch den modernen Fürst nennt[205]. Zwar sind die Parteien "nur die Nomenklatur der Klasse", aber sie sind nicht ihr passiver Ausdruck, sondern sie wirken auf diese zurück, "um sie zu entwickeln, zu festigen, zu universalisieren"[206]. Sie verkörpern in gewisser Weise einen Mythos, der "als konkrete 'Phantasie'" auf ein zersplittertes Volk einwirkt, um es zu organisieren. Dieser "Fürst-

---

201) Vgl. Gramsci Gh, Bd. 5 : 8/171.
202) Gramsci Gh, Bd. 5 : 8/220.
203) Insoweit kann aber auch analog auf die o.g. Ausführungen zu Hegemonie und Ideologie verwiesen werden. Vgl. auch: Kramer 1975 : 99 f.; Elfferding/Volker 1986 : 72.
204) Demirovic 1992 : insb. 145 ff..
205) Vgl. Gramsci Gh, Bd. 5 : 8/21.
206) Gramsci Gh, Bd. 2 : 3/119.

Mythos" aber kann keine individuelle Person, sondern nur die politische Partei sein[207]. In gewisser Weise ist die Partei der Staat im Staat. "Für alle Gruppen ist die politische Partei gewiß der Mechanismus, der in der bürgerlichen Gesellschaft dieselbe Funktion wahrnimmt, welche der Staat in weiterer und zusammenfassenderer Weise in der politischen Gesellschaft erfüllt"[208]. Die Partei überwindet so die unmittelbare Partikularität ihrer Mitglieder und faßt sie in einer Allgemeinheit zusammen, die selbst partikular im Bezug auf den Staat ist und in diesem um Universalisierung/Hegemonie kämpft.

In einer Partei reproduziert sich mithin die Problematik der Hegemonie/des herrschenden Blocks. Dabei löst Gramsci das Verhältnis von Spontaneität und Führung auf recht originelle Art. Reine Spontaneität ist völlig inexistent, würde, wie Gramsci schreibt, mit der reinen Mechanizität zusammenfallen. Daß in der spontanen Bewegung also schon immer ein Element bewußter Führung steckt, wird dadurch belegt, daß die Spontaneität selbst zur Methode erhoben wird. Doch die Spontaneität kann nicht methodisch gefaßt werden. Am Beispiel der Turiner Rätebewegung erklärt Gramsci vielmehr: "Dieses Element von 'Spontaneität' wurde nicht vernachlässigt und viel weniger noch verschmäht: es wurde *erzogen*, wurde ausgerichtet, wurde gereinigt von all dem, was es als Nichtdazugehöriges trüben konnte, um es homogen zu machen, aber in lebendiger, historisch wirksamer Art"[209].

In gewisser Weise ist bei Gramsci die Parteitheorie aber immer auf den Staat gerichtet. "Die Klassen bringen die Parteien hervor, die Parteien erzeugen die Staats- und Regierungsleute, die Führenden der Zivilgesellschaft und der politischen Gesellschaft . ... Es kann keine Erzeugung von Führenden geben, wo die theoretische, doktrinäre Tätigkeit der Parteien fehlt"[210]. Keine andere gesellschaftliche Institution kann diese Funktion ausfüllen, schon gar nicht die Universität. "Da die Universitäten ... nicht vom Leben der Parteien ... durchdrungen waren, bildeten sie unpolitische nationale Kader"[211]. Es bedarf aber für die Hegemonie nicht der 'blutleeren Gelehrsamkeit', sondern des Mythos, des Fürsten, der erreicht, daß die gegebene Masse "von einem wilden Chaos zu einem organisch einsatzbereiten politischen Heer"[212] wird.

---

207) Gramsci Gh, Bd. 5 : 8/21.
208) Gramsci 1983 : 65.
209) Gramsci Gh, Bd. 2 : 3/48.
210) Gramsci Gh, Bd. 2 : 3/119.
211) Gramsci Gh, Bd. 2 : 3/119.
212) Gramsci Gh, Bd. 5 : 9/62. Vgl. auch Schowstack Sassoon 1989 : 102, die betont, daß dieses Verhältnis zwischen Führern und Geführten aber nicht einfach und im Sinne einer Einbahnstraße funktioniert.

Insofern also vertreten Parteien eine Klasse, aber sie schaffen sie auch. Das Henne-Ei-Problem ist dabei durchaus analog zur oben schon behandelten Frage der Intellektuellen und der Klasse zu reformulieren. Parteien vertreten zwar nur eine Klasse, repräsentieren aber dennoch idealiter das zu schaffende Bündnis von nicht-antagonistischen Klassen[213]. Gramsci denkt Parteien also, wie Elfferding richtig herausarbeitet[214], in Beziehung auf den Staat. Nicht etwa, daß er sie vom Staat her (als staatliche Funktionen) denkt. Parteien werden vielmehr zum Staat hin gedacht. Idealtypisch universalisieren sie sich bis zu dem Punkt, in dem sie selbst Staat werden. Staat aber werden sie durch eine hegemoniale Strategie, die fähig ist, die gesamte Gesellschaft zu transformieren, indem diese gleichsam 'aufgesogen' und neu ausgerichtet wird.

Die gramscianische Charakterisierung der Intellektuellen als spezifischer Funktion erlaubt nun noch eine weitere, innere Differenzierung vorzunehmen. Intellektuelle sollen Mittler sein zwischen den Führern einer Partei und der in einer Partei organisierten Masse[215]. Charismatische Führer braucht eine Partei in der Phase, "in der die Doktrin sich den Massen als etwas Nebulöses und Zusammenhangsloses darstellt, das eines unfehlbaren Papstes bedarf, um interpretiert und den Umständen angepaßt zu werden"[216]. Dies gilt nicht für eine Partei, die deutlicher Ausdruck bestimmter Interessen und Klassen ist. Obwohl alle Menschen Intellektuelle sind, bedarf es also einer spezifischen Funktion von Intellektuellen innerhalb einer Partei. Hier entsteht, was mit dem Stichwort 'demokratischer und organischer Zentralismus'[217] durch Gramsci auch begrifflich gefaßt worden ist.

Die Bedeutung der Führung, des Lehrens und Lernens ist bei Gramsci zentral. So zentral, daß er sagt: Wenn es nicht genügend Führer gibt, ist das System in einer politisch-sozialen Krise[218]. Im vollen Wissen darüber, daß dies kein egalitäres System ist, fügt Gramsci hinzu, daß das bestehende Lehrer/Schüler-Verhältnis zwischen Intellektuellen und Masse erst dann aufgehoben werden kann, wenn der neue historische Block entstanden ist[219]. Gleichzeitig aber ist das zu Vermittelnde kein fertiges, von Führern erdachtes und nach unten transportiertes Wissen. "Realiter müßte sich der moderne Fürst auf diese beiden grundlegenden Punkte beschränken: Formung eines nationalen popularen Kollektivwillens, dessen aktiver und wirkender Ausdruck

---

213) Vgl. Gramsci Gh, Bd. 3 : 4/10.
214) Elfferding 1983 : 22.
215) Vgl. Gramsci Gh, Bd. 2 : 2/75 in Auseinandersetzung mit der Parteiensoziologie von R. Michels.
216) Gramsci Gh, Bd. 2 : 2/75.
217) Vgl. Gramsci Gh, Bd. 5 : 9/68.
218) Gramsci Gh, Bd. 4 : 6/90.
219) Vgl. Kramer 1975 : 101.

eben der moderne Fürst ist, und intellektuelle und moralische Reform. Die konkreten Punkte eines Aktionsprogramms müssen in den ersten Punkt eingebaut werden, müssen sich also 'auf dramatische Weise' aus dem Diskurs ergeben, dürfen keine kalte Darlegung von Beweisführungen sein"[220]. Der demokratische Zentralismus "erfordert eine organische Einheit zwischen Theorie und Praxis, zwischen intellektuellen Schichten und Masse, zwischen Regierenden und Regierten"[221].

In vielerlei Hinsicht erscheint heute diese Parteitheorie problematisch. Wenn die Partei für Gramsci "embryonal eine staatliche Struktur"[222] ist, dann steht zu befürchten, daß sich staatliche Herrschaft in transformierter Weise reproduziert. Bezogen auf diesen Punkt wird Althusser später Kritik anmelden. Nur wenn man davon ausgeht, daß Gramsci nicht nur parlamentarisch orientierte Parteien in seinen weiten Parteienbegriff faßt[223], sondern Partei als gerichtete Bewegung versteht, ist der gegen ihn gerichtete Vorwurf, einer "juristische(n) Illusion von Politik"[224] zu verfallen, zu entkräften. Denn Gramsci greift gerade in der Frage der Partei zu kurz. Indem er die Parteien nur als Ausdruck der Zivilgesellschaft, als Ausdruck einer Klasse, die zum Staat werden will, begreift, verkennt er das Problem staatlicher Herrschaft vermittelt durch Parteien. Anders als Gramsci suggeriert, ist die Form der Partei keine neutrale Hülle, sondern sie hat, wie die Geschichte zeigt, effektiv zur Einbindung revolutionärer Kräfte in den herrschenden Block geführt. Zweitens besteht natürlich eine Gefahr, daß Staat und Partei per definitionem (und nicht wie bei Gramsci als reales Moment) als Einheit gedacht werden, was letztendlich zu einer Diktatur der Partei, ausgestattet mit den Mitteln eines Staates (dem Gewaltmonopol) über die von ihr vertretene Klasse, führt. "Wenn die Partei 'Staat wird', haben wir die UdSSR. ... Ohne diese Autonomie der Partei gegenüber dem Staat wird man den bürgerlichen Staat, so gut man ihn auch 'reformieren' mag, nie überwinden"[225].

Gramsci bietet mit seiner Theorie des Hinaufarbeitens der Massen in die politischen Formen, über die Partei als embryonalem Staat letztlich in den Gesamtstaat, ein Beispiel dafür - ähnlich schon wie bei seiner Theorie der Sprache -, wie seine Philosophie der Praxis teilweise dazu tendiert, Formen nur als Verdichtungen von Praxis zu sehen. "Zugleich geht die wichtige Einsicht verloren, daß das Politische wie der Staat eine

---

220) Gramsci Gh, Bd. 5 : 8/21.
221) Gramsci Gh, Bd. 5 : 9/68.
222) Gramsci Gh, Bd. 2 : 3/42; siehe auch Gh, Bd. 3 : 4/10.
223) So interpretiert ihn, vielleicht zu freundlich, Elfferding 1983 : 24.
224) Althusser 1979 : 46.
225) Althusser 1979 : 48.

Form der dem Kollektiv von oben zugewiesenen ... Handlungskompetenz ist und alles andere darstellt als ein 'Reich der Freiheit'"[226].

Doch kann es hier nicht darum gehen, die Fragestellung Gramscis, sondern nur darum, seine Antworten in Frage zu stellen. Denn wenn auch der Glaube an die Parteiform oder die Frage der Beziehung zwischen Führern und Geführten heute einen seltsam autoritären und pädagogisierenden 'Beigeschmack' haben, so ist zweierlei zu bedenken: Erstens geht Gramsci davon aus, daß dieses Verhältnis sich nicht autoritär, insofern Autorität nicht mit Führung und Lehren gleichgesetzt wird, lösen läßt. Ziel ist die Selbstregierung, nicht die Perpetuierung der Teilung von Regierenden und Regierten. Die Philosophie der Praxis "ist nicht das Regierungsinstrument herrschender Gruppen, um den Konsens zu haben und die Hegemonie über subalterne Klassen auszuüben; sie ist der Ausdruck dieser subalternen Klassen, die sich selbst zur Kunst des Regierens erziehen wollen und die daran interessiert sind, alle Wahrheiten zu kennen, auch die unerfreulichen"[227]. Zum zweiten aber mag man zwar Gramscis Antworten problematisch finden, man kommt aber um seine Frage nicht herum. Denn wie Gramsci anhand der Frage des erzieherischen Charakters des Rechts betont, ist dieser "erzieherische, kreative, bildende Charakter des Rechts ... von bestimmten intellektuellen Strömungen wenig hervorgehoben worden: es handelt sich um einen Restbestand des Spontaneismus, des abstrakten Rationalismus, der auf einem abstrakt optimistischen und leichtfertigen Begriff des 'menschlichen Wesens' beruht"[228]. Teilt man diesen optimistischen Begriff des menschlichen Wesens aber ebensowenig wie die Hoffnung auf eine Revolutionierung durch den Selbstlauf der Produktivkräfte, so kommt man um diese Fragen nicht herum.

3.3. Umbau des Marxismus

Ausgehend von zentralen theoretischen Begriffen des Marxismus soll der Versuch der Kontextualisierung und Wirkungen des Gramscianischen theoretischen Feldes unternommen werden.

---

226) Volker/Elfferding 1986 : 80.
227) Gramsci Gh, Bd. 6 : 10/II/41.
228) Gramsci Gh, Bd. 4 : 6/98.

3.3.1. Status des Subjekts

Welchen Status hat der Intellektuelle bei Gramsci? Ist er Subjekt im klassisch cartesianischen Sinne? Unstreitig ist, daß wenn Gramsci den Begriff des Intellektuellen, im Kontext einer Theorie des "bewußten Subjekts" beantworten würde, er in den Gefilden des subjektivistischen Idealismus verbliebe. Riechers etwa, der Herausgeber des ersten bundesdeutschen Sammelbandes mit Gramscis Texten, unterstellt dies und wirft Gramsci dementsprechend vor, dieser würde den Marxismus in subjektiven Idealismus verwandeln[229]. Zwar formuliert Gramsci selbst die Frage, "ob die 'Geist'-Auffassung der spekulativen Philosophie nicht eine auf den neuesten Stand gebrachte Umformung des alten Begriffs des 'menschlichen Wesens'" sei[230]. Doch die theoretische Figur des Intellektuellen bei Gramsci formt, formuliert, agiert, produziert Effekte; und das an der zentralen Schnittstelle von Theorie und Praxis. An dieser Figur hängen die Fragen der Ideologie, der Hegemonie, aber auch der Partei, der Organisation und der Führung. Diese schwere theoretische Beladung erfordert eine starke Absicherung, um nicht den Mythos von weltbewegenden Menschen, von autonomer bürgerlicher Subjektivität zu reaktivieren. Daß eine idealistische Lesart möglich ist, zeigt Schreiber. Die philosophischen Implikationen gar nicht sehend, formuliert er völlig unverkrampft: "Gramscis Auffassungen gegenüber den ökonomistischen Sichtweisen ist die, daß eine Veränderung des 'objektiven Kräfteverhältnisses' nicht auch automatisch eine des politischen oder militärischen nach sich zieht. Entscheidend ist menschlicher Wille und Fähigkeit"[231]. Er vertritt damit also die Auffassung, daß es sich bei Gramsci bezüglich des Intellektuellen um dieses autonome Subjekt handelt - und daß Gramsci dieses Subjekt gegen den Ökonomismus setzt[232]. So macht Schreiber unbewußt auf ein Problem aufmerksam, das auf zwei Ebenen anzusiedeln ist.

Der Begriff des Intellektuellen selbst kann genau diese Assoziation fördern. Wird er auf der Folie bürgerlicher Theorie wahrgenommen und reflektiert, kann gar nichts anderes dabei herauskommen, als diese Fehlinterpretation. Dagegen 'schützt' das von Gramsci vorgesetzte Wort 'organisch'. Insofern ist es nicht zufällig, daß Schreiber bei seiner Skizzierung des Intellektuellen das Wort 'organisch' als theoretischen Begriff nur insofern zur Kenntnis nimmt, als er ihn als Gegenbegriff zum traditionellen

---

229) Riechers 1970 : 133 u.ö..
230) Gramsci Gh, Bd. 6 : 10/II/13.
231) Schreiber 1990 : 80, vgl. zudem 132.
232) Doch er, und das ist das Verwunderliche bei dieser so weitreichenden Behauptung, baut darauf nicht seine gesamte weitere Argumentation auf. Im Gegenteil: der Punkt geht eher unter, ist randständig erwähnt und hat auch - bezogen auf die weitere Befassung mit Gramscis Theorie - nur marginale Konsequenzen.

Intellektuellen verwendet[233], so als seien beide Begriffe nur Ersatzbegriffe für bürger-lich/proletarisch oder status quo/revolutionär etc..

Gramsci muß, um der subjektivistischen Kontextualisierung entgehen und dennoch weiter sagen zu können, Politik sei eine autonome Aktivität[234], die Intellektuellen an objektive Bedingungen anbinden ('organische Intellektuelle') und sie zu Trägern von gesellschaftlichen Funktionen ("kristallisierte gesellschaftliche Kategorie"[235]) machen. Mit dieser Rückeinbindung in die Ökonomie und die Gesellschaft macht er theoretisch deutlich, daß es bei ihm nicht um die Reinkarnation des autonomen bürgerlichen Subjekts - ausgestattet mit 'freiem Willen' - im neuen Körper des Intellektuellen geht.

Man kann nun zahlreiche Zitate aus den Gefängnisheften ins Feld führen, um den Subjektivismusvorwurf auf zwei Ebenen zu widersprechen. Zum einen war es die Intention Gramscis, nicht nur den Ökonomismus und Vulgärmaterialismus, sondern auch den Kulturalismus und Subjektivismus zu kritisieren. Doch ist natürlich der gute Wille des Autors kaum mehr als ein Indiz ernsthafter Bemühungen. Gewichtiger ist da schon, daß Konzepte wie Hegemonie, historischer Block, *organischer* Intellektueller und *moderner* Fürst deutlich werden lassen, daß es nicht die großen autonomen Sub-jekte sind, die Geschichte machen.

Doch so richtig dies auch ist, so sehr zeigen die affirmativ oder kritisch gemeinten Unterstellungen subjektiv-idealistischer Argumentation Mängel und Leerstellen in Gramscis Werk auf. In gewisser Weise bleibt Gramsci doch teilweise in der Bewußt-seinsphilosophie befangen, obwohl er selbst nicht-ökonomistische Konzepte zu ihrer Überwindung ausarbeitet[236]. Obwohl er nämlich die Materialität des Ideologischen, seine Einbindung in Apparate betont, ja grundsätzlicher sogar überhaupt die Einheit von Überbau und Basis, von 'Geistigem' und Materiellem, scheint doch diese Einsicht im Hinblick auf den Menschen verstellt. Hier ist das Bewußtsein der klassische Ort der Veränderung, wohingegen (trotz Kulturkampf und Hegemoniekonzept) wenig von Ritualen, Habitus, Körperlichkeit etc., sondern von Alltagsverstand, Bewußtwerdung usw. die Rede ist. Es scheint, als spiele sich die Revolution, zumindest soweit sie den Menschen betrifft, in letzter Instanz doch nur im Kopf oder im Bewußtsein ab.

---

233) Schreiber 1990 : 50 ff. und 131 f..
234) Vgl. Gramsci Gh, Bd. 3 : 4/8.
235) Gramsci Gh, Bd. 5 : 8/171.
236) So betont Eagleton (1993 : 137) zu Recht, daß das Hegemoniekonzept den Weg von Ideologie als einem System von Vorstellungen hin zu gelebter, habitueller gesellschaftlicher Praxis weist.

An diesem Punkt steckt ein tiefes Dilemma der gramscianischen Theorie. So verknüpft das Objektive mit dem Subjektiven auch immer ist[237], letztlich zielt der Prozeß auf den Geist, auf dieses auch in gramscianischen Sinne Immaterielle. Das gilt, obwohl Gramsci mit seiner begrifflichen Fassung des Bewußtseins als dem widersprüchlichen Ensemble der gesellschaftlichen Verhältnisse alles Geschichtliche ins Subjekt hinein-transportiert hat. Es bleibt aber ein subjektivistischer Rest, der im Alltagsverstand immer und notwendig einen gesunden Kern sieht, der nur entwickelt und kohärent gemacht werden muß[238]. Ohne Frage ist Gramsci damit noch weit entfernt von plumpen Bewußtseinsphilosophien, er agiert aber dennoch auf einem Tableau, das das Materielle als additiven Teil des Geistes der Menschen faßt. Menschen sind bei ihm nicht Körper; Körper, in die sich immer wiederkehrende Rituale und Praktiken tief (tiefer als jedes Bewußtsein) eingeschrieben haben; Körper, in denen das Materielle nicht von 'Geist' zu trennen ist. In Gramscis Denken ist das anders. Die Tat und die Lust, der Körper und der Schweiß gelten als abgetrennte Last, die es loszuwerden gilt. So kann er denn auch den Taylorismus freudig begrüßen: "Dennoch geschieht sie [die Mechanisierung, mt] und bringt den Menschen geistig nicht um. Wenn der Anpas-sungsprozeß erfolgt ist, zeigt sich in Wirklichkeit, daß das Gehirn des Arbeiters, anstatt zu veröden, einen Zustand völliger Freiheit erreicht hat. Nur die physische Geste ist völlig mechanisiert: das berufliche Gedächtnis, auf einfache, mit intensivem Rhythmus wiederholte Gesten reduziert, hat sich in den Muskel- und Nervensträngen eingenistet und so das Gehirn frei für andere Beschäftigungen gemacht"[239]. So richtig eine solche Aussage, wenn auch nur in ihrer politischen Stoßrichtung, gegen eine romantisierende Kapitalismuskritik à la Lukács ist, in der die Arbeitsteilung den Menschen schlicht unter die Maschine subsumiert und zum Spiegel der Ware macht, so falsch ist die spiegelbildliche Entgegensetzung, in der die Automation das Gehirn befreit, letztlich so die Revolution nicht nur durch Ausbildung der Produktivkräfte, sondern durch Befreiung des Geistes befördert. Mit Lukács teilt diese Position den Mythos *des* Menschen ("Sie [die Industriellen, mt] haben verstanden, daß der 'abgerichtete Gorilla' eine Phrase ist, daß der Arbeiter 'leider' Mensch bleibt"[240]). Die Begrüßung der Tren-nung von Hand und Kopf, von Körper und Geist, von Arbeit und Sexualität läuft auf die Hoffnung eines "sozialistischen Fordismus" hinaus, eine Hoffnung, die er mit Lenin teilt. Daß dabei Gramsci selbst Propagandist puritanischer Lebensauffassungen wird und wider die Zügellosigkeit der Sexualität und des Alkoholgenusses die Regle-

---

237) Vgl. exemplarisch Gramsci Gh, Bd. 3 : 4/41.
238) Vgl. Kramer 1975 : 103 f..
239) Gramsci 1967 : 398; Gh, Bd. 3 : 4/52.
240) Gramsci 1967 : 398; Gh, Bd. 3 : 4/52.

mentierungen des Fordismus empfiehlt[241], ist nicht nur von seinen politischen, sondern eben auch von seinen philosophischen Implikationen problematisch. An diesem Punkt manifestiert sich die Problematik der Dualität, die, obwohl Gramsci sich um Auflösung bemüht - durch den Begriff des historischen Blocks beispielsweise -, in Bezug auf das Bewußtsein nicht geglückt ist. Aus diesem Aspekt aber mehr als ein Residuum der Bewußtseinsphilosophie, eine Leerstelle, die einer Subjekttheorie bedürfte, zu machen, ist kaum vertretbar. Zuviel in seiner Theorie steht dagegen.

Fazit: Obwohl Gramsci die Wesensmetaphorik und die ontologische Setzung eines Wesens des Menschen ablehnt, ihn, wie das Bewußtsein, als Ensemble der gesell-schaftlichen Verhältnisse faßt und das Subjekt nach seiner Funktion und Stellung im gesellschaftlichen Prozeß begreift, ist das Bewußtsein, in letzter Instanz Adressat des Prozesses der Veränderung, wesentlich immateriell.

3.3.2. Status der Politik

Gramsci liest Machiavelli und gruppiert einen großen Teil der Fragmente um diese Lektüre. Sein Interesse ist dabei, wie oben vermerkt, das Verhältnis von Zwang und Konsens. Doch verweist dieses Interesse sofort auf das grundsätzlichere Interesse an der Frage der Politik. Genau diese Frage des Politischen, die bis Lenin nur ein Schat-tendasein im revolutionären Marxismus gehabt hatte (sie war den Reformisten als Thema überlassen[242] und durch eine Forcierung ökonomistischer Gewißheiten beant-wortet worden), ist für Gramsci zentral. Für ihn liegt es nahe, sich beim Begründer einer Theorie der Autonomie des Politischen der Problemstellung zu vergewissern. Man muß Marx mit Machiavelli lesen und dieses Projekt kann zu einer doppelten Arbeit veranlassen: "zu einer Studie über die realen Beziehungen zwischen den beiden als Theoretiker der militanten Politik, der Aktion, und zu einem Buch, das aus den marxistischen Lehren ein geordnetes System aktueller Politik nach Art des *Fürsten*

---

241) Vgl. dazu Kebir 1990 : 151 f..

242) Vgl. dazu auch Gramscis interessante Kritik an Bernstein. Anders als Luxemburg oder Kautsky wirft Gramsci Bernstein nicht zentral eine Unterschätzung der ökonomischen Widersprüche des Kapitalismus, sondern seine quietistische Haltung vor. Er wirft ihm einen naturalistischen Evo-lutionismus vor, der das aktive Moment der Politik unterschätze. "Es handelt sich um nichts anderes als um eine sophistische Theorie der Passivität" (Gramsci 1967 : 193). Der Versuch von Sozialdemokraten, Gramsci als Nachfolger Bernsteins zu verkaufen, muß spätestens an dieser expliziten Kritik, wenn er schon offensichtliche, aber implizite Differenzen nicht zur Kenntnis nimmt, scheitern. Vgl. dazu auch Holz/Sandkühler 1980 : 21 ff..

303

entwickelt"[243]. Dieses systematische In-Beziehung-Setzen ruft die grundlegende Frage auf, die erste Frage: "was die Politik ist, das heißt, welchen Platz die politische Tätigkeit in einer systematischen (kohärenten und konsequenten) Weltauffassung, in einer Philosophie der Praxis einnehmen muß"[244]. Die Einführung der Politik in den Marxismus verändert diesen notwendig, sie hat zwei Implikationen: 1. Philosophie muß zur Politik, zur Praxis werden, um weiterhin Philosophie zu sein. Erst dann ist sie "die 'Quelle' für die Theorie der Einheit von Theorie und Praxis"[245]. 2. stellt sich die Frage nach der Wirkung einer so definierten Praxis. Was passiert eigentlich, wenn eine wirkliche Praxis, und nicht diejenige, die nur Praxis einer historischen Determination ist, eine Praxis, die Effekte produziert, in den marxistischen Korpus implantiert wird?

"Wo alles Praxis ist, in einer Philosophie der Praxis, wird die Unterscheidung nicht zwischen Momenten des absoluten Geistes, sondern zwischen Struktur und Superstrukturen sein, es wird darum gehen, die dialektische Stellung der politischen Tätigkeit als Unterscheidung in den Superstrukturen festzustellen ... Wird die Unterscheidung in die Superstrukturen eingeführt, wird sie in die Struktur eingeführt werden. Wie wird die Struktur zu verstehen sein: ... Technik, Wissenschaft, Arbeit, Klasse usw., 'historisch' und nicht 'metaphysisch'"[246]. Doch ist diese erste Antwort Gramscis fast noch in den traditionellen Marxismus integrierbar, die Differenzierung sprengt noch nicht die Dualität von Basis und Überbau und fragt noch nicht nach der Dominanz. Doch ist die Betonung umfassender Geschichtlichkeit bereits ein Einsatz, das jeweilige Verhältnis von Basis und Überbau jedenfalls nicht von *der* Technik oder *der* Materie beherrschen zu lassen.

Weiter, und grundsätzlicher, argumentiert Gramsci aber, wenn er sich die Frage nach der 'Qualität' der Basis unter dem Geschichtspunkt des 'Anti-Technizismus', dieser engen auf die Produktivkraft bezogenen Definition der Basis stellt. Die Basis selbst ist nämlich nicht das Andere der Gesellschaft oder das Andere der Politik. Nicht also die Natur und Ökonomie auf der einen, der Mensch und die menschliche Gesellschaft auf der anderen Seite - und dazwischen nur eine Beziehung der reinen Erkenntnis. Gramsci aber polemisiert, einmal mehr anhand von Bucharins 'Gemeinverständlichem Lehrbuch', gegen einen metaphysischen Bezug auf die Materie. Die Materie als solche, betont er, interessiert nur einen metaphysischen Materialismus. Nicht aber den Marxismus: "Die Materie wird folglich nicht als solche in Betracht gezogen, sondern

---

243) Gramsci Gh, Bd. 3 : 4/10.
244) Gramsci Gh, Bd. 5 : 8/61.
245) Gramsci Gh, Bd. 5 : 8/208.
246) Gramsci Gh, Bd. 5 : 8/61.

als gesellschaftlich und historisch für die Produktion organisierte, als *menschliches Verhältnis*. Der historische Materialismus untersucht eine Maschine nicht, um die physikalisch-chemisch-mechanische Struktur ihrer natürlichen Bestandteile festzustellen, sondern insofern sie Gegenstand von Produktion und Eigentum ist, insofern in ihr ein gesellschaftliches Verhältnis kristallisiert ist und dieses einer bestimmten historischen Epoche entspricht"[247]. Die Frage der Materie ist aber im historischen Materialismus von der Frage der Politik nicht zu trennen. Erst wenn der Materialismus darauf reduziert ist, wie Lenin dies in seiner allerdings selbst problematischen Materialismusauffassung schön formuliert hat, nur eine einzige Eigenschaft der Materie als grundlegend zu betrachten, nämlich "objektive Realität zu sein"[248], kann Platz für Politik, für Intervention entstehen. Doch Gramsci geht weiter als Lenin. Die Materie hat nicht nur kein Wesen, sie ist selbst Teil gesellschaftlicher Verhältnisse, also nicht nur Realität außerhalb des Bewußtseins, sondern gesellschaftliche Realität für das Bewußtsein.

Entscheidend sind nicht die Dinge, sondern die Plätze, den die Dinge in den gesellschaftlichen Verhältnissen einnehmen. Denkt man dies aber weiter, muß das Verhältnis von Objektivität, Wirklichkeit und Gesellschaft neu gefaßt werden. Insofern die Realität nur historisch konkret als Realität einer Theorie gefaßt, "auf den Begriff gebracht" werden kann, stellt sich die Frage der Materie neu. Gramsci stellt sich also die Frage, ob jenseits der Tatsache, daß das Materielle (am Beispiel des Atoms) immer gleich ist, die Theorie über dieses Materielle aber Ort und Zeit unterworfen ist. Was heißt es aber für eine materialistische Theorie, Theorie radikal zu historisieren? Was heißt es für die Erkenntnis der Atome, für die "objektive Realität", wenn die Theorie dieser Realität notwendig nicht selbst Teil des Realen ist. Heißt es nicht, daß "die Atomtheorie selbst von der menschlichen Geschichte beeinflußt wurde, daß es sich also um eine Superstruktur handelt?"[249].

So geht er die Frage nach der 'Basis' von zwei Seiten her an. 1. Die Materie, die Dinge an sich sind nicht wichtig, sondern ihre Position und Funktion innerhalb der Gesellschaft. 2. Da die Dinge jenseits ihrer Materialität keine eigene Qualität haben, sind sie Ort und Zeit unterworfen. Das Objektive ist damit nur im Hinblick auf eine konkrete Epoche objektiv. Es ist gesellschaftlich objektiv; oder genauer: es ist die Realität/Objektivität einer Gesellschaft.

---

247) Gramsci Gh, Bd. 3 : 4/25.
248) Lenin, LW 14 : 260.
249) Gramsci Gh, Bd. 3 : 4/25.

Da dieses Objektive keine Qualität hat, keine innere Logik, keine sich entfaltende Kernstruktur, ist es nicht mehr Träger der Veränderung. Revolutionen sind mithin - und so schließt sich der Kreis zurück zur Politik - keine unmittelbare Folge ökonomischer Widersprüche. Gramsci unterscheidet zwischen a) der ökonomischen Struktur, den gesellschaftlichen Kräfteverhältnissen als einer fundamentalen Anordnung der gesellschaftlichen Klassen in Beziehung zu den Produktivkräften; b) einem politischen Kräfteverhältnis, daß sich in der Homogenität und dem Selbstbewußtsein der verschiedenen Gruppierungen zeigt; und c) einem militärischen Kräfteverhältnis[250]. Ist letzteres jedesmal "unmittelbar" entscheidend, wenn auch oft in Form eines "politisch-militärischen" Kräfteverhältnisses, so ist die revolutionäre Krise, insoweit die Bedingungen für sie vorhanden sind, "nicht unmittelbar ökonomisch, sondern eher politischer und intellektueller" Herkunft[251]. Eine rein ökonomische Krise kann sich, insofern das politisch-ethisch-intellektuelle Moment nicht hinzutritt, "über Jahrzehnte" hinziehen. Und wie wir bereits an Gramscis Begriff der passiven Revolution gesehen haben, ist die Krise nicht immer Prolog für ihre emanzipative Lösung.

3.3.3. Status der Geschichte

In welche Logik ist nun dieses gesellschaftliche Ganze, bestehend aus Ökonomie und Politik, eingelassen? Gramscis Antwort: in Geschichte. "Die Struktur und die Superstrukturen bilden einen 'geschichtlichen Block', das heißt, das komplexe und nicht-übereinstimmende Ensemble der Superstrukturen ist der Reflex des Ensembles der gesellschaftlichen Produktionsverhältnisse"[252]. Die Geschichte überformt somit die beiden Instanzen Politik und Ökonomie, zerstört aber nicht ihre jeweils spezifische Qualität[253]. Es geht um ein Wechselverhältnis in einer Einheit. Gewissermaßen ein dialektisches Verhältnis, aber keines der expressiven Totalität. Jeder Teil der Struktur trägt zum Ganzen bei, ist aber nicht pars pro toto. Man hat also nicht eine Kernstruktur, von der alle anderen Strukturen nur Abbilder sind, sondern ein komplexes Ganzes. Der historische Block ist eine permanente, weil instabile, weil historisch immer neu zu konstituierende Symbiose des Ökonomischen und des Politisch-Juridischen. Die allgemeine marxistische Philosophie muß daher studieren, "wie die Geschichte und die Politik sich in der Ökonomie widerspiegeln, wie die Ökonomie und die Politik sich in

---

250) Vgl. Gramsci Gh, Bd. 3 : 4/38.
251) Gramsci Gh, Bd. 3 : 4/38.
252) Gramsci Gh, Bd. 5 : 8/182.
253) Vgl. auch Gramsci Gh, Bd. 3 : 4/39.

der Geschichte widerspiegeln, wie die Geschichte und die Ökonomie sich in der Politik widerspiegeln"[254].

Welche Funktion aber hat Geschichte bei Gramsci? Bisher haben wir sie primär als Synonym für eine historisch vorbestimmte und klar definierbare gesellschaftliche Entwicklung hin zu einem vorbestimmten Ziel kennengelernt. Diese Definition vereint bereits den historischen Materialismus (Abfolge) und den dialektischen Materialismus (Bewegungsweise und Ziel). Gramsci fusioniert diese beiden Begriffe durch Verwendung von neuen, sie heißen Geschichte und Philosophie: "Die Funktion und der Sinn der Dialektik können in ihrer ganzen Fundamentalität nur aufgefaßt werden, wenn der historische Materialismus als eine integrale originale Philosophie aufgefaßt wird, die ein neues Stadium in der Geschichte und in der weltweiten Entwicklung des Denkens einleitet"[255]. Doch das ist nur der erste Schritt. Gramsci setzt den Begriff der Geschichte mit dem der Philosophie gleich. "Die Identität von Geschichte und Philosophie ist dem historischen Materialismus immanent"[256]. Damit verschwindet der Dialektische Materialismus fast gänzlich aus dem Blickwinkel Gramscis und geht über den Begriff der Philosophie in den historischen Materialismus ein. An diesen zweiten Schritt schließt sich noch ein dritter an. Gramsci denkt Marx wie den Marxismus primär unter dem Aspekt des Historischen. "Bei diesem Ausdruck 'historischer Materialismus' hat man das Hauptgewicht auf das zweite Glied gelegt, während es dem ersten gegeben werden müßte: Marx ist wesentlich 'Historizist'"[257]. Das heißt im Ergebnis, daß Gramsci seine Philosophie völlig historisiert.

Mit diesen mehrfachen Verschiebungen grenzt sich Gramsci von den alten Traditionen des Idealismus und des mechanizistischen Materialismus ab, wobei er unter dem letzteren auch den Materialismus des 'Gemeinverständlichen Lehrbuches', also den ökonomistischen Marxismus faßt, auch wenn dieser von sich selbst behauptet, historischer und nicht mechanizistischer Materialismus zu sein. Die Philosophie der Praxis ist nur dann eine integrale Philosophie, wenn "sie sowohl den traditionellen Idealismus als auch den traditionellen Materialismus aufhebt (und in der Aufhebung deren lebensfähige Elemente integriert)"[258]. Materialismus pur, mechanizistischer Materialismus, so wie Gramsci ihn als Grundlage ökonomistischer Auffassungen sieht, ist für ihn Metaphysik. Der Materialismus des Alltagsverstandes ist für ihn letztlich

---

254) Gramsci Gh, Bd. 3 : 4/39.
255) Gramsci Gh, Bd. 4 : 7/29.
256) Gramsci Gh, Bd. 6 : 10/II/2.
257) Gramsci Gh, Bd. 3 : 4/11.
258) Gramsci Gh, Bd. 6 : 11/22.

religiöser Herkunft; und mit ihm unkritisch zu arbeiten, ist nicht marxistisch, sondern reaktionär: "Das populare Publikum glaubt nicht einmal, daß ein solches Problem, ob die Außenwelt objektiv existiert, sich stellen kann. Es genügt, das Problem so zu stellen, um einen unbezwingbaren, gargantuahaften Heiterkeitsausbruch zu erleben. Das Publikum 'glaubt', die Außenwelt sei objektiv real ... . Tatsächlich ist dieser Glaube religiöser Herkunft, auch wenn derjenige, der ihn teilt, religiös gleichgültig ist. Da alle Religionen gelehrt haben und lehren, daß die Welt, die Natur, das Universum von Gott vor der Erschaffung des Menschen geschaffen worden ist und folglich der Mensch die Welt bereits fix und fertig vorgefunden hat, ein für alle Male katalogisiert und definiert, ist dieser Glaube zu einem ehernen Faktum des 'Alltagsverstandes' geworden ... . Sich auf diese Erfahrung des Alltagsverstandes zu stützen, um die subjektivistische Auffassung durch 'Lächerlichkeit' zu zerstören, hat aus diesem Grund eine eher 'reaktionäre' Bedeutung"[259].

Was Gramsci also betont, ist, daß selbst die Realität insoweit geschichtlich ist, als sie nicht an sich, sondern nur in Form einer Theorie über sie bearbeitet werden kann. Da es aber für Gramsci keine Transparenz des Realen gibt, ist die Erkenntnis des Realen selbst eine geschichtliche. Gramsci ist kein Idealist in dem Sinne, daß er eine Realität außerhalb des menschlichen Bewußtseins leugnet. Diese Position liegt ihm fern und er polemisiert gegen sie. Er ist auch kein Agnostiker[260], insoweit er keinesfalls leugnet, daß die Außenwelt nicht nur existiert, sondern auch Ursache von Erkenntnis ist. Nur unterhält diese Erkenntnis ein tendenziell arbiträres Verhältnis zu ihrem Gegenstand. Wenn auch die Realität in Form von Theorien also traktiert wird, so gibt es keine Metatheorie, keinen Ort jenseits von Zeit und Raum, von dem aus diese Erkenntnis wiederum objektiv beurteilt werden könnte: "Aber wer wird eine solche Objektivität beurteilen? Wer wird sich auf diese Art von 'Standpunkt des Kosmos an sich' stellen können, und was bedeutet ein solcher Standpunkt?"[261]. Diesen 'Standpunkt Gottes' aber kann niemand einnehmen. Objektivität ist somit geschichtliche Objektivität, menschliche Objektivität. Objektiv bedeutet mithin nicht mehr als geschichtlich subjektiv, oder genauer: universell subjektiv.

Was zeitigt diese neue Kombination von Geschichte und Philosophie für Effekte?

---

259) Gramsci Gh, Bd. 6 : 11/17.
260) So aber Riechers 1970 : 171 und Roth 1972 : 41. Dagegen richtig Kramer 1975 : 68, die aber in der Absicht, Gramsci gegen diese Anwürfe in Schutz zu nehmen, seine Position verharmlost.
261) Gramsci Gh, Bd. 6 : 11/17.

1. Geschichte wird philosophisch und Philosophie wird real. Unter dem Sichwort 'Subjektive Wirklichkeitsauffassung und Philosophie der Praxis' heißt es: "Die Philosophie der Praxis 'absorbiert' die subjektive Wirklichkeitsauffassung (den Idealismus) in der Theorie der Superstrukturen, absorbiert sie und erklärt sie historisch, das heißt, sie 'hebt sie auf', sie formt sie um zu einem ihrer 'Momente'. Die Theorie der Superstrukturen ist die Übersetzung der subjektiven Wirklichkeitsauffassung in Begriffe eines realistischen Historizismus"[262].

2. Duch die Historisierung verliert die Philosophie ihren Anspruch auf Wahrheit. "Die Hegelsche 'Idee' ist ebenso in der Struktur wie in den Superstrukturen aufgelöst, und die gesamte Philosophieauffassung ist 'historisiert' worden"[263]. Die Beziehungsgrößen zwischen Begriffen und realität sind real, wenn sie objektiv sind, also helfen, die Realität der Außenwelt zu verstehen. Insofern werden tendenziell die Begriffe vernünftig und wirklich identisch. Der gramscianische Marxismus sieht sich als eine Theorie, die zur Beschreibung der Wirklichkeit entwickelt worden ist, nicht mehr als Wissenschaft, die vorgibt, das Wahre und Wirkliche zu erkennen.

3. Durch den Verlust des Wahrheitsanspruchs (als Anspruch der Adäquanz von Diskurs und Außenwelt) wird der philosophische Diskurs plural. "Es gibt in der Tat nicht die Philosophie im allgemeinen: es gibt unterschiedliche Philosophien oder Weltauffassungen, und man trifft immer eine Wahl zwischen ihnen"[264]. Dies bedeutet aber keinen Relativismus, insoweit die Infragestellung der Wahrheit als Adäquanz nicht die Gleich-Wertigkeit oder gleiche Richtigkeit aller Philosophien impliziert[265].

4. Der Marxismus selbst wird eine endliche Theorie[266], er ist keine Geschichtsphilosophie in einem umfassenden Sinne, da er selbst nicht die Geschichte an sich, sondern nur einen begrenzten Teil geschichtlicher Entwicklung erklären kann und will. Der Marxismus ist nicht mehr die Theorie des Endes der Geschichte, sondern die Theorie einer spezifischen Konjunktur. "Marx leitet intellektuell eine Geschichts-

---

262) Gramsci Gh, Bd. 6 : 10/II/6.
263) Gramsci Gh, Bd. 6 : 11/20.
264) Gramsci Gh, Bd. 6 : 11/12.
265) Vgl. Gramsci Gh, Bd. 6 : 11/20: "Gleichwohl sind diese Beziehungsgrößen real, entsprechen realen Tatsachen, erlauben es, zu Land und zur See zu reisen und genau dort anzukommen, wo man beschlossen hatte anzukommen, die Zukunft 'vorauszusehen', die Realität zu objektivieren, die Objektivität der Außenwelt zu verstehen. Vernünftig und wirklich werden miteinander identisch".
266) Vgl. dazu auch Althusser 1979.

epoche ein, die vermutlich Jahrhunderte dauern wird, nämlich bis zum Verschwinden der politischen Gesellschaft und dem Aufkommen der regulierten Gesellschaft. Erst dann wird seine Weltauffassung aufgehoben sein"[267].

Erneut stellt sich die Frage des Historizismus. So hat Louis Althusser scharfe Kritik an der gramscianischen Konzeptionierung von Philosophie und Geschichte, von Theorie und Praxis angemeldet. "Der Sturz der Wissenschaft in die Geschichte ist hier nur Indiz für einen theoretischen Sturz, Indiz der Auslieferung der Geschichtstheorie an die wirkliche Geschichte, Indiz der Reduktion des (theoretischen) Objekts der Geschichtswissenschaft auf die wirkliche Geschichte, der Vermischung von Erkenntnisobjekt und Realobjekt. Dieser Sturz ist nichts anderes als der Rückfall in die empiristische Ideologie, hier in Szene gesetzt mit den Rollen, die dieses Mal von der Philosophie und der wirklichen Geschichte übernommen sind"[268]. Was also Althusser an Gramsci, als Stellvertreter für eine historizistische Strömung im Marxismus[269], kritisiert, ist zweierlei. Indem Gramsci Theorie mit Praxis vereinige, löse er das Problem der Beziehung beider nicht, sondern zeige es nur auf verschobene Weise an. Er könne so die Trennung, "den Bruch" zwischen Ideologie und Theorie, zwischen Philosophie und Ideologie nicht mehr ziehen und vereinige alle Denksysteme im großen Topf der Weltanschauungen. So verkenne er die Spezifik der Marxschen gegenüber der Hegelschen Totalität. Das zweite Argument, das vom ersten getrennt werden muß, bezichtigt Gramsci des Empirismus. Indem Gramsci Theorie und Praxis, Bewußtsein und Wahrheit in eins setzt, hebt er die Trennung von Real- und Erkenntnisobjekt auf und schafft eine Theorie des absoluten Wissens. "Es ist dies die Gegenwart des *absoluten Wissens*, wo Bewußtsein und Wissen zusammenfallen, wo das Wissen in der unmittelbaren Form des Bewußtseins existiert und wo die Wahrheit im offenen Buch der Phänomene selbst *gelesen* werden kann, wenn schon nicht direkt, so doch ziemlich mühelos"[270].

Indirekt, und möglicherweise gar nicht reflektiert, geht in Althussers Gramsci-Kritik an Humanismus und Historizismus die Lektüre von Lukács (Korsch, Mehring und Luxemburg) ein. So sieht er zu sehr das scheinbar Gemeinsame, zu wenig das deutlich Trennende. So nimmt Althusser meines Erachtens Lukács' 'Geschichte und Klassen-

---

267) Gramsci Gh, Bd. 4 : 7/33.
268) Althusser 1972 : 178.
269) Vgl. Althusser 1972 : 158 f.. Insoweit steht Gramsci für eine Strömung, der Althusser geschichtlich auch Luxemburg, Mehring, Korsch und Lukács zuordnet. Gleichzeitig betont Althusser aber immer wieder, daß damit kein Verdikt gegen Gramscis Werk insgesamt gemeint ist, welches er mit Attributen wie genial, außerordentlich nuanciert und subtil belegt (ebd. : 167).
270) Althusser 1972 : 164.

bewußtsein' als ungenannten Ausgangspunkt seiner Kritik des Historizismus, die er gleichsam zu undifferenziert an Gramsci festmacht: "Man braucht in der Logik des absoluten Wissens nur einen Schritt weiterzugehen, die geschichtliche Entwicklung zu denken, die ihren Höhepunkt und ihre Vollendung in der Gegenwart einer mit dem Bewußtsein identischen Wissenschaft findet, und dieses Resultat schließlich in einer begründeten Retrospektive zu reflektieren, um jede Geschichte der Ökonomie (oder anderer Bereiche) als die Entwicklung (im Sinne Hegels) einer ganz einfachen, ursprünglichen Form (z.B. die unmittelbare Gegenwart des *Wertes* in der Ware) zu begreifen und 'Das Kapital' als eine logisch-historische Deduktion aller ökonomischen Kategorien, ausgehend von einer ursprünglichen Kategorie (der des Wertes oder der *Arbeit*) zu lesen. Unter dieser Bedingung wird die Darstellungsweise des 'Kapital' mit der spekulativen Entwicklung des Begriffs gleichgesetzt und darüber hinaus die spekulative Entwicklung des Begriffs mit der Entwicklung des Konkret-Realen selbst, d.h. mit dem Prozeß der empirischen Geschichte. Wir hätten es dann von seinem Wesen her mit einem hegelianischen Werk zu tun"[271].

Was so mit Sicherheit auf Lukács' frühe Schriften zutrifft, trifft nur sehr bedingt auf das Werk Gramscis zu. Völlig eindeutig ist, daß Gramsci die Realgeschichte nicht als Ausdruck der spekulativen Entwicklung eines Begriffs, weder dem des Wertes, noch dem der Arbeit, sieht. Gramscis Werk ist nicht nur kein Beispiel, sondern eine durchgängige und explizite Polemik gegen alle Theorien expressiver Totalität[272]. Hegemonie muß bei Gramsci immer wieder neu hergestellt werden und ist nicht Ergebnis der expressiven Einheit der historischen Totalität[273]. Auch sieht er im Gegensatz zu Lukács die relationale Natur der Ideologien, die sich bei ihm nicht als reiner Ausdruck eines Klassensubjekts lesen lassen. Das proletarische, wie das herrschende Bewußtsein sind für ihn komplexe Entitäten und nicht Ausdrucksformen. Das ganze Konzept der Hegemonie wäre sonst nicht erklärbar.

Wenn also Althusser auch zu wenig die Differenzen von Lukács zu anderen historizistischen Marxisten wie Gramsci betont, so treffen doch zwei Kritiken meines Erachtens analytisch zu. Fraglich bleibt aber, ob man beide wirklich als Fehler des gramscianischen Marxismus werten kann. Zum einen verwischt Gramsci tatsächlich die Grenzen zwischen Theorie und Ideologie, zwischen Philosophie und Weltanschauung. Doch anders als von Althusser unterstellt, verkennt er damit keineswegs die Spezifik wissenschaftlichen Wissens. So betont Gramsci, daß die Wissenschaft keines-

---

271) Althusser 1972 : 166 f..
272) So auch Hall u.a. 1978 : 67; Barrett 1991 : 53; Eagleton 1993 : 144 f..
273) de Lara 1985 : 499.

falls einfacher Ausdruck der Klasse sei. Diese Position verkenne systematisch "die Möglichkeit des Irrtums"[274].

Was aber ist die Wissenschaft vor dem Hintergrund der Ausschaltung des Standpunktes des 'Kosmos an sich'? Gramsci gibt zwei Definitionen:
a) eine abstrakt/methodische:
"So läßt sich sagen, daß kein Wissenschaftler ist, wer in seinen speziellen Kriterien wenig Sicherheit beweist, wer kein volles Verständnis der angewandten Begriffe hat, wer wenig Information und Verständnis für den vorigen Stand der behandelten Probleme hat, wer wenig Sorgfalt in seinen Aussagen walten läßt, wer nicht auf notwendige, sondern willkürliche Weise und zusammenhangslos voranschreitet, wer keine Rechenschaft von den Lücken in den erreichten Kenntnissen abzulegen vermag, sondern sie mit Schweigen übergeht und sich mit bloß verbalen Lösungen oder Verknüpfungen zufriedengibt"[275];
und b) eine konkret/theoretische:
"Die wichtigste Frage im Hinblick auf die Wissenschaft ist die der objektiven Existenz der Wirklichkeit. ... Mir scheint, es ist ein Irrtum, von der Wissenschaft als solcher den Beweis für die Objektivität des Realen zu verlangen: diese ist eine Weltauffassung, eine Philosophie, nicht eine wissenschaftliche Gegebenheit. Was vermag die Wissenschaft in dieser Richtung zu bieten? Die Wissenschaft trifft eine Auswahl zwischen den Empfindungen, zwischen den Anfangselementen der Erkenntnis: sie betrachtet bestimmte Empfindungen als vorübergehend, als scheinhaft, als trügerisch, weil sie einzig von speziellen individuellen Bedingungen abhängen, und bestimmte andere als dauerhaft, als permanent, als den speziellen individuellen Bedingungen überlegen. Die wissenschaftliche Arbeit hat zwei Seiten: die eine, die unermüdlich die Erkenntnismethode berichtigt und die Empfindungsorgane berichtigt oder verstärkt, und die andere, die diese Methode und diese immer vollkommeneren Organe anwendet, um das, was in den Empfindungen an Notwendigem existiert, von dem zu trennen, was willkürlich und vorübergehend ist"[276].

Diese dichten Definitionen können wie folgt sortiert werden: 1. innere Validität; 2. die Erkenntnis, daß Objektivität konstruiert ist, somit Ablehnung der klassischen Erkenntnistheorie; 3. Anbindung der Wissenschaft an die gesellschaftlichen Kämpfe (Stichwort: historischer Block, permanent/vorübergehend). Diese so konstruierte Wissenschaft ist ein theoretischer Zwitter. Sie hat Momente innerer Wahrheit (die Wahr-

---

274) Gramsci Gh, Bd. 6 : 11/15.
275) Gramsci Gh, Bd. 6 : 11/15.
276) Gramsci Gh, Bd. 3 : 4/41; vgl. auch Bd. 6 : 11/15.

heit kann nur im Feld der Wissenschaft selbst bestimmt werden), sie ist aber nicht wahr im Sinne der Übereinstimmung mit der Welt. Gleichzeitig strukturiert und repräsentiert sie den Kampf um Wahrheit zwischen den Klassen, ohne mit diesem Kampf identisch zu sein.

Sie ist aber eben auch nicht Ausdruck eines Wissens, das dem der Ideologie entgegensteht. Althussers Kritik an Gramsci basiert insoweit auf einer Position, die Wissenschaft in einem Bruch mit Ideologie bestimmt, und glaubt, beides klar voneinander trennen zu können. Althusser hat selbst später diese Position als theoretizistisch kritisiert. Ihren Mangel hat Jacques Rancière, wenn auch selbst in einem insgesamt problematischen Kontext, richtig kritisiert: "Die herrschende Ideologie ist nicht das dunkle Andere des reinen Lichts der Wissenschaft, sie ist der Raum selbst, in dem die wissenschaftlichen Erkenntnisse eingeschrieben sind"[277]. Ja, man muß sogar noch weiter gehen und mit Foucault nach den Modi fragen, in denen das Wissen und die Wahrheit von der Ideologie getrennt werden und das Wissen mit besonderer Macht ausgestattet wird. Man kann nun zwar der Ansicht sein, daß damit einer relativistischen Position die Tür geöffnet wird[278], doch die Frage ist die der Alternative. Insoweit man nicht dem empiristischen Vorurteil anhängt, die Realität sei einer unvermittelten Sichtung zugänglich, kommt man gar nicht darum herum, die Relativität des Wissens in Bezug auf das Objektive zu konstatieren. Jeglicher Adäquanztheorie der Wahrheit ist damit der Boden entzogen und damit auch einer agesellschaftlichen Distinktion von Wissenschaft und Ideologie[279]. Der von Althusser zu Recht betonte unüberwindbare Graben zwischen Realobjekt und Erkenntnisobjekt läßt in meinen Augen seine theoretizistische Position letzten Endes auch gar nicht zu.

Gramsci denkt den Normalfall bürgerlicher Hegemonie und proletarischen Kampfes nicht als Ineinsfallen von Bewußtsein und Wirklichkeit. Problematisch aber wird die Position Gramscis, und insoweit ist Althusser zuzustimmen, im Zeitpunkt des Übergangs zu absoluter Hegemonie, zum regulierten Staat. Zwar betont Gramsci zu Recht den "Kampf um Objektivität", doch sieht er zugleich ein Ende dieses Kampfes; und im Ende dieses Kampfes wird gleichsam die Trennung von Real- und Erkenntnisobjekt aufgehoben und verschwindet die Realität im Bewußtsein. "Der Mensch erkennt objektiv, insofern die Erkenntnis für die gesamte in einem einheitlichen kulturellen System *geschichtlich* vereinte menschliche Gattung wirklich ist; aber dieser geschicht-

---

277) Rancière 1975 : 25.
278) Vgl. zu diesen Vorwürfen: Barrett 1991 : 39 ff..
279) Zur Wahrheitstheorie bei Gramsci vgl. auch Demirovic 1989, der allerdings, indem er zutreffend Gramscis Kategorie der Wahrheit als rein hegemonialer Strategie ausarbeitet, den Aspekt des Zusammenfallens von Wahrheit und Bewußtsein, des absoluten Wissens in der regulierten Gesellschaft Gramscis unterschätzt.

liche Vereinigungsprozeß erfolgt mit dem Verschwinden der inneren Widersprüche, welche die menschliche Gesellschaft zerreißen, Widersprüche, die die Bedingung für die Gruppenbildung und für die Entstehung der Ideologien sind, die nicht konkret universell sind"[280]. Gramsci läßt hier zwei Momente zusammenfallen, die aber getrennt werden müssen. Die Frage gesellschaftlicher Wahrheit und Wahrheit der Außenwelt. Denn die richtige These, die objektive Realität der Außenwelt sei nur vermittelt durch Erkenntnis in einem kulturellen System möglich, impliziert nicht, daß der absolute Konsens, den Gramsci wohl im nachkapitalistischen Zeitalter anbrechen sieht, gleichbedeutend mit dem Zusammenfallen von Realität und Erkenntnis ist. In diesem Zusammenfallen zeigt sich ein zweites, nämlich dasjenige der Ideologie im allgemeinen und der besonderen Ideologien. Während aber besondere Ideologien und Weltanschauungen durchaus auf gesellschaftliche Widersprüche bezogen werden können, kann man dies hinsichtlich der Frage der Ideologie im Allgemeinen nicht. Da auch in einem nach-kapitalistischen Zeitalter nicht die Welt selbst, rein ohne Zutat des Hirns und der Gesellschaft, erblickt werden wird, wird es in diesem Sinne nie einen nicht-ideologischen, nicht-gesellschaftlichen, nicht durch Modi der Erkenntnis vermittelten Zugang zur Realität geben. Selbst wenn es, wie Gramsci suggeriert, einen Zustand wirklicher Universalität geben sollte, so würde dieser nur indizieren, daß es keine alternativen Weltanschauungen mehr gibt, nicht aber, daß die Welt selbst, jenseits ihrer Anschauung, im Bewußtsein angekommen ist.

Insoweit trifft also Althussers Kritik an Gramsci zu. Für ihn ist die regulierte Gesellschaft, der ethische Staat der Hort des absoluten Wissens, des Zusammenfallens von Realobjekt und Erkenntnisobjekt.

Diese Kritik führt zu einem zweiten Problem: dem der Teleologie. Auch hier ist die Kritik nicht so einfach. Bei Gramsci gibt es keine einfache Teleologie, keinen Prozeß, in dem sein Ziel schon immer eingeschrieben ist. Gegen eine derartige Teleologie steht Gramscis Betonung des Kampfes, der Politik, der Hegemonie etc.. Gramscis ganzes Werk ist geradezu eine Kritik der Vorstellung, die Gesellschaft bewege sich von selbst auf ein Ziel hin. So verweisen Begriffe wie die des historischen Blocks oder der Hegemonie auf die Notwendigkeit der Intervention, die immer auch eine relative Kontingenz der Geschichte impliziert. Weder die Ökonomie, noch das Bewußtsein sind als Kernstrukturen gedacht, die sich in der Geschichte nur noch zu entfalten hätten. "Kämpfe gewinnen ihre Bedeutung aus ihrer hegemonialen Artikulation, und ihr - von einem sozialistischen Standpunkt aus - progressiver Charakter ist nicht im

---

280) Gramsci Gh, Bd. 6 : 11/17.

voraus garantiert. Geschichte wird nicht als ein aufsteigendes *Kontinuum* ... betrachtet, sondern als eine diskontinuierliche Folge hegemonialer Formationen oder historischer Blöcke"[281].

Aber obwohl man bei Gramsci viele Instrumente, Begriffe und Waffen zur Kritik der Teleologie finden kann, ist sie letztlich nicht abwesend. In gewisser Weise verbirgt sie sich in seiner Konzeption der Klasse, der Organizität und des regulierten Staates. So ist zwar einerseits Laclau und Mouffe zuzustimmen, daß bei Gramsci kein Kontinuum, keine permanente Bewegung des Prozesses zum Ziel zu beobachten ist. Jedoch zieht sich auch durch die diskontinuierliche, eher die synchronische, denn die diachronische Ebene analysierende[282] Thematik gleichsam ein roter Faden, der mit der These vom 'Hinaufarbeiten der Massen in den Staat'[283] verbunden ist. Denn in der Diskontinuität der historischen Blöcke entwickeln sich zwei Kontinuitäten: der immer ethischer werdende (seine ökonomisch-korporatistische Phase verlassende) Staat und die immer homogener werdende Masse. Wir haben bereits oben darauf hingewiesen, daß Gramsci, obwohl er die Klassen als hegemoniale Artikulation zerstreuter Interessen betrachtet[284], er gleichzeitig doch in diesen a priori ja gar nicht definierbaren Klassen ein organisches Moment verortet. Dies ist im Alltagsbewußtsein sichtbar, das nach Gramsci *immer* ein progressives Moment hat, das nur noch zu entwickeln ist. Dies ist in der Kennzeichnung der Klasse bzw. der Partei der Klasse als embryonalem Staat auf den Punkt gebracht[285]. Denn durch die Verschiebungen konkreter historischer Blöcke wird das geistig/moralische Niveau immer weiter durch den Staat als Erzieher gehoben, bis die Massen selbst in der Lage sind Staat, zu werden. Das Ziel ist somit eine immer höherstehende moralisch-ethische Gesellschaft, wobei der Weg, anders als in den Varianten der Teleologie, die wir bislang kennengelernt hatten, kein gerader, aufsteigender, sondern ein verschlungener Weg ist. Es gibt kein einfaches Schema der Entwicklung, weil es im Stellungs- und Bewegungskrieg immer Momente der passiven Revolution gibt[286]. Auch können in fortschrittlichen Linien Rückschritte festgestellt werden[287] und Krisen können jahrzehntelang stabil bleiben. Aber letztendlich wird die

---

281) Laclau/Mouffe 1991 : 116.
282) Zu Synchronie und Diachronie vgl. einführend Schiwy 1978 : 39 f.. Die Begriffe sind mit deutlicher Vorsicht zu gebrauchen, um aus der Synchronie keine expressive Totalität erwachsen zu lassen. Vgl. Althusser 1972 : 141 ff..
283) Vgl. dazu Elfferding/Volker 1986 : 80.
284) Vgl. Laclau/Mouffe 1991 : 111 f..
285) Wir haben dies bereits oben hinsichtlich der Gefahr der Gleichsetzung von Staat und Partei kritisiert.
286) Vgl. Gramsci Gh, Bd. 5 : 8/236.
287) Vgl. Gramsci 1967 : 422.

Masse immer homogener, der Staat immer ethischer, die regulierte Gesellschaft rückt immer näher.

3.4. Gramsci und die Grenzen der Überwindung

Ist die Philosophie der Praxis etwas anderes als der Marxismus? Diese Frage zu stellen, impliziert, daß das Gebiet, auf dem verortet wird, genau kartographiert, seine Grenzen abgesteckt sind. Zu zeigen, daß dem nicht so ist, ist einer der zentralen Ansatzpunkte dieser Arbeit. Insofern stellen wir die Frage etwas eingeschränkter. Wie verortet sich Gramsci hinsichtlich der Frage der Kämpfe auf dem Feld des durch die hier unter-suchten TheoretikerInnen repräsentierten Marxismus? Aber auch diese Frage kann nicht ganz eindeutig beantwortet werden. Zum einen können wir nämlich gerade von Gramsci lernen, daß eine neue Theorie nicht aus dem Nichts entsteht, sondern in Anlehnung und Abgrenzung aus dem Bekannten entsteht. Gramscis Grundkonzep-tionen finden sich insbesondere bei Lenin vorgedacht, sie werden aber radikalisiert. In der Frage der Kämpfe ist Gramsci deutlich eher Leninist, denn Marxist. Die Bedingun-gen der Möglichkeit von politisch-hegemonialen Kämpfen steht bei ihm im Mittel-punkt der Untersuchung. Gramsci selbst verortet sich im Marxismus. Er sieht, wie ge-zeigt, seine Theorie als Ausarbeitung, als praktische Ausbuchstabierung des Marxis-mus in der Nachfolge Lenins. Daß er dabei nur sehr selektiv auf Marx zurückgreift, bleibt bei ihm weithin unerwähnt[288].

In gewisser Weise kann man Gramsci als strukturalen Marxisten lesen. Gramsci, Sprachwissenschaftler und Marxist, begreift Sprache als Ausgangspunkt zur Schaffung von Ideologie und Hegemonie. Dabei ist eine interessante Verschiebung zu konsta-tieren. Weniger die Sprachtheorie Gramscis selbst, die, wie oben kritisiert, zu wenig die Materialität der Sprache zur Kenntnis nimmt, als seine politische Theorie ist strukturalistisch. Da es keine natürliche Beziehung von Signifikat und Signifikant, von Realem und seiner Beschreibung gibt, kann um Hegemonie überhaupt gekämpft werden. Das Symbolische und das Imaginäre sind in der Theorie Gramscis, wenn auch

---

288) So findet sich an keiner relevanten Stelle eine 'Abrechnung' mit Marx, sieht man davon ab, daß er jenen berühmten Satz aus dem Vorwort zur 'Kritik der politischen Ökonomie' als erkennt-nistheoretische Prämisse liest und sich bewußt ist, daß er so bei Marx nicht verstanden wird. Einzige Ausnahme ist also der Text 'Revolution gegen das Kapital', in dem er aber die zu kritisierenden Anteile letztendlich doch nur der Rezeption des 'Kapitals', nicht Marx selbst zuschlägt. Kritisiert wird immer nur Bucharin, der stellvertretend für die Fehlinterpretationen gelesen wird. Positiv bezieht sich Gramsci durchgängig auf Marx und Lenin, in deren Nachfolge er sich voll und ganz stellt. Vgl. exemplarisch Gh, Bd. 6 : 10/11.

noch nicht theoretisiert, anwesend. Deutlich insbesondere im Mythos des modernen Fürsten.

Ideologie als Weltanschauung, aber nicht in einer (wie Lukács schreiben würde) kontemplativen, sondern handlungsleitenden, materialisierten, habitualisierten Form wird für Gramsci der Zement, der Gesellschaft zusammenhält. Die Einheit der Gesellschaftsformation stellt sich so nicht mehr automatisch her, sie ist im Normalfall weder rein militärischer, noch rein ökonomischer Natur.

Mit Begriffen wie Hegemonie und historischer Block überwindet Gramsci zudem ein gutes Stück weit klassische Dichotomien. Zwischen Basis und Überbau, zwischen Zwang und Konsens, zwischen ökonomistischer Determination und Subjektivismus. Gramsci beantwortet die Frage 'wer kämpft?' denn auch in einer völlig neuen Weise. Dem Ökonomismus der II. Internationale setzt er nicht das Bernsteinsche ethische Subjekt (sieht man einmal von einigen unbedachten, etwas voluntaristischen Äußerungen in den frühen Schriften ab) und auch nicht das reine Klassenbewußtsein Lukács' entgegen. Das Subjekt wird somit nicht wieder an die Stelle Gottes gestellt, auch nicht die Klasse, sondern ein widersprüchlicher, machtdurchzogener Prozeß voller Kämpfe und Ungewißheiten. Mit dieser Setzung stellt Gramsci sich in der Tat über den klassischen Idealismus und Marxismus.

Dementsprechend aber sind es nicht autonome Subjekte, die überall kämpfen, sondern eine kontingente historische Struktur erlaubt es, gewisse Kämpfe von Subjekten denken und forcieren zu können. Der Ort des Kampfes wird bei Gramsci nicht vom Feldherrenhügel bestimmt. Es gibt kein Außen der Gesellschaft, diese wird als historische Totalität gedacht. Somit steht auch der Marxist nicht jenseits der Gesellschaft, jenseits der Ideologie, um seinen Platz in den Kämpfen objektiv bestimmen zu können. Vielmehr wird *in* den Ideologien gekämpft. Und diese Möglichkeit besteht, weil Hegemonie oder Ideologie immer als ein widersprüchliches Gebilde begriffen wird, daß die Möglichkeit der Intervention von Innen erlaubt. Insofern ist Gramscis Denken ein Denken der Immanenz, weithin ohne Anker und Garantien in der Wahrheit, der Realität, der Ökonomie und auch der Geschichte, obwohl gerade hier, wie gezeigt, einige kleinere Abstriche zu machen sind.

Die Vorstellung verapparateter und habitualisierter Ideologien, die in ihrer Summe den historischen Block bilden, löst das klassische Basis/Überbau-Schema ab. Doch verapparatete Ideologie heißt noch mehr: nicht Wahrheit steht gegen Ideologie, nicht Materie gegen Geist. Der einmal erreichte historische Stand kann zurückgeführt werden, anders formuliert: um den erreichten Stand gesellschaftlicher Entwicklung muß fortwährend gekämpft werden, Herrschaft und Macht müssen sich beständig reproduzieren.

Doch dieser Kampf ist nicht nur der von Heroen, sondern eher einer des Alltags. Gramsci untersucht die Normalität, die Gewohnheit[289], das immer gesprochene Wort mit seinen impliziten metaphorischen Überschüssen und Bedeutungen. Das, was nicht bedacht wird und doch maßgeblich eine gesellschaftliche Struktur prägt. Das, was in der modernen Geschichtstheorie 'Mentalitätengeschichte' genannt wird, wobei Gramsci nie vergißt, daß die herrschenden Mentalitäten nicht ätherischer 'Zeitgeist', sondern umkämpftes, von Herrschaft durchzogenes Gebiet sind. Hier beginnt der Kampf. In der symbolischen Ordnung[290].

Dieser Aspekt des gramscianischen Denkens wird von Laclau und Mouffe besonders positiv beurteilt. Sie betonen, daß Gramsci damit den Wendepunkt innerhalb des Marxismus zu einer strikt antiessentialistischen Diskurstheorie eingeleitet habe, betonen aber gleichzeitig, bedauernd, daß er in seinen Interventionen in den Marxismus in Bezug auf Sprache, kollektives Subjekt (hergestelltes Subjekt) und Bewußtsein nicht weit genug gegangen sei. "Die ökonomische Basis mag nicht den endgültigen Sieg der Arbeiterklasse sicherstellen, da dies von deren Fähigkeit zur hegemonialen Führung abhängt. Indes kann auf ein Scheitern der Hegemonie der Arbeiterklasse nur eine Rekonstitution der Hegemonie der Bourgeoisie folgen, so daß der politische Kampf am Ende stets ein Nullsummenspiel zwischen Klassen ist. Dies ist der verborgene essentialistische Kern, der im Denken Gramscis immer noch lebendig ist und der dekonstruktiven Logik der Hegemonie Schranken setzt. Jedoch zu behaupten, daß Hegemmonie immer einer fundamentalen ökonomischen Klasse entsprechen muß, bedeutet nicht bloß, die Determination in letzter Instanz durch die Ökonomie wieder zu bekräftigen, sondern auch zu sagen, daß, insofern die Ökonomie für das Potential einer Gesellschaft zur hegemonialen Neuzusammensetzung eine unüberwindbare Schranke bildet, die konstitutive Logik des ökonomischen Raumes selbst nicht hegemonial ist. Hier erscheint das naturalistische Vorurteil, das die Ökonomie als einen durch notwendige Gesetze vereinheitlichten Raum ansieht, wieder mit all seiner Gewalt"[291].

---

289) Vgl. Demirovic 1986 : 76 ff..
290) Vgl. Laclau/Mouffe 1991 : 109 ff..
291) Laclau/Mouffe 1991 : 113 f..

Zum ersten Teil der Einschätzung: Bourgeoisie versus Proletariat. Diese Bewertung ist insofern falsch, als sie nicht zur Kenntnis nimmt, daß sich Gramsci eine nach-marxistische Zeit vorstellen kann, was soviel heißt, daß auch die beiden Hauptkontra-henten, die widerstreitenden Klassen der marxschen Zeit, ebenfalls verschwunden sind. Doch die Kritik hat einen richtigen Kern, dieser wird allerdings nicht durch die Existenz von Klassen symbolisiert, sondern durch die Teleologie, die sich in den Begriffen von Gramsci findet[292]. Gramsci geht letztendlich davon aus, daß gesellschaftliche Entwicklung eine, wenn auch nicht-lineare und diskontinuierliche, aber in letzter Instanz doch gerichtete Entwicklung hin zum Besseren ist. Jede Stufe transformiert das ethisch-moralische Bewußtsein auf eine höhere Stufe.

In dieser Annahme gibt es zwei Probleme. Zum ersten: Die großen Gegenpole in dieser Entwicklung, in der kein *grundsätzliches* gesellschaftliches Zurück denkbar ist, in der die gesellschaftliche Art der Bewegung zwar Verlangsamungen kennt, nie aber wirkliche Abweichungen, heißen Revolution und passive Revolution. In der passiven Revolution wird eine gesellschaftliche Veränderung vollzogen, die nicht auf dem Willen der Bevölkerung beruht, nicht durch dessen Kraft hervorgebracht wird. Diese passiven Revolutionen werden meist von 'großen Männern' geführt. Gramscis Analyse lehnt sich hier stark an die des Marxschen '18. Brumaire' an. Passive Revolution und Cäsarismus[293] gehören für Gramsci zusammen. Doch ist die Qualität dieser Form gesellschaftlicher Herrschaft nicht immer identisch, sie kann reaktionäre Elemente haben - bestehende Macht wird stabilisiert - oder progressive - einen neuen Staat etablieren, und diesen ruhig führen, auch ist das jeweilige Mischungsverhältnis unterschiedlich[294].

Hier entwirrt sich auch, was auf den ersten Blick zu irritierend ist. Warum macht Gramsci eine Faschismusanalyse, die, obwohl er über ein ausgesprochen differenziertes und geeignetes Instrumentarium für diese Analyse verfügt[295], sein 'eigenes' Instrumentarium nicht nutzt? Gerade der Faschismus, so wissen wir heute, ließe sich mit dem gramscianischen Hegemoniebegriff als eine gesellschaftliche Formation mit einer besonders hohen - auch ideologischen - Durchdringung[296] analysieren. Doch

---

292) Hier sind Laclau/Mouffe (1991 : 116), wie oben schon gezeigt, zu unkritisch, wenn sie bei Gramsci keinen Platz für das Prinzip der Entwicklung, sondern - im Gegenteil - nur Diskontinuität verorten.

293) Vgl. Gramsci 1967 : 336 ff.; Gh, Bd. 5 : 9/133.

294) Vgl. Cox 1996 : 3; Gramsci Gh, Bd. 5 : 8/236; Bd. 6 : 10/I/9.

295) Poulantzas (1973 : insb. 320 ff.) wird dieses Instrumentarium in seiner Faschismus-Analyse nutzen.

296) Vgl. Laclau 1981 : 73 ff.; Poulantzas 1973 : 336 ff..

Gramsci behauptet das Gegenteil. Er vertritt die These einer 'Unterzustimmung', eines bloß passiven Konsenses, der geradezu das Gegenstück zu Hegemonie ist[297]. Nun leugnet Gramsci zwar nicht gänzlich, daß der Faschismus auch des Konsenses bedarf, aber letztlich ist schon begrifflich die Hegemonie von oben als *passive* Revolution[298], die von unten als aktive Revolution gefaßt. Ja, letztlich ist schon durch diese Unterscheidung der Weg verbaut, zu untersuchen, inwieweit das faschistische Regime den aktiven Konsens von unten organisieren kann.

Diese falsche Analyse indiziert ein Grundproblem. Hegemonie ist an gesellschaftliche Entwicklung gebunden, Universalisierung eines Typs von Herrschaft. Dieser kann *im Grundsätzlichen* nicht rückschrittlich sein, noch kann der Begriff Hegemonie für eine gesellschaftliche Entwicklung stehen, die sich dem Denken auf einer geschichtlichen Stufenleiter entzieht, die Formationen von Herrschaft ermöglichen kann, die völlig jenseits einer (aus sozialistischer Sicht definierten) Höherentwicklung liegen, die sich noch nicht einmal terminologisch so fassen lassen, weil allein die Benutzung der Worte 'hoch' und 'tief' theoretisch eine Teleologie beinhaltet."Es geht darum zu sehen, ob in der Dialektik 'Revolution-Restauration' das revolutionäre Element oder das der Restauration überwiegt, denn es ist gewiß, daß es in der historischen Bewegung niemals rückwärts geht und es keine Restaurationen 'in toto' gibt"[299]. Der Begriff der Hegemonie ist damit, zumindest *in the long run*, an das historisch Gute gebunden und somit unbrauchbar für einen Prozeß, der die Gesellschaft nicht ethisch-moralisch verbessert.

Da sich das historisch Gute aber nicht immer mit all seiner Kraft durchsetzt, bedarf es eines Begriffs, der sich als Begriff der Verlangsamung einer im Prinzip abgesicherten gesellschaftlichen Entwicklung eignet, in diesem Fall heißt der Begriff bei Gramsci passive Revolution und ist der Gegenbegriff zur Revolution/Hegemonie. Doch ist das Wort 'Gegenbegriff' für den Begriff der passiven Revolution nur insofern richtig, als es sich um einen letztendlich hegelianisch gedachten Begriff des 'Gegen' handelt[300], er wird im Zuge des prozessierenden Widerspruchs aufgehoben.

---

297) Vgl. dazu auch Buci-Glucksmann 1985a : 479 f..
298) Vgl. insbesondere Gramsci Gh, Bd. 6 : 10/I/6, 10/I/7, 10/I/9.
299) Gramsci Gh, Bd. 5 : 9/133.
300) Wir sind uns durchaus bewußt, daß Gramsci nicht unkritisch der hegelschen Teleologie in der Dialektik von These, Antithese und Synthese gegenübersteht; letztendlich vertritt er sie aber in einer radikalisierten, das Diskontinuierliche, Nicht-Reformistische, Nicht-Evolutionäre betonenden Version. Vgl. Gh, Bd. 6 : 10/I/6.

Ein radikaler Begriff von Hegemonie müßte auf teleologische Gewißheiten verzichten und den Begriff als in seiner gesellschaftlichen Wertung neutrales Analyseinstrument einsetzen. Dann könnte er für jeden Prozeß des gesellschaftlich wirkungsmächtig Werdens einer 'Führungs'gruppe genutzt werden, insofern es ihr gelingt, einen historischen Block, einen Block an der Macht und breiten gesellschaftlichen Konsens zu organisieren. So aus der Geschichtsgewißheit entkoppelt, würde nichts gegen die Benutzung des Hegemoniebegriffs im Zusammenhang mit dem Faschismus stehen, und auch nichts gegen die Feststellung, daß der Faschismus eine aktive Massenbasis hatte. Die Zustimmung würde nicht als Kriterium der Unterscheidbarkeit von passiver und aktiver, aber von 'richtiger' (i.S. von wünschenswerter) und 'falscher' (i.S. von zu bekämpfender) Revolution wegfallen.

Hier kommen wir zum zweiten Problem der gramscianischen Theoretisierung einer ethisch-politischen Geschichte. Wahre Ethik ist für Gramsci immer im Allgemeinen aufgehoben oder in dem, was zum Allgemeinen werden muß, letztlich im Staat und in der Partei oder der Klasse, insoweit die letzteren als embryonale Formen des Staates gedacht werden können[301]. Dieser ist und repräsentiert ein ethisch-moralisches Prinzip, ist reale Universalisierung, ist Allgemeinheit: ein Modell also, das von der hegelschen Konzeption durchdrungen, wenn nicht gar dieser entliehen ist. "Im Grunde liegt das menschliche Wesen im Staat, der dessen Universalität in entfremdeter Form ausdrückt; es genügt also, das zu erkennen und sodann eine gute 'Universalität' in nicht entfrem-deter Form zu verwirklichen: Am Ende dieses Weges steht der Reformismus"[302].

Nun führt diese theoretische Orientierung zwar bei Gramsci, anders als von Althusser etwas apodiktisch formuliert, nicht in den Reformismus, aber doch zu einer gewissen Tendenz, die Durchdringung der zivilen Gesellschaft durch den politischen Staat und damit repressive Aspekte der Herrschaft manchmal, wenn auch nicht verschwinden, so doch undeutlich werden zu lassen. Dies zeigt sich insbesondere in der Rezeptions-geschichte, die insoweit Gramsci noch einmal verharmlost und den Staat und die Repression zugunsten eines 'Friede-Freude-Eierkuchen'-Kulturbegriffs gänzlich aus der theoretischen Problematik verdrängt. Dies ist nun auch der Grund, warum Althusser nicht nur die Repression des politischen Staates, sondern auch die Durch-dringung der Zivilgesellschaft durch den Staat betont. Der Staat ist nicht das, wo die Arbeiterklasse ankommen muß, der Staat ist schon da, auch in der Arbeiterklasse. "Nach längerer Überlegung glaube ich, trotz der Subtilität der Analyse Gramscis, den Begriff des *ideologischen Staatsapparates* aufrechterhalten zu können ... In dieser

---

301) Vgl. etwa Gramsci 1967 : 374 f..
302) Althusser 1979 : 44 f..

Integration-Transformation [Ideologie/Hegemonie, mt], die eins ist mit der Konstitution der herrschenden Ideologie, spielt ein bestimmter Bereich der Ideologie ..., eine entscheidende Rolle. ... - die herrschende Ideologie existiert nicht ohne die beherrschte Ideologie, welche wiederum durch diese Herrschaft geprägt ist" ([303]). Zwar ist nun auch der Begriff des ideologischen Staatsapparates, wie schon oben betont, nicht ohne Probleme, jedoch verweist er auf ein Problem in der Theorie Gramscis.

Auch das zweite zentrale Argument von Laclau/Mouffe ist beachtenswert. Sie sagen, daß die konstitutive Logik des ökonomischen Raumes bei Gramsci selbst nicht hegemonial ist, letztlich doch naturalistisch gedacht wird. Da aber, wie schon dargelegt, der Begriff der Ökonomie nicht in den Klassen und vice versa verankert ist, muß erst mal gesagt werden, wo der Klassenbegriff sich denn überhaupt bei Gramsci findet. Historisch bilden sich, so sagt es Gramsci, Klassen aufgrund ihrer Stellung im Produktionsprozeß. Aus dieser entstehungsgeschichtlichen Beschreibung resultiert aber keine theoretische Festschreibung. Hegemonie und geschichtlicher Block sind geradezu die Gegenkonzepte zu dieser Festschreibung der jeweiligen Qualität der Klasse in der Produktion. Gramsci löst sich sowohl von dem technizistischen Begriff der Basis wie auch von dem reinen Klassenbegriff. Die Basis wird aufgehoben in dem Begriff der gesellschaftlichen Struktur, was so viel heißt, daß auch die Ökonomie als 'reiner' oder gesellschaftlich unumkämpfter Raum für Gramsci nicht vorstellbar ist. Und die Klassen? Sie müssen laut Gramsci da, wo sie sich anschicken, hegemonial zu werden, einen Teil ihrer selbst deassimilieren. So gibt es die reine Klasse und die reine Ökonomie nach Gramsci schon im 'Marxschen Zeitalter' nicht mehr.

Die Klassen müssen also gesellschaftlich universell werden, doch welche Aufgaben hat die um die gesellschaftlichen Kämpfe erweiterte Ökonomie? Sie 'hilft', die Ideologien nach permanenten und gelegentlichen zu unterscheiden. Nicht etwa aus ihrer 'Natur', sondern aus ihrer geschichtlichen Materialisierung heraus. Spricht nun doch die Basis zu uns? Gramsci macht darauf aufmerksam, daß a) die Wissenschaften die Aufgabe haben, festzustellen, ob es sich bei dieser oder jener Ideologie um eine handelt, die Ausdruck gesellschaftlicher Konflikte ist; und b) diese Unterscheidung im Prinzip erst möglich ist, wenn eine bestimmte historische Epoche abgeschlossen ist. Damit macht er dieses 'Sprechen der Basis' zu einer zweifach umkämpften Angelegenheit. Auch - und das ist genauso wichtig - dehnt er über den Ideologiebegriff den Begriff des Materiellen aus. In den Apparaten der Gesellschaft findet sich materialisierte Ideologie, eine Struktur der Gesellschaft, die mit einer Vorstellung von Ideo-

---

303) Althusser 1979 : 45 f..

logie als Idee oder Welt*anschauung* (im Wortsinne von bloßer äußerlicher Betrachtung) nicht mehr vereinbar ist. Natürlich bleiben Fragen: woraus entsteht "gesellschaftliche Struktur - Superstruktur - materielle Struktur der Superstruktur"[304]? Nicht die Ökonomie, sondern das Materielle (in einem weiten Sinne von Struktur) prägt die Gesellschaft - und diese Materialität findet sich in der Produktion von Waren wie 'Ideen'.

Aus meiner Sicht wäre bei Gramsci ein eher zu wenig weit gehender Materialismusbegriff zu kritisieren, da der gramscianische Materialismusbegriff ja, wie oben aufgezeigt, bei dem körperlosen, aber bewußten Menschen endet. Trotz dieser Verkürzung steht der Materialismusbegriff von Gramsci diametral gegen einen Diskursbegriff, wie ihn Laclau/Mouffe entwerfen wollen. Im richtigen Bestreben, den Essentialismus zu bekämpfen, bekämpfen sie auch die Feststellung und Beachtung historischer Geronnenheit und Materialität gesellschaftlicher Prozesse zugunsten eines rein politizistischen Gesellschaftsbegriffs. Von nichtdiskursiven Entitäten auszugehen, bedeutet aber nicht, davon auszugehen, daß diese Natur in dem Sinne sind, daß sie jenseits konkreter diskursiver Strukturen in der Gesellschaft wirken. Wer den Essentialismus bekämpft, muß deshalb nicht das Materiale verdrängen[305]. Aber dies ist eine Diskussion, die von Gramsci im Marxismus nur eröffnet wird. Sie hier auch nur vernünftig anzudeuten, ist hier nicht möglich. Aber Gramsci hat insoweit eine Tür geöffnet.

---

304) Gramsci Gh, Bd. 3 : 4/12.
305) Reinfeldt/Schwarz 1993 : 24 ff..

Teil IV
Marxismus ohne Gewähr

"Eine ganze (theologische oder rationalistische) Tradition der Geschichtsschreibung möchte das einzelne Ereignis in eine ideale Kontinuität verflüchtigen: in eine teleologische Bewegung oder in eine natürliche Verkettung. Die 'wirkliche' Historie läßt das Ereignis in seiner einschneidenden Einzigkeit hervortreten. ... Die Kräfte im Spiel der Geschichte gehorchen weder einer Bestimmung noch einer Mechanik, sondern dem Zufall des Kampfes."

Michel Foucault[1]

1. Eine vorläufige Bilanz

Nach Gramsci können wir eine vorläufige Bilanz wagen. Wir konnten vielen Versuchen von MarxistInnen folgen, die Frage der relativen Autonomie der Momente des Überbaus und damit im Zusammenhang den Ort des Politischen zu bestimmen. Das Feld des Marxismus wurde dabei in seinen angestammten Bahnen, dem Basis/Überbau-Schema und seinen Elementen Ökonomie, Politik, Ideologie und Bewußtsein ausgereizt und zum Teil verlassen. Zentral dabei ist, daß alle Elemente einer neuen Definition unterzogen worden sind, obwohl alle AutorInnen mehr oder weniger stark behaupteten, nur Interpreten eines schon vorhandenen Marxismus zu sein. Dies gilt sowohl für den Ökonomiebegriff, der für Lukács das Gesellschaftliche (und natürlich im Sinne expressiver Totalität auch vice versa) inkorporierte und damit deutlich über die Bestimmung von Marx hinausging; wie für den Begriff der Ideologie, der sich zuerst von einem negativen zu einem positiven Begriff, in seiner ausge-reiftesten Form zum Begriff der Hegemonie (verstanden als System habitualisierter und institutionalisierter Weltanschauung und nicht als 'Ideensystem') wandelte und damit Elemente von Politik, Ideologie und Kampf aufnahm und zum Instrument der Analyse der bestehenden gesellschaftlichen Kräfteverhältnisse wurde. Bei Lukács schließlich wird Ideologie einerseits zu notwendig falschem Bewußtsein, andererseits zur Vorform der Erkenntnis und des reinen Klassenbewußtseins, das mit der Revolution zusammenfällt.

Analytisch wird man trennen müssen. Der Ökonomismus, der zuerst inkriminierte und theoretisch in Frage gestellte Begriff des Marxismus, beinhaltete - in seiner Verkürzung zwar - ja nicht nur die Aussage, daß die Produktivkräfte das Moment beinhalten, welches die Gesellschaft bestimmt, also einen in der naturalistisch konzipierten Öko-

---

1) Foucault 1987 : 80.

325

nomie verorteten einseitigen Determinismus, sondern auch noch das Moment der Teleologie. Die *Entwicklung* der Produktivkräfte selbst war also nicht frei, sondern in die Behauptung einer gerichteten Geschichte eingebunden, deren Motor in eben diesen Produktivkräften und deren eigenständiger Entwicklung angesiedelt wurde. Durch die unzureichende Klarheit über die Beziehung dieser beiden Elemente konnten KritikerInnen des Ökonomismus die Determiniertheit in ihren krudesten Formen bekämpfen - und zwar sowohl über die Erweiterung des Begriffs der Ökonomie wie auch über die partielle Loslösung der Momente des Überbaus aus seiner ökonomistischen Bestimmung -, ohne auch nur der hier gestellten Problematik - der der Materialität und Wirkungsmächtigkeit der Kämpfe und der Politik - einen relevanten Schritt näher gekommen zu sein. Bernsteins Kritik des Hegelianismus machte so vor der Teleologie halt und ersetzte die Dialektik des Kampfes durch den Evolutionismus der Ethik. Gerade nämlich der reformistisch orientierte Revisionismus hatte politisch gar kein Interesse, dem Handeln kämpfender Individuen theoretisch einen zu hohen Stellenwert beizumessen. Insofern hat Bernstein tagespolitisch den Ökonomismus so weit geteilt, als er quietistische Effekte zeitigte. Die 'objektiven (ökonomischen) Verhältnisse' würden den Kampf nicht direkt unmöglich machen, sondern sie verhinderten (noch) die Ausbildung des ethischen Subjekts. Bei Lukács hingegen war es nicht das ethische Subjekt, sondern die bewußte Klasse, die sich notwendig konstituierte. So konnte auch er den Ökonomismus verabschieden, ohne sich von der objektiven Garantie des Sieges verabschieden zu müssen. Einzig Lenin und Gramsci haben mit dieser Garantie gebrochen - in unterschiedlicher Weise und mit unterschiedlichen Hintertüren - und sich so gezwungen gesehen, konkrete Kräfteverhältnisse, konkrete politische Interventionen, Siege und Niederlagen zu bewerten.

Damit erweist sich die Teleologie als das vagabundierenste und das stabilste Moment innerhalb des Marxismus. Die Teleologie ist der eigentliche Gegenspieler zu Politik und Kampf gewesen. Und das gilt, obwohl die Teleologie - eingewoben in den Ökonomismus - auch positive Effekte *in der Praxis* hatte. Sie war durchaus zu gewissen Zeiten Motor und Motivation, wie es Gramsci richtig analysierte: "Deshalb muß man immer auf die Nichtigkeit des mechanischen Determinismus hinweisen, der - als naive Philosophie der Masse erklärbar und nur als solche inneres Kraftelement -, wenn er zu reflektierter und kohärenter Philosophie von seiten der Intellektuellen erhoben wird, Ursache von Passivität und dummer Selbstgenügsamkeit wird"[2]. Diese Geschichtsteleologie geriet in den 90iger Jahren des 19. Jahrhunderts durch eine (für die Theoretiker der ArbeiterInnenbewegung) unerwartete Prosperitätsphase in eine Krise. Hier

---

2) Gramsci Gh, Bd. 6 : 11/12.

setzte der erste Revisionismusstreit ein. Die Fronten in der Sozialdemokratie waren dabei klar. Während Bernstein diese Phase kapitalistischer Herrschaft als Beweis für den sicheren, allmählichen Übergang des Kapitalismus in den Sozialismus ausgab, verteidigte die Orthodoxie die These vom notwendigen Niedergang des Kapitalismus. Einigkeit herrschte in der Frage, daß die politische Intervention, der ideologische und politische Kampf für den Übergang zum Sozialismus letztlich nicht von Nöten seien. In gewisser Weise besteht aber die radikale Antwort auf den Revisionismus nicht in der Zurückweisung seiner ökonomischen, sondern seiner evolutionistischen Kategorien. So akzeptierte beispielsweise Sorel, wie Laclau/Mouffe betonen, en bloc die Bernsteinsche Kritik des Marxismus, um daraus aber gerade die umgekehrte radikale Schlußfolgerung zu ziehen[3]. Hier wird sich später Gramsci anschließen; und auch Lenin wird aus dem Revisionismus nicht die Schlußfolgerung der einfachen Verteidigung der Orthodoxie ziehen, sondern das Moment der Hegemonie, der aktiven Konstitution der revolutionären Klasse als zentral setzen.

1.1. Ideologie

So gab es partielle Austritte aus der Logik und der Theorie der Teleologie. Von den hier untersuchten TheoretikerInnen konnten diejenigen den Kämpfen eine eigene Qualität zusprechen, die ihre faktische Neudefinition der Elemente des Marxismus über den Begriff der Ideologie unternahmen. Ideologie, zumindest auf dieser hier untersuchten Matrix des Marxismus, hatte sich am ehesten einer essentiellen Bestimmung entzogen, und zwar in zweifacher Hinsicht: Ideologie war das falsche Denken der Anderen, Ideologie hatte keinen eigenen Ort im Marxismus. An einem solchen Nicht-Ort war es der Teleologie unmöglich, sich zu etablieren, es sei denn, sie wechselte die Fronten und wurde zum zentralen Moment des Idealismus. Aber, wie bei Lukács gesehen, war damit ja dann der Ideologiebegriff selbst aufgehoben und durch die Kategorie des Bewußtseins ersetzt. Ideologie war ein Begriff, der in der marxistischen Topik zwar über einen Platz hat, den Überbau. Doch dieser Platz ist leer, ist kein wirklicher Ort, da er über keinen *eigenen* Inhalt verfügte. Ideologie war das reflexive und sichtbare Moment der Basis/Ökonomie. Die neuen Definitionen, die den Status der Ideologie veränderten, machten diese zum Mittel und Einsatz des Kampfes. Schließlich gab es im Schema marxistischer Theorie ansonsten keinen Ort dafür. So wurde sie, die doch keine (eigene) Geschichte hat, zum zentralen Feld des Kampfes, hatte die Aufgabe, die Gegner effektiv, das heißt ausgehend von den marxistischen Grundannahmen

---

3) Vgl. Laclau/Mouffe 1991 : 79 ff.; Lichtheim 1981.

auf dem Terrain der jeweiligen Gegenideologie, zu schlagen. Nun ist aber Ideologie ursprünglich als ein Ort der Verkennung bestimmt gewesen. Wenn nun aber Ideologie nicht mehr negativ als Verkennung, sondern positiv als Medium der Bewußtwerdung gefaßt wurde, wie war es dann noch möglich, den Sieg zu garantieren? Stand nicht Ideologie gegen Ideologie, war nicht mithin der Sieg allein eine Frage kontingenter Kräfteverhältnisse? In dieser Radikalität formuliert aber wäre das für alle hier vorgestellten Autoren, selbst für Gramsci - wie wir gesehen haben -, nicht akzeptabel gewesen. So bekam die Ideologie zumeist noch eine zweite Bestimmung. Es wurde theoretisch mit der Neudefinition des Begriffs der Ideologie klargestellt, daß die Ideologie des Proletariats allen anderen Ideologien gegenüber überlegen sei. Die Begriffe Wissenschaft und Wahrheit wurden zu diesem Zweck in die Ideologie aufgenommen. Das Verhältnis von Wissenschaft, Wahrheit und Ideologie mußte nun aber als ein teleologisches beschrieben werden. So war die Ideologie der Arbeiterklasse letztendlich, obwohl sie sich im Kampf auf dem gleichen Feld wie die Ideologie der Bourgeoisie bewegte, von völlig anderer Qualität. Damit aber war der sichere Ort jenseits der Gesellschaft, jenseits des Kontingenten, jenseits des Kampfes gefunden: in der Wissenschaft, in der Wahrheit, im Bewußtsein. Ganz deutlich wird dies bei Lukács, wo das Proletariat als Verkörperung des Weltgeistes notwendig jenem Moment entgegengeht, wo Ideologie in Bewußtsein als Erkenntnis des Wahren umschlägt. Weniger deutlich ist dies bei Lenin im Konzept der wissenschaftlichen Ideologie, die sich asymptotisch der Realität nähert und mithin die Wahrheit in ihrer Methode (der Erkenntnisdialektik als Widerspiegelung der Naturdialektik) vindiziert hat. Bei Gramsci schließlich ist diese Beziehung weithin aufgelöst. Da Wahrheit, Wissenschaft und Methode selbst als historisch kontingente und umkämpfte Phänomene gefaßt werden, ist eigentlich der Blick frei für einen Marxismus ohne Garantien, der den Sieg der Arbeiterklasse nirgends als in den konkreten politischen, ideologischen und militärischen Interventionen festmachen kann. Doch selbst noch bei Gramsci gibt es, wenn auch nur untergründig, die notwendige Bewegung hin zum Umschlag der Ideologie in die Erkenntnis der Welt selbst.

Die bislang in der Ökonomie beheimatete a-gesellschaftliche Garantie des Sieges konnte so, in gebrochener Logik zwar, in die Ideologie auswandern. Die Teleologie nahm wieder Platz. Durch die positive Nutzung veränderte sich der Ideologiebegriff. Das hatte den klaren Vorteil, daß Ideologie den Nimbus des Illusionären und des Falschen verlor, aber in der gleichen Bewegung den Nachteil, daß der Kampf und das Politische die gerade gewonnene Relevanz zum Teil wieder verloren, denn das Ergebnis des Kampfes stand zumindest theoretisch von vorherein fest. Wenn diese theoretische Zähmung der Kontingenz und des Kampfes selbst bei Lukács' 'Geschichte und

Klassenbewußtsein' praktisch nicht sogleich relevant wurde, dann deswegen, weil den frühen Gramsci, Lenin und Lukács eine Einschätzung verband, die sich so paraphrasieren läßt: Die objektiven Bedingungen für eine Revolution sind da, jetzt kommt es darauf an, sie zu machen.

In der Theorie hatte die letztendliche Absicherung der Ideologie in Wahrheit und teleologischer Bewegung auf diese hin eindeutig negative Effekte. Der Begriff der Ideologie wurde als eigenständiges Moment theoretisch unzulänglich entwickelt. Bei Lukács erhält er kaum eine nähere Bestimmung, da seine Wahrheit letztlich außerhalb, im Klassenbewußtsein liegt. Bei Lenin finden sich verschiedene Einzelanalysen, die aber nicht zu einem wirklichen Konzept ausgearbeitet werden. Stattdessen wird dem von ihm entwickelten positiven Ideologiebegriff durch eine problematische, tendenziell entweder naturalistische oder geschichtsphilosophische Erkenntnistheorie gleichsam der Boden unter den Füßen weggezogen und wir finden eine Tendenz, den ideologischen Kampf wieder dadurch zu entwerten, daß beispielsweise der Chauvinismus der II. Internationale als Moment der materiellen Korruption verharmlost wird.

Anders bei Gramsci: Die radikale Historisierung und die rein methodische Unterscheidung von Ideologie und Wissenschaft weisen den Weg zu den Kämpfen. Damit haben wir die erste Verschiebung. Letztlich weist - lassen wir dabei einmal unsere vorgetragene Kritik an der untergründigen Teleologie, von der wir selbst behaupteten, daß sie kein *konstitutives* Moment der gramscianischen Theorie trifft, beiseite - bei Gramsci nichts auf einen Ort jenseits des Bestehenden. Der historische Block bildet eine Totalität, die nicht notwendig die Mittel ihrer Überwindung in sich trägt. Er repräsentiert ein instabiles Kompromißgleichgewicht, aber er trägt keine a priori antagonistischen Widersprüche in sich. Ob Widersprüche also antagonistisch werden oder nicht, läßt sich nicht mehr jenseits der konkreten Bedingungen, in denen sie wirksam sind, bestimmen. Und auf ein zweites Moment hat Gramsci maßgeblich hingewiesen. Er nimmt dem Ideologiebegriff das 'Geistige', Flüchtige, die Bestimmung als eines Ensembles von Ideen und Ansichten. Denn es ist kaum zu erklären, wie ein von der Ökonomie (als dem Festen des Marxismus) autonomisierter Ideologiebegriff derartige Bedeutung haben kann, wenn es sich denn nur um Ideen oder Vorstellungen handelte. Gramscis Betonung der Materialität des Ideologischen, das heißt seiner Existenz in Apparaten und Institutionen, seine Struktur und geschichtliche Sedimentierung, seine Einbindung in die Konzepte der Hegemonie und des historischen Blocks, bewahren ihn davor, dem Vulgärmaterialismus einen Idealismus der richtigen, guten und wahren Ideen gegenüberzustellen.

Mit der Drehung der Problematik, mit der Veränderung der Fragestellung, war ein neues Problem zu lösen: die theoretisch abgesicherte Wirkungsmächtigkeit der Ideologie im Verhältnis von Theorie und Praxis. Zur Eingrenzung dieser Problematik ist zwar auch von den hier dargestellten TheoretikerInnen einiges geleistet worden, doch finden sich diese Elemente eher als Fingerzeige in den Texten verstreut und sind, wie wir gezeigt haben, unsystematisch entwickelt. Sie befinden sich meist im Bereich des Politisch-Journalistischen, sie befinden sich immer dort, wo der Marxismus sich auf das Kampffeld begeben oder ein historisches Kampffeld analysiert hat. Damit aber bewegen wir uns auf vermintem Gelände: im Verhältnis von Theorie und Praxis. Das Primat der Praxis über die Theorie (11. Feuerbachthese) wird selbst zum Primat der Geschichtsphilosophie über die Praxis. Denn die in eine festgefügte Teleologie eingelassene Bezugnahme auf Praxis kann diese gar nicht als historisch-konkrete, sondern nur als Ausdruck eines ihr äußerlichen Widerspruchs wahrnehmen. Dagegen kann nicht der Bezug auf die Tatsachen, die reine Praxis oder die Kämpfe per se helfen. Denn die Praxis ist immer Praxis in einer Theorie. Die empiristische Phantasie, man könne die Dinge, so wie sie sind, wahrnehmen, amalgamiert sich vielmehr im Marxismus mit Geschichtsphilosophie in dem Maße, in dem Geschichtsphilosophie nicht als spekulative Theorie, sondern als Widerspiegelung der Dialektik der Natur in der dialektischen Bewegung des Denkens wahrgenommen wird. Das Theorie/Praxis-Verhältnis ist also nie rein. Praxis ist immer interpretierte Praxis. Im Marxismus selbst aber, also in einer Theorie, ist die Behauptung eines Vorrangs der Praxis vor der Theorie eine theoretische Setzung. "Wenn ich den Vorrang der Praxis vor der Theorie behaupte und philosophisch zu denken versuche, mache ich mich daran, eine Theorie herzustellen, die die *Idee* vom Vorrang der Praxis vor der Theorie entwickelt, also in ihrem durch die philosophischen Kategorien oder durch die Philosopheme, die sie intervenieren läßt, definierten Raum einhüllt und enthält"[4]. Eine Theorie, die schlicht auf die Praxis verweist, unterschlägt, daß diese Praxis sich nicht selbst erklärt. Sie ist nicht selbstverständlich; und wenn sie doch selbstverständlich ist, dann arbeitet sie mit den Evidenzen des Alltagsverstandes, die, das können wir von Gramsci und Althusser lernen, im Herz der herrschenden Ideologie angesiedelt sind. Umgekehrt ist Theorie, insoweit sie interveniert, nie das Andere der Praxis, sondern selbst eine Praxis. Ein Einsatz im Kampf um Hegemonie. Wo Engels noch allein auf den Pudding verwies, dessen Beweis im Verzehr liege (the proof of the pudding is in the eating) begreift Lenin als erster, daß die Praxis an die Theorie zurückzukoppeln sei, da die Praxis allein nichts bestätigt oder widerlegt. Diese richtige antiempiristische Einsicht geht aber, wir haben es gezeigt, in der Mythologisierung der Dialektik wieder unter.

---

4) Althusser 1995 : 13.

Die Schwierigkeit besteht also darin, das Außen der Theorie in der Theorie zu denken, ihm seine zentrale Wichtigkeit beizumessen (denn natürlich ist die conditio sine qua non einer nicht-idealistischen Theorie, daß der Glaube, das Denken und die großen Ideen bewegten die Welt, aufgegeben wird), ohne der Praxis eine Transparenz anzudichten. Die Versuche dazu sind auch heute zahlreich und keineswegs abgeschlossen. Die Versuche einer materialistischen Diskurstheorie z.B. bewegen sich genau im Zentrum dieser Problematik: der diskursiven Konstruktion des Realen, die nie das Reale selbst, sondern nur seine Materialisierung im Realen der Gesellschaft ist. Bei Slavoj Zizek und anderen Theoretikern in der Nachfolge Lacans ist das Reale das, was sich nicht vollständig symbolisieren läßt und letztlich immer wieder dem Feld des Symbolischen entweicht. Das Reale kann so nur als Störung wahrgenommen werden[5]. So entzieht sich das Reale der Rede und ist doch ständig in ihr anwesend. Judith Butler beispielsweise versucht im Anschluß an Zizek und Althusser das Reale des Weiblichen - Bodies that Matter[6] - zu fassen und so einer falschen Lektüre ihrer Behauptung, daß das Weibliche konstruiert ist, entgegenzutreten. "Wie haben wir die ritualisierte Wiederholung genau zu verstehen, mit der solche Normen [der Geschlechtsidentität, mt] nicht nur die Wirkungen von sozialem Geschlecht, sondern auch die Materialität des biologischen Geschlechts erzeugen und festigen?"[7]. Wir können hier nicht viel mehr als die Problematik dieser Beziehung von theoretischem Diskurs und außerdiskursiver Realität andeuten, um zu zeigen, daß Gramsci hier in gewisser Weise ein Tor hin zu Fragen geöffnet hat, geöffnet hat, die höchst aktuell sind.

Das Primat der Praxis zu behaupten, der Verweis auf das Nicht-Diskursive können den Sprung über den Diskurs in die Welt nicht bewerkstelligen (und die Welt ohne jede Zutat, wie das Engels formulierte, darstellen), aber sie können daran erinnern, daß der Begriff des Zuckers nicht süß ist und der des Hundes nicht bellt, auch und gerade wenn davon ausgegangen wird, daß sowohl Süße als auch Bellen nicht jenseits ihrer Begriffe überhaupt als solche wahrgenommen werden können. Die Praxis ist also nicht die Rede und das Nachdenken über Praxis, sie ist aber auch nicht das Andere des Denkens und Redens.

Im Begriff des Ideologischen als Hegemonie in Apparaten und Institutionen, in der Habitualisierung von Praxen wird diese Trennung von Theorie und Praxis ein Stück

---

5) Vgl. exemplarisch Zizek 1992 : 48 ff..
6) So der Originaltitel ihres Buches, der, unübersetzbar (obwohl der deutsche Titel 'Körper von Gewicht' dies versucht), mit der Doppelbedeutung von 'Matter' im Sinne von 'Materie' und 'darauf
   ankommen' spielt.
7) Butler 1995 : 15.

weit überwunden. Ideologie in diesem Sinne ist eine Praxis, die auf Handlungen, nicht nur auf die Veränderung von Ideen zielt.

1.2. Ökonomie

Nun zur Frage der Ökonomie. Dieser Frage kann sich jetzt, nachdem die Teleologie als der eigentliche Gegenspieler der Kämpfe und der Politik identifiziert ist, wieder unverkrampfter genähert werden. Es geht also nicht darum, die Bedeutung des Ökonomischen zu leugnen, sondern darum, Ökonomie erstens nicht naturalistisch als eine Entität jenseits des Politischen und Ideologischen zu sehen, zweitens Ökonomie nicht als den immer letztendlich entscheidenden Punkt zur Erklärung politischer oder ideologischer Kämpfe anzusehen und drittens und damit einhergehend der Ökonomie keine inhärente Entwicklungslogik zuzugestehen. Unter der Voraussetzung, daß die Kritik am Produktivkraftökonomismus (nicht nur der II. Internationale) zur Grundlage genommen wird, kann und muß das Verhältnis von Ökonomie, Ideologie und Politik jeweils in konkreten Analysen gefaßt werden. Doch was bleibt vom Ökonomiebegriff, einem Ökonomiebegriff ohne Teleologie und Determination?

Auch diese Frage ist in den letzten Jahren ausgearbeitet worden. Wir müssen uns hier mit sehr kurzen Andeutungen begnügen und gleichzeitig feststellen, daß die Ausarbeitung einer nicht-ökonomistischen, marxistischen Theorie des Ökonomischen noch in den Kinderschuhen steckt. So haben verschiedene marxistische Ökonomietheoretiker versucht, Althussers, Gramscis und Poulantzas' Begrifflichkeiten für eine neue Ökonomietheorie fruchtbar zu machen. Alain Lipietz beispielsweise zieht die Konsequenz, daß der Begriff der Basis selbst überdacht werden müsse[8]. Die kanonische Unterscheidung von 'technologischen' Produktivkräften und 'sozialen' Produktionsverhältnissen müsse aufgegeben, die Produktivkräfte müßten selbst als ein soziales Verhältnis definiert werden. Daraus folgen weitere Konsequenzen: die Produktivkräfte sind nicht gesellschaftsneutral; und das quantitative Wachstum der Produktivkräfte stellt nicht automatisch die Basis für eine nach-kapitalistische Gesellschaft her. Die Reproduktion der Produktionsweise bedarf einer ideologischen Ebene, insoweit Ideologie als das gelebte, imaginäre Verhältnis der Menschen zu ihren Existenzbedingungen verstanden wird, die die Einheit der Formation als 'Zement' widerspiegeln. Zudem zeichnet sich gerade die kapitalistische Produktionsweise gegenüber ihren Vorgängerinnen u.a. dadurch aus, daß eine autonome Ebene des Staates und der Politik

---

8) Vgl. Lipietz 1992.

etabliert wird[9]. Die Konstatierung einer Autonomie der Politik als Spezifikum der kapitalistischen Produktionsweise impliziert aber natürlich, daß das Entsprechungsverhältnis von Basis und Überbau nicht schlicht gegeben ist, sondern das komplexe Verhältnis von Ökonomie, Ideologie und Politik immer neu hergestellt werden muß. "Die 'Autonomie' des Politischen erlangt auf diese Weise eine besondere Bedeutung: strukturelle und institutionelle Autonomie, keine Identität einer ökonomisch optimalen Politik (von einem ökonomischen Gesichtspunkt) mit einer allgemeinen optimalen Politik (vom Gesichtspunkt der Erhaltung einer Gesellschaftsformation), keine Identität der (ökonomisch) herrschenden Klasse mit den 'regierenden' oder 'die Macht haltenden' Klassen etc."[10]. Gesteht man aber diese Autonomie zu, dann kommt man zu einem Punkt, in dem die konkrete ökonomische Formation als Projekt beschrieben werden muß. Natürlich nicht als ein Projekt, das eine kleine Gruppe von Individuen am Schreibtisch ausheckt, sondern als Bildung eines instabilen Blocks an der Macht, der sich um ein ökonomisch-ideologisches Entwicklungsmodell herum konstituiert. Der Anschluß an Gramsci liegt hier auf der Hand: "Die Herausbildung von Hegemonie ist somit ein zugleich widersprüchlicher und heterogener wie auch bewußt-strategischer Prozeß, der von widerstreitenden Akteuren getragen wird. Die Verdichtung der konfligierenden Diskurse ist das Ergebnis (ideologischer) Kämpfe und wird letztendlich durch den Zwang befördert, den materiellen Reproduktionsprozeß der Gesellschaft im Rahmen eines zu 'findenden' Akkumulations- und Regulationsmodus zu gewährleisten"[11]. So gesehen muß man mit Jessop eben nicht nur nach Gramsci den Staatsbegriff erweitern, sondern auch Konzepte 'integraler Ökonomie' entwickeln[12].

Betrachtet man die Ökonomie aber erst einmal als Projekt (bei einer gewissen Vorsicht hinsichtlich aller subjektivistischen bzw. intentionalistischen Assoziationen, die dieser Begriff weckt), so ist der Weg frei, konkrete Politiken politisch-ideologischer Steuerung zu untersuchen. So hat Foucault in seinen letzten Lebensjahren versucht, die spezifische Qualität der Fremd- und Selbstregierung von Menschen in liberal-kapitalistischen Gesellschaften zu untersuchen[13]. Ausgangspunkt ist, daß wir nicht einen Bereich "Ökonomie" als Realobjekt haben, der einwirkt oder auf den eingewirkt wird,

---

9) Lipietz 1992 : 23 ff.. Insoweit übereinstimmend: Hirsch 1992 : 207, der auf die klassische Frage des sowjetischen Rechtstheoretikers der frühen zwanziger Jahre, Paschukanis, hinweist: Warum die Klassenherrschaft nicht von der Bourgeoisie selbst, sondern vermittelt durch eine besondere Instanz, den Staat, ausgeübt wird.
10) Lipietz 1992 : 25.
11) Hirsch 1992 : 229.
12) Vgl. Jessop 1992, der betont, daß gerade Gramsci die entscheidenden Hinweise für eine solche Forschung gegeben hat.
13) Vgl. Lemke 1996 : 108 ff. und insb. 207 ff..

sondern daß man umgekehrt sich genau betrachten muß, wie ein Wissens- und Forschungsbereich (Erkenntnisobjekt) "Ökonomie" konstituiert wird und wie Techniken der Einwirkung und der Nicht-Einwirkung erarbeitet und institutionalisiert werden[14]. So verändert sich dann mit den Thematisierungen des Ökonomischen und mit dem Wechsel von Produktionsweisen das Feld der Ökonomie. War, wie Miller und Rose als Beispiel anführen, im tayloristischen Konzept das produzierende Subjekt als eine passive Einheit (als ein Arbeits-Tier) gedacht, das durch komplizierte Technologien einer fragmentarisierenden Außensteuerung angepaßt werden sollte, so entwickelt sich zunehmend eine Theorie der sozialpsychologischen Steuerung des Individuums[15]. Es kann jetzt hier gar nicht darum gehen, diese Untersuchungen wirklich vorzustellen und zu kritisieren. Es geht vielmehr nur darum, aufzuzeigen, daß das Aufbrechen der Basis/Überbau-Dichotomie durch Gramsci - ohne gleichzeitig Totalität als expressive zu formulieren -, ermöglicht, die Eigenständigkeit ideologischer, politischer und ökonomischer Elemente zu denken, ohne ihre Trennung zu denken. Denn es kann nicht darum gehen, Konfliktfelder und Kämpfe nebeneinander aufzuaddieren, sondern das Problem besteht gerade darin: wie kann gesellschaftliche Totalität gedacht werden, ohne sie in Form von Ausdrucksbeziehungen zu denken[16]. Es gilt also, eine Theorie zu entwickeln, die die Anwesenheit des Ökonomischen denken kann, ohne die Eigenlogik der Felder, in denen sie anwesend ist, zu dominieren. Die Preisfrage einer nicht-ökonomistischen, marxistischen Theorie des Ökonomischen ist also: Wie kann Ideologie und Politik, wie können konkrete Kämpfe gleichzeitig als autonom und als Teil einer gesellschaftlichen Totalität, in der die Reproduktion der Produktionsverhältnisse von zentraler Bedeutung ist, gedacht werden?

1.3. Bewußtsein

Kommen wir zum Bewußtsein. Mit dem Begriff des Bewußtseins findet notwendig der Mensch Eingang in die Theorie. Wir wissen aus vielen idealistischen Konzeptionen, daß der Mensch in der Philosophie dazu prädestiniert ist, die Rolle der Teleologie und der alles determinierenden Stelle zu übernehmen. Dem Menschen wird ein Naturzustand, ein Wesen, unterstellt - dieses kommt aufgrund widriger Einflüsse nicht zum Tragen; am Ende aber werden die Einflüsse erkannt und beseitigt, und der Mensch steht in seiner Reinheit, die gleichzeitig als gesellschaftliche Richtigkeit begriffen wird, da. Nun ist diese Trilogie der Genese des wahren Menschen, die mit der Genese

---

14) Vgl. dazu Miller/Rose 1994.
15) Vgl. Miller/Rose 1994 : 86 ff..
16) Vgl. Böke/Müller/Reinfeldt 1994 : 11.

der gerechten Gesellschaft in eins fällt, keine rein idealistische Erzählung, sondern auch im Marxismus beheimatet. Wir erinnern uns an den Dreischritt der 'Deutschen Ideologie' und an das Lukácssche Modell. Dagegen stehen andere Versuche. Der erste ist bei Marx in den Feuerbachthesen zu finden. Hier wird der Mensch zum Ensemble der gesellschaftlichen Verhältnisse. Damit bricht Marx zwar mit der Bewußtseinsphilosophie, indem er das Wesen des Menschen verabschiedet und die gesellschaftlichen Verhältnisse statt des Menschen in das Zentrum seiner Analyse stellt[17]. Doch bleibt dies problematisch, da der richtige Bruch mit dem Wesen des Menschen als Ursprung des Sinns und der Geschichte nur erfolgt, um die Stelle des Throns, von dem aus Gesellschaft gesteuert, um das Gesellschaft gruppiert ist, neu zu besetzen. Der Bruch läßt nicht nur den Mythos des Menschen, sondern auch die Subjektivität selbst verschwinden. Daß der Mensch das Ensemble gesellschaftlicher Verhältnisse und nicht Ausdruck eines überzeitlichen und übergesellschaftlichen Wesens ist, heißt ja noch lange nicht, daß die Stelle der Struktur, auf der die konkreten Individuen angesiedelt sind, leer ist. So aber verläßt Marx das Schema der Trilogie nicht, da es von den Subjekten in die Ökonomie verlagert wird. Er bricht auf der einen Seite so stark, daß er sich um den Menschen wie letztendlich die Gesellschaft - jenseits der journalistisch-politischen Arbeiten - keine Gedanken mehr macht, sondern Kraft und Intellekt in die Ausarbeitung der den Kapitalimus allein bewegenden und prägenden ökonomischen Momente legt.

So ist es kein Widerspruch, einerseits den Bruch von Marx mit dem Subjekt der Bewußtseinsphilosophie zu begrüßen und gleichzeitig den Mangel einer ausgearbeiteten Subjekttheorie im Marxismus zu beklagen. Im Gegenteil: Gerade wenn Subjektivität nicht mehr im 'Wesen' des Menschen verankert wird, bedarf es einer Theorie der Subjektivität, des Handelns, der Politik, der Ideologie. "Den Tod Gottes oder selbst den Tod des Menschen anzukündigen, ist gar nichts. Was zählt, ist das *wie*. ... Der Strukturalismus ist keineswegs ein Denken, welches das Subjekt beseitigt, sondern ein Denken, welches es zerbröckelt und es systematisch verteilt, welches die Identität des Subjekts bestreitet"[18]. So aber taucht im Marxismus der Mensch unter, indem er das

---

17) Es ist hier nicht der Ort, festzustellen, ob der Marxismus ein Humanismus oder ein theoretischer A-Humanismus ist. Diese Debatte ist von Althusser in den 60iger und 70iger Jahre geführt worden. Vgl. die Darstellungen bei Benton 1984 und Resch 1992 : 67 ff.. Nachdem der Streit zuerst teilweise als ein philologischer Streit geführt wurde, ist später deutlich geworden, daß zwei Problematiken (eine humanistische und eine a-humanistische) bei Marx koexistieren, wobei es eine deutliche Verschiebung von ersterer zu letzterer gibt. Unabhängig aber davon kann mit Althusser behauptet werden, daß Marx erst mit der Ausarbeitung der a-humanistischen Perspektive mit Feuerbach und dem Links-Hegelianismus bricht.
18) Deleuze 1992 : 55. Vgl. auch Balibar 1994b : 155, der zu Recht betont, daß der Vorwurf gegen den Strukturalismus, dieser habe das Subjekt bloß disqualifiziert und als Begriff zerstört, absurd

Bestehende nur widerspiegelt. Doch das Bestehende selbst wird dann im Kommunismus mit dem wahren Wesen des Menschen zusammenfallen. Dann ist der Mensch, obwohl nur Ensemble der gesellschaftlichen Verhältnisse, bei sich selbst, weil die Struktur selbst sich auf die Essenz des Humanen zubewegt. Die Trilogie feiert dann auf dem Umweg über die Ökonomie und die Gesellschaft auch wieder bei der Frage des Menschen fröhliche Urständ.

Anders bei Gramsci, zumindest insoweit wir einmal mehr die historizistische Problematik des Zusammenfallens von Wissen und Bewußtsein im regulierten Staat außen vor lassen. Da Gramsci Gesellschaft nämlich nicht als expressive Totalität faßt, ist die Aussage, daß der Mensch Ensemble der gesellschaftlichen Verhältnisse ist, nicht gleichbedeutend damit, daß er diese widerspiegelt. Vielmehr wird der konkrete Ort, in dem das Individuum zum Subjekt wird, hegemonial konstituiert. Gramsci entgeht der Alternative, den Thron der Geschichte entweder mit dem Subjekt oder mit der Ökonomie zu besetzen, indem er diesen Thron selbst dekonstruiert. Nicht die Ökonomie, nicht das Subjekt sind der Motor der Geschichte, sondern die Kämpfe in einer komplexen Struktur. Gramsci entzieht sich der Trilogie, indem er jede Gesellschaftsformation einer radikalen Historisierung unterwirft. Die konkrete, strukturierte historische Totalität ist damit nicht nur Durchgangsstadium, sondern der Ort, in dem die konkreten Kämpfe ausgefochten werden. Gramscis Intervention macht sich an einer bewußten Fehlinterpretation des Marxschen Vorworts zur 'Kritik der politischen Ökonomie' fest. Indem er die Aussage, nach der die Menschen sich ihrer Lage in den ideologischen Formen bewußt werden und in ihnen kämpfen, nicht nur ernst, sondern als erkenntnistheoretische Aussage nimmt, werden der Ort und die Form, in denen das Bewußtsein agiert, zentral, ohne daß das Bewußtsein selbst verabschiedet werden müßte.

2. Ansätze und Einsätze des strukturalen Marxismus
- Die 'schuldige' Marx-Lektüre Louis Althussers

Ich will zum Schluß noch skizzenhaft ein theoretisches Modell vorstellen, das sich der Mühe unterzogen hat, diesen hier vorgestellten Marxismus zu kritisieren und weiterzuentwickeln. Der französische, kommunistische Philosoph Louis Althusser ist - ich habe bereits zu Anfang die Unmöglichkeit einer 'unschuldigen Lektüre' betont - immer anwesend gewesen und soll schon deswegen hier ein wenig genauer vorgestellt

---

ist. Das Gegenteil sei vielmehr richtig, da der 'Strukturalismus' gerade auch der Versuch gewesen ist, den blinden Fleck (von dem aus gesehen wird) des Idealismus zu erhellen.

werden. Er inspirierte durch seine Texte die hier aufgenommene Fragestellung der Arbeit, er schärfte die Aufmerksamkeit für die Unterschiedlichkeit der und die Brüche in den marxistischen Theorien. Seit Althusser ist es kaum mehr möglich, sich Marx, und damit dem Marxismus, als einem einheitlichen Gebäude, als einer Summe von aufeinanderfolgenden und sich ergänzenden Theorien und Theoretikern, als abgeschlossenem Komplex zu nähern. Es ist noch nicht einmal mehr möglich, Marx als ein Autor-Subjekt zu denken, das die Einheitlichkeit der Theorie garantiert, indem es ihr ein festes Zentrum zur Verfügung stellt. Mit der Konstatierung eines epistemologischen Bruchs[19] im Werk von Marx verbindet Althusser die These, daß der Marxismus aus der und in Abgrenzung zur linkshegelianischen Problematik ausgearbeitet worden ist. Nicht der Autor, sondern eine bestimmte theoretische Problematik, ein Feld von aufeinander bezogenen Thesen hält eine Theorie zusammen. Doch die Problematik des jungen Marx ist eine gänzlich andere als die des späten Marx[20]. Daß beide Theorien von ein und demselben biologischen Individuum verfaßt wurden, macht sie nicht zu *einer* Theorie, in der die Thesen Teile eines umfassenderen Ganzen, eines einheitlichen Theoriegebäudes sind. Dies gilt erst recht für den sogenannten Marxismus-Leninismus, jenes Gebäudes, das unter vermeintlichen allgemeinen Lehrsätzen die Differenzen zwischen Marx, Engels und Lenin und deren Interpreten verschwinden läßt. Diese Differenzen sind aber nicht belanglos. Eine Lektüre, die aus Versatzstücken der großen Klassiker einen granitenen Block basteln will, verkennt, daß der leninsche oder gramscianische Marxismus sich als Antwort und Kritik auf Probleme der Marxschen Theorie konstituiert hat und nicht deren Fortsetzung ist. Die Engelssche These der Determination in letzter Instanz ist, jenseits ihrer aufgezeigten immanenten Problematik, kein Argument gegen den Ökonomismus im Werk von Marx. Die Gramscianische Hegemonietheorie ist nicht die Fortsetzung des Vorworts zur 'Kritik der politischen Ökonomie', sondern dessen Kritik. Wer die große Einheit des Marxismus als Theorie in Frage stellt, kratzt aber nicht nur an der parteioffiziellen Stilisierung. Diese Infragestellung nämlich ermöglicht auch, zu sehen, daß die vorschnelle Überwindung und Verabschiedung des Marxismus oft nur ein Spiegelbild dieser parteioffiziellen Propaganda ist. Indem nämlich der Marxismus von den Neuen Philosophen, den bekehrten Linken etc. in Bausch und Bogen verworfen wird, wird der Mythos der Einheitlichkeit mit negativer Konnotation übernommen und verkannt, daß

---

19) Vgl. zur Theorie des epistemologischen Bruchs, die Althusser von Bachelard übernimmt: Balibar 1994b : 82 ff. und Brühmann 1980.
20) Oder wie es Wallerstein (1990 : 154 ff.) sagt: "Jedem seinen Marx, heißt es, und das ist zweifellos richtig. Jedem seine zwei Marx', möchte ich hinzufügen, denn das ist es, was uns die Diskussionen der letzten dreißig Jahre um den jungen Marx, den epistemologischen Bruch usw. ins Gedächtnis eingeprägt haben".

zahlreiche Problematiken des Strukturalismus, Poststrukturalismus, ja auch der Postmoderne auf dem Feld des Marxismus vorgedacht worden sind[21].

Althusser wagt nun einen bemerkenswerten Versuch einer Neubestimmung unter Zuhilfenahme des Materials des Marxismus und mit dem Anspruch, eine Theorie des Marxismus sichtbar zu machen (genauer: zu entwickeln), die den Klassenkampf denken kann[22]. Daß er dabei methodisch zuerst, ebenso wie viele vor ihm, für sich in Anspruch genommen hat, den 'wahren Marx' sichtbar zu machen, ist von ihm richtigerweise selbst kritisiert worden[23]. Dabei hätte schon Althussers Theorie des Lesens darauf aufmerksam machen müssen, daß es in 'Das Kapital lesen' nicht darum gehen kann, den Kern von der Hülle des Marxismus, das Wesen von der Erscheinungsform u.ä.m. zu trennen, denn "man muß die Vorstellung, die man sich gewöhnlich von der Erkenntnis macht, überprüfen, den Mythos von der Erkenntnis als einer Widerspiegelung und einer unmittelbaren Vision und Lektüre aufgeben, und die Erkenntnis als eine Produktion begreifen"[24]. Diese Produktion kann also den 'reinen' Marxismus gar nicht destillieren, da er nicht vor und jenseits seiner Produktion vorhanden ist. Auch Althussers Blick auf Marx ist nicht 'unschuldig': er ist an Spinoza[25], mehr noch als am

---

21) So macht z.B. Schöttler 1988 darauf aufmerksam, daß, da der Marxismus nur als 'Marxismus-Leninismus' stalinistischer Prägung wahrgenommen wurde, neue Konzepte zur Erforschung der 'dritten Ebene', der Ebene zwischen Ökonomie und Gesellschaft, gegen diesen erarbeitet wurden, obwohl das schon wegen des hohen gesellschaftskritischen Potentials dieser neuen Theorien nicht notwendigerweise so hätte sein müssen. Daß viele Thesen der Postmoderne bei Gramsci und Althusser, ja selbst bei Lenin, in gewisser Weise vorgedacht sind, kann man recht gut in dem von Callari und Ruccio herausgegebenen Sammelband - und komprimiert im Vorwort der Herausgeber - nachvollziehen (Callari/Ruccio 1996).

22) Hier drängen sich Parallelen zu Lukács auf - und zwar in zweifacher Hinsicht. Beiden geht es um eine neue Philosophie des Marxismus - eine, die gegen den Ökonomismus des Marxismus steht, und eine, die Philosophie und Politik verknüpft; beide erarbeiten dazu ein Set von neuen Begriffen - und doch sind beide Antipoden. Während der eine die Lösung in der Übereinstimmung von Subjekt und Objekt sieht, geht der andere davon aus, daß es diesen Zustamd nie geben wird (vgl. hierzu Balibar 1994 : 61f. und Atzert u.a. 1996).

23) In 'Die Zukunft hat Zeit' erklärt Althusser, daß die (scheinbar) orthodoxe Lektüre die einzige Möglichkeit der Häresie in der KPF war. Er habe so Marx' Werke als "heilige Texte" genutzt, um innnerhalb der Partei wirkungsmächtig intervenieren zu können (vgl. Althusser 1992 : 226). So ermöglicht der Mythos der religiösen Lektüre - also der Glaube, ein Buch/Werk enthalte die ganze Wahrheit über die Welt, und es komme nur darauf an, es richtig zu verstehen - eine Unterminierung genau ihrer Grundlagen. Diese Anmaßung einer 'symptomalen Lektüre', den wahren Marx aus dem Gesamtwerk herausdestillieren zu können, hat natürlich zahlreiche Kritiker auf den Plan gerufen, die dagegen ihren 'wahren Marx' zu verteidigen wußten. Eines dieser Abgleichungswerke (was sagt Althusser über Marx und was hat Marx wirklich gesagt?) findet sich beispielsweise bei Projekt Klassenanalyse 1975.

24) Althusser 1972 : 26.

25) Vgl. dazu Moreau 1994; Balke 1994; Anderson 1978 : 96 ff.; Resch 1992 : 42 ff. und 57 ff..

338

Strukturalismus[26], er ist an der Epistemologie Bachelards und der Psychoanalyse Lacans[27] orientiert. Der (Klassen-)Kampf erhält in den ersten Texten Althussers aber noch nicht den Status, den er im Spätwerk von Althusser bekommen sollte. Zwar stehen in 'Das Kapital lesen' Begriffe und Konzepte bereit, die bereits implizieren, daß der Marxismus sich nicht als Wissenschaft im herkömmlichen Sinn verstehen kann (und gleichzeitig behaupten, daß auch die anderen Wissenschaften keine ihrem Objekt äußerliche Ebene darstellen), sondern er in der Konstitution seines Objektes notwendig in Auseinandersetzung mit anderen Objektkonstitutionen gelangt - so beispielsweise die Einforderung einer Analyse des Mechanismus der Evidenz[28], oder die Passagen, in denen Theorie immer nur als ein Raum der Konstituierung des in ihr Sichtbaren begriffen wird, der notwendig den Raum des Nicht-Sichtbaren als des Nicht-Sichtbaren *in* der Theorie[29] beinhaltet, und anderes mehr. Nichtsdestotrotz ist der Kampf in der Theorie und um die Theorie explizit nicht thematisiert[30].

---

26) Der Vorwurf des Strukturalismus ist allerdings dann unbegründet, wenn man darunter eine Kombinatorik beliebiger Elemente versteht und Widerspruch und Prozeß in der Struktur untergehen läßt. In einem weiteren und anspruchsvolleren Sinne ist Althusser natürlich Strukturalist; und wenn er sich dagegen wehrt, dann eher, um nicht mit den Karikaturen, die weniger der Strukturalismus selbst, denn seine Kritiker aufgebaut haben, in einen Topf geworfen zu werden. Vgl. auch Benton 1984.

27) Vgl. Althusser 1976; kritisch dazu Lecourt 1994; positiver zu dieser Verbindung: Coward/Ellis 1977. Auf der Schnittstelle von Lacan und Althusser bewegen sich auch neuere Diskussionen bei Zizek 1989 : 1 ff.; Butler 1995 : 163 ff. und 247 ff.; Mocnik 1994.

28) Althusser 1972 : 75.

29) Althusser 1972 : 23 ff..

30) Was Althusser für Marx behauptet hat, nämlich daß der Autor nicht eine einheitliche Problematik des Werkes garantieren kann, gilt für Althusser umso mehr. Sehr grob vereinfacht, lassen sich bei Althusser zwei Phasen unterscheiden (Balibar 1994b : 136 ff. unterscheidet fünf Einschnitte), die sich, negativ konnotiert, als theorizistische und politizistische kennzeichnen lassen. Die erste Phase zeichnet sich dadurch aus, daß sie alles Gewicht auf die Wissenschaft legt und diese als neutrale Methode vorstellt (vgl. dazu kritisch-polemisch Rancière 1975). Sie erhält den Status des Garanten für die Richtigkeit des Marxismus (vgl. de Vries 1989 : 42 f.). Der Marxismus ist dort eine Wissenschaft, die sich in Abgrenzung zu den ihr vorgängigen Ideologien konstituiert. Die Philosophie erhält dabei den Status der Platzanweiserin der Wissenschaften und wird als Theorie der theoretischen Praxis definiert. In der zweiten Phase, der leninistischen Phase, ändert sich das radikal. Hier bekommt der Klassenkampf diese Rolle des Anweisers. Er garantiert den immerwährenden Kampf zweier Entitäten: Materialismus und Idealismus (vgl. dazu kritisch Brühmann 1980 : 257 ff.). Die Philosophie wird nun als - in letzter Instanz - Klassenkampf in der Theorie definiert. Problematisch bleiben beide Phasen. Die erste, indem sie glaubt Wissenschaft und Wahrheit als Kategorien jenseits des Kampfes bestimmen zu können. Die zweite, indem sie glaubt, dem Problem des Relativismus könne dezisionistisch begegnet werden. In gewisser Weise denkt Althusser hier jeweils an den Grenzen, indem er Wissenschaft, Ideologie und Kampf einmal als völlig distinkte Felder beschreibt und einmal weithin zusammenfallen läßt. Dieses radikale Ausloten zweier Perspektiven aber ermöglicht es, das Problematische im Verhältnis von Wissenschaft, Ideologie und Kampf genauer zu bestimmen. Nun gibt es viele berechtigte Einwände gegen eine zu scharfe Unterscheidung zwischen dem 'wissenschaftlichen' und dem

Zuerst also geht der althusserianische Weg zur Neubestimmung des Marxismus über die Wissenschaft und nicht über die Ideologie und den Kampf. Althusser weigert sich, den Wahrheitsanspruch des Marxismus aufzugeben und ist insofern wesentlich weniger radikal als Gramsci[31]. Bis in seine letzten Texte hinein kritisiert er Gramsci, bei aller Sympathie, für diese Gleichsetzung von Wahrheit, Wissenschaft, Ideologie, Theorie und Praxis: "Übersetzung der These: Philosophie ist Praxis. Was nicht nur aus der Philosophie eine Ideologie macht, in der alle Katzen grau sind, sondern auch aus der Praxis eine Politik, in der alle Welt sich wiedererkennen kann"[32]. So verschließen sich Althusser am deutlichsten, wenn auch nicht nur in seiner ersten Phase, die Wege, die Lenin, Lukács und Gramsci gegangen sind. Zwar ist bei ihm Ideologie kein Schein, sondern notwendiges Element einer jeden, also selbst der kommunistischen Gesellschaft. Aber trotzdem sind Ideologie und Wissenschaft als spezifisch distinkte Bereiche definiert, wobei Ideologie Erkenntnis verhindert, während Wissenschaft sie befördert[33]. Und dies, obwohl Althusser von Spinoza die These übernimmt, daß die Erkenntnis einer Ideologie diese nicht auflöst und ins Nichts verschwinden läßt. Natürlich ist die Kategorie des Kampfes indirekt anwesend, denn schließlich sind Althussers theoretische Interventionen Interventionen in eine praktisch-politische Konjunktur[34]. Paradoxerweise verbirgt sich nämlich gerade in der der These der Abwesenheit des Kampfes in der Wissenschaft, in einer theorizistischen, szientistischen Position[35] eine äußerst politische Intervention. Wir werden darauf noch gleich zurückkommen. Auf der begrifflichen Ebene aber wird das Verhältnis von Ideologie und Wissenschaft zwar nicht als Entgegensetzung konzipiert[36], doch führt die Beto-

'klassenkämpferischen' Althusser (vgl. Balibar 1994 : 110 ff.; Brühmann 1980 : 225 ff.; Turchetto 1994 : 41 ff.). Sie allesamt vertreten die These, daß der Begriff des Kampfes bereits in 'Für Marx' und 'Das Kapital lesen' vorhanden ist und entwickeln ihn aus diesem theoretischen Kontext. Nichtsdestotrotz scheint mir, daß es sinnvoll ist, die Widersprüche nicht zu schnell einzuebnen, sondern in der Konfrontation dieser beiden Konzeptualisierungen weiterzudenken.

31) Vgl. zur Kritik daran de Vries 1989 : 42 f.. Andere wiederum, wie Böke 1994, versuchen gerade in der Aufrechterhaltung der Distinktion von Wissenschaft und Ideologie den Vorzug Althussers gegenüber poststrukturalistischem Relativismus zu verorten. Böke setzt dabei auf einen Begriff gesellschaftlicher Allgemeinheit, in dem er Rationalität in einem emphatischen Sinne vermutet.

32) Althusser 1995 : 11 f..

33) Vgl. Althusser 1968 : 181 ff..

34) Die politischen Implikationen der theoretischen Interventionen Althussers sind insbesondere von Elliot 1987 und Benton 1984 aufgezeigt worden.

35) Althusser wird später in seiner "Selbstkritik" die frühen Positionen als theorizistisch kritisieren. Den gleichen Vorwurf gegen Althusser finden wir aber auch z.B. bei Rorty 1988 : 32 und Habermas 1985 : 215. Demgegenüber wirft Putnam 1984 : 212 ff. Althusser eine relativistische Position vor. Aber dabei bezieht er sich natürlich auf andere Texte als erstere.

36) Dafür ist Althusser zu stark von Spinoza einerseits, von Bachelard andererseits inspiriert. Insbesondere Bachelard hatte nämlich das Verhältnis der Wissenschaft zu *ihrer* (ihr genetisch vor-

nung des Bruchs zwischen beiden Bereichen dazu, die Wissenschaft als Bereich jenseits des ideologischen Kampfes zu verorten. Im ersten Schritt will Althusser also 'nur' das marxistische theoretische Feld von seinen historizistischen und humanistischen Durchsetzungen - er nennt u.a. Kant, Hegel, Feuerbach, Ricardo, Smith - befreien, um den Marxismus als Wissenschaft gegen das ideologische Feld, aus dem er entstanden ist und durch dessen Überwindung er erst zur Wissenschaft geworden sei, abgrenzen. Dafür sind seine Spezifika, also u.a. der theoretische A-Historizismus[37] (gegen Hegel) und der theoretische A-Humanismus[38] (gegen Kant, Feuerbach)[39] sichtbar zu machen.

---

gängigen) Ideologie als das eines Bruches definiert. Wissenschaft entsteht also aus Ideologie; und Ideologie ist somit tendenziell eine Vorform der Wissenschaft.

37) Vgl. dazu: 'Der Marxismus ist kein Historizismus', Althusser 1972 : 157 ff..

38) Vgl. Althusser 1968 : 168 ff.; Althusser 1972 : 158. Wegen dieser These ist Althusser stark angefeindet worden. Seine Gegner wollten seine Kritik am humanistischen Marxismus als eine gegen *den* Menschen oder das Menschliche gerichtete verstehen und verstanden nicht, daß es auf das Adjektiv ankam. Ein Adjektiv, das man - bewußt oder unbewußt - "meist übersehen hat, um so zu tun, als ob die Rede vom *theoretischen* Antihumanismus eine Theorie des Antihumanismus sei und sogar die Theorie einer antihumanistischen 'Praxis'" (Balibar 1994 : 37). Nach dem Mord Althussers an seiner Frau Hélène waren sich denn auch diverse Kommentatoren nicht zu schade, dieses tragische Ereignis als praktisches Ergebnis einer theoretisch antihumanistischen Position zu bewerten. Vgl. dazu Elliot 1996.

39) Ein Marxismus also, der nicht - wie es der Humanismus im Marximus tat - unterstellt, daß "das revolutionäre Bündnis des Proletariats und der Philosophie ... im Wesen des Menschen besiegelt" (Althusser 1968 : 175) ist. An anderer Stelle schreibt Althusser: "Wir nennen Humanismus die Theorie, die aus dem Menschen das Subjekt der Geschichte macht" (zit. nach Rancière 1975 : 53). Im Kern aber behauptet die These des theoretischen A-Humanismus eine Selbstverständlichkeit, nämlich "daß Marx' Theorie nach seiner eigenen Aussage 'nicht vom Menschen ausgeht', ..., daß sie sich begrifflich *weder* auf das empirische Individuum, *noch* auf das Wesen der Gattung gründet. Nicht mehr, aber auch nicht weniger" (Balibar 1994 : 37). Diese These wird natürlich um eine Theorie der politisch-theoretischen *Funktion* des Humanismus im Marxismus ergänzt. Denn dem Humanismus steht der Ökonomismus stets zur Seite. "Denn darüber kann sich seit Marx niemand ... hinwegtäuschen: wenn die humanistischen Litaneien mitten im Klassenkampf die vordere theoretische und ideologische Bühne einnehmen, so ist im Hintergrund stets der Ökonomismus der große Gewinner. ... Ich rede vom *Paar* Ökonomismus/Humanismus. Es handelt sich tatsächlich ... um ein organisches und sich ergänzendes Paar" (Althusser 1973 : 102). Daß diese beiden Theoreme nicht nur als Äquivalente, sondern als zwei notwendig zusammengehörige Momente einer gleichen Logik funktionieren, haben wir exemplarisch an Rosa Luxemburg aufgezeigt. Lenin hat in seiner Kritik des Paares Spontaneismus/Ökonomismus diese These in 'Was tun?', wie gezeigt, bereits Anfang des Jahrhunderts vorweggenommen. Über den Humanismus feiert nach dem XX. Parteitag der KPdSU der Ökonomismus als Kehrseite eine unhinterfragte Existenz (Vgl. Labica 1986). Doch auch, wenn nach der 'humanistischen' Kritik des Stalinismus als 'Personenkult' einmal mehr dieses Paar im Marxismus auftaucht, so ist diese Verbindung keineswegs spezifisch marxistisch, sondern klassisch bürgerlicher Natur: "*Allgemeine Form* dieser Weltanschauung: der (heute 'technokratische') *Ökonomismus* und seine 'geistige Ergänzung', der *moralische Idealismus* (heute 'Humanismus'). Ökonomismus und moralischer Idealismus bilden das grundlegende

Vergewissern wir uns kurz noch einmal der Motivation Althussers. Wir hatten geschrieben, daß die scheinbar theorizistische Fragestellung Althussers eine politisch-theoretische Intervention ist. Denn indem Althusser als Theoretiker und Parteikommunist den 'wahren Marx' gegen bürgerliche Theorien verteidigt, macht er dies nicht, um seiner Partei zu dienen, indem er ihr einen hermetischen Korpus des Autors Marx schafft, den sie verteidigen kann, sondern im Gegenteil, um die Übergriffe der Partei auf das Gebiet der Theorie zurückzuweisen. Wer Althusser also als Verteidiger des Stalinismus gegen einen modernen, humanen Kommunismus aufbaut[40], der verkennt nicht nur den Status der Althusserschen Intervention in die KPF in den frühen 60iger Jahren, sondern erst recht die Funktionsweise stalinistischer Theorie, die als alles andere als als theorizistisch bezeichnet werden kann. Der XX. Parteitag der KPdSU stellt für Althusser keinen Aufbruch zu neuen Ufern dar. Er analysiert das, was gemeinhin als Stalinismus[41] bezeichnet wird, als Ökonomismus und Humanismus[42], als späte Rache der II. Internationale[43] und will nicht nur für seine Argumente den nötigen Freiraum schaffen, sondern auch das Selbstverständnis der Partei ändern, ihre Allmachtsphantasien zurückdrängen und die Autonomie der Wissenschaft und der Philosophie gerade gegenüber der Partei reklamieren[44]. Er will eine marxistische

---

Paar der bürgerlichen Weltanschauung seit den Anfängen der Bourgeoisie" (Althusser 1968 : 209).

40) So insbesondere das unsägliche Werk von Thompson 1980. Während in der Bundesrepublik viele MarxistInnen noch immer ihr Wissen über Althusser aus dieser gut geschriebenen Polemik beziehen, ist im anglo-amerikanischen Bereich Thompson zu Recht einer harschen Kritik ausgesetzt, vgl. Benton 1984 : 201 ff.. Eine durchaus nicht Althusser-freundliche Kritik des Stalinismusvorwurfes findet sich auch bei Breuer 1985 : 253 ff. und 293 ff..

41) Althussers Versuch einer Stalinismuskritik von links polemisiert gegen die Reduktion des Phänomens auf einen 'Personenkult', da dieser unmarxistische Begriff dafür herhalten mußte, das Problem des Stalinismus nicht in den 'Widersprüchen des Aufbaus des Sozialismus' zu suchen. Indem der Stalinismus auf den Personenkult reduziert wird, werden andere, grundsätzlichere Wurzeln des Stalinismus unangetastet gelassen. Vgl. dazu Althusser 1973 : 95 ff.; Althusser 1976.

42) Rancière sieht in dieser Art der Kritik eine Nichtkritik, ein Schweigen darüber, daß die UdSSR ein sozialfaschistischer Klassenstaat sei. Deswegen dürfe der Stalinismus nicht unter dem Aspekt einer humanistischen Ideologie kritisiert werden (vgl. Ranciere 1975 : 30 und 52). Diese maoistische Kritik aber ist in ihrem flächendeckenden Gebrauch des Faschismus-Vorwurfs nur für die linksradikale Variante von Totalitarismus-Theorien, so daß es kein Wunder ist, wenn sich ehemalige MaoistInnen wie André Glucksmann oder Antje Vollmer zu Recht rühmen können, schon immer nicht nur antikommunistische Positionen vertreten zu haben, sondern eine marxistische Analyse zugunsten einer fanatischen Verurteilung der Sowjetunion verhindert zu haben. Wenn Daniel Cohn-Bendit von sich selbst sagte, er sei im Verhältnis zu Ronald Reagan der klügere Antikommunist gewesen, so steht allein das Adjektiv zur Diskussion.

43) Vgl. Althusser 1973 : 106.

44) Vgl. Althusser 1968 : 7 ff.; Althusser 1976 : 7 ff.. Man muß dabei bedenken, daß ein Artikel wie 'Widerspruch und Überdeterminierung' (Althusser 1968 : 52 ff.) dazu führte, daß die Parteileitung (über Garaudy) nicht nur Gegenartikel lancierte, sondern Althusser ein 'theoretischer Prozeß'

Philosophie schaffen, die sich dem herrschenden Kanon entgegenstellt. Und dieser benutzt den Stalinismus, um einerseits den Marxismus reformistisch zu entschärfen, indem das Bündnis mit den Kirchen gesucht, ein Sozialismus mit menschlichem Antlitz propagiert wird, um gleichzeitig die theoretischen und praktischen Grundlagen des Stalinismus auch in der KPF nicht diskutieren zu müssen. "Und um der Sache politisch auf den Grund zu gehen: Warum dieses Schweigen [über die theoretischen und praktischen Grundlagen des Stalinismus, mt], das zur Folge hat, daß die vorherrschende Version der marxistischen Philosophie verdeckt und perpetuiert wird? Weil nämlich die zutiefst konformistische und apologetische Funktion dieser Version, die 'das Bestehende verklärt' und die ihre Vertreter in Generalaufseher der theoretischen Produktion verwandelt, nur zu gut den weiterbestehenden politischen Praktiken entgegenkommt, als daß diese auf ihre Dienste verzichten möchten: sie 'brauchen' sie. In der besten Tradition des Idealismus, der sich darauf beschränkt, zu 'interpretieren' (Marx), dient sie ihnen im Voraus (d.h. *im Nachhinein*) als höhere *Garantie* und *Rechtfertigung* bei allen politischen Tagesentscheidungen, da sie nur zu ihren Diensten steht, um nicht zu sagen ihr Mädchen für alles ist. Und es macht nichts, daß sie nichts produziert und völlig unfähig ist, irgendeine äußere Ausstrahlung zu entfalten: diese marxistische Philosophie dient immerhin als *interne Ideologie* der Partei, sie liefert ihren Kadern und Mitgliedern ein Lexikon gemeinsamer Losungsworte, ein System innerer Wiedererkennungszeichen"[45].

2.1. Jenseits der Teleologie

Nun können und wollen wir uns hier der Theorie Althussers nur schlaglichtartig nähern. Nachdem also etwas ausführlicher die gerade in der Bundesrepublik verbreitete Lüge über "Althussers theoretisch gefaßte(n) Stalinismus"[46] zurückgewiesen werden mußte, nähern wir uns Althusser nicht systematisch, sondern in dem Interesse, mit der Darstellung einiger seiner Begriffe und Konzepte Möglichkeiten einer Heraus-

---

gemacht wurde, bei dem dieser seinen Artikel anderthalb Monate, jeden Samstag nachmittag gegen Angriffe zu verteidigen hatte (vgl. Althusser 1993 : 211; Elliot 1987 : 186 ff.).

45) Althusser 1976 : 16; vgl. zusätzlich Althusser 1968 : 7 ff..

46) Thompson 1980 : 245. In einem Vorwort zu diesem Buch zeigt Vester seine Unkenntnis der Lage, indem er Althusser als "führenden französischen KP-Philosophen" (ebd. : 13) tituliert, um sodann Althusser "intellektuelle Legitimationsanstrengungen" für "grob- und feingesponnene Neostalinismen", in deren Klima auch "Pol Pot, einst Student in Paris" ausgebildet worden sei, zu attestieren. So wird Althusser sogleich nicht nur der theoretischen Legitimation vergangener, sondern der Ausbildung aktueller mörderischer Herrschaft bezichtigt.

arbeitung einer anderen marxistischen Theorie, jenseits der Teleologie und der Bewußtseinsphilosophie, aufzuzeigen.

2.1.1. Widerspruch und Überdeterminierung

Der zentrale Einstieg in die Problematik der Trennung von idealistischer und marxistischer Theorie erfolgt über den Begriff der Dialektik bei Hegel und dessen Verhältnis zur marxistischen Dialektik. Während in einer langen marxistischen Tradition behauptet wurde, die marxsche Dialektik habe die Hegelsche vom Kopf auf die Füße gestellt oder umgestülpt, behauptet Althusser einen Bruch zwischen diesen beiden Konzeptionierungen der Dialektik. Für Althusser hat Feuerbach Hegel vom Kopf auf die Füße gestellt, während Marx, zuerst selbst Feuerbachianer, ab 1845 mit der ganzen Problematik der Hegelschen und der ihr spiegelbildlich entsprechenden Feuerbachianischen Dialektik bricht[47]. Wir werden sehen, daß es sich bei dieser Frage keinesfalls um eine Angelegenheit von rein philosophie- oder begriffsgeschichtlichem Interesse handelt, sondern daß die Frage der Dialektik in den Kern des Verständnisses des Marxismus zielt.

Die Dialektik beinhalte bei Hegel folgende Momente: "Negation der Negation, die Identität der Gegensätze, die 'Aufhebung', das Umschlagen von Qualität in Quantität, der Widerspruch etc."[48]. Zentral ist dabei die Kategorie des Widerspruchs, in der das Hegelsche Denken kulminiert. Der hegelsche Widerspruch, so Althusser weiter, ist, obwohl er komplex erscheint, einfach[49]. "Es genügt dann, sich zu fragen, *warum* Hegel diese Phänomene der historischen Verwandlung in diesem *einfachen Begriff* des Widerspruchs denkt ... . Die Einfachheit des Hegelschen Widerspruchs ist in der Tat *nur* durch die Einfachheit des *inneren Prinzips* möglich, das das Wesen jeder historischen Periode bildet"[50]. Bei Hegel werde eine Reduktion aller konkreten Elemente auf ein einziges inneres Einheitsprinzip durchgeführt, was ihm ermögliche, die Weltgeschichte von ihren Anfängen bis in seine Zeit als notwendige Abfolge einer 'Dialektik', als Spiel eines Widerspruchs darzustellen. Insoweit gibt es bei Hegel "nie einen echten Bruch, ein effektives Ende einer wirklichen Geschichte"[51], denn

---

47) Vgl. dazu aus der neueren Sekundärliteratur Cullenberg 1996 und Wolff 1996. Gründliche Untersuchungen zu dieser Frage finden sich auch bei Schmidt 1980 : 262 ff. und Karsz 1975 : 93 ff..
48) Althusser 1968 : 56.
49) Althusser 1968 : 66 f..
50) Althusser 1968 : 68.
51) Althusser 1968 : 69.

344

Geschichte reduziert sich letztlich auf den "Gang Gottes in der Welt" ([52]). Theunissen, nun wirklich kein Althusserianer, hat deswegen zu Recht betont, daß zwischen dem Marxschen Widerspruchsbegriff und dem Hegelschen Welten liegen. Denn bei Hegel wird eine destruktive Bewegung immer nur an der Oberfläche angesiedelt, während die konstruktive Bewegung zur Einheit im Inneren des Prozesses selbst schon gegeben ist; wohingegen bei Marx die Widersprüche im Inneren des Prozesses selbst liegen[53]. Hegel kennt demgegenüber keine wirkliche Negation, keine Negativität, die nicht immer schon das kommende Positive beinhalten würde. Das Denken in Brüchen und Kämpfen, das der hegelsche Widerspruchsbegriff auf den ersten Blick anzeigt, wird letztlich durch ihn gerade verhindert.

Das einfache Prinzip des hegelschen Widerspruchs findet seine Entsprechung allerdings in der hegelmarxistischen Lesart von Marx. Auch hier ist ein einfacher Widerspruch am Werk, der einfache Widerspruch zwischen Kapital und Arbeit, der das "'reine' Prinzip des Bewußtseins ... durch *ein anderes einfaches Prinzip*, sein Gegenteil, ersetzt: das materielle Leben, die Ökonomie"[54]. Es ist nun also klar, worauf Althussers theoretische Intervention politisch zielt. Die Anwesenheit des einfachen Widerspruchs und dessen Verortung in der Ökonomie sind Grundlage ökonomistischen Denkens. Und genau dieses Denken in einem einfachen Widerspruch, der, als Wesen gesetzt, alle konkreten Bestimmungen einer Gesellschaft zu Erscheinungen degradiert, zu Formen, die im Kern auf nichts anderes als dieses Wesen zurückgeführt werden können, verhindert es, die Autonomie und Eigengesetzlichkeiten anderer Ebenen überhaupt denken zu können. Politik, Ideologie und Kampf werden zu reinen 'Erscheinungen', deren Wahrheit immer in der Ökonomie zu finden ist[55].

Als Beleg dafür referiert Althusser die Erfahrungen der russischen Revolution und ihre Beschreibung durch Lenin. Auch wenn wir diese Aussage nicht als pars pro toto des Leninschen Werkes ansehen[56], so wie dies Althusser suggeriert, so markiert sie doch ein Verständnis des Widerspruchs, das keineswegs völlig randständig in seinem Denken ist - und das sich vom Hegelschen Widerspruchsbegriff grundlegend unterscheidet: "Wenn die Revolution so rasch und - dem Anschein nach, bei erster ober-

---

52) Dieser Ausspruch Hegels im Zusatz zu Paragraph 257 der 'Rechtsphilosophie' (Hegel 1986 : 403) ist natürlich auf den Staat gemünzt; er beschreibt aber auch das Wesen der Geschichte, die Hegel, wie z.B. Taylor (1983 : 509 ff.) sehr gut herausarbeitet, als göttliche Vorsehung konzipiert ist.

53) Theunissen 1982 : 375. Wir hatten diese Argumentation bereits oben in analoger Weise zur Kritik des Hegelianismus im Leninismus verwandt. Vgl. Teil III, Kap. 1.4.2. und 1.5.2..

54) Althusser 1968 : 75.

55) Vgl. Althusser 1968 : 75 und 78.

56) Vgl. dazu oben, Teil III, insb. Kap. 1.4.2..

flächlicher Betrachtung - so radikal gesiegt hat, dann nur deshalb, weil sich dank einer außerordentlich originellen historischen Situation *völlig verschiedene Ströme, völlig ungleichartige* Klasseninteressen, *völlig entgegengesetzte* politische und soziale Bestrebungen *vereinigten*, und zwar bemerkenswert 'einmütig' vereinigten"[57]. Man sieht sofort, daß hier eine geschichtliche Situation nicht in Form eines Ausdrucks eines einfachen Widerspruchs rekonstruiert wird. Lenin spricht von einer "originellen" Situation: eine Formulierung, die in der Hegelschen Geschichtsphilosophie völlig undenkbar ist. Die Einmütigkeit, in der sich Widersprüche bei Hegel und im Hegelmarxismus vereinigen, ist nämlich keinesfalls 'bemerkenswert', sondern selbstverständlich. Die Revolution wird bei Lenin als Ergebnis der Verdichtung nicht nur unterschiedlicher, sondern autonomer Widersprüche thematisiert. Die Revolution ist damit nicht als Ende eines linearen Prozesses von Negationen und Aufhebungen gedacht, sondern als Kulmination von ungleichzeitigen Prozessen, die sich nicht auf ein sie bewegendes inneres Moment reduzieren lassen. Natürlich ist diese Sichtweise, anders als Althusser behauptet, keineswegs typisch für eine marxistische Analyse, auch nicht bei Marx. Aber sie läßt sich - so oder so ähnlich - in den in dieser Arbeit als erhaltenswert gekennzeichneten Strängen im Marxismus finden und zeigt, daß die Übernahme einer Logik des einfachen Widerspruchs notwendig eine Theorie der Intervention, der Kämpfe und der Politik behindert.

Doch nicht nur die russische Revolution ist Beleg. Eine genauere Betrachtung der Siege und Niederlagen der ArbeiterInnenbewegung[58] läßt erkennen, daß der einfache Widerspruch zwischen Produktivkräften und Produktionsverhältnissen die tatsächlichen historischen Situationen nicht annähernd adäquat erfassen; und in Folge dessen das hegelmarxistische Dialektikverständnis einer radikalen Neuformulierung bedarf. "Damit dieser Widerspruch *'aktiv'* werden kann im starken Sinn, Prinzip des Bruchs, bedarf es einer derartigen Anhäufung von 'Umständen' und 'Strömungen', daß diese, welchen Ursprungs und welcher Richtung sie auch sein mögen (und viele unter ihnen sind *notwendigerweise*, aufgrund ihres Ursprungs und ihrer Richtung, und paradoxerweise der Revolution fremd, ja sogar 'absolut entgegengesetzt'), zu einer *Einheit des Bruchs 'zusammenfließen'*"[59].

---

57) Lenin AW, Bd. III : 13.
58) Vgl. Althusser 1968 : 62 f.: "Vor 1917 hatte es 1905 gegeben, vor 1905 die großen historischen Enttäuschungen von England und Deutschland, vor ihnen die Kommune, noch weiter zurückliegend die deutsche Niederlage von 1848-49. Alle diese Erfahrungen waren im Laufe der Zeit *reflektiert worden* ... (Engels: 'Revolution und Konterrevolution in Deutschland', Marx: 'Die Klassenkämpfe in Frankreich', 'Der 18. Brumaire', 'Der Bürgerkrieg in Frankreich', 'Kritik des Gothaer Programms', Engels: 'Kritik des Erfurter Programms' etc.)"
59) Althusser 1968 : 63.

Es geht also nicht um eine bloße Addition von Widersprüchen. Diese müssen zusammenfließen: und daß sie dies tun, ist nicht schon, wie in Theorien expressiver Totalität, dadurch gesichert, daß sie nur verschiedene Ausdrucksformen eines inneren Prinzips sind. Da sie vielmehr nicht nur unterschiedlichen Ursprungs, sondern auch unterschiedlicher Richtung ("völlig entgegengesetzt") sein können, ist dieses Zusammenfließen eben eine historisch originelle und keine selbstverständliche Situation. Der Begriff, den Althusser für das Zusammenfließen der vielen einzelnen Konflikte wählt, ist der der Überdeterminierung. Dabei handelt es sich um einen aus der Pychoanalyse entliehenen Begriff. Dieser soll vor dem "Glauben an die lösende 'Kraft' des abstrakten Widerspruchs", im Bereich des Marxismus also des 'schönen Widerspruchs von Kapital und Arbeit'[60] bewahren. Denn nur von diesem abstrakten Schema aus kann überhaupt die einfache Außergewöhnlichkeit einer historischen Situation als Abweichung von der Regel definiert werden. Von der ökonomistischen Regel nämlich, nach der die Entwicklung der Produktivkräfte notwendig die soziale Revolution, letztlich den Kommunismus, nach sich zieht, so daß die Revolution in den fortgeschrittensten Ländern die Regel, der Sieg der Bolschewiki, der Sieg der Sandinisten oder der Sieg Castros die Ausnahme darzustellen hat. Welch eine Regel, welch eine Ausnahme! Und wir müssen uns fragen, ob die Ausnahme "ohne Wissen der Regel, *die Regel selbst ist.* *Denn befinden wir uns nicht immer in der Ausnahme?* Ausnahme die deutsche Niederlage von 1849, Ausnahme die Pariser Niederlage von 1871, Ausnahme die Niederlage der deutschen Sozialdemokraten zu Beginn des 20. Jahrhunderts, in Erwartung des chauvinistischen Verrats von 1914, Ausnahme der Erfolg von 1917 ... Ausnahmen, aber *in Bezug worauf?*"[61]. Eben nur auf jene Regel eines einfachen Widerspruchs und der ihn leitenden religiösen Geschichtsphilosophie.

Der Begriff der Überdeterminierung macht somit die Ausnahme zur Regel, indem er radikal den Begriff des einfachen Widerspruchs verabschiedet. Anders formuliert soll er zwischen den krude materialistischen klassischen Konzeptionen des ökonomischen Objekts als selbstständiger und autonomer Entität und den idealistischen Versuchen der Reduktion der Ökonomie auf eine außerökonomische Struktur eine neue materialistische Linie ziehen. Mit Überdeterminierung ist also der Versuch gefaßt, eine Determination zu denken, die nicht einfach eine Ebene auf eine andere reduziert, ohne jedoch von einer zusammenhanglosen Vielfalt und völligen Autonomie der Strukturen auszugehen. Deutlicher wird dies vielleicht, wenn zuerst einmal der Begriff in seinem psychoanalytischen Kontext dingfest gemacht wird. Dort wird der Begriff von Freud in der Traumanalyse eingeführt, um darauf hinzuweisen, daß "jedes der Elemente des

---

60) Althusser 1968 : 70.
61) Althusser 1968 : 70.

347

[manifesten] Trauminhalts (sich) als *überdeterminiert*, als mehrfach in den [latenten] Traumgedanken vertreten (erweist)"[62]. Überdeterminierung wird damit zum Ergebnis einer Verdichtung, in der verschiedene, voneinander unabhängige Gedankengänge sich in einem Traum vereinigen[63]. Somit heißt Überdeterminierung aber gerade nicht, daß der Traum eine beliebige Vielzahl von Deutungen zuläßt. Vielmehr wird diese Vieldeutigkeit durch den Kontext aufgehoben. "Die verschiedenen Bedeutungsketten überschneiden sich in mehr als einem 'Knotenpunkt', wie die Assoziationen beweisen; das Symptom trägt die Spur der Interaktion verschiedener Bedeutungen, zwischen denen es einen *Kompromiß* zustande bringt"[64]. Dies gilt es nun auch für das Verhältnis verschiedener Ebenen (Politik, Ökonomie und Ideologie) sowie verschiedener Widersprüche (z.B. Patriarchat, Imperialismus, Arbeit/Kapital, verschiedene sexuelle Orientierungen etc.) zu denken. Damit aber fällt nicht nur das klassische Basis/Überbau-Modell, insofern es die Ökonomie als die 'Wahrheit' des Überbaus denkt, sondern auch die Logik der Haupt- und Nebenwidersprüche. Nicht nur heißt das, daß die 'Neben'-Widersprüche nicht das reine Phänomen des Hauptwiderspruchs sind, sondern daß - im Gegenteil - dieser ohne jene nicht denkbar ist[65]. Es heißt auch, daß die Rollen des Hauptwiderspruchs und der Nebenwidersprüche nicht a priori bestimmt sind. "Der Hauptwiderspruch wird nebensächlich, ein Nebenwiderspruch nimmt seinen Platz ein ... . Natürlich gibt es immer einen Hauptwiderspruch und Nebenwidersprüche, aber sie tauschen ihre Rolle in der gegliederten Struktur mit Dominante aus, die ihrerseits fest bleibt"[66].

Stellt man aber die Problematik so, dann bedarf es des Denkens einer neuen Form von Kausalität. Es bleibt zu klären, in welcher Art und Weise und mit "*welchem Begriff ... die Determination eines Elementes oder einer Struktur durch eine andere Struktur zu denken*"[67] ist. Die bisherige Kausalität war, wie der Widerspruch, einfach. Ursache hier, Wirkung dort. Wenn aber die Ursache nicht ein einheitliches Ganzes, eine expressive Totalität ist, wie kann dann diese Kausalität bestimmt werden? "Bei Leibniz und Hegel findet man zwar eine Kategorie für die Wirkung des Ganzen auf seine Elemente oder Teile, aber eben nur unter der absoluten Bedingung, daß das Ganze

---

62) Freud, zit. nach Laplanche/Pontalis 1980 : 545.
63) Deswegen sind die in Boulevardzeitschriften beliebten Anleitungen zur Traumdeutung, die nach dem Muster arbeiten, daß ein bestimmtes Traumsymbol (Schlange, Haus, Mann etc.) genau das Symbol eines bestimmten Gedankens/Problems ist, völliger Humbug und strukturell mit dem Vulgärmaterialismus vergleichbar.
64) Laplanche/Pontalis 1980 : 545.
65) Vgl. Althusser 1968 : 151.
66) Althusser 1968 : 158.
67) Althusser 1972 : 253.

nicht als Struktur gedacht werde. Wird dagegen das Ganze als *Struktur* ... gedacht, so stellt sich das Problem ganz anders: Nicht nur ist es dann nicht mehr möglich, die Determination der Elemente durch ihre Struktur mit der Kategorie der analytischen oder transitiven Kausalität zu denken; *es ist auch nicht mehr möglich, sie mit der Kategorie der globalen expressiven Kausalität eines seinen Erscheinungsformen immanenten einheitlichen inneren Wesens zu denken*"[68].

Althusser fügt nun also, um die mit dem Begriff der Überdeterminierung aufgeworfene Frage der Kausalität beantworten zu können, dem Begriff der Überdeterminierung den der strukturalen Kausalität hinzu. Doch der Begriff der strukturalen Kausalität impliziert für Althusser nicht nur, daß die Ursache einer Wirkung nicht mehr als ein einfaches Ganzes gedacht werden kann. Dies ließe noch zu, daß die Ursache als Resultante einer Struktur gedacht wird, die aber wiederum die Ursache einfach und 'von außen' determiniert. Demgegenüber aber muß das Verhältnis von Ursache und Wirkung in der strukturalen Kausalität als spezifische Verbindung von Anwesenheit und Abwesenheit gedacht werden. "Die Struktur ist kein den ökonomischen Phänomenen äußerliches Wesen, das deren Aspekte, Formen und Beziehungen modifizierte und wie eine abwesende Ursache auf sie einwirkte - *abwesend, weil den Phänomenen äußerlich. Die Abwesenheit der Ursache in der 'metonymen Kausalität' der Struktur in bezug auf ihre Elemente ist nicht das Resultat der Exteriorität der Struktur hinsichtlich der ökonomischen Phänomene, sondern im Gegenteil die Form, in der die Struktur als Struktur in ihren Wirkungen vorhanden ist*"[69]. Es gibt also keine Elemente oder Objekte an sich, die dann durch die Struktur eine besondere Ausgestaltung erführen. Weder Objekte noch Strukturen sind als selbstständige Elemente denkbar. Die Objekte werden dies erst in einer spezifischen Struktur und die Struktur ist nichts als die Verbindung 'ihrer' Elemente. Die Struktur ist also weder abwesend, noch anwesend, sie ist vielmehr nur in ihren Wirkungen vorhanden, "außerhalb ihrer Wirkungen ist sie als spezifische Verbindung ihrer Elemente ein Nichts"[70].

Mit dieser Neuformulierung ist nicht nur die Logik des einfachen Widerspruchs, sowie ihre Erweiterung in die Logik des Haupt- und der Nebenwidersprüche verlassen worden, sondern auch ein bestimmter Essentialismus. Dabei ist aber noch zu diskutieren, wie weit diese Zurückweisung reicht und welche Form sie genau annimmt. In dieser Arbeit ist beispielsweise mit dem Ausdruck 'überformen' gearbeitet worden. Dieser Begriff deutet auf eine dichotomische Struktur hin. Nun stellt sich vor dem

---

68) Althusser 1972 : 252.
69) Althusser 1972 : 254.
70) Althusser 1972 : 254.

Hintergrund des althusserianischen Begriffs der Überdeterminierung und der strukturalen Kausalität allerdings die Frage, ob von einem solchen Kern ausgegangen werden kann/muß, der 'überformt' wird. Der eben referierte Begriff der strukturalen Kausalität scheint den Begriff des Überformens zurückzuweisen. Die Kerne sind nur in ihren Wirkungen anwesend, sonst sind sie ein Nichts. Dem scheint ein anderer Begriff entgegenzustehen, der von einer "Struktur mit Dominante"[71] ausgeht, indem also die Ökonomie letztlich alle Ebenen um sich herum gruppiert. Die Rede ist also von zwei Strukturverständnissen, die Althussers Theorie, folgt man dieser Interpretation, beinhaltet: 1. eine Struktur besteht allein aus den spezifischen Verbindungsformen ihrer Elemente *(relationale Struktur)*; 2. eine Struktur richtet sich nach einem Zentrum hin aus *(magnetische Struktur)*.

Hier liegt der Schnittpunkt zur postmarxistischen Debatte, die den Begriff der Überdeterminierung radikal, ohne Struktur mit Dominante, setzt und daraus ein vom Marxismus sich radikal abgrenzendes Modell von Gesellschaft denkt[72]. Doch zuerst zu Althusser selbst. Die Begriffe der Überdeterminierung und der strukturalen Kausalität bleiben bei einer 'einfachen' Wirkung einer besonderen Situierung der Revolution nicht stehen. "Man muß dann bis zum Ende gehen und sagen, daß diese Überdeterminierung nicht an den offensichtlich eigentümlichen oder irrtümlichen Situationen der Geschichte liegt, ... sondern daß sie *universal* ist"[73]. Und zwar in zweierlei Hinsicht: 1. "die ökonomische Dialektik [macht sich] nie im reinen Zustand ... geltend ... Die einsame Stunde der 'letzten Instanz' schlägt nie"[74] und 2. kann das Verhältnis der Widersprüche immer nur als ungleichzeitig und ungleichmäßig gedacht werden. "Diese Ungleichmäßigkeit duldet keine Ausnahme, weil sie selbst keine Ausnahme ist"[75].

Die Ökonomie ist als abwesende Ursache in allen politischen und ideologischen Momenten vorhanden und umgekehrt. Basis und Überbau lösen sich in ihrer Getrenntheit auf und verschmelzen zu einem strukturierten Ganzen, zu einer strukturierten Totalität. Der Begriff der Überdeterminierung läßt die Widerspruchskategorie als solche intakt, lokalisiert sie aber im strukturierten Ganzen. Zurückgewiesen wird damit nicht nur die Trennung von Basis und Überbau in zwei einander äußerliche Räume, sondern auch ein Begriff von Totalität, von gesellschaftlichem Ganzen, indem diese Trennung auf Kosten der Spezifizität der Ebenen erreicht wird, wo Ideologie, Politik

---

71) Althusser 1968 : 146 ff.; vgl. auch Hall 1994 : 89 ff..
72) Vgl. dazu Übersichten und Kritik bei Hall 1994 : 117 ff.; Barrett 1991 : 42 ff.; Resnick/Wolff 1987 : 99 ff..
73) Althusser 1968 : 81.
74) Althusser 1968 : 81; vgl. auch Althusser 1968 : 158.
75) Althusser 1968 : 159.

und Ökonomie schlicht in eins fallen. "Sagen, daß der Widerspruch bewegend ist, heißt also, in der marxistischen Theorie, sagen, daß er einen *tatsächlichen Kampf einschließt, tatsächliche Gegenüberstellungen, die an bestimmten Orten der Struktur des komplexen Ganzen stehen*"[76].

Gesellschaft ist nach Althusser ein komplex strukturiertes Ganzes, eine Totalität aus verschiedenen, relativ selbstständigen Kernen, die auf eine spezifische Art und Weise verbunden oder kombiniert sind[77]. Wenn Althusser also von relativer Autonomie redet, dann heißt dies nicht, den Ökonomismus durch die Hintertür wiedereinzuführen, indem (relative Autonomie heißt ja zugleich immer relative Determiniertheit) die Ebenen doch "in letzter Instanz" wieder der Ökonomie gehorchen, sondern er beschreibt eine relative Eigenständigkeit der Ebenen und Widersprüche (also auch der Ökonomie) gegenüber dem Ganzen.

Die so gefaßte Gesellschaftsformation 'zerfällt' in Teile, 'Produktionsweisen' - ein Begriff, der im Rahmen von 'Das Kapital lesen' von Balibar neu ausgearbeitet worden ist. Er wird verstanden als ein "System von Formen", die sich wie folgt beschreiben lassen 1. "die Aufzählung der in dem Prozeß präsentierten Stellen (oder Funktionen)" und 2. "die Bestimmung der wesentlichen Kriterien zur Unterscheidung der Formen, die diese Stellen einnehmen"[78]. Elemente der Produktionsweise sind Arbeiter, Nicht-Arbeiter (Aneigner von Mehrwert) und Produktionsmittel (Arbeitsgegenstand und Arbeitsmittel). Bestimmt sind sie (Pkt.2) durch die Eigentumsbeziehungen und die Beziehung der realen und materiellen Aneignung[79]. Die jeweiligen nationalen, regionalen und historischen Verbindungen und Kombinationen der Kerne, die sich inner-

---

76) Althusser 1968 : 164.
77) Althusser 1972 : 127 und 244 f..
78) Balibar 1972 : 283.
79) Balibar 1972 : 287. Der für den 'Ökonomismus' zentrale Begriff der Produktivkraft ist nicht nur zufällig abwesend. Bezugnehmend auf Marx stellt Balibar fest, daß das Entscheidende der 'Produktivkraft' nicht in der Aufzählung ihrer Elemente liegt, sondern daß die Produktivkraft einer bestimmten Produktionsweise unterworfen ist. "Was Marx speziell im 'Kapital' gezeigt hat und worauf auch bekannte Passagen aus dem 'Manifest' Bezug nehmen, ist nicht die These, daß der Kapitalismus erstmalig und unwiderruflich die Entwicklung der Produktivkräfte *entfesselt* habe, sondern die These, daß der Kapitalismus die Produktivkräfte einem ganz bestimmten Entwicklungstyp unterworfen habe, dessen Rhythmus und Verlauf von der Form des kapitalistischen Akkumulationsprozesses diktiert werde. ... Theoretisch gesehen sind aber auch die 'Produktivkräfte' ein bestimmter Typ von Beziehung innerhalb der Produktionsweise" (Balibar 1972 : 315). Oder zugespitzt formuliert: "sie sind ebenfalls ein Produktionsverhältnis" (ebd. : 316). Die theoretischen Implikationen sind klar: die Entwicklung der Produktivkräfte sagt nichts über den Stand der gesellschaftlichen Entwicklung aus (ist nicht deren Kern). Der Blick muß sich auf die Produktionsweisen und die gesellschaftliche Formation insgesamt richten.

halb der Gesellschaft finden lassen, zueinander sind variabel. Bezogen auf die Kerne gilt auch hier wieder das Modell einer Struktur mit Dominante. So zeichnet sich die kapitalistische strukturierte Totalität durch einen dominanten Kern - die ökonomische Struktur - aus, in deren Rahmen die Struktur der Produktionsweise enthalten ist. Anders ausgedrückt: in einer kapitalistischen Gesellschaft (dominante Struktur) kann es noch andere Produktionsweisen geben, die aber nicht dominant sind, gleichzeitig determiniert die dominante Struktur die anderen Strukturen nicht. Vielmehr muß auch hier ein Überdeterminationsverhältnis angenommen werden, so daß die konkrete ökonomische Struktur einer Gesellschaft nicht auf ihre Dominante reduziert werden kann, sondern das Verhältnis der verschiedenen Produktionsweisen zueinander die konkrete Produktionsweise der Gesellschaft charakterisiert.

PostmarxistInnen wie Laclau/Mouffe oder Hindess/Hirst[80] kritisieren nun genau diese doppelte Struktur, indem sie Althusser einen letztendlich 'magnetischen' Strukturbegriff unterstellen, wobei der Magnet die Ökonomie ist. "Wenn der Begriff der Überdeterminierung nicht die Gesamtheit seiner dekonstruktiven Effekte [die als Resultat zu der These führen würden, daß das Soziale sich allein als symbolische Ordnung konstituiert, mt] innerhalb des marxistischen Diskurses produzieren konnte, dann deswegen, weil von Anfang an versucht wurde, ihn mit einem anderen zentralen Moment im Althusserschen Diskurs verträglich zu machen, das genau genommen mit dem ersten Moment unverträglich ist, nämlich der Determination in letzter Instanz durch die Ökonomie"[81]. Überdeterminierung, so Laclau/Mouffe, ist damit nur ein anderes Wort für Determinierung; und der marxistische Dualismus reproduziere sich, auch wenn um die Nuance der kontingenten Variation im Unterschied zur wesentlichen Determination, aufs Neue[82]. Hiermit konzedieren Laclau/Mouffe zwar die erfolgreiche Lösung Althussers aus der Geschichtsteleologie, kritisieren aber gleichzeitig das Festhalten an der Zentralität der Ökonomie, letztlich an einer ökonomistischen Position.

---

80) Auf letztere kann hier nicht so detailliert eingegangen werden. Beide sind ehemalige orthodoxe Althusserianer, die ab Mitte der 70iger Jahre Althusser des letztendlichen Ökonomismus bezichtigten und eine reine Diskurstheorie einforderten. Insbesondere im anglo-amerikanischen Bereich bestimmt ihre Kritik maßgeblich die kritische Althusser-Rezeption. Vgl. Hindess/Hirst 1977. Zur Kritik dieser Kritik vgl. beispielsweise Resnick/Wolff 1987 : 107 ff. und Hall 1994 : 117 ff.. Auch auf die Differenzen von Hindess/Hirst einerseits, Laclau/Mouffe andererseits kann hier nicht angemessen eingegangen werden. Vgl. dazu Laclau/Mouffe 1991 : 149 ff..

81) Laclau/Mouffe 1991 : 146.

82) Vgl. Lauclau/Mouffe 1991 : 147.

2.1.2. Leere Zeit und Geschichte

Zeit ist für Althusser, und so ergibt sich die Lösung aus einer linearen Teleologie, theoretisch nicht die kontinuierliche Abfolge in einer einheitlichen Zeitlichkeit, sondern ist zusammengesetzt aus unterschiedlichen 'ZeitStücken'. Der Gedanke ist keineswegs von Althusser erfunden. Er übernimmt ihn aus der Bachelardschen Epistemologie[83], deren Verständnis der Wissenschaftsgeschichte wir bereits oben, beim Begriff des epistemologischen Bruches, kurz gestreift haben. Die Gefahr der Verkürzung in Kauf nehmend kann eine der Grundthesen von Bachelard dahingehend zusammengefaßt werden, daß die Entwicklung des Wissens keineswegs eine kontinuierliche Anhäufung, eine quantitative und qualitative Erweiterung ist, sondern sich in Brüchen vollzieht, die ein theoretisches Feld erst ermöglichen. Eine gewisse, entfernte Ähnlichkeit besteht insoweit zur Wissenssoziologie von Kuhn (mit den Begriffen der 'normalen Wissenschaft', des Paradigmas etc.)[84]. Ähnlich, wie wir es also schon bei Gramscis Begriff des 'historischen Blocks' gesehen haben, ist hier an eine Abfolge gedacht, die diskontinuierlich, in Brüchen und Umbrüchen verläuft. Ging insbesondere der ökonomistische Marxismus, wie wir gezeigt haben, von einer Entwicklung aus, die vom Niedrigen zum Höheren unaufhaltsam steigt, die evolutionär/revolutionär (dialektisch) gleichzeitig ist, also von einem Modell, das die Idee des prozessierenden Widerspruchs von Hegel kopiert, so ist mit dem Begriff des epistemologischen Bruchs genau das gegenteilige Konzept plaziert. Die These des Bruchs ist, daß an entsprechenden Punkten der gesellschaftlichen Entwicklung diese dergestalt unterbrochen werden kann, daß das, was danach kommt, nicht mehr auf das, was vorher war, zurückbezogen werden kann. Dieser aus einer rationalistischen Tradition entnommene Begriff eliminiert letztlich alle Begriffe, die von einem Ursprung und einer Genese ausgehen und damit eine Geschichte der Entwicklung von Wesenheiten konzeptioniert. Demgegenüber transformiert die Epistemologie dem Marxismus derart, daß die Strukturen das Primat über ihre Elemente zugewiesen bekommen, was eine Geschichte der Elemente jenseits der Strukturen, in denen sie eingelassen sind, unsinnig macht.

Im Ergebnis richtet sich der bachelardsche Begriff des Bruchs gegen den hegelschen Begriff der geschichtlichen Zeit. Dieser nimmt für sich in Anspruch, ein empirischer, also gar kein Begriff, sondern Realität zu sein[85], was für Althusser (Trennung von

---

83) Vgl. Bachelard 1974.
84) Vgl. Balibar 1994 : 121 ff., der aber gerade eher die Differenzen beider Ansätze betont.
85) Vgl. zu den Fragen der geschichtlichen Zeit insg. Althusser 1972 : 118 ff.. Althusser, der insoweit auch die neuere französische Geschichtstheorie der Annales-Schule rezipiert, ist dabei von einem marxistischen Vertreter eben dieser Schule widersprochen worden: vgl. Vilar 1977. Die Fronten dieses Streits begradigt ein Stück weit Schöttler 1988a.

Realobjekt und Erkenntnisobjekt) notwendig auf eine ideologische Geschichtskonzeption hinweist. Zur genauen Unterscheidung: Bei Hegel treffen wir auf homogene Kontinuität und Gleichzeitigkeit. Nur in diesem Rahmen gelingt es Hegel, den Weltgeist durch das Kontinuum Zeit zu schicken und da ankommen zu lassen, wo es seine Theorie vorsieht. "Die Zeit kann so als ein Kontinuum behandelt werden, in dem sich die dialektische Kontinuität des Entwicklungsprozesses der Idee manifestiert"[86]. Das ganze Problem dieser Sicht von Zeit, so Althusser weiter, sei nur noch die Zerteilung des Kontinuums, die Periodisierung der Zeit. Zweiter Punkt: die Gleichzeitigkeit. Sie macht den Kern, respektive das Wesen der Geschichtskonzeption Hegels aus. Sie behauptet, "daß alle Elemente dieses Ganzen immer in derselben Zeit, derselben Gegenwärtigkeit miteinander existieren"[87]. Machte man einen Einschnitt zu einer bestimmten Zeit, so würde man sehen, daß alle Elemente dieser Zeit in unmittelbarer Beziehung zum Ganzen stehen. Gleichzeitigkeit ist folglich die passende Zeitkonzeption zur Gesellschaftskonzeption expressiver Totalität; Kontinuität ist das Konzept in der Zeit, das die Geschichtsteleologie umsetzt.

Althusser setzt gegen dieses Verstehen der geschichtlichen Zeit den von seiner ideologischen und empiristischen (zwei Seiten einer Medaille[88]) Dimension befreiten Begriff[89] der Synchronie. Die Synchronie "ist die *Erkenntnis* der Abhängigkeits- und Gliederungsbeziehungen, die aus einzelnen Elementen und Strukturen ein organisches Ganzes, ein System macht"[90]. Damit schließt die "'Synchronie', die den Begriff einer Produktionsweise kennzeichnet, ... diesen Aspekt der Zeitlichkeit und mit ihm jede Form einer mechanistischen Zeitauffassung aus der Theorie der Geschichte aus"[91]. Bei diesem Begriff von Geschichte geht es um Theorie und nicht um Zeit. Erst die Theorie sondiert das zeitliche Feld. Unterschiedliche Zeitlichkeiten sind vor diesem Hintergrund nicht Varianten der einen Zeit, sondern Ausdruck unterschiedlicher Theoretisierungen.

Eine Frage liegt auf der Hand. Verabschiedet dieser strukturalistische Marxismus nicht die Geschichte, indem er Zeit im Gewand der Synchronie denkt? Der Vorwurf war und ist verbreitet. Doch wird hier nicht die Geschichte verabschiedet, sondern nur eine Geschichte, bei der die Würfel schon gefallen sind, bevor diese überhaupt erfunden wurden. Daß insbesondere Hegelmarxisten hier einen Angriff auf die Geschichte

---

86) Althusser 1972 : 122.
87) Althusser 1972 : 123.
88) Althusser 1972 : 139.
89) Vgl. Althusser 1972 : 125.
90) Althusser 1972 : 141.
91) Balibar 1972 : 317.

sehen, zeigt allein den Absolutheitsanspruch eines theologischen und rationalistischen Geschichtsverständnisses, das das Ereignis in der Kontinuität aufgehen läßt[92]. Doch in gewisser Weise machen sich auch Althusser und Balibar dies zum Problem. Sie selbst stellen sich, schon um die zu Recht erwarteten Angriffe zurückweisen zu können, die Frage, wie eine Revolution in der Synchronie denkbar ist. "Durch welches Wunder könnten auch eine leere Zeit und punktuelle Ereignisse die De- und Restrukturierungen des Synchronen hervorrufen?"[93]. Die Unmöglichkeit einer Theorie des revolutionären Bruchs in der strukturalen Geschichtsschreibung verortet Althusser aber nicht im Denken von Synchronie und Diachronie, sondern im Glauben, die Geschichte werde vom Diachronen, das auf das Zufällige und Ereignishafte reduziert wird, bewegt. Demgegenüber muß auch der Bruch grundsätzlich gedacht werden können. Dieser wird bei Althusser und Balibar im Zusammenhang mit der Frage nach den Arbeitsmitteln, den Arbeitsgegenständen und der Arbeitskraft, die in einer je spezifischen Art eine Produktionsweise bilden, thematisiert. Ein Bruch zwischen den Produktionsweisen entsteht immer dann, wenn die Kombinationen der Elemente wie die Elemente selbst sich ändern[94]. Es handelt sich bei diesem Vorschlag einer Neudefinition der Übergänge zwischen den Produktionsweisen, obwohl die Anlehnung an die strukturale Anthropologie von Lévi-Strauss sichtbar ist, nicht um die Kombinatorik beliebiger Elemente in einem gleichbleibenden System. "Sicher ist die von Marx analysierte 'Verbindung' ein System 'synchroner' Beziehungen, das sich aus der Variation bestimmter Elemente ergibt. Dennoch ist diese Wissenschaft von den Verbindungen keine *Kombinatorik*, in der nur die Stellen der Faktoren und ihre wechselseitigen Beziehungen, aber nicht ihre Qualität wechselten und die Qualität der einzelnen

---

92) Vgl. dazu die schon oben zitierte Stelle bei Foucault 1987 : 80.

93) Althusser 1972 : 142.

94) Balibar untersucht die Veränderungen, die sich im Übergang zwischen Handwerk, Manufaktur und Industrie vollziehen (also die Transformation der feudalen zur kapitalistischen Produktionsweise), um die gestellte Frage adäquat beantworten zu können. Laut Balibar besteht zwischen Handwerk und Manufaktur kein Bruch, sondern eine Kontinuität: "Die Manufaktur radikalisiert nur soweit wie möglich den spezifischen Charakter des Handwerks, *der in der Einheit von Arbeitskraft und Arbeitsmittel* besteht. ... Die Technik ist auch bei kollektiver Organisation der Arbeit ihrem Wesen nach individuell" (Balibar 1972 : 319 f.). Einen Bruch hingegen, wobei es sich hier nicht um einen vollständigen, sondern um eine Tendenz handelt (ebd. : 317), verortet Balibar zwischen Manufaktur und Industrie. Hier ändert sich die Kombination von Arbeitsmittel und Arbeitsgegenstand. "Indem die Maschinerie die menschliche Arbeitskraft in ihrer Funktion als *Werkzeugträger* ersetzt, d.h. indem sie den direkten Kontakt zwischen Mensch und Arbeitsgegenstand unterbindet, bewirkt sie eine radikale Umgestaltung der Beziehung zwischen Arbeiter und Produktionsmittel. ... Das frühere Verhältnis kehrt sich nun um: statt der notwendigen Anpassung der Arbeitsinstrumente an den menschlichen Organismus muß dieser sich jetzt den Arbeitsinstrumenten anpassen. Die Trennung zwischen Arbeiter und Arbeitsmittel führt zu einer völlig neuartigen Einheit: *der Einheit und Arbeitsmittel und Arbeitsgegenstand*" (Balibar 1972 : 320 f.).

Faktoren nicht nur dem Gesamtsystem *untergeordnet*, sondern auch so *irrelevant* wäre, daß man von ihr abstrahieren und ohne weiteres an die Formalisierung der Systeme gehen könnte"[95]. Damit wäre aber eine Wissenschaft der Produktionsweisen a priori möglich, in der allein die spezifische Kombination der immergleichen Elemente die Produktionsweise definierte.

Trotz der zutreffenden Kritik an einer kombinatorischen Lesart bleibt der Balibarsche Versuch, eine allgemeine Theorie des Übergangs von einer zu einer anderen Produktionsweise aufzustellen, problematisch. In gewisser Weise tappt Balibar in die Falle klassisch-hegelmarxistischer Zeit- und Geschichtskonzeptionen, indem er dem Vorwurf, die Revolution undenkbar zu machen, zu begegnen versucht. Damit wird aber Geschichte erneut, wie Balibar in einer ausführlichen Selbstkritik darlegt, wieder mit dem Moment des Übergangs, also mit einem ihr vorgängigen Ziel, identifiziert[96]. Das aber führt dazu, daß der alte Ökonomismus wieder fröhliche Urständ feiern kann, indem versucht wird, eine Theorie der Revolution als Theorie des Übergangs der Produktionsweisen zu fassen. Die Momente des Überbaus werden so erneut ausgeschlossen[97] und die "Philosophie der Substanz"[98] setzt sich wieder an den ihr im ökonomistischen Marxismus angestammten Platz. In kritischer Neuformulierung kann, so Balibar, zur Geschichte nur gesagt werden, daß der schon stattgefundene Übergang einer alten zu einer neueren Form allein historisch; der aber noch nicht stattgefundene Übergang allenfalls auf 'logische' Art und Weise behandelt werden kann. Da es aber keine allgemeine Theorie des historischen Übergangs geben kann, heißt dies, daß man über diesen Übergang "praktisch nichts" im vorhinein sagen kann[99]. Der Klassenkampf selbst wird zum entscheidenden Moment.

Durch die Selbstkritik Balibars ist der Kritik von Laclau/Mouffe aber nur zum Teil die Basis entzogen worden. Zwar müßten sie sehen, daß Althusser jedem Essentialismus des Hauptwiderspruchs entsagt und hier eine Stelle sieht, die historisch konkret keinesfalls allein durch die Ökonomie eingenommen werden kann. Ihre Kritik geht aber weiter. Tendenziell ist für sie alles Ökonomismus, was dem Bereich des Ökonomischen einen wichtigen Stellenwert in der Analyse kapitalistischer Gesellschaften beimißt; und problematischer Materialismus alles, was bedeutsam von einer Materia-

---

95) Balibar 1972 : 302.
96) Vgl. Balibar 1977a : 325.
97) Vgl. Balibar 1977a : 326 f..
98) Vgl. Balibar 1977a : 326.
99) Vgl. Balibar 1977a : 329.

356

lität jenseits des Diskurses handelt[100]. Wenn also auch meines Erachtens Althusser keinesfalls der Logik eines 'magnetischen' Strukturbegriffs folgt und, anders als von Hindess und Hirst suggeriert, relative Autonomie nicht gleichbedeutend mit relativer Determination durch die Ökonomie ist, trennen sich doch die Wege einer an Althusser/Balibar und einer an Laclau/Mouffe (bzw. Hindess/Hirst) anknüpfenden Theorie des Sozialen. Während Althusser und Balibar auf den Klassenkampf (wobei das Primat des Kampfes über die Klasse immer betont wurde, so daß ein Kampf ohne Klassen (Balibar) durchaus denkbar ist) abstellen und auf die Möglichkeit, Gesellschaft als strukturierte Totalität zu begreifen, gehen Laclau/Mouffe davon aus, daß die Offenheit, ja Kontingenz des Sozialen voraugesetzt werden muß, in der Gesellschaft immer nur eine sehr flüssige Form sozialer Ordnung ist, ein Versuch, das Feld der Differenzen zu zähmen. Sie setzen das Wort Überdeterminierung ein, um zu betonen, daß jede Identität einen offenen und politisch aushandelbaren Charakter hat. Der zentrale Begriff Laclau/Mouffes ist dabei der der Artikulation. Artikulation ist jene Praxis, die eine Beziehung zwischen Elementen so etabliert, daß ihre Identität als Resultat einer artikulatorischen Praxis modifiziert wird. Diese Totalität heißt Diskurs. Mit der Kategorie des Diskurses muß die Trennung von Denken und Wirklichkeit aufgegeben werden. Der Diskurs sei immer von Kontingenz durchdrungen[101]. In einem solchen Modell gibt es theoretisch keine Präferenzen gegenüber dem einen oder dem anderen Diskurs - merkwürdigerweise gegen Laclau/Mouffe von einer privilegierten Stellung der Demokratie aus, aber das ist hier nicht wichtig -, und es gibt in Permanenz das Moment der Kontingenz. Nun ist keinesfalls in Frage zu stellen, daß Gesellschaft prinzipiell kontingent ist. Die entscheidende Frage aber ist nicht die der Konstruiertheit des Sozialen (davon ist auszugehen), sondern der relativen Beständigkeit und der brutalen Machtwirkungen des Bestehenden. Hierzu aber findet sich bei Laclau und Mouffe wenig.

2.1.3. Real- und Erkenntnisobjekt

Bezogen auf die Grundlagen der Teleologie bewegen wir uns aber immer noch auf der Oberfläche. Die Annahme, daß es zu einer Übereinstimmung von Begriff (letztlich Subjekt) und Objekt kommen wird, und die damit verbundenen philosophischen Impli-

---

100) So ist denn auch eine der zentralen Kritiken von Laclau/Mouffe an Foucault, daß dieser am Begriff der nicht-diskursiven Praxen festhält, vgl. Laclau/Mouffe 1991 : 157 ff.. Auch hier ist eine angemessene Diskussion kaum möglich, da die Autoren gleichzeitig jeden Idealismus, der eine Sphäre jenseits des Diskurses leugnet, zurückweisen. Vgl. dazu insgesamt Reinfeldt/Schwarz 1993.
101) Laclau/Mouffe 1991 : 139 ff..

kationen müssen noch einer Kritik unterzogen werden. Althusser versucht gegenüber der traditionellen Philosophie ein Gegenmodell. Die Annahme der möglichen Übereinstimmung von Subjekt und Objekt führt zu bestimmten Erkenntnistheorien, die, so Althusser, unter dem Begriff der 'empiristischen Erkenntniskonzeption'[102] gefaßt werden können. Empiristisch deswegen, weil die Theoretiker des Empirismus nicht nur davon ausgehen, daß es irgendwann einmal zur Übereinstimmung von Begriff und Objekt kommt, sondern daß der historische Prozeß mehr und mehr von dieser Übereinstimmung offenbart. Damit ist das, was 'zu sehen' ist, dasjenige, was dem Endzustand (und damit dem Objekt selbst) zur Zeit am nächsten kommt. Allen erkenntnistheoretischen Empirismen ist, so Althusser, folgendes gemein. Sie gehen davon aus, daß es ein gegebenes Subjekt und ein gegebenes Objekt gibt. Das Subjekt hat nun, wendet es nur den richtigen Modus der Erkenntnis an, einen tendenziell direkten Zugang zur Realität. Die Realität ist also konzeptioniert als das Wesen, das - vermittelt durch die richtige Methode der Erkenntnis - aus den Erscheinungen selbst herausdestilliert werden kann[103]. Das Reale ist dabei "so strukturiert wie das Gestein, das in seinem Innern ein Korn reinen Goldes birgt; d.h. es besteht aus zwei realen Essenzen: einer reinen und einer unreinen, ... oder ... dem Wesentlichen und dem Unwesentlichen. Das Unwesentliche, Inessentielle kann als individuelle Gegebenheit ... auftreten. ...Der inessentielle Teil umfaßt die gesamte Außenseite des Objekts, seine sichtbare Hülle; der essentielle Teil dagegen sein Inneres, seinen unsichtbaren Kern. Die Beziehung zwischen Sichtbarem und Unsichtbarem ist daher identisch mit der Beziehung zwischen Äußerem und Innerem, zwischen Gestein und Goldader"[104]. Reinigen wir aber das Reale von seinen Eintrübungen, die Goldader vom Gestein, so ist das Reale selbst sichtbar. "Wir erhalten dann die reale Präsenz der reinen und lauteren Essenz, deren Erkenntnis nun einfach ein Sehvorgang ist"[105]. Die Erkenntnis ist damit als Teil der Realität selbst konzeptioniert. In ihrer plumpesten Form findet sich der Empirismus natürlich in einer Mythologie empirischer Sozialwissenschaften, die vermeinen, das Wesen der Gesellschaft jenseits jeden Räsonnements einfach vermittelt durch dessen Beobachtung erfahren zu können. Bei allem Vorbehalt, der hier gewissen Aspekten der Kritischen Theorie entgegengebracht wird, ist es doch Adorno, dem einige schöne Polemiken gegen diese Theorie der Theorielosigkeit zu verdanken sind[106]. Aber auch die Schneisen, die der Empirismus im Marxismus

---

102) Vgl. insgesamt zur Problematik der empiristischen Erkenntnistheorie Althusser 1972 : 42 ff.. Althusser faßt die hegelsche (ders. 1972 : 43) wie auch die hegelmarxistische (ebd. : 50 FN.) darunter.
103) Althusser 1972 : 44 f..
104) Althusser 1972 : 45 f..
105) Althusser 1972 : 47.
106) Vgl. dazu die einschlägigen Aufsätze in Adorno 1979.

geschlagen hat, sind kaum zu übersehen. Man denke nur an die verschiedenen Spielarten der Naturdialektik, die das Reale dem Denken dadurch zugänglich machen, daß
mit der materialistischen Dialektik die reale Bewegung der realen Welt sich im Denken
abbildet. Aber auch der Rekurs auf "die Praxis" gehört hierher, ob bei Engels oder bei
Lenin. Denn der Begriff der Praxis als Garantie der Erkenntnis verändert die Grund-
problematik der empiristischen Erkenntnistheorie in keiner Weise. Ganz im Gegenteil.
Er verschärft sie noch, indem Praxis selbst als dem Subjekt transparente die Erkenntnis
des Objekts in das Handeln des Subjekts verlegt. The proof of the Pudding is in the
eating, jene pragmatische Beerdigung des Erkenntnisproblems durch Engels fällt noch
hinter die idealistische Konzeption zurück, die sich zumindest nicht mit "Fakten"
zufrieden gab[107]. Das Problem dieser wahrlich praktischen Konzeption ist ein
doppeltes. Erstens verkennt es die gesellschaftlichen Mechanismen, die eine bestimmte
Erkenntnis erst ermöglichen (der Mechanismus, "der uns bestätigt, daß das, was wir für
unseren Pudding halten, auch wirklich ein Pudding ist und nicht eine Elefantenkuh"[108]). Zum zweiten aber und damit zusammenhängend wird das Objekt der
Erkenntnis selbst naturalisiert und von der Praxis der Erkenntnis unabhängig gesetzt.

Erkenntnis, so Althussers Intervention, kann aber nicht Widerspiegelung des Wesens,
Abbildung des Realen im Begriff und/oder im Kopf, sondern nur Produktion sein.
Dazu ist es notwendig, zwischen Real- und Erkenntnisobjekt zu trennen. Der Begriff
des Hundes bellt nicht, und der Begriff des Kreises ist nicht rund, um Spinoza zu paraphrasieren. Realobjekt ist also das, was außerhalb unserer Vorstellung unabhängig von
unserem "Erkenntnisprozeß" besteht; Erkenntnisobjekt ist demgegenüber das Produkt
des Gedankens. Erkenntnis ist somit eine spezifische Leistung der Theorie, nicht des
Realen selbst. Erkenntnis ist somit immer und notwendig die Konstruktion des Realen
und nicht das Reale selbst[109].

---

107) Vgl. Althusser 1972 : 75.
108) Althusser 1972 : 75.
109) Und diese Unterscheidung habe, so Althusser, bereits Marx kritisch gegen Hegel stark gemacht
durch seine in den 'Grundrissen' vorgenommene Unterscheidung von Gedankenkonkretum als
Produkt des Denkens, des Begriffes einerseits, und dem Realkonkretum andererseits (vgl.
Althusser 1972 : 51 ff.). "Wenn Marx sagt, daß der Entstehungsprozeß der Erkenntnis und folglich auch der Entstehungsprozeß ihres Objekts als eines vom Realobjekt, dem die Erkenntnis
sich eben auf dem Wege des Erkennens nähern will, unterschiedenen Objekt, ganz und gar in
der Erkenntnis selbst, im 'Kopf' oder in Gedanken vollzogen wird, so fällt er damit keinesfalls
in einen Idealismus des Bewußtseins, des Geistes oder des Denkens zurück; denn das 'Denken',
das hier zur Diskussion steht, ist nicht die Fähigkeit eines transzendentalen Subjekts oder eines
absoluten Bewußtseins, dem die reale Welt als *Materie* gegenüberstände ... . Dieses Denken ist
vielmehr das historisch konstituierte System eines Denkapparates, gegründet und zum Ausdruck
gebracht in der natürlichen und gesellschaftlichen Wirklichkeit" (ebd. : 52 f.).

Althusser selbst geht faktisch zwei Wege, um Erkenntnis als Produktion vorstellbar zu machen. Der erste geht über eine Theorie der theoretischen Praxis, die sich als Theorie der Transformation verschiedener Stufen von Allgemeinheit präsentiert: es gibt eine Grundmaterie (Allgemeinheit I). Auch diese besteht nicht aus der Welt selbst, sondern aus ideologischen Begriffen oder Wissenschaften aus vorherigen Stadien[110]. Die Wissenschaft arbeitet also nie an reinem, objektiv 'Gegebenen' - selbst, wenn die Materie, derer sie sich bedient, die Form einer "Tatsache", mithin einer Evidenz, angenommen hat. Wenn Althusser also von der Ideologie als Grundlage, als Allgemeinheit I schreibt, so ist deutlich, daß Ideologie nicht als Illusion verstanden wird. Ideologie hat demnach zwei Funktionen innerhalb dieses Modells. Die erste ist, als Grundmaterie etwas zu Überwindendes, Falsches darzustellen, die zweite ist, sie damit als etwas Notwendiges darzustellen. So verliert Ideologie den Charakter, Illusion oder Schein zu sein, sie behält allerdings den Charakter, falsch bzw. unwahr zu sein. Die Allgemeinheit II nun - unter der ein theoretisches Produktionsmittel, eine Theorie, ein Gebäude von Begriffen, die ein Feld definieren, verstanden wird[111] - arbeitet an der Allgemeinheit I und bringt die Allgemeinheit III, die Althusser mit Erkenntnis gleichsetzt, hervor. Das heißt: "1. Zwischen der Allgemeinheit I und der Allgemeinheit III gibt es niemals Wesensgleichheit, sondern immer wirkliche Veränderung, entweder die Veränderung einer ideologischen Allgemeinheit in eine wissenschaftliche Allgemeinheit (eine Verwandlung, die sich in der Form reflektiert, die Bachelard 'wissenschaftstheoretischen Einschnitt' nennt); oder die Produktion einer neuen wissenschaftlichen Allgemeinheit, die die alte zurückweist, indem sie sie sich gleichzeitig 'einverleibt', d.h. ihre 'Relativität' und ihre (untergeordneten) Gültigkeitsgrenzen definiert. 2. Die Arbeit, die den Übergang schafft von der Allgemeinheit I zur Allgemeinheit III, d.h., wenn man von den wesentlichen Unterschieden, die die Allgemeinheit I von der Allgemeinheit III unterscheiden, abstrahiert, den Übergang vom 'Abstrakten' zum 'Konkreten', diese Arbeit betrifft nur den Prozeß der theoretischen Praxis: sie vollzieht sich vollständig 'in der Erkenntnis'"[112]. Die Problematik eines solchen Modells aber liegt auf der Hand. Der Erkenntnisprozeß ist gerichtet - er geht immer von Ideologie zur Erkenntnis und bewegt sich so in zumindest einer Unterform der Teleologie knapp an klassischen Fortschrittsmythen vorbei[113]. Zum zweiten aber findet Erkenntnis jenseits der Gesellschaft statt. Man hat ein Grundmaterial und eine Wissenschaft. Diese Wissenschaft garantiert die Erkenntnis, indem sie das Grund-

---

110) Vgl. Althusser 1968 : 126.
111) Vgl. Althusser 1968 : 127.
112) Althusser 1968 : 127.
113) Vgl. Turchetto 1994 : 55.

material formt und verändert, so daß aus jeder Allgemeinheit I, dank der Arbeit einer Theorie, Erkenntnis wird.

Veränderung findet also in der Wissenschaft durch Produktion, durch die theoretische Praxis[114] statt. Mit dem Begriff der theoretischen Praxis zeigt Althusser zutreffend eine Verschiebung an. Theorie findet nicht allein im Kopf des Individuums statt, sondern verändert ihre Umwelt. In diese Richtung löst er also die Dichotomie auf. Jedoch scheint umgekehrt die Praxis in der Theorie abwesend. Die Theorie selbst scheint ein fester Block, ein Instrument zur Veränderung des theoretischen Feldes, zur Verwandlung von Ideologie in Theorie zu sein, das selbst unbeschadet, unverändert und letztlich unbeteiligt aus diesem Prozeß hervorgeht. In diese Richtung interpretiert, läßt sich sagen, daß Althusser auf dem Feld des Historizismus und theoretischen Humanismus die Wissenschaft und die Philosophie als THEORIE der theoretischen Praxis Platz nehmen läßt. "Wir wissen, daß es eine 'reine' Wissenschaft nur unter der Bedingung gibt, daß man sie ständig reinigt, ... daß man sie ständig von der Ideologie befreit, die sie besetzt, verfolgt und belauert. Diese Reinigung ... [ist] ein Kampf, den die THEORIE ... steuern kann wie keine andere Methode auf der Welt. ... Die einzige THEORIE, die imstande ist, die Vorfrage nach dem Rechtstitel dieser Disziplinen zu stellen, die Ideologie in allen ihren Verkleidungen zu kritisieren, darunter auch die Verkleidung der technischen Praxis-Arten in Wissenschaften, ist die THEORIE der theoretischen Praxis"[115]. Klar ist: unter THEORIE der theoretischen Praxis versteht Althusser die 'marxistische Philosophie'[116]. Schon die von Althusser benutzte Terminologie ist mehr als problematisch. Da wird beständig gereinigt und gesäubert; und unter dem Dreck der Ideologie, die die Wissenschaft bedroht, verfolgt und belauert, kommt die 'reine' Wissenschaft hervor. Man muß natürlich sagen, daß dieser Text 1963, also vor 'Das Kapital lesen' geschrieben wurde. So kann man bereits letzteres Werk als (implizite) Selbstkritik lesen, wenn auch die explizite Selbstkritik erst später

---

114) Der Begriff der 'theoretischen Praxis' bedarf der Erläuterung. Da Althusser unter Praxis *jede* Veränderung einer bestimmten Grundmaterie versteht (Althusser 1968 : 104), gilt es verschiedene Praxis-Arten zu unterscheiden. Neben anderen Praxis-Arten, die im Marxismus gemeinhin als Praxis verstanden werden, betont Althusser die ideologische und die theoretische Praxis. Für eine Theorie der Ideologie und der Theorie ist es notwendig, anzuerkennen, daß diese als Praxis existieren (ebd. : 105). Die Trennung von Theorie und Praxis in der Theorie aber verhindert gerade, wahrzunehmen, daß die Theorie selbst eine Praxis darstellt. "Es gibt nicht einerseits die Theorie als reine geistige Schau ohne Körper und Materialität und andererseits eine durch und durch materielle Praxis, die dann 'Hand anlegte'. Diese Dichotomie ist ein ideologischer Mythos" (ders. 1972 : 76). Wir werden sogleich sehen, daß dieses Verständnis zentrale Folgen für eine Theorie der Erkenntnis hat.
115) Althusser 1968 : 109 ff..
116) Vgl. Althusser 1968 : 50 f..

verfaßt werden wird. Natürlich trifft nämlich die Kritik an empiristischen Erkenntniskonzeptionen (der Goldader und dem Gestein) auch dann zu, wenn diese in Form von
Ideologie und THEORIE, von Dreck und 'reiner' Wissenschaft paraphrasiert werden.
Bezeichnenderweise ist diese Argumentation nicht nur empiristisch, sie befindet sich
zudem im Feld juridischer Erkenntniskonzeptionen, in denen es einen Richter gibt, der
auf neutralem Boden jenseits des Streits steht und die, wie es hier doch bei Althusser
heißt, "Vorfrage des Rechtstitels der Disziplinen" entscheidet. Die Theorie der
theoretischen Praxis, die marxistische Philosophie, schwingt sich somit zum einzigen
Ort auf, von dem aus die Wahrheit aller Wissenschaften legitim festgestellt werden
kann. Nun wissen wir zwar, daß diese theoretische Intervention politisch gerade die
Autonomie der Theorie vor der Partei bewahren will. Nichtsdestotrotz ist sie nicht nur
theoretisch fragwürdig, sondern auch politisch problematisch. Die marxistische Philosophie erscheint nämlich als immer schon bestehender Korpus, der allein der
Reinigung bedarf, um das wahre Wissen erstrahlen zu lassen. Damit installiert
Althusser den Thron der Philosophie neu; und auf diesem Thron nimmt der Marxismus
Platz, weil es ja 'sein' Thron ist. Rancière hat diese Konzeption früh einer scharfen
Kritik unterzogen. Indem Althusser die Scheidelinie zwischen *der* Wissenschaft und
der Ideologie zieht, verkennt er, daß ein Wissen innerhalb der Formen der
herrschenden Ideologie zur Wissenschaft wird. Die Inhalte sind also nicht losgelöst
von den Formen ihrer Aneignung (Erwerb, Übermittlung, Kontrolle, Gebrauch) zu
denken. Althusser verkennt, daß der Kampf im Wissen und um das Wissen stattfindet
und daß auch die marxistische Philosophie Einsatz in diesem Kampf und nicht sein
Schiedsrichter ist[117].

Die Kritik an seiner rationalistischen Position, die implizit bereits in 'Das Kapital
lesen' anwesend ist, spitzt Althusser in 'Elemente der Selbstkritik' zu[118]. Er bezeichnet
seine frühen Texte als "theorizistisch" und als von "spekulativen Rationalismus"
geprägt[119]. Theorizistisch, weil in den frühen Texten versäumt wurde, das Verhältnis
zur politischen Praxis im Unterschied zur theoretischen Praxis und als Unterschei-
dungskriterium von Philosophie und Wissenschaft völlig zu bestimmen. "Theorizismus

---

117) Vgl. insgesamt die harsche Kritik bei Rancière 1975. Problematisch an dieser, in vielen Punkten
völlig zutreffenden Polemik sind allerdings zumindest der unkritische Rekurs auf die Massen,
wie auch die maoistische Version der Sozialfaschismus-These.
118) Turchetto 1994 weist dabei meines Erachtens zu Recht darauf hin, daß Althusser dabei gerade
die implizite Selbstkritik herunterspielt, indem er 'den Klassenkampf' als philosophisches
Zauberwort einführt und damit die Problematik 'innerer Validität' in einem theoretischen Feld
übergeht.
119) Vgl. Althusser 1975 : 60 ff.; vgl. auch Schöttler 1975 : 23.

heißt dabei: Primat der Theorie über die Praxis; einseitige Betonung der Theorie"[120]. Damit einhergehend kritisiert Althusser, daß der Begriff der Ideologie in der spekulativ-rationalistischen Szenerie in gewisser Weise in eine Identität mit dem Falschen gedrängt wurde. "Aber es war Spekulation, den Gegensatz eingenomene Wahrheit/verworfene Irrtümer in einer allgemeinen Theorie *der* Wissenschaft und *der* Ideologie sowie ihrer Differenz denken zu wollen"[121]. Der Versuch einer allgemeinen Erkenntnistheorie behindert so gerade, was Althusser sichtbar machen wollte: ideologische und theoretische Praxis als Veränderung zu denken - und damit auch als Einsatz. Die Philosophie, so betont nun Althusser, ist in letzter Instanz Klassenkampf in der Theorie. Die Philosophie entwickelt Thesen, die auf einem existenten philosophischen "Kampfplatz" gegeneinanderstehen. Der marxistische Philosoph ist somit nicht mehr der 'reine' Wissenschaftler, der die Wahrheit gegen ihre ideologischen Verunreinigungen schützt, sondern selbst Teilnehmer einer Praxis, einer theoretischen Praxis, die ein Kampf ist. "Ein marxistischer Philosoph, der im theoretischen Klassenkampf eingreifen kann, muß von den bereits durch die theoretischen Kämpfe der Geschichte der Arbeiterklasse anerkannten und gesicherten Positionen ausgehen, aber er kann den gegenwärtigen Zustand des theoretischen und ideologischen 'Terrains' nur erkennen, wenn er ihn sowohl theoretisch als auch praktisch auskundschaftet: im Kampf und für den Kampf"[122]. Nun weist diese Position zwar richtig das Primat der 'reinen' Theorie (der wundersamen Wandlung der Allgemeinheiten) zurück und sie führt zu Recht den Kampf ein. Allerdings wird der Kampf in einer seltsamen Abstraktheit gedacht. Der Kampfplatz ist hier immer schon besetzt - durch zwei Tendenzen (Materialismus und Idealismus) und die Geschichte der Arbeiterklasse verteilt die Diplome, welche Thesen auf dem Kampfplatz erfolgversprechend sind. Deutlich ist hier ein gewisser Essentialismus. Nicht der Kampf schafft die Tendenzen, sondern die Tendenzen den Kampf und seinen voll möblierten Kampfplatz. Von der Materialität des Ideologischen ist keine Rede, und auch nicht davon, daß die beherrschten Ideologien nicht in 'ihrer' seperaten Welt der Arbeiterklasse ausgearbeitet werden, sondern in den Formen und Brüchen der herrschenden Ideologie. So richtig also die Zurückweisung des Glaubens an die 'reine' Theorie ist, so problematisch ist es, von einem Kampfplatz a priori auszugehen.

Doch kommen wir noch einmal auf 'Das Kapital lesen' zurück. Ein Buch, daß das Projekt einer 'reinen' Wissenschaft nicht nur nicht aufnimmt, sondern die Mittel für seine Zurückweisung entwickelt. Denn der philosophische Marxismus, der als Allge-

---

120) Althusser 1975 : 61 (FN.).
121) Althusser 1975 : 61 (FN.).
122) Althusser 1975 : 87.

meinheit II bereits vorhanden war, wird hier wieder in Frage gestellt. Genauer: es wird an einer Methode gearbeitet, wie überhaupt der Marxismus (und hier: das 'Kapital') gelesen werden kann. Althusser geht ja von der These des epistemologischen Bruchs aus, der nicht der Bruch zwischen Marx und dem, was vor ihm gedacht wurde, ist, sondern sich im Werk von Marx selbst vollzieht. Das spezifisch Neue des Marxismus, so die These von Althusser, liegt nicht offen ausgebreitet vor uns, sondern muß herausgearbeitet werden, indem Brüche überhaupt erst sichtbar gemacht werden. Der zentrale Bruch bei Marx findet für Althusser um 1845 statt. Zu diesem Zeitpunkt habe der Marxismus radikal mit dem Theorem vom Wesen des Menschen als Begründung von Politik und Geschichte gebrochen[123] und eine neue Problematik, ein neues theoretisches Feld entwickelt, das sich vor allem durch folgende Charakteristika auszeichnet: 1. neue Begriffe: Produktivkräfte, Produktionsverhältnisse, Überbau, Ideologie etc.; 2. Kritik der theoretischen Ansprüche jedes philosophischen Humanismus; 3. Definition dieser Philosophie als Ideologie[124]. Mit der 6. Feuerbachthese wird der theoretische Humanismus (auch des jungen Marx) zu Grabe getragen, indem die Existenz eines Wesens des Menschen und folglich die These, daß die konkreten Individuen nur Ausformungen dieses Wesens seien, bestritten wird. So bricht Marx mit dem Empirismus des Subjekts und dessen transzendentalem alter ego. "Der Empirismus des Subjekts impliziert also den Idealismus des Wesens und umgekehrt"[125].

Um diesen 'neuen' Marxismus zu entdecken, bedarf es einer bestimmten Methode des Lesens, der symptomalen Lektüre[126]. Diese steht in polemischer Abgrenzung gegen jede Form der Hermeneutik, also von Theorien, die im Text selbst den Sinn verorten, der vom Leser mittels der richtigen (hermeneutischen) Methodik nur herausgelesen werden muß. Womit gebrochen werden muß, das ist also der "Mythos von der Wahrheit, die in der Schrift wohnt; der Mythos vom Ohr, das den Text hört, vom Auge, das ihn liest, um darin (sofern sie nur rein und unvoreingenommen genug sind) das Wort einer Wahrheit zu entdecken, die jedem ihrer Worte persönlich innewohnt"[127]. Althusser besteht dagegen auf einer anderen Art des Lesens, Hörens und Sehens, die

---

123) Vgl. Althusser 1968 : 30 ff..
124) Vgl. Althusser 1968 : 176.
125) Vgl. Althusser 1968 : 177.
126) Vor diesem Hintergrund ist die Fragestellung, die das 'Projekt Klassenanalyse' verfolgt, ohne Belang. Seitenweise und vielleicht sogar erschöpfend sucht sie das von Althusser unterschiedlich bestimmte Lesersubjekt des 'Kapitals' und macht dabei allerlei Widersprüche zwischen Marx und Althusser auf (Projekt Klassenanalyse 1975 : 21 ff.). Da es sich aber bei der Theorie der symptomalen Lektüre um eine Theorie handelt, ist die Frage nach dem Lesersubjekt obsolet. In gewisser Weise sind aber derartige Repliken auch von Althusser selbst verschuldet, da zwischen den Zeilen doch die Hermeneutik der Erforschung des 'wahren' Marx hervorlugt.
127) Althusser 1972 : 17.

364

nicht vom Text ausgeht, der sich im Leser nur widerspiegelt, sondern von der theoretischen Problematik, in die ein Text eingelassen ist. So ist Marx keinesfalls sein bester Interpret, sondern er entwickelt eine Wissenschaft, der ihre Philosophie erst nachfolgt[128]. "Man müßte diesen Gedanken genauer prüfen, um - immer auf empirischem Wege - festzustellen, daß Hegel schließlich nicht zu Unrecht behauptete, die Philosophie beginne ihren 'Flug erst in der Dämmerung': nämlich dann, wenn die mit der Morgenröte entstandene Wissenschaft bereits die Zeit eines langen Tages durchlaufen hat. Bezogen auf die Wissenschaft, die ihre Existenz ursprünglich hervortreibt oder sie in ihren Umwälzungen in neuer Form wiedererstehen läßt, kommt die Philosophie immer um eine Tageslänge zu spät; freilich kann dieser Tag Jahre, 20 Jahre, ein halbes Jahrhundert oder gar ein Jahrhundert dauern"[129]. Genaugenommen extrapoliert also Althusser, obwohl es so scheint, nicht die Philosophie von Marx, sondern er nutzt/liest das 'Kapital', um eine marxistische Philosophie zu erarbeiten. Daß der Begriff symptomale Lektüre jedoch eine, letzten Endes, hermeneutische Anstrengung nahelegt, führt dazu, daß Althusser, der mit der Assoziation spielt, den 'wahren Marx' herauszuarbeiten, mit gewissem Recht ein Zirkelschluß vorgehalten wird. "*Das Kapital lesen ...* bewahrt uns einerseits vor einem 'unschuldigen' Lesen von Marx, andererseits aber macht es sich selbst schuldig, das, 'was Marx wirklich gesagt hat', so zu *transformieren*, daß es - natürlich - das produziert, was die Autoren von Anfang an entdecken wollten"[130]. Diese Transformation aber muß als Einnahme einer Position offengelegt werden, denn diese in der Lektüre von Marx geleistete Arbeit ist gleichzeitig, im strengen Sinne, die theoretische *Erarbeitung*/Produktion einer marxistischen Philosophie[131].

Der Theorizismus in der Vorstellung einer Theorie der theoretischen Praxis kann also dadurch abgemildert werden, daß, wie dies Maria Turchetto expliziert, die problematische Offenheit des Begriffs der THEORIE der theoretischen Praxis eingegrenzt wird, indem dieser über den Begriff des theoretischen Feldes gefaßt wird[132]. Sie hebt die Bedeutung dieser Methode des Erkennens - Sehen und Nichtsehen - und die Bedeutung der Philosophie für diese Methode hervor. Die Philosophie definiert laut Althusser das theoretische Feld, definiert damit Grenzen und Objekte, die - als Erkenntnisobjekt! - nicht jenseits des Feldes einfach da sind. Das heißt, daß durch den Erkenntnisprozeß selbst die Erkenntnisobjekte konstituiert werden. Die Objekte der Erkenntnis sind der Erkenntnis also nicht vorgängig. Turchetto schlußfolgert nun aus

---

128) Vgl. Althusser 1974.
129) Althusser 1974 : 22.
130) Hall 1989 : 14.
131) Vgl. Althusser 1968 : 40 f..
132) Vgl. Turchetto 1994 : 44.

diesem: "*Das 'theoretische Feld' definiert die 'sichtbaren' Objekte*. Die Objekte, die eine Wissenschaft untersucht, sind nicht gegeben, ... sondern *werden ihr gegeben durch* eine bestimmte theoretisch konstruierte Beobachtungsstruktur"[133]. Bei einer unvorsichtigen Lektüre scheint hier der Vorwurf des subjektiven Idealismus nahe zu liegen. Ist das Realobjekt nicht das unerkennbare 'Ding an sich'; und die Erkenntnis somit wieder im Subjekt verortet?[134] Das wäre schon seltsam für einen Vertreter eines theoretischen A-Humanismus - und dem ist auch nicht so. Zum einen sieht Althusser Erkenntnis immer als Erkenntnis des Realobjekts, die aber durch dieses nicht garantiert wird. Aber dies bewahrt natürlich nicht vor dem Vorwurf des Kantianismus, denn auch Kant ging nicht nur von dem Ding an sich aus, sondern auch, daß dieses im Bewußtsein Wirkungen hervorruft[135]. Der Unterschied liegt auf einer anderen Ebene. Die Erkenntnis kann bei Althusser weder im Subjekt noch im Objekt garantiert werden, sondern ist in ein theoretisches Feld eingelassen, das zwar nur in einer arbiträren Beziehung zu 'seinen' Realobjekten steht, aber deswegen keineswegs die Erkenntnisobjekte als Konstruktion der Subjekte ansieht. Nicht das erkennende Subjekt, sondern das "Feld der Problematik bestimmt und strukturiert das Unsichtbare als ein bestimmtes Ausgeschlossenes"[136]. Das Sichtbare wie das Unsichtbare sind Produkt einer Theorie, deren Ursprung jedenfalls nicht das Individuum ist. "Wie das Objekt, ist das Subjekt *nicht prä-kategorial*: wie das Objekt, ist das Subjekt definiert ('produziert') durch die 'strukturalen Bedingungen' des theoretischen Feldes"[137].

In der gleichen Grundlogik argumentiert Brühmann, doch will er, anders als Turchetto, den Begriff der THEORIE der theoretischen Praxis verabschieden. In 'Das Kapital lesen' eliminiere Althusser die Begriffe THEORIE bzw. Theorie der theoretischen Praxis mit gutem Grund. In der Wissenschaft von Marx entdecke Althusser, so Brühmann, eine Philosophie und die Möglichkeit des Erkennens dieser Philosophie. Somit sei Erkenntnis kein externes, sondern ein internes Moment der Wissenschaft. "In dieser Gestalt einer 'Theorie der Geschichte der theoretischen Praxis' kann die Philosophie in *Das Kapital lesen* nicht mehr die Rolle einer erkenntnistheoretischen Metatheorie der Wissenschaften spielen. Sie muß sich damit begnügen, das interne

---

133) Turchetto 1994 : 46.
134) Der Vorwurf des Kantianismus ist deswegen in einer bestimmten Althusser-Lektüre von AnhängerInnen der Widerspiegelungstheorie desöfteren erhoben worden. Vgl. exemplarisch Thoma-Herterich 1975 : 981.
135) Vgl. Kant, 'Kritik der reinen Vernunft': "Das bloße, aber empirisch bestimmte Bewußtsein meines eigenen Daseins beweist das Dasein der Gegenstände im Raum außer mir", zit. nach Luhmann 1988 : 53, der deswegen Kant einen Ja/Aber-Konstruktivismus vorwirft (ebd. : 7 f.).
136) Althusser 1972 : 29.
137) Turchetto 1994 : 47.

Funktionieren und die historischen Umbrüche diskursiver Formationsregeln deskriptiv und historisch rekurrent zu untersuchen. Jede Wissenschaft ist Wissenschaft nur in Bezug auf die Ideologie, von der sie sich absetzt"[138].

Damit charakterisiert Brühmann aber genauer als Turchetto den Bruch zwischen einer Theorie der Evolution der Allgemeinheiten und der symptomalen Lektüre. Erkenntnistheorie, zumindest in ihrer klassischen Variante, ist die Behauptung, mit einer bestimmten Methode das Wahre außerhalb des Diskurses (die Realität selbst) erkennen zu können. Diese traditionelle Anstrengung spiegelt sich auch in Althussers THEORIE-Verständnis wieder, insoweit eine von allen Verunreinigungen befreite Wissenschaft die Wahrheit selbst repräsentieren soll. Anders bei der symptomalen Lektüre. Wissenschaft und Ideologie sind keine festen Größen a priori mehr, sondern sie werden konkret-historisch bestimmt - und zwar in der jeweiligen diskursiven Formation. Aus einer doppelten Bedeutung des Begriffs der Praxis - Praxis als internes Verifikationsmerkmal von Theorie; und Praxis als begrifflicher Teil der Re-Definition des Theorie/Praxis-Verhältnisses - ist der Klassenkampf in dieser Methode anwesend und abwesend zugleich. In diesen beiden Modellen stehen sich zumindest ansatzweise der traditionelle Marxismus und seine diskurstheoretischen Weiterentwicklungen gegenüber. Es geht hier nicht mehr um Wahrheit im Sinne der adäquaten Beziehung zwischen Theorie und Realobjekt, sondern 'nur' um Richtigkeit und Wirkungsmächtigkeit.

Damit verabschiedet Althusser sich von jeder Erkenntnistheorie in der Philosophie: "Die Philosophie gehört also selbst der Situation an, in die sie eingreift ... Daraus ergibt sich, daß sie zu dieser Situation kein äußerliches, rein betrachtendes Verhältnis unterhalten kann, *kein Verhältnis der reinen Erkenntnis*"[139]. Mit dem Aufgeben der Frage nach Wahrheit in der Philosophie, mit dem Aufgeben der Frage nach garantierter Absicherung im Objekt, im Subjekt oder in der Wissenschaft/Philosophie ist eine neue und notwendige Radikalität in der Theorie und der Praxis entstanden. Die traditionelle Ideologiekritik mußte sich immer zu Recht die Frage gefallen lassen, von welchem Ort sie spricht. Diese Frage ist damit nicht obsolet geworden, aber sie kann nicht umgangen werden. Es gibt nicht den neutralen Ort, von dem aus jenseits der Ideologie gesprochen werden kann. Ideologiekritik ist damit nicht prinzipiell unmöglich, jedenfalls aber in Form der Rede über das Falsche aus der Sicht des Wahren.

---

138) Brühmann 1980 : 240 f..
139) Althusser 1985 : 62 f. (Hervorh. hinzugefügt). Vgl. auch Althusser 1974 : 27 ff.; ders. 1972 : 75.

2.2. Jenseits der Bewußtseinsphilosophie

Das Ende der Metatheorie aber befreit nicht nur von Problemen. Zwar kann man sich nun genauer mit den Fragen nach den spezifischen Funktionsweisen von Herrschaft, ihrer institutionellen Struktur, ihrer diskursiven Struktur etc. befassen[140]. Nichtsdestotrotz kann die Frage nach der Wahrheit nicht einfach gestrichen werden. Vielmehr muß man mit der Schwierigkeit leben, Wahrheit behaupten zu müssen, ohne eine Metatheorie zu ihrer Absicherung zu haben. Damit ist man, über Althusser hinaus, in gewissem Maße bei einem Historizismus gelandet, der neue Fragen aufwirft, die in der Debatte um Foucault diskutiert worden sind[141]. Dies läuft letztlich auf die Frage hinaus, wie es möglich sein soll, gleichzeitig einerseits die Wahrheit als Kategorie der Macht zu setzen und andererseits eine (doch wohl sich als wahr ansehende) Theorie zu vertreten und Kämpfe begründen zu können, ohne sie in der Wahrheit abzusichern.

In gewisser Weise wird man also mit Paradoxien arbeiten müssen, bzw. diese Paradoxien ausarbeiten müssen. Denn die Verabschiedung der Wahrheit außerhalb der Gesellschaft führt dazu, daß Ethik und Moral (in einem nicht-subjektivistischen Sinn!) in Form von Politik, gar Wahrheitspolitik (Foucault) an Bedeutung gewinnen. Denn der Ort, von dem aus die Kritik formuliert wird, ist nun zentral. Der Marxismus konnte dem dadurch entgehen, daß das Wahre und das Gute in eins gesetzt wurde. So mußte nur nach der Wahrheit geforscht werden, die ihre Normativität sogleich enthielt. Letztendlich also jene Gleichsetzung aus der Hegelschen Einleitung in die 'Rechtsphilosophie': "Was vernünftig ist, das ist wirklich; und was wirklich ist, das ist vernünftig"[142]. Diese Gleichsetzung erspart jede normative Fragestellung, läßt diese gar leicht ins Lächerliche ziehen. Ist der Zugang zur Wahrheit aber versperrt oder würde ihre Erkenntnis nichts über ihre Wünschbarkeit aussagen, dann hätte man wieder ein Problem, dem sich der Marxismus zu schnell entledigt hatte. "Die Nichtunterscheidung von Wahr und Gut ist bei Marx so durchgängig, daß er es sich leisten kann, keine Moral zu haben und die Ethik zu ironisieren: er hat eine Moral, ohne es zu wissen. Das erlaubt ihm, gleichzeitig den Untergang des Kapitalismus anzukündigen, als handele es sich um ein *fatum mahumetanum*, und zum Sturz des Kapitalismus

---

140) Hier hat sich eine gewisse Kompetenz innerhalb der Linken entwickelt. Stichworte wie Anti-Rassismus, feministische Diskurs-Theorie, Analyse historischer Diskurse oder der Diskurse von law and order-Kampagnen etc. müssen hier genügen. Es gibt faktisch eine neue linke Kultur der kritisch-historischen Analyse des sektoralen Kampfes. Vgl. nur exemplarisch die Arbeiten aus dem Umfeld des Duisburger Instituts für Sprach- und Sozialforschung (DISS) und des englischen Centre for Contemporary Cultural Studies (CCCS).

141) Vgl. bei Lemke 1996 die Einleitung, sowie 298 ff..

142) Hegel 1986 : 24.

aufzurufen"[143]. Man muß also scheinbar einen deutlichen Schritt in den Subjektivismus tun und gleichzeitig diesen zurückweisen. Denn die Behauptung, Moral und Ethik seien nicht (zumindest jenseits einer objektivistischen Geschichtsphilosophie) hintergehbar, bedeutet natürlich nicht den Glauben an eine Subjektivität (Moral und Ethik) als Produkt des Individuums. Denn die Kritik Hegels am subjektiven Idealismus halten wir ebenfalls für unhintergehbar. "Wir sind eben nicht in einem freischwebenden Ballon der Identität geboren, sondern in einer bestimmten Zeit und an einem bestimmten Ort. Der Versuch, den Widerstand gegen das Alltagsleben auf die Unverletzlichkeit des individuellen Selbst zu gründen, muß scheitern, weil dieses Selbst in Zeit und Geschichte lokalisiert und in spezifischen sozialen Zusammenhängen verwurzelt ist"[144]. Man muß also den Ort der Ethik, Moral und Politik denken, ohne in die Mythologie des freien Subjekts zu verfallen. Eine Theorie der radikalen Immanenz aber, die dafür notwendig ist, die die Veränderung in den Brüchen des Herrschenden verortet, ist erst in Ansätzen ausgearbeitet.

Wir sehen: *Man muß die Rede vom "Marxismus ohne Gewähr" ernst nehmen. Denn die Verabschiedung des Ökonomismus und der Geschichtsteleologie hat nicht nur in der Forcierung einer linken Praxis nicht per se mobilisierende Wirkungen (das Gegenteil dürfte eher zutreffen). Auch in der Theorie liegt der wahre Marxismus nicht einfach unter dem Ökonomismus und der Teleologie verborgen, so daß er nun, nach den Aufräumarbeiten, von alleine erstrahlen würde.* Die notwendige Kritik an klassischen Marxismen schafft zwar Raum für neue Ansätze, aber auch für neue Probleme, die sich ein Marxismus mit Gewähr so nicht stellen mußte.

So kommen wir abschließend noch einmal zur Frage der Immanenz. Damit wir nämlich nicht dahingehend mißverstanden werden, daß das Plädoyer für die Berücksichtigung von Politik, Kampf und gar Ethik nun eine Rückkehr zum Humanismus einläutet, sei noch einmal betont, daß gerade der Humanismus sich diesen Fragen nicht widmen konnte, da er die konkrete Geschichte im Wesen des Menschen beerdigte. Wir müssen also zu einer ahumanistischen Theorie von Kampf, Politik und Ethik kommen. Voraussetzung dafür aber ist, wie wir eingangs unter Auflösung dieses scheinbaren Paradoxons betonten, eine Theorie der Subjektivität. Mit zwei Interventionen hat Althusser dieses neue Feld produktiv gefüllt: mit seiner Theorie des Subjekts[145] und mit seiner Theorie der Ideologischen Staatsapparate.

---

143) Veyne 1986 : 91.
144) Cohen/Taylor 1977 : 218.
145) Marx, so Althusser, gibt den Mensch, das Wesen des Menschen, den empirischen Menschen etc. als Bezugspunkt der marxistischen Theorie (Feuerbachthesen) auf und sagt: "nicht von dem

Ideologie und Subjekt müssen zusammengedacht werden. Für eine Theorie des Subjekts nämlich muß man beachten, daß "die Menschen ihre Handlungen, die die klassische Tradition üblicherweise der Freiheit und dem 'Bewußtsein' zuschreibt, in der Ideologie, *über und durch die Ideologie leben*; kurz, daß das 'gelebte' Verhältnis der Menschen zur Welt, einschließlich das zur Geschichte ... über die Ideologie geht, besser noch, *die Ideologie selbst* ist. In diesem Sinn sagte Marx, daß die Menschen sich ihres Platzes ... in der Ideologie (als Ort der politischen Kämpfe) *bewußt werden*"[146]. Dieser Satz steht bereits in 'Für Marx' und leitet hier eine Theoriephase Althussers ein, die sich auf Lenin und Gramsci beziehen läßt und die Frage der Wahrheit und der Erkenntnis in den Hintergrund treten läßt. Terminologisch läßt sich dies gut am Begriff der Ideologie festmachen. Er hat im Werk von Althusser mindestens drei verschiedene Bedeutungen. Mit der ersten haben wir uns schon bekannt gemacht. Sie reproduziert, wie es Paul Veyne sagt, "nur einen weiteren Rationalismus", denn man muß, um die Ideologie zu kennen, "die Wahrheit kennen; demnach ist die Wahrheit der primäre Tatbestand"[147]. Die zwei folgenden Ideologiebegriffe sprengen aber geradezu den zuerst vorgestellten. Ideologie wird ausgestattet mit dem Status des Ewigen, sie repräsentiert das imaginäre Verhältnis der Individuen zu ihren Existenzbedingungen. Ideologie wird damit zum zentralen Bestandteil des (genauer: jedes[148]) sozialen Zusammenhangs und der Subjektkonstituierung. Die zentralen Thesen im einzelnen:

1. *Die Ideologie hat keine Geschichte*: Auch wenn diese Formulierung scheinbar an die 'Deutsche Ideologie' anschließt (Ideologie als Echo/Reflex), bedeutet sie doch nachgerade das Gegenteil. Dort hat die Ideologie keine *eigene* Geschichte, da ihre

---

Menschen, sondern von der ökonomisch gegebenen Gesellschaft" (Marx MEW 19 : 371) ist auszugehen und "der Klassenkampf ...(ist, mt) der Motor der Geschichte". Althusser reiht sich in diese Tradition ein: "An den Menschen etwas *erkennen* kann man nur unter der absoluten Bedingung, daß der philosophische (theoretische) Mythos vom Menschen zu Asche reduziert wird (Althusser 1968 : 179).
146) Althusser 1968 : 184.
147) Veyne 1986 : 81 f..
148) Althusser 1968 : 182: "[D]er historische Materialismus kann sich nicht vorstellen, daß selbst eine kommunistische Gesellschaft je ohne Ideologie auskommen könnte". Dabei muß jedoch bedacht werden, daß Althusser hier nicht konkrete Ideologien meint, denn diese können natürlich verschwinden oder zerstört werden. Er bestreitet nur, daß es je eine sich transparente Gesellschaft, in der Erkenntnis- und Realobjekt, Signifikat und Signifikant, Sein und Bewußtsein zusammenfallen, geben wird. Diese Behauptung einer Ewigkeit der Ideologie ist jedoch in der Polemik gegen Althusser dahingehend zugespitzt worden, daß Althusser von einer Ewigkeit kapitalistischer Verhältnisse ausgehe, vgl. Schmidt 1972. Doch beruht dies gerade auf dem Glauben, Ideologie sei ein bloßer Überbau über falschen Verhältnissen. Zur Rezeption Althussers in Deutschland vgl. die Übersicht bei Jaeggi 1976 : 64 ff..

Geschichte Reflex der Geschichte der Produktionsweisen ist. Ihre Geschichte endet in ihrer Überwindung. Demgegenüber betont Althusser, daß die konkreten historischen Ideologien sehr wohl eine eigene, relativ autonome (wir haben diese Autonomie oben behandelt) Geschichte haben. Die Ideologie im Allgemeinen aber hat keine Geschichte. Die Menschen werden nie im Realen, in der Welt selbst leben, sondern immer in der Ideologie. Diese Formulierung von der Ewigkeit lehnt sich an Freud an und zielt auf das Unbewußte, das ebenfalls keine Geschichte hat. Die Ideologie hat also deswegen keine Geschichte, weil sie ein allgemeiner Mechanismus ist[149], der auf die unhintergehbare Trennung von Erkenntnis und Realität verweist.

2. *Die Ideologie im Allgemeinen repräsentiert nämlich das imaginäre Verhältnis der Individuen zu ihren realen Existenzbedingungen*: Unter Verwendung der psychoanalytischen Kategorie des Imaginären[150] will Althusser darauf hinweisen, daß Ideologie kein Schleier ist, der die Sicht auf die Wirklichkeit verstelle, sondern innere notwendige Verkennung des Realen durch das Subjekt[151].

3. *Die Ideologie ist materiell*: Hier steht Althusser gegen das vorherrschende traditionelle Verständis von Ideologie. Er faßt Ideologie mit Hilfe von Kategorien wie Praxis, Ritual und Apparat[152]. Diese sind den Ideen vorgängig[153]. Die Ideologie ist damit weniger ein System von Ideen, denn eine Struktur von Praxen und Ritualen. Fazit ist: "1. Es gibt Praxis nur durch und unter einer Ideologie. 2. Es gibt Ideologie nur durch das Subjekt und für Subjekte"[154].

4. *Die Ideologie ruft die Individuen als Subjekte an*: Hiermit bringt Althusser zum Ausdruck, daß es das freie und intentional handelnde Subjekt nicht gibt. Das Subjekt ist nicht der Ursprung des Sinns, sondern dessen Knotenpunkt. An die Stelle des Logos wird die Ideologie gesetzt. Das im Grenzfall rein biologische Individuum wird nur dadurch zum Subjekt, daß es durch die Ideologie als Subjekt angerufen

---

149) Vgl. Althusser 1977 : 131 ff..
150) Vgl. Laplanche/Pontalis 1980 : 228 f..
151) Vgl. Althusser 1977 : 133 ff.. Zum besseren Verständnis sei angemerkt, daß der Begriff des Imaginären eine Ebene bezeichnet, die nicht mit Einbildung assoziiert werden darf, sondern gesellschaftlich real ist. Vgl. Müller/Reinfeldt/Schwarz/Tuckfeld 1994 : 47 f.. Die Psychoanalyse zeigt gerade die gesellschaftliche Realität des Imaginären, die nicht mit der materiellen Realität verwechselt werden darf. Vgl. Laplanche/Pontalis 1992 : 10 ff..
152) Vgl. Althusser 1977 : 136 ff., hier insb. 139.
153) "Knie nieder, bewege die Lippen wie zum Gebet, und Du wirst glauben" (Althusser 1977 : 138 im Anschluß an Pascal).
154) Althusser 1977 : 140.

wird. Der Mechanismus und sein Inhalt haben ihren materiellen Ort in den Ideologischen Staatsapparaten[155].

Bezogen auf das Subjekt, auf Praxis und Ritual und auf die notwendige Opakheit des Realen haben diese, hier äußerst verkürzt präsentierten Thesen eine hohe Stringenz. Sie verabschieden den Menschen aus seiner metaphysischen Setzung und führen das Subjekt einer materiellen Theorie der Kämpfe zu. Althusser entwickelt als erster Marxist eine Theorie der Subjektivität und füllt damit eine Leerstelle im Marxismus, die bislang allein im Revisionismus einer Füllung zugeführt worden war. Einer Füllung allerdings, die Subjektivität wieder als Ursprung und Ausgangspunkt setzte und mithin eine Theorie der Subjektivität verhinderte.

Doch hat dieses Konzept mit seinen empirisch aufgezählten Ideologischen Staatsapparaten, mit seinem Versuch, diese gleichzeitig als Orte der Herrschaft und des Kampfes zu definieren, große Schwächen. Je stärker jeweils eine Richtung verfolgt wird, desto problematischer wird die andere. Werden die Ideologischen Staatsapparate zu sehr als Instrumente von Herrschaft konzipiert, reproduzieren sich die Produktionsbedingungen ohne jedes Problem (Gefahr des Funktionalismus). Werden die Apparate allein als Orte des Kampfes ohne den Verweis auf die grundsätzliche, strukturelle Überlegenheit der herrschenden Klasse konzipiert, so kann dieses Konzept ähnlich reformistisch wie die Gramscianische Zivilgesellschaft vereinnahmt werden.

Die Produktivität des ISA-Textes war und ist aber dennoch enorm. Hier hätte ein zweiter Teil in der Rekonstruktion einer marxistischen/ materialistischen Theorie der Kämpfe und des Politischen anzusetzen. Mit diesem Text, von dem Rancière zu Recht sagt, daß mit ihm die Althussersche Bewahrung der Wissenschaft, die Logik des Theorizismus zerbricht[156], muß man über Althusser noch hinausgehen. Denn letztendlich kann man mit de Vries behaupten, daß die "systematischen Ungereimtheiten in Althussers Versuch, die Anerkennung der Relativität mit seinem heimlichen Wahrheitsfetischismus in Einklang zu bringen"[157], erst jenseits von Althusser überwunden werden können. Aber eine Theorie der Kämpfe hat schon jetzt, mit Lenin, Gramsci und Althusser einen eigenständigen Platz bekommen. Ort und Richtung mögen sich verschieben, aber eine Reduktion des Politischen und des Ideologischen auf die Ökonomie ist jetzt *undenkbar* geworden.

---

155) Vgl. Althusser 1977 : 140 ff..
156) Rancière 1975 : 7 f..
157) de Vries 1989 : 43.

Literaturverzeichnis

Abendroth, Wolfgang 1965 : Sozialgeschichte der europäischen Arbeiterbewegung, Frankfurt/M..

Abendroth, Wolfgang 1978 : Aufstieg und Krise der deutschen Sozialdemokratie. Vierte, erweiterte Auflage, Köln.

Adorno, Theodor W. 1974 : Noten zur Literatur IV, Frankfurt/M..

Adorno, Theodor W. 1979 : Soziologische Schriften I, Frankfurt/M..

Adorno, Theodor W. 1990 : Negative Dialektik, Frankfurt/M..

Agnoli, Johannes 1986 : Zwanzig Jahre danach: Die Transformation der Demokratie, in: Prokla 62, S. 7 - 40.

Akademie der Wissenschaften der UdSSR - Institut für Geschichte 1983 : Die Geschichte der Zweiten Internationale, Bd. II, Moskau.

Althusser, Louis 1968 : Für Marx, Frankfurt/M..

Althusser, Louis 1972 : Der Gegenstand des 'Kapital', in: Louis Althusser/Etienne Balibar, a.a.O., S. 94 - 267.

Althusser, Louis 1972 : Einführung: Vom 'Kapital' zur Philosophie von Marx, in: Louis Althusser/Etienne Balibar, a.a.O., S. 11 - 93.

Althusser, Louis 1973 : Antwort an John Lewis, in: H. Arenz, J. Bischoff, U. Jaeggi (Hrsg.), Was ist revolutionärer Marxismus? Kontroverse über Grundfragen marxistischer Theorie zwischen Louis Althusser und John Lewis, Westberlin, S. 35 - 76.

Althusser, Louis 1974 : Lenin und die Philosophie. (Enthält: Lenin und die Philosophie; Über die Beziehung von Marx zu Hegel; Lenins Hegel-Lektüre), Reinbek.

Althusser, Louis 1975 : Elemente der Selbstkritik, Berlin.

Althusser, Louis 1976 : Geschichte beendet, endlose Geschichte, in: Lecourt, a.a.O., S. 7 - 18.

Althusser, Louis 1977 : Ideologie und ideologische Staatsapparate. Aufsätze zur marxistischen Theorie, Hamburg/Westberlin.

Althusser, Louis 1978 : Die Krise des Marxismus, Hamburg.

Althusser, Louis 1979 : Der Marxismus als eine endliche Theorie, in: Elmar Altvater/Otto Kallscheurer (Hrsg.) : Den Staat diskutieren. Kontroversen über eine These von Althusser, Berlin.

Althusser, Louis 1983 : Marx' Denken im Kapital, in: Prokla 50, S. 130 - 147.

Althusser, Louis 1985 : Philosophie und spontane Philosophie der Wissenschaftler, Schriften, Bd. 4, mit einem Nachwort von Frieder Otto Wolf, Berlin.

Althusser, Louis 1988 : Lam, in: Babara Hahn/Peter Schöttler (Hrsg.), Ein Denken an den Grenzen, kultuRRevolution, 20, S. 3.

Althusser, Louis 1995 : Die Veränderung der Welt hat kein Subjekt. Notiz zu den Thesen über Feuerbach, in: Neue Rundschau, 106. Jg., Heft 3, S. 9 - 16.

Althusser, Louis/Etienne Balibar 1972 : Das Kapital lesen, 2. Bde., Reinbek.

Anderson, Perry 1978 : Über den westlichen Marxismus, Frankfurt/M..

Anderson, Perry 1979 : Gramsci. Eine kritische Würdigung, Berlin.

Atzert, Thomas/Gisbert Lepper/Jost Müller/J. Roth/B. Ruppert 1996 : Marxismus als Springteufel. Althussers Konzept der theoretischen Praxis und seine jüngsten Ausleger, in: Die Beute, 1, S. 95 - 107.

Authier, Jacqueline 1983 : 'In Gänsefüßchen reden' oder Nähe und Distanz des Subjekts zu seinem Diskurs, in: Manfred Geier/Harold Woetzel, a.a.O., S. 59 - 75.

Axelrod, Paul 1981 : Grundprobleme der russischen Sozialdemokratie, in: Junius, a.a.O., S. 13 - 46.

Bachelard, Gaston 1974 : Epistemologie. Ausgewählte Texte, Frankfurt/M./Berlin/Wien.

Backhaus, H.-G. u.a. (Hrsg.) 1975 : Gesellschaft. Beiträge zur Marxschen Theorie 4, Frankfurt/M..

Bader, Michael V./Johannes Berger/Heiner Ganßmann/ Jost v.d. Knesebeck 1987 : Einführung in die Gesellschaftheorie. Gesellschaft, Wirtschaft und Staat bei Marx und Weber, 4. Aufl., Frankfurt/New York.

Balibar, Etienne 1972 : Über die Grundbegriffe des Historischen Materialismus, in: Althusser, Louis/Etienne Balibar, a.a.O., S. 268 - 406.

Balibar, Etienne 1977 : Über die Diktatur des Proletariats. Mit Dokumenten des 22. Parteitages der KPF, Hamburg/Westberlin.

Balibar, Etienne 1977a : Über historische Dialektik. Kritische Anmerkungen zu 'Lire le Capital', in: Urs Jaeggi/Axel Honneth (Hrsg.), a.a.O., S. 293 - 343.

Balibar, Etienne 1986 : Klassen, in: KWM, Bd.4,.a.a.O., S. 615 - 626.

Balibar, Etienne 1990 : Vorwort in: ders./Immanuel Wallerstein, a.a.O., S. 5 - 20.

Balibar, Etienne 1990a : Vom Klassenkampf zum Kampf ohne Klassen?, in; ders./Immanuel Wallerstein, a.a.O., S. 190 - 226.

Balibar, Etienne 1994 : Masses, Classes, Ideas. Studies on Politics and Philosophy Before and After Marx, New York/London.

Balibar, Etienne 1994a : Strukturale Kausalität, Überdeterminierung und Antagonismus, in: Henning Böke/Jens Christian Müller/Sebastian Reinfeldt (Hrsg.), a.a.O., S. 27 - 40.

Balibar, Etienne 1994b : Für Althusser, Mainz.

Balibar, Etienne 1995 : The Philosophy of Marx, London/New York.

Balibar, Etienne/Immanuel Wallerstein 1990 : Rasse Klasse Nation. Ambivalente Identitäten, Hamburg/Berlin.

Balibar, Francoise/Nadya Labica 1984 : Feminismus, in: KWM, Bd. 2, a.a.O., S. 341 - 345.

Balke, Friedrich 1994 : Die größte Lehre in Häresie. Über die Gegenwärtigkeit der Philosphie Spinozas, in: Pierre-Francois Moreau, a.a.O., S. 135 - 178.

Barrett, Michèle 1990 : Das unterstellte Geschlecht. Umrisse eines marxistischen Feminismus, 2. Aufl., Berlin.

Barrett, Michèle 1991 : The Politics of Truth. From Marx to Foucault, Cambridge/Oxford.

Bartel, Horst 1977 : Zur Auseinandersetzung zwischen Marxismus und Revisionismus in der deutschen Arbeiterbewegung am Ende des 19. Jahrhunderts, in: Beiträge zur Geschichte der Arbeiterbewegung, S. 199 - 218.

Bartel, Horst/Wolfgang Schröder/Gustav Seeber 1980 : Das Sozialistengesetz. Illustrierte Geschichte des Kampfes der Arbeiterklasse gegen das Ausnahmegesetz, Berlin.

Barth, Hans 1974 : Wahrheit und Ideologie, Frankfurt/M..

Bebel, August 1979 : Die Frau und der Sozialismus, Berlin.

Benoist, Alain de 1984 : Aus rechter Sicht. Eine kritische Anthologie zeitgenössischer Ideen. Band 2, Tübingen/Buenos Aires/Montevideo.

Bensussan, Gérard 1989 : Rosa Luxemburg und die Judenfrage, in: ders. u.a., a.a.O., S. 147 - 160.

Bensussan, Gérard u.a. 1989 : Die "Linie Luxemburg-Gramsci". Zur Aktualität und Historizität marxistischen Denkens, Hamburg.

Benton, Ted 1984 : The rise and fall of Structural Marxism, New York.

Bergmann, Theodor/Wladislaw Hedeler/Mario Keßler/Gert Schäfer 1994 (Hrsg.) : Lenin. Theorie und Praxis in historischer Perspektive, Mainz.

Bernstein, Eduard 1899 : Die Voraussetzungen des Sozialismus und die Aufgaben der Sozialdemokratie, Stuttgart.

374

Bernstein, Eduard 1901 : Zur Geschichte und Theorie des Sozialismus, Edelheim.

Bernstein, Eduard 1909 : Der Revisionismus in der Sozialdeokratie, Amsterdam.

Bidet, Jacques 1987 : Reproduktion, in: KWM, Bd. 6, a.a.O., S.1136 -1142.

Blackbourn, David/Geoff Eley 1980 : Mythen deutscher Geschichtsschreibung. Die gescheiterte bürgerliche Revolution von 1848, Frankfurt/M./Berlin/Wien.

Bock, Hans M. 1976 : Geschichte des 'linken Radikalismus' in Deutschland. Ein Versuch, Frankfurt/M..

Böke, Henning 1992 : Ideologietheorie und linker Diskurs. Für die Verabschiedung der 'Ideologiekritik', in: ak 345 v. 26.8.92, S. 30 - 32.

Böke, Henning 1994 : Allgemeinheiten und ihre Brüche. Zum Problem von Rationalität und Kritik bei Louis Althusser, in: ders./Jens Christian Müller/Sebastian Reinfeldt (Hrsg.), a.a.O., S. 65 - 86.

Böke, Henning/Jens Christian Müller-Tuckfeld/Sebastian Reinfeldt (Hrsg.) 1994 : Denk-Prozesse nach Althusser, Hamburg.

Brahm, Heinz (Hrsg.) 1972 : Opposition in der Sowjetunion. Berichte und Analysen, Düsseldorf.

Brahm, Heinz 1972 : Der Niedergang der Opposition in der KPdSU, in ders. (Hrsg.), a.a.O., S. 11 - 34.

Breuer, Stefan 1977 : Stalinismuskritik von links, in: Leviathan, 5. Jg., S. 378 - 399.

Breuer, Stefan 1985 : Aspekte totaler Vergesellschaftung, Freiburg.

Brinkmann, Heinrich 1979 : Zum Naturbegriff bei Marx, Engels und Bloch, in: SB Offenbach (Hrsg.), Marxismus und Naturbeherrschung. Beiträge zu den ersten Ernst-Bloch-Tagen Tübingen 1978, Offenbach.

Brockhaus 1986 : dtv-Brockhaus-Lexikon in 20 Bänden, Mannheim/München.

Broschürengruppe (Hrsg.) 1994 : Triple Oppression und bewaffneter Kampf. Eine Dokumentation von antiimperialistischen, feministischen, kommunistischen Beiträgen zur Debatte über die Neubestimmung revolutionärer Politik 1986 - 1993, Berlin.

Broschürengruppe 1994 : Frankfurter oder Rote Armee Fraktion? Zur Kritik des Einflusses der Kritischen Theorie auf die RAF, in Broschürengruppe (Hrsg.), a.a.O., S. 125 - 136.

Brückner, Peter 1978 : Versuch, uns und anderen die Bundesrepublik zu erklären, Berlin.

Brückner, Peter 1982 : Psychologie und Geschichte. Vorlesungen im 'Club Voltaire' 1980/81, Berlin.

Brühmann, Horst 1980 : 'Der Begriff des Hundes bellt nicht'. Das Objekt der Geschichte der Wissenschaften bei Bachelard und Althusser, Wiesbaden.

Brunkhorst, Hauke 1988 : Lukács, Georg, in: Edmond Jacoby (Hrsg.), a.a.O., S. 242 - 245.

Bucharin, Nikolai/Abram Deborin 1974 : Kontroversen über dialektischen und mechanischen Materialismus. Einleitung von Oskar Negt, Frankfurt/M.

Buci-Glucksmann, Christine 1976 : Über Stalinismuskritik von links, in: Freiheit der Kritik oder Standpunktlogik?, a.a.O., S. 168 - 185.

Buci-Glucksmann, Christine 1981 : Gramsci und der Staat. Für eine materialistische Theorie der Philosophie, Köln.

Buci-Glucksmann, Christine 1985 : Gramscismus, in: KWM, a.a.O., S. 453 - 457.

Buci-Glucksmann, Christine 1985a : Hegemonie, in: KWM, a.a.O., S. 475 - 481.

Buci-Glucksmann, Christine 1985b : Historischer Block, in: KWM, a.a.O., S. 486 - 489.

Busch, Günther (Hrsg.) 1970 : Lenin. Revolution und Politik. Aufsätze von Paul Mattick, Bernd Rabehl, Juri Tynjanow und Ernest Mandel, Frankfurt/M..

Butler, Judith 1995 : Körper von Gewicht. Die diskursiven Grenzen des Geschlechts, Berlin.

Callari, Antonio/David F. Ruccio 1996 (Hrsg.): Postmodern Materialism and the Future of Marxist Theory. Essays in the Althussarian Tradition, Hanover/London.

Callari, Antonio/David F. Ruccio 1996 : Introduction: Postmodern Materialism an the Future of Marxist Theory, in: dies. (Hrsg.), a.a.O., S. 1 - 50.

Centre für Contemporary Cultural Studies 1978 : On Ideology, London.

Cohen, Stanley/Laurie Taylor 1977 : Ausbruchsversuche. Identität und Widerstand in der modernen Lebenswelt, Frankfurt/M..

Colletti, Lucio 1971 : Bernstein und der Marxismus der Zweiten Internationale, Frankfurt/M..

Colletti, Lucio 1976 : Hegel und der Marxismus, Frankfurt/M. u.a..

Conquest, Robert 1970 : Am Anfang starb Genosse Kirow. Säuberungen unter Stalin, Düsseldorf.

Coward, Rosalind/John Ellis 1977 : Language and Materialism. Developments in Semioloy and the Theory of the Subject, London.

Cox, Robert W. 1996 : Gramsci, Hegemonie und internationale Beziehungen, in: Harald Kuchler/Tanja Schliebe (Hrsg.) : Criterion X, 1, S. 1 - 7.

Cullenberg, Stephan 1996 : Althusser and the Dencentering of the Marxist Totality, in: Antonio Callari/David F. Ruccio (Hrsg.), a.a.O., S. 120 - 149.

Dahme, Heinz-Jürgen 1988 : Der Verlust des Fortschrittsglaubens und die Verwissenschaftlichung der Soziologie. Ein Vergleich von Georg Simmel, Ferdinand Tönnies und Max Weber, in: Otthein Rammstedt (Hrsg.), a.a.O., S. 222 - 274.

Daniel, Claus 1983 : Hegel verstehen. Einführung in sein Denken, Franfurt/M./New York.

Deborin, Abram 1974 : Lukács und seine Kritik des Marxismus [1924], in: Nikolai Bucharin/Abram Deborin, a.a.O., S. 189 - 219.

Deleuze, Gilles 1992 : Woran erkennt man den Strukturalismus?, Berlin.

Demirovic, Alex 1989 : Die hegemoniale Strategie der Wahrheit. Zur Historizität des Marxismus bei Gramsci, in: Gérard Bensussan u.a., a.a.O., S.69 - 89.

Demirovic, Alex 1992 : Regulation und Hegemonie. Intellektuelle, Wissenspraktiken und Akkumulation, in: ders./Hans-Peter Krebs/Thomas Sablowski (Hrsg.), a.a.O., S. 128 - 157.

Demirovic, Alex/Hans-Peter Krebs/Thomas Sablowski (Hrsg.) : Hegemonie und Staat. Kapitalitische Regulation als Projekt und Prozess, Münster.

Deppe, Frank 1989 : Zur Aktualität der politischen Theorie von Luxemburg und Gramsci, in: Gérard Bensussan (Hrsg.), a.a.O., S. 14 - 32.

Derrida, Jacques 1995 : Marx' Gespenster. Der verschuldete Staat, die Trauerarbeit und die neue Internationale, Frankfurt/M..

Dutschke, Rudi 1980 : Geschichte ist machbar. Texte über das herrschende Falsche und die Radikalität des Friedens, Berlin.

Dutschke, Rudi 1984 : Versuch, Lenin auf die Füße zu stellen. Über den halbasiatischen und den westeuropäischen Weg zum Sozialismus, Berlin.

Eagleton, Terry 1993 : Ideologie. Eine Einführung, Stuttgart/Weimar.

Ebermann, Thomas/Reiner Trampert 1995 : Die Offenbarung der Propheten, Hamburg.

Eisenberg, Götz 1977 : Lenin: Theorie und Revolution, in: Neumann, Franz (Hrsg.) 1989 : Handbuch Politischer Theorien und Ideologien, Erweiterte Fassung der I. Ausgabe, Reinbek, S. 337 - 361.

Elfferding, Wieland 1983 : Klassenpartei und Hegemonie. Zur impliziten Parteientheoorie des Marxismus, in: Marxismus und Theorie der Parteien, a.a.O., S. 7 - 35.

Elfferding, Wieland/Eckhard Volker 1986 : Società civile, Hegemonie und Intellektuelle bei Gramsci, in: Projekt Ideologie-Theorie, a.a.O., S. 61 - 82.

Elliot, Gregory 1987 : The Detour of Theory, London/New York.

Elliot, Gregory 1996 : Analysis Terminated, Analysis Interminable, in: Antonio Callari/David F. Ruccio (Hrsg.), a.a.O., S. 337 - 356.

Engels, Friedrich wird nach der vom Institut für Marxismus-Leninismus beim ZK der SED besorgten Edition Marx/Engels-Werke (Autor, MEW Bd. : S.), Berlin (DDR) 1959 ff. zitiert. Im einzelnen werden folgende Arbeiten herangezogen:

Engels, Friedrich MEW 1 : 569 - 592 : Die Lage Englands. Die englische Konstitution, [1844].

Engels, Friedrich MEW 8 : 561 - 562 : Vorrede. (zur dritten Auflage von "Der achtzehnte Brumaire des Louis Bonaparte" von Karl Marx), [1885].

Engels, Friedrich MEW 18 : 647 - 655 : Vorwort (zur zweiten durchgesehenden Auflage "Zur Wohnungsfrage"), 2. Aufl., [1887].

Engels, Friedrich MEW 19 : 177 - 228 : Die Entwicklung des Sozialismus von der Utopie zur Wissenschaft, [1880].

Engels, Friedrich MEW 19 : 521 - 522 : (Vorwort zur "Kritik des Gothaer Progamms" von Karl Marx), [1991].

Engels, Friedrich MEW 20 : 1 - 303 : Herrn Eugen Dührings Umwälzung der Wissenschaft. ("Anti-Dühring"), 3. Aufl., [1876/78].

Engels, Friedrich MEW 20 : 337 - 347 : Die Naturforschung in der Geisterwelt, [1878].

Engels, Friedrich MEW 20 : 464 - 471 : Historisches, [o.Z.].

Engels, Friedrich MEW 21 : 25 - 173 : Der Ursprung der Familie, des Privateigentums und des Staats, [1884].

Engels, Friedrich MEW 21 : 259 - 307 : Ludwig Feuerbach und der Ausgang der klassischen deutschen Philosophie, [1886].

Engels, Friedrich MEW 22 : 287 - 311 : Einleitung zur englischen Ausgabe der 'Entwicklung des Sozialismus', [1882].

Engels, Friedrich MEW 22 : 509 - 527 : Einleitung (zu Karl Marx' 'Klassenkämpfen in Frankreich 1848 bis 1850'), [1895].

Engels, Friedrich MEW 22 : 68 - 70 : (Antwort an die Redaktion der 'Sächsischen Arbeiter-Zeitung'), [1890].

Engels, Friedrich MEW 37 : 411 - 413 : Engels an Paul Ernst in Berlin, [1890].

Engels, Friedrich MEW 37 : 435 - 438 : Engels an Conrad Schmidt in Berlin, [1890].

Engels, Friedrich MEW 37 : 444 - 445 : Engels an Wilhelm Liebknecht in Leipzig, [1890].

Engels, Friedrich MEW 37 : 463 - 456 : Engels an Joseph Bloch in Königsberg, [1890].

Engels, Friedrich MEW 37 : 488 - 494 : Engels an Conrad Schmidt in Berlin, [1890].

Engels, Friedrich MEW 38 : 156 - 158 : Engels an Kautsky in Stuttgart, [1891].

Engels, Friedrich MEW 38 : 182 - 184 : Engels an F. A. Sorge in Hoboken [1891].

Engels, Friedrich MEW 39 : 205 - 207 : Engels an W. Borgius in Breslau, [1894].

Engels, Friedrich MEW 39 : 96 - 100 : Engels an Franz Mehring in Berlin, [1893].

Engels, Friedrich/Karl Kautsky MEW 21 : 491 - 509 : Juristen-Sozialismus, [1886].

Fiori, Giuseppe 1979 : Das Leben des Antonio Gramsci, Berlin.

Foucault, Michel 1987 : Von der Subversion des Wissens, Frankfurt/M..

Freiheit der Kritik oder Standpunktlogik? Diskussion in der KPF. Mit Beiträgen von E. Balibar u.a., Westberlin, 1976.

Fritzsche, Klaus 1977 : Faschismustheorien - Kritik und Perspektiven, in: Franz Neumann (Hrsg.), a.a.O., S. 467 - 528.

Frosini, Fabio 1990 : Krise, Gewalt und Konsens. Gramsci - Machiavelli - Mussolini, in: Uwe Hirschfeld/Werner Rügemer (Hrsg.), a.a.O., S. 59 - 78.

Fülberth, Georg 1972 : Karl Kautskys Schrift "Der Weg zur Macht" und seine Kontroverse mit dem Parteivorstand der SPD 1909, in: Karl Kautsky, a.a.O., S. VII - XXIII.

Fülberth, Georg 1991 : Sieben Anstrengungen den vorläufigen Endsieg des Kapitalismus zu begreifen, Hamburg.

Gadet, Francoise 1988 : Sprache, Sprachwissenschaft, in: KWM, a.a.O., S. 1228 - 1233.

Gallas, Helga 1971 : Marxistische Literaturtheorie. Kontroversen im Bund proletarisch-revolutionärer Schriftsteller, Neuwied/Berlin.

Gallissot, René 1985 : Imperialismus, in: KWM, Bd 3, S. 526 - 538.

Galtung, Johan 1972 : Eine strukturelle Interpretation des Imperialismus, in: Dieter Senghaas (Hrsg.), a.a.O., S. 29 - 104.

Gay, Peter 1954 : Das Dilemma des demokratischen Sozialismus. Eduard Bernsteins Auseinandersetzung mit Marx, Nürnberg.

Geier, Manfred/Horold Woetzel 1983 : Das Subjekt des Diskurses. Beiträge zur sprachlichen Bildung von Subjektivität und Intersubjektivität, Berlin.

Gente, Hans-Peter (Hrsg.) 1970 : Josef W. Stalin. Zu den Fragen des Leninismus. Eine Auswahl, Frankfurt/M./ Hamburg.

Gente, Hans-Peter/Klaus Herrmann/Peter Schulze 1970 : Einleitung, in: Hans-Peter Gente (Hrsg.), a.a.O., S. 9 - 32.

Geras, Norman 1979 : Rosa Luxemburg. Kämpferin für einen emanzipatorischen Sozialismus, Berlin.

Gerratana 1991 : Einleitung, in: Antonio Gramsci, Gefägnishefte, a.a.O., Band 1, S. 21 - 41.

Geuss, Raymond 1996 : Die Idee einer kritischen Theorie, Bodenheim.

Gietinger, Klaus 1993 : Eine Leiche im Landwehrkanal. Die Ermordung der Rosa L., Mainz.

Gioia, Vittantonio 1989 : Rosa Luxemburg und Antonio Gramci: Zur ökonomischen Entwicklung im Monopolkapitalismus, in: Gèrand Bensussan u.a., a.a.O., S. 33 - 50.

Gramsci, Antonio : Gefängnishefte. Kritische Gesamtausgabe auf Grundlage der von Valentino Gerratana im Auftrag des Gramsci-Instituts besorgten Edition (zitiert: Gh, Bd. : Heft/Frakment), Hamburg, 1991ff..

Gramsci, Antonio 1967 : Philosophie der Praxis. Eine Auswahl. Hrsgg. v. Christian Riechers. Mit einem Vorwort von Wolfgang Abendroth, Frankfurt/M..

Gramsci, Antonio 1986 : Zu Politik, Geschichte und Kultur. Ausgewählte Schriften, hrsgg. v. Guido Zamis, Frankfurt/M..

Greiff, Bodo v./Hanne Herkommer 1974 : Die Abbildtheorie und das 'Argument', in: Probleme des Klassenkampfes, Heft 16, S. 151 - 178.

Grunenberg, Antonia (Hrsg.) 1970 : Die Massenstreikdebatte, Frankfurt/M..

Habermas, Jürgen 1984 : Replik auf Einwände [1980], in: ders., Vorstudien und Ergänzungen zur Theorie des kommunikativen Handelns, Frankfurt/M., S. 475 - 570.

Habermas, Jürgen 1985 : Die neue Unübersichtlichkeit, Frankfurt/M..

Hall, Stuart 1984 ; Ideologie und Ökonomie - Marxismus ohne Gewähr, in: Projekt Ideologie Theorie, a.a.O., S. 97 - 122.

Hall, Stuart 1984: Ideologie und Ökonomie - Marxismus ohne Gewähr, in: Projekt Ideologie-Theorie (Hrsg.), a.a.O., S. 97 - 123.

Hall, Stuart 1989 : Ausgewählte Schriften. Ideologie, Neue Rechte, Rassismus, Hamburg/Berlin.

Hall, Stuart 1994 : Rassismus und kulturelle Identität. Ausgewählte Schriften 2, Hamburg.

Hall, Stuart/Bob Lumley/Gregor McLennan 1978 : Politics and Ideology: Gramsci, in: Centre for Contemporary Studies, a.a.O., S. 45 - 76.

Hallgarten, Georg W.F./Joachim Radgau 1986 : Deutsche Industrie und Politik. Von Bismark bis in die Gegenwart, Frankfurt/M..

Hansen, William/Brigitte Schulz 1994 : Leninismus, Sozialismus und Demokratie, in: Theodor Bergmann u.a., a.a.O., S. 110 - 124.

Hauck, Gerhard 1992 : Einführung in die Ideologiekritik, Berlin.

Haug, Wolfgang Fritz 1984 : Die Camara obscura des Bewußtseins. Kritik der Subjekt/Objekt-Artikulation im Marxismus, in: Projekt Ideologie-Theorie, a.a.O., S. 9 - 97.

Haug, Wolfgang Fritz 1986 : 'Ideologische Verhältnisse' in der DDR-Philosophie, in Projekt Ideologie-Theorie, a.a.O., S. 82 - 105.

Haug, Wolfgang Fritz 1991 : Vorwort, in: Antonio Gramsci, Gefängnishefte, a.a.O., Bd. 1, S. 7 - 14.

Haug, Wolfgang Fritz 1993 : Elemente einer Theorie des Ideologischen. Mit einem Nachwort von Juha Koivisto und Veikko Pietilä, Hamburg.

Haug, Wolfgang Fritz 1994 : Einleitung, in: Antonio Gramsci, Gefängnishefte, a.a.O., Bd. 6, S. 1195 - 1221.

Haug, Wolfgang Fritz/Wieland Elfferding 1986 : Ideologie und ideologischer Kampf bei Lenin, in: Projekt Ideologie-Theorie (Hrsg.), a.a.O., S. 19 - 38.

Hegel, Georg W. F. 1970a : Enzyklopädie der philosophischen Wissenschaft III, Werke, Bd. 10, Frankfurt/M..

Hegel, Georg W. F. 1970b : Vorlesungen über die Philosophie der Geschichte, Werke, Bd. 12, Frankfurt/M..

Hegel, Georg W. F. 1986 : Grundlinien der Philosophie des Rechts, Werke, Bd. 7, Frankfurt/M..

Herkommer, Sebastian 1985 : Einführung Ideologie, Hamburg.

Hetmann, Frederik 1986 : Rosa L.. Die Geschichte der Rosa Luxemburg und ihrer Zeit, Frankfurt/M..

Hilferding, Rudolf 1910 : Das Finanzkapital, Wien.

Hillmann, Günther (Hrsg.) 1970 : Wladimir Iljitsch Lenin. Für und wider die Bürokratie. Schriften und Briefe 1917 - 1923, Reinbek.

Hindess, Barry/Paul Hirst 1977 : Mode of Production and Social Formation. An Auto-Critique of Pre-Capitalist Modes of Production, London/Basingstoke.

Hirsch, Joachim 1986 : Der Sicherheitsstaat. Das 'Modell Deutschland', seine Krise und die neuen sozialen Bewegungen, 2. Aufl., Frankfurt am Main.

Hirsch, Joachim 1990 : Kapitalismus ohne Alternative?, Hamburg.

Hirsch, Joachim 1992 : Regulation, Staat und Hegemonie, in: Alex Demirovic/Hans-Peter Krebs/Thomas Sablowski (Hrsg.), a.a.O., S. 203 - 231.

Hirsch, Joachim 1995 : Der nationale Wettbewerbsstaat. Staat, Demokratie und Politik im globalen Kapitalismus, Berlin/Amsterdam.

Hirschfeld, Uwe/Werner Rügemer (Hrsg.) 1990 : Utopie und Zivilgesellschaft. Rekonstruktionen, Thesen und Informationen zu Antonio Gramsci, Berlin.

Hobson, John Atkinson 1902 : Imperialism, London.

Hofmann, Werner 1979 : Ideengeschichte der sozialen Bewegung des 19. und 20. Jahrhunderts, Berlin/New York.

Holz, Hans Heinz/Hans Jörg Sandkühler (Hrsg.) 1980 : Betr.: Gramsci. Philosophie und revolutionäre Politik in Italien, Köln.

Holz, Hans Heinz/Hans Jörg Sandkühler 1980 : Gramsci-Debatte und die Politik der demokratischen Wende in der BRD, in : dies. (Hrsg.), a.a.O., S. 17 - 70.

Houdebine, Jean-Louis 1971 : Über eine Lektüre Lenins. Vom Begriff der Widerspiegelung zur Idee des Prozesses, in: Tel Quel, a.a.O., S. 125 - 134.

IG-Rote Fabrik/Zürich (Hrsg.) 1995 : Krise - welche Krise?, Berlin/Amsterdam.

Jacoby, Edmond (Hrsg.) 1988 : Lexikon Linker Leitfiguren, Frankfurt/M/Olten/Wien.

Jaeggi, Urs 1976 : Theoretische Praxis. Probleme eines strukturalen Marxismus, Frankfurt/M..

Jaeggi, Urs/Axel Honneth (Hrsg.) 1977 : Theorien des Historischen Materialismus, Frankfurt/M..

Jäger, Siegfried 1994 : Die Debatte um den Kulturbegriff in der Jungen Freiheit, in: Helmut Kellersohn (Hrsg.) : Das Plagiat. Der völkische Nationalismus der Jungen Freiheit, Duisburg, S. 153 - 180.

Jameson, Frederic 1988 : Das politische Unbewußte. Literatur als Symbol sozialen Handelns, Reinbek.

Johannes, Rolf 1989 : Über die Welt, die Habermas von der Einsicht ins System trennt, in: Gerhard Bolte (Hrsg.), Unkritische Theorie, Lüneburg, S. 39 - 66.

Junius 1981 : Sozialistische Revolution in einem unterentwickelten Land. Texte der Menschewiki zur russischen Revolution und zum Sowjetstaat 1903 - 1937, Hamburg.

Karasek, Horst 1978 : Belagerungszustand! Reformisten und Radikale unter dem Sozialistengesetz 1878 - 1890, Berlin.

Karsz, Saül 1975 : Theorie und Politik: Louis Althusser, Frankfurt/M./Berlin/Wien.

Kautsky, Karl (Symmachos) 1881 : 'Verschwörung oder Revolution', in: Der Sozialdemokrat Nr. 8.

Kautsky, Karl 1899 : Bernstein und das sozialdemokratische Programm. Eine Antikritik, Stuttgart.

Kautsky, Karl 1906 : Ethik und materialistische Geschichtsauffassung, Stuttgart.

Kautsky, Karl 1972 : Der Weg zur Macht. Anhang: Kautskys Kontroverse mit den Parteivorstand, Georg Fülberth (Hrsg.), Franfurt/M..

Kautsky, Karl 1980 : Das Erfurter Progamm: In seinem grundsätzlichen Teil, erläutert von Karl Kautsky [Nachdruck der Ausgabe von 1922]. Mit einer Einleitung von Susanne Miller, 20 Aufl., Berlin/Bonn.

Kebir, Sabine 1980 : Auf dem Wege zur Volksfront. Zur Kulturkonzeption Gramscis, in: Hans Heinz Holz/Hans Jörg Sandkühler (Hrsg.), a.a.O., S. 225 - 253.

Kebir, Sabine 1987 : Einleitung, in: Antonio Gramsci. Marxismus und Kultur. Ideologie, Alltag, Literatur, Hamburg, S. 11 - 21.

Kebir, Sabine 1990 : Zwischen Emanzipation und Puritanismus. Gramsci zur Geschlechterfrage, in: Uwe Hirschfeld/Werner Rügemer (Hrsg.), a.a.O., S 149 - 156.

Kerber, Harald/Arnold Schmieder (Hrsg.) 1991 : Soziologie. Arbeitsfelder, Theorien, Ausbildung. Ein Grundkurs, Reinbek.

Klaus, Georg/Buhr, Manfred (Hrsg.) 1975 : Philosophisches Wörterbuch, 2. Bd., 11. Aufl., Leipzig.

Klönne, Arno 1989 : Die deutsche Arbeiterbewegung. Geschichte, Ziele, Wirkungen, München.

Koppel, Helga 1976 : PCI. Die Entwicklung der italienischen komunistischen Partei zur Massenpartei, Berlin.

Korff, Jens Jürgen 1990 : Gramsci in Moskau, Moskau in Gramsci. Ein Denker 'bolschewisiert' die KPI, in: Uwe Hirschfeld/Werner Rügemer (Hrsg.), a.a.O., S. 79 - 102.

Korsch, Karl 1967 : Karl Marx. Im Auftrag des Internationalen Instituts für Sozialgeschichte herausgegeben von Götz Langkau, Frankfurt/M.

Korsch, Karl 1974 : Die materialistische Geschichtsauffassung und andere Schriften, Frankfurt/M..

Krahl, Hans-Jürgen 1985 : Konstitution und Klassenkampf. Schriften und Reden 1966 - 1970, 4. Auflage, Frankfurt.

Kramer, Annegret 1975 : Gramscis Interpretation des Marxismus, in: H.-G. Backhaus u.a. (Hrsg.), a.a.O., S. 65 - 118.

Kristeva, Julia 1978 : Die Revolution der poetischen Sprache, Frankfurt/M..

Krug, Uli/Clemens Nachtmann 1996 : Widersinn und Banalität, in: bahamas, 19, S. 46 - 48.

Kühnl, Reinhard (Hrsg.) 1974 : Texte zur Faschismusdiskussion, Band I. Positionen und Kontroversen, Reinbek.

KWM 1983 - 1989 : Kritisches Wörterbuch des Marxismus. Hrsgg. von Georges Labica unter Mitarbeit von Gérard Bensussan. Hrsg. der deutschen Fassung Wolfgang F. Haug (zitiert KWM, Bd. : S.), Hamburg/Berlin.

Labica, Georges 1984 : Entfremdung, in: KWM, Bd. 2, a.a.O. S. 295 - 301.

Labica, Georges 1985 : Ideologie, in: KWM, Bd. 3, a.a.O., S. 508 - 523.

Labica, Georges 1986 : Der Maxismus-Lenismus. Elemente einer Kritik, Berlin.

Labica, Georges 1987 : Pudding, in: KWM, Bd. 6, a.a.O., S. 1096.

Labica, Georges 1989 : Verdinglichung, in: KWM, Bd. 8, a.a.O., S. 1366 - 1369.

Laclau, Ernesto/Chantal Mouffe 1991 : Hegemonie und radikale Demokratie. Zur Dekonstruktion des Marxismus, Wien.

Laplanche Jean/J.-B.Pontalis 1980 : Das Vokabular der Psychoanalyse, 2 Bände, Frankfurt/M..

Laplanche Jean/J.-B.Pontalis 1992 : Urphantasie, Frankfurt/M..

Lara, Philippe de 1985 ; Historismus, Historizismus, in: KWM, Bd.3, a.a.O., S. 496 - 500.

Lecourt, Dominique 1975 : Kritik der Wissenschaftstheorie. Marxismus und Epistemologie (Bachelard, Canguilhem, Foucault), Westberlin.

Lecourt, Dominique 1975a : Lenins philosophische Strategie. Von der Widerspegelung (ohne Spiegel) zum Prozeß (ohne Subjekt), Frankfurt/M. - Berlin - Wien.

Lecourt, Dominique 1976 : Proletarische Wissenschaft? Der 'Fall Lyssenko' und der Lyssenkismus. Mit einem Vorwort von Louis Althusser, Westberlin.

Lecourt, Dominique 1994 : Abschied von Lacon. Für einen marxistischen Neubeginn jenseits der Sachgasse, in: Henning Böke/Jens Christian Müller/Sebastian Reinfeldt (Hrsg.), a.a.O., S. 216 - 224.

Lefébvre, Henri 1965 : Probleme des Marxismus, heute, Frankfurt/M..

Lemke, Thomas 1996 : "Eine Kritik der Vernunft" - Der Begriff der Regierung bei Michel Foucault, Dissertation, Fachbereich Gesellschaftswisschaften, Universität Frankfurt/M..

Lenin, Wladimir I. 1961 ff. : Werke in 40 Bänden, Hrsgg. vom Institut für Marxismus-Leninismus beim ZK der KPdSU, Berlin; zitiert (Lenin, Werke, Bd. : S.). Im einzelnen werden folgende Arbeiten herangezogen:

Lenin, Wladimir I. 1982 : Ausgewählte Werke in 6 Bänden, 2. Aufl., Frankfurt/M. zitiert (Lenin AW, Bd. : S.). Im einzelnen werden folgende Arbeiten herangezogen:

Lenin, Wladimir I. AW, 1 : 141 - 172 : Entwurf und Erläuterungen des Programms der Sozialdemokratischen Partei, [1895].

Lenin, Wladimir I. AW, 1 : 205 - 255 : Auf welches Erbe verzichten wir?, [1897].

Lenin, Wladimir I. AW, 1 : 257 - 296 : Die Entwicklung des Kapitalismus in Rußland. Der Prozeß der Bildung des inneren Marktes für die Großindustrie, [1896 - 1899].

Lenin, Wladimir I. AW, 1 : 297 - 309 : Artikel für die "Rabotschaja Gaseta", [1899].

Lenin, Wladimir I. AW, 1 : 333 - 541 : Was tun? Brennende Fragen unserer Bewegung, [1901/02].

Lenin, Wladimir I. AW, 1 : 86 - 123 : Der ökonomische Inhalt der Volkstümlerrichtung und die Kritik an ihr in dem Buch des Herrn Struve (Die Widerspiegelung des Marxismus in der bürgerlichen

Litaratur). Zu dem Buch von P. Sruve 'Kritische Bemerkungen zur ökonomischen Entwicklung Rußlands', St. Petersburg 1894, [1894].

Lenin, Wladimir I. AW, 1 : 9 - 88 : Was sind die 'Volksfreunde' und wie kämpfen Sie gegen die Sozialdemokraten, [1894].

Lenin, Wladimir I. AW, 2 : 15 - 156 : Zwei Taktiken der Sozialdemokratie in der demokratischen Revolution, [1905].

Lenin, Wladimir I. AW, 2 : 199 - 204 : Sozialismus und Religion, [1905]

Lenin, Wladimir I. AW, 2 : 261 - 274 : Marxismus und Revisionismus, [1908].

Lenin, Wladimir I. AW, 2 : 328 - 334 : Drei Quellen und drei Bestandteile des Marxismus, [1913].

Lenin, Wladimir I. AW, 2 : 643 - 770 : Der Imperialismus als höchstes Stadium des Kapitalismus. Gemeinverständlicher Abriß, [1916].

Lenin, Wladimir I. AW, 2 : 784 - 801 : Der Imperialismus und die Spaltung des Sozialismus, [1916].

Lenin, Wladimir I. AW, 3 : 129 - 203 : Siebte Gesamtrussische Konferenz der SDAPR(B) (Aprilkonferenz), 24. - 29. April (7. - 12. Mai) 1917, [1917].

Lenin, Wladimir I. AW, 3 : 397 - 450 : Die drohende Katstrophe und wie man sie bekämpfen soll, [1917].

Lenin, Wladimir I. AW, 3 : 60 - 66 : Über die Aufgaben des Proletariats in der gegenwärtigen Revolution, [1917].

Lenin, Wladimir I. AW, 3 : 7 - 20 : Briefe aus der Ferne. Brief 1. Die erste Etappe der ersten Revolution, [1917].

Lenin, Wladimir I. AW, 5 : 203 - 224 : Über den Staat. Vorlesung an der Swerdlow-Universität, 11. Juli 1919, [1919].

Lenin, Wladimir I. AW, 5 : 285 - 292 : Über die Diktatur des Proletariats, [1919].

Lenin, Wladimir I. AW, 5 : 444 - 459 : Rede auf dem III. Gesamtrussischen Gewerkschaftskongreß, 7. April 1920, [1920].

Lenin, Wladimir I. AW, 5 : 463 - 573 : Der 'linke Radikalismus', die Kinderkrankheit im Kommunismus, [1920].

Lenin, Wladimir I. AW, 5 : 679 - 698 : Die Aufgaben der Jugendverbände (Rede auf dem III. Gesamtrussischen Kongreß des Kommunistischen Jugendverbandes Rußland) 2. Oktober 1920 [1920].

Lenin, Wladimir I AW, 6 : 513 - 585 : XI. Parteitag der KPR(B), 27. März - 2. April 1922, [1922].

Lenin, Wladimir I. AW, 6 : 637 - 659 : Brief an den Parteitag. Über die Ausstattung der Staatlichen Plankommision mit gesetzgeberischer Funktion. Zur Frage der Nationalitäten oder der "Autonomisierung", [1922].

Lenin, Wladimir I. AW, 6 : 77 - 122 : Noch einmal über die Gewerkschaften, die gegenwärtige Lage und die Fehler der Genossen Trotzki und Bucharin, [1921].

Lenin, Wladimir I., Werke, Bd. 14 : 7 - 366 : Materialismus und Empiriokritizismus, [1908].

Lenin, Wladimir I., Werke, Bd. 38 : 338 - 344 : Zur Frage der Dialektik, [1915].

Lenin, Wladimir I., Werke, Bd. 38 : 77 - 229 : Konspekt zu Hegels "Wissenschaft der Logik", [1914].

Lenin, Wladimir I., Werke, Bd. 4 : Entwurf eines Programms unserer Partei.

Lenk, Kurt 1986 : Marx in der Wissenssoziologie. Studien zur Rezeption der Marxschen Ideologiekritik, 2. Aufl., Lüneburg.

Lenk, Kurt 1991 : Ideologiebegriff und Ideologiekritik, in: Harald Kerber/Arnold Schmieder, a.a.O., S. 183 - 212.

Lichtheim, George 1971 : Georg Lukács, München.

Lichtheim, George 1972 : Imperialismus, München.

Lichtheim, George 1981 : Nachwort, in: Georges Sorel, a.a.O., S. 355 - 393.

Liebknecht, Wilhelm 1976 : Kleine politische Schriften, Frankfurt/M..

Lipietz, Alain 1985 : Akkumulation, Krisen und Auswege aus der Krise. Einige methodische Überlegungen zum Begriff 'Regulation', in: Prokla 58, S. 109 - 137.

Lipietz, Alain 1992 : Vom Althusserismus zur 'Theorie der Regulation', in: Alex Demirovic/Hans-Peter Krebs/Thomas Sablowski (Hrsg.), a.a.O., S. 9 - 54.

Lookwood, David 1985 : Das schwächste Glied in der Kette? Einige Anmerkungen zur marxistischen Handlungstheorie, in: Prokla, 58, S. 5 - 34.

Löwy, Michael 1988 : Marxismus in Lateinamerika 1909 - 1987. Frankfurt/M..

Luhmann, Niklas 1988 : Erkenntnis als Konstruktion, Bern.

Lukács, Georg 1970 : Marxismus und Stalinismus. Ausgewählte Aufsätze. Ausgewählte Schriften IV, Hamburg.

Lukács, Georg 1971 : Geschichte und Klassenbewußtsein. Studien über marxistische Dialektik, Neuwied/Berlin.

Luxemburg, Rosa 1970 ff.: wird nach der vom Institut für Marxismus-Leninismus beim ZK der SED besorgten Edition Rosa Luxemburg Gesammelte Werke (LGW Bd. : S.), Berlin (DDR) zitiert. Im einzelnen werden folgende Arbeiten herangezogen:

Luxemburg, Rosa LGW 1/1 : 373 - 466 : Sozialreform oder Revolution?, [1899].

Luxemburg, Rosa LGW 1/1 : 567 - 578 : Parteitag der Sozialdemokratie 1899 in Hannover, [1899].

Luxemburg, Rosa LGW 1/2 : 369 - 377 : Karl Marx, [1903].

Luxemburg, Rosa LGW 1/2 : 422 - 444 : Organisationsfragen der russischen Sozialdemokratie, [1903/04].

Luxemburg, Rosa LGW 1/2 : 587 - 591 : Die kommenden Männer in Rußland, [1905].

Luxemburg, Rosa LGW 2 : 93 - 170 : Massenstreik, Partei Gewerschaften, [1906].

Luxemburg, Rosa LGW 4 : 332 - 365 : Zur russischen Revolution, [1918/1922].

Luxemburg, Rosa LGW 4 : 440 - 449 : Was will der Spartakusbund ?, [1918].

Luxemburg, Rosa LGW 4 : 49 - 164 : Die Krise der Sozialdemokratie, [1916].

Luxemburg, Rosa LGW 4 ; 460 - 463 : Nationalversammlung oder Räteregierung ?, [1918].

Luxemburg, Rosa LGW 5 : 35 - 411 : Die Akkumulation des Kapitals, [1913].

Luxemburg, Rosa LGW 5 : 413 - 523 : Die Akkumulation des Kapitals oder Was die Epigonen aus der Marxschen Theorie gemacht haben. Eine Antikritik, [1914 ff./1921].

Luxemburg, Rosa LWG 4 : 49 - 164 : Die Krise der Sozialdemokratie, [1916].

Maas, Utz 1988 : Der Sprachwissenschaftler Gramsci, in: Das Argument, 167, S. 49 - 64.

Macherey, Pierre 1988 : Eins teilt sich in Zwei, in: Barbara Hahn/ Peter Schöttler (Hrsg.), Ein Denken an den Grenzen, kultuRRevolution, 20, S. 19 - 22.

Machiavelli, Niccolò 1980 : Der Fürst, Wiesbaden.

Majumdar, Margaret A. 1995 : Althusser and the End of Leninism?, London / East Haven.

Mandel, Ernest 1970 : Lenin und das Problem des proletarischen Klassenbewußtseins, in: Günther Busch (Hrsg.), a.a.O., S. 149 - 205.

Marx, Karl und Friedrich Engels werden nach der vom Institut für Marxismus-Leninismus beim ZK der SED besorgten Edition Marx/Engels-Werke (Autor, MEW Bd. : S.), Berlin (DDR) 1959 ff. zitiert. Im einzelnen werden folgende Arbeiten herangezogen:

Marx, Karl MEW 1 : 378 - 391 : Zur Kritik der Hegelschen Rechtsphilosophie, Einleitung, [1844].

Marx, Karl MEW 1 : 86 - 104 : Der leitende Artikel in Nr. 179 der "Kölnischen Zeitung", [1842].

Marx, Karl MEW 3 : 5 - 7 : Thesen über Feuerbach, [1845].

Marx, Karl MEW 3 : 539 - 540 : (Aus I. Feuerbach), [o.Z.].

Marx, Karl MEW 4 : 161 - 182 : Das Elend der Philosophie. Antwort auf Proudhons 'Philosophie des Elends', [1847].

Marx, Karl MEW 6 : 199 - 208 : Die Berliner "Nationalzeitung" an die Urwähler, [1849].

Marx, Karl MEW 7 : 9 - 107 : Die Klassenkämpfe in Frakreich 1848 bis 1850, [1850].

Marx, Karl MEW 8 : 111 - 207 : Der achzehte Brumaire des Louis Bonaparte, [1951/52].

Marx, Karl MEW 8 : 559 - 560 : Vorwort. (zur Zweiten Ausgabe (1869) "Der achtzehnte Brumaire des Louis Bonaparte"), [1869].

Marx, Karl MEW 13 : 5 -160 : Zur Kritik der politischen Ökonomie, [1859/60].

Marx, Karl MEW 17 : 313 - 362 : Der Bürgerkrieg in Frankreich. Adressen des Generalrats der Internationalen Arbeiterassoziation, [1871].

Marx, Karl MEW 19 : 11 - 32 : Kritk des Gothaer Programms, [1875].

Marx, Karl MEW 23 : 18 - 28 : Nachwort zur zweiten Auflage [des 1. Bandes von 'Das Kapital'], [1875].

Marx, Karl MEW 23 : Das Kapital. Kritik der politischen Ökonomie, Erster Band, [1864].

Marx, Karl MEW 25 : Das Kapital. Kritik der politischen Ökonomie, dritter Band, [1863/67 erstmals erschienen 1894].

Marx, Karl MEW EB I : 465 - 588 : Ökonomisch-philosophische Manuskripte aus dem Jahre 1844, [1844].

Marx, Karl/Friedrich Engels MEW 2 : 3 - 223 : Die heilige Familie oder Kritik der kritischen Kritik. Gegen Bruno Bauer und Konsorten, [1844/46].

Marx, Karl/Friedrich Engels MEW 3 : 13 - 530 : Die deutsche Ideologie. Kritik der neuesten deutschen Philosophie in ihren Repräsentanten Feuerbach, B. Bauer und Stirner, und des deutschen Sozialismus in seinen verschiedenen Propheten, [1845/46 erstmals erschienen 1932].

Marx, Karl/Friedrich Engels MEW 4 : 459 - 493 : Manifest der Kommunistischen Partei, [1847/48].

Marx, Karl/Friedrich Engels MEW 4 : 573 - 574 : Vorwort (zur deutschen Ausgabe [des Kommunistischen Manifests] von 1872), [1872].

Marxismus und Theorie der Parteien. Mit Beiträgen von Wieland Elfferding, Michael Jäger und Thomas Scheffler, Berlin 1983

Masaryk, Thomas 1899 : Die philosophischen und soziologischen Grundlagen des Marxismus, Wien.

Mattick, Paul 1970 : Der Leninismus und die Arbeiterbewegungen des Westens, in: Günther Busch (Hrsg), a.a.O., S. 7 - 46.

McDonough, Roisín 1978 : Ideology as False Consciousness: Lukács, in: Centre für Contemporary Cultural Studies, a.a.O., S. 33 - 44.

Mehring, Franz 1980 I : Gesammelte Schriften Band 1. Geschichte der deutschen Sozialdemokratie, Erster Teil, Berlin.

Mehring, Franz 1980 II : Gesammlte Schriften Band 2. Geschichte der deutschen Sozialdemokratie, Zweiter Teil, Berlin.

Mehring, Franz 1985 : Karl Marx. Geschichte seines Lebens, 6. Aufl., Berlin.

Merleau-Ponty, Maurice 1974 : Die Abenteuer der Dialektik, Frankfurt/M..

Metscher, Thomas/Robert Steigerwald 1982 : Zu den Kontroversen über Ideologie und Ideologietheorie, in: IMSF (Hrsg.), Marxistische Studien. Jahrbuch des IMSF - Sonderband I/1982, S. 188 - 211.

MEW EB I : MEW Ergänzungsband. Schriften bis 1844, Erster Teil, Berlin (DDR), 1968. Daraus wird herangezogen:

Meyer, Alfred G. 1979 : Lenins Imperialismustheorie, in: Hans Ulrich Wehler (Hrsg.), a.a.O., S. 123 - 154.

Miller, Peter/Nikolas Rose 1994 : Das ökonomische Leben regieren, in: Jacques Donzelot/Denis Meuret/Peter Miller/Nikolas Rose : Zur Genealogie der Regulation. Anschlüsse an Michel Foucault, Mainz.

Miller, Susanne 1964 : Vorwort zur 18. Auflage, in: Kautsky, Karl (1980), a.a.O., o.S., (S. 1 - 8).

Mires, Fernando 1984 : Kuba. Die Revolution ist keine Insel, Berlin.

Mitchell, W.J.T 1986 : Iconology. Chicago/London.

Mitin, Mark 1974 : Über die Ergebnisse der politischen Diskussion, in: Nikolai Bucharin/Abram Deborin, a.a.O., S. 330 - 391.

Mocnik, Rastko 1994 : Das "Subjekt, dem unterstellt wird wird zu glauben" und die Nation als eine Null-Instution, in: Hennig Böke/Jens Christian Müller/Sebastian Reinfeldt (Hrsg.), a.a.O., S. 225 - 274.

Mommsen, Wolfgang J. 1987 : Imperialismustheorien. Ein Überblick über die neueren Imperialismusinterpretationen, 3. erweiterte Auflage, Göttingen.

Moneta, Jakob o.J. (1976) : Aufstieg und Niedergang des Stalinismus. Ernest Mandel, Zur Geschichte der KPdSU, Frankfurt/M.

Moreau, Pierre-Francois 1994 : Spinoza. Versuch über die Anstößigkeit seines Denkens, Frankfurt/M..

Müller, Jens Christian/Manon Tuckfeld 1993 :. Multikultur und Zivilgesellschaft: Zwei Rassismen mit Zukunft, in: Arbeitsgruppe 501 (Hrsg.) : Heute hier - morgen fort. Migrationen, Rassismus und die (Un)Ordnung des Weltmarktes, Freiburg, S. 128 - 142.

Müller, Jens Christian/Sebastian Reinfeldt/Richard Schwarz/Manon Tuckfeld 1994 : Der Staat in den Köpfen. Anschlüsse an Louis Althusser und Nicos Poulantzas, Mainz.

Müller-Tuckfeld, Jens Christian 1994: Gesetz ist Gesetz. Anmerkungen zu einer Theorie der juridischen Anrufung, in: Henning Böke/Jens Christian Müller-Tuckfeld/Sebastian Reinfeldt (Hrsg.), Denk-Prozesse nach Althusser, Hamburg, S. 182 - 205.

Müller-Tuckfeld, Jens Christian 1996 : Strafrecht und die Produktion von Anerkennung. Hypothesen zur normativen Integration durch Strafrecht und zu deren Theoretisierung, in: Kai D. Bussmann / Reinhard Kreissl (Hrsg.), Kritische Kriminologie in der Diskussion, Opladen, S. 123 - 169.

Nachtmann, Clemens/Elfi Müller 1995 : Die wundersame Renaissance des Louis Althusser, in: bahamas, 18, S. 53 - 59.

Negt, Oskar 1974 : Marxismus als Legitimationswissenschaft. Zur Genese der stalinistischen Philosophie, in: Nikolai Bucharin/ Abram Deborin, a.a.O., S. 7 - 50.

Nemitz, Rolf 1986 : Ideologie als 'notwendig falsches Bewußtsein' bei Lukács und der Kritischen Theorie, in: Projekt Ideologie-Theorie, a.a.O., S. 39 - 60.

Neumann, Franz (Hrsg.) 1989 : Handbuch Politischer Theorien und Ideologien, Erweiterte Fassung der I. Ausgabe, Reinbek.

Neumann, Franz 1967 : Demokratischer und autoritärer Staat, Frankurt/M..

Neumann, Franz 1967 : Der Funktionwandel des Gesetzes im Recht der bürgerlichen Gesellschaft, in: ders., a.a.O. S. 7 - 57.

Pascher, Manfred 1995 : Eduard Bernsteins Marxismus-Krtik und die Sozialphilosophie des Marburger Neukantianismus, in: Archiv für Rechts- und Sozialphilosophie, S. 215 - 233.

Pêcheux, Michel 1984 : zu rebelieren und zu denken wagen! ideologien, widerstände, klassenkampf, in: kultuRRevolution 5, S. 59 - 62.

Perels, Joachim 1973 : Kapitialismus und politische Demokratie. Privatrechtssystem und Gesellschaftsstruktur in der Weimarer Republik, Frankfurt/M..

Plechanow, Georgij W. 1973 : Die Grundprobleme des Marxismus, Westberlin.

Poulantzas, Nicos 1973 : Faschismus und Diktatur. Die Kommunistische Internationale und der Faschismus, München.

Poulantzas, Nicos 1975 : Politische Macht und gesellschaftliche Klassen, 2. überarbeitete Aufl., Frankfurt/M..

Poulantzas, Nicos 1978 : Staatstheorie, Hamburg.

Priester, Karin 1979 : Die Bedeutung von Gramscis "erweiterten" Staatsbegriff, in: Arbeitskreis Westeuropäische Arbeiterbewegung (Hrsg.) Eurokommunismus und marxistische Theorie der Politik, Berlin, S. 30 - 44.

Projekt Ideologie-Theorie 1984 : Die Camara Obscura der Ideologie. Philosophie - Ökonomie - Wissensschaft, Berlin.

Projekt Ideologie-Theorie 1986 : Theorien über Ideologie, 3 Aufl., Berlin/West.

Projekt Klassenanalyse 1972 : Leninismus - neue Stufe des wissenschaftlichen Sozialismus? Zum Verhältnis von Marxscher Theorie, Klassenanalyse und revolutionärer Taktik bei W. I. Lenin, Westberlin 1972.

Projekt Klassenanalyse 1975 : Louis Althusser. Marxistische Kritik am Stalinismus?, Berlin.

Putnam, Hilary 1984 : Vernunft, Wahrheit und Geschichte, Frankfurt/M..

Rabehl, Bernd 1970 : Zur Methode der revolutionären Realpolitik des Leninismus, in: Busch, Günther (Hrsg.), a.a.O., S. 47 - 123.

Rabehl, Bernd 1973 : Marx und Lenin. Widersprüche einer ideologischen Konstruktion des 'Marxismus-Leninismus', Berlin.

Rabehl, Bernd 1986 : Marxismus heute. Toter Hund oder des Pudels Kern? Vorlesung an der Uni Zürich im Februar 1986, Zürich.

Rabehl, Bernd/Winfried Spohn/Ulf Wolter 1974 : Halbwahrheiten in der Überwindung des Leninismus. Zur Leninkritik des Projekts Klassenanlyse (PKA), in: Probleme des Klassenkampfs 11/12, S. 1 - 58.

Rammstedt, Otthein (Hrsg.) 1988 : Simmel und die frühen Soziologen. Nähe und Distanz zu Durkheim, Tönnies und Max Weber, Frankfurt/M..

Rammstedt, Otthein 1988 : Die Attitüden der Klassiker als unsere soziologischen Selbstverständlichkeiten. Durkheim, Simmel, Weber und die Konstitution der modernen Soziologie, in: Otthein Rammstedt (Hrsg.), a.a.O., S, 275 - 307.

Rancière, Jacques 1975 : Wider den akademischen Marxismus. Internationale Marxistischen Diskussion 54, Berlin.

Rauh, H.-Ch. 1970 : Zur Herkunft, Vorgeschichte und ersten Verwendungsweise des Ideologiebegriffs bei Marx und Engels bis 1844, in: DZPh, S. 689 - 715.

Raymond, Pierre 1986 : Materialismus, in: KWM, Bd. 5, a.a.O., S. 854 - 858.

Reinfeldt, Sebastian 1994 : Bemerkungen zu einer diskurstheoretischen Politikwissenschaft, unveröffentlichtes Typoscript.

Reinfeldt, Sebastian/Richard Schwarz 1993 : Konstruktion des Politischen oder Dekostruktion der Politik?, unveröffentlichtes Typosript.

Resch, Robert Paul 1992 : Althusser and the Renewal of Marxist Social Theory, Berkeley u.a..

Resnick, Stephen A./ Richard D. Wolff 1989 : Knowledge and Class. A Marxian Critique of Political Economy, Chicago/London.

Riechers, Christian 1970 : Antonio Gramsci - Marxismus in Italien, Frankfurt/M..

Ritsert, Jürgen 1977 : Denken und gesellschaftliche Wirklichkeit 1. Arbeitsbuch zum klassisschen Ideologiebebriff, Frankfurt.

Rödel, Ulrich/Helmut Dubiel/Günther Frankenberg 1989 : Die demokratische Frage, Frankfurt/M..

Rolshausen, Claus 1991 : Zur Soziologie Max Webers, in: Harald Kerber/Arnold Schmieder (Hrsg.), a.a.O., S. 472 - 494.

Rorty, Richard 1988 : Solidarität oder Objektivität?, Drei politische Essays, Stuttgart.

Rosenberg, Arthur 1987 : Geschichte des Bolschewismus. Mit einer Einleitung von Ossip K. Flechtheim, Frankfurt am Main/Köln.

Rosenberg, Arthur 1988 : Demokratie und Sozialismus, Frankfurt/M..

Roth, Gerhard 1972 : Gramscis Philosophie der Praxis. Eine neue Deutung des Marxismus, Düsseldorf.

Ruge, Wolfgang 1994 : Lenins Dilemma. Die Mittel entheiligen den Zweck, in: Theodor Bergmann u.a., a.a.O., S. 125 - 137.

Sandkühler, Hans. J. 1973 : Praxis und Geschichtsbewußtsein. Studie zur materialistischen Dialektik, Erkenntnistheorie und Hermeneutik, Frankfurt/M..

Schäfer, Gert 1994 : Gewalt, Ideologie und Bürokratismus. Das Scheitern eines Jahrhundertexperiments, Mainz.

Schiwy, Günther 1978 : Der französiche Strukturalismus. Mode/Methode/Ideologie. Mit einem Textanhang, Hamburg.

Schmidt, Alfred 1972 : Geschichte und Struktur. Fragen einer marxistischen Hermeneutik, 2. Aufl., München.

Schmidt, Waldemar 1980 : Probleme einer Metakritik der Anthropologie. Über Althussers Versuch einer ahumanistischen Neuinterpretation der marxistischen Theorie, Bochum.

Schorske, Carl E. 1981 : Die grosse Spaltung. Die deutsche Sozialdemokratie von 1905 bis 1917, Berlin.

Schöttler, Peter 1975 : Widerruf oder Berichtigung?, in: Louis Althusser, a.a.O., S. 7 - 32.

Schöttler, Peter 1978 : Rechte oder linke Stalinismuskritik?, in: alternative, Heft 118, S. 51 - 59.

Schöttler, Peter 1980 : Friedrich Engels und Karl Kautsky als Kritiker des 'Juristen- Sozialismus', in: Demokratie und Recht, S. 3 - 25.

Schöttler, Peter 1988 : Mentalitäten, Ideologien, Diskurse. Zur sozialgeschichtlichen Thematisierung der 'dritten Ebene', in: Alf Lüdtke (Hrsg.): Alltagsgeschichte. Perspektiven und Probleme, Frankfurt/M./New York, S. 85 - 136.

Schöttler, Peter 1988a : Althusser und die Geschichtsschreibung der "Annales" - ein unmöglicher Dialog, in: Barbara Hahn/ Peter Schöttler, a.a.O., S. 26 - 31.

Schreiber, Ulrich 1982 : Die politische Theorie Antonio Gramscis, Hamburg.

Schröder, Hans-Christoph 1979 : Hobsons Imperialismustheorie, in: Hans-Ulrich Wehler (Hrsg.), a.a.O., S. 104 - 122.

Schulze, Detlef (Desch) 1994 : Vom Protest zum Widerstand - aber wie ? in: Broschürengruppe (Hrsg.), a.a.O., S. 164 - 184.

Senghaas, Dieter (Hrsg.) 1972 : Imperialismus und strukturelle Gewalt. Analysen über abhängige Reproduktion, Frankfurt/Main.

Showstack Sassoon, Anne 1989 : Volk, Intellektuelle und spezialisiertes Wissen, in: Gèrand Bensussan u.a., a.a.O., S. 90 - 106.

Sorel, Georges 1981 : Über die Gewalt. Mit einem Nachwort von Georg Lichtheim, Frankfurt/M..

Stalin, Josef W. 1924 : Die Oktoberrevolution und die Taktik der russischen Komunisten, in: Hans-Peter Gente (Hrsg.) 1970, a.a.O., S. 100 - 130.

Stalin, Josef W. 1970 : Über dialektischen und historischen Materialismus [1938], in: Hans-Peter Gente (Hrsg.) 1970, a.a.O., S. 251 - 280.

Stalin, Josef W. 1970 : Zu den Fragen des Leninismus [1926], in: Hans-Peter Gente (Hrsg.) 1970, a.a.O., S. 133 - 186.

Stedman Jones, Gareth 1971 : The Marxism of the Early Lukács, in: New Left Review, 70, S. 27 - 64.

Stedman Jones, Gareth 1988 : Engels und die Geschichte des Marxismus, in: ders., Klassen Politik Sprache. Für eine theorieorientierte Sozialgeschichte, Münster, S. 231 - 275.

Stephan, Cora 1981 : 'Genossen, wir dürfen uns nicht von der Geduld hinreißen lassen!'. Aus der Urgeschichte der Sozialdemokratie 1862 - 1878, Frankfurt/M..

Subok, L.I. u.a. 1983 : Die Geschichte der zweiten Internationale, Band I, Moskau.

Taylor, Charles 1983 : Hegel, Frankfurt.

Tel Quel 1971 : Die Demaskierung der bürgerlichen Kulturideologie. Marxismus, Psychoanalyse, Strukturalismus, München.

Thalheimer, August 1974 : Über den Faschimus [1930] in: Reinhard Kühnl (Hrsg.), a.a.O., S. 14 - 29.

Thälmann, Ernst 1932 : Der revolutionäre Ausweg und die KPD, Berlin.

Theunissen, Michael 1982 : Die verdrängte Intersubjektivität in Hegels Philosophie des Rechts, in: Dieter Henrich/ Rolf Peter Horstmann (Hrsg.), Hegels Philosophie des Rechts. Die Theorie der Rechtsformen und ihre Logik, Stuttgart, S. 317 - 381.

Thoma-Herterich, Christa 1975 : Althussers "Selbstkritik", in: Das Argument, 11/12, S. 976 - 984.

Thompson, Edward P. 1980 : Das Elend der Theorie. Zur Produktion geschichtlicher Erfahrung, Frankfurt/M./New York.

Togliatti, Palmiro : Der Leninismus im Denken und Handeln von Antonio Gramsci, in: Hans Heinz Holz/Hans Jörg Sandkühler (Hrsg.), a.a.O., S. 71 - 93.

Tucholsky, Kurt, (1985) : Gesammelte Werke, Bd. 9 (1931), Reinbek.

Tuckfeld, Manon 1996 : Widerspruch und Totalität, in: bahamas, 19, S. 42 - 45.

Tuckfeld, Manon/Jens Christian Müller 1994 : 'Madame Geschichte' und die Kämpfe. Zur Kritik der Roa Luxemburg-Nostalgie, in: Schwarzer Faden Nr.48, S.54 - 61.

Turchetto, Maria 1994 : Für die Kritik einer Selbstkritik. Reflexionen über die Bedeutung von 'Philosophie', 'Wissenschaft', 'Ideologie' in der theoretischen Ausarbeitung von Louis Althusser, in: Henning Böke/Jens Christian Müller/Sebastian Reinfeldt (Hrsg.), a.a.O., S. 41 - 64.

Vester, Michael 1981 : Der 'Dampfmarxismus' von Friedrich Engels, in: Prokla 43, S. 85 - 102.

Veyne, Paul 1986 : Ideologie nach Marx und Ideologie nach Nietzsche, in: ders., Aus der Geschichte, Berlin, S. 77 - 110.

Vilar, Pierre 1977 : Marxistische Geschichte, eine Geschichte im Entstehen. Versuch eines Dialogs mit Althusser, in: M. Bloch/F. Braudel/L. Febvre u.a. : Schrift und Materie der Geschichte. Vorschläge zur systematischen Aneignung historischer Prozesse, Frankfurt/M..

Volker, Eckhard 1986 : Ideologische Mächte und ideologische Formen bei Marx und Engels, in: Projekt Ideologie-Theorie, a.a.O. S. 7 - 19.

Vorländer, Karl 1911 : Kant und Marx, Tübingen.

Vries, Simon J. de/Lambert Schenkel 1989 : Umleitung oder: Wie heißt Bruno mit Nachnamen?. Marginalien zu Althusser - Deleuze - Foucault, Giessen.

Vries, Simon Joosten de 1986 : Ideologie, eine Begriffsodyssee, in: ders./Lambert Schenkel, a.a.O., S. 35 - 47.

Wallerstein, Immanuel 1990 : Marx und die Geschichte: die Polarisierung der Klassen, in: Etienne Balibar/ders, a.a.O., S. 154 - 166.

Walzer, Michael 1991 : Zweifel und Einmischung. Gesellschaftskritik im 20. Jahrhundert, Frankfurt/M..

Wehler, Hans-Ulrich (Hrsg.) 1979 : Imperialismus, Königstein/ Düsseldorf.

Wiggershaus, Rolf 1991 : Die Frankfurter Schule. Geschichte - Theoretische Entwicklung - Politische Bedeutung, 3. Auflage, München.

Wolff, Richard 1996 : Althusser und Hegel. Making Marxist Explanationes Antiessentialist und Dialectical, in: Antonio Callari/David F. Ruccio (Hrsg.), a.a.O., S. 150 - 166.

Zamis, Guido 1986 : Nachwort des Herausgebers, in: Antonio Gramsci a.a.O., S. 319 - 350.

Zetkin, Clara 1979 : Zur Geschichte der proletarischen Frauenbewegung Deutschlands, Frankfurt/M..

Zima, Peter V. 1978 : Dialektik zwischen Totalität und Fragment, in: Hans-Jürgen Schmitt (Hrsg.), Der Streit mit Georg Lukács, Frankfurt/M., S. 124 - 172.

Zima, Peter V. 1989 : Ideologie und Theorie. Eine Diskurskritik, Tübingen.

Zizek, Slavoj 1989 : The Sublime Objekt of Ideologie, London/New York.

Zizek, Slavoj 1992 : Mehr - Genießen. Lacan in der Populärliteratur. Wien.

389